2025

8급 간호직 공무원
보건진료직 공무원

정현

지역사회
간호

머리말

"어떻게 하면 수험생들의 문제해결능력을 확장시킬 수 있을까?"라는 고민으로 시작된 본 교재는 그 동안의 강의경험을 토대로 각 시·도 기출문제들을 심층적으로 분석하고, 가장 최근에 새로 개정된 지역사회간호학 관련 교재들을 정리하는 동시에, 합격생들의 조언과 상담과정에서 얻은 방향을 토대로 만들어졌습니다.

지역사회간호학은 다양한 실무영역이 지역사회간호라는 개념으로 묶여있고, 각 실무영역마다 개념과 이론에 대한 특정 지식들이 요구되므로 각 핵심 개념의 이해를 기초로 관련 지식을 깊이 있게 알아야 하며, 더 나아가 최근의 우리나라의 보건의료문제 및 경향까지 정확히 이해해야 하므로 많은 시간과 노력이 필요한 과목입니다. 더욱이 지역사회간호는 우리나라의 보건정책과 맞물려 있어 정책이나 법이 바뀔 때마다 수시로 변하는 가변적 내용들로 인해 혼자서 공부하는 데 제한이 많은 과목이기도 합니다.

또한 최근의 출제경향을 분석해 보면, 지역사회의 다변화하는 건강요구와 건강결정요인들을 충족하기 위한 지역사회간호 지식체가 질적·양적으로 확대됨으로써 다양하면서도 세부적인 영역에 걸쳐 심층적인 문제가 출제되므로 고득점을 위해서는 반드시 이에 대한 대책이 필요합니다. 따라서 본 교재는 이러한 출제경향에 대비하기 위하여 아래와 같은 특징에 주안점을 두고 구성하였습니다.

1. 급변하는 보건의료환경을 분석하여 반영함으로써 지역사회간호의 다변화된 문제에 대비할 수 있도록 하였습니다.

2. 최근 개정된 법령이나 정책, 보건사업, 최신의 통계 등을 체계적으로 정리하여 교재에 반영하고 계속 업그레이드함으로써 수험생들이 혼란 없이 공부할 수 있도록 하였습니다.

3. 각 단원별 문제와 최근 기출문제를 수록하여 최신 출제경향을 접하고 학습한 내용을 한 번 더 다져나갈 수 있도록 구성하였습니다.

4. 더 깊이 알아두거나 연결하여 공부해야 될 내용들은 '참고Point'를 통해 필요한 내용을 강조하여 수록함으로써 학습내용을 보다 다차원적으로 이해하도록 하였습니다.

5. 다양한 기존의 타 지역사회간호학 교재 및 정부간행물, 주요 사이트 등을 분석하여 인용함으로써 어떠한 문헌에서의 출제에도 대처할 수 있도록 하였습니다.

새롭게 교재를 출간하면서 그동안 함께 공부하면서 서로에게 힘과 의지가 되었던 많은 수험생들의 얼굴이 떠올랐습니다.

나름대로 수험생 여러분에게 도움이 되고자 하는 깊은 애정을 갖고 원고를 마감하면서, 본 교재가 많은 수험생들에게 합격의 통로가 되었으면 하는 간절한 소망을 가져봅니다. 앞으로 이 교재가 공무원으로써 꿈을 이루기 위해 노력하는 수험생에게 디딤돌이 되길 간절하게 기대해 봅니다.

또한 자신의 삶에 대한 꿈과 열정을 가지고 도전을 멈추지 않는 수험생 여러분들의 멋진 인생을 마음 깊이 응원합니다.

2024년 7월
편저자 정 현

• 간호직 공무원

1. 주관 및 시행
각 시·도별

2. 응시자격
① 18세부터 응시 가능
② 간호사 면허증 소지자
③ 조산사 면허증 소지자(일부지역 제외)
④ 시험 공고일 현재 응시하고자 하는 지역에 주민등록이 되어 있는 자(서울은 거주지 제한 없음)
　　－ 주민등록 거주지 합산(3년 이상)
　　－ 현재 주민등록이 되어 있는 지역
　　－ 서울

3. 시행일자
매년 6월경

4. 응시요강

지역	시험과목	출제유형	시험시간	시험전형
지방직/서울시	국어	100% 객관식 4지선다 (각 20문항)	10:00~11:40 (100분)	1차: 필기시험 2차: 면접시험
	영어			
	한국사			
	지역사회간호			
	간호관리			

5. 선발인원
매년 각 시·도에서 필요한 인원만큼 선발

6. 합격 후 근무처
－ 보건복지부 산하 각 기관, 지역의 관할 보건소, 보건복지센터, 시·도·구청
－ 서울은 시립병원으로 우선 발령 후 보건소에 배치

　※ 국·공립병원 근무 경력 100% 인정
　※ 대학병원 포함 일반병원, 준종합병원 등 근무 경력 80% 인정

• 보건진료직 공무원

1. 주관 및 시행
각 시·도별, 교육청

2. 응시자격
① 나이제한 폐지(만 18세부터 응시 가능)
② 학력제한 없음
③ 시험 공고일 현재 응시하고자 하는 지역에 주민등록이 되어 있는 자(서울은 주민등록이 지방으로 되어 있어도 응시 가능)
　　- 주민등록 거주지 합산(3년 이상)
　　- 현재 주민등록이 되어 있는 지역
　　- 서울
④ 간호사 면허증 소지자

3. 시험전형

지역	시험과목	출제유형	시험시간	시험전형
지방직	국어	100% 객관식 4지선다 (각 20문항)	10:00~11:40 (100분)	1차: 필기시험 2차: 면접시험
	영어			
	한국사			
	공중보건			
	지역사회간호			

4. 선발인원
매년 각 시·도에서 필요한 인원만큼 선발(상대평가 방식)

5. 합격 후 근무처
보건복지부 산하 각 기관들과 보건소 및 병원 등
　- 보건행정 업무와 보건위생검열 등의 업무
　- 보건, 의료행정 등의 종합적인 계획 수립과 조정 및 집행, 전염병 예방 등을 위한 검역 업무

목차

PART 01

지역사회간호 개론

CHAPTER **01** # 지역사회의 이해

1 정의

비슷한 관심, 위치, 특성으로 모여있는 인간공동체를 말한다.

1) WHO의 정의(1974)

(1) 지리적 경계 또는 공동가치와 관심에 의해 구분되는 사회집단이다.

(2) 서로를 알고 상호작용하면서 특정 사회구조 내에서 기능한다.

(3) 새로운 규범 · 가치 · 사회제도를 창출하는 인구집단이다.

2) 지역사회 속성에 근거한 정의

(1) 일정한 유형의 결속관계를 이루고 있는 인구집단

(2) 서로 상호작용을 맺고 있는 인구집단

(3) 공동의 관심에 관하여 공동으로 기능하고 있는 인구집단

그러므로 이러한 공동체는 인간의 집합 이상의 것을 의미한다.

2 지역사회의 속성

지역사회는 일정한 **지리적 영역의 공유, 사회적 상호작용, 공동유대감**이 있을 때 형성된다.

1) 지리적 영역의 공유

(1) 주민 간의 상호작용이 가능한 **지리적 근접성**을 지닌 기본적 공간단위를 공유

(2) 대중매체와 교통망의 발달로 공간단위가 확대되어 지리적 영역이 넓어짐

(3) 동일 문화권과 공동생활권이 요구됨

2) 사회적 상호작용

(1) 지리적 영역내의 주민들 간의 **상호작용을 통해 사회화**를 이루는 기능

(2) 지역사회는 사회적 상호작용에 의하여 지역 고유의 가치와 행동을 공유하게 되며, 고유의 문화를 가지게 됨

3) 공동 유대감

(1) 공동유대감이란 혈연 또는 지연 등 선천적이고 원초적인 공동의식이라기 보다 그 지역사회 주민들이 사회생활을 통하여 획득한 **공동의식(common tie)**을 의미함

(2) 지역사회는 주민 간의 상호작용 결과 공동유대감이 생길 때 형성됨

🔍 참고 POINT

[지역사회의 특성]
① **분리성**: 다른 지역사회와 물리적·지역적으로 구분 지을 수 있는 경계를 가짐
② **독특성**: 문화적 독특성이 있어 주민의 행위를 결정하는 정체성을 갖게 함
③ **동질성**: 문화를 공유한 주민들이 동질적인 지역사회를 이룸
④ **합의성**: 공동의 목표를 가짐
⑤ **자조성**: 궁극적 목표인 자조성을 성취하려 함
　 이러한 특성은 다른 지역사회와의 지속적인 상호작용을 통하여 강화됨

3　지역사회의 유형

1) 구조적 지역사회

지역사회 주민들 간에 **시간적·공간적인 관계**에 의해서 모여진 공동체

(1) 집합체
　① 일반적으로 사람들이 모인 이유에 관계없이 집합 그 자체를 말함
　② 동일한 건강문제나 생활환경, 생활행태 등으로 인해 보건학적으로 동일한 위험에 노출된 위험 집합체는 지역사회간호에서 매우 중요한 집합체임
　　🔲 광산촌 주민집단, 방사선 폭로 위험집단, 미혼모 집단, 노숙자 집단, 매매춘 집단 등

(2) 대면공동체
　① 지역사회 기본적인 집단으로 구성원 간의 상호교류가 빈번한 공동체
　② 소식이 쉽게 전달되고 친근감과 공동의식을 소유하고 있는 집단 🔲 가족, 이웃 등

(3) 생태학적 문제 공동체

지리적 특성, 기후, 자연환경 등의 영향으로 같은 생태학적 문제를 가지고 있는 집단

예 대기오염, 수질오염, 산림파괴, 산성비 등의 문제가 있는 지역사회

(4) 지정학적 공동체

① 지리적 그리고 법적인 경계로 정의된 지역사회
② 행정적 관할 구역단위의 집단

예 행정구역을 의미: 특별시 · 광역시 · 시 · 구 · 군 · 면 · 읍 등

(5) 조직

① 일정한 환경에서 특정목표를 추구하는 일정한 구조를 가진 사회단위
② 목표 지향적이며, 합리성과 보편성을 갖고 특정 목표를 달성하기 위하여 환경과 끊임없이 상호작용을 하는 집합체

예 보건소, 학교, 산업장, 병원, 교회 등

> **핵심 CHECK** ‹‹‹
> 우리나라의 보건소는 조직에 해당하지만 설치기준은 시, 군, 구에 1개소로 지정학적 공동체에 의한 분류 기준에 해당된다.

(6) 문제해결 공동체

① 문제를 발견하고, 공유하며, 해결할 수 있는 범위 내에 있는 지역
② 지정학적 경계를 넘어서 문제해결 지지체계도 포함됨

예 오염지역과 환경청 및 정부기관 등

2) 기능적 지역사회

- 어떤 목표를 성취하는 데 도움이 될 수 있는 지역적 공감(공동유대감)을 기반으로 한 집합체
- 단순한 지리적 경계보다는 **목표 성취라는 과업의 결과**로 나타난 공동체

그러므로 지역주민의 관심과 목표에 따라 유동적이다.

(1) 동일한 요구 공동체

주민들의 일반적 공통의 문제 및 요구에 기초를 두고 있는 공동체

예 치매환자를 둔 가족, 장애아를 둔 가족, 감염병 관리 대상 집단

(2) **자원 공동체**

① 지리적 경계를 벗어나 어떤 문제를 해결하기 위한 자원의 활용범위로 모인 집단

② 자원에는 경제력, 인력, 소비자, 다른 지역사회에 대한 영향력, 물자 등이 포함됨

> 예 강의 오염문제를 해결하기 위하여 자원동원 가능성의 활용범위로 모인 집단

핵심 CHECK

[생태학적 문제 공동체와 자원공동체의 구분]
① 생태학적 문제 공동체는 지리와 기후 등이 동일한 곳에서 일어나는 생태학적 문제를 가진 공동체
② 자원공동체는 자원의 활용 범위를 토대로 모인 집단이므로 지역적 경계의 영향을 덜 받는다.

---

3) 감정적 지역사회

공통의 감각이나 감성(연고나 관심)을 기반으로 모여진 공동체

(1) **소속 공동체**

동지애와 같은 정서적인 감정으로 결속된 지역사회 예 지연, 학연, 종친회 등

(2) **특수흥미 공동체**

① 특수 분야에 서로 같은 관심과 목적을 가지고 관계를 맺고 있는 공동체

② 특별한 논제나 주제가 생기면 더욱 부각됨

> 예 대한간호협회 등 전문직 단체, 낚시회, 독서회, 산악회 등

기출문제 맛 보기

지역사회의 분류에 대한 설명으로 옳지 않은 것은? 15년 지방

① 가족, 이웃 등과 같이 친밀성과 공동의식을 소유하고 있는 집단을 '대면공동체'라고 한다.
② 감염병 관리 대상 집단은 '동일한 요구를 지닌 공동체'에 해당한다.
③ 지정학적 경계를 넘어 대기오염, 수질오염, 토양오염 등의 동일한 문제가 있는 지역사회를 '자원공동체'라고 한다.
④ 같은 고향 출신 집단은 '소속공동체'에 해당한다.

정답 ③

4 지역사회의 기능

1) 경제적 기능

(1) 지역 주민들이 일상생활을 영위하는 데 필요한 물자와 서비스를 생산·분배·소비하는 과정과 관련된 기능
(2) 특산품 개발, 기업 유치 등 경제적 자립을 위한 활동

2) 사회화 기능

(1) 지역사회가 공유하는 일반적인 지식, 사회적 가치, 행동양상들을 새로이 창출하고 유지, 전달하는 기능
(2) 사회화 과정을 통해 다른 지역사회 구성원과 구별되는 생활양식을 터득하게 됨

3) 사회통제 기능

(1) 지역사회가 그 구성원들에게 사회의 규범에 순응하게 하는 기능
(2) 지역사회 스스로 규칙이나 사회규범을 형성하여 구성원의 행동을 통제하는 기능

4) 사회통합 기능(참여 기능)

(1) 사회를 구성하는 조직원 간에 관련된 기능
(2) 지역사회 유지를 위하여 구성원 상호 간 결속력과 사기를 높이고
(3) 주민공동의 문제해결을 위하여 공동 노력하는 활동 등이 포함됨

5) 상부상조 기능

(1) 질병, 사망, 실업 등 도움이 필요한 상황에서 서로 지지해 주고 조력해 주는 기능
(2) 과거의 상부상조기능은 가족, 친척, 이웃에 의하여 수행되었으나 현대사회는 정부, 민간 및 종교단체 등에서도 이루어지고 있다.

🖉 **기출문제 맛 보기**

〈보기〉에서 설명하는 지역사회 기능으로 가장 옳은 것은?   22년 서울

〈보기〉

• 사회를 구성하는 조직원 간에 관련된 기능으로, 지역사회가 유지되기 위하여 사회의 구성원 사이에 서로 믿음과 신뢰를 바탕으로 상호 존중한다.
• 구성원 상호 간 결속력과 사명감이 필요하며 주민 공동의 문제해결을 위하여 공동으로 노력하는 활동이 포함된다.

① 경제적 기능   ② 사회화 기능   ③ 사회통제기능   ④ 사회통합 기능

정답 ④

CHAPTER **02** # 지역사회와 건강

1 건강의 개념

1) WHO의 건강 개념

건강이란 질병이나 불구가 없을 뿐만 아니라 신체적, 정신적, 사회적으로 완전히 안녕한 상태를 말한다(1948).

2) 건강-질병의 연속선상의 개념

(1) Terris(1975)의 건강연속선

① 건강(health)과 상병(illness)을 기능수행능력이란 측면에서 어떤 절대치가 아니라 정도의 차이를 가진 연속선상에서 설명한다.

② 건강과 상병은 배타적이므로, 건강과 상병의 연속선상에서 질병(disease)은 공존할 수 있으므로 건강-질병 보다는 건강-상병이라는 용어를 사용함이 타당함을 주장한다.

(2) Freshman(1979)의 건강기능연속지표

① 건강수준은 기능의 연속선상의 적정기능수준과 기능장애 사이에 놓이게 된다.

② 지역사회간호에서 주로 사용되는 건강개념으로 기능연속선상에 있는 부정적, 긍정적인 기능 요소들을 모두 조사하여 긍정적인 방향으로 나가도록 도와주는 것이 지역사회간호사의 역할이다.

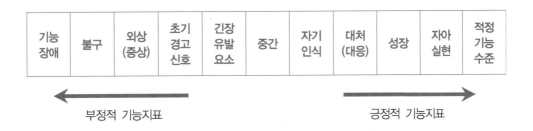

기능 장애	불구	외상 (증상)	초기 경고 신호	긴장 유발 요소	중간	자기 인식	대처 (대응)	성장	자아 실현	적정 기능 수준

← 부정적 기능지표　　　　　　긍정적 기능지표 →

3) Smith(1981)의 간호학적 건강개념분류(4가지 모형)

간호학에서 정의되고 있는 건강의 본질에 대한 문헌 분석을 통하여 4개 모형을 개념화함

모형	건강의 의미	질병의 의미
임상적 모형	불구, 질병의 증상, 징후가 없는 상태	불구, 질병의 증상, 징후가 있는 상태
역할수행 모형	사회적으로 기대되는 사회적 역할을 성공적으로 수행하는 상태	역할 수행의 실패
적응모형	환경과 상호작용하여 적응하여 나가는 상태	적응의 실패
행복모형	안녕과 자아실현의 상태	무기력, 쇠약상태

4) 지역사회간호에서의 건강개념

(1) 건강을 임상적 관점보다는 **기능적 관점**으로 이해함

(2) 건강은 절대적이며 정지된 개념이 아니라 **상대적이며 역동적 개념**으로 접근함

(3) 인간 개인을 대상으로 건강을 정의하기 보다는 **지역사회나 인구집단**을 대상

CHAPTER 03

지역사회간호의 이해

1 지역사회간호의 개념

1) 지역사회간호의 정의

지역사회를 대상으로 간호제공 및 보건교육, 관리라는 간호활동을 통해 지역사회의 적정기능수준 향상에 기여하는 것을 목표로 하는 과학적 실천이다(김화중 등, 2013).

(1) 지역사회간호의 대상

지역사회간호는 개인, 가족, 학교, 산업장, 집단을 포함한 지역사회를 대상으로 한다.

(2) 지역사회간호의 목표

적정기능 수준의 향상(Optimal level of function)이다.

① 적정기능 수준(Optimal level of function)이란?
  ㉠ 기능 수행에 영향을 미치는 모든 요인을 고려하여 최대한으로 이룩할 수 있는 기능
  ㉡ 지역사회가 그들의 건강문제를 스스로 해결할 수 있는 자기건강관리능력

② 적정기능 수준에 영향을 미치는 요인

  ㉠ 정치적 요인
   정치적 통제는 권한과 권력을 활용하여 지역사회의 안정 혹은 압박에 영향을 미침
   예 정부의 유형, 정부의 정책, 정치적 억압, 정치제도 등

  ㉡ 습관적 요인
   물리적, 문화적 윤리적 요소들과 관련된 습관들
   예 흡연, 운동부족, 약물남용 등

  ㉢ 유전적 요인
   유전적 요인은 변화하기 힘든 요인이므로 영향을 최소화시키는 노력이 필요

  ㉣ 환경적인 요인
   대기오염(폐암, 폐기종), 수질오염(식생활 위험)같은 환경오염 등의 물리적 환경의 영향

ⓜ 사회 · 경제적 요인

사회경제적 측면은 주민의 안정과 밀접한 관련이 있음

🅰 경제, 인구구조, 여가시설, 안전시설, 직업, 교육수준 등

ⓗ 보건의료전달체계 요인

보건전달체계의 유무 또는 보건의료전달 체계의 유형 즉 질병중심의 전달체계인지 건강 증진 중심의 전달체계인지에 따라 적정기능수준이 달라짐

(3) 지역사회간호행위(간호활동)

① 직접간호제공
② 보건교육
③ 관리

2) 지역사회간호의 구성개념 간의 관계

(1) 간호대상과 간호목표와의 관계

기능연속지표로 연결된다.

(2) 간호목표와 간호행위와의 관계

지역사회간호수단으로 연결된다.

(3) 간호대상과 간호행위와의 관계

간호과정을 통해 연결된다.

2 지역사회간호의 개념틀

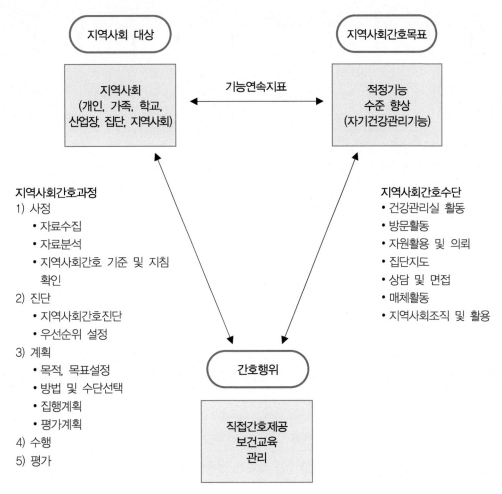

지역사회간호과정
1) 사정
   • 자료수집
   • 자료분석
   • 지역사회간호 기준 및 지침
     확인
2) 진단
   • 지역사회간호진단
   • 우선순위 설정
3) 계획
   • 목적, 목표설정
   • 방법 및 수단선택
   • 집행계획
   • 평가계획
4) 수행
5) 평가

지역사회간호수단
   • 건강관리실 활동
   • 방문활동
   • 자원활용 및 의뢰
   • 집단지도
   • 상담 및 면접
   • 매체활동
   • 지역사회조직 및 활용

[그림 1-1] 김화중의 지역사회간호 개념틀

*출처: 김화중 등(2013). 지역사회간호학, 수문사. p.33.

3 지역사회간호의 속성

구분	내용
인구집단 중심	• 개인, 가족보다 인구집단의 건강을 강조
건강지향성	• 질병의 치료보다는 건강증진과 질병예방을 강조
자율성	• 간호사는 대상자와 함께 스스로 판단하여 건강관리를 결정
지속성	• 일시적이거나 단기적 접근보다는 포괄적이고 지속적인 건강관리 제공
협력성	• 다른 조직보다 간호사와 대상자의 관계가 동등하며, 다른 보건요원들과 협력하는 기회가 많음
상호작용	• 건강과 관련된 다양한 요인과의 상호작용을 인지함
친밀성	• 다른 간호영역보다 대상자의 실제적인 삶과 실체에 대해 더 많이 알고 있음
변화성	• 건강관리 현장과 인종에 따라 각기 다른 수준의 대상자가 분포되어 있음
공중의 책임성	• 인구집단의 건강은 사회의 책임으로 인식함

4 지역사회간호 개념의 변화

1) 보건간호와 지역사회간호의 개념 변화

- 지역사회간호 또는 지역사회 보건간호라는 개념은 공중보건에서 출발하여 오랜 기간 보건간호라는 용어로 사용되었다.
- 지역사회간호는 보건간호보다 포괄적인 개념으로 지역사회를 대상으로 하는 모든 간호실무영역을 의미하며, 보건간호는 보건소 등 공공보건기관을 중심으로 제공되는 간호를 의미한다.
- 우리나라는 1980년대 초에 지역사회 보건간호라는 용어로 잠시 변경되었다가 곧 지역사회간호로 변경하여 현재까지 지역사회간호라는 용어가 사용되고 있다.

(1) 보건간호(Public health nursing)의 특성
① 인구의 건강증진과 보존을 위해 실시하는 공중보건사업과 간호사업의 통합
② 보건소 등 공공보건조직에서 이루어지며, 특정집단(취약집단)에 초점
③ 주로 특정문제의 예방관리 및 건강보호를 목표로 함
④ 지역사회간호와 혼용하기도 하나 지역사회간호의 하부개념으로 봄

⑵ 지역사회간호(Community Nursing)의 특성
　① 병원 이외의 장소에서 수행되는 모든 간호영역으로 모든 사람들의 건강을 유지, 증진하는 데 적용되는 간호이론과 공중보건이론의 종합(Hickman, 1990)
　② 개인, 가족, 집단을 포함한 전 지역주민을 대상으로 함
　　즉, 지역사회간호는 어떤 특정한 연령이나 특별한 진단을 받은 집단에 국한하지 않음
　③ 건강증진 및 건강유지를 위한 포괄적이며 지속적인 서비스를 제공함

2) 보건간호와 지역사회간호의 차이점

사업특성	보건간호	지역사회간호
사업목적	• 질병예방, 건강보호(1차 진료 포함) • 취약계층에 대한 의료이용 접근성 확대	• 적정기능수준 향상 • 건강유지증진, 삶의 질
간호체계	• 보건사업체계	• 건강관리사업체계
사업대상	• 선택된 인구집단, 고위험 집단	• 개인, 가족, 집단, 지역사회 전체
대상의 종류	• 영세민, 가족계획 대상자, 특정질환자 　(결핵, 성병, 나병)	• 지역사회 주민전체 　(건강한 사람과 질환자 모두 포함)
사업주체	• 정부 및 기관	• 정부 및 기관과 지역사회주민
사업비용	• 국비, 지방비	• 국비, 지방비, 지역사회 재원
사업진행	• 정부정책 지원사업 • 지역진단에 의한 보건사업	• 주민의 건강요구에 근거한 지역보건사업
사업전달	• 하향적 · 수동적 전달	• 상향적 · 수평적, 능동적 전달
사업성과	• 오랜 기간 소요	• 오랜 기간 소요
지역사회개발	• 격리상태	• 지역사회 개발사업과 관련

5 지역사회간호활동의 유형

1) 단계별 간호활동

(1) 일차예방간호

질병 또는 건강문제 발생 이전에 개인, 가족, 집단의 질병예방 및 건강보호, 건강증진을 목표로 제공되는 간호활동

(2) 이차예방간호

조기진단 및 조기치료로 질병의 진행을 억제하고 후유증 없이 치유되는 것을 목표로 제공되는 간호활동

(3) 삼차예방간호

불구를 최소화하고, 신체, 정신, 사회적 기능 복구를 목표로 제공되는 재활 간호활동

2) 형태별 간호활동

(1) 직접 간호제공

개인, 가족, 집단을 대상으로 직접적이고 즉각적으로 행하는 간호활동으로 대상자에게 직접 전달되는 간호활동

예 주사, 투약, 상처치료, 보건교육, 상담 등

(2) 반직접 간호제공

지역사회 직접간호활동을 위한 준비, 직접간호자의 감독, 조직의 설치 등의 활동으로 직접간호를 위해 요구되는 간호활동

(3) 간접 간호제공

지역사회간호에 대한 관리, 연구, 정책의 형성, 의뢰 등 주민에게 직접 전달되는 간호는 아니지만 간접적으로 필요한 활동

> 🔗 **기출문제 맛 보기**
>
> **지역사회간호활동 중에서 이차예방에 대한 설명으로 옳은 것은?**　　　　21 지방직
> ① 보건교사가 여성 청소년의 자궁경부암 예방접종률을 높이기 위해 가정통신문 발송
> ② 보건소 간호가가 결핵환자에게 규칙적인 결핵약 복용 지도
> ③ 방문건강관리 전담공무원이 재가 뇌졸중 환자의 재활을 위해 운동요법 교육
> ④ 보건소 간호사가 지역주민을 대상으로 흡연이 신체에 미치는 영향에 대해 교육

정답 ②

Q 참고 POINT

[공중보건과 지역사회보건]

1. 공중보건
   (1) **공중보건학의 정의(C. E. A. Winslow)**
       조직적인 지역사회의 노력을 통하여 질병을 예방하고 수명을 연장시킴과 더불어 신체적·정신적인 효율을 증진하는 기술과 과학이다.
   (2) **특징**
       ① 공중보건의 대상은 개인이 아니라 인구집단이다.
       ② 공중보건학의 목적은 질병예방, 수명연장, 육체적·정신적 효율의 증진이다.
       ③ 목적을 달성하기 위한 접근방법으로 조직화된 지역사회의 노력을 강조한다.

2. 지역사회보건
   (1) **정의**
       지역사회의 자발적 참여를 통해 지역주민과 건강서비스 제공자 간의 상호작용으로 포괄적 건강을 보존하는 데 목적을 둔 과학적 실천이다.
   (2) **특징**
       ① 지역주민과 지역사회를 최적의 신체적, 정신적, 사회적 안녕상태에 도달하는 것에 초점을 둔다.
       ② 정부, 주민, 민간기관 등을 모두 포함하여 이들의 노력으로 전체인구집단의 건강유지와 증진에 목적을 둔다.
       ③ 양질의 보건의료서비스를 보건의료기관과 지역주민의 협동에 의하여 제공하는 실천적 활동이다.

CHAPTER **04** # 지역사회간호의 역사

1 외국의 지역사회간호의 역사

1) 방문간호시대

종교적 형태의 사업과 비종교적인 형태의 사업으로 나뉨

(1) 종교적 형태의 방문간호사업

① **피베(Phoebe)**

기독교 여집사로 개인환자의 가정을 방문하여 간호시작, 최초의 지역사회간호사(A.D 60년경)

② **파비올라(Fabiola)**

기독교계 첫 자선병원을 설립하여 극빈자 중심의 간호활동

③ **St. Francis de Sales(1610, 프랑스)**

우정의 방문자회를 만들어 가정 내 상병자를 위한 방문간호단체 조직

④ **St. Vincent de Paul(1617년, 프랑스)**

- 가난한 사람들을 간호하기 위한 자선수녀단을 창설함
- 방문간호사업의 원칙을 체계적으로 도입하여 환자간호를 수행

(2) 비종교적 형태의 방문간호사업

① **윌리엄 라스본(William Rathbone, 1859)**

- 영국의 리버플에서 최초로 비종교적 방문간호 사업 시작, 리버플시를 18개 구역으로 나누어 구역간호사업 전개
- 영국에 처음으로 구역공중보건간호협회(district public health nursing association)를 조직
- 박애주의자들에게서 재정적인 후원을 받음
- 런던의 특별한 구역에 훈련된 간호사들을 채용
- 간호사들은 방문 간호사업으로 담당한 구역주민들의 건강을 위해 아픈 사람들을 위한 돌봄의 제공자뿐 아니라 사회개혁자로서의 역할을 수행했으며, 현재 지역사회간호사의 옹호자 역할

② 릴리안 월드(Lillian Wald, 1893)
- 미국 뉴욕에서 본격적인 방문간호사업의 시작
- 헨리가에 빈민구호소를 설치하여 가정방문을 통한 간호의 접근성을 높임
- 비용체계: 자선비용 또는 서비스료 받음
- 체계적, 비종교적, 전문적인 방문간호사에 의해 간호를 제공함
- 1912년 공중보건간호사회 발족하여 보건간호사 조직을 구성

　[성과] ㉠ 서비스료를 받고 가정간호실시
　　　　 ㉡ 방문간호를 위한 효과적 비용지불 제도 도입
　　　　 ㉢ 감염성 질환으로 인한 사망률감소에 공헌
　　　　 ㉣ 전염성 질환관리와 환경관리 사업에 역점

> 🖊 기출문제 맛 보기
>
> 지역사회간호의 역사를 볼 때 릴리안 월드는 중요한 역사적 인물이다. 릴리안 월드의 업적과 관련이 없는 것은?　　13년 인천
>
> ① 자선비용뿐 아니라 서비스 비용을 받는 비용체계를 마련했다.
> ② 우정의 방문자회를 만들어 가정 내 상병자를 위한 방문간호사업체를 조직했다.
> ③ 뉴욕 헨리가에서 빈민구호소를 설치하여 가정방문을 통한 간호를 제공했다.
> ④ 감염성 질환으로 인한 사망률 감소에 공헌하였다.

2) 보건간호시대(1900~1960년)

(1) 모자보건, 결핵관리, 성병관리 등 감염성 질환의 예방과 관리, 환경위생 위주의 세분화된 간호사업(Specialized Nursing Care) 수행

(2) 학교간호, 산업간호 등 전문영역에서 간호사 활동이 시작됨
- 1902년 미국 뉴욕시 교육위원회가 학교간호사를 채용
- 1895년 Vermont Marble Co.에서 건강요구 조사를 위하여 간호사를 채용

(3) 미국 각 주와 대부분의 도시에 보건소 설치(1920)하여 공공조직 중심의 간호 수행
- 1911년 첫 보건소 설치. 1912년 보건간호사회 창설
- 보건간호사라는 명칭 사용

(4) 1935년 사회보장법 통과로 지역사회의 보건사업의 확대로 간호의 실무범위도 확대됨

정답 ②

3) 지역사회간호시대(1960~ 현재)

(1) 1960년대 미국의 보건의료개혁의 영향으로 비용효과적인 보건의료서비스 개발에 대한 필요성 대두 ⇒ 모자보건과 정신보건 등의 사업재원을 늘리고, 보건소에서 가정간호를 시작

(2) 메디케어(1965)와 메디케이드법(1965) 제정: 미국에서 가정간호 비용지불이 가능해짐에 따라 가정간호사업기관이 증가하고 보건소의 가정간호사업도 빠르게 확대됨

(3) 전문간호사제도(1960년대)의 도입: 도시빈민과 농촌지역에서 일차보건의료에 간호사 참여

(4) 개인 중심의 보건의료에서 가족단위의 포괄적 보건의료로 전환

(5) 알마아타 선언(1978): 일차보건의료의 중요성이 인식되고, 간호사가 일차보건의료영역에서 비용효과적인 인력으로 인정됨

(6) 포괄수가제 도입(1983): 환자의 조기퇴원으로 인한 가정간호 활성화

(7) 오타와 헌장(1986): 건강증진에 대한 우선순위가 높아지고 보건교육 강조

3 우리나라의 지역사회간호의 역사

시대구분	역사적 사건	사업 내용
방문간호시대 (1910~1945년)	• 1923년 동대문부인병원 간호원장 '로 선복'이 태화여자관에 보건사업부 설치: 최초의 지역사회간호사업	• 임부 위생과 산후지도 • 학교아동의 위생생활교육 • 전염병예방 • 가정방문과 육아법 지도 • 가정간호 및 무료 아동 목욕 • 보건간호 강습지도
보건간호시대 (1945~1980)	• 행정조직의 개편	
	• 1946년 모범(시범)보건소 설치	• 최초 보건소
	• 1956년 「보건소법」 제정	
	• 1962년 「보건소법」 전면 개정	• 보건소를 중심으로 한 전국적 차원의 사업으로 결핵관리, 모자보건, 가족계획사업으로 나누어 세분화하여 시행
	• 1963년 「의료보험법」 제정	
	• 1967년 「학교보건법」 제정	• 본격적인 학교보건사업의 시작
	• 1973년 분야별 간호사제도 신설	• 마취, 정신, 보건(73), 가정(90)
	• 1977년 「의료보험법」 시행	• 500인 이상 사업장에 강제 적용

	• 1980년 「농특법」 제정	• 일차보건의료의 일환으로 보건진료원제도 실시
	• 1981년 「산업안전보건법」 제정	
	• 1985년 통합보건사업 실시	
	• 1989년 전 국민의료보험 실시	
	• 1990년 「산업안전보건법」 개정	• 간호사가 보건관리자에 포함
	• 1990년 「학교보건법」 시행령 개정	• 양호교사의 일차건강관리자로서의 직무 구체화 (보건교육, 보건지도, 환경위생관리 등)
	• 1991년 가정간호사 제도 실시	• 「의료법 시행규칙」 개정(1990) : 분야별 간호사에 가정간호사 포함
	• 1995년 「국민건강증진법」 제정	• 2005년 보건소 건강증진사업 전국 확대
	• 1995년 「지역보건법」으로 개정	• 지역보건의료계획 수립 의무
	• 1995년 「정신보건법」 제정	
	• 1999년 「국민건강보험법」 제정	
지역사회 간호시대 (1980~현재)	• 2000년 의료보험조직완전통합	• 국민건강보험공단 및 건강보험심사평가원 출범 • 직장가입자와 지역가입자로 구분
	• 2000년 전문간호사제도로 개칭(4개) → 2003년(6개 추가) → 2006(3개 추가)	• 보건, 마취, 정신, 가정, 감염관리, 산업, 응급, 노인, 중환자, 호스피스(2006년: 임상, 종양, 아동): 13개 영역
	• 2002년 보건교사로 개칭	• 초중등교육법 개정
	• 2003년 의료보험재정통합	
	• 2005년 「저출산·고령사회 기본법」 제정	
	• 2007년 「장기요양보험법」 제정	• 2008년 장기요양보험제도 실시
	• 2007년 맞춤형 방문건강관리사업	• 보건소 중심으로 전국단위로 사업 실시
	• 2013년 통합건강증진사업 실시	
	• 2015년 「지역보건법」 개정	• 건강생활지원센터 설립(2016)
	• 2020년 질병관리청 승격	• 질병관리본부가 질병관리청으로 승격
	• 2021년 간호정책과 신설	• 보건복지부 조직 개편으로 간호정책과 신설

🔍 참고 POINT

1. **우리나라 중앙 보건행정조직의 개편**

   한일합병조약 후 조선총독부 경무국에 위생과 설치(1910) ⇨ 해방 후 미군에 의해 위생국 설치(1945) ⇨ 보건후생국(1945) ⇨ 보건후생부(1946) ⇨ 사회부(1948) 내에 보건국 설치 ⇨ 보건부로 독립(1949) ⇨ 보건사회부(1955) ⇨ 보건복지부(1994) ⇨ 보건복지가족부(2008) ⇨ 현재 보건복지부로 개정(2010)

2. **우리나라 중앙 간호행정 조직의 개편**

   보건후생부 간호사업국 보건간호사업과(1946) ⇨ 보건국 간호사업과(1948) ⇨ 보건사회부 간호담당관실(1970) ⇨ 보건사회부 간호사업계(1973) ⇨ 간호사업계 폐지(1981) ⇨ 간호정책과 신설(2021)

3. **보건복지부 직제 내 간호정책과 신설(2021.5.11)**

   (1) **근거법령**: 보건복지부와 그 소속기관 직제 시행규칙

   (2) **직제**: 보건의료정책실 – 보건의료정책관 – 간호정책과

   (3) **관장업무**
      ① 간호인력 수급정책의 수립 및 조정
      ② 간호인력 양성 및 관리에 관한 사항
      ③ 간호인력 근무환경 및 처우 개선 대책에 관한 사항
      ④ 간호정책 관련 법령의 제 · 개정에 관한 사항
      ⑤ 간호 · 간병통합서비스 운영에 관한 사항
      ⑥ 간호사 및 조산사의 보수교육 · 면허 신고 및 지도 · 감독에 관한 사항
      ⑦ 간호조무사의 보수교육 · 자격 신고 및 지도 · 감독에 관한 사항

   (4) **의의**

      국가책임하에서 간호관련 정책이 보다 체계적이고도 합리적으로 관리된다는 측면에서 의의가 있음

✏️ 기출문제 맛 보기

우리나라 지역사회간호의 발달사에 대한 설명으로 가장 옳은 것은?　23년 서울

① 1956년 「보건소법」이 제정되면서 읍 · 면 단위의 무의촌에 보건진료소가 설치되었다.
② 1981년 「산업안전보건법」이 제정되면서 산업장 간호사가 보건관리자가 되었다.
③ 1995년 「국민건강증진법」이 제정되고 「보건소법」이 「지역보건법」으로 개정되었다.
④ 「노인장기요양보험법」이 2008년 제정되었다.

정답 ③

CHAPTER **05** # 지역사회간호이론

1 일반체계이론

1) 체계의 정의

① 체계(system)란 사물 사이에 환경과 상호작용하는 요소들의 집합체로(Von Bertalanffy, 1968), 부분의 합보다 큰 어떤 것을 말한다.

② 하나의 체계는 외부환경과 끊임없이 상호작용하며, 체계 내 부분의 변화는 전체로서의 체계 및 체계를 구성하는 다른 구성요소에 영향을 미친다.

③ 그 결과 구성요소들의 상호작용은 단순한 구성요소들의 합 이상의 전체 체계를 만들어 낸다.

2) 체계의 구조

체계를 구성하는 기본구조는 경계, 환경, 계층, 속성의 4가지로 설명할 수 있다.

(1) 경계(boundry)

① 체계를 환경으로부터 구별하는 부분이다.

② 외부체계로부터 들어오고 외부체계로 나가는 **에너지의 흐름을 조장 또는 규제**

③ 경계의 **투과성 정도가** 체계의 개방성 정도를 결정된다.
- **개방체계(open system)**: 환경과 내부 구성요소 간에 상호작용이 있는 집합체
- **폐쇄체계(closed system)**: 환경과 내부 구성요소 간에 상호작용이 없는 집합체

(2) 환경(environment)

경계 외부의 세계로 체계와의 상호작용을 통해 체계에 영향을 미치고, 체계의 행동에 의해 변화되는 대상의 집합체이다.

(3) 계층(hierachy)

체계의 배열은 **계층적 위계질서**가 있으며, 체계는 하위체계 요소들의 계속적인 교환과 활동에 의해 유지된다.

(4) 속성(attribute)

체계의 부분이나 요소들의 **고유한 특성**을 의미한다.

3) 체계과정

(1) **투입(Input)**: 체계 내로 에너지(물질, 정보 등)가 유입되는 과정

(2) **변환(Throughput)**: 체계 내에서 에너지, 물질, 정보의 사용이 일어나는 과정

(3) **산출(Output)**: 변환의 결과 생산된 에너지, 물질, 정보를 배출하는 과정

(4) **회환(Feedback)**

① 체계가 완전한 기능을 발휘하기 위해 **산출의 일부가 재투입되는 과정**

② 내외적인 체계의 변화에 효과적으로 적응하기 위해서 필수적인 과정

③ 한 체계의 산출은 환경을 통해 평가되고, 이 평가 결과가 다시 체계로 되돌아오는 과정

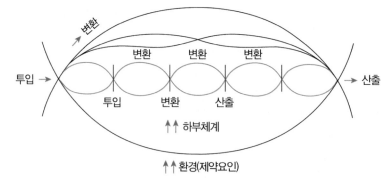

[그림 1-2] 일반체계모형

* 출처: 양숙자 등(2022), 지역사회간호학 I, 현문사, p.274.

4) 체계이론의 주요 개념

(1) 물질과 에너지 교환

① 체계의 생존에 중요하다.

② **엔트로피(entropy)**: 체계에 혼잡과 비조직화를 조장하는 무질서의 에너지

   네겐트로피(negentropy): 체계의 질서를 증진시키는 에너지

③ 모든 생물체는 이 둘을 가지고 있으며 심한 엔트로피상태가 지속되면 체계는 불안정하게 됨

(2) 전체성

부분들의 집합인 체계는 하나의 통합된 단일체로서 반응한다.

(3) 항상성(steady state)

항상성이란 생성과 파괴가 일어나는데도 변화하지 않고 체계 내 요소가 균형 상태를 유지하는 것으로, **자기조절능력에 의해 안정 상태를 이루는 것을** 말한다.

예 체온조절을 통한 신체의 항상성 유지

(4) 궁극적인 평형성(균등종국, Equifinality)

　① 균등종국이란 시작상태와 관계없이 과정에서의 장애가 있어도 동일한 목표에 도달하는 것으로 평형상태를 유지하는 개방체계의 속성을 의미한다.

　② 체계는 목표 지향적이므로 서로 다른 시작의 조건과 다른 과정을 거치면서 동일한 목표에 도달하게 된다.

(5) 위계적 질서

　모든 체계에는 질서와 양상(pattern)이 있어 모든 체계의 부분이나 요소들 사이에는 순차적이고 논리적인 관계가 있음을 의미한다.

5) 지역사회간호에의 적용

(1) 체계 구성요소에 따른 지역사회간호에의 적용

구성요소	지역사회간호에의 적용
구성물(components)	지역사회 주민
자원(resource)	지역사회의 건강과 관련된 인적, 물적, 사회 환경적 자원
상호작용(interaction)	지역사회 주민과 인적, 물적, 사회 환경적 자원과의 상호작용
목표(goal)	적정기능 수준의 향상, 건강의 유지, 증진, 삶의 질 향상
경계(boundary)	지역사회의 경계 예 도시의 행정구역

(2) 체계과정에 따른 지역사회간호에의 적용

　① **투입**: 지역사회구성물(지역사회 주민)과
　　　　　　지역사회 자원(지역사회의 인적, 물적, 사회 환경적 자원)

　② **변환**: 지역사회간호과정

　③ **산출**: 지역사회간호의 목표 성취(적정기능수준의 향상)

　④ **회환**: 하부체계 또는 환경의 영향으로 목표달성을 하지 못했을 때 일어남

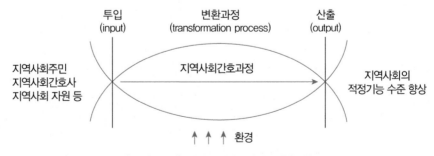

[그림 1-3] 지역사회간호사업 체계모형

* 출처: 양숙자 등(2022). 지역사회간호학 I. 현문사. p.275.

2 | 기획이론

1) 기획의 개념

① 기획은 전략적인 의사결정과정으로 사회나 조직을 위한 목표, 정책, 절차나 방법 및 수단들을 선택하고 결정하는 과정이다.

② 이에 반해 계획(plan)은 기획 과정의 결과로 나타난 최종산물이다.

2) 기획의 특성

(1) 미래 지향적(future directed)이다.

기획은 미래사건들을 예측하고 조직에 어떤 활동들이 필요할지 결정하고 다루는 것으로 미래에 대한 불확실성을 최소화하기 위한 노력이다.

(2) 목표 지향적(purposeful)이다.

기획은 미래가 우리의 의도에 맞게 변화시키고자 하는 인간의 바람을 반영하는 수단이다.

(3) 목표달성을 위한 최적의 수단(optimal strategies)을 제시한다.

기획은 어떤 현상이나 사건의 바람직한 미래를 설정하고 그것을 달성하는데 구체적인 수단을 제시한다.

(4) 과정 지향적이다.

기획과정의 여러 단계는 체계적, 논리적으로 연결되어 상호 영향을 미치므로, 기획은 일회적이거나 단편적인 의사결정과정이 아니라 하나의 **연속적인 의사결정과정**으로 이루어진다.

(5) 변화 지향적(changeable)이다.

기획은 변화와 발전을 추구하므로, 기획은 변화하는 상황에 대처할 수 있도록 예상치 못한 사건이나 상황이 발생할 때 그 영향을 분석하여 기획과정에 반영하여야 한다.

(6) 행동 지향적이다.

기획은 실행을 전제로 하므로 수립한 기획을 기획의도에 맞게 실행할 수 있도록 기획자에게 관리자보다 더 많은 권한과 자원을 부여하여 기획을 성공적으로 이끌어야 한다.

3) 기획의 필요성

(1) 각종 요구에 대한 희소자원의 효율적 배분

개인이나 지역사회의 각종 기대와 요구를 충족시키기 위해서는 우선순위를 설정하여 부족한 자원을 기대되는 요구에 맞게 배분하고 상호 조정하여야 하기 때문에 기획이 필요하다.

(2) 이해 대립의 조정과 결정

목표를 달성하기 위한 방법과 수단을 결정할 때, 흔히 상충되는 갈등으로부터 선택의 문제를 해결하는 데에도 기획과정이 필요하다.

(3) 변화·발전하는 지식과 기술 개발에 따른 적용

사업의 효과성과 효율성을 높이기 위하여 새로운 지식과 기술의 적용가능성을 검토하여, 가장 적절한 것을 선택하기 위해 기획이 필요하다.

(4) 합리적 의사결정수단 제공

기획은 기획과정을 통해 능률과 효율의 원칙을 기반으로 합리적인 정책결정을 내릴 수단을 제공할 수 있다.

4) 보건기획 과정(Taylor)

(1) 전제조건의 사정

① 기획을 하기 위한 특정 조건이 마련되었는지를 사정하고, 이런 조건을 만드는 과정
   ⇨ 부서가 있는지 확인하고 없다면 부서나 인력을 배정하는 단계(기획팀의 조직)
② 기획할 수 있는 상태인지 아닌지를 결정하는 단계
   예 특정조건: 정부의 관심, 정책, 법적 근거, 인력, 조직, 행정 능력 등

(2) 보건 현황 분석

배정된 부서나 인력이 현재의 보건문제, 보건의료사업, 각종 자원들에 대한 정보 수집 및 연구를 통해 사업목표, 정책, 우선순위, 자원분배 등을 결정하는 기준 등을 마련하기 위한 과정이다.
예 SWOT 분석기법 사용하여 전략 도출

(3) 우선순위 설정과 각종 사업방법의 연구

사업의 우선순위결정과 선정사업의 목표를 설정하고, 각종 방법 및 수단 등의 장단점을 고려하여 가장 효율적인 방법을 선택하는 과정이다.

(4) 계획의 작성

기획을 위한 환경, 전략, 전제조건 사정 및 수립, 보건현황 분석, 사업 우선순위 선정, 사업의 구체적 목적, 각종 사업방법 및 수단의 연구 등을 계획서로 작성하는 과정이다.

(5) 사업수행

사업의 목표를 달성하기 위한 사업의 구체적인 수행을 계획하고, 계획에 따라 요원들이 그들의 특유한 역할과 기능을 수행하는 단계이다. ❷ 보건인력의 채용 및 교육, 자원 활용 계획 등을 수행

(6) 평가 및 재계획

수행된 사업의 결과를 양적, 질적으로 측정 후 정해진 기준과 비교하여 달성여부를 확인하고, 필요시 재계획하는 과정이다.

5) 지역사회간호에의 적용

지역사회간호사업의 계획단계에 적용이 가능하다.

3 교환이론

1) 개념

(1) 1950년대 George Homans에 의해 체계화, 인간의 행동을 타인과의 상호작용을 통해 분석
(2) 교환이론에서는 인간을 합리적 동물로 보며, 모든 행동의 동기는 최대이익을 추구하려는 심리적 요인에 있다고 가정함
(3) 인간의 사회적 상호작용을 **비용과 보상의 관계**에 기초하여 주고받는 **교환과정**으로 봄

2) 교환이론에서 사용되는 개념

(1) **비용(대가)**: 보상을 얻기 위해 지불하는 것으로 시간, 노력, 비용 등
(2) **보상**: 교환을 통해 얻을 수 있는 심리적, 사회적, 물질적, 신체적 보상
(3) **권력(power)**: 상대방에게서 보상을 얻어내는 능력
(4) **규범(norm)**: 상호관계에서 인정되는 행동규칙

3) 교환과정

(1) 교환과정의 유형

① 물질적 교환 예 비용 ⇔ 직접 서비스
② 비물질적 교환 예 칭찬 ⇔ 감사

(2) 교환자원의 종류

물질적 자원과 비물질적 자원(교육, 의뢰, 상담활동, 신뢰 등)

4) 지역사회간호에의 적용

(1) 교환이론은 지역사회간호과정 중 수행단계에서 가장 많이 적용되는 이론
(2) 대상자들이 사업에 대해 보상이 많을수록 상호작용이 긍정적으로 지속
(3) 교환이 잘 이루어지도록 교환과정을 위한 조직과 기준을 확립하여야 함
(4) 교환 시 지역사회간호사와 지역주민은 대등한 관계여야 하며, 일방적 교환이어서는 안 됨
(5) 교환된 결과에 대해서는 환류가 이루어져 다음 과정에 반영되어야 함

4 뉴만(Betty Neuman)의 건강관리체계이론

1) 이론의 개요

(1) 간호의 대상

① **총체적 인간체계**로 접근함. 즉 대상체계는 생존의 필수 요소로 구성되어 있는 기본구조와 이를 둘러싸고 있는 3가지 보호막 즉 저항선, 정상방어선, 유연방어선으로 구성된다.
② 인간(대상체계)은 **환경과 상호작용하는 개방체계**로서 서로 영향을 주고받으며 계속 변화한다고 가정한다.
③ 대상체계는 개인, 가족, 집단, 지역사회에 모두 적용될 수 있다.

(2) 간호의 목표: 건강

인간체계 속의 기본구조와 방어선들이 환경의 변수들인 스트레스원을 막아내어 **대상체계가 안정상태**를 이루는 것이다.

(3) 간호활동

① 간호: 스트레스원에 대한 **대상체계의 반응에 영향하는 변수들에 대한 중재**로서 개방체계인 대상자의 안정에 목적을 두는 활동을 의미한다.
② 간호활동을 **예방(1차, 2차, 3차 예방활동)** 개념으로 설명
⇨ 다른 이론보다 지역사회간호영역에 더 많이 활용된다.

(4) 환경

① 대상체계는 환경과 접하고 있으며, 이들 환경은 내적 · 외적 환경으로 이루어진다.

② 환경은 대상체계와 계속적인 상호작용을 하며, 지속적으로 영향을 미치는 스트레스원으로 작용한다.

2) 이론의 주요개념

(1) 기본구조(basic structure)

① 대상체계의 **생존에 필요한 필수적인 구조**로 모든 체계가 공통적으로 가지고 있는 기본적인 에너지 자원으로 이루어져 있다.

② 상호작용하는 5개의 변수 **생리적, 심리적, 사회문화적, 발달적, 영적 변수**들로 구성되어 대상체계의 고유한 특성을 나타낸다.

③ 기본구조가 손상되면 대상체계는 생명에 위협이 오거나 사망하게 된다.

생리적 변수	• 신체구조와 기능과 관련 • 지역사회 물리적 구조와 기능, 인구구조와 분포, 건강수준, 질병상태 등
심리적 변수	• 건강에 대한 자아개념과 태도 등 심리적 과정과 관계에 관여 • 주민의 자율성, 유대관계, 결속력, 인지 · 정서적 특성, 지역사회 의사소통 등
사회문화적 변수	• 문화, 교육, 수입등 사회문화적 영향에 초점 • 교통, 통신, 경제, 문화, 교육, 안전, 산업, 보건사업 등
발달적 변수	• 연령, 발달정도와 관련 • 역사, 개발상태, 발달단계(인구고령화) 등
영적 변수	• 종교적 중재, 신의 벌에 대한 신념과 관련 • 종교, 가치관, 도덕성, 신념, 건강신념 등

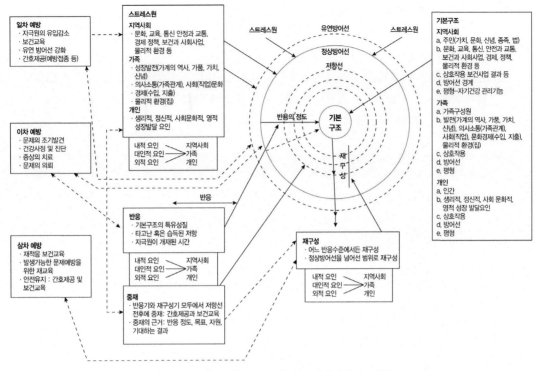

[그림 1-4] 뉴만(Neuman)의 건강관리체계 모형

*출처: 안양희 등(2017). 지역사회보건간호학. 현문사. p.166.

(2) **저항선(line of resistance)**

① 기본구조를 둘러싸고 있는 몇 개의 점선원으로, 기본구조를 보호하는 최후의 요인

② 스트레스원이 대상체계의 기본구조에 침투되는 것을 보호하는 **내적 요인으로, 즉 대상 체계가 스트레스원에 저항하여 기본구조를 지킬 수 있도록 돕는 자원**

> **예** 신체면역체계, 지역사회 유대감, 결속력 등

③ 저항선이 무너지면 기본구조가 손상되어 생명이나 존재에 위협받게 되고, 저항선이 활성화되어 이를 잘 중재하면 더 높은 안녕수준으로 재구성을 이루게 할 수 있다.

④ 정상방어선을 통한 스트레스원의 침입이 있은 후 **활성화**된다.

(3) **정상방어선(normal line of defense)**

① 저항선 바깥에 존재하며 대상체계가 장기간 유지해온 **안정 상태** 또는 어떤 외적 자극이나 스트레스원에 대해 나타내는 **정상적 범위의 반응**을 의미한다.

② 일상적인 대처유형, 삶의 유형, 문제해결능력, 발달단계와 같은 행위적 요소와 신체상태, 유전적 요인 등 변수들의 복합물이라 할 수 있다.

(4) 유연방어선(flexible line of defense)

① 기본구조를 둘러싸고 있는 가장 바깥 선으로 외부의 자극에 대해 대상체계를 일차로 보호하는 **쿠션**과 같은 기능을 한다.

② 유연방어선은 외부의 변화와 상호작용하여 수시로 변화하는 **역동적 구조**로 되어 있으며, 스트레스원이 정상방어선을 침범하지 못하도록 **완충적 역할**을 한다.

③ 대상체계의 **경계**로 작용한다.

🔍 참고 POINT

[방어선의 사정자료]

유연방어선	• 지역사회의 보건의료체계는 적절한가? • 의료기관의 분포상태가 적정한가? • 의료서비스의 질이 양호한가?
정상방어선	• 지역사회주민들의 문제해결능력, 대처능력은 적절한가? • 지역주민들의 건강수준은 적절한가? • 지역사회 교통 및 통신상태는 적절한가? • 물리적 환경 요소들은 적절한가? • 교육 및 경제수준은 적절한가?
저항선	• 지역주민의 건강에 대한 태도, 가치관, 신념은 어떠한가? • 지역주민의 유대관계, 결속력은 어떠한가?

---

(5) 스트레스원(stressors)

① 스트레스원은 긴장을 유발하는 자극 또는 체계의 불안정을 초래하는 **내·외적 자극**으로, **모든 환경적 변수**는 스트레스원으로 작용할 수 있다.

② 스트레스원의 영향력은 **스트레스원 자체의 강도와 수**에 좌우되고, 3가지 **방어선의 방어능력**에 좌우된다.

내적 요인 (체계 내 요인)	• 체계 내에서 일어나는 자극요인을 말한다. 📖 통증, 상실, 분노 등 개체 내에서 일어나는 신체적·정신적 자극 　영아사망률 증가, 오염된 상수도, 보건교육 부족, 이혼율 증가 등
대인적 요인 (체계 간 요인)	• 체계 간에 일어나는 자극요인을 말한다. • 타 지역사회와의 관계나 정부와의 관련에서 나타날 수 있는 자극요인 📖 사람과 사람간의 역할갈등, 역할 기대 　다른 지역사회와 비교하여 기본구조에 관련된 자원들이 적절한가 　정부나 외부기관으로부터 적절한 자원을 제공받는가 　주민들의 자원활용에 어려움이 없는가
외적 요인 (체계 외 요인)	• 체계의 경계 밖에 있는 외부 환경의 변화요인을 말한다. 📖 관습·정책의 변화, 실직·경제상태 변화, 실업양산가능성, 재난, 환경오염 등

*출처: 한영란 등(2022). 최신 지역사회보건간호학. 현문사. p.180.

(6) 예방단계: 간호중재단계

① 일차예방(건강유지, 증진)
  ㉠ 대상체계에서 어떤 증상, 즉 반응이 생기지 않은 상태에서 수행되는 간호중재
  ㉡ 스트레스원을 자체를 없애거나 약화시키는 중재 활동
  ㉢ 만약 스트레스원을 약화시키거나 중재할 수 없는 종류인 경우 유연방어선을 강화시킴으로써 스트레스원이 정상방어선을 침범하지 못하게 정상방어선을 보호하는 간호중재
    예 예방접종, 환경위생, 영양교육, 운동요법, 보건교육 등

② 이차예방(조기발견 및 치료)
  ㉠ 스트레스원이 정상방어선을 침범하여 저항선에 도달함으로써 증상이 나타나기 시작했을 때 시행하는 중재활동
  ㉡ 증상을 완화시키거나 저항선을 강화하여 스트레스원이 기본구조를 손상시키지 못하도록 보호
    예 건강검진, 병원치료 등

③ 삼차예방(재적응, 재발방지)
  ㉠ 스트레스원에 의해 대상체계의 균형이 깨어진 상태에서 다시 체계의 균형을 재구성함으로써 **바람직한 안녕상태**로 되돌리기 위한 **역동적인 적응과정을 돕는 중재활동**
  ㉡ 스트레스원에 의해 기본구조가 파괴되었을 때 **합리적인 적응정도**를 유지하는 것으로, 각 대상체계의 기본에너지를 활용하여 재구성되도록 돕는 중재활동
  ㉢ 반응이나 퇴행이 재발되지 않도록 스트레스원에 대한 저항력을 강화시키는 활동
    예 역행을 막기 위한 재교육, 재발방지, 재활 등

3) 간호과정에의 적용

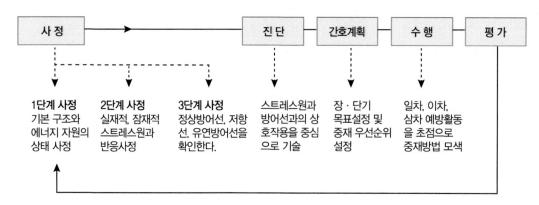

*출처: 안양희 등(2017). 지역사회보건간호학. 현문사. p.169.

> **✎ 기출문제 맛 보기**
>
> Betty Neuman의 건강관리체계이론에 대한 설명으로 옳은 것은? 20년 지방
>
> ① 역할기대는 스트레스원 중 외적 요인에 해당한다.
> ② 저항선은 유연방어선보다 바깥에 위치하면서 대상 체계를 보호한다.
> ③ 유연방어선을 강화시키는 활동은 일차예방에 해당한다.
> ④ 정상방어선은 기본구조 내부에 위치하면서 대상 체계를 보호한다.

정답 ③

5 오렘(Orem)의 자가간호이론

1) 이론의 개요

(1) **인간**은 자신의 건강과 안녕을 위해 스스로 간호하기 원하는 **자가간호의 요구**와 그 일을 행할 수 있는 **역량**을 동시에 가지고 있다고 가정한다.

(2) 자가간호요구가 자가간호역량보다 클 때 **자가간호결핍**이 나타나고, 이때 간호사의 도움을 필요로 하게 된다.

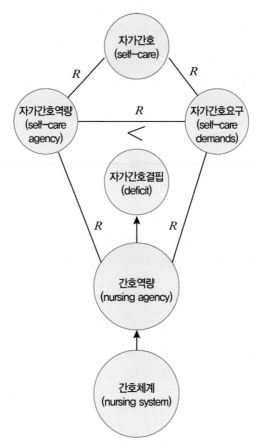

[그림 1-5] 오렘의 자가간호이론 개념 틀

*출처: 양숙자 등(2022). 지역사회간호학 I. 현문사. p.284.

2) 주요개념

(1) 자가간호요구(필수자가간호, self care requisite)

인간이 자신의 건강한 삶을 유지하기 위한 외부적 환경이나 자신내부의 요소를 조절하기 위해 스스로 수행해야하는 활동을 말한다.

보편적 자가간호요구	• 인간이 보편적으로 가지는 자가간호 요구로, 인간의 구조, 기능을 유지하는 내적, 외적 조건과 관련된 요구 예 공기, 물, 영양, 배설, 휴식과 활동, 사회적 교류, 위험예방, 기능증진 등에 필요한 자가간호요구
발달적 자가간호요구	• 발달과정과 생의 주기에서 성장발달과 관련하여 특별하게 필요로 되는 자가간호요구 예 임신, 배우자와 부모의 사망 등에서 필요로 되는 자가간호요구
건강이탈 자가간호요구	• 질병상태, 진단 및 치료와 관계된 비정상적 상태에 대한 자가간호요구 예 질병, 불구, 불능을 가졌거나 의학적 진단 및 치료를 받는 사람들에게 나타나는 자가간호요구

○ 치료적 자가간호요구(therapeutic self-care demand)

특정한 기간 또는 일정 기간 동안 적절한 방법과 수단을 활용하여 개인의 필수 자가간호를 모두 충족시키기 위하여 수행되는 자가간호 활동의 총합이다.

(2) 자가간호역량(Self care agency)

① **자가간호 활동을 수행하기 위하여 필요한 능력(힘)**으로 대상자가 자신의 이익과 역량을 위해 스스로 실행하고 개발하는 능력이다.

② 자가간호를 수행할 수 있는 지식, 기술, 태도, 신념, 가치, 동기, 행동 등으로 구성된다.

(3) 자가간호결핍(Self care deficit)

① 대상자 개인의 자가간호역량과 자가간호요구 간의 관계를 나타낸 것이다.

② **자가간호요구가 자가간호 역량보다 클 때** 나타난다.

(4) 간호역량(Nursing agency)

자가간호결핍이 있는 대상자의 자가간호요구와 자가간호역량 정도를 평가하여 적절한 **간호체계를 설계, 제공하는 간호사의 복합적인 간호능력**을 말한다.

(5) 간호체계(Nursing system)

① 대상자의 자가간호요구를 충족시키거나 자가간호역량을 조절하기 위하여 필요한 간호행위들로 3가지의 간호체계로 제시된다.

② 대상자의 자가간호결핍을 극복하도록 돕는 **간호사가 제공하는 일련의 연속적 실무활동**이다.

전적 보상체계	• 개인이 자가간호활동을 거의 하지 못할 때 • 간호사가 전적으로 환자의 모든 것을 해주거나 활동을 도와주는 경우
부분적 보상체계	• 개인이 일반적인 자가간호 요구는 충족하나 건강이탈 요구를 충족하기 위해서 도움이 필요한 경우 • 간호사와 대상자가 함께 간호를 수행
지지적 교육체계	• 환자가 자가간호 요구를 충족시키는 자원은 있으나 의사결정, 행위조절, 지식, 기술을 획득하는 데 간호사의 도움이 필요한 경우 • 간호사는 지지, 지도, 발전적 환경제공 및 교육을 통해 간호

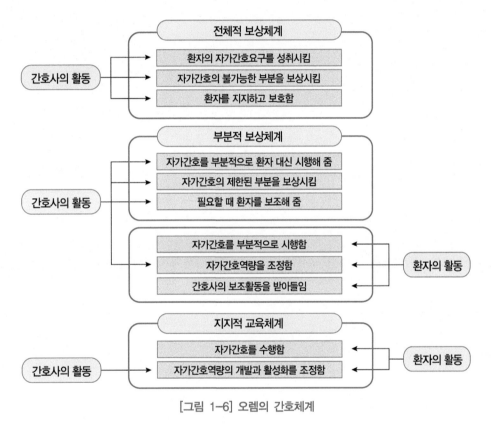

[그림 1-6] 오렘의 간호체계

*출처: 양숙자 등(2022). 지역사회간호학 I. 현문사. p.287.

3) 지역사회간호과정에의 적용

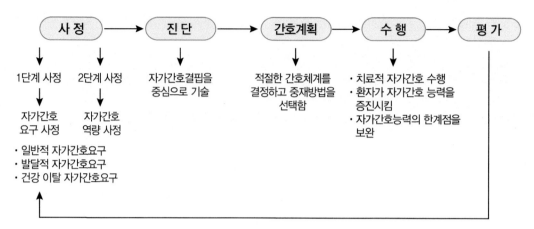

*출처: 양숙자 등(2022). 지역사회간호학 I. 현문사. p.287.

기출문제 맛 보기

다음에 해당하는 오렘(Orem)이론의 자가간호요구는?　　　　21년 지방

> 당뇨로 진단받아 투약 중인 대상자가 식후 혈당이 420mg/dℓ였고, 합병증 예방 및 식이조절에 대하여 궁금해 하고 있다.

① 생리적 자가간호요구　　　　　　　② 건강이탈 자가간호요구
③ 발달적 자가간호요구　　　　　　　④ 일반적 자가간호요구

정답 ②

6   로이(Roy)의 적응이론

1) 이론의 개요

① 인간을 **적응체계**로 보는 관점의 이론

② 인간을 둘러싼 다양한 조건이나 상황 등과 같은 내 외적 환경 **자극**에 대해 인간이 인지기전과 조절기전 등의 **대처기전**을 사용하여 **적응양상**을 나타내고, 그 결과 적응 또는 비효과적 적응**반응** 에 이른다고 보는 이론

③ 간호는 **자극을 감소**하고, 4개의 **적응양상에 영향**을 주어 **적응반응을 증진**하도록 돕는 것

④ 적응이론은 개인을 대상을 한 적응과정을 설명하기에 유익하다.

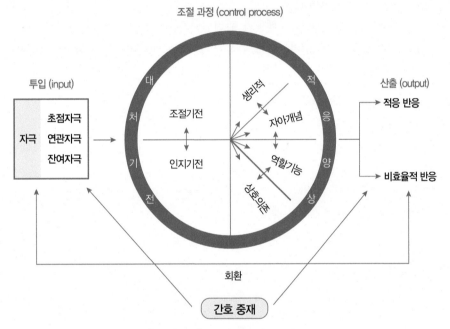

[그림 1-7] 적응체계로서의 인간

*출처: 김춘미 등(2019). 지역사회보건간호학. 수문사. p.97.

2) 주요개념

(1) 자극(stimuli)의 유형: 투입

- 인간이 환경에 적응하기 위해 주어지는 **내외적 자극**을 의미한다.
- **초점자극, 관련자극, 잔여자극**으로 나뉜다.
- 이 세 가지 자극은 서로 복합되어 있으므로 사정 시 구분하여 사정하여야 한다.

① 초점자극(focal stimuli)
- 인간행동에 가장 큰 영향을 미치고 있는 **즉각적이며 직접적인 사건이나 상황**
  예 시험, 갈등, 질병, 임신 등

② 연관자극(contextual stimuli)
- 초점자극에 의해 유발되는 행동과 관련된 모든 자극
- 현재 상태에 영향을 주며, 대개 측정될 수 있는 내외적 환경에 존재하는 자극
  예 피곤, 근심 등

③ 잔여자극(residual stimuli)
- 인간행동에 간접적으로 영향을 줄 수 있는 요인
- 현 상태에 영향을 미치기는 하나 대부분 측정하기 어려운 개인 특성과 관련된 요인
  예 과거의 경험, 신념, 태도, 가치, 성품 등

(2) 대처기전(coping mechanism): 과정

체계가 자극을 받아 체계내부에서 일어나는 조절 및 통제하는 과정

① 조절기전(Regulation)
자극이 투입될 때 자율신경계 반응 또는 호르몬계 반응, 정신신체 반응을 관장하는 기전으로 대개 자율적, 즉각적, 무의식적으로 반응하는 대처기전

② 인지기전(cognator)
자극이 투입될 때 인지적 정보처리과정, 학습, 판단, 정서 등의 복잡한 인지과정을 통하여 반응하는 대처기전

(3) 적응양상(adaptive mode)

- 대처기전의 활동으로 나타나는 자극에 대한 반응으로써, 인간의 기본적인 욕구를 나타내는 행위들의 모임이다.
- 조절기전은 **생리적 적응양상**과 인지기전은 **자아개념, 역할기능, 상호의존 적응양상**과 관련된다.

① 생리적 양상(physiologic mode)

환경적 자극에 대해 생리적으로 반응하는 양식으로 자극에 대한 **생리적 통합성**을 이루려는 욕구와 관련   예 수분과 전해질, 배설, 체온, 내분비계, 운동, 식이, 영양 등의 조절행위

② 자아개념 양상(self concept mode)

- **정신적 통합성**을 유지하기 위하여 일어나는 적응양상으로 심리적 · 영적 특성에 초점
- 신념과 느낌의 복합체로서, 인간이 자기자신에 대하여 믿고, 느끼고, 생각하는 것으로 지각 (특히 타인들의 반응)으로부터 형성되고, 자신의 행동을 관리한다.
  - ㉠ **신체적 자아(physical self)**: 신체에 대한 주관적인 생각으로 감각과 신체상을 포함
  - ㉡ **개인적 자아(personal self)**: 자신의 기대, 성격, 가치에 대한 평가로 도덕−윤리적, 영적 자아, 자아 일관성, 자아이상 또는 기대로 구성
    - 예 윤리적, 도덕적 가치관, 지향점, 가족의 결속력 등

③ 역할기능 양상(role function mode)

- **사회적 통합성**을 유지하기 위한 적응양상
- 부여된 사회적 지위에 따른 적합한 역할(의무)의 수행
  - 예 사회적 지위에 따른 역할 수행

④ 상호의존 양상(interdependent mode)

- 사회적 통합성 중에서 특히 **상호작용**에 초점을 둔 적응양상
- 상호의존감이란 독립심과 의존심 사이의 균형으로 의미 있는 타인이나 지지체계와의 관계, 사랑, 존경, 가치를 주고받는 것과 관련
  - 예 가족구성원의 상호지지, 지지체계, 상호작용의 양상 등

(4) 반응: 산출(output)

자극에 대한 대처기전의 활동결과로써 나타나는 적응양상에 의한 반응

① 적응반응(adaptive response)

생존, 성장, 재생산, 성숙 등 인간의 통합성을 유지, 증진시키는 긍정적 반응

② 비효과적 반응(ineffective response)

통합성 증진(생존, 성장, 생식, 성숙)에 도움을 주지 못하거나 방해가 되는 반응

(5) 회환(feedback)

- 산출된 결과는 회환과정을 통해 새로운 자극으로 인간에게 재 투입됨.
- 회환된 것은 인간의 적응수준이 된다.

3) 지역사회간호과정에의 적용

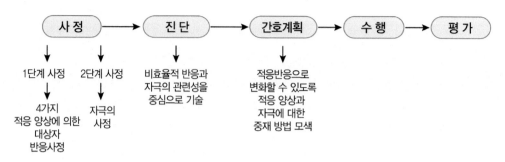

*출처: 양숙자 등(2022). 지역사회간호학 I. 현문사. p.293.

🔗 기출문제 맛 보기

다음에서 설명하는 로이(Roy) 적응이론의 자극유형은?   22년 지방

- 현재 상태에 영향을 미치는 개인의 신념, 태도, 성격, 과거 경험 등과 같은 특성을 의미한다.
- 인간 행동에 간접적으로 영향을 미치는 요인이며, 대부분 측정이 어렵다.

① 초점자극   ② 연관자극
③ 잔여자극   ④ 조절자극

정답 ③

CHAPTER 06

지역사회간호사의 역할과 기능

1 지역사회간호사의 역할

[표 1-1] Clark의 분류(2008)

대상자 중심의 역할	서비스 전달중심의 역할	인구중심의 역할
• 직접간호제공자 • 교육자 • 상담자 • 자원 의뢰자 • 역할모델 • 사례관리자	• 조정자 • 협력자 • 연계자(교섭자, liaison)	• 사례발견자 • 지도자 • 변화촉진자 • 정책옹호자(옹호자) • 연구자 • 지역사회 동원자 • 사회적 마케터

*출처: 오미성 등(2016). 지역사회간호학. Pacific Book. p.33.

1) 대상자 중심의 지역사회간호사의 역할

대상자에게 필요한 서비스를 직접 제공하는 역할

역할	설명	기능
직접간호 제공자	• 개인이나 가족의 건강문제 발생 시 간호과정을 적용하여 간호문제를 사정하고, 계획하여 적절한 간호를 직접 제공하는 역할 • 기본간호술, 특수간호술, 신체사정 및 기술, 면담술, 의사소통술 등	• 대상자의 건강상태 사정 • 간호진단 도출 • 간호수행 계획 • 간호수행 • 결과평가
교육자	건강에 관련된 습관, 건강증진 행위 등에 관련된 사항에 대해 바람직한 행위 변화를 하도록 정보를 제공하고 교육하는 역할	• 대상자의 교육요구 사정 • 보건교육 계획 • 보건교육 수행 • 보건교육 결과평가
상담자	• 대상자가 자신이 처한 상황과 요구를 스스로 더 정확히 알 수 있고, 해결의 계기를 찾을 수 있도록 하는 역할 • 가족상담, 아동발달, 심리상담, 질환상담 등	• 대상자가 해결한 문제를 확인 및 이해 • 대상자 스스로 문제를 확인하도록 도움 • 대상자가 문제 해결의 범위를 정하도록 도움 • 대상자가 선정된 해결방법을 스스로 확인·평가하도록 도움 • 대상자가 문제해결 과정을 알도록 함

자원 의뢰자	• 대상자의 문제해결을 위해 유용한 기관이나 자원과 접촉하여 필요시 의뢰하는 역할 ※ 의뢰: 도움이 필요한 사람에게 도움이 될 자원을 안내하는 과정	• 지역사회자원에 대한 정보수집 • 의뢰의 요구와 적합성을 결정 • 의뢰수행 • 의뢰에 대한 추후관리
역할모델	다른 사람에게 비슷한 역할을 수행할 수 있도록 의식적이나 무의식적으로 그 행동을 시범하는 역할	대상자나 다른 사람에게 학습될 행동을 수행
사례 관리자	• 지역 내 고위험군을 발굴하여 대상자의 문제를 사정, 계획, 수행, 평가하고 지역사회 내의 다양한 서비스를 연계·조정하는 역할 • 대상자의 다양하고 복합적인 요구를 충족시키고 자원을 비용 효과적으로 사용하도록 유도하는 역할 • 사례관리자는 사례발굴자, 연계자, 자원의뢰자, 조정자 등을 함축하는 포괄적 역할 수행	• 사례관리의 요구를 확인 • 대상자 건강요구의 사정과 확인 • 요구에 합당한 간호계획 및 수행 • 다른 사람이 수행한 간호의 감독 • 간호결과평가

2) 서비스 전달 중심의 지역사회간호사의 역할

역할	설명	기능
조정자	조정이 가능한 최대의 유효한 방법으로 대상자의 요구에 충족되는 최선의 서비스를 조직하고 통합하는 역할	• 간호제공자나 서비스에 있어서 중복이나 결핍이 없는지 사정 및 조정 • 대상자의 상태와 요구에 대해 다른 요원과의 의사소통 • 사례집담회(사례연구 모임)를 준비하여 정보를 교환·서비스를 조정
협력자	지역사회간호사가 타 보건의료 인력과 상호 유기적이면서 동반자적 관계를 구축하고 업무를 협력적으로 추진하는 역할	• 다른 건강팀과의 의사소통 • 공동 의사결정에 참여 • 대상자의 문제해결을 위한 공동 활동에 참여
연계자 (교섭자)	• 대상자가 필요로 하는 서비스를 연결해주는 역할 • 주민과 기관, 기관과 기관간의 내적 의사소통 제공	• 대상자와 기관이 처음 접촉하는 단계를 도움 • 대상자와 기관 직원들 간의 의사소통을 원활하게 함 • 서비스제공자의 추천사항을 설명하고 행동을 강화 • 조정자, 자원의뢰자, 옹호자 역할을 포함

3) 인구집단 중심의 지역사회간호사의 역할과 기능

역할	설명	기능
사례 발견자	진단추론과정을 사용하여 질병사례 감지 및 발견하는 역할	• 건강 관련 상태와 기여요인의 징후와 증상의 지식을 발전시킴 • 질병과 이에 관련된 상태의 사례를 확인하는 진단적 과정을 이용 • 확인된 사례의 추후관리를 제공
지도자	다른 사람의 행동에 영향을 주는 지도력을 가지고 지역사회간호 업무를 수행하는 역할	• 활동에 대한 요구를 확인 • 적합한 지도력의 유형을 결정하기 위하여 상황과 추종자를 사정 • 추종자들이 활동을 하도록 동기부여 • 활동을 계획하고 수행 집단구성원의 활동을 조정 • 활동의 효과를 평가하는 추종자를 보조 • 구성원들의 적응을 촉진 • 외부인에게 집단을 분명히 알림
변화 촉진자	대상자가 건강을 이해하고 적합한 의사결정을 내리도록 동기를 촉진시키고 변화를 효과적으로 가져오도록 돕는 역할	• 변화상황에 작용하는 방해요인과 촉진요인을 확인 • 변화를 위한 동기부여에 조력 • 변화의 수행을 도움 • 자기 것으로 굳히도록 집단을 도움
옹호자	지역사회대상자의 권리를 옹호하기 위해 행동하거나 그들의 입장을 대변하는 역할, 대상자의 입장을 지지하고 알려주는 역할	• 대변자(옹호)에 대한 요구를 결정 • 적합한 방법의 진상을 규명 • 결정자에게 대상자의 사례를 제시 • 대상자가 홀로 서기할 수 있도록 준비
정책 옹호자	지역사회 건강관련정책을 제안하고 정책개발과정을 모니터링하는 역할	• 지역사회 건강관련 정책의 개발요구 파악 • 정책 목표 설정 • 건강관련정책에 영향을 미치는 요인 파악 • 인구집단의 건강을 증진시킬 수 있는 정책형성
연구자	지역사회 여러 간호 실무에서 간호문제를 도출하고 연구하여 그 결과를 간호실무에 적용하는 역할	• 연구문제 확인 • 간호연구를 계획 · 수행 • 연구결과를 면밀히 검토 • 연구결과를 실무에 적용 및 보급
지역 사회 동원자	보건사업을 효율적으로 추진하기 위하여 지역사회 주민, 기관 등과 연대를 구축하고 활용하는 역할	• 지역사회 건강관련 이슈에 관심 • 지역사회 건강목표 설정 • 목표달성을 위한 전략 개발 및 이행에 참여 • 지역사회 행동조성을 위한 연합
사회적 마케터	마케팅 기법을 간호사업에 도입하여 대상집단에게 행동을 실천함으로써 얻을 수 있는 혜택을 알려주고, 활동 실천에 장애가 되는 요인을 줄이도록 하며, 프로그램 참여를 설득하여 대상자의 자율적 행위변화가 유도되도록 하는 역할	• 대상자의 요구확인 • 바람직한 행동변화의 촉진 및 방해요인 분석 • 바람직한 중재방안을 개발 및 시도 • 바람직한 전략을 최종 개발

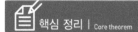
핵심 정리 | Core theorem

(1) 일차보건의료제공자

① 지역사회 내에서 각 개인이나 가족이 보편적으로 접근할 수 있게 만들어진 필수 보건의료 서비스이다.

② 보건진료전담공무원이나 학교 보건교사, 산업장의 보건관리자로 일차보건 의료제공자로서의 역할을 수행한다.

(2) 직접간호제공자

① 지역사회간호사의 여러 가지 역할 중 가장 오래된 역할로서 대상자의 건강 상태를 사정하고 간호진단을 유출하며 간호사업을 계획하여 적절한 간호를 제공하는 역할이다.

② 환자를 돌보는데 중요 요건: 기본 간호기술 뿐 아니라 여러 가지 특수간호기술, 신체사정 및 신체간호 기술, 면담 및 의사소통기술, 보건교육기술, 상담기술, 지역사회 단위 건강문제 사정 및 수행기술 등

(3) 교육자

① 교육자의 역할이란 건강에 관련된 습관, 건강증진 행위 등에 관련된 사항에 대해 바람직한 행위변화를 하도록 정보를 제공하는 역할이다.

② 질병을 예방하고 건강을 증진시키기 위한 교육이 특히 중요하므로 점차 지역사회간호 부분에서 강조되고 있는 역할이라 할 수 있다.

(4) 상담자

① 지역사회간호사는 전문적 상담 기술과 지식을 기반으로 상담을 통해 대상자가 자신이 처한 상황과 요구를 스스로 더 정확히 알 수 있다.

② 자아인식을 하도록 돕고 문제 해결방법을 스스로 찾을 수 있도록 돕는 역할

(5) 대변자 / 옹호자

① 지역사회간호사가 대상자의 유익을 위해 행동하거나 그들의 입장에서 의견을 제시하며 법적 근거에 의해 보건의료제도나 보건지식이 무지한 소비자들의 입장을 지지

② 어떠한 보건의료 자원이 대상자의 계속적인 간호를 가능하게 하는지, 무슨 보건의료를 받을 권리가 있는지, 어떤 자원에 더 쉽게 접근할 수 있는지 스스로 정보를 읽는 능력이 생길 때까지 안내하고 노와주는 역할

(6) 의뢰자 / 알선자

① 문제 해결에 유용한 기관이나 자원에 관한 지식을 가지고 주민들의 다양한 요구를 해결하도록 여러 분야와 접촉 필요시 의뢰하는 역할

② 가깝고 이용하기 편리한 지역사회자원을 선정하며 지역사회 주민이 활용할 수 있는 모든 자원에 대한 목록을 준비하여 필요시 신속하게 의뢰할 수 있어야 한다.

(7) 변화촉진자

① 대상자의 의사결정 과정에 영향력을 행사하여 대상자의 행동이 바람직한 방향으로 변화되도록 유도하는 역할

② 대상자의 건강문제에 대처하는 능력을 증진, 건강을 위해 적합한 의사결정을 내리도록 동기를 촉진시키고 보건의료를 위한 변화를 효과적으로 가져오도록 돕는 역할

(8) 협력자

지역사회간호사는 보건팀의 일원으로 타 보건의료인력과 상호 유기적이면서 동반자적 관계를 구축하고 업무를 협력적으로 추진하는 역할

(9) **정보수집자 / 보존자**

정보를 조사, 수집, 보존함으로써 더 나은 간호사업을 수행할 수 있을 뿐만 아니라 때에 따라 혁신적인 간호사업 수행을 위해 보수적인 행정가의 저항을 설득하는 자료로 활용할 수 있는 역할

(10) **조정자**

간호제공자나 서비스에 있어서 중복과 결핍이 없는지 사정하여 조정하며 대상자의 문제 해결을 위해 보건의료 요원 간 협력적 활동을 조절하는 역할

(11) **관리자**

① 지역사회간호사는 가족간호를 비롯하여 지역사회 내에서 제공되는 모든 간호활동을 관리함
② 지역사회간호사가 가족의 간호를 감독하며 업무량을 관리하고 건강관리실 또는 보건실을 운영하거나 지역사회 보건계획을 수립하는 역할
③ 지역사회간호사는 관리자의 역할을 수행하기 위해 계획, 조직 및 조정 기능을 이용
　　㉠ 계획 기능: 간호대상자 중심의 목표를 설정하고 활동방법과 과정을 선정하여 지역사회보건계획을 수립하는 기능
　　㉡ 조직 기능: 설정된 목표에 도달하기 위해 활동을 구조화하고 적절하게 인력을 배치하는 기능
　　㉢ 조정 기능: 배치된 인력과 인력별 활동이 조화를 이루면서 기능할 수 있도록 조절하는 기능

(12) **연구자**

① 지역사회간호사는 간호 실무의 발전을 위해서 실무에서 간호문제를 도출하고 연구하며 연구 결과를 간호 실무에 적용하는 연구자로서의 역할 수행
② 연구자로서의 역할을 수행하기 위해서는 주의 깊은 관찰력과 지속적인 탐구심을 갖추어야 하며 연구수행을 위한 자료수집 기술과 분석기술이 필요

(13) **사례관리자**

사정, 계획, 수행, 평가과정과 가능한 자원과 의사소통을 이용하여 개인의 건강요구를 충족함으로서 질적 비용효과를 높이는 사업이 협력하는 것으로 사례관리의 요구 확인, 대상자 건강요구의 사정, 계획, 간호감독, 간호결과 평가 등을 수행

(14) **역할모델**

다른 사람에게 비슷한 역할을 수행할 수 있도록 의식적으로 또는 무의식적으로 그 행동을 시범하는 사람으로 대상자나 다른 사람에게 학습될 행동을 수행

🖉 기출문제 맛 보기

지역사회간호사의 역할에 대한 설명으로 옳지 않은 것은?　　　　　　　20년 지방

① 조정자(coordinator): 대상자의 행동이 바람직한 방향으로 변화하도록 유도하는 것
② 의뢰자(reefer agent): 문제해결을 위해 대상자를 적절한 지역사회 자원이나 기관에 연결해 주는 것
③ 사례관리자(case manager): 대상자의 욕구를 충족시키고 자원을 비용—효율적으로 사용하도록 유도하는 역할
④ 사례발굴자(case finder): 지역사호 인구 집단 중 서비스가 필요한 개인 및 특정 질환 이환자를 발견하는 역할

정답 ①

2 지역사회간호사의 역할 변화

1) 역할 확대 배경

(1) 의료적 측면

① 의료 지식, 장비, 시설의 현대화됨으로써 의료비 상승

② 의료의 전문화 및 세분화

③ 민간 중심 의료의 지역적 편중

(2) 국민적 측면

① 건강의 기본권에 대한 인식 향상

② 의료요구도 및 기대의 증가

(3) 국가적 측면

제한된 자원 속에서 의료비 감소와 의료의 형평성 등 의료보장에 대한 요구 증가

2) 지역사회간호사의 역할 확대 방향

지역사회간호사는 기존의 직접간호제공자나 일차건강관리제공자의 역할을 유지하면서 다양한 실무영역을 개발함으로서 앞으로 연구자, 대변자, 변화촉진자, 상담자, 교육자의 역할을 더욱 확대해 나가야 할 것이다.

3) 지역사회간호사의 실무분야

(1) **전문간호사(13개 영역)**: 보건, 마취, 정신, 가정, 감염관리, 사업, 응급, 노인, 중환자, 호스피스, 임상, 종양, 아동

(2) **지역사회간호사로서의 전문 간호 영역**: 보건전문간호사, 가정전문간호사, 정신전문간호사, 산업전문간호사, 노인전문간호사, 보건교사, 보건진료전담공무원, 보건관리자, 보건간호사, 조산사 등

4) 지역사회간호사의 법적근거와 자격요건

종류	법적근거	자격요건
전문간호사	• 의료법 • 전문간호사 자격인정 등에 관한 규칙	• 다음의 각 호의 어느 하나에 해당하는 자로서 보건복지부장관이 실시하는 전문간호사 자격시험에 합격한 후 보건복지부장관의 자격인정을 받아야 한다. ① 전문간호사 교육과정을 이수한 자 　㉠ 전문간호사 교육과정은 보건복지부장관이 지정하는 전문간호사 교육기관이 실시하고, 그 교육기간은 2년 이상으로 한다. 　㉡ 전문간호사 교육과정을 신청할 수 있는 자는 교육을 받기 전 10년 이내에 해당분야의 기관에서 3년 이상 간호사로서 실무경력이 있는 자로 한다. ② 보건복지부장관이 인정하는 외국의 해당분야 전문간호사 자격이 있는 자
보건간호사	• 지역보건법	• 보건소, 보건지소에 보건의료에 관한 업무를 전담할 전문인력으로 「의료법」에 의거하여 간호사 면허를 받은 자를 배치함
보건교사	• 초, 중등 교육법 • 학교보건법	• 대학 및 전문대학의 간호학과 졸업자로서 재학 중 소정의 교직학점을 취득하고 간호사 면허증을 소지한 자로 교육부 장관이 수여하는 자격증을 받은 자
보건진료 전담공무원	• 농어촌 보건의료를 위한 특별조치법	• 간호사, 조산사 면허를 가진 자로서 보건복지부장관이 실시하는 24주 이상의 교육을 받은 자
보건관리자	• 산업안전보건법	• 「의료법」에 의거하여 간호사 면허를 받은 자로 배치

🖋 **기출문제 맛 보기**

지역사회에서 활동하고 있는 인력과 법적 근거를 바르게 연결한 것은?　　21년 지방직

① 보건진료 전담공무원 – 「지역보건법」　　　② 보건관리자 – 「의료급여법」
③ 보건교육사 – 「국민건강증진법」　　　④ 가정전문간호사 – 「노인복지법」

정답 ③

Q 참고 POINT

[지역사회간호실무 관련 보건의료법령]

법령	목적
보건의료 기본법	보건의료에 관한 국민의 권리 · 의무와 국가 및 지방자치단체의 책임을 정하고 보건의료의 수요와 공급에 관한 기본적인 사항을 규정함으로써 보건의료의 발전과 국민의 보건 및 복지의 증진에 이바지함을 목적으로 한다.
공공보건의료 에 관한 법률	공공보건의료의 기본적인 사항을 정하여 국민에게 양질의 공공보건의료를 효과적으로 제공함으로써 국민보건의 향상에 이바지함을 목적으로 한다.
국민건강증진법	국민에게 건강에 대한 가치와 책임의식을 함양하도록 건강에 대한 바른 지식을 보급하고 스스로 건강생활을 실천할 수 있는 여건을 조성함으로써 국민의 건강을 증진함을 목적으로 한다.
지역보건법	보건소 등 지역보건의료기관의 설치 · 운영에 관한 사항과 보건의료 관련기관 · 단체와의 연계 · 협력을 통하여 지역보건의료기관의 기능을 효과적으로 수행하는데 필요한 사항을 규정함으로써 지역보건의료정책을 효율적으로 추진하여 지역주민의 건강증진에 이바지함을 목적으로 한다.
감염병의 예방 및 관리에 관한 법률	국민 건강에 위해가 되는 감염병의 발생과 유행을 방지하고, 그 예방 및 관리를 위하여 필요한 사항을 규정함으로써 국민건강의 증진 및 유지에 이바지함을 목적으로 한다.
의료법	모든 국민이 수준 높은 의료 혜택을 받을 수 있도록 국민의료에 필요한 사항을 규정함로써 국민의 건강을 보호하고 증진함을 목적으로 한다.
모자보건법	모성 및 영유아의 생명과 건강을 보호하고 건전한 자녀의 출산과 양육을 도모함으로써 국민보건향상에 이바지 함을 목적으로 한다.
학교보건법	학교의 보건관리에 필요한 사항을 규정하여 학생과 교직원의 건강을 보호 · 증진함을 목적으로 한다.
산업안전 보건법	산업안전 · 보건에 관한 기준을 확립하고 그 책임의 소재를 명확하게 하여 산업재해를 예방하고 쾌적한 작업환경을 조성함으로써 노무를 제공하는 사람의 안전 및 보건을 유지 · 증진함을 목적으로 한다.
농어촌 등 보건의료를 위한 특별조치법	농어촌 등 보건의료 취약지역의 주민 등에게 보건의료를 효율적으로 제공함으로써 국민이 고르게 의료혜택을 받게 하고 국민의 보건을 향상시키는 데에 이바지함을 목적으로 한다.
국민건강보험법	국민의 질병 · 부상에 대한 예방 · 진단 · 치료 · 재활과 출산 · 사망 및 건강증진에 대하여 보험급여를 실시함으로써 국민보건 향상과 사회보장 증진에 이바지함을 목적으로 한다.

CHAPTER 07

건강형평성과 문화적 다양성

1 건강형평성

1) 주요 개념

용어	개념
건강권	• 국민이 건강하게 살 권리 • 국민의 **기본권적 생존 권리**로서의 건강 개념
건강형평성 (health equity)	• 사회적 · 경제적 · 인구학적 · 지리적으로 정의된 인구집단 간 하나 이상의 측면에서 건강상의 잠재적으로 치유 가능한 체계적 차이가 없는 것(국제건강형평성학회) • **보건의료형평성**은 보건의료서비스에 대한 접근성과 의료이용, 의료비 지출과 의료자원 배분에의 형평성을 의미함 • **보건의료형평성**은 보건의료과정인 의료재정과 의료서비스 전달에, **건강형평성**은 보건의료의 결과인 건강수준의 차이에 중점을 둠
건강불평등 (건강비형평성)	• **한국건강형평성학회(2007)** 건강불평등이란 소득, 교육, 직업, 재산 등과 같은 **사회경제적 위치**에 따른 **건강상의 차이**를 말한다. 이에 따라 건강형평성은 사회경제적 위치로 인하여 발생하는 건강불평등을 줄이려는 노력을 의미하기도 한다. • **Whitehead(1992)** 건강비형평성은 **피할 수 있고**(avoidable), **불필요하며**(unnessary), **공정하지 않은** (unfair) **건강상의 차이**를 말한다.
건강문해력 (health literacy)	• 건강**정보 이해능력, 건강정보 활용능력**을 의미함 • 개인이 보건의료서비스를 이용할 때 적절한 의사결정을 할 수 있도록 건강관련정보를 얻고, 생각하고 이해하는 능력 • 현대에서 다양한 매체를 통한 건강정보와 지식의 과잉 시대에서 올바른 정보를 선택하여 의사결정을 내릴 수 있는 건강문해력의 중요성이 커지고 있음 • 최근 **건강불평등**을 해소하기 위한 **중요한 변인**으로 대두

2) 건강형평성의 중요성

(1) **규범적 측면**에서 누구나 중요한 사회권의 하나로 건강권을 가져야 함(사회 정의)

(2) 국가 전체의 건강수준을 향상시키기 위해서는 국민 개개인의 건강수준을 향상시키는 것도 중요하지만 **인구집단 간 건강불평등**을 줄이는 것이 중요하다.

(3) 건강수준이 높은 집단의 건강수준을 더 높이는 것은 어려우므로 건강형평성 정책을 통하여 **건강수준이 낮은 집단(건강취약계층)**의 건강을 향상시키는 것이 의료비 절감과 국가경쟁력 향상을 위해 필요 즉 **비용 효과적**이다.

3) 건강권 보장과 건강불평등 해소를 위한 사회적 노력

블랙 보고서
(Black Report)
	• 1980년 영국에서 '건강형평성'의 중요성을 처음 강조한 보고서
	• 소득 계층 간 사망률의 차이를 보고
	  – 건강불평등에 대한 사회적 관심을 불러 일으킴
	• 건강불평등의 발생기전을 제시
	  – 인조설, 선택설, 물질적·구조적 조건, 문화적·행태적 요인

에치슨 보고서 (Acheson Report)	• 1997년 영국총리 토니블레어가 영국사회의 심각한 건강불평등문제를 해결하기 위하여 애치슨에게 과제를 맡김 • 1998년 **영국사회의 건강불평등문제를 해결하기 위한 방안들을 제시**
마못 리뷰 (The Marmot Review)	• 2008년 영국 정부가 마못교수에게 2010년 이후 영국의 건강불평등을 감소시킬 수 있는 전략에 대한 리뷰를 요청 • "Fair Soicety, Health Lives(2010)" 발표

4) 건강권 보장의 평가지표

이용가능성(유용성)	• 운영 중인 공중보건 및 보건의료프로그램, 관련 시설, 물품 및 서비스가 충분한 수량으로 이용 가능해야 한다.
접근용이성	• 모든 사람이 보건시설, 물품 및 서비스에 차별 없이 모든 접근 가능해야 한다. 특히 취약인구집단도 접근가능해야 하는 비차별성과 물리적 접근성, 경제적 접근성, 정보접근성이 보장되어야 한다.
수용가능성	• 모든 보건시설, 물품 및 서비스는 비밀을 준수하고 관련 당사자의 건강상태를 개선할 수 있도록 설계되어야 하며, 의료 윤리를 존중하고 문화적으로 적절하며 성별과 생명주기 요건을 고려하여야 한다.
질적 우수성	• 보건시설, 물품 및 서비스는 과학적·의학적으로 적절하여야 하고, 우수한 품질이어야 한다.

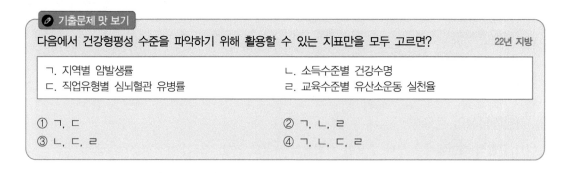

🖊 **기출문제 맛 보기**

다음에서 건강형평성 수준을 파악하기 위해 활용할 수 있는 지표만을 모두 고르면?   22년 지방

ㄱ. 지역별 암발생률	ㄴ. 소득수준별 건강수명
ㄷ. 직업유형별 심뇌혈관 유병률	ㄹ. 교육수준별 유산소운동 실천율

① ㄱ, ㄷ   ② ㄱ, ㄴ, ㄹ
③ ㄴ, ㄷ, ㄹ   ④ ㄱ, ㄴ, ㄷ, ㄹ

정답 ④

2 지역사회간호와 문화적 다양성

1) 문화적 다양성의 이해

(1) 문화적 다양성의 정의

가치관, 태도, 신념, 규범, 행동, 관습과 살아가는 방식 등이 사람들 사이에 다른 점들을 일컫는 말 또는 의미

(2) 다문화주의(multiculturalism)

① 문화적 다양성을 인정하고 존중하는 사상이나 정책을 의미함
② 문화적 다양성을 관리하기 위해 상호존중과 문화적 차이에 대한 관용을 중시함

🔍 **참고 POINT**

[다문화사회 정책 모형]

차별배제모형	• 특정지역과 직업의 일부영역외에는 외국인이나 이민자의 유입을 배제하는 배타적인 외국인 이민정책	
동화모형	• 이민자인 외국인이 언어·문화 등 모든 면에서 이미 형성되어 있는 사회에 녹아들어야 함을 강조 • 미국의 '용광로 정책'이 해당됨	
다문화모형	문화다원주의	주류사회중심의 소수민족 정책이나 이민자정책을 포함하는 모형
	다문화주의	외국인과 이민자를 존중하면서 주류사회와 이민자인 외국인들 간의 보다 대등한 관계와 사회전체의 소통과 교류에 초점을 둠

---

2) 다문화 간호이론

(1) 레이닝거(Leninger)의 문화, 간호, 다양성과 보편성에 대한 간호이론(문화간호이론)

① 횡문화간호의 어머니, **문화 간호**의 목표는 대상자의 **문화적 상황**을 고려한 적절한 간호실무를 제공하는 것임을 강조
② 건강과 질병에 영향을 미치는 **7가지 요인**을 고려한 **선라이즈(Sun Rise)모형** 개발

> 1. 기술, 2. 종교와 철학, 3. 혈연 및 사회, 4. 문화적 가치관과 생활양식, 5. 정치 및 법률적 요인
> 6. 경제, 7. 교육

(2) 가이거(Giger)와 다비드하이저(Davidhizar)의 횡문화 사정 모형

문화간호는 건강과 질병에 영향을 미치는 의사소통, 공간, 사회조직, 시간, 환경통제, 생물학적 차이 등의 **6가지 문화현상을 고려해야 한다.**

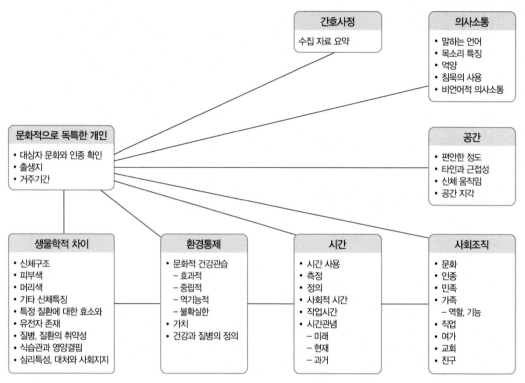

[그림 1-8] 문화 사정 모형

*출처: 김춘미 등(2022). 지역사회보건간호학. 수무사. p.112

[표 1-1] Giger와 Davidhizar의 문화사정도구

구분	내용	
문화적으로 독특한 개인	1. 출생지 2. 문화적 정의 3. 그 나라에 머문 기간	
1. 의사소통	1. 목소리 특징 2. 억양과 발음 3. 침묵사용 4. 비언어적 의사소통 5. 터치	6. 기타 질문하기 ① 다른 사람에게 당신 의견을 어떻게 전달하는가? ② 친구, 가족이나 아는 사람과 이야기하기를 좋아하는가? ③ 질문을 받았을 때 보통 어떤 반응을 하는가?(예: 말, 몸짓) ④ 가족과 논의해야 할 중요한 일이 있을 때, 어떤 방법으로 접근하는가?

2. 공간	1. 편안한 정도 2. 대화의 거리 3. 공간의 정의	**4. 기타 질문하기** ① 당신이 가족과 이야기할 때 얼마나 가까이 서 있는가? ② 당신이 아는 사람과 대화를 나눌 때 얼마나 가까이 서 있는가? ③ 낯선 사람이 당신과 접촉했을 때 당신은 어떻게 반응하고 느끼는가? ④ 사랑하는 사람과 접촉한다면, 당신은 어떻게 반응하고 느끼는가? ⑤ 지금 우리 사이의 거리가 편안한가?
3. 사회조직	1. 건강상태 2. 결혼상태 3. 자녀수 4. 부모의 　생존여부	**5. 기타 질문하기** ① 사회생활을 어떻게 정의하는가? ② 당신을 즐겁게 하는 활동들은 무엇인가? ③ 취미가 무엇인가 혹은 시간이 있을 때 무엇을 하는가? ④ 당신을 신을 믿는가? ⑤ 당신은 신을 어떻게 숭배하는가? ⑥ 가족 내에서 당신은 무슨 역할을 하는가? ⑦ 가족 내에서 당신의 위치는 어떠한가? ⑧ 어릴 때 당신에게 가장 영향을 미친 것은 혹은 사람은? ⑨ 부모와 형제와의 관계는 어떤가? ⑩ 일하는 것은 당신에게 어떤 영향을 주는가? ⑪ 당신의 과거, 현재, 미래 직업을 설명하시오. ⑫ 당신의 정치적 견해는? ⑬ 당신의 정치적 견해가 건강과 질병에 대한 당신의 태도에 어떤 영향을 주 　는가?
4. 시간	1. 시간관념 2. 시간관점 3. 시간에 대한 　물리화학적 　반응	**4. 기타 질문하기** ① 매일 어떤 종류의 시계를 차는가? ② 오후 2시에 약속을 했을 때, 몇 시에 도착하는 것이 괜찮은가? ③ 간호사가 30분 내에 약을 받을 수 있다고 하면 실제로 어느 정도 기다릴 　수 있는가?
5. 환경통제	1. 통제위 2. 가치관념 　(환경통제)	**3. 기타 질문하기** ① 당신의 집에 방문객은 얼마나 자주 오는가? ② 갑자기 방문객이 왔을 때 수용할 수 있는가? ③ 어렸을 때 부모님이나 다른 사람이 당신 병을 치료하려고 어떤 방식으로 　일했는가? ④ 당신이나 주위에 가까운 사람들이 당신이 아플 때 사용하는 가정요법이 　있는가? ⑤ 어떤 가정요법을 사용하는가? 앞으로 당신도 그 요법을 사용할 것인가? ⑥ 강하다는 것에 대한 정의는 무엇인가? ⑦ 병이나 건강이 나쁘다는 것에 대한 정의는 무엇인가?
6. 생물학적 　차이	1.신체사정	**2. 기타 질문하기(생물학적 차이)** ① 당신 가족에게 일반적인 질환이나 질병이 있는가? ② 당신 가족에게 유전적으로 취약한 특별한 질병이 있는가? ③ 가족이 아플 때 당신 가족의 전형적인 행동은 무엇인가? ④ 화가 나면 어떻게 반응하는가? ⑤ 보통 어려울 때 대처하기 위해 누구에게 도움을 청하는가? ⑥ 당신과 가족이 좋아하는 음식은 무엇인가? ⑦ 어떤 특이한 것을 섭취하는 것을 갈구한 적이 있는가? 　(백색이나 붉은 점토 혹은 세탁풀) ⑧ 어릴 때 주로 어떤 음식을 먹었는가? ⑨ 가족이 좋아하는 음식이나 전통음식은 무엇인가?

3) 다문화 사회와 문화적 역량간호

(1) 문화적 역량간호(cultural competence nursing)

① 대상자의 고유한 문화적 신념과 가치를 존중하고 이해함을 바탕으로 **대상자의 문화적 맥락 안에서 대상자와 상호작용하며 효과적으로 간호를 수행하는 것**이다.

② 문화적으로 역량있는 간호를 제공하기 위해서는 지역사회간호사는 다양한 문화에 대한 **가치, 행동, 생활양식을 이해하고 이들을 존중하는 태도**를 가져야 하며,

③ 자신의 문화에 의거해서 대상자를 판단하거나 평가하지 않아야 하며, 대상자에게 자신의 문화적 요인이 영향을 미치지 않도록 **지속적인 문화적 성찰과정**을 통하여 문화적 역량을 갖추는 것이 중요하다.

(2) 문화적 역량의 영향 요인

① **문화적 민감성(cultural sensitivity)**: 의도적이거나 정서적으로 문화적 다양성을 지각하는 것으로 문화적 차이에 대한 존중하는 마음과 수용적인 태도

② **문화적 인식(cultural awareness)**: 문화적 차이에 대한 인식 즉 문화적 역량의 필요성과 문화적 배경에 대한 심층적 탐구를 통해 자기 자신 및 타인의 문화적 세계관에 대하여 아는 것

③ **문화적 지식(cultural knowledge)**: 다른 문화를 이해하기 위한 문화건강관련 지식

④ **문화적 경험(cultural encounters)**: 문화적으로 다양한 학습경험을 접할 수 있는 환경

⑤ **문화적 기술(cultural skill)**: 문화적 배경을 고려한 건강사정기술, 문화적 의사소통 기술 등 대상에게 문화적으로 적합한 간호기술

🔍 참고 POINT

[다문화간호전략]

① 문화학적 사정(culturalogical assessment)
② 문화적 자기사정(cultural self-assessment)
③ 지역문화에 대한 지식
④ 문화적으로 다양한 집단에 대한 정책적 이슈 확인
⑤ 문화적 역량이 있는 간호제공
⑥ 문화에 기반한 건강습관의 인식

🖋 기출문제 맛 보기

다음 글에 해당하는 지역사회간호사의 역량은 무엇인가?   20년 경기

- 의도적이거나 정서적으로 문화적 다양성을 지각하는 것을 말한다.
- 문화적 차이에 대한 존중하는 마음과 수용적인 태도를 의미한다.
- 간호대상자를 포괄적으로 이해하고 포용할 수 있는 시각을 의미한다.

① 문화적 민감성
② 문화적 인식
③ 문화적 지식
④ 문화적 기술

정답 ①

✎ 단원확인문제

01. 〈보기〉의 우리나라 공공보건사업의 발전 순서를 바르게 나열한 것은?

> ㄱ. 보건소 기반 전국 방문건강관리사업 시행
> ㄴ. 우리나라 전 국민을 위한 의료보험 실행
> ㄷ. 「국민건강증진법」 제정으로 바람직한 건강행태 고취를 위한 토대 마련
> ㄹ. 「농어촌 보건의료를 위한 특별조치법」 제정으로 일차보건의료서비스 제공

① ㄱ→ㄴ→ㄷ→ㄹ   ② ㄹ→ㄴ→ㄷ→ㄱ
③ ㄴ→ㄷ→ㄱ→ㄹ   ④ ㄹ→ㄴ→ㄱ→ㄷ

02. 다음에서 설명하는 지역사회간호의 속성으로 적절한 것은?

> 간호사는 지역 주민과 함께 지역사회의 문제를 파악하고 우선순위를 설정하며, 사업계획을 수립, 수행, 평가해야 한다.

① 친밀성   ② 자율성
③ 협력성   ④ 인구집단 중심

03. Smith가 분류한 건강의 개념 중 적응모형에 대한 설명은?

① 건강이란 의학으로 확인된 질병이나 장애의 증상, 징후가 없는 상태이다.
② 건강이란 인간이 자신에게 기대되는 사회적 역할을 최고로 수행하는 상태이다.
③ 건강이란 유기체가 환경에 대해 유연하게 적응을 유지하며 최대의 이익을 얻는 방향으로 환경과 상호작용을 하는 상태를 말한다.
④ 건강이란 풍부한 안녕과 자아실현의 상태를 말한다.

04. 지역사회간호에서 의미하는 지역사회에 포함되는 것은?

가. 지정학적인 지역사회에 모여 있는 인간집단
나. 비슷한 관심과 특성으로 모인 사람들의 집합
다. 학교나 산업체와 같은 조직이나 단체
라. 특정 건강문제를 가진 집단

① 가, 나, 다, ② 가, 다
③ 나, 라. ④ 가, 나, 다, 라

05. 다음 중 구조적 지역사회에 해당하는 것은?

가. 지정학적 공동체	나. 조직
다. 집합체	라. 특수흥미공동체

① 가, 나, 다 ② 가, 다
③ 나, 라 ④ 가, 나, 다, 라

06. 지역사회의 분류에서 이웃을 중심으로 모인 공동체는 어디에 속하나?

① 대면공동체 ② 지정학적 공동체
③ 자원공동체 ④ 문제해결공동체

07. 지역사회 기능 중 지역사회가 그들이 공유하는 일반적인 지식, 사회적 가치, 행동양상들을 새로 창출하고 전달하는 기능은?

① 상부상조 기능 ② 사회화 기능
③ 사회통제 기능 ④ 사회통합 기능

08. 다음 중 지역사회의 기능에 초점을 둔 유형은?

① 공통된 생활의 교류가 있는 사회적 단위이다.
② 특수한 시기, 장소에 있는 사람들의 집단이다.
③ 성취하고자 하는 목표가 같은 사람들의 집단이다.
④ 집단 구성원의 문제해결 범위내의 집단이다.

09. 〈보기〉에서 설명하는 지역사회 기능으로 가장 옳은 것은?

〈보기〉

• 사회를 구성하는 조직원 간에 관련된 기능으로, 지역사회가 유지되기 위하여 사회의 구성원 사이에 서로가 믿음과 신뢰를 바탕으로 상호 존중한다.
• 구성원 상호 간에 결속력과 사명감이 필요하며 주민 공동의 문제해결을 위하여 공동으로 노력하는 활동이 포함한다.

---

① 상부상조기능
② 사회화 기능
③ 사회통제기능
④ 사회통합기능

10. 지역사회 구성원인 주민들이 지역사회라는 경계 안에서 건강과 관련된 인적 · 물적 자원을 활용하고, 외부 환경과의 상호작용을 통해 지역사회의 적정기능수준을 향상시키고자 한다면 어떤 이론으로 지역사회간호에 적용한 것인가?

① 체계이론
② 적응이론
③ 기획이론
④ 교환모형

11. 체계이론의 개념 중 환류에 관한 설명으로 옳은 것은?

① 체계가 항상성을 유지하는 것
② 체계가 환경과 에너지를 교환하는 정도
③ 부분들의 집합으로서 하나의 통일된 단일체
④ 한 체계의 산출이 환경을 통해 평가되고, 이 평가 결과가 다시 그 체계로 되돌아 오는 것

12. 다음에서 설명하고 있는 지역사회간호이론은?

> • 간호목표: 정상방어선을 기초로 설명
> • 간호행위: 일차, 이차, 삼차 예방적 간호로 접근
> • 간호대상: 개인, 가족, 지역사회

① 오렘의 자가간호이론 ② 로이의 적응이론
③ 호멘스의 교환이론 ④ 뉴만의 건강관리체계이론

13. 간호과정 중 교환이론이 가장 많이 적용되는 단계는?

① 계획단계 ② 간호사업 집행초기
③ 수행단계 ④ 평가단계

14. 로이의 적응이론을 잘못 설명한 것은?

① 간호의 목표는 인간이 통합된 총체적 상태인 적응이 상태를 유지하는 것이다.
② 간호접근 시 생리적인 문제뿐만 아니라 자아개념, 역할기능, 상호의존 양상에 대해 사정해야 한다.
③ 영향을 미치는 초점자극, 관련자극, 잔여자극은 서로 복합되어 있으므로 복합적으로 사정한다.
④ 간호계획 시 적응반응을 변화할 수 있도록 적응양상과 자극에 대한 중재방법을 모색하도록 한다.

15. 기획과정 중 보건문제와 각종자원에 대한 자료를 수집하여 문제를 확인하는 단계는?

① 전제조건 사정단계 ② 보건현황분석 단계
③ 우선순위설정단계 ④ 사업방법 연구단계

16. 보건간호와 지역사회간호의 차이점에 대한 설명으로 틀린 것은?

① 보건간호의 간호체계는 보건사업체계이며, 지역사회 간호체계는 건강관리사업체계이다.
② 보건간호는 세금이, 지역사회간호는 세금과 지역사회 재원이 사업비용이 된다.
③ 보건간호는 지역사회 주민의 참여로 이루어지며 주민의 자발적 노력이 관건이 된다.
④ 지역사회 간호사업의 대상은 전체지역 인구집단이라 할 수 있다.

17. 다음은 지역사회간호의 정의에 대한 내용이다. 바른 것은?

> 가. 지역사회간호의 대상은 개인, 가족, 집단을 포함한 지역사회이다.
> 나. 지역사회간호의 주요활동은 간호제공 및 보건교육과 관리를 통하여 이루어진다.
> 다. 지역사회간호의 목표는 지역사회의 적정기능수준을 향상시키는 것이다.
> 라. 지역사회간호는 지역개발사업과 아무런 관련이 없다.

① 가, 나, 다 ② 가, 다
③ 나, 라 ④ 가, 나, 다, 라

18. 지역사회간호사의 역할 중 지역사회의 포괄적인 보건사업을 이끌어 개인, 가족, 지역사회가 건강을 위해 적합한 의사결정을 내리도록 도와주는 역할에 해당하는 것은?

① 변화촉진자 ② 지도자
③ 교육자 ④ 옹호자

19. 지역사회 요소를 기획, 조직하고 사업 활동을 감독, 통제하며 인력을 배치하는 지역사회간호사의 역할은?

① 관리자의 역할 ② 대변자의 역할
③ 조정자로서의 역할 ④ 기획자의 역할

20. 오렘의 자가간호이론에서 대상자의 자가간호를 도와주는 적합한 간호체계를 선택하는 기준에 되는 개념으로 다음 주 옳은 것은?

① 자가간호역량
② 긴호역량
③ 자가간호결핍
④ 자가간호 요구

21. 릴리안 월드가 미국 지역사회간호에 공헌한 업적은?

가. 감염질환으로 인한 사망률을 감소시킴
나. 서비스료를 받고 가정간호를 받을 수 있게 함
다. 최초로 지역사회간호 프로그램을 시작함
라. 무료가정간호사업의 수행

① 가, 나, 다
② 가, 다
③ 나, 라
④ 가, 나, 다, 라

22. 우리나라 보건간호 실무의 발전과 관련된 설명으로 적절한 것은?

① 1990년 「학교보건법」의 개정으로 양호교사에서 보건교사로 명칭이 변경되었다.
② 1081년 「산업안전보건법」의 개정으로 간호사가 보건관리자에 포함되었다.
③ 1995년 「지역보건법」의 개정으로 보건진료소 기반의 전국적인 일차보건의료사업이 시작되었다.
④ 2007년 전국적으로 방문건강관리사업이 실시되어 취약계층의 건강관리자의 역할을 수행하였다.

23. 뉴만의 건강관리체계 중 일차예방에 속하는 활동은?

① 기본구조를 재구성한다.
② 반응에 대한 조기발견과 증상을 치료한다.
③ 저항선을 강화함으로써 기본구조를 보호한다.
④ 스트레스원을 제거하거나 유연방어선을 강화한다.

24. 뉴만의 건강관리체계이론에서 의료체계부족과 보건의료전달체계가 열약할 때에는 어떤 방어선을 위협한 것인가?

① 기본구조　　　　　　　　　　　　② 유연방어선

③ 정상방어선　　　　　　　　　　　　④ 저항선

25. 지역사회 내에서 간호사의 역할 중 관리자에 대해 서술한 것은?

① 계속적인 연구를 통해 지역사회 간호사업에 이바지한다.

② 지역사회 주민의 건강문제에 대해 상담한다.

③ 지역사회의 요소를 기획, 조직, 지휘, 평가의 과정으로 전체적인 조직체계로 연결시킨다.

④ 지역사회 주민의 입장에서 주민들의 권리를 찾을 수 있도록 지지한다.

26. 지역사회간호사는 결혼이주 여성들이 언어와 경제적인 이유로 보건의료서비스를 받지 못하는 것을 파악하고 이들을 위한 무료진료서비스와 통역 프로그램을 개발하는 데 기여하였다. 이 역할은?

① 관리자　　　　　　　　　　　　　　② 의뢰자

③ 옹호자　　　　　　　　　　　　　　④ 직접간호 제공자

27. 뉴만의 건강관리체계이론을 가족 간호에 적용하였을 때 가족의 건강상태를 맞게 설명한 것은?

① 가족의 기본구조가 파괴되지 않도록 저항선이 막고 있는 상태

② 가족 내에 네겐트로피가 증가 하도록 가족을 교육시키고 있는 상태

③ 스트레스원이 가족의 정상방어선을 침범하지 않도록 유연방어선이 막고 있는 상태

④ 가족의 자가 간호 역량이 충분하여 자가 간호 욕구가 모두 충족 된 상태

28. 레닝거(Leininger)의 문화간호를 위한 이론에서 대상자의 문화적 특성을 파악하기 위해 사정해야 하는 요인으로 옳은 것은?

① 성별
② 종교
③ 질병력
④ 배우자 유무

29. 다문화 대상자에게 간호를 제공하기 위해 간호사는 문화적 역량을 가져야 한다. 문화적 역량이란 무엇인가?

① 다양한 문화권의 언어를 습득하는 언어능력
② 문화, 인종, 성, 정체성에 대한 문제를 배제하는 능력
③ 신체적, 정신적, 영적 간호를 포괄적으로 제공하는 능력
④ 주류 문화에서 차별되는 소수 집단의 문화와 욕구를 이해하고 반응하는 능력

30. 건강형평성에 관한 설명 중 옳은 것은?

① 현대사회에서는 건강 불평등이 감소하고 있다.
② 건강 불평등은 사회경제적 불평등과 깊은 관련이 있다.
③ 건강 불평등은 경제발전과 생활수준이 향상되면서 더욱 감소하고 있다.
④ 보건정책과 의학기술을 통하여 건강불평등의 문제는 크게 해결되었다.

31. 사회적, 인구학적, 경제적 또는 지역적 요인에 따른 모든 인구집단 간에 불공평한 그리고 피하거나 고칠 수 있는 건강수준의 차이가 존재하는 것을 의미하는 것은?

① 건강권
② 보건의료형평성
③ 건강불평등
④ 건강형평성

정답 및 해설 Answers & Explanations

01 정답 ②

ㄱ: 2007년   ㄴ: 1989년   ㄷ: 1995년   ㄹ: 1980년

02 정답 ②

간호사가 특정한 지시 없이 대상자와 함께 스스로 판단하여 건강관리를 결정하고 수행, 평가하는 것은 자율성이다.

03 정답 ③

Smith(1981)의 건강에 대한 4가지 개념 분류모형

(1) **임상개념**
   - 최신의학에서 개발
   - 건강이란 의학으로 확인된 질병이나 장애의 증상, 징후가 없는 상태이며, 상병이란 질병의 증상, 징후가 있는 상태이다.

(2) **역할수행 개념**
   - 사회의학 및 구조기능주의자인 Parsons의 저서에 기초를 둠
   - 건강이란 인간이 자신에게 기대되는 사회적 역할을 최고로 수행하는 상태이며, 상병이란 자신에게 주어진 일상적인 역할을 수행하지 못하는 상태이다.

(3) **적응건강 개념**
   - 건강이란 유기체가 환경에 대해 유연하게 적응을 유지하며 최대의 이익을 얻는 방향으로 환경과 상호작용을 하는 상태이며, 상병이란 이러한 적응의 실패이다.
   - 질병이 없다고 건강한 상태라 할 수 없으며, 치료란 유기체의 적응능력을 복원하도록 하는 것이다.

(4) **행복론적 개념**
   - 건강이란 풍부한 안녕과 자아실현의 상태이며, 상병이란 무기력, 쇠약상태를 의미한다.

04 정답 ④

지역사회는 비슷한 관심, 위치, 특성으로 함께 모여 있는 인간의 공동체로 인간의 집합이상의 것을 의미하며 지역사회 간호에서는 가족을 기본 사업단위로 하는 지정학적 지역사회는 물론 학교나 산업체와 같은 집단과 모자보건이나 결핵과 같은 특정 건강문제가 있는 집단을 모두 포함한다.

05 정답 ①

구조적 지역사회에는 집합체, 대면적공동체, 생태학적 공동체, 지정학적 공동체, 조직, 문제해결 공동체가 있으며, 특수흥미 공동체는 감정적 지역사회에 속한다.

06 정답 ①

대면공동체는 지역사회의 기본적인 집단으로 구성원 상호간에 상호교류가 빈번하여 소식이 전달되고 서로 친근감과 공동의식을 소유하고 있는 지역사회 유형으로 가족, 이웃, 교민회 등이 이에 속한다.

07 정답 ②

지역사회의 기능은 경제적 기능, 사회화 기능, 사회통제기능, 사회통합 기능, 상부상조 기능으로 정리할 수 있다. 이중 사회화 기능은 지역사회가 공유하는 일반적 지식, 사회적 가치, 행동양상을 새로 창출하고 유지, 전달하는 기능으로서 이러한 과정을 통하여 사회 구성원들은 다른 지역사회 구성원들과 구별되는 생활 양식을 터득하게 된다.

08 정답 ③

기능적 지역사회란 지역적 공감을 기반으로 목표성취라는 과업을 성취하기 위해 나타난 공동체를 말한다.

09 정답 ④

지역사회 기능은 다음과 같다.

- **경제적 기능**: 물자와 서비스를 생산, 분배 및 소비하는 기능
- **사회화 기능**: 새로운 가치와 행동양상을 창출, 유지 및 전달
- **사회통제의 기능**: 정부기관이나 강제력을 가지고 통제하는 기능 이외에 지역사회 스스로 규칙이나 규범을 형성함.
- **사회통합 또는 참여의 기능**: 주민 공동의 문제해결을 위해 공동 노력하는 활동.
- **상부상조의 기능**: 도움이 필요한 상황에 대하여 서로 상호간에 지지해 주고 노력해 줌.

10 정답 ①

구성물(구성원), 자원(자원 및 환경), 상호작용, 목표, 경계 등을 구성요소로 적용하여 지역사회간호를 설명하는 이론은 체계이론이다.

11 정답 ④

환류란 체계가 항상성을 유지하기 위하여 체계의 산출의 일부가 재투입되는 과정으로 체계의 자기통제과정이다.

12 정답 ④

방어선과 일차, 이차, 삼차예방적 접근으로 지역사회간호에 가장 잘 적용되는 이론은 뉴만의 건강관리 체계이론이다.

13 정답 ③

교환이론이란 지역사회간호사와 대상자간에 주고 받는 과정을 말하며 이 교환과정은 서로 대등한 입장에서 이루어져야하며 주로 수행과정에서 적용된다.

14 정답 ③

로이는 간호행위를 환자의 긍정적인 대처와 함께 초점, 잔여, 연관자극을 조절하는 것으로 보고 인간의 적응을 증진시키는 것을 간호목표로 보았다. 자극이란 인간이 환경에 적응하기 위해 주어지는 내외적 자극으로 이 세가지 자극은 서로 복합되어 있으므로 사정 시 구분하여 사정하여야 한다.

15 정답 ②

기획의 과정

(1) **전제조건의 사정**: 기획을 하기 위한 특정 조건이 마련되었는지를 사정하고, 이런 조건을 만드는 과정이다. 예로 지역주민을 위한 고혈압관리 사업을 하려고 하면 먼저 이 사업을 할 사람이나 부서가 있는지 확인하고 없다면 부서나 인력을 배정하는 것을 말한다.

(2) **보건 현황 분석**: 배정된 부서나 인력이 현재의 보건문제, 보건의료사업, 각종 자원들에 대한 정보 수집 및 연구를 통해 사업목표, 정책, 우선순위, 자원분배 등을 결정하는 기준 등을 마련한다.

(3) **우선순위 설정과 각종 사업방법의 연구**: 사업의 우선순위결정과 선정사업의 목표, 방법, 수단 등을 설정하고 가장 효율적인 방법을 선택하는 과정이다.

(4) **계획의 작성**: 기획을 위한 환경, 전략, 전제조건 사정 및 수립, 보건현황 분석, 사업 우선순위 선정, 사업의 구체적 목적, 각종 사업방법 및 수단의 연구과정 등을 계획서로 작성 하는 과정이다.

(5) **사업수행**: 사업의 목표를 달성하기 위한 사업의 구체적인 수행을 계획하는 단계이다.

(6) **평가 및 재계획**: 사업의 결과를 양적, 질적으로 측정 후 정해진 기준과 비교하여 달성여부를 확인하는 과정과 필요시 재계획하는 과정이다.

16 정답 ③

지역사회간호는 지역사회 주민의 참여로 이루어지며 주민의 자발적 노력이 중요하다.

17 정답 ①

지역사회간호는 지역사회를 대상으로 간호제공 및 보건교육과 관리를 통하여 지역사회 적정기능수준 향상에 기여를 목표로 하는 과학적 실천이다. 지역사회간호는 인구집단의 건강을 보존하고 증진하기 위하여 적용되어진 간호실무와 공중보건 실무의 합성이다.

실무는 일반적이고 포괄적이며 특정 연령군이나 진단명에 제한되는 것이 아니며 한시적이 아니고 지속적이다. 지역사회간호는 그 지역사회주민의 적극적인 참여가 무엇보다도 중요하며 지역개발사업의 일환이기도 하다.

18 정답 ①

대상자의 행동이 바람직한 방향으로 변화하도록 의사결정과정에 개입하거나 동기를 부여하는 역할은 변화촉진자의 역할이다.

19 정답 ①

가족의 간호를 감독, 업무량 관리, 건강관리실 운영, 보건조직의 개발과 활용, 사업활동 감독, 통제, 동기 부여와 인력배치 등을 하는 활동들이 관리자의 역할에 해당된다.

20 정답 ③

간호체계는 대상자의 자가간호결핍 정도에 따라 적합한 간호체계를 설계·처방하며, 전적보상체게, 부분적 보상체계, 교육지지적 보상체계로 나누어진다.

21 정답 ①

릴리안 월드가 미국 지역사회간호에 공헌한 업적은 다음과 같다.

- 최초로 지역사회간호 프로그램의 시작(1893년)
- 감염질환으로 인한 사망률을 감소시킴
- 공중보건간호사회의 발족(1912년)
- 서비스료를 받고 가정간호를 수행
- 방문간호사를 위한 효과적인 비용계산 체계를 수립

22 정답 ④

① 2002년 「학교보건법」의 개정으로 양호교사에서 보건교사로 명칭이 변경되었다.
② 1990년 「산업안전보건법」의 개정으로 간호사가 보건관리자에 포함되었다.
③ 1980년 「농특법」의 제정으로 보건진료소 기반의 전국적인 일차보건의료사업이 시작되었다.

23 정답 ④

뉴만의 건강관리체계이론에서 일차예방이란 스트레스원을 제거하거나 최소화하기 위한 유연방어선의 기능을 강하고 하고, 이를 통해 스트레스원이 정상방어선을 침범하지 못하게 하는 간호활동이다. ①는 삼차예방, ②③은 이차예방에 대한 설명이다.

24 정답 ②

지역사회의 보건의료체계, 의료기관의 분포상태, 의료서비스의 질이 적절한가를 사정하는 것은 유연방어선의 사정내용이다.

25 정답 ③

① 연구자의 역할, ②는 상담자의 역할, ④는 대변자 또는 옹호자의 역할, ⑤는 교육자로서의 역할이다.

26 정답 ③

지역사회 옹호자의 역할은 지역사회 주민 편에 서서 대상자의 유익을 위해 행동하거나 그들의 입장에서 의견을 제시하고 도와주는 역할이다.

27 정답 ③

뉴만의 건강관리체계이론에서 건강이란 정상방어선이 유지되고 있는 상태를 말한다.

28 정답 ②

레이닝거는 대상자의 문화적 간호를 위하여 대상자의 건강과 질병에 영향을 미치는 7가지 요인 즉 1)기술적요인, 2)종교와 철학적 요인, 3)혈연과 사회적 요인, 4)문화적 가치관과 생활양식, 5)정치와 법률적 요인, 즉 6)경제적 요인, 7)교육적 요인을 사정해야 한다고 했다.

29 정답 ④

문화적 역량이란 주류문화에서 차별되는 소수집단의 문화와 욕구를 이해하고 반응하는 능력을 말한다.

30 정답 ②

최근 전 세계적으로 양극화가 심해지면서 사회경제적 차이에 따른 건강격차가 심해지고 있으며, 건강형평성에 대하나 문제가 국민 건강수준에 영향을 끼치고 있다. 보건정책을 적극적으로 시행하고 의학기술을 통하여 건강수준을 향상시키고자 노력하고 있으나 국가 내, 국가 간의 건강 불평등의 문제는 점점 더 사회적인 이슈로 나타나고 있다.

31 정답 ③

건강불평등이란 상대적으로 건강상태가 다른 것을 의미하며, 소득 · 교육 · 직업 · 재산 등과 같은 사회경제적 위치에 따라 건강수준의 차이가 결정된다는 것이다.

PART 02

지역사회간호과정

지역사회간호과정 개요

사 정
- 자료수집
- 자료분석: 자료분류, 요약, 확인, 결론(건강문제도출)
- 간호기준과 지침확인

진 단
- 간호진단
- 우선순위 설정

계 획
- 목표설정
- 간호방법과 수단선택
- 수행계획
- 평가계획

수 행
- 필요한 지식과 기술선정
- 간호제공, 교육, 상담 활동
- 수행의 장애요인 인식
- 관리 활동수행: 조정, 감시, 감독

평 가
- 평가실행

CHAPTER 02

지역사회간호과정

1 간호사정

1) 사정유형

(1) 포괄적 사정

① 철저한 방법론에 기초하여 지역사회 관련 자료를 전부 찾아내는 방법
② 시간과 비용이 많이 들고 다른 연구와 중복되는 경우가 많아 사용이 드물다.

(2) 친밀화 사정

지역사회와 익숙해지기 위해 건강기관, 사업장, 정부기관 등을 시찰하여 필요한 자료를 수집하고 자원을 파악하는 방법

(3) 문제중심 사정

지역사회의 중요문제에 초점을 두고 사정하는 방법
예 아동보호, 정신건강, 노인보건 등 지역사회 특정문제 중심 사정

(4) 하위체계 사정

① 지역의 특정부분, 일면에 초점을 두고 사정하는 방법
② 교육, 정치, 종교, 복지 등 대상자와 관련된 다양한 지역사회의 하위체계에 초점
   예 학교, 종교기관, 보호기관, 의료기관 등
③ 하위체계의 정태성(평면적) 보다 역동성을 고려하여 실시하며, 어떤 하위체계에 중점을 둘 것인지에 따라 다양한 정보수집이 가능
   예 옹호 지향적 하위체계와 서비스 지향적 하위체계 등

2) 자료수집 방법

(1) 직접 자료 수집

① 지역시찰
   ㉠ 자동차를 이용하거나 걸어서 지역을 두루 살피는 것(차창밖 조사)
   ㉡ 지역사회의 전반적 분위기, 지역사회의 환경, 지역주민의 특성, 지역사회의 생활리듬, 지역주민이 모이는 장소, 지리적인 경계 등 다양한 면을 신속하게 관찰 가능

② 지역지도자 면담(정보원 면담)

- ⊙ 지역사회 내 공식, 비공식적인 지역지도자, 지역의 유지를 통하여 자료를 수집
- ⓒ 지역사회의 건강문제, 지역사회 문제해결과정 등에 대한 정보수집에 적절
- ⓔ 면담 시 구조화된 설문지를 이용하면 더 효과적임

③ 참여관찰

- ⊙ 지역사회 주민들에게 영향을 미치는 의식, 행사 등에 직접 참여하여 관찰하는 방법
- ⓒ 지역사회의 가치, 규범, 신념, 권력구조, 문제해결과정 등 내면적 정보수집과 폐쇄적 집단의 자료수집에 적절

④ 설문지를 근거로 한 지역조사

- ⊙ 가정방문을 통하여 지역주민을 직접면담하거나 질문지를 활용하여 자료를 수집
- ⓒ 구체적이고 직접적인 자료수집 방법이나, 시간과 비용이 많이 든다.

⑤ 공청회(공개토론회)

- ⊙ 지역사회의 건강과 관련된 주요사안이나 갈등의 소지가 있는 문제에 대하여 지역사회의 의견을 수렴하는 방법
- ⓒ 짧은 시간에 많은 사람의 의견을 들을 수 있으므로 비용소모가 적고, 결과를 빨리 알 수 있으나, 참석자들의 대표성이 부족한 경우 여론 수렴이 어려울 수 있다.

(2) 간접 자료수집

① 기존자료 조사: 정부나 각종 관련기관에서 발행된 보고서, 통계자료, 회의록, 건강기록 등의 자료를 이용하여 자료를 수집

② 표준화된 통계인지, 출처가 분명한 통계인지 확인이 필요함

🖉 기출문제 맛 보기

A간호사는 지역 보건소에 처음 발령을 받고 주민센터 동장님을 만나 지역사회 건강문제에 대한의견을 물어 보았다. 이때의 자료수집방법으로 가장 옳은 것은?   20년 서울

① 정보원 면담   ② 설문지 조사
③ 차창 밖 조사   ④ 참여관찰

정답 ①

3) 자료수집 영역 및 내용

(1) 지역특성	① 지리학적 특성	• 역사 및 발전상황 • 지역사회 유형(도시, 농촌 등) • 면적(주민의 수와 지역크기의 균형 비교) • 위치(격리 여부) • 가구 및 시설분포(밀집 정도) • 전반적 모습 및 분위기(지형 관련 사고유무) • 기후에 의한 영향
	② 인구학적 특성	• 전체인구수, 출생률, 성별 및 연령별 인구분포, 자연증가율 • 총부양비, 유년부양비, 노년부양비 • 평균 결혼연령, 인구분포양상, 부양상태 및 가족계획 실시상태 등
	③ 경제 사회학적 특성	• 경제상태(건강서비스 이용능력 등) • 직업분포, 취업률 • 교육(연령별 교육정도, 학교 수 등) • 문화 및 관습(지역의 행사, 가치관, 인식, 갈등, 정치적 입장) • 종교 • 오락 및 휴식(오락방법, 시설, 종류 등)
	④ 교통, 통신, 공공시설	• 교통수단 • 통신수단(신문구독률, TV보급률, 방송, 유용한 보건교육 프로그램과의 통신망) • 안전시설(소방서, 파출소, 예방시설 등)
	⑤ 환경적 특성	• 음료수 공급 상태 • 하수 및 쓰레기처리 방법 • 공해 및 환경오염원 • 사고가능성 • 주택, 부엌, 화장실 형태 등
(2) 건강수준	① 사망실태	• 조사망률, 성별, 연령별 사망률, 원인별 사망률, 영유아 사망률, 모성사망률, 비례사망비, 비례사망지수 등
	② 질병이환 상태	• 급성질환 발생률, 급만성 질환 유병률, 감염병 유무 • 정신질환 및 불구자 수 • 잠재적 건강문제 보유수(미혼모, 알콜 중독자, 영세산업장 근로자 등)
	③ 건강행위	• 음주, 흡연율 • 식습관 • 질병치료 및 예방행위 • 보건사업 이용률 • 건강관련 미신이나 관습 등
(3) 지역사회 자원		① 인적자원: 보건의료전문인의 종류와 수, 특정전문가, 지도자 ② 보건의료자원: 병원, 의료, 약국, 보건소, 보건지소, 보건진료소 등 ③ 사회적 자원: 각종 사회복지기관의 서비스 내용과 문제점, 지역사회 내 조직 ④ 정치자원: 주민의 건강과 관련된 정부기관, 지방자치단체의 활동 ⑤ 유용한 보건자료: 생정통계, 사업보고서, 병원, 학교, 산업장 기록 등 보건자료

4) 자료 분석

(1) 자료 분류 단계

① 수집된 모든 자료를 특성별로 범주화하여 서로 연관성 있는 것끼리 분류

② 지역사회의 특성, 인구특성, 건강상태, 환경특성, 지역사회 자원 등을 범주화

(2) 자료 요약 단계

① 분류된 자료를 항목 간 관련성을 고려하여 특성에 따라 요약, 서술

② 지도, 비율, 표, 그림, 그래프 등으로 작성하여 자료를 요약하는 단계

(3) 확인, 비교단계

① 수집된 자료 재확인(규명된 자료 간의 불일치, 누락된 자료, 자료간의 차이 등)

② 기준과 비교: 타 지역, 전국 규모 및 과거의 통계치와 비교하여 포괄적이고 총체적인 지역사회문제(지역사회 건강상태 등)를 평가하기 위한 단계

③ 지역주민의 견해나 동료의 의견을 청취하는 것이 도움이 됨

(4) 결론 단계

① 지역사회의 건강요구 및 구체적 건강문제를 찾아 결론내리는 단계

② 지역사회간호사의 전문적 견해가 반영된 종합적인 결론을 도출하여 문제를 기술

5) 간호사업의 법적 기준과 지침 확인

(1) 지역사회간호사는 보건관련법으로서 지역보건법·시행령·시행규칙·각종업무규정·기준·업무분장표 등을 분석하여 자신의 역할과 기능의 범위와 깊이를 정한다

(2) 지역사회의 주민의 건강문제 중에서 자신이 해결할 수 있는 간호문제를 한정하고 해결할 수 없는 지역사회 건강문제는 관련된 전문기관에 의뢰한다.

2 간호진단

1) 지역사회간호진단의 특성

(1) 지역사회간호진단은 확인된 간호문제로, 지역사회 건강문제 중 잠재적, 실제적인 건강문제로 지역사회간호사업으로 변화를 가져올 수 있는 문제를 말한다.

(2) 잘 도출된 지역사회간호진단은 간호과정의 다음 단계인 간호계획의 기초가 된다.

(3) 지역사회간호진단은 문제와 관련요인의 두 부분으로 진술한다.

(4) 대부분 한 가지 간호문제는 여러 가지 관련요인을 가질 수 있다.

2) 지역사회간호진단에 활용되는 분류체계

(1) 북미간호진단 분류체계(NANDA, 2015)

NANDA의 간호진단분류체계는 비교적 간호현장에 널리 알려져 있으나, 지역사회보다는 임상에 초점을 두고 급성 건강문제의 관리상황을 중심으로 개발되어 지역사회간호 현상을 모두 포괄하는 데는 한계가 있다. 13개 영역, 47개 분류, 236개 간호진단으로 구성되어 있다.

(2) 오마하진단 분류체계(OMAHA)

① 특징: OMAHA 방문간호사협회와 미국 보건성 공중보건국 간호과와의 연구로 개발
지역사회 보건간호실무영역에서 **간호과정에 기초를 둔 대상자 문제(Client Problem) 중심의 틀**로 지역사회간호진단 및 가정간호에 적용하기 편리하다.

② 오마하 분류체계의 종류
3가지 체계: 진단(문제) 분류체계, 중재체계, 결과에 대한 등급척도를 위한 체계

③ 오마하 분류체계의 구성

구성	수준1	수준2	수준3	수준4
	영역 (domain)	문제(진단) (problem)	수정인자 (modifier)	증상/징후 (symptom&sign)
문제분류틀	I. 환경 II. 심리사회 III. 생리 IV. 건강관련행위	• 4종 • 12종 • 18종 • 8종	I. 대상자 : 개인, 가족, 지역사회 II. 심각도 : 건강증진 잠재적 결핍/손상 실제적 결핍/손상	문제의 증상 및 징후
중재틀	1. 범주: 1) 건강교육, 상담, 안내 2) 처치와 시술 3) 사례관리 4) 감독 2. 중심내용: 간호중재와 활동내용 3. 대상자에 대한 구체적 정보			
결과틀	• 서비스 전 과정을 통하여 대상자의 발전과정을 측정 • 5점 Likert척도로 점수가 높을수록 양호한 상태			

④ 오마하 문제분류체계의 영역별 문제

영역	문제(Problem)			
I. 환경	1. 수입	2. 위생	3. 주거	4. 이웃/직장 안전
II. 심리 사회	5. 지역사회 자원과의 의사소통 8. 대인관계 12. 성적 관심 16. 성장과 발달	9. 영성 13. 돌봄/양육	6. 사회적 접촉 10. 슬픔 14. 무시	7. 역할 변화 11. 정신건강 15. 학대
III. 생리	17. 청각 21. 인지 25. 신경·근육·골격기능 28. 소화와 수분 32. 임신	18. 시각 22. 동통 29. 배변기능 33. 산후	19. 언어와 말 23. 의식 26. 호흡 30. 배뇨기능 34. 전염성/감염성 질환	20. 구강건강 24. 피부 27. 순환 31. 생식기능
IV. 건강 관련 행위	35. 영양 38. 개인위생 42. 투약	36. 수면과 휴식 양상 39. 약물오용	40. 가족계획	37. 신체적 활동 41. 건강관리 감시

핵심 CHECK

[오마하 문제분류 틀]

4개 수준으로 구성: 영역, 문제, 수정인자, 증상징후

(1) **영역**: 환경적, 심리·사회적, 생리적, 건강관련 행위영역 등 4가지
(2) **영역별 문제**: 현재나 미래에 개인이나 가족의 건강상태에 영향을 미칠 수 있는 어려움으로 42가지
   (기타 제외) 대상자 문제로 구성
(3) **문제별 수정인자**: 개인이나 가족, 지역사회의 실제적, 잠재적, 건강증진 문제로 구성
(4) **증상 및 징후**: 각각의 문제와 관련된 독특한 증상과 징후로 구성

(3) **가정간호 분류체계(Home Health Care Classification, HHCCs)**

① 가정간호분류체계는 가정간호를 필요로 하는 Medicare 대상자의 간호 및 다른 의료 서비스
의 요구도를 예측하고 결과를 측정하기위해 개발됨
② 20가지의 간호요소와 145개의 진단으로 구성되어 가정간호에 주로 적용됨

(4) **국제간호실무 분류체계(International Classification for Nursing Practice, ICNP)**

① 간호실무를 기술하는 데 국제적으로 통용될 수 있는 공동언어와 분류체계를 개발하여 간호
정보를 비교하고, 실무와 연구를 촉진하고자 국제간호협회(ICN)에서 개발
② 7개의 서로 다른 축을 중심으로 이 축의 조합인 간호진단, 간호중재, 간호결과의 3가지 체계
로 구분됨: 초점, 판단, 시간, 장소, 방법, 활동, 대상자

핵심 CHECK ◀◀◀

① 오마하 간호진단과 가정간호분류체계가 지역사회간호진단에 주로 이용된다.

② 오마하 간호진단은 지역사회간호진단에 가장 적합한 간호진단 도구이다.

🖋 **기출문제 맛 보기**

오마하 문제분류체계에 대한 설명으로 옳은 것은? 　　　　　　16년 지방

① 7개의 서로 다른 축으로 구성되어 있고 이 축의 조합으로 간호진단 및 간호결과, 간호중재 진술문을 만들어 낸다.

② 첫째 수준은 5개의 영역으로 환경, 사회심리, 안전, 질병, 건강 행위 영역으로 구분되어 있다.

③ 20개의 간호요소와 145개의 가정간호진단으로 구성되어 있다.

④ 셋째 수준은 문제별 2가지의 수정 인자인 문제의 심각성 정도와 대상으로 구성되어 있다.

---

3) 간호진단의 우선순위 설정

(1) **우선순위 결정 기준**: 보건사업기획과정에서 사용되는 우선순위 결정기준

　① 미국 CDC(질병관리본부)의 PATCH의 우선순위 결정기준

　　㉠ 건강문제의 중요성: 문제의 크기, 심각도

　　㉡ 변화가능성

　② **Bryant**의 우선순위 결정기준

　　㉠ 문제의 크기

　　㉡ 문제의 심각도

　　㉢ 사업의 기술적 해결가능성

　　㉣ 주민의 관심도

　③ **BPRS**(Basic Priority Rating System)을 이용한 우선순위 결정

　　㉠ 평가항목을 점수화하는 기준 제시(공식에 따라 점수를 계산)

　　㉡ 문제의 심각성, 사업효과점수는 주관성에 노출

　　㉢ BPRS $= (A+2B) \times C$

　　　• A: 문제의 크기(만성병은 유병률, 급성질환은 발생률을 이용)

　　　• B: 문제의 심각도(긴급성, 중증도, 경제적 손실, 타인에의 영향)

　　　• C: 사업의 추정효과

　④ **PEARL**

　　㉠ BPRS를 계산한 후 사업의 **실현가능성 여부**를 판단하는 기준으로 사용

　　㉡ 장기 계획이나 사업의 우선순위가 쉽게 안 드러나는 경우에 활용할 것을 권장

정답 ④

ⓒ 5가지 평가항목으로 0이나 1점으로 5가지 항목에 점수를 주어 **항목 값을 곱한 점수**로 산정 5가지 평가항목 중 **하나라도 불가판정을 받으면 사업은 시작할 수 없음**

〈평가항목〉

㉮ **적절성**(Propriety): 해당기관의 업무범위에 해당하는가?

㉯ **경제적 타당성**(Economic Feasibility): 문제해결이 경제적으로 의미가 있는가?

㉰ **수용성**(Acceptability): 지역사회나 대상자들이 수용할 만한 것인가?

㉱ **자원의 이용가능성**(Resources): 사업에 사용할 재원이나 자원이 충분한가?

㉲ **적법성**(Legality): 사업의 내용이 법적으로 문제가 없는가?

[표 2-1] BPRS와 PEARL을 이용한 국가 암 우선순위 결정의 예

암 유형	크기(A)	심각성(2B)	효과성(C)	P	E	A	R	L	Total BPR score	순위
유방암	7	1+4+5+5=15	8	1	1	1	1	1	176	1
대장암	1	1+3+5+4=13	6	1	0	1	1	1	84	–
폐암	3	1+1+4+4=10	6	1	1	1	1	1	78	2
췌장암	0	1+0+1+3=5	3	1	1	1	1	1	15	3
전립선암	10	2+5+4+2=13	8	1	1	1	0	1	184	–

*출처: 박인혜 등(2017). 지역사회간호학 I. 현문사. p.248.

⑤ Stanhope & Lancaster의 기준(2004)

㉠ 지역사회 건강문제에 대한 지역주민의 인식정도

㉡ 건강문제를 해결하려는 지역사회의 동기수준

㉢ 건강문제 해결에 영향을 미치는 간호사의 능력

㉣ 건강문제 해결에 필요한 전문가의 유용성

㉤ 건강문제 해결이 안될 때 후속적으로 생길 결과의 심각성

㉥ 건강문제 해결에 소요되는 시간

🖉 기출문제 맛 보기

지역사회간호진단의 우선순위 결정 기준 중 BPRS의 구성요소에 해당하는 것은?   23년 서울

① 문제의 중요성, 변화가능성
② 문제의 크기, 문제의 심각성, 해결 가능성, 주민의 관심도
③ 대상자의 취약성, 문제의 심각성, 주민의 관심도
④ 문제의 크기, 문제의 심각성, 사업의 추정효과

정답 ④

3 간호계획

1) 목표설정

(1) 목표설정의 중요성
① 지역사회 간호사업의 방향을 설정 즉 진행방향과 범위 결정
② 지역사회 간호사업의 평가를 위한 근거를 제시

(2) 목표의 분류

① 투입산출 모형에 의한 목표
　㉠ **투입목표(input objective)**: 사업기반 조성에 관한 지표로서, **사업에 투입되는 자원**
　　　예 인력, 시간, 돈, 장비, 시설, 정보 등
　㉡ **산출목표(output objective)**: 사업의 결과 나타나는 **활동, 이벤트, 서비스, 생산물 등** 목적을 **달성하기 위한 활동 즉 의도하는 사업량**을 의미한다.
　　　예 이용건수, 교육건수, 사업건수, 홍보건수 등
　㉢ **결과목표(outcome objective)**: 사업의 결과로 나타나는 **건강수준이나 건강결정요인의 변화**를 의미한다. 예 지식, 태도, 행위의 변화, 건강수준의 변화, 평균수명 연장, 삶의 질 향상 등

[표 2-2] 사업목표 설정의 예: 금연사업

사업	사업목표 분류	목표
금연 사업	투입목표	• 시설: 금연 클리닉실을 2개소 설치한다. • 인력: 전담인력을 10명 확보한다(읍면 통합보건요원을 포함). • 장비: 흡연모형 2종을 확보한다. • 예산: 1,000천원을 확보한다.
	산출목표	• 청소년 보건교육을 월1회 실시한다. • 금연교실을 운영한다. • 공공시설 100개소에 금연구역을 지정한다. • 금연이동상담실을 운영한다. • 금연 캠페인을 월 1회 실시한다.
	결과목표	• 청소년 흡연률을 7%에서 6%로 낮춘다. • 성인 흡연률을 40%에서 35%로 낮춘다.

지역사회 주민을 대상으로 금연사업을 계획하고 있다. 투입–산출모형에 따라 목표를 설정할 때 산출목표에 해당하는 것은?   23년 서울

① 금연 클리닉을 4개소 설치한다.
② 금연 클리닉 상담인력을 8명 확보한다.
③ 성인 흡연율을 36% 에서 32% 로 낮춘다.
④ 금연 이동 클리닉을 6개월간 8개 지역에 운영한다.

② 인과관계에 의한 목표

　　⊙ **과정목표(process objective):** 결과목표나 영향목표 달성을 위한 실제 활동으로, **산출의 양적수준과 투입 및 산출의 적절성**을 말한다. 예 구강검진 연 1회 실시

　　⊙ **영향목표(impact objective):** 건강수준 변화를 위해 요구되는 **건강결정요인과 기여요인의 변화**(지식, 태도, 기술, 행위 등)를 의미한다. 예 칫솔질 실천율 연 1% 증가

　　⊙ **결과목표(outcome objective): 건강수준의 변화**(사망률, 유병률, 장애 등), 삶의 질의 변화 등을 의미한다. 예 충치율 1% 감소

핵심 CHECK ‹‹‹

[건강결정요인과 기여요인]
• **건강결정요인 또는 위험요인:** 건강수준에 직접 영향을 미치는 요인(심장질환: 가족력, 고지질식사 등)
• **건강기여요인:** 결정요인에 직·간접적으로 영향을 미치는 요인(저지방식이에 대한 지식부족 등)

[인과관계 목표 예: 뇌혈관 사망률 감소]
① 과정목표: 70세 이하 성인 고혈압 환자의 투약 인구를 2년 이내에 20% 증가시킨다.
② 영향목표: 70세 이하 성인 고혈압 유병율을 3년 내에 10% 감소시킨다.
③ 결과목표: 70세 이하 성인 뇌혈관 사망률을 5년 내에 10% 감소시킨다.

③ 목표달성에 필요한 시간에 따른 목표분류

분류	달성기간(양숙자 등)	특성	김춘미 등
장기목표	5~ 10년 소요	• 사망, 상병 등 건강상태의 변화 • 사회적 가치의 변화	5년~10년 이내
중기목표	2~5 년 이내	• 서비스 이용의 변화 • 행동의 변화	3개월~2년 이내
단기목표	2~3개월에서 2년 이내	• 지식, 태도, 믿음의 변화, • 정책에 대한 지지의 변화	2~3개월 이내

*출처: 양숙자 등(2022). 지역사회간호학 I. 현문사. pp.339~340.
　　　김춘미 등(2022). 지역사회보건간호학. 수문사. p.212.

정답 ④

(3) 목표의 구성

① **어디서**: 사업에 포함되어야 할 장소

② **누가**: 달성되어야 할 환경영역 혹은 대상

③ **무엇**: 변화 혹은 달성해야 할 상태나 조건

④ **언제**: 사업수행의 기간이나 시간

⑤ **범위(얼마나)**: 달성하고자 하는 상태, 조건의 양

> 예 <u>아산시 송악면</u> <u>65세 이상 노인들의</u> <u>고혈압 유병률은</u> <u>2006년 1월 1일에서 2010년 12월 31일까지</u>
>   (어디서)   (누가)   (무엇)   (언제)
>
> <u>매년 2%씩 감소된다.</u>
>   (범위)

핵심 CHECK ‹‹‹

무엇과 범위는 생략할 수 없는 중요한 항목임

---

(4) 목표의 기술

① 사업 후의 결과를 최종행위로 기술한다.

② 상, 하위 목표 간에는 횡적, 종적으로 일관성이 있어야 한다.

③ 구체적이고, 측정 가능한 용어로 기술한다.

(5) 목표설정의 기준

① 유용한 목표설정의 기준

㉠ **관련성**: 지역사회가 해결해야 할 문제나 지역사회 정책과 관련이 있어야 함

㉡ **관찰 가능성**: 사업이나 일의 성취결과를 명확히 알 수 있도록 제시되어야 함

㉢ **측정 가능성**: 성취된 결과를 수량화 할 수 있어야 함

㉣ **실현 가능성**: 지역사회 자원의 동원이 가능하고 그 보건문제가 해결 가능한 것이어야 함

② SMART 목표기술의 원리(Vollman, Anderson & McFarlane, 2002)

㉠ **구체성**(Specific): 구체적으로 기술하여야 함

㉡ **측정가능성**(Measurable): 측정가능하도록 기술하여야 함

㉢ **적극성과 성취가능성**(Aggressive & Achievable): 진취적이면서 성취 가능한 현실적인 것이어야 함

㉣ **연관성**(Relevant): 사업목적 및 문제해결과 직접 관련성이 있어야 함

㉤ **기한**(Time limit): 목표달성 기한을 기술하여야 함

2) 간호방법 및 수단의 선택

(1) 간호방법 및 수단의 선택과정

① 다양한 방법 및 수단을 파악

② 요구되는 자원과 이용 가능한 자원을 조정

③ 가장 최선의 방법 및 수단을 선정

④ 구체적 활동으로 기술

(2) 간호방법 및 수단 선택 시의 고려사항

① **기술적 타당성**: 간호방법이 기술적으로 가능하고 효과가 있어야 함

② **경제적 타당성**: 경제적으로 시행가능하고 효과가 분명해야 함

③ **법적 타당성**: 목표달성행위가 법률이나 제도적으로 보장이 되어 있어야 함

④ **사회적 타당성**: 사업대상자들의 수용도 즉 대상자가 받아들일 수 있는 방법이어야 함

⑤ **정치적 타당성**: 각계 각층의 지지도를 의미하는 것으로 보건기획에서는 법률적 타당성 대신에 정치적 타당성을 고려하기도 함

3) 수행계획(집행계획)

(1) 간호사업 수행을 위해 구체적 활동계획(언제, 누가, 어디서, 무엇을)을 결정하는 것

① **언제**: 각 업무가 언제 시작해서 언제 끝나는 지 각 단계마다 기간 및 시간을 작성

② **누가**: 어떤 지식과 기술을 갖춘 요원이 사업에 참여하는 가를 계획

③ **어디서**: 사업을 제공하는 장소 또는 지역을 기술

④ **무엇**: 그 업무활동에 필요한 도구와 예산을 계획하는 것

(2) 시간계획 시 일별, 주별, 월별, 분기별, 연간 계획 등으로 기술

4) 평가계획

(1) 사업의 평가방향을 수립한다.

평가범주, 평가시기, 평가자, 평가도구, 평가대상을 결정

(2) 평가계획은 사업을 시작하기 전(수행 전)에 수립해야 한다.

평가는 사업이 진행되는 도중과 사업이 끝난 단계에서 지속적으로 이루어지므로 미리 수립되어야 한다.

(3) 평가계획 수립 시 주민참여하면 사업의 효율성을 높일 수 있다.

(4) 평가도구는 신뢰성과 타당성이 높아야 한다.

4 지역사회간호 수행

1) 지역사회간호사업의 관리

(1) 조정활동(Coordinating)

요원이 분담된 업무활동을 수행함에 있어 **업무의 중복이나 결핍이 오지 않도록** 요원들 간의 관계를 명확히 하고, 업무를 분담하며 그때그때의 결정사항에 대해 의사소통을 통한 조정을 시행한다.

예 의사소통을 통한 업무의 분배 및 시간배정 등을 조정

(2) 감시활동(Monitoring)

① 감시

㉠ 감시란 사업의 목적 달성을 위하여 사업이 **계획대로 진행**되는지를 확인하는 것이다.

㉡ 감시는 **업무의 질적 표준을 유지**하기 위하여 업무의 수행수준, 수행절차, 수행결과에 대한 **결여를 규명하고 결여의 원인이 무엇인지를 찾는 활동**으로 투입, 과정, 결과에 대한 감시로 분류한다.

② 감시방법

㉠ 계속적 관찰

㉡ 물품 또는 자원의 점검

㉢ 기록의 검토

㉣ 감시목록(check list)의 기록: 정보체계의 활용

㉤ 요원과 지역사회와의 토의

(3) 감독활동(Supervising)

① 감독

㉠ 감독은 감독계획에 의거 **정기적으로 지역사회를 방문하여 실시하는 것**으로 목표 진행정도의 평가, 주어진 업무수행 수준의 관찰, 사업 진행 동안 발생한 문제와 개선점을 토의하고 **필요시 조언하는 복합적인 활동**을 의미한다.

㉡ 감독활동은 **목표달성**을 위하여 사업의 목표의 적절성, 수행의 영향요인, 직원의 동기나 능력, 자원의 상태 등을 확인하며, **업무 수행자들을 지원하고 격려하며 학습의 기회를 마련하기 위한 수단**으로 활용된다.

② 감독활동 전 확인사항

㉠ 지역사회가 도달해야할 목표량

㉡ 요원이 해야 할 활동

㉢ 목표량과 관련된 사업의 진행 정도

㉣ 사업 진행 동안 발생한 문제

㉤ 요구되는 물품

③ 감독활동

  ㉠ 목표가 달성되도록 잘 진행되고 있는지 기록부를 확인

  ㉡ 주어진 업무활동을 어떻게 수행하고 있는지 관찰

  ㉢ 주민의 요구가 주어진 사업과 잘 부합되는지 주민들과의 대화를 통해 확인하고, 사업수행에 대한 이해와 요구를 파악한다.

  ㉣ 지역사회간호사가 발견한 문제점과 개선사항에 대하여 요원과 토의 및 조언

  ㉤ 다음 방문날짜를 재확인

🔖 **기출문제 맛 보기**

지역사회간호사업 수행단계에서 계획대로 사업이 진행되고 있는지를 확인하기 위한 활동으로, 업무수행을 관찰하거나 기록을 검사하여 문제를 파악하고 문제의 원인을 찾는 활동에 해당하는 것은?   19년 서울

① 조정   ② 의뢰
③ 감시   ④ 감독

---

2) 지역사회간호중재 수레바퀴 모형(intervention Wheel)

(1) 모형의 특성

 ① 중재수레바퀴 모형은 **인구중심적 보건간호 실무를 시각화**하여 지역사회와 지역사회를 구성하는 개인, 가족, 집단에 어떤 중재를 제공해야 지역사회 건강수준이 높아질 수 있는지 보여준다.

 ② 이 모형은 가정간호, 학교보건, 산업간호 등 각 지역사회간호 영역에서 나온 200여 개의 실무 시나리오를 분석하여 공통적으로 나타난 **17가지 간호중재를 제시하고 있다.**

 ③ 중재 대부분은 세가지 수준, 개인(개인 혹은 가족), 지역사회, 체계 모두에 적용된다.

(2) 수레바퀴 모형의 17가지 구성요소

중재활동	내용
감시 (surveillance)	• 지역사회 간호중재를 계획, 수행, 평가하기 위해 지속적이고 체계적으로 자료를 수집, 분석, 정보를 해석하여 건강상태를 기술하고 모니터링하는 것이다.
질병과 건강문제 조사	• 인구집단의 건강을 위협하는 정보를 체계적으로 분석하여 원인을 확인하고, 위험 상황에 있는 대상을 찾아 관리방법을 결정하는 것이다.
아웃리치 (outreach)	• 보건의료서비스에 대한 접근성이 낮은 위험군이나 관심 인구집단을 찾아내고, 건강문제의 원인과 문제해결방법, 서비스이용방법 등에 대한 정보를 제공하는 것이다. 📋 노숙자 쉼터에서 사람들을 인터뷰하여 음식물 지원과 모아건강 클리닉에 대한 정보가 필요한 사람이 누구인지 확인한다.
스크리닝	• 건강위험요인이나 증상이 없는 질병상태에 있는 개인을 찾아내는 것이다.

정답 ③

사례발견	• 건강위험인자를 가진 개인과 가족을 찾아내어 필요한 자원을 연결해주는 것이다. 이는 개인과 가족수준에서만 이루어진다.
의뢰와 추후관리	• 실제적, 잠재적 문제를 예방하거나 해결하는데 필요한 자원을 찾아내고, 개인, 가족, 집단, 조직, 지역사회 등이 이러한 자원들을 이용하도록 돕는 것이다.
사례관리	• 각 서비스를 서로 조정하여 체계적으로 제공함으로써 서비스 중복이나 누락을 막고, 개인과 가족의 자가간호능력, 체계와 지역사회의 역량을 최적화하는 것이다.
위임	• 법에 보장된 간호사의 역할에 근거하여 지역사회간호사가 수행하는 직접적인 간호업무를 수행하거나 다른 적합한 사람에게 수행하도록 맡긴 업무도 포함된다.
보건교육	• 개인, 가족, 체계의 지역사회의 지식, 태도, 신념, 행위, 습관을 변화시키기 위해 사실(정보)이나 기술을 전달하는 것이다.
상담	• 자가간호나 대처역량 강화를 목적으로 개인, 가족, 체계, 지역사회의 지지적, 정서적 상호관계를 정립하는 것이다.
자문	• 개인, 가족, 체계. 지역사회와 상호작용하며 문제를 해결하는 과정 속에서 문제해결에 필요한 정보를 찾고, 최적의 해결방법을 이끌어 내는 것이다.
협력	• 둘 이상의 사람 혹은 조직이 건강증진 및 유지를 위한 역량을 강화함으로써 공동 목표에 달성하도록 하는 것이다.
협약체결	• 둘 이상의 기관이 공동의 목적을 달성하기 위하여 협약을 통해 긴밀한 관계를 형성하고, 문제해결 및 지역사회 리더십을 강화하는 것이다.
지역사회 조직화	• 지역사회가 공동의 문제나 목표를 설정하고, 자원을 개발하며, 공동의 목표를 성취하기 위한 전략들을 개발하고 실행할 수 있도록 돕는 것이다. 예 저소득임대 가구주들이 모임을 결성하여 임대 건물의 안전상태를 향상하기 위해 공동 노력한다.
옹호	• 개인, 가족, 체계, 지역사회가 자신을 스스로 변호하고 자신의 이익을 위해 행동할 수 있는 역량을 개발할 수 있도록 지역사회 간호대상자를 변호하거나 그들의 이익을 위해 행동하는 것이다.
사회적 마케팅	• 관심 인구집단의 지식, 태도, 가치, 행위, 관습 등에 영향을 주기위하여 기획한 프로그램에 대해 상업적 마케팅 원칙과 기술을 적용하는 것이다. 예 임신기 동안 약물이나 알코올 사용으로 발생하는 영향에 관하여 텔레비전 패널토의에 참여
정책개발	• 건강관련 이슈를 의사결정자의 의제(agenda)로 올려놓고, 이를 해결하기 위한 대안과 필요한 자원을 찾기 위해 노력하여 법, 규칙, 규정, 조례, 정책 등을 구체화하는 것

*출처: 김춘미 등(2022). 지역사회보건간호학. 수문사. pp.320–325.

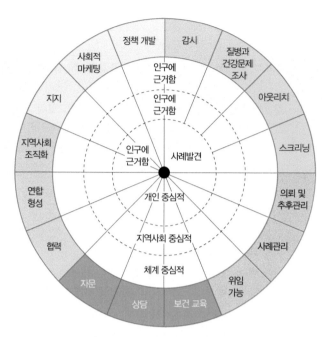

[그림 2-1] 수레바퀴 모형의 구성요인

*출처: 김춘미 등(2022). 지역사회보건간호학. 수문사. pp.320-325.

5 지역사회간호평가

평가는 반드시 미리 계획되어야 하고, 체계적으로 실행되어야 한다.

1) 평가목적

(1) 사업의 **목적 달성 정도**를 파악하기 위함

(2) 사업의 **효율과 효과**를 판정하기 위함

(3) 사업의 **개선방향을 도출**하기 위함

(4) 사업과 관련된 **새로운 지식**을 획득하기 위함

2) 평가절차

(1) **평가대상(내용) 및 기준 설정**

① 평가하고자 하는 대상과 측정기준을 설정하는 것으로 목표 수준과 일치하여야 함

② 이미 계획단계에서 마련된 평가내용과 기준을 확인하는 것

(2) **평가 자료 수집**

(3) **비교**: 설정된 목표와 현재 도달한 상태를 비교

(4) **가치판단**: 실제 도달한 목표성취 정도를 파악하고, 성패에 대한 요인을 분석

(5) **재계획 수립**: 평가결과에 따라 사업의 진행여부와 개선사항을 반영하여 추후(미래)의 사업 진행 방향을 결정

3) 평가유형

(1) 체계모형에 따른 평가범주

① 투입된 노력에 대한 평가
   ㉠ 간호사업에 투입된 전체 노력의 정도를 평가하는 것
   ㉡ 간호제공자의 간호시간, 가정방문 횟수, 인력, 물품소비 정도를 모두 포함한 소비량

② 사업 진행에 대한 평가
   ㉠ 계획된 내용 및 일정대로 사업이 수행되었는지 순서와 진행 정도를 평가
   ㉡ 계획과 차질이 있다면 원인을 분석하여 계획의 변경 여부를 평가

③ 목표달성 정도에 대한 평가
   ㉠ 계획된 목표수준에 어느 정도 도달했는지 구체적 목표 성취 여부 평가
   ㉡ 목표가 성취되지 못한 경우는 이유, 집행시기, 방법 등의 문제 여부를 확인하고 차기계획 수립에 참고할 수 있도록 함

④ 사업의 효율에 대한 평가
   ㉠ 사업을 수행하는데 투입된 노력, 즉 인적자원, 물적 자원 등을 비용으로 환산하여 그 사업의 단위 목표량에 대한 투입된 비용이 어느 정도인가를 산출
   ㉡ 최소의 비용으로 최대의 효과를 얻는 것이 가장 바람직함

⑤ 사업의 적합성에 대한 평가
   투입된 노력에 대한 결과를 산출하여 지역사회 요구량과의 비율을 계산하여 인적·물적자원의 충족 여부를 평가

핵심 CHECK ‹‹‹

[사업의 효율성(경제성) 평가방법]

1. 비용효과분석(cost-effect analysis) = 총비용 / 대상자수 / 사업결과 = 원 / 인 / %
2. 비용편익분석(cost-benefit analysis) = 이익된 비용 / 사업소요 경비

※ 비용효과비가 낮을수록, 비용편익비가 높을수록 효율성이 큰 사업이다.

---

(2) 평가시기에 따른 평가

① 현황분석

기획과정에서 사업을 시작하기 전 보건문제를 분석하고 사업의 가능성을 검토하는 과정

② 과정평가

사업의 수행 상태를 파악하고 개선 방안을 검토하는 평가, 사업의 실행 과정 중에 이뤄지는 평가

③ 결과평가

사업의 결과를 평가하는 것으로 사업이 종료된 후 사업의 개선 사항과 지속여부 등을 결정하기 위하여 시행

(3) 사업과정(투입-산출모형)에 따른 평가(Donabedian, 1978)

① 구조평가
  ㉠ 사업을 위한 **자원의 투입이 적절한지를 평가**
  ㉡ 일반적으로 투입되는 인력, 시설, 장비, 예산 등이 적절한가에 대한 평가
    • 사업 인력의 양적 충분성과 사업수행에 필요한 전문성 평가
    • 시설 및 장비의 적절성 평가
    • 사업정보의 적정성 평가

② 과정평가
  ㉠ **프로그램 운영이 계획대로 진행되고 있는지를 평가**
  ㉡ 프로그램의 수행정도, 서비스의 질을 평가하고 개선 측면을 고려하기 위함
  ㉢ 과정평가의 내용
    • 목표 대비 사업의 진행정도: 사업일정의 준수
    • 사업 자원의 적절성(적합성)과 사업의 효율성: **교재의 적절성**
    • 사업 이용자의 특성: **대상자의 적합성**
    • 제공된 서비스의 질: **프로그램 참여도, 프로그램 만족도** 등
    • 사업전략 및 활동의 적합성

③ 결과평가
  사업의 종료 시 사업효과를 측정하는 것으로 사업의 지속여부나 확대를 판단하기 위하여 시행함
  ㉠ 지식, 태도, 행위의 변화
  ㉡ 건강 수준의 변화와 조직 및 지역사회의 변화 정도를 측정하는 것이다.

핵심 CHECK ◀◀◀

[사업과정에 의한 평가]

평가범주	평가항목	
구조	• 보건사업에 투입된 인력, 시설/장비, 예산, 기간, 정보 등	
과정	• 목표 대비 사업의 진행정도 • 서비스의 질 • 서비스 접근가능성 • 서비스에 대한 주민의 수용성 • 이용자의 특성 • 사업진행상의 문제점	예 프로그램 만족도/흥미도 예 프로그램 참여도 예 교재의 적절성 예 대상자의 적절성
결과	영향평가	건강관련 지식, 태도, 기술, 행위 변화
	효과평가	건강수준이나 삶의 질 향상

*출처: 소애영 등(2020). 지역사회간호학 I . 수문사. p.325.

4) 평가 방법

관찰, 보고서, 면담, 질문지를 통한 평가

🖉 기출문제 맛 보기

지역사회 주민을 대상으로 고혈압관리사업을 하고 있다. 평가를 위해서 '대상자의 프로그램 만족도'를 평가하였다면, 이에 해당하는 것은?   21년 서울

① 구조평가   ② 과정평가
③ 결과평가   ④ 산출평가

정답 ②

CHAPTER 03 간호수단 및 자원활용

1 건강관리실(크리닉) 활동

1) 건강관리실의 형태

① **이동 건강관리실**: 지역을 이동하면서 운영됨. 예 배, 버스를 이용한 건강검진
② **고정 건강관리실**: 보건실, 산업장내 진료실, 보건소 내 모자보건실, 가족계획실 등

2) 건강관리실의 설치조건

① 대상자들이 찾기 쉽고, 교통이 편리하여 이용하기 좋은 곳
② 쾌적한 공간 조성: 화장실, 수도시설, 냉난방시설, 환기장치 등 마련
③ 위생을 위해 바닥이나 벽은 청소하기 쉬운 재료로 사용
④ 건강관리실 별로 대상자의 특성을 고려하여 배치할 것
⑤ 주민과의 상담이나 건강검진 시 비밀보장이 될 수 있는 공간 마련

3) 건강관리실 이용의 장단점

(1) 장점

① 방문활동에 비해 간호사의 시간이 절약됨
② 건강관리실의 다양한 비품, 기구, 물품 등을 사용할 수 있음
③ 외부의 산만성이 적음
④ 특수한 상담 및 의뢰활동을 즉각적으로 실시할 수 있음
⑤ 같은 문제를 가진 대상자들끼리 서로 문제해결 방법을 나눌 수 있음

(2) 단점

① 대상자의 가정상황을 직접적으로 파악하기 어려움
② 노인, 거동불편자 등 건강관리실에 오기 어려운 환자들은 접근성이 떨어짐
③ 대상자가 낯선 환경에서 심리적으로 긴장할 수 있어서 자신의 문제를 솔직히 드러내기 어려울 수 있음

2 방문활동(가정방문)

1) 목적

① 실제 가정환경에서 가족간호 및 지역사회간호에 관련된 자료를 수집하므로 정확한 간호 진단을 내릴 수 있다.

즉, 가정환경을 관찰할 수 있어서 가족의 건강증진에 방해되는 요소와 지지요소를 확인 할 수 있는 기회를 갖는다.

② 가족과 원만한 인간관계를 형성함으로서 가족의 **포괄적인 건강관리**를 도모한다.

③ 가족 **스스로 문제해결을 할 수 있는 능력**을 증진시킨다.

2) 방문활동의 원리

① 정확한 업무계획에 의하여 수행하여야 한다.

② 방문 대상자의 상황을 충분히 이해하고 접근한다.

③ 방문 대상자와의 공동으로 간호계획을 세우며 평가하는 것을 원칙으로 한다.

④ 방문활동 시 시간을 약속한다.

⑤ 반드시 대상자의 비밀을 지켜야 한다.

⑥ 방문횟수는 간호인력의 수, 가용시간, 예산, 대상자의 건강상태, 대상자의 시간 등을 참조하여 융통성 있게 결정한다.

⑦ 하루에 여러 곳을 방문 시에는 가정방문의 우선순위를 세운다. (감수성이 높은 대상, 비감염성 환자 우선)

　　예 신생아 · 미숙아 ⇨ 영유아 ⇨ 임산부 ⇨ 학령전기 ⇨ 학령기 ⇨ 만성질환자 ⇨ 성병환자 ⇨ 결핵환자(호흡기 감염자)

⑧ 일반적인 방문활동의 우선순위

　　㉠ 개인보다는 집단이 우선

　　㉡ 비전염성 질환보다는 전염성 질환이 우선

　　㉢ 만성질환보다는 급성질환이 우선

　　㉣ 생활수준이 낮을수록, 교육수준이 낮을수록 우선

⑨ 양적인 면보다는 질적인 간호제공에 치중해야 한다.

⑩ 간호사가 수행하는 간호기술은 전문적이고 숙련되고, 과학적 근거를 가져야 한다.

⑪ 지역사회 자원을 적극 활용한다.

⑫ 반드시 안전에 대한 주의사항을 지킨다.

3) 방문활동 시의 준비

(1) 방문 전의 활동내용

① 미리 대상자의 정보를 파악하여 간호계획을 세움: 가정기록부, 상담일지 등 활용

② 대상자의 소재지를 확인하고, 가정방문 날짜, 시간을 협의하여 정한다.

③ 필요한 준비물을 챙겨 방문가방을 준비한다.

④ 교통수단을 확인하고, 행선지, 방문목적, 출발시간과 돌아올 예정시간을 다른 요원에게 보고하고 기록한다.

(2) 방문 중의 활동내용

① 자신을 소개하고 방문목적을 설명하여 우호적인 신뢰관계를 형성한다.

② 관찰과 질문을 통해 대상자의 요구를 파악한다.

③ 동원 가능한 자원을 최대한 활용하여 필요한 간호를 제공한다.

④ 대상자의 질문에 응하고 상담한다.

⑤ 간호대상과 함께 공동의 활동계획을 작성한다.

⑥ 간호 제공 후 대상자의 만족도를 확인하고 다음 방문일정을 정한다.

(3) 방문 후의 활동내용

① 함께 설정한 계획에 대하여 처리하고, 간호대상자의 수행과정을 감시한다(monitoring).

② 방문활동에 대한 평가를 수행한다.

③ 방문내용과 추후계획을 기록 및 보고한다.

4) 방문가방 관리법

(1) 비말감염병 환자인 경우 환자로부터 먼 거리에 둔다.

(2) 책상이나 높은 장소에 올려 놓는 것이 좋다.

(3) 가방에서 신문지를 꺼내 깔고 놓는다.

(4) 문 앞에 두지 않도록 한다.

5) 가정방문의 장·단점

(1) 장점

① 대상자가 편안한 환경에서 간호를 받을 수 있다.

② 대상자의 전체적인 상황을 파악할 수 있고 가정상황에 대한 전반적인 파악과 함께 적절한 교육과 상담을 수행할 수 있다.

③ 거동 불편자나 노인도 간호를 받을 수 있다.

④ 가족전체의 포괄적인 건강관리와 가족단위 보건교육이 가능하다.

⑤ 간호대상자 및 그 가족과 공동으로 간호계획을 세울 수 있다.

⑥ 대상자와 우호적인 인간관계형성이 용이하다.

(2) 단점

 ① 비용과 시간이 많이 소모된다.

 ② 같은 문제를 가진 사람과 경험담을 나눌 수 있는 기회가 적다.

 ③ 간호제공 시 물품이나 기구를 충분히 활용하기 어렵다.

 ④ 교육 및 상담 시 산만해 질 수 있다.

 ⑤ 가정방문을 대상자가 부담스러워 할 수 있다.

🖊 기출문제 맛 보기

지역사회간호사의 방문활동 원리에 대한 설명으로 옳은 것은?   17년 지방직

① 하루에 여러 곳을 방문하는 경우 면역력이 높은 대상자로부터 방문한다.

② 방문횟수는 인력, 시간, 자원, 대상자의 건강상태 등을 고려하여 결정한다.

③ 개인정보보호를 위해 방문간호사의 신분을 대상자에게 밝히지 않는다.

④ 지역사회 자원 연계는 방문간호사 활동영역이 아니므로 수행하지 않는다.

정답   ②

3 자원활용 및 의뢰활동

1) 자원의 종류

(1) 지역사회 및 가족의 자원

① **인적자원**: 지역사회 및 가족 내의 인적자원으로 가족구성원, 다양한 보건전문인력, 자원봉사자, 가사도우미 등

② **물리적 자원**: 건물, 시설, 도구, 기구, 자료 등

③ **사회적 자원**: 지역사회 내 종교단체, 전문적단체, 자원봉사단체, 각종자조모임 등

④ **경제적 자원**: 지역사회 재정지원서비스 및 가족의 일반적 재정능력을 포함하여 사회사업단체나 독지가 등의 건강관리지불능력 등

(2) 지역사회간호사의 자원

① **건강평가 기술**: 관찰, 자료수집, 간호사정 기술 등

② **간호기술**: 응급처치, 예방접종 기술 등

③ **보건교육 기술**: 상담, 면접 기술 등

(3) 가족 및 지역사회 이외의 자원

다른 지역사회의 자원, 공공기관, 종합병원, 영리단체, 자선 단체 등

2) 자원의 활용 및 의뢰

(1) 자원 활용을 위한 준비

① 이용 가능한 보건자원을 파악한다,

② 활용 가능한 보건기관의 사업목적, 업무, 제한점 등을 확인

③ 자원목록을 작성하여 보관한다(자원서류철).

④ 간편하고 편리한 자원 및 의뢰방법을 결정한다.

(2) 의뢰 시 주의점

① 의뢰 전 대상자와 먼저 협의하고 의뢰여부결정은 반드시 대상자 본인이 하도록 한다.

② 의뢰 전에 의뢰할 기관과 담당자를 먼저 접촉하여 관련된 모든 사실을 파악한다.

③ 의뢰서에 필요한 정보를 기재한 후 가족이나 대상자가 직접 가도록 한다.

④ 대상자에게 의뢰기관에 대한 정보를 제공하고, 담당자, 시간, 장소를 정확히 알려준다.

⑤ 의뢰는 가능한 한 개개인을 대상으로 하며, 의뢰 직전 대상자의 상태를 다시 확인한다.

4 | 의사소통을 위한 매체 활용

① 매체란 의사전달을 효과적으로 하기 위한 보조수단을 의미함
② 지역사회간호사가 간호활동을 위하여 대상자와 간접적으로 접촉하는 수단

종류	장점	단점
우편 (편지, 엽서)	• 비용이 적게 듦 • 능력과 독립성이 있는 가족에게는 문제해결을 위한 행동에 대하여 책임지게 할 수 있음 • **방문 약속날짜를 어겼을 경우 다음 날짜를 알려 줄 때 주로 사용됨**	• 가정상황 파악이 불가능 함 • 새로운 문제를 발견할 기회가 없음 • 수신자 전달확인이 불가
유인물	• 대상자들이 보관하면서 필요시 볼 수 있음 • **정보를 조직적, 계획적으로 자세히 담을 수 있음** • 다른 매체보다 신뢰성이 있음	• 글을 알지 못하거나 읽지 않으면 효과를 볼 수 없음 • 비용이 많이 듦
벽보	• **많은 주민에게 전파 가능 및 경제적임** • 흥미 있는 사람이 자발적으로 학습할 수 있음 • 정보를 교환하는 역할을 함 • 대상자의 시각을 자극하여 전파효과 높음	• 제작에 특별한 기술이 필요함 • 대상의 학습효과를 확인할 수 없음 • 오래 게시하면 교육적 효과 감소
전화	• 시간과 비용에 있어 경제적임 • 가정방문으로 인한 대상자의 부담감이 없음 • 시간적 제약이 없으며, 시간이 짧게 소요되며, 빈번한 접촉이 가능 • 편지보다 덜 사무적이며 개인적임 • **가정방문을 필요로 하는 가족의 선별방법에 사용**	• 가정상황에 대한 전체적인 파악이 불가능 • 전화가 없는 곳에서는 이용이 불가능
방송 (대중매체)	• **가장 빠르게 많은 대상자에게 전달 가능** • 유인물과 같은 매체에 노출되지 않은 대상자에게 효과적임 • **보건지식 정보전달에 효과적임**	• 시간이 지나면 방송내용이 잊혀짐 • 방송망 활용이 어려움 • 정보에 대한 선택성이 높음
인터넷 (컴퓨터)	• **전달내용을 신속하게 전달할 수 있음** • 정보를 저장 · 관리할 수 있음 • 정보를 수정 · 보완하여 활용할 수 있음	• 컴퓨터 구입비용 필요 • 컴퓨터 활용기술이 없으면 사용할 수 없음

5 지역주민 참여 또는 지역사회 참여

1) 정의 (WHO)

① 지역사회 공공사업의 설계와 추진을 위한 **각 단계의 의사결정에 주민들이 참여하는 과정**

② 지역주민이 공식적인 의사결정과정에 관여하여 주민의 요구를 정책이나 사업과정에 반영되도록 하는 적극적인 노력

2) 지역주민 참여의 주요 내용

① 지역사회참여와 관련된 지역사회 내외의 자원을 잘 파악하고 이들이 **참여할 수 있는 기전**을 마련 하는 것

② 지역사회간호사업에 있어서의 **역할을 조정**하는 것

③ 지역주민에게 **의사결정의 권한을 부여**하는 것

3) 지역주민 참여의 의의

① 주민의 적극참여로 보건사업수행 성공가능성이 높아짐

② 지역주민의 요구를 직접 전달 할 수 있음

③ 지역사회 개발 활동에 참여의욕을 높임

④ 사업진행의 이해도를 높임

⑤ 보건사업과정 중 예기치 못한 변화 시 주민의 이해를 얻음

4) 지역주민참여 활성화 전략

① 정보의 공개와 홍보

② 여론의 정확한 수집 및 처리

③ 위원회의 활성화

④ 기존 주민조직의 활용과 조직

⑤ 다른 지역과 경쟁관계를 유발

⑥ 사회지도층의 적극적 참여

⑦ 보건요원 양성 및 배치

⑧ 주민의식과 자질 고취

⑨ 지역사회간호사의 역량 개발: 의사소통 기술, 인간관계, 리더십, 조직행동 등에 대한 지식과 기술, 지역주민의 잠재능력을 인정하고 인격적으로 대함 등

5) 지역주민 참여에 대한 가능한 문제점과 장애요인

(1) 문제점

① 사업의 전문성과 능률성 저하 가능성
② 시간과 비용의 소모
③ 지엽적 견해의 조장
④ 책임회피 또는 책임소재의 불분명
⑤ 주민의 참여회피 경향
⑥ 사용전략의 문제

(2) 장애요인

① 집단의 대표성 부족
② 관료주의
③ 보건행정가, 보건의료인들의 동기화와 태도 부족
④ 의료전문주의
⑤ 제도적 장치의 부족
⑥ 주민의 참여역량부족

6) 주민참여의 형태와 단계

(1) **참여동기에 따른 분류**: ① 자발적 참여 ② 유도된 참여 ③ 강요된 참여
(2) **참여결과에 따른 분류**: ① 실질적 참여 ② 형식적 참여
(3) **권한 이양 정도에 따른 분류**: ① 높은 수준의 참여 ② 낮은 수준의 참여
(4) **주민의 주도정도에 따른 참여단계**

단계	내용
동원단계	• 주민의 자발참여도가 아주 낮은 형식적이고 강요된 참여
협조단계	• 주민의 참여를 유도하나 보건사업의 계획과 조정과정이 제공자 측에 여전히 독점되어 있는 상태 • 참여에 대한 반대급부로서 참여를 유도
협력단계	• 협조단계보다 강제성이 약화된 상태 • 설득방식에 의해 주민참여가 강조되는 단계 • 보건사업의 계획과 조정과정에서 주민들의 의사가 반영되도록 하는 것 • 사업결과에 따른 이익의 사전 합의에 의한 참여 유도
개입단계	• 주민 측에서 개발사업과정이 공개되기를 주장하고, 의사결정과정에 개입하려하는 단계
주도단계	• 주민 주도적 접근이 최고조에 다다른 단계 • 주민 스스로의 자주관리를 강조

핵심 CHECK

[주민참여 유형에 따른 단계]

참여동기에 따른 분류	참여결과에 따른 분류	권한이양 정도	주민주도정도
자발적 참여	실질적 참여	높음	주도
			개입/관여
유도된 참여			협력
	형식적 참여	낮음	협조
강요된 참여			동원

*출처: 김광숙 등(2019). 지역사회간호학 이론과 실제. 현문사. p.278.

기출문제 맛 보기

지역사회간호활동단계에서 지역주민 참여의 의미를 설명한 것으로 옳지 않은 것은? 15년 서울

① 정부정책이나 관련부서의 사업내용을 직접 전달할 수 있으므로 사업진행의 이해도를 높일 수 있다.

② 지역사회의 공동운명체를 강화시켜 다른 개발활동에 참여의욕을 높일 수 있다.

③ 보건사업과정 중 예기치 못한 변화가 생길 때 주민의 이해를 얻을 수 있다.

④ 보건사업에 대한 지역주민의 전문성을 향상시켜 공공보건의료의 부담을 경감시킬 수 있다.

정답 ④

6 지역사회 조직화

1) 정의

① 지역사회의 변화나 문제해결을 위하여 지역주민이 자발적, 적극적으로 참여할 수 있도록 지역사회의 각종 조직 및 자원을 개편하는 것이다.

② 기존 조직을 활용하거나 새로운 조직을 개발하여 활용할 수 있다.

2) 지역사회 조직화 목표 및 의의

① **문제해결**: 주민의 요구를 사정하고 지역사회 문제에 주민참여 과정을 통해 문제를 해결할 수 있다.

② **조직형성**: 지속적인 문제해결 관계형성을 바탕으로 안정적 조직이 형성되며, 조직화를 통해 주민이 자신의 권리를 주장할 수 있는 힘을 획득할 수 있다.

③ **지역사회역량 강화**: 지역사회 능력을 향상시킬 수 있는 사회적 능력을 강화시키는 것이다. 토착지도력 개발과 사회변화에 대한 주민의 책임감 향상으로 사회변화를 추구할 수 있다.

2) 지역사회 조직화 시 고려해야 할 사항

① 지역사회가 준비되었을 때 시작한다.

② 목적을 달성하는데 충분한 능력과 자질이 있는 사람들로 단체를 구성한다.

③ 민주적인 원칙에 따라 주민이 자발적으로 참여하도록 한다.

④ 지역사회 조직의 정책은 실질적이고 형식을 갖추어야 하며 합법적이어야 한다.

⑤ 지역사회 주도권에 대한 충분한 이해와 신뢰가 있어야 하며 지역주민의 적극적인 참여를 유도할 수 있어야 한다.

3) 지역사회 조직화 과정

① **시범사업의 합법성 확보**: 보건위원회 등의 조직구성을 통하여 간호사업의 합법성 확보

② **자료수집 및 분석**: 지역주민의 요구도 사정을 위한 자료수집 및 분석

③ **문제의 정의 및 이슈화**: 선정된 문제에 대한 정의와 문제와 관련된 주요 인물들의 인식과 반응 파악 및 문제 이슈화

④ **목표설정**: 실제적인 자료와 보건문제의 정치적 여건을 고려하여 목표를 설정

⑤ **계획**: 목표 실행을 위한 방법 계획

⑥ **마케팅**: 준비된 계획안 실행을 위한 관련 기관 승인 및 홍보와 마케팅 활동 전개

⑦ **평가**: 사업결과를 나타낼 수 있는 양적 평가와 질적 평가자료를 제시

*출처: 양숙자 등(2022). 지역사회간호학 I. 현문사. pp.339~340.

CHAPTER **04** 보건사업의 기획

1 보건사업 기획의 이해

1) 보건사업 기획의 개념과 필요성

(1) 보건기획의 개념

① 보건기획은 국가가 국민들의 보건의료수요를 충족시키기 위해 보건의료자원을 활용하여 보건사업을 체계적으로 개발하는 것을 말한다(WHO).

② 국민의 건강을 유지, 증진하기 위한 합리적인 보건목표, 정책, 절차, 수단들을 선택하고 결정하는 제반 보건활동의 과정이다(최연희 등, 2016).

(2) 보건기획의 유용성

① 조직의 목표달성

업무성과에 대한 평가도구가 될 수 있으며, 업무를 명확하고 효율적으로 실행하게 함으로써 조직의 목표달성을 가능하게 한다.

② 환경변화에 대처(미래에의 대비)

내외적 환경변화에 대한 위험을 최대한 감소시키고 적절히 대처할 수 있도록 한다.

③ 가용자원의 효율적 사용

가용자원을 최소의 비용으로 최대의 효과를 얻도록 효과적으로 사용함으로써 예산절약 및 업무개선을 가능하게 한다.

④ 업무수행능력의 강화

보건기획을 통해 업무수행의욕을 북돋우며 성과를 향상시켜 구성원들의 업무수행 역량이 증가하게 된다.

2) 보건사업기획의 특성

보건사업이 최적의 수단으로 목표를 달성하기 위하여 미래의 활동에 관해 일련의 결정을 준비하는 지속적이고 동태적 과정으로 다음과 같은 특성을 가진다.

목표지향적, 미래지향적	• 미래에 대한 불확실성을 최소화하여 목표에 맞게 미래를 변화하려는 수단이다.
행동지향성	• 수립된 기획을 실행할 수 있도록 기획자에게 권한과 자원을 부여하여 계획을 성공적으로 이끌게 한다.
연속적 의사결정과정	• 기획과정의 여러 단계는 위계적인 체계로 연결되어 상호영향을 미치므로 연속적으로 의사결정이 이루어진다.
접근성	• 서비스를 필요로 하는 대상자가 쉽고 편리하게 사업에 접근하도록 기획한다.
지속성	• 보건사업의 전 과정을 계속적으로 모니터링하고 서비스의 지속성을 유지해야 한다. • 대상자와의 관계, 서비스 계획, 진행에 대한 의사소통, 서비스 중단자에 대한 조사 및 사업관리를 증진시키기 위한 노력이 요구된다.
통제성	• 사업의 구성과 운영절차에서 목적에 부합되지 않는 사항을 배제시켜 사업의 구조성과 체계성을 높여야 한다.
근거기반	• 과학적 연구결과를 근거로 필요한 서비스를 예측하여 새로운 사업을 개발하고 서비스의 효율성과 효과성을 높일 수 있어야 한다.
공인성	• 보건 사업은 평가를 거쳐 프로그램의 효과와 효율성이 입증되고 공인되어야 한다.

3) 보건사업기획의 원칙

보건사업을 기획 할 때는 다음과 같은 원칙을 고려한다.

목적부합의 원칙	• 조직의 목적에 맞게 명확하고 구체적으로 기술한다.
미래예측의 원칙	• 예측자의 선입견과 주관성을 배제한 비현실적이거나 너무 이상적이지 않게 정확한 정보와 분석을 통한 예측으로 작성한다.
탄력성의 원칙	• 기획은 융통성 있게 수립하여 변화하는 상황에 대처할 수 있고, 실무집행부서에서 창의력을 발휘할 수 있도록 작성한다.
포괄성의 원칙	• 포괄적인 영역에 대한 철저한 사전검사로 수행 시에 제반요소인 인원, 설비, 물자, 예산 등에 차질이 생기지 않도록 작성한다.
균형성의 원칙	• 기획과 관련된 다른 계획이나 업무사이에 소요자원이나 제반 요소들에 대한 상호 균형과 조화를 고려한다.
경제성의 원칙 (능률성)	• 현재의 사용가능한 자원을 최대한 활용하고, 새로운 자원을 최소화하는 경제성 원칙을 고려한다.
계층화의 원칙	• 일반적이고 추상성 높은 하나의 기본 기획으로부터 구체화 과정 중에 생성되는 여러 가지 기획 모두가 기본 기획과 계층성을 갖도록 작성한다.

*출처: 양숙자(2022). 지역사회간호학 I. 현문사. p.223.

2 | 보건사업의 기획과정(단계)

Taylor의 기획과정	보건기획과정
전제조건의 사정	① 기획팀의 조직
보건현황의 분석	② 지역사회 현황분석 　㉠ MAPP 사정 　　• 지역사회 건강수준 사정 　　• 지역사회 관심 및 강점 사정 　　• 지역사회 보건체계 사정 　　• 외부환경의 변화요인 사정 　㉡ SWOT 분석을 통한 전략의 도출
우선순위 설정 및 각종 사업방법의 연구	③ 우선순위의 설정
계획의 작성	④ 목적 및 목표 설정 ⑤ 전략 및 세부계획 수립: 사회생태학적 모형
사업의 수행	⑥ 수행
평가 및 재계획	⑦ 평가

1) 기획팀의 조직

보건사업기획을 위해 지역사회의 이해관계자(stakeholder)가 모두 참여하는 기획팀을 조직하는 것이 가장 선행되어야 한다(안옥희 등, 2021).

(1) 이해관계자(stakeholder)의 유형

이해관계자란 보건사업에 포함되었거나, 사업결과에 이해관계가 있거나, 사업결과에 흥미를 가지고 있는 사람 또는 조직을 말한다.

① **사업을 기획, 실행, 평가하는 사람 또는 조직** 및 이러한 활동을 수행하는데 없어서는 안 될 **파트너**
　　예 관리자, 직원, 협력자, 재원조달기관 등

② **사업을 이용하거나 사업에 의해 영향을 받는 사람 또는 조직**
　　예 환자, 대상자, 옹호그룹, 지역사회구성원, 선출된 공무원

③ **사업에 관심이 있는 사람 또는 조직**
　　예 정책담당자나 행정당국자, 협력자, 재원조달기관, 연합구성원, 옹호자/기관, 납세자, 프로그램에 대한 의사결정을 하는 지위의 사람들

(2) 참여의 범위에 따른 이해관계자의 분류

기획단계 전 과정에 모두 적극적으로 참여하는 것이 바람직하다. 이해관계자를 참여 정도에 따라 아래와 같이 구분할 수 있다.

① **주변집단(정보제공)**: 기획과정에 필요한 정보를 제공하는 이해관계자로 일반주민 등
② **지지집단(여러 형태의 지지 제공)**: 여론 지도층으로 보건사업의 필요성과 사업의 진행을 위해 사회적 지지를 보내는 집단
③ **참여집단(보건사업 기획과정 자문)**: 지역보건의료관계 전문단체나 건강관련 시민단체 인사들로서 기획 및 평가 과정에 필요에 따라 참여시키거나 자문을 얻는 대상
④ **핵심집단(보건사업 기획팀)**: 참여집단이나 지지집단 중 지역보건문제에 관심이 크고 사업 계획이나 평가 단계에서 신뢰성을 높이고 실행 및 결과 확산을 위해서 필요한 대상자

2) 현황분석

보건사업 기획을 위해 현재의 상황과 바람직한 상황과의 **차이를 확인**하여 기획의 대상이 될 **지역사회건강문제와 그 문제의 영향요인**을 찾아내고, 지역사회와 조직이 그 **문제를 해결할 수 있는지**를 분석하는 과정이다.

(1) 현황분석의 내용

① 지역의 건강수준 및 건강결정요인의 사정
② 지역사회 관심(핵심주제)과 강점 사정
③ 지역보건체계의 사정
  ㉠ 지역 보건사업의 현황과 평가: 현재 제공되는 서비스와 서비스 수준 평가
  ㉡ 지역보건체계의 문제해결능력 평가: 지역보건체계의 능력 및 자원이 지역사회 보건사업의 수행을 위해 적절한지 평가
④ 변화역량의 사정(외부 환경의 변화요인의 사정)
  건강문제와 보건체계의 사업역량에 영향을 미칠 수 있는 **외부 환경요인의 변화** 즉 정책적, 경제적, 사회적, 환경적, 법적, 기술적 **요인** 등의 변화로 인한 조직이나 보건사업에의 **기회와 위험요인**을 확인

(2) SWOT 분석

① SWOT 분석의 특성
  ㉠ SWOT 분석은 어떤 사업에 관한 조직 내부의 **강점(S)과 약점(W)**, 조직을 둘러 싼 외부환경의 **기회(O)과 위협요인(T)**을 평가하는 것으로 **현황분석**의 한 방법이다.
  ㉡ SWOT 분석을 하는 이유는 불확실한 **미래의 환경**을 예측하고, **내부역량**을 감안하여 적합한 **전략을 도출**하는데 그 목적이 있다.
  ㉢ SWOT 분석은 **전략개발**을 위한 도구로 **전략적 방향을 도출**하기 위한 분석기법이다.
    따라서 그 분석결과를 근거로 강점은 살리고, 약점은 감소시키며, 기회를 활용하고, 위협은 억제하는 방향으로 전략을 개발하게 된다.

② SWOT 분석의 4가지 요인

   ⊙ **강점(strength)**: 조직의 목적을 효과적으로 달성하는 데 도움을 줄 수 있는 요인

   ⊙ **약점(weakness)**: 조직 내의 업무를 제한하거나 방해하는 요소 및 활동

   ⊙ **기회(opportunity)**: 외부와의 환경적 요인으로, 잘 규합되면 조직의 목적 달성과 운영에 상당한 도움을 줄 수 있는 요소 및 활동

   ⊙ **위협(threat)**: 조직의 발전에 위협·방해가 될 수 있는 외부의 여건이나 상황

③ SWOT 분석을 통한 전략의 도출

조직내부 / 외부환경	강점(strength)	약점(weakness)
기회 (opportunity)	강점·기회전략(SO): 공격적 전략 • 조직의 어떤 강점이 기회를 극대화하기 위해 사용될 수 있는가? • 전략: 사업구조, 영역, 시장(보건사업)을 확대하는 전략 필요	약점·기회전략(WO): 상황전환 전략 • 조직의 약점을 최소화하기 위해 확인된 기회를 활용하여 어떤 행동을 취할 수 있는가? • 전략: 구조조정이나 혁신운동을 통해 조직의 역량을 강화할 전략이 필요
위협 (threat)	강점·위협 전략(ST): 다각화 전략 • 확인된 위협을 최소화하기 위해 조직의 강점을 어떻게 사용할 것인가? • 전략: 새로운 대상자, 새로운 사업, 새로운 기술 등의 개발 전략 필요	약점·위협 전략(WT): 방어적 전략 • 위협을 회피하기 위해 조직의 약점을 어떻게 최소화할 것인가? • 전략: 보건 사업을 중단하거나 축소하는 전략이 필요

🖊 **기출문제 맛 보기**

SWOT 분석의 전략수립에 대한 설명으로 옳지 않은 것은?   16년 지방

① SO 전략은 사업 구조, 영역, 시장을 확대하는 방향으로 수립한다.
② WO 전략은 기존 사업의 철수, 신기술사업의 개발 및 확산 방향을 수립한다.
③ ST 전략은 신기술 개발, 새로운 대상자를 개발하는 방향으로 수립한다.
④ WT 전략은 사업을 축소 또는 폐지하는 방향으로 수립한다.

정답 ②

참고 POINT

1. 보건의료환경과 내부 역량에 대한 진단에 따른 SWOT 분석 예제(W시의 예)

강점(strength)	약점(weakness)
• 건강도시 전담기구 설치, 홈페이지 및 D/B구축 • 건강관련 자문위원회 구성 운영 • 자체 전문인력 확보 　(영양사, 금연상담사, 운동처방사) • 건강증진 관련 시설 기반 조성 (현대화된 장비· 　시설) • 보건소의 시 중심지 이전으로 접근성 용이 • 지역사회 건강 관련 인프라 구축 용이(의·간호대 등)	• 조직구성원의 다양한 직종 및 직렬 • 다기능 수행으로 핵심역량 분산 • 변화에 대한 조직 대응능력 부족 • 건강생활실천 사업 종사자 정규직화 미흡 • 잦은 보직 변경으로 전문인력 양성 미흡 • 건강증진 관련 사업 인력 중 정규직 수 감소, 　기간제 등 일용직 증가 • 시설과 장비의 미흡
기회(opportunity)	**위협(threat)**
• 수도권 인접 성장거점도시 지정 • 건강증진에 대한 시민관심 증가 • 지속적인 인구증가 • 혁신도시, 기업도시 선정 • 건강도시 이미지 브랜드화 정착 • 웰빙문화 확산 • 건강증진 시설 확충 • 건강에 대한 주민 관심도 증가	• 저소득층 밀집지역의 의료서비스 요구증대 • 인구고령화에 따른 노인복지시설 부족 　(치매요양원, 병원 등) • 지역 간 의료 불균형 • 건강증진 사업 경쟁 가속화 • 생활습관성질환 증가

2. SWOT 분석에 따른 발전전략(W시의 예)

강점·기회전략(SO): 강점을 이용하여 사업기회 포착	**약점·기회전략(WO)**: 약점을 극복하면서 사업기회 포착
• 건강도시 이미지 홍보, 브랜드화 강화 • 중·장기건강증진프로그램 개발 • 건강도시 보건정보 네트워크 서비스망 확대 보급 • 외부 전문인력 건강증진프로그램 개발 참여기회 　제공 • 노인대상 건강증진프로그램 개발 운영 • 전문인력 확보로 주민 보건서비스 만족도 향상 • 지역사회 자원 및 보건소 연계 강화	• 건강 관련 지역진단 정례화 • 직원 교육역량 강화 • 운동의학 연구실 운영
강점·위협 전략(ST): 강점을 이용하여 위협요소에 대처	**약점·위협 전략(WT)**: 위협을 피하고 약점을 최소화하는 전략
• 저소득층 밀집지역 공공보건 의료 서비스 강화 • 건강 관련 인프라 구축을 통한 지역 간 의료 불균형 개선 • 공공기관 건강증진 전문인력 지속 양성을 통한 경쟁력 강화 • 생활체육교실 운영 확대 • 건강증진 관련 시설 이용 효율 증대 방안 강구 • 건강증진 사업비 자체 예산 확보	• 취약지 이동보건 지속운영 • 소외계층 주민대상 이동진료기회 확대 및 의료서비스 다양화 추진 • 순회건강관리, 이동금연클리닉, 의료기관: 보건지소 연계진료시스템 운영

3) 우선순위의 설정

(1) 우선순위 설정의 기준

① PATCH: 문제의 중요성, 변화가능성

② Bryant: 문제의 크기, 문제의 심각도, 문제 해결가능성, 주민의 관심도

③ BPRS: 문제의 크기(A), 문제의 심각도(B), 추정효과(C): $[(A+2B) \times C]$

④ PEARL: 적절성, 경제성, 수용성, 자원, 적법성

⑤ NIBP(Need,Impact-Based Planning)
- 캐나다의 MTDHC가 개발한 보건프로그램의 우선순위 결정방법
- 건강문제의 크기(need), 해결방법의 효과(impact)를 기준으로 우선순위를 평가
- 보건사업을 반드시 수행해야 할 문제, 수행해야 할 문제, 연구를 촉진해야 할 문제, 수행을 금지해야 할 문제로 구분

[표 2-3] NIBP을 이용한 우선순위 설정의 예

impact \ need	높음	보통	낮음
매우 좋음	반드시 수행	반드시 수행	수행
좋음	반드시 수행	수행	수행
효과가 있을 것 같음	시행 검토 / 연구촉진	시행검토 / 연구촉진	연구촉진
효과 없음	사업의 중지 / 시작 금지	사업의 중지 / 시작 금지	사업의 중지 /시작 금지

*출처: 김춘미 등(2022). 지역사회보건간호학, 수문사. p.209.

⑥ CLEAR

CLEAR는 NIBP방식으로 결정된 건강문제의 우선순위가 프로그램 수행가능성 측면에서도 효과를 나타낼 수 있는지를 확인하는 기준으로 이용

㉠ **지역사회의 역량(community capacity)**: 프로그램 수행 시 대상자가 사업에 대한 관심을 가지고 기획, 수행, 평가 등 전 과정에 적극적으로 참여하여 탄력적으로 대응할 능력이 있는지 확인

㉡ **합법성(legality)**: 사업의 수행 시 법적인 제한점과 문제가 없는 지 확인

㉢ **효율성(efficiency)**: 프로그램 시행에 드는 투입을 비용으로 환산했을 때 비용 효과적인지 확인

㉣ **수용성(acceptability)**: 대상자가 프로그램 시행 시 거부감 없이 받아들여 참여할 수 있는지 확인

㉤ **자원의 활용(resource availability)**: 주민이나 요원들이 인적, 물적 자원 등의 활용이 가능한지 여부를 확인

4) 목적 및 목표설정

(1) 목적과 목표

① 목적과 목표의 개념

㉠ 비전과 미션

비전 (vision)	• 사업이 성취하고자 하는 **궁극적 가치**로, 지역사회나 사업대상 인구의 **바람직한 미래의 모습(희망)**을 간단하게 기술한 것이다. • 비전의 작성은 미래의 방향을 결정하는 전략적 기획의 일환으로 이루어지며, 실제적이고, 구체적이며, 지속가능해야 한다.
미션 (mission)	• 보건사업의 현재의 노력을 기술한 것으로 보건사업의 초점이나 의도를 간단히 기술한 것이다.

㉡ 목적과 목표

목적 (goal)	• 보건사업이 궁극적으로 달성하고자 하는 것에 대한 일반적 기술로서 건강한 지역사회에 대한 조직의 비전을 기초로 한다. • 목적은 간단하고 간략하여야 하며, 사업에 의해 누가 영향을 받게 되며, 어떤 결과가 초래되는지 반드시 포함되어야 한다.
목표 (objectives)	• 사업의 목적을 달성하기 위해 필요한 변화에 대한 구체적인 기술이다. • 목표는 건강수준의 변화가 여러 단계의 건강결정요인의 영향을 받기 때문에 여러 단계로 이루어져 있다.

② 목표의 분류

투입-산출-결과 모형	① 투입목표 ② 산출목표 ③ 결과목표
인과 관계 모형	① 과정목표 ② 영향목표 ③ 결과목표
목표 달성 시간	① 단기목표 ② 중기목표 ③ 장기목표

(2) 표적집단의 선정

① 보건사업의 대상자를 몇 가지 유형의 동질적 그룹으로 세분화하고 이들 중 어떤 그룹을 사업의 대상자로 할 것인지를 결정한다.

② 표적 집단을 선정할 때에는 사업의 직접적 대상자만 고려하는 것은 아니며, 사업의 주된 대상인 일차 표적 집단보다 사업의 효과를 인지하고 일차 표적 집단으로의 접근을 도와줄 수 있는 대상인 이차 표적 집단이 더 중요한 경우도 많다.

　🔲 일차표적집단: 청소년, 이차표적집단: 교사, 학부모 등

5) 전략 및 세부계획 수립

(1) 보건사업의 전략 수립: 사회생태학적 모형(social ecological model)

보건사업의 전략은 사업목적과 목표를 달성하기 위한 수단으로, 인간의 행동에는 다차원적인 요인들이 영향을 미치므로, 사회생태학적 모형의 적용이 필요하며, 보건사업의 성공을 위해서 사회생태학적 모형에 따른 각 수준에 영향을 미치는 전략을 다양하게 사용하는 것이 필요하다.

[표 2-4] 사회생태학적 모형에 따른 전략의 유형

수준		정의	사용 전략의 유형
개인 수준 (개인요인)		• 지식, 태도, 신념 등 건강관련 행위에 영향을 주는 개인적 특성	• 교육, 정보제공 • 행태개선 훈련 • 직접 서비스 제공 • 유인(사회적, 물질적 유인)과 불이익 제공
개인 간 수준 (개인 간 요인)		• 가족, 직장동료, 친구 등 공식적·비공식적 사회적 관계망과 지지시스템	• 기존 네트워크의 활용 • 새로운 네트워크 개발 　예 동료, 자조집단, 동아리, 멘토 활용 • 자생적(비공식적) 지도자 활용
지역사회 수준	조직요인	• 조직원의 행동을 제약하거나 조장하는 규칙, 규제, 시책, 조직 내 환경과 조직문화, 조직원 간의 비공식적 구조 등	• 조직개발이론과 조직관계이론의 적용 　예 직장 회식문화 개선
	지역사회 요인	• 지역사회 내 개인, 집단, 조직 간에 공식적, 비공식적으로 존재하는 네트워크, 규범 또는 기준, 지역사회 환경	• 이벤트 　예 건강박람회, 걷기대회, 공모전 등 • 홍보 • 사회마케팅 • 지역사회 규범개선 • 환경 개선 　예 공공건물의 담배 자판기 제거 • 지역사회 개발 　예 의사결정에 지역사회가 참여
	정책요인	• 건강관련 행동과 실천을 규제하거나 지지하는 각급 정부의 정책, 법률, 조례 등	• 옹호 　예 로비활동, 정책당국자와의 면담 • 정책개발 　예 담뱃값 인상, 금연구역 설정, 음주운전 벌칙강화, 안전벨트착용 의무화

① 개인적 요인의 전략

건강관련 행동에 영향을 미치는 개인의 지식, 믿음, 태도, 기질을 변화시키기 위해 교육, 상담, 유인 제공 등의 전략을 사용한다.

      ㉠ **교육**: 강좌, 세미나, 워크숍 같은 공식적인 교육과정을 통해 정보 제공

      ㉡ **행태개선 훈련**: 소수를 대상으로 집중적으로 제공되는 정보제공, 기술훈련과 동기강화를 위한 **훈련일지 작성, 시뮬레이션, 소집단 토의**

      ㉢ **직접서비스의 제공**: 예방접종, 조기검진, 진료, 재활, 방문간호 등 대상자의 건강상태에 따라 보건의료제공자가 직접 서비스를 제공

      ㉣ **유인과 불이익 제공**

         ⓐ 유인

           • 사회적 유인: 상급자, 동료, 강사 등으로부터의 특별한 인정, 칭찬, 격려 등

           • 물질적 유인: 물품의 제공, 추가 검진, 마일리지 점수, 보너스, 작업시간 단축 등

         ⓑ 불이익: 흡연자에 대한 추가 보험료 부과, 특별세 부과, 벌금부과, 특정 장소 이용금지 등

② **개인 간 요인의 전략**

    가족, 친구, 직장동료, 이웃 등 개인에게 영향을 미칠 수 있는 사람들을 함께 관리한다.

    ㉠ **기존 네트워크의 활용**: 네트워크 강화, 네트워크 구성원에 대한 지지 제공, 지도자에 대한 기술

    ㉡ **새로운 네트워크의 개발**: 멘토 활용, 동료 활용, 자조집단(동아리) 활용

    ㉢ **자생적 지도자의 활용**: 지역사회에 자생적으로 존재하는 지도자를 비전문가 보건인력으로 활용하여 이들이 자신이 속한 네트워크 구성원들에게 사회적 지지를 제공하도록 함

③ **조직 요인의 전략**

    개별 학교나 직장과 같은 조직에 대한 접근으로 **조직개발이론과 조직관계이론**에 근거를 두고 수행

④ **지역사회 요인의 전략**

    ㉠ **이벤트**: 사람을 동원하여 현장에서 실시하는 모든 활동 형태로 **건강박람회, 걷기 대회** 등

    ㉡ **홍보**: 어떤 소식이나 정보를 널리 알리는 것으로 **방송, 신문, 뉴스, 게시판 등을 통한 정보제공**

    ㉢ **사회마케팅**: 대상집단에게 행동을 실천함으로서 얻을 수 있는 혜택을 알려주고, 활동실천에 장애가 되는 요인들을 줄이도록 하며, 프로그램 활동 참여를 설득하여 사람들이 자발적으로 행동할 수 있도록 조장하는 과정

    ㉣ **환경개선**: 환경에 변화를 줌으로써 개인의 인지, 지식, 태도에 영향을 미치려고 하는 활동

    ㉤ **지역사회의 규범개선**: 지역사회 문화나 규범을 바꾸어 개인이나 집단의 행태에 영향 미침

    ㉥ **지역사회 개발**: 건강과 관련된 요인에 대한 의사결정에 지역사회가 밑으로부터 참여할 수 있도록 하는 과정

⑤ 정책 요인의 전략

    ㉠ **정책개발**: 정부가 제정하는 정책, 규제, 법 등과 민간단체(학교, 기업 등)의 공식적, 비공식적인 규정이나 합의를 포함한다. **담뱃값 인상, 금연구역의 설정, 음주운전에 대한 벌칙** 등 건강에 해를 끼치는 행동을 억제하거나 제한하기 위한 규제와 **안전벨트 및 안전모 착용의 의무화, 비흡연자에 대한 보험료 감면** 등 건강행동을 촉진하기 위한 정책이 있다.

    ㉡ **옹호활동**: 정책 채택을 가능하게 하기 위한 **로비, 민원 편지 발송, 정책 당국자와의 면담, 지역사회 집회** 등을 의미한다. 지역사회 주민들이 그들의 일상생활에 영향을 미치는 제도나 의사결정에 참여하는 과정이다.

🖋 기출문제 맛 보기

사회생태학적 모형에서 제시하는 건강결정요인 중 〈보기〉에 해당하는 것은?　　21년 서울

〈보기〉

개인이 소속된 학교나 직장에서의 구성원의 행동을 제약하거나 조장하는 규칙이나 규제

① 개인 요인(Intrapersonal factors)　　　　② 개인 간 요인(Interpersonal factors)
③ 조직 요인(Institutional factors)　　　　④ 지역사회 요인(Community factors)

---

(2) 세부계획의 수립

    지역사회보건사업을 개발하였다면 서비스를 어떻게 제공할 것인가를 구체적으로 결정해야 한다. 즉 누가, 언제, 어디서, 무엇을, 어떻게 수행할 것인가와 모니터링과 평가방법도 포함되어야 한다.

6) 수행

보건사업의 수행은 계획에 의해 정해진 우선순위 전략과 계획을 통해 수행되어야 하며, 다음의 활동단계를 실천해 나가야 한다.

(1) 지역사회보건사업의 홍보
(2) 정책적 지지와 재원 마련
(3) 지원조직 개발
(4) 시범사업
(5) 지역사회보건사업 제공자의 능력 강화
(6) 타 분야와의 협력 강화 계획

정답　③

7) 평가

(1) 평가지표

① **업무량(effort)**: 수행된 업무의 질과 양을 측정 평가

② **성과(performance)**: 기대했던 만큼의 변화가 초래했는가를 측정 평가

③ **충족도(adequacy)**: 성과가 총 필요량을 얼마나 충족시켰느냐를 평가

④ **효율성(efficiency)**: 동일량의 업무와 비용의 투자로 어떤 방법이 업무 수행에 가장 큰 효과를 가져 오는가에 대한 투자효과의 개념의 평가

⑤ **과정(process)**: 몇 개의 대안 중에서 어느 수행방법이 주어진 여건 하에 가장 적합한지와 성공 또는 실패를 초래한 관련 요인들을 규명하는 평가

🔍 **참고 POINT**

[평가지표의 요건]

① **타당도(validity)와 정확성(accuracy)이 높아야 한다.**
직접지표가 없거나 측정하기 어려운 경우 대리지표나 간접지표를 사용

② **이해 가능해야 한다.**
모든 사람이 지표가 무엇을 의미하는지 동일하게 이해하도록 구체적으로 기술

③ **유용해야 하고, 포괄성이 있어야 한다.**
사업을 이해하고 개선하는데 필요한 정보를 제공해야 하고,지표를 통한 평가 정보가 조직의 성과에 대한 모든 측면을 반영해야 함

④ **통제가능성이 있어야 한다.**
실용성이 높은 자료가 되기 위해서는 사업담당자들의 활동이 지표에 영향을 미칠 수 있어야 하며, 책임이 분명해야 함
    예 지역사망률: 통제가능성이 낮은 지표임

⑤ **자료수집이 원활한 실용적 지표여야 한다.**
지표측정을 위한 자료수집이 원활하고 신속하게 이루어질 수 있어야 하며, 자료수집과 분석이 쉽고, 적은 비용으로 가능해야 함

⑥ **비교가능성과 검증가능성이 높아야 한다.**
보건사업 지표가 과거의 지표나 다른 유사 사업의 지표와 비교 가능해야 하며, 분명한 근거자료를 바탕으로 검증할 수 있어야 함

*출처: 김춘미 등(2022). 지역사회보건간호학, 수문사. p.219.

---

(2) 평가의 유형

① **평가주체에 따른 구분**: 내부평가, 외부평가

ⓐ **내부평가**: 실제보건사업을 수행하고 있는 실무자에 의해서 이루어지는 평가

장점	• 기관의 특성이나 사업의 독특한 특성을 반영할 수 있음
단점	• 객관적이고 공정한 평가가 어려워 결과에 대한 신뢰도 문제가 제기됨

ⓑ **외부평가**: 전문기관이나 전문가들로 구성된 패널에 의해 이루어지는 평가

장점	• 전문적이고 객관적인 평가 가능
단점	• 시간과 비용이 많이 소요되고 기관이나 사업의 특성의 반영이 어려움

② **평가자료**에 따른 **구분**: 질적 평가, 양적평가

ⓐ **질적평가**: 수량화할 수 없는 자료의 평가에 활용

장점	• 특성의 달성정도나 수준을 보다 상세하게 기술·묘사할 수 있음
단점	• 기준의 신뢰성과 객관성을 보장받기 어렵고, 고도의 전문성이 요구되거나 자료수집에 시간과 비용이 많이 소요됨

ⓑ **양적평가**: 수량화된 자료를 통계적 방법을 이용하여 기술하고 분석하는 평가

장점	• 평가대상을 다양한 형태로 수량화하여 평가 할 수 있다.
단점	• 사업의 특성과 관련된 요인들을 상세하게 평가하기 어려움

③ **평가시기**에 따른 **구분**: **진단평가, 형성평가, 총괄평가**

④ **사업진행과정**에 따른 **구분**: 구조평가, 과정평가, 결과평가(영향평가와 결과평가)

⑤ **논리모형**에 따른 **평가**: 투입평가, 활동평가, 산출평가, 결과평가(단기, 중기, 장기결과)

Q 참고 POINT

[논리모형(logic model)]
① 논리모형은 보건사업에 투입하려는 자원, 수행하고자 하는 활동, 성취하고자 하는 결과 사이의 관계를 체계적이고 시각적으로 보여주는 로드맵이다.
② 논리모형은 보건사업을 모니터링 하는 효과적인 방법으로 현재 프로그램이 제대로 수행되는 데 도움을 줄 뿐만 아니라 미래의 프로그램을 계획하는데도 도움을 준다.
③ 논리모형의 구성요소는 **투입, 활동, 산출, 결과**(단기, 중기, 장기)로 각 구성요소별로 평가를 실시한다.

---

⑥ **경제성 평가**: 비용-효과분석, 비용-편익 분석, 비용-효용분석

유형	적용조건	기본공식	결과의 측정
비용-효과분석	• 동일한 산출효과 비교	• 총비용 / 효과단위	• 자연단위
비용-편익분석	• 동일하거나 다른 형태의 산출효과 비교	• 총편익 / 총비용 • 순편익 = 총편익-총비용	• 화폐단위
비용-효용분석	• 동일하거나 다른 형태의 산출효과 비교	• 총비용/ 효용단위	• 질보정생존년수(QALY)

3 보건사업 기획모형

1) PATCH 모형(Planned Approach to Community Health)

(1) 미국질병통제센터(CDC)가 지방정부 보건부와 지역사회 단체들과 함께 개발한 지역사회 보건사업의 기획모형

(2) 지역사회의 건강증진과 질병예방프로그램의 기획과 수행, 평가에 사용

(3) 보건사업 기획에 **주민참여**를 강조

(4) PATCH 과정

1단계	지역사회 조직화 (지역사회 동원)	• 대상지역 선정, 주민참여자 모집, **추진위원회 조직, 지역회의 개최, 실무 작업팀 구성**, 지역사회 전체를 대상으로 프로그램 홍보, 지역지도자 지원을 설득
2단계	자료수집 및 분석	• 대상지역의 주요 건강문제를 결정하기 위한 자료수집 및 분석
3단계	우선순위의 설정	• 건강문제의 중요성과 변화가능성을 기준으로 우선순위가 높은 건강문제 및 중재대상 선정
4단계	포괄적 중재계획(안) 개발	• 포괄적 중재계획을 개발하고 중재를 수행 • 중재목표설정, 중재 및 평가계획 개발, 활동 일정표 작성, 자원봉사자 모집과 훈련, 중재결과의 지역사회 통보 등을 포함
5단계	PATCH 평가	• 개발한 PATCH 프로그램 전체 과정에서 평가가 지속됨 • 각 단계에서 이루어지는 일련의 과정이 지역사회에 미치는 영향, 중재 활동으로 인한 지역사회의 변화 등을 확인

2) MAPP 모형 (Mobilizing for Action through Planning and Partnership)

(1) **미국 지역보건공무원연합회(NACCHO)와 질병통제센터(CDC)**에서 지역사회 건강증진을 위한 보건사업 기획을 위한 지침으로 활용하기 위하여 공동 개발한 기획모형

(2) 지역사회 중심으로 구성된 지역보건체계가 총체적인 체계적 사고를 통해 해당 지역의 보건현황을 파악하고, **보건문제에 대응하는 역량개발에 초점**을 둔 **지역사회 주도형의 기획 모형**

(3) 급격하게 변화하고 있는 환경변화에 따른 기획요소를 반영한 **전략적 기획모형**

(4) **지역보건체계의 리더십과 지역사회 구성원의 참여를 강조**

(5) 6단계로 구성

1단계	조직화와 파트너십 개발	• 기획과정에 참여할 조직 및 단체를 파악하여 기획과정에 동참할 수 있도록 지역사회주도형으로 기획과정을 구성
2단계	비전설정	• 지역사회가 공유할 수 있는 비전을 제시 즉 프로그램 실행 후 장기적으로 변화된 지역사회 모습 등을 비전으로 설정
3단계	4 MAPP사정	• 4개 영역에 대한 종합적인 사정 ① 지역사회 건강수준을 사정 ② 지역사회주요 관심사(핵심주제)와 강점 사정 ③ 지역보건체계를 사정 ④ 변화의 역량 사정
4단계	전략적 이슈 선정	• 사정 결과를 토대로 우선순위와 지역사회 전략적 보건과제를 선정
5단계	목적과 전략의 수립	• 선정된 과제에 대한 목적과 전략을 수립
6단계	순환적 활동	• 보건사업을 계획-수행-평가하고 그 결과를 피드백하여 차기 계획에 반영하는 순환적인 과정을 수행

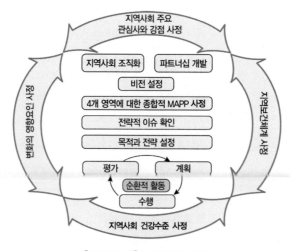

[그림 2-2] MAPP의 과정

*출처: 김춘미 등(2022). 지역사회보건간호학. 수문사. p.198. 재인용.

3) MATCH 모형 (Multi-level Approach to Community Health)

(1) 개인의 건강에 영향을 주는 요인들을 개인, 개인 간, 조직, 지역사회, 정책 등의 다양한 수준으로 나누어 보건사업을 기획하도록 고안된 모형

(2) 건강문제에 대한 위험요인과 예방방법을 알고 있고, 우선순위가 정해져 있을 때 실제 수행을 위한 보건사업의 개발 시 적합

(3) 5단계로 구성

1단계	목적설정	① 건강상태 목적 설정: 유병률과 변화가능성 등을 고려 ② 우선순위가 높은 인구집단 선정 ③ 행동요인과 환경요인 관련 목적 설정
2단계	중재계획	① 중재대상 확인: 중재수준별 중재대상 확인 ② 중재목표 설정 ③ 중재접근방법 및 활동 선정
3단계	보건사업개발 (프로그램개발)	① 보건사업의 단위 및 구성요소 선정 ② 대상의 하위 집단, 주제, 세팅, 교육단위 및 전달방법 등을 나누어 기술 ③ 기존의 보건사업을 선택하거나 새로 개발 ④ 사업의 각 단위별 계획안을 수립 ⑤ 사업에 필요한 자료수집과 필요한 자원준비
4단계	실행준비	① 변화를 위한 계획안 작성하고 지원활동을 준비 ② 중재가 효과적이라는 증거 수집 및 지역사회지지 및 협조 유지 ③ 실무자 훈련 및 업무 모니터링 및 지지 시스템 개발
5단계	평가	사업의 과정, 영향, 결과에 대한 평가 실시

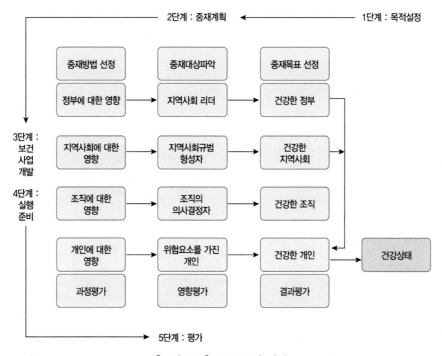

[그림 2-3] MATCH의 과정

*출처: 유광수 등(2016). 지역사회보건간호학 I. 정담미디어. p.277. 재인용.

🖉 기출문제 맛 보기

MAPP(Mobilizing for Action through Planning and Partnership)모형을 활용하여 지역사회보건사업을 기획할 때 2단계에 해당하는 것은?

22년 서울

① 목표와 전략을 수립한다.

② 전략적 이슈를 확인한다.

③ 비전을 설정한다.

④ 지역사회 건강상태를 사정한다.

정답 ③

단원확인문제

01. 지역주민의 건강상태와 건강행태에 관한 설문 자료를 효과적으로 수집하기 위해 도움을 받을 수 있는 적임자는?

① 시 · 군 · 구청 공무원   ② 아파트 경비원

③ 종교지도자   ④ 지역 내 통반장

02. 지역사회간호사업을 수행할 때 가장 먼저 고려해야 할 것은?

① 지역사회간호사의 역량   ② 정부보건사업 목표와의 일치성

③ 지역사회 주민의 건강요구   ④ 지역사회의 부족한 자원

03. 지역사회간호사가 보건사업계획서 작성 시 자료 수집을 하려고 한다. 취할 수 있는 자료수집 방법 중 직접법에 해당하는 것은?

가. 가정건강기록부 작성을 위한 가정방문	나. 지역시찰
다. 지역사회 주민 대표 면담	라. 시 통계연감 검토

① 가, 나, 다   ② 가, 다

③ 나, 라   ④ 가, 나, 다, 라

04. 다음의 지역사회간호 문제 중 가장 우선순위가 높은 것은?

① 높은 노인의 만성 퇴행성 질환의 유병률

② 높은 수두 감염률

③ 낮은 예방접종률

④ 부적절한 쓰레기 처리

05. 다음 중 지역사회간호 평가과정 절차로 맞는 것은?

가. 평가대상 및 기준을 결정한다.   나. 설정된 목표와 달성상태를 비교한다. 다. 평가자료를 수집한다.   라. 재계획을 한다. 마. 목표도달 정도와 원인을 분석한다.

① 가 → 나 → 다 → 마 → 라　　② 나 → 다 → 마 → 라 → 가
③ 다 → 가 → 나 → 라 → 마　　④ 가 → 다 → 나 → 마 → 라

06. 다음은 지역사회간호사의 간호사정의 자료분석 단계 중 어디에 해당하는가?

• 부족하거나 더 필요한 자료가 무엇인지 파악한다. • 과거의 통계자료나 다른 지역, 전국 규모의 자료와 비교한다.

① 추론　　　　　　　　　　　② 요약
③ 확인　　　　　　　　　　　④ 결론

07. 지역사회간호사가 사업을 진행할 때 지역주민이 변화를 잘 수용할 수 있도록 하는 것은?

① 지역주민의 참여　　　　　　② 활용 가능한 자원 확보
③ 지역주민의 신뢰성 획득　　　④ 다양한 홍보활동

08. 지역사회간호과정 중 평가계획에 포함되어야 할 내용은?

가. 평가시기   나. 평가자 다. 평가도구   라. 평가범주

① 가, 나, 다　　　　　　　　② 가, 다
③ 나, 라　　　　　　　　　　④ 가, 나, 다, 라

09. 지역사회간호사의 의뢰활동 시 주의점은?

> 가. 의뢰하기 전에 대상자와 의논해 본인이 납득하도록 한다.
> 나. 의뢰 여부는 환자 스스로 결정토록 한다.
> 다. 의뢰하기 전에 의뢰할 기관에 대해 미리 설명한다.
> 라. 최종적으로 의사를 다시 한 번 확인한다.

① 가, 나, 다   ② 가, 다
③ 나, 라   ④ 가, 나, 다, 라

10. 효과적인 지역사회 개발 사업을 위하여 지역사회 참여를 유도해야 한다. 지역사회 참여의 의미가 가장 잘 설명된 것은?

① 이장, 면장 등 행정적인 대표자를 중심으로 주민들의 의견을 모아 상부에 전달하는 것
② 중앙에서 지시한 문제해결 방안을 주민들 스스로 집행하여 평가하는 것
③ 지역 내의 문제해결에 외부적 자원이 전혀 없이 주민 스스로 모든 문제를 이끌어가는 것
④ 지역사회 문제발견, 사업계획 수립, 집행, 평가에 주민이 참여하는 것

11. 지역사회간호사가 가정방문 시 가장 먼저 해야 하는 단계는?

① 환자 및 가족의 행동관찰   ② 가정 내 물리적 환경파악
③ 가족과의 상호관계 형성   ④ 가족의 문제점 발견

12. 지역사회간호사업 시 간호방법과 수단의 선택 시 고려해야 야 할 사회적 타당성이란?

① 대상자가 받아들이는 방법과 수단인가?
② 방법이 기술적으로 가능한가?
③ 경제적으로 시행가능한 것인가?
④ 법적으로 받아들여지는 행위인가?

13. 고지혈증 대상자 관리 프로그램 계획 시 영향목표에 해당하는 것은?

① 뇌졸중 사망률의 감소   ② 고지혈증 유병률 감소

③ 프로그램 투입 예산 감소   ④ 저지방 식이에 대한 지식의 증가

14. 지역사회간호문제의 우선순위를 설정할 때 여러 가지 사항을 고려해야 한다. 다음 중 고려해야 할 사항을 잘 나타낸 것은 어느 것인가?

가. 문제의 심각성	나. 영향 받는 대상자의 범위
다. 자원의 동원 가능성	라. 주민의 관심도

① 가, 나, 다   ② 가, 다

③ 나, 라   ④ 가, 나, 다, 라

15. 지역사회간호사업 평가에 대한 설명 중 틀린 것은?

① 사업평가는 목적을 달성한 정도와 사업과정상 발생한 문제를 확인하며 재계획에 반영하기 위하여 실시한다.

② 사업평가계획은 사업계획 실시에 포함되나 평가수행은 사업종료 후에만 실시한다.

③ 사업평가는 기체적으로 이루어질 수 있고 외부 전문인에 의해 이루어 질 수도 있다.

④ 사업과정평가는 진행과정 중 발생한 예기치 못한 사건과 방안을 확인하여 재계획에 반영하기 위해서 실시한다.

16. 지역사회간호사업의 수행 중 목표달성이 계획대로 이루어지고 있는 지를 확인할 수 있는 활동은?

① 감독   ② 평가

③ 감시   ④ 조정

17. 지역사회간호사업의 평가 중 효율에 대한 평가로 옳은 것은?

① 투입된 노력의 크기와 목표달성 정도 대비 평가
② 지역사회간호사업의 목표달성정도에 대한 평가
③ 지역사회간호사업에 투입된 노력에 대한 평가
④ 지역사회간호사업의 적합성 여부 평가

18. 지역사회간호사업 평가도구가 갖추어야 할 조건은?

가. 신뢰성	나. 감수성
다. 타당성	라. 세밀성

① 가, 나, 다
③ 나, 라
② 가, 다
④ 가, 나, 다, 라

19. 지역사회간호사가 실제로 가정방문 활동을 수행하는 과정에서 가정방문 후의 활동으로 옳은 것은?

① 대상자 및 가족과 우호적인 상호관계를 수립한다.
② 자료를 수집하고 간호수행 계획을 작성한다.
③ 자신의 간호계획에 의거하여 수행한 활동에 대해 평가한다.
④ 계획된 간호를 제공한다.

20. 지역사회간호집단틀의 하나인 OHAMA 문제분류체계의 첫째 수준인 영역은 4가지 영역이 있다. 모두 포함하는 것을 고른 것은?

가. 환경적 영역	나. 건강관련 행위 영역
다. 생리적 영역	라. 대인관계 영역

① 가, 나, 다
③ 나, 라
② 가, 다
④ 가, 나, 다, 라

21. 보건 의료 서비스의 우선순위 결정 방법 중 BPRS의 '건강 문제 심각성' 판단 시 고려해야 하는 항목에 대한 설명으로 옳지 않은 것은?

① 긴급성   ② 중증도

③ 경제적 손실   ④ 건강문제의 크기

22. PATCH 모형을 적용하여 보건사업을 기획하고자 할 때 가장 먼저 이루어져야 하는 활동은?

① 자료수집과 분석   ② 지역사회 목표 설정

③ 문제의 우선순위 설정   ④ 지역사회 운영위원회의 결성

23. 지역사회간호사가 SWOT 분석방법으로 자료를 분석하였다. 어떤 전략이 적합한가?

• 취약계층 방문건강관리 시스템 정착화	• 사업별 전문인력의 확보
• 건강관리에 대한 사회적 관심 증가	• 음주, 흡연에 대한 정책적 규제

① SO 전략   ② ST 전략

③ WO 전략   ④ WT 전략

24. 보건기획 과정을 옳게 나열한 것은?

A. 기획팀의 조직	B. 지역사회 현황분석
C. 우선순위 설정	D. 목적과 목표 설정
E. 전략과 세부사업 계획서 작성	F. 실행
G. 평가	

① A–B–D–C–E–F–G   ② A–B–C–D–E–F–G

③ B–A–D–C–E–F–G   ④ B–A–C–D–E–F–G

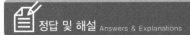
정답 및 해설 Answers & Explanations

01 정답 ④

주민의 건강 수준과 건강행태에 대한 설문 조사를 실시할 때 주민과 친밀한 관계에 있는 통반장을 통하면 보다 정확한 자료를 신속하게 협조적으로 조사할 수 있다.

02 정답 ③

지역사회간호사업은 지역사회 주민의 건강요구를 사정한 후 이를 기초로 세워지게 된다.

03 정답 ①

자료수집방법에는 1차 자료(직접자료수집)와 2차 자료(간접자료수집)가 있다. 일차자료는 간호사가 직접 자료 수집하는 방법으로 가정방문을 통한 자료수집, 지역시찰, 참여관찰, 지역주민 면담 등이 이에 속하며 간접자료수집인 2차 자료에는 기존의 통계자료를 활용하는 것으로 주민등록표 검토나 통계연감이 이에 속한다.

04 정답 ②

우선순위는 영향 받는 지역사회 인구집단의 크기, 대상자의 취약성, 문제의 심각성, 자원 동원 가능성, 주민의 관심도, 간호사의 준비도, 국가정책과의 연관성을 근거로 결정하게 된다. 높은 수두감염률은 영향 받는 인구집단의 크기가 크고 문제의 심각성도 크므로 가장 우선순위가 높다고 볼 수 있다.

05 정답 ④

평가는 계획단계에서 미리 계획되고 평가단계에서 이를 실행하게 된다. 평가과정은 평가내용과 기준의 결정 → 평가자료의 수집 → 설정된 목표와 비교 → 목표도달 정도의 판단과 분석 → 재계획 수립 순이다.

06 정답 ③

자료분석 단계 중 포괄적이고 총체적인 지역사회문제를 평가하기 위하여 지역주민이나 동료의 견해나 의견을 들어보는 것이 많은 도움이 되는 단계는 확인단계이다.

07 정답 ①

지역사회 참여란, 주민들이 지역사회 일반적인 문제와 관련된 결정에 대하여 권력을 행사하는 과정이다. 지역사회 보건사업에 주민이 적극적으로 참여할 때 사업의 성공가능성이 높아지며 사업과정 중 예기치 못한 변화가 생겼을 때 주민의 이해를 얻을 수 있다.

08 정답 ④

사업수행 후 목적 달성 정도 평가에 대한 계획은 사업수행 전에 계획단계에서 수립한다. 누가(평가자), 무엇을 가지고(평가도구), 언제(평가시기), 어떤 범위(평가범주)로 평가할 것인가 계획한다.

09 정답 ④

그 외에도 지역사회 자원을 활용하는 의뢰활동 수행 시 지역사회간호사는 의뢰 전에 의뢰기관이나 기관의 담당자를 먼저 접촉하여 관련사실을 파악하도록 하며 기관의 위치와 담당자 만날 시간과 장소를 정확히 알려주어야 한다.

10 정답 ④

지역사회 참여란 개인과 가족이 그들 자신의 건강과 복지뿐만 아니라 지역사회 건강문제와 복지에 책임을 지며 그들 자신과 지역사회 개발에 기여할 수 있는 능력을 개발하는 과정이다. 또한 공권력을 가진 행정부와 일반사회 구성원인 주민간의 상호관계를 기술한 개념이기도 하다. 그러므로 정부의 보건사업 전 과정에 지역사회 주민이 참여하며 함께 그들 문제를 발견하며 해결방안을 찾아내는 것을 의미한다.

11 정답 ③

가정방문 시 가장 먼저 해야 할 일은 가족과의 우호적인 상호관계 및 신뢰관계를 수립하는 일이다. 그 후 관찰과 질문을 통해 문제를 발견하고 필요한 간호를 제공한다.

12 정답 ①

간호목표를 달성하기 위해서는 각종 수단과 방법의 선택이 필요하며, 이 때 수단과 방법에 대한 기술적, 경제적, 사회적, 법률적 타당도를 고려해야 한다. ①은 사회적 타당성 ②는 기술적 타당도, ③은 경제적 타당도, ④ 법률적 타당도에 대한 내용이다.

13 정답 ④

인과 관계에 따른 목표 분류에서 영향목표는 건강에 영향을 주는 건강결정요인이나 건강기여요인의 변화로 지식, 태도 기술, 행위의 변화 정도를 말한다. 또한 영향목표는 결과목표에 비하여 사업의 운영 결과로 대상자에게 나타나는 단기적인 변화를 의미한다.

14 정답 ④

지역사회 간호문제의 우선순위 설정에는 영향을 받는 지역사회 인구집단의 범위, 대상자 취약성, 문제의 심각성, 자원동원 가능성, 주민의 관심도, 간호사 준비도, 국가정책과의 연관성을 고려한다.

15 정답 ②

평가는 결과평가와 과정평가가 있다. 결과평가는 간호중재의 결과를 판단하는 것이며, 과정평가는 수행된 활동의 질과 결과를 성취하기 위해 사용된 과정에 대한 검토이다. 평가계획은 사업 시작 전에 작성한다.

16 정답 ③

수행단계에서 계획된 대로 간호활동이 이루어지는지를 파악하는 간호활동에는 감시, 조정, 감독이 있다. 감시업무는 사업의 목적달성을 위하여 계획대로 진행되는지 확인하는 활동이며, 감독은 목표진행 정도를 평가하거나 주어진 업무의 수행수준을 관찰하며 조언하는 것이고, 조정업무는 보건요원 및 사업 수행자들의 업무활동을 조정하는 것이다.

17 정답 ①

효율에 대한 평가란 투입된 노력에 비례한 목표달성정도를 평가하는 것이다.

18 정답 ②

평가도구는 신뢰성과 타당성이 있어야 한다.

19 정답 ③

자료를 수집하고 간호수행 계획을 작성하는 것은 가정방문 전 활동에 해당하며 대상자 및 가족과 우호적인 상호관계를 수립하고 계획된 간호를 수행하는 단계는 가정방문 중 활동이다. 가정방문 후에는 방문 중 활동에 대해 기록하고 결과를 보고하며 자신의 간호계획에 의거하여 수행한 활동에 대해 평가한다.

20 정답 ①

OHAMA 문제분류체계의 첫째 수준인 영역은 4가지 영역은 환경적 영역, 사회심리적 영역, 생리적 영역, 건강관련행위 영역이다.

21 정답 ④

BPRS(Basic Priority Ration System)을 이용한 우선순위 결정
- 평가항목을 점수화하는 기준 제시(공식에 따라 점수를 계산)
- 문제의 심각성, 사업효과점수는 주관성에 노출
- BPRS = (A+2B) × C
  ㉠ A: 문제의 크기(만성병은 유병률, 급성질환은 발생률을 이용)
  ㉡ B: 문제의 심각도(긴급성, 경중도, 경제적 손실, 타인에의 영향)
  ㉢ C: 사업의 추정효과

22 정답 ④

PATCH는 지역사회 조직화–자료수집 및 분석–우선순위 선정–포괄적 중재안 개발–평가의 5단계로 이루어진다. 그 중 지역사회 운영위원회를 조직하고, 집단 모임을 실시하는 등의 지역사회 조직화가 가장 먼저 이루어져야 한다.

23 정답 ①

취약계층의 방문건강관리 시스템 정착화와 사업별 전문인력의 확보는 조직내부의 강점(S)에 해당하며, 건강관리에 대한 사회적 관심 증가와 음주, 흡연에 대한 정책적 규제는 보건사업에 대한 영향을 미치는 외부 환경 요인 중 기회요인(O)에 해당하므로 공격적이고, 적극적인 사업전략으로 사업영역과 구조, 대상을 확대하는 SO 전략이 필요하다.

24 정답 ②

기획과정은 A. 기획팀의 조직 – B. 지역사회현황분석 – C. 우선순위 설정 – D. 목적과 목표 설정 – E. 전략과 세부계획 수립 – F. 실행 – G. 평가의 단계로 이루어진다.

PART 03

보건의료체계와 보건정책

CHAPTER **01** 국내외 보건정책

1 보건정책의 개념

1) 보건정책의 정의

① 보건정책(health policy)이란 건강문제에 관한 정책으로 인구집단의 건강을 보호하고, 유지·증진하는 것을 목표로 하는 정부나 기타 단체의 활동(문재우, 2013)

② 협의로는 건강관리 전달체계 내에서 이루어지는 모든 국가 공공정책

2) 보건정책의 특성

① **시장경제원리 적용의 한계**

보건분야는 일반정책과 달리 시장경제원리나 사회분야 모형이 항상 적용되는 것은 아니다.

② **정책파급효과의 광범위성**

보건의료서비스는 외부효과가 있어 국민 모두에게 지대한 영향을 미친다.

③ **형평성을 강조**

인간생명을 다루므로 효율성보다는 형평성이 강조된다.

④ **국가경쟁력과 밀접한 관련성**

보건의료정책의 우선순위는 대체로 국가경쟁력과 비례한다.

⑤ **요구폭발현상**

소득과 의식수준 향상으로 인해 보건의료서비스에 대한 요구가 급속히 증가하고 있다.

⑥ **구조적 다양성**

보건의료부문은 구조적 연결고리(참여주체, 교육, 건강보험, 재원 등)가 다양하므로 보건정책은 구조적으로 복잡하고 해결하기 힘들게 서로 얽혀 있다.

* 출처: 한영란 등(2022). 최신 지역사회보건간호학. 현문사. p.28.

기출문제 맛 보기

일반정책에 비하여 보건의료정책이 갖는 특성에 대한 설명으로 가장 옳지 않은 것은? 23년 서울

① 효율성보다는 형평성이 강조된다.
② 시장경제원리를 적용함에 있어 한계가 있다.
③ 보건정책은 경제정책에 우선한다.
④ 국민들의 소득과 교육수준이 향상하여 보건의료서비스에 대한 욕구가 증가하였다.

정답 ③

2 보건정책의 결정 과정

1) 정책의제 형성과정

(1) **사회문제**가 공적으로 인식되고 하나의 **정책의제로 떠오르는 과정** 또는 정책 당국이 심각성을 인정하여 해결해야 하는 **정책문제를 선정**하는 과정

(2) 문제의 제기, 사회문제화, 사회 논제화, 공중 의제화, 공식의제(정책의제)화 과정으로 분류

(3) 다양한 사회문제가 정부의 정책적 조치에 의해 처리, 해결되기를 요구하면서 정책 결정체제로 투입되어가는 과정

2) 정책결정과정

(1) 채택된 정책 의제를 그 해결책을 강구한 정책으로 바꾸어 나가는 **정책의 작성이나 정책 수립과정**을 뜻함

(2) 이 과정에서 공식, 비공식의 참여자와 다양한 압력주체들이 상호영향을 주고받는 **동태적 과정**으로 정치권력의 영향력이 함께 작용하는 **정치적 과정**

(3) **정책 형성단계와 정책 채택단계**로 구분

① **정책형성 단계**: 문제해결에 이바지 할 수 있고 실현 가능한 대안 들을 발전시키는 단계

② **정책채택 단계**: 최종안을 선택하고 지지를 모아서 권위있는 기관이 의결하거나 합법성을 부여하는 단계

(4) 문제의 파악과 정의, 정책목표의 설정, 정책대안의 탐색과 개발, 정책대안의 미래 예측, 대안의 비교 및 평가, 최적 대안의 선택이라는 소과정으로 세분화

3) 정책집행과정

(1) 정책결정 체제가 작성한 **정책을 정책 집행기관이 이를 환경에 적용·실행**해가는 과정

(2) 정책집행준비단계(집행계획의 수립, 집행담당 조직구성, 인사 및 예산배정, 관련자원 지원 등)와 실행단계(행정활동으로 옮김)로 구분

(3) 집행과정도 다양한 이해집단간의 경쟁과 대립이 활발히 전개되는 동태적 과정

4) 정책평가과정

(1) 정책이 효과적이었는지 평가하고, 성공이나 실패의 원인을 찾는 단계

(2) 정책평가 주체가 정책내용, 정책 결정과정, 집행과정, 집행결과로 나타난 성과 등을 참고로 심사, 평가, 시정 조치하는 환류과정을 의미

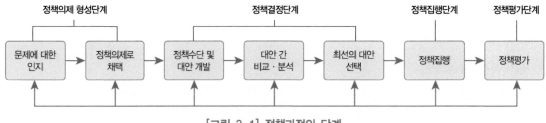

[그림 3-1] 정책과정의 단계

*출처: 한영란 등(2022). 최신 지역사회보건간호학. 현문사. p.29.

🖋 **기출문제 맛 보기**

앤더슨(Anderson)이 제시하는 보건정책과정 중 정책 당국이 심각성을 인정하여 해결해야 하는 정책문제를 선정하는 단계는?

22년 서울

① 정책의제 형성　　　　　　　　　② 정책결정
③ 정책집행　　　　　　　　　　　　④ 정책평가

---

3 국제 보건의료정책

1) UN의 MDGs(Millennium Development Goals): 새천년개발목표

빈곤퇴치를 위한 전 세계적인 운동으로서 2000년 9월 UN에서 채택된 의제로 UN회원국들이 2015년까지 달성하기로 약속한 8가지 목표를 말한다.

핵심 CHECK ‹‹‹

[MDGs의 8가지 목표]

빈곤의 감소, 교육, 보건의 개선, 환경보호에 관한 목표
① 극심한 빈곤과 기아 퇴치　　　　② 초등교육의 완전 보급
③ 성평등 촉진과 여권신장　　　　　④ 유아 사망률 감소
⑤ 모성의 건강개선　　　　　　　　⑥ 에이즈, 말라리아 등의 질병 퇴치
⑦ 환경지속 가능성 보장　　　　　　⑧ 발전을 위한 전 세계적 동반관계의 구축

정답 ①

2) SDGs(Sustainable Development Goals: 지속가능개발목표)

(1) SDGs(지속가능개발목표)란?

① 2016년-2030년 전세계의 빈곤문제를 해결하고 지속가능한 발전을 실현하기 위해 MDGs의 후속사업으로 국제사회가 공동으로 가져가야 할 새로운 개발 목표

② 빈곤퇴치를 최우선 과제로 전 세계적인 경제사회의 양극화, 각종 사회적 불평등의 심화, 지구 환경의 파괴 등 각국의 공통의 지속가능발전의 위협요인들을 해결하기 위한 글로벌 아젠다

③ SDGs는 17개 목표(Goal)과 169개의 세부목표(Target)로 구성됨

(2) 주요목표

Goal 1. 빈곤 종식

Goal 2. 기아 종식

Goal 3. 보건과 복지: 건강한 삶을 보장하고 복지(well-being)를 증진

Goal 4. 양질의 교육 보장

Goal 5. 양성평등 및 여성·여아의 역량 강화

Goal 6. 물과 위생

Goal 7. 지속가능한 에너지 보장

Goal 8. 일자리와 경제성장

Goal 9. 산업, 혁신과 인프라

Goal 10. 불평등완화

Goal 11. 지속가능한 도시

Goal 12. 지속가능한 소비 및 생산 패턴 확립

Goal 13. 기후변화 대응

Goal 14. 해양생태계

Goal 15. 육상생태계

Goal 16. 평화와 정의제도

Goal 17. 글로벌 파트너십

(3) MDGs와 SDGs의 비교

구분	MDGs	SDGs
구성	8개의 목표 + 21개의 세부목표	17개 목표 + 169개의 세부목표
대상	개발도상국	(보편성) 개도국 + 선진국 포함
분야	빈곤, 보건, 교육 등 사회분야 강조	(변혁성) 사회, 환경, 경제 분야 동시에 강조
참여	정부주도(정부중심)	(포용성) 모든 이해관계자(정부, 시민사회, 민간기업)를 포함한 파트너십 강조

🔍 참고 POINT

[goal 3: health and Well-being의 세부목표]

3-1	모성사망비를 70명/10만명 이하로 감소한다.
3-2	신생아사망률을 12명/출생아 1000명 이하로, 영유아사망률(5세 미만)은 25명 / 출생아 1000명 이하로 감소시킨다.
3-3	에이즈, 결핵, 말라리아와 열대병 유행을 완전히 퇴치하고, 간염, 수인성 전염병과 다른 전염병도 방지(감소)하도록 한다.
3-4	사전 예방과 치료를 통해 만성질환으로 인한 조기사망을 1/3 감소시키고, 정신건강과 안녕을 증진한다.
3-5	마약남용과 해로운 음주를 포함한 각종 물질남용에 대한 예방과 치료를 강화한다는 목표이다.
3-6	교통사고로 인한 사망과 부상을 1/2 감소시킨다.
3-7	가족계획과 정보제공, 교육 등 생식보건의료서비스를 모든 국가에서 모든 국민이 받을 수 있도록 하고 국가전략과 프로그램에 생식보건이 포함되도록 한다.
3-8	재정위기 시 건강보호, 질 높은 필수보건의료서비스의 제공, 안전하고 효과적인 필수 의약품과 백신을 모두에게 제공하는 등 모두에게 보편적 보건의료를 보장한다.
3-9	화학물질, 대기, 수질, 토양오염으로 인한 사망과 질병을 상당히 감소시킨다.

✏️ 기출문제 맛 보기

UN의 지속가능개발목표(Sustainable Development Goals, SDGs)에 대한 설명으로 옳은 것은? 21년 서울

① 2000년 유엔 새천년 정상회의에서 제시된 목표이다.
② 제시된 의제(agenda)는 개도국에만 해당되어 보편성이 부족하다.
③ 경제·사회 문제에 국한되어 환경이나 사회발전에 대한 변혁성이 부족하다.
④ 정부와 시민사회, 민간기업 능 모는 이해관세자들이 침여하는 피드너십을 강조한다.

3) 국제보건규칙(IHR2005, International Health Regulation)

2005년 각종 신종 감염병의 유행에 대한 국제협력 및 공조체계 강화를 위해 제 58차 세계보건기구 총회에서 제정

(1) 목적

① 국제적인 질병확산을 예방·방어·관리·대응하기 위함
② 각 회원국은 자국의 질병발생 상황을 국제 공중보건 비상사태의 평가 및 보고를 위한 결정 도구에 따라 평가하고 그 결과에 따라 세계보건기구에 신고토록 규정

정답 ④

(2) 국제 공중보건 비상사태(public health emergency of international concern, PHEIC)

신종감염병 등의 출현에 즉시 대처할 수 있도록 국제 공중보건비상사태를 선포할 수 있도록 규정함으로써 다양한 질병위험에 대처할 수 있도록 함

예 H1N1바이러스(2009), 소아마비 바이러스(2014), 에볼라 바이러스(2014), 지카바이러스(2016), 에볼라 바이러스(2019), 코로나-19 바이러스 감염증(2020), 원숭이 두창(2022).

핵심 CHECK ‹‹‹

[국제 공중보건 비상사태(public health emergency of international concern, PHEIC)]
- 국제보건규칙에 따라 질병이 국제적으로 퍼져서 다른 나라의 공중보건에 위험이 된다고 판단될 때, 상황이 심각하고 특이하며 예기치 못한 정도로 감염국가 이외의 공중보건에 영향을 미칠 가능성이 있어 **즉각적이고 국제적인 조치가 필요할 때 WHO에 의해 선포**
- 비상사태가 선포되면 해당 지역에 대한 **체계적인 조사와 함께 여행과 교역, 국경간 이동 금지권고**

---

(3) 주요 신고내용

① **두창, 야생 폴리오바이러스에 의한 폴리오, 신규 아형 인체감염 인플루엔자, 중증급성호흡기증후군**은 1건이라도 발생한 경우 세계보건기구에 신고하여야 한다.

② 각 국가는 규정된 신고대상 질병이나 사건 발생 및 국제보건비상사태가 성립할 수 있는 **모든 사건을 평가 후 24시간 내**에 가능한 가장 효과적인 통신수단을 통하여 **세계보건기구에 신고**하여야 한다.

③ 신고한 사건에 대한 세계보건기구의 검증요청이 있을 경우 **일차적인 답변이나 수신확인을 24시간 내에** 해야 한다.

④ **세계보건기구 신고 대상 질병**

대상 질병	신고내용
• 두창(천연두) • 야생 폴리오바이러스에 의한 폴리오 • 신규 아형 인체감염 인플루엔자 • 중증급성호흡기 증후군	• 4종 감염병은 1건이라도 발생하면 신고하여야 한다.
• 콜레라 • 폐페스트 • 황열 • 바이러스성 출혈열(에볼라, 라싸, 마버그) • 웨스트나일열 • 국가 또는 지역에서 특히 우려 대상이 되는 기타 감염병 (뎅기열, 리프트벨리열, 수막구균성 감염증 등) • 원인 또는 출처 미상의 사건을 포함한 잠재적으로 국제공중조건상 우려사항이 될 수 있는 사건	대상 질병과 사건이 다음 중 하나에 해당하면 신고한다. • 공중보건에 미칠 영향이 심각하고 이례적이거나 예기치 않은 것일 때 • 국제적으로 확산될 위험이 상당할 때 • 국제여행이나 교역을 제한할 위험이 상당할 때

*출처: 지역사회보건간호학 편찬위원회편(2022). 최신지역사회보건간호학,수문사. p.106.

CHAPTER **02** 보건의료체계

1 보건의료체계(Health Care System)

보건의료체계, 보건의료제도, 보건의료전달체계, 건강관리전달체계 등이 유사하게 사용됨

1) 보건의료체계의 개념

(1) 정의

한 국가가 국민의 보건의료요구(건강권)를 충족시키고, 이들의 전반적 건강수준을 향상 시키기 위해 마련한 보건의료와 관련된 제반 법률과 제도를 총칭한 것이다.

○ 보건의료전달체계(health care delivery system): 가용자원을 보다 효과적이고 효율적으로 활용함으로써 필요할 때 적시에, 적절한 기관에서 적합한 인력에게 적정한 서비스를 받을 수 있는 제도나 체계를 의미함

(2) 특성

보건의료체계는 해당사회나 국가의 정책흐름의 산물이므로 국가의 헌법과 국가정책이 추구하는 기본철학이나 이념과 매우 밀접한 관련을 가지고 있다. 따라서 보건의료 제도는 정치, 사회, 문화의 제도 속에 있는 일련의 하위제도라고 볼 수 있다.

(3) 제도의 유형

보건의료체계는 그 사회의 국가정책에서 추구하는 근본철학과 이념이 국민의 보건의료 이용에 대한 형평성(equity)을 추구하느냐 아니면 효율성(efficiency)을 추구하느냐에 따라 그 목적을 달성하기 위한 제도를 구축하게 된다.

2) 국가보건의료체계의 목표

양질의 포괄적인 보건의료를 국민에게 언제, 어디서든지, 누구에게나 필요할 때 제공하는 것. 즉 양질의 보건의료의 제공이 목적임

3) 적정(양질) 보건의료서비스의 요소(Myers, 1969)

(1) 접근용이성(accessibility)

보건의료서비스가 필요한 모든 사람에게 언제 어디서라도 이용할 수 있게 재정적, 지리적, 사회 문화적 측면에서 차별 없이 접근 가능해야 함

(2) 질적 적정성(quality)

의학적, 과학적, 사회적으로 양질의 보건의료서비스가 제공되어야 함

(3) **지속성(continuity)**

제공되는 보건의료서비스는 시간적, 지리적, 기관들 간에 유기적으로 연결되어 지속적으로 이루어져야 함

(4) **효율성(efficiency)**

양질의 보건의료서비스를 제공하기 위하여 투입되는 자원을 최소화하거나, 일정한 자원의 투입으로 최상의 목적을 달성할 수 있어야 함

4) 보건의료서비스의 사회경제적 특성

특성	내용
필수적 요구	• 보건의료요구는 인간의 필수적 요구이므로 **건강권과 형평성**이 보장되어야 한다.
외부효과 (확산효과)	• 각 개인의 건강과 관련된 자의적 행동이 타인에게 파급되는 효과로 특히 **예방접종이나 감염성 질환관리** 등은 외부효과가 크다.
질병의 예측불가능성	• 개인의 건강문제 발생은 **불균등하며, 예측 불가능**하고, **긴급**을 요하는 상황이므로 경제적 · 심리적으로 준비하기가 어렵다 • 그러나 집단적으로 볼 때 경험적, 확률적으로 추정이 가능하므로 개인적 위험에 대한 **집단적 대응** 즉 **건강보험** 등을 통한 대비가 필요하다.
사용자의 지식결여 (정보의 비대칭성)	• 사용자가 서비스의 질과 그 가치를 평가할 수 있는 능력이나 정보가 미약하다. • **공급자 위주의 시장, 전문가 지배, 공급자 유인 수요현상**이 발생한다.
소비적 요소와 투자적 요소의 혼재	• 보건의료서비스는 소비적 요소와 투자적 요소가 혼재한다. • 적절한 보건의료서비스는 노동인구의 생산성을 향상시킬 수 있으므로 장기적 관점에서 편익을 주는 **우량재(Merit Goods)**이다.
노동집약적인 인적 서비스	• 보건의료서비스는 노동집약적인 대인서비스로 재고가 있을 수 없는 공급 독점적, 개별적 주문생산이므로 **대량생산이 불가능하고 원가절하가 어렵다.** • 다른 사업에 비해 인건비가 차지하는 비중이 높아 경비절감 및 인사관리가 어렵다.
공급과 수요의 시간적 불일치	• 보건의료시장에서 수요에 맞게 공급이 제때 이루어지지 못하는 현상으로 **공급의 비탄력성**에 그 원인 있다. • 정확하고 체계적인 의료인력 및 의료시설에 관한 **수급계획**이 필요하다.
비영리적 동기	• 보건의료서비스는 인간의 **건강을 다루므로 비영리적 동기**를 가지며, 의료기관 또한 영리 추구를 목적으로 하지 않는다. • 의료인과 의료기관에는 과세가 부과되지 않으며, 치료에 대한 **자율권**과 의료기자재 등을 **우선 공급받을 권리**를 법적으로 보장한다.
공공재적 성격	• 보건의료서비스는 모든 소비자에게 **편익이 골고루 돌아가야** 하는 **공공재**적 성격을 가진다. • 정부가 개입하지 않고 그대로 두면 구매력을 가진 사람만 이용하게 되므로 **국가개입**의 당위성이 커지게 된다.
공동생산물로서의 교육과 서비스	• 보건의료는 **서비스와 교육의 공동생산물**이다. • 보건의료서비스와 교육 · 연구가 분리되지 않고 밀접하게 관련되어 함께 생산됨으로써 보건의료의 질을 높일 수 있다.

🖉 기출문제 맛 보기

예방접종을 통해 집단의 면역수준이 높아져 주변 사람들이 감염병에 걸릴 가능성이 감소하는 현상을 설명하는 보건의료서비스의 사회경제적 특성으로 가장 옳은 것은?   21년 서울

① 외부효과   ② 의사유인 수요
③ 수요와 치료의 확실성   ④ 노동집약적인 대인서비스

5) 국가 보건의료체계의 하위 구성요소(WHO, 1984)

(1) 보건의료자원의 개발(resource)

인력, 시설, 장비 및 물자, 지식(정보) 및 기술 등이 합쳐져서 보건의료서비스라는 최종 산출물이 나오게 된다.

(2) 자원의 조직화(organizational structure)

수많은 보건의료자원을 보건의료서비스로 전환시키고, 효과적 효율적으로 기능하게 하려면 보건의료조직이 필요하며, 이를 자원의 조직화 또는 자원의 조직적 배치라고 한다.

(3) 보건의료서비스의 제공(delivery of service)

① 보건의료체계의 목적이자 결과로 대상에게 필요한 보건의료서비스를 제공하는 것이다.
② 목적에 따라 건강증진, 예방, 치료, 재활 등의 서비스가 있다.
③ 제도적 측면에서는 건강문제의 복잡성이나 필요의 순차성에 따라 1차, 2차, 3차 보건의료서비스가 있다.

(4) 경제적 지원(finance mechanism)

보건의료자원을 마련하고 보건의료서비스를 제공하기 위해서는 경제적 지원, 즉 재원이 필요하다.

(5) 관리(management)

보건의료체계의 운영을 원활 하게 하기 위해서는 보건의료관리가 매우 중요하며, 지도력, 의사결정, 규제로 이루어진다.

─────────
정답 ①

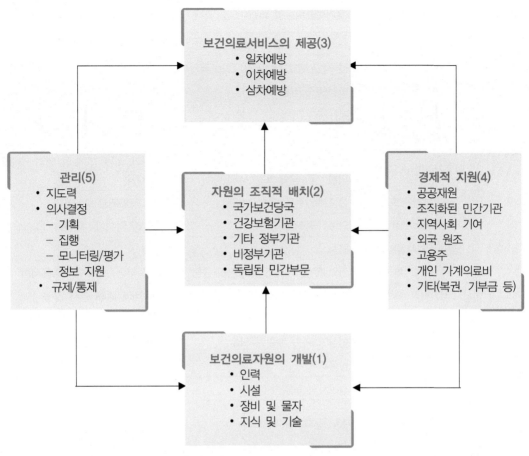

[그림 3-2] WHO(1984), 국가보건의료체계의 구성요소

6) 국가보건의료체계의 유형

(1) 기본시각에 따른 분류

① 보건의료를 각 개인의 기본권으로 보는 정부(제도 X): 형평성을 강조

    ㉠ **형평성**: 보건의료서비스의 이용 기회는 모든 사회계층에게 동일하게 주어짐

    ㉡ **공공성**: 의료의 공공성이 강조됨, 의료기관의 공공화, 국유화

    ㉢ **정부주도**: 재원조달 및 보건의료자원의 분포는 중앙정부나 지방정부에 의해 계획되고 통제됨

② 보건의료를 시장원리로 보는 정부(제도 Y): 자율성과 효율성을 강조

    ㉠ **효율성**: 의료를 상품으로 접근, 의료의 효율성을 강조

    ㉡ **민간주도**: 의료기관은 자율성을 원칙으로 민간소유로 정부의 영향력이 약함

    ㉢ **소외계층**: 경제력이 약한 소외계층의 보건의료 이용이 상대적으로 제한됨

    ㉣ **자원의 불균형**: 시장기능에 의하여 자원의 불균형 분포로 지역 간 불공평 초래

[표 3-1] 기본 시각에 따른 보건의료제도의 특성

분류항목	제도 X(기본권)	제도 Y(시장원리)
의료보장 형태	전 국민 의료보험(공공) 또는 국가제도	민간 의료보험
재원조달	보험료(준조세), 조세	본인 부담, 보험료
소외계층	부유계층	빈곤계층
소외계층을 위한 보완장치	민간의료보험	의료급여제도
의료기관의 소유형태	병원: 국, 공립 또는 비영리 민간 의원: 국, 공립 또는 영리민간	병원과 의원: 다수의 영리 추구형 민간기관
지불보상제도	선불제(인두제, 총액계약제)	후불제(행위별 수가제)
국민의료비	의료비 통제가 가능	의료비 억제의 어려움
인력 및 시설분포	균등	편재
의료비 부담	거의 무상, 서비스 이용기회 균등	본인 부담, 소외계층 이용제한
국민건강 수준	의료비에 비해 양호함	의료비에 비해 좋지 않음
의료기술의 도입 및 사용	도입이 신속하지 못함	빠른 도입, 신속한 이용
공급자와 수요자의 관계	협상에 의한 계획된 의료	공급자의 독점력 강함
공급자의 윤리의식	높음	낮음
낭비적 요소	소비자의 도덕적 해이	공급자의 과잉진료와 허위청구

*출처: 양숙자 등(2022). 지역사회간호학 I. 현문사. p.47.

(2) Fry(1970)의 분류

소비자의 의료기관 선택 방식과 의료서비스 제공체계의 특징에 따른 분류

① 자유방임형(Laissez Faire System, LFC), 자유기업형
  ㉠ 특징
    • **민간주도**: 민간주도로 이루어지므로 정부의 통제나 간섭의 최소화함
    • **선택권**: 국민이 의료인이나 의료기관을 선택할 자유가 최대한 보장됨
    • **의료의 질**: 자유경쟁의 원칙에 의해 서비스의 질적 수준이 높음
    • **재량권**: 의료인에게 의료의 내용·범위 및 수준을 결정하는 재량권이 부여
  ㉡ 장점
    • 의료인과 의료기관의 선택이 자유로움
    • 의료인의 재량권을 보장하여 서비스의 질이 높음
    • 의료기관간의 자유경쟁에 따른 효율적 운영
    • 공급자의 경쟁에 따른 보건의료서비스의 수준 향상으로 의료기술이 발달
  ㉢ 단점
    • 제약 없는 의료서비스 이용으로 의료비의 상승효과 높음

- 의료수준과 자원분포 면에서 지역간, 계층간 불균형으로 인한 의료이용의 차별
- 정부 간섭과 통제의 한계로 의료자원의 비효율적 활용과 중복에 따른 자원의 낭비
- 최소한의 국가통제로 보건의료에 대한 기획과 조정이 어려움
  - ㉣ 대표적 국가: **미국, 일본, 한국, 프랑스, 독일**

② 사회보장형(Social Security System)
  - ㉠ 특징
    - **정부주도**
      - 정치적으로는 자유민주주의이므로 개인의 자유를 존중하는 한편 사회보장을 중요시하는 정부 형태
      - 보건의료서비스를 정부가 주도하며 보건기획 및 자원의 효율적 활용을 기함
    - **선택권**
      - 국민이 의사를 선택할 자유를 어느 정도 인정되도록 조직됨
      - 초진은 자신이 등록한 일반의에게 진료를 받고, 등록의사의 의뢰에 의해 전문의나 병원으로 후송됨
    - **형평성**
      - 국민 전체에게 보건의료를 무료로 제공하여 보건의료의 공공성(형평성)을 강조
  - ㉡ 장점
    - 보건의료서비스의 균등한 이용 보장 ➡ 건강권(건강형평성) 보장
    - 자원의 효율적 활용
    - 예방적 측면이 강조되고, 보건의료서비스의 지속성과 포괄성이 가능함
    - 보건의료에 대한 국가 통제와 관리 가능: 의료이용과 의료비 통제 가능
    - 보건의료의 공공성 구현
  - ㉢ 단점
    - 보건의료에 대한 선택권이 제한됨
    - 보건의료서비스 질적 수준의 저하
    - 행정의 경직성과 복잡성
    - 조세를 통한 의료서비스 제공으로 국가재정부담 가중
  - ㉣ 대표적 국가: **영국, 덴마크, 호주, 뉴질랜드, 스웨덴 등**

③ 사회주의형((Socialistic System)
  - ㉠ 특징
    - **국가주도**: 보건의료는 국가의 경제, 사회프로그램의 하나로써 기획되며, 모든 의료기관은 국가소유로 비용은 무료임
    - **선택권**: 국민은 의료인이나 의료기관을 선택할 자유가 없으며, 거주 지역별로 국가가 의사를 지정하여 그 지역주민의 보건의료를 담당
    - **균등성**: 국민에게 균등한 보건의료이용의 기회를 부여

    ⓛ 장점

        • 의료자원이 비율적으로 할당분포, 자원의 활용도 높음

        • 모든 국민이 **균등**하게 의료를 제공받음 ⇨ 건강형평성 보장

        • 예방적 측면이 강조되고, 보건의료서비스의 지속성과 포괄성이 가능함

        • 보건의료에 대한 관리와 통제가 용이함

    ⓒ 단점

        • 국민이 의료를 선택할 자유가 없음

        • **관료적, 의료의 경직성**으로 서비스의 질이나 생산성이 떨어짐

    ⓔ 대표적 국가: **중국, 러시아, 북한 등**

[표 3-2] 각국의 보건의료 서비스 제공체계 유형별 장단점 비교

기준	자유방임형(미국)	사회보장형(영국)	사회주의형(중국)
선택의 자유	++	+	−
의료서비스의 질	++	+	−
정부의 통제	−	++/(+)	++
형평성	−	++	++
의료자원의 균등한 배분	−	++/(+)	++
자원의 효율성	−	++	++/(+)
의료서비스의 포괄성, 지속성	−	++	++
의료비 절감효과	−	++	++

*출처: 유광수 등(2016). 지역사회간호학, 청담미디어. p.51.

🖉 **기출문제 맛 보기**

프라이(Fry)의 분류에 따른 자유방임형 보건의료체계의 일반적인 특징은?   24년 지방

① 국민의료비 절감에 효과적이다.

② 지역 간, 사회계층 간 보건의료 자원 배분의 형평성이 높다.

③ 국민이 의료기관과 의료인을 선택할 수 있는 재량권이 높다.

④ 예방과 치료를 포함하는 포괄적 보건의료서비스가 최대한 제공된다.

정답 ③

(3) M. Roemer의 Matrix 형 분류

Roemer(1991)는 정치적 차원(시장개입정도)와 경제적 차원(국민 1인당 연간 GNP)을 교차하여 총 16가지의 유형으로 분류

경제수준 (GNP)	보건의료체계(시장개입)			
	자유기업형	복지지향형	포괄적 보장형	사회주의 계획형
선진국	• 미국	• 독일, 일본, **한국** 캐나다	• 영국, 뉴질랜드, 노르웨이	• 러시아, 동유럽
개발도상국	• 태국, 필리핀, 남아프리카공화국	• 브라질, 이집트, 말레이시아	• 이스라엘, 니카라과	• 쿠바, 북한
저개발국	• 가나, 방글라데시, 네팔	• 인도, 마얀마	• 스리랑카, 탄자니아	• 베트남
자원풍요국		• 리비아, 가봉	• 쿠웨이트, 사우디 아라비아	

*출처: 양숙자 등(2022). 지역사회간호학 I. 현문사. p.49.

① **자유기업형**
  ㉠ 공공의료보다 민간 의료시장이 강력하고 크며 정부개입은 미미하며, 보건의료비 지출의 상당부분 환자 본인부담이다.
  ㉡ 정부의 보건의료 프로그램이 취약하여 보장성이 낮고, 보건의료는 개인의 책임이 된다.
    예 미국

② **복지지향형**
  ㉠ **정부나 제3지불자들이 다양한 방법으로 민간 보건의료시장에 개입**한다.
  ㉡ 주로 **공공주도의 의료보험제도**를 실시하고 있다. 예 한국, 일본, 독일 등

③ **포괄적 보장형(포괄주의형)**
  ㉠ 복지지향형보다 정부의 개입정도가 심하다.
  ㉡ 가능한 한 **전 국민에게 공평하게 의료자원을 배분**하고자 하는 정부의 의지가 강하며 **무상 의료**를 제공한다.
  ㉢ 보건의료의 **재원은 조세**를 통해 조달하며 국민건강권 보장을 위해 대체로 보건의료사업에 높은 우선순위를 둔다. 예 영국, 뉴질랜드 등

④ **사회주의 계획형(사회주의형)**
  ㉠ 정부개입이 가장 강력한 유형이다.
  ㉡ **민간 의료시장을 제거하고 정부가 중앙에서 보건의료재정 및 자원 등 보건의료전반을 통제**한다. 예 북한, 러시아, 동유럽 등

🖉 기출문제 맛 보기

뢰머(Roemer)의 matrix형 분류에서 다음 글이 설명하는 보건의료체계는? 19년 지방

- 민간의료 시장이 매우 강력하고 크며 정부개입이 미미하다.
- 보건의료비 지출의 절반 이상을 환자 본인이 부담하며, 보건의료는 개인의 책임이 된다.

① 복지지향형 보건의료체계   ② 포괄적 보장형 보건의료체계

③ 자유기업형 보건의료체계   ④ 사회주의 계획형 보건의료체계

(4) Terris의 분류

정부의 지원정도 따라 3가지 유형으로 분류

① 공적부조형
   ㉠ **저소득 인구계층**에 대해서만 정부가 **일반 재정**에서 의료서비스의 이용을 보장
   ㉡ 아시아, 아프리카, 남미의 저개발국

② 건강보험형(NHI)
   ㉠ 가입자는 누구나 **보험료**를 부담하고, 보험급여를 받으며, **강제가입**이 특징
   ㉡ 독일, 프랑스, 일본, 한국 등

③ 국민 보건서비스형(NHS)
   ㉠ 재원조달은 **조세**로 충당하고 국민은 의료이용 시 **무료서비스**를 원칙
   ㉡ 정부는 모든 병원을 **국유화 또는 공공화**하여 지역화함
   ㉢ 영국, 스웨덴, 뉴질랜드, 사회주의 국가 등

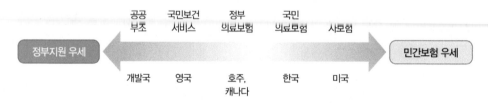

[그림 3-3] 정부지원 정도에 따른 국가보건의료체계의 유형

*출처: 지역사회보건간호학 편찬위원회편(2022). 최신지역사회보건간호학.수문사. p.89.

정답 ③

핵심 정리 | Core theorem

[보건의료체계의 유형별 특성 비교]

	자유방임형	사회보장형	사회주의형
개념	• 민간주도의 시장경제원리에 따라 운영되며 국가 개입이 최소화 됨 • 개인의 선택이 최대한 보장됨	• 개인의 자유를 존중하되 정부의 주도에 의해 보건서비스가 이루어짐	• 의료서비스를 국가가 통제 • 개인의 선택과 자유가 없음
국민	• 의료소비자	• 건강권자(기본권)	• 공유자
제공형태	• 주로 민간주도 • 정부는 최소한의 개입	• 정부나 사회에서 주도	• 국가주도
의료비 지불 제도	• 행위별 수가제 • 포괄수가제(DRG)	• 봉급제 • 인두제(가정의 제도)	• 봉급제
장점	• 소비자의 의료인 및 의료 기관에 대한 선택폭이 넓다. • 의료의 질적 수준이 높다.	• 국민 전체가 무료로 서비스를 받을 수 있다. • 예방적 측면의 의료가 강조된다. • 의료의 지속성, 포괄성을 갖는다.	• 의료의 균등한 분포와 기회가 주어진다. • 의료비의 절감과 의료 서비스의 포괄성을 높일 수 있다.
단점	• 의료비 상승 • 의료 분배면에서 불균형이 심화된다. • 국가 통제의 어려움 • 치료서비스에 집중되어 의료의 지속성, 포괄성이 떨어짐	• 의료의 질이 상대적으로 떨어질 수 있다.	• 개인의 선택권이 무시된다. • 의료의 질이 떨어진다.
대표적 국가	• 미국, 일본, 한국 등	• 영국, 덴마크, 뉴질랜드 등	• 중국, 러시아 등

4 우리나라 보건의료체계

1) 우리나라 보건의료체계의 특징

① 사회보험형의 전 국민에 대한 건강보험제도와 민간위주의 의료공급체계가 상호작용하는 복지지향형의 보건의료체계

② 효율성과 형평성을 동시에 추구하고자하는 기본이념을 가진 복합적 보건의료제도

③ 민간의료기관 중심이면서 공공재원으로 전 국민 의료보장체제의 특성을 갖고 있음

④ 정부가 민간의료기관을 관장하며 진료수가체계와 진료수가를 통솔할 수 있는 구조

2) 우리나라 보건의료체계의 문제점(과제)

(1) 보건행정 관리체계의 이원적 구조

① **보건복지부(중앙조직)**: 정책결정기관, 기술지원, 사업 감독권

② **행정안전부(지방조직)**: 지방조직의 지도감독, 인사권, 예산집행권

(2) 경상의료비의 지속적 증가

노인인구의 증가, 소득수준 향상, 건강에 대한 욕구증대, 전 국민 의료보험 실시, 국민건강보험의 보장성 강화, 공급자에 의한 과잉진료 및 수요창출행위, 비효율적 소비형태 등으로 인하여 경상의료비가 지속적으로 증가하고 있음

(3) 공공보건의료의 취약함과 민간위주의 의료공급체계

자유방임형의 보건의료체계로서 민간기관이 전체보건의료기관의 90% 이상을 차지하고 있어 공공보건의료기능이 매우 취약함

(4) 보건의료체계 상호간의 기능적 단절

보건의료기관간의 기능과 역할이 미분화되어 있어 민간 – 공공부분, 민간기관 간, 공공 간 협조 및 연계 부족

(5) 보건의료공급자의 다원성

현대의학, 한의학, 약국 등의 서비스의 중복과 낭비 등으로 인하여 보건기획의 어려움

(6) 공공보건의료 관련 조직의 다원화(공공보건의료의 책임과 권한 분산)

산업보건에 관한 사무는 고용노동부, 환경보존과 오염에 관해서는 환경부, 학교보건은 교육부 등에서 관장함으로서 보건의료의 기획과 집행, 책임과 권한이 분산되어 있음

(7) **포괄적 보건의료서비스의 부재**

보건의료체계가 질병중심으로 편성되어 있어 예방 측면보다 치료측면에 치중해 있으므로 보건의료서비스의 포괄성과 효율성이 낮음

(8) **의료기관과 인력의 지역 간 불균형**

의료기관의 80% 이상이 도시에 집중, 농어촌 지역의 경우 보건의료서비스의 접근성이 낮고 상대적으로 경제적 부담은 높음

(9) **일차의료의 위축**

환자가 일반의와 전문의를 선택하는 과정에서 문지기(gatekeeper) 역할이 없고 대형병원 및 전문의료 위주의 정책으로 믿고 찾을 수 있는 주치의가 없다.

(10) **그 외 기타**

지역보건기획의 결여, 후송의뢰체계의 결여 등

🖊 기출문제 맛 보기

우리나라 보건행정체계의 특징으로 옳지 않은 것은?   15년 지방

① 치료 위주의 의료서비스 제공으로 인하여 포괄적 의료서비스 제공이 부족하다.

② 의료기관의 90% 이상은 민간부문이 차지하고 있고, 공공부문의 비중이 매우 취약하다.

③ 의료기관과 의료 인력이 농촌에 비해 도시에 집중되어 있다.

④ 보건의료의 관장 부서가 일원화되어 있어 효율적 관리가 가능하다.

정답 ④

CHAPTER **03** # 보건의료자원

- 보건의료자원은 보건의료체계의 하부구조를 이루는 가장 중요한 요소
- 인적자원(인력), 물적자원(시설 및 장비), 정보 및 지적자원(지식, 기술자원)으로 분류
- **보건의료자원의 평가요소**
  ⓐ **양적 충분성**: 요구되는 자원이 수량적으로 적합하게 충족되는지를 평가
  ⓑ **질적 적절성**: 인력, 기술, 장비 등의 질적 적정성을 평가
  ⓒ **자원의 분포성**: 지리적 분포의 형평성과 직종간의 균형성을 평가
  ⓓ **효율성**: 개발된 보건의료자원이 질 높은 의료서비스를 공급하도록 효율성을 평가
  ⓔ **적합성**: 개발된 보건의료자원이 제공하는 서비스가 국민의 요구에 얼마나 적합한지 평가
  ⓕ **계획성**: 보건의료자원의 개발·육성이 얼마나 계획적이었는지를 평가
  ⓖ **통합성**: 자원 개발 시 보건의료서비스의 여러 요소들이 통합적으로 고려되었는지를 평가

1 보건의료인력

보건의료서비스는 훈련된 보건의료 인력에 의해 제공되므로 인력의 질에 따라 사업의 질이 좌우되는 노동집약적 사업으로 다양한 인력의 협동이 필수적이다.

1) 보건의료인력

① 보건의료인이란 보건의료관계법령이 정하는 바에 의하여 자격·면허 등을 취득하거나 보건의료 서비스에 종사하는 것이 허용된 자이다(보건의료기본법).

② 보건의료인력이란 다음 각 목의 면허·자격 등을 취득한 사람을 말한다(보건의료인력지원법).

관련법령	인력		신고
의료법	① 의료인(의사, 한의사, 치과의사, 간호사, 조산사) ② 간호조무사(자격)	면허	○
약사법	① 약사 ② 한약사	면허	○
의료기사 등에 관한 법률	① 의료기사(임상병리사, 방사선사, 물리치료사, 작업치료사, 치과기 공사, 치과위생사) ② 보건의료정보관리기사 ③ 안경사	면허	○

응급의료에 관한 법률	응급구조사	자격	O
국민영양관리법	영양사	면허	O
공중위생관리법	위생사	면허	–
국민건강증진법	보건교육사	자격	–

⦿ 보건의료인 면허신고제: 보건의료인의 자격관리 및 보수교육 내실화를 통한 보건의료서비스의 질 향상과 대국민 신뢰도 제고를 목적으로 최초로 면허를 받은 후부터 **3년**마다 그 **실태**와 **취업상황** 등을 보건복지 **부장관**에게 신고하는 제도를 말한다.

2) 보건의료인력의 현황

우리나라의 보건의료 관계 인력은 지난 10여 년간 양적으로 많이 증가되었을 뿐 아니라 기술적 수준도 많이 향상되었지만, 선진국에 비하면 양적으로 미흡한 수준인 것으로 평가되나 의료인력의 연평균 증가율은 선진국에 비하여 매우 높은 수준이다.

(1) 간호 인력

① 2021년 말 우리나라 간호사는 457,849명으로 인구 천 명당 활동 간호사(간호조무사 포함)는 8.4명으로 OECD 국가 평균 9.7명(OECD Health Statistics 2022)에 비하여 부족한 실정이다(OECD Health Statistics 2022).

② 간호사는 의료기관의 수요에 따라 활동자 수가 결정되며, 2021년 말 현재 활동간호사 수는 240,307명으로 활동비율은 **52.8%**로 나타나 간호인력 취업지원 사업 등 유휴 간호인력을 활용하는 방안을 모색할 필요가 있다(2021년 보건복지백서).

(2) 의사인력

① 2020년도 말 의사면허자 수는 132,013명이고, 한의사는 27,473명, 치과의사는 33,031명이다.

② 인구 1000명당 활동 의사 수(한의사 포함)는 **2.5**명으로 아직은 OECD 평균 **3.7**명(OECD Health Statistics 2022)에 비해 상대적으로 의사 수가 부족한 실정이다. 2021년 한국보건사회연구원 보건의료인력 중장기 수급추계에 따르면 우리나라 의사 수는 인구 대비 2035년 9,654명이 부족할 것으로 추계되어 적절한 인력 확보 방안이 요구되고 있다(2021년 보건복지백서).

3) 보건의료인력 정책

양적관리에서 질적 수준 제고와 효율적인 활용방안에 중점

(1) 국가시험제도를 통한 자질과 능력평가 및 개선방안 검토
(2) 면허신고제를 통해 보건의료인의 실태를 정확하게 파악하여 질관리와 효율적 활용에 역점
(3) 면허 취득 후 보수교육 등을 통한 주기적인 사후 질관리 강화
(4) 보건의료인력의 원활한 수급과 근무환경 개선을 위한 중장기 종합계획 수립

2 보건의료시설

1) 보건의료시설의 종류

(1) 「의료법」에 의한 의료기관

① 의원급 의료기관: 의원, 치과의원, 한의원

② 조산원

③ 병원급 의료기관: 병원, 치과병원, 한방병원, 요양병원, 정신병원, 종합병원

(2) 공공보건의료기관

① 「지역보건법」에 의한 기관: 보건소, 보건지소, 보건의료원(병원의 요건을 갖춘 보건소), 건강생활지원센터

② 「농어촌 등 보건의료를 위한 특별조치법」에 의한 기관: 보건진료소

(3) 「약사법」에 의한 기관: 약국

2) 서비스 수준에 따른 의료기관의 분류

(1) 의원, 보건소 등의 1차 의료기관

① 일차의료서비스의 질 제고

② 경증·외래환자 중심

③ 만성질환 관리체계 구축

④ 노인, 소아 등 관리 확대

(2) 병원·종합병원 등의 2차 의료기관

① 전문화, 지역거점화

② 입원환자 중심

③ 지역거점병원 육성

④ 전문병원, 특화병원 도입

○ 전문병원: 보건복지부장관은 병원급 의료기관 중에서 특정 진료과목이나 특정질환에 대하여 난이도가 높은 의료행위를 하는 병원을 전문병원으로 지정할 수 있다.

(3) 상급종합병원 등의 3차 의료기관

① 중증질환 중심

② 연구 중심 병원 육성

③ 전문의료센터, 글로벌화

○ 상급종합병원: 보건복지부 장관은 중증질환에 대하여 난이도가 높은 의료행위를 전문적으로 하는 종합병원을 상급종합병원으로 지정할 수 있다.

3) 보건의료시설의 현황과 문제점

(1) 대형병원에 대한 선호도 증가로 인한 의료전달체계의 중복현상

① 대규모 종합병원과 병원이 증가하였음에도 불구하고 국민들의 대형 의료기관 선호 추세에 따라 3차 의료기관은 병상이 부족하여 3차 의료기관의 진료가 꼭 필요한 환자들이 제때에 치료받지 못하는 현상이 발생하고 중소규모 병원은 환자수가 점차 감소하는 추세

② 이에 중소병원은 많은 환자를 확보하기 위해 고가장비를 경쟁적으로 도입함으로써 의료자원의 중복투자와 경영 악화가 가중됨

(2) 공공보건의료 시설에 비해 우세한 민간의료시설

① 우리나라의 전체 의료기관 민간의료기관이 차지하는 비중은 **94.8%**, 공공보건의료기관은 **5.2%**이며, **병상 수**는 민간의료기관이 **91.1%**, 공공보건의료기관 은 **8.9%**를 차지해 대부분의 의료시설을 민간부문이 차지하고 있다(보건복지백서 2020).

② 보건소 등의 공공 보건의료시설보다 민간 병·의원의 증가가 압도적인 우위를 차지함으로 의료의 상업화로 의료비 상승문제가 제기되고 있다.

(3) 의료기관의 도시편중 현상

의료를 민간부분에 의존함에 따라 의료기관의 80% 이상이 도시에 편중되었고, 의료 시설과 의료서비스의 수준면에서 도시-농촌 간 양극화 현상이 빚어지고 있다.

⊘ 기출문제 맛 보기

「의료법」상 의료기관에 대한 설명으로 옳지 않은 것은?   17년 지방

① 의료기관은 의원급 의료기관, 조산원, 병원급 의료기관으로 구분한다.
② 전문병원 지정은 병원급 의료기관을 대상으로 한다.
③ 상급종합병원은 20개 이상의 진료과목을 갖추어야 한다.
④ 종합병원은 300개 이상의 병상을 갖추어야 한다.

정답 ④

🔍 참고 POINT

(1) 우리나라 요양기관의 기능은 의원, 병원, 상급종합병원으로 구분하고 있으나 건강보험 상 요양급여 의료전달체계는 2단계로 구성되어 있다.
  ① 1단계 진료: 의원, 병원급 요양기관에서 받는 요양급여
  ② 2단계 진료: 상급종합병원에서 받는 요양급여
(2) 의료기관별 시설 기준 및 개설요건

의료기관	병상수	개설방법	비고
종합병원	100병상 이상	시·도지사 허가	※ 정신병원 정신의료기관의 개설은 의료법에 따르나, 시설기준은 「정신건강증진 및 정신질환자 복지서비스에 관한 법률 시행규칙」 제11조에 따른다.
병원	30병상 이상		
치과병원	제한없음		
한방병원	30병상 이상		
정신병원	50병상 이상		
요양병원	30요양병상 이상		
의원	–	시장·군수·구청장 신고	
치과의원	–		
한의원	–		
조산원	–		

(3) 상급종합병원의 지정요건
  ① 보건복지부령이 정하는 20개 이상의 진료과목을 갖추고 각 진료과목마다 전속하는 전문의를 둘 것
  ② 중앙응급의료센터, 권역응급의료센터 또는 지역응급의료센터로 지정받은 기관일 것
  ③ 전문의가 되려는 자를 수련시키는 기관일 것
  ④ 보건복지부령으로 정하는 인력·시설을 갖출 것
  ⑤ 질병군별 환자구성 비율이 보건복지부령으로 정하는 기준에 해당될 것

3 보건의료정보

1) 보건의료 정보시스템

(1) 지역보건의료 정보시스템(Public Healthcare Information System, PHIS)

  ① 목적
    ㉠ 보건 행정 업무의 생산성과 효율성 높임
    ㉡ 주민에 대한 양질의 공공보건의료서비스를 제공함

       ⓒ 각종 지역보건정책 정보의 효율적 생산 및 활용 – 과학적인 보건의료정책 수립 기반 조성

       ⓔ 전국 단위의 보건의료정보 연계

② 정보시스템 구축 경과

    ⊙ 2005년 9월 지역보건의료분야 정보화전략계획 수립: **3단계(2005-2009) 정보화사업추진**

       • **1단계:** 보건행정/보건사업, 진료전자의무기록/진료지원, 공공포털구축, 정보지식화 프로그램 개발

       • **2단계:** 지식관리지원시스템 및 고객관계관리 프로그램 개발

       • **3단계:** 장애 및 재해대처 복구시스템 구축

    ⓛ 2011년 전국 253개소의 보건소에 통합정보시스템 확산 완료

       • 2012년 시스템의 안정성과 성능을 향상하기 위한 보강사업 추진 – 보안성 강화 등

    ⓒ 2013년 통합건강증진정보시스템 구축

    ⓔ 2015년 지역보건의료정보시스템의 법적 근거 마련

       • 「지역보건법」 개정으로 보건복지부장관이 PHIS를 구축·운영할 수 있도록 규정

       • 현재 한국사회보장정보원에서 지역보건의료시스템을 운영하고 있다.

핵심 CHECK ‹‹‹

[지역보건의료업무의 전자화(지역보건법 제5조)]

① 보건복지부장관은 지역보건의료기관(「농어촌 등 보건의료를 위한 특별조치법」에 따른 보건진료소를 포함한다.)의 기능을 수행하는 데 필요한 각종 자료 및 정보의 효율적 처리와 기록·관리 업무의 전자화를 위하여 지역보건의료정보시스템(PHIS)을 구축·운영할 수 있다.

---

(2) **지리정보시스템(Geographic Information System, GIS)**

  ① 인간을 둘러싼 모든 자연적 및 인문 사회적 환경을 포함하는 지리정보를 저장, 통합하는 데이터베이스를 구축하는 것

  ② 가장 중요한 요소 중의 하나는 **대상자의 위치를 지도 위에 좌표로 나타낼 수 있다는 것**

  ③ 보건의료분야에서는 감염성 질환자의 유병률 및 이동경로, 성인남성의 흡연율 지도, 지자체의 질병 및 사망률 등을 비교 확인 등에 활용

(3) **전자자료교환(Electronic Data Interchange, EDI)**

  ① 컴퓨터를 통하여 표준화된 문서를 전자적으로 상호 교환하는 정보전달 방식

  ② 기존의 서식전달체계를 대신해서 **시간과 장소에 구애받지 않고** 업무를 처리할 수 있고, 가장 큰 장점은 **종합적인 보건의료정보의 확보** 예 국민건강보험EDI, 감염병EDI, 전자처방전

(4) U-health의 활용

① U-health의 정의

U-health는 'ubiquitous health'의 약자로 정보통신기술(IT기술)과 보건의료를 융합하여 시간이나 공간의 제약 없이 언제, 어디서나 예방, 진단, 치료 및 사후관리를 제공받을 수 있는 서비스 시스템 또는 환경을 의미한다.

② U-health의 목적

보건의료제공자와 이용자 모두의 시간과 비용을 절감하여 **서비스의 효율성과 효과성**을 제고할 수 있다.

③ U-health의 의의와 전망

㉠ 의료환경 변화 촉진

U-health는 의료기관 중심의 서비스에서 이용자 중심의 서비스로, 치료중심의 서비스에서 질병관리와 질병예방 중심으로 의료환경 변화가 촉진되도록 한다.

㉡ 서비스 이용의 접근성과 형평성을 강화

U-health는 특히 보건의료 서비스 이용의 **접근성과 형평성**에 제약을 받는 의료취약계층에게 기여할 것으로 기대되어 노인인구가 많은 농촌지역이나 오지 등에 U-health의 도입이 요구되고 있다.

④ 국내 U-healthcare 서비스 유형

㉠ **원격자문**

특별히 전문성을 인정받은 의사를 통해 환자 곁에 있는 의사가 전문적인 의학적 자문을 구하거나 협진을 하는 형태의 서비스

㉡ **원격(화상)진료**

의사가 아닌 타 의료인과 함께 있는 환자가 화상을 동하거나 생체정보 측정 수치의 공유를 통해 원격지 의사의 진료를 받는 형태의 서비스 이동 중에 생체정보를 측정하거나 휴대용 생체측정기를 활용하여 언제 어디서나 건강관리서비스를 제공

㉢ **U-방문간호**

방문간호사가 가정방문을 통해 환자의 상태를 파악한 후 의사의 지침을 전달하는 형태의 서비스

㉣ **원격응급의료**

응급상황에 처한 환자와 함께 있는 의사가 아닌 타 의료인에게 원격지 의사가 적절한 지침을 전달하는 형태의 서비스

㉤ **재택건강관리**

거주지에 있는 환자가 직접 본인의 생태정보를 측정하여 의사에게 전달하고 상담함으로써 지속적 모니터링이 가능하게 하는 형태의 서비스

04 보건의료조직

- 국민의 건강을 유지하고 나아가 수명을 연장하기 위하여 다양한 보건 의료자원들이 효율적으로 기능하기 위한 일련의 행정체계
- 공공보건의료조직과 민간보건의료조직, 그리고 국제보건 의료조직으로 대별

1 공공 보건의료조직

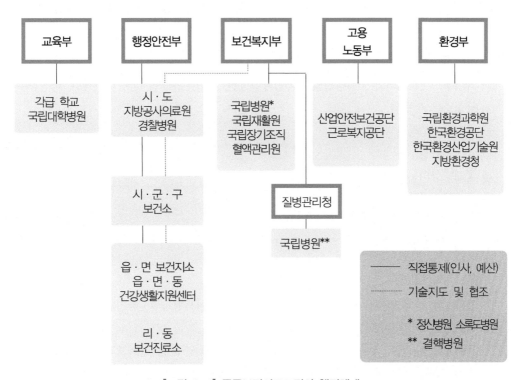

[그림 3-4] 공공보건의료조직의 행정체계

1) 중앙행정조직체계

(1) 보건복지부

① 기능

ㄱ. 「정부조직법」에 따라 **국민보건 향상과 사회복지 증진**을 위한 정부의 중앙 행정조직으로 생활보호 · 자활지원 · 사회보장 · 아동(영 · 유아보육　포함) · 노인 · 장애인 · 보건위생 · 의정 및 약정에 관한 업무를 관정한다.

ㄴ. 방역 · 검역 등 감염병에 관한 사무 및 각종 질병에 관한 조사 · 시험 · 연구에 관한 사무를 관장하기 위하여 보건복지부 외청으로 **질병관리청**을 두고 있다.

② 특징

ㄱ. 보건사업 진행에 있어서는 인사권, 예산집행권이 없는 정책결정 기관으로서 기술지원과 사업 감독권만 있음

ㄴ. 하부 지방보건행정조직인 시, 도 산하 보건사회 관련 각과와 시, 군, 구 보건소, 읍 · 면 보건지소, 읍 · 면 · 동 건강생활지원센터, 벽 · 오지 보건진료소가 보건사업의 특수성이 배제된 채 일반 행정의 한 부분으로 행정안전부의 직접적인 통제를 받고 있는 이원적 행정체계

(2) 보건복지부 소속기관

① 국립정신건강센터와 국립정신병원(국립나주병원, 국립부곡병원, 국립춘천병원, 국립공주병원)
② 국립소록도 병원
③ 국립장기조직혈액관리원
④ 국립재활원
⑤ 국립망향의동산관리원
⑥ 오송생명과학단지지원센터
⑦ 건강보험분쟁 조정위원회
⑧ 첨단 재생의료 및 바이오의약품 심의위원회 사무국

(3) 보건복지부 산하기관

① **건강보험 및 국민연금**: 국민건강보험공단, 건강보험심사평가원. 국민연금공단 등
② **의료기관**: 국립중앙의료원, 국립암센터 등
③ **기금 및 연구기관**: 한국보건의료연구원, 한국보건사회연구원, 한국보건산업진흥원, 한국노인인력개발원, 한국보건복지인력개발원, 한국건강증진개발원 등
④ **국가 면허 및 자격시험**: 한국보건의료인 국가시험원 등

🔍 참고 POINT

[질병관리청]
(1) **질병관리청:** 방역 · 검역 등 감염병에 관한 사무 및 각종 질병에 관한 조사 · 시험 · 연구에 관한 사무를 관장한다.
(2) **소속기관:** 국립보건연구원(국립감염병연구소), 질병대응센터(국립검역소), 국립결핵병원(마산, 목포병원)
(3) **국립검역소:** 감염병의 국내외 전파 방지를 위한 검역 · 방역에 관한 업무를 담당

2) 지방행정조직체계

(1) 시 · 도 보건행정조직

① 서울특별시와 광역시 및 도(광역자치단체)의 보건행정조직
② 정책결정기관인 중앙의 보건복지부와 보건의료사업 수행 단위기관인 시 · 군 · 구의 보건소를 연결하는 중간 보건행정조직

(2) 시 · 군 · 구 보건행정조직: 보건소, 보건의료원(의료기능이 강화된 보건소)

보건의료사업을 수행하는 일선 행정기관으로 시 · 군 · 구별로 1개소씩 설치한다.

(3) 읍 · 면 보건행정조직: 보건지소

보건소 업무수행을 위하여 필요한 경우 각 읍 · 면마다 1개소씩 설치할 수 있다.

(4) 읍 · 면 · 동 보건행정조직: 건강생활지원센터

보건소 업무를 지원하기 위하여 각 읍 · 면 · 동마다 1개소씩 설치할 수 있다.

(5) 도서 · 벽지 보건행정조직: 보건진료소

「농어촌 등 보건의료를 위한 특별조치법」에 의해 의사가 배치되어 있지 아니하고 계속하여 의사의 배치가 곤란할 것으로 예상되는 의료취약지역에 보건진료전담공무원이 의료행위를 하기 위하여 시장(도농복합형태의 시) · 군수가 설치하는 보건의료시설

핵심 CHECK ‹‹‹
[보건소 등의 설치기준 및 근거]

	설치근거	설치기준
보건소	• 지역보건법	• 시, 군, 구 별 1개소 설치 (필요시 추가 설치 가능)
보건지소	• 지역보건법	• 읍, 면별 1개소 설치가능 (필요시 추가 및 통합지소 설치, 운영가능)
건강생활 지원센터	• 지역보건법	• 읍, 면, 동별 1개소 설치가능
보건진료소	• 농어촌 등 보건의료를 위한 특별조치법	• 인구 5000명 미만을 기준으로 하나 또는 수개의 리 · 동을 관할 구역으로 함

2 민간보건의료조직

보건의료에 관한 특정 목적을 달성하기 위하여 민간인들로 구성된 조직을 말한다.
지역사회보건사업을 수행하는 데 있어 공공보건의료조직과 함께 중요한 역할을 담당하고 있다.

1) 영리조직: 민간의료기관

「의료법」에 의해 민간인이 설립한 종합병원, 병원, 치과병원, 한방병원, 요양병원, 의원, 치과의원, 한의원, 조산원 등으로 우리나라의 경우 대부분의 의료시설은 민간부문에서 운영하고 있으며, 지역적으로 대도시에 편중되어 있다.

2) 비영리조직

비영리를 목적으로 공공의 이익을 위해 설립되고 운영되는 조직을 말한다.
① 정부로부터 독립되어 있으며, 외부조직에 의해 통제받지 않음
② 비영리를 목적으로 공공의 이익을 위해 설립되고 운영됨
③ 정책결정에 관여하여 공익적 압력단체로 활동함
④ 우리나라의 경우 민간주도형 보건의료체계이므로 중요한 역할을 담당함
예 대한결핵협회, 인구보건복지협회, 대한적십자사, 건강사회를 위한 약사회, 한국성폭력상담센터, 사회복지사업 관련단체, 전문직 단체 등

3	국제 보건의료조직

건강관리 및 사회보장 분야에 관련된 보건 분야의 대표적인 주요 국제기구는 세계보건기구와 유엔아동기금 등이 있으며, 주요 국제기구 현황과 국제협력 활동은 다음과 같다.

기구명	설립목적	활동내용
세계보건기구 (WHO)	전 인류의 건강달성	• 국제보건사업 지도, 조정, 권고, 연구 및 평가 • 보건의료발전 협력사업 공동수행 • 감염병 예방 건강증진, 건강형평성 보장 등
국제 아동구호기금 (UNICEF)	개발도상국 어린이를 위한 지원사업	• 개발도상국 아동의 긴급구호, 영양, 보건, 예방접종, 식수 및 환경개선, 기초교육 등의 사업 제공
유엔개발계획 (UNDP)	개발도상국의 경제 · 사회 개발지원	• 개발도상국의 경제적 · 사회적 개발을 촉진하기 위한 기술 원조 등을 제공
국제노동기구 (ILO)	노동자의 노동조건 개선 및 지위향상	• 사회정책과 행정, 인력자원 훈련 및 활용에 대한 기술지원 • 노동통계자료 수집, 고용, 노사관계 연구
유엔환경계획 (UNEP)	환경분야의 국제협력	• 지구환경상태 점검, 환경상태에 관한 연례보고서 작성
경제협력개발기구 (OECD)	회원국의 경제성장 촉진, 세계무역의 확대, 개도국의 원조	• 모든 경제, 사회, 보건, 복지문제를 망라하는 포괄적 경제 협의 기구 • 회원국 간 경제, 산업정책에 대한 정보교류와 공동연구 및 정책협조

🔍 참고 POINT

[세계보건기구(WHO)]
(1) 1948년 4월 7일 발족 (우리나라는 1949년 제2차 로마총회에서 65번째 가입국임)
(2) 현재 가입국은 194개국(2014), 본부는 스위스 제네바에 있음
(3) 제 기관
　① 세계보건총회: 매년마다 개최, WHO의 최고결정기관
　② 집행이사회
　③ 사무국
(4) 6개 지역사무처
　① 동지중해 지역: 이집트의 알렉산드리아
　② 동남아시아지역: 인디아의 뉴델리 ⇨ 북한 속함
　③ 미주지역: 미국의 워싱턴
　④ 아프리카지역: 콩고의 브라지빌
　⑤ 서태평양지역: 필리핀의 마닐라 ⇨ 우리나라 속함
　⑥ 유럽지역: 덴마크의 코펜하겐

CHAPTER **05**

보건의료재정

1 국민의료비(Nation Health Expenditures)

1) 국민의료비의 정의

① 일정 기간 동안 건강을 위하여 지불한 **직접비용**과 미래 보건의료서비스 공급능력의 확대 등을 위하여 지출한 자본**투자비용**의 합계이다(홍종기, 1996).

② **경상의료비**(Current Health Expenditures, CHE)

    ㉠ 보건의료 재화 및 서비스의 소비를 위하여 국민전체(개인, 가계, 기업 및 정부 등)가 일년 간 지출한 직접의료비를 모두 합친 금액이다(OECD).

    ㉡ 경상의료비는 **개인의료비와 집합보건의료비**로 구성된다.

        • **개인의료비**: 개인에게 직접 주어지는 서비스 내지 재화에 대하나 지출을 의미

        • **집합보건의료비**: 예방 및 공중보건사업이나 보건행정관리를 위한 지출로 공중을 대상으로 발생된 것을 의미

(1) 경상의료비의 지출 유형

① **공공의료비**: 중앙 및 지방정부, 공보험 등에서 지출된 비용 ⇨ 공공재원에서 조달

② **민간의료비**: 개별 가계 부담(비급여 본인부담, 법정 본인부담), 민간보험, 기업주 등이 지출한 비용

(2) 경상의료비의 재원 조달

① **공공재원(62.6%)**: 세금, 기금. 외국의 원조, 자선적인 기부 등

② **민간재원(37.4%)**: 개별 가계 부담, 민간보험, 기업주 등이 지출한 비용

(3) 우리나라 현황

① 2020년 경상의료비의 규모는 161.7조원으로 GDP대비 경상의료비 지출은 8.4%로 매년 상승하고 있고, 국민의료비 **상승속도가 일반경제의 상승속도보다 빠르다.**

② OECD회원국의 평균 **GDP대비 경상의료비 지출** 9.7%보다는 낮은 수준이나 **증가속도는** 가장 빠른 편에 속한다.

③ 경상의료비 중 **공공의료비(정부·의무가입제도)의** 비중은 62.6%로 OECD회원국의 평균 76.3%보다 낮고 **민간의료비 부담(37.4%)**이 높아 **사회적 형평성**을 이루어 내지 못하고 있는 실정임

④ 경상의료비 중 **가계 직접 부담** 비중은 27.7%로 OECD회원국의 평균 18.1% 보다 높다.

[표 3-3] 경상의료비 재원별 구성

구분		우리나라	OECD
공공재원	정부	62.6%	76.3%
	위무가입제도		
민간재원	가계 직접부담	37.4%	23.7%
	임의가입제도	(27.7%)	(18.1%)

*출처: 보건복지부. OECD Health Statistics 2022.
　　　보건복지부. 국민보건계정 2020.

2) 국민의료비 증가요인 및 대책

(1) 증가요인

① 수요 측 요인

　　㉠ 대상자 및 급여범위 확대

　　㉡ 노인인구 증가

　　㉢ 소득증가(욕구증가)

② 공급 측 요인

　　㉠ 의료수가 상승: 물가상승 및 임금상승 등

　　㉡ 고급의료기술 사용

　　㉢ 의료인력 및 병상 수 증가

③ 제도적 요인

　　㉠ 지불보상제도: 우리나라는 후불제인 행위당수가제를 사용하는데 이는 과잉진료를 부추기고 의료비 상승의 요인으로 작용

　　㉡ 보건의료전달체계: 전달체계의 비효율성, 종합병원으로의 집중현상을 보임

　　㉢ 의료의 공공성: 민간의료 의존도가 높음

(2) 국민의료비 억제대책

① 단기적 방안

　　㉠ 수요 측 억제방안

　　　　• 본인부담률 인상

　　　　• 보험급여범위 확대 억제

     ⓛ 공급 측 억제방안

      • 의료수가 상승을 억제

      • 고가 의료기술의 도입 및 사용을 억제

       - 도입된 장비의 공동사용 방안 등을 강구하면서 의료비 증가폭을 줄임

      • 행정절차의 효율적 관리운영

     ⓒ 국가통제 측면

     국가 또는 건강보험자 단체가 보건의료서비스 양과 수가를 통제하거나 진료에 투입되는 자원을 통제

      • 진료과정: 서비스 양, 질, 의료수가 등을 조절

      • 투입자원: 진료시설의 표준화, 의료인력의 통제, 예산통제, 의료장비 구입 통제

      • 건강보험의 심사, 평가기능의 강화: 입원이나 치료의 적절성에 대한 심사 강화

  ② 장기적 방안

    ㉠ 지불보상제도의 개편

    우리나라가 채택하고 있는 행위당 수가제는 사후 의료비 지불제도로 과잉진료 등으로 인한 의료비 및 급여 증가를 가속화시키고 있는 가장 큰 원인이 되고 있다. 따라서 사전 결정방식의 형태로 개편

    ㉡ 의료전달체계의 확립

     • 공공부문 의료서비스의 확대 및 의료의 사회화와 공공성의 확대를 통해 안정적인 의료 수가 수준을 유지

      - 일차보건의료를 강화하여 전체보건의료 부문의 효율을 증대시킴

     • 의료기관별 기능과 역할을 분담

    ㉢ 다양한 의료대체서비스, 인력개발 및 활용

     • 지역사회간호센터, 가정간호, 호스피스, 낮 병동, 너싱홈, 재활센터, 정신보건센터 등의 대체의료기관 및 서비스 개발 및 활용

     • 보건진료원, 전문간호사 제도, 정신보건전문요원 등 다양한 보건의료전문가의 활용을 통한 효율적인 인력관리 필요

🖉 **기출문제 맛 보기**

우리나라 국민의료비에 대한 설명으로 옳지 않은 것은?   15년 지방

① 국민의료비 중 공공재원의 비율이 OECD의 평균에 못 미치는 수준이다.

② 인구의 고령화와 만성퇴행성 질환의 증가로 국민의료비가 증가하고 있다.

③ 국민의료비 상승 속도는 일반 경제 규모 확대 속도보다 빠르다.

④ 건강보험 보장성 확대를 통해 국민의료비 증가를 억제할 수 있다.

정답 ④

| 2 | 진료비 지불제도 |

- 진료비 지불제도란 진료의 대가로 의료공급자에게 지불되는 보상방식을 말함
- 일반적으로 지불제도는 의료의 질, 의료비, 진료비 심사 및 관리방식에 결정적인 영향을 미치게 됨

1) 보상 시점에 따른 진료비 지불제도의 유형

종류	특징	종류
사전 보상	• 진료를 받기 전에 병원이나 의료인에게 지불될 총액이나 그 율이 미리 정해져 있어 실제로 받은 서비스와 무관하게 진료비가 지불되는 방식 • 공급자의 수입이 진료를 행하기 이전에 미리 결정되어 있으므로 주어진 서비스의 양과 수입과는 무관하여 의료비 상승 억제와 과잉진료 억제효과가 있음	• 인두제 • 봉급제 • 포괄수가제 • 총괄계약제
사후 보상	• 진료를 받은 후 받은 서비스에 대한 합산된 진료비를 지불하는 제도로 의료비 상승의 요인으로 작용	• 행위별수가제

2) 보상 방식에 따른 진료비 지불제도의 유형

(1) 사후결정방식

① 행위별 수가제

  ㉠ 제공된 **서비스 내용과 양에 따라 진료보수가 결정**되는 방식이다.

  ㉡ 제공된 서비스의 단위당 가격에서 서비스의 양을 곱한 만큼 보상하는 방식이다.

  ㉢ 진료의 내역에 따라 의료비가 결정되므로 현실적으로 시행이 쉽고 합리적인 방법으로 자유경제 체제 하에서 폭 넓게 수용되고 있는 제도이다.

  ㉣ **장점과 단점**

장점	단점
• 의료인의 자율성 및 재량권이 보장 • 의료서비스의 양과 질이 확대 • 첨단의료기술의 발달 유도	• 불필요한 검사·처치 등의 과잉진료 및 의료남용 우려 • 과잉진료로 의료비 상승효과 • 예방보다는 치료중심의 의료행위에 집중 • 의료자원의 지역 간 편재현상 우려 • 진료비 청구 및 심사에 따르는 행정절차가 복잡

1. 행위별 수가제의 서비스 가격 결정 방식
   (1) 제도수가제: 의료수가를 생산원가를 기준으로 계산한 후 공권력에 의해 강제 집행하는 제도
   (2) 관행수가제: 관행적으로 시장기능에 의해 수가를 결정하는 제도
   (3) 상대가치수가제
      ㉠ 특징
         • 제공된 서비스의 난이도를 고려하여 상대가치에 그 환산 지수를 곱하여 수가를 결정하는 방식
           의료행위 분류 ⇨ 상대가치점수×환산지수(점수 단위당 가격)＝수가
         • 의사업무량, 진료비용, 위험도를 고려하여 상대가치를 환산함
      ㉡ 장점
         • 관행적으로 책정된 행위별 수가제의 단점을 보완하여 비합리적인 수가를 개선
      ㉢ 단점
         상대 가치에 대한 산출방법상의 문제가 제기된다.
         • 의료서비스에 투입된 의사들의 자원만이 고려되고 의료서비스 질 등 서비스 산출 결과가 지표의
           산정에 포함되지 못함
         • 의사의 능력과 질 등 투입자원을 고려하지 못하고 있음
         • 환자의 상태가 고려되지 못하고 있음

2. 우리나라 진료비 수가정책
   (1) 저수가정책에서 적정수가정책으로 정책변화 시도
   (2) 관행수가제를 근거하여 책정된 행위별수가제를 기본으로, 2001년부터 상대가치 값이 산출되는 행위에
       대하여 상대가치수가제를 적용, 이에 따라 가정간호수가체계에도 상대가치수가제로 전환하여 적용하
       고 있음.

(2) 사전결정방식에 의한 수가제

① 인두제
   ㉠ 등록된 환자 또는 사람 수에 따라 의사가 보상받는 방식이다.
   ㉡ 의사는 미리 등록된 대상자에 따라 이에 해당하는 보수를 받고 일정기간 동안 등록자에
      게 의료서비스를 제공한다.
   ㉢ 일차진료기관에 적합하며, 영국, 덴마크, 이탈리아 등에서 채택하고 있는 지불방식이다.
   ㉣ 장점과 단점

장점	단점
• 과잉진료의 억제 효과가 있다. • 치료보다는 예방에 집중 • 총 진료비 억제효과 • 계속적이고 포괄적인 의료를 제공 가능 • 행정적 업무절차가 간편	• 환자의 선택권이 제한 • 과소 진료의 우려 • 상급병원으로 환자의 후송, 의뢰 증가 • 고위험, 고비용 환자의 기피 경향

② 봉급제

    ㉠ 사회주의나 공산주의 국가의 의료제도에서 일반적으로 채택한다.

    ㉡ 서비스의 양이나 제공받는 환자수와 관계없이 **일정한 기간에 따라 보상**받는 방식이다.

    ㉢ **장점과 단점**

장점	단점
• 의사의 직장이 보장되며 수입이 안정 • 의사간의 불필요한 경쟁심이 억제 • 과잉진료의 억제 효과 • 치료보다는 예방에 집중 • 총 진료비 억제효과 • 계속적이고 포괄적인 의료를 제공 가능 • 행정적 업무절차가 간편	• 진료가 관료화 및 형식화, 경직화 우려 • 의료의 질과 양의 감소하는 경향 • 과소 진료의 우려 • 진료의 질을 높이거나 효율성 제고 등에 대한 열의가 낮음

③ 포괄수가제

    ㉠ 제공된 의료서비스의 양과 관계없이 환자 1인당 또는 환자 요양일수별 혹은 질병별로 보수 단가를 미리 정액으로 설정하여 보상하는 방식이다.

    ㉡ 포괄수가 방식 중에서 질병군별 포괄수가제가 가장 대표적이다.

        ○ DRGs(Diagnosis Related Groups) 포괄수가제: 병원에서 진료 받고 있는 입원환자를 질병군별 진단명(질병정도, 난이도, 진료과목 등을 종합)에 따라 분류하여 미리 정해진 진료비를 지불하는 방식

    ㉢ **장점과 단점**

장점	단점

• 병원 업무 및 진료의 표준화
• 경제적 진료를 유도
• 과잉진료의 억제효과
• 총 진료비 억제효과
• 진료비 청구 및 지불심사의 간편화
  (행정적 절차의 간편화)
• 병원의 생산성 증가
  (병원의 자발적 경영노력 기대)
	• 서비스의 최소화 · 규격화
	• 과소 진료로 의료의 질 저하 우려
	• 의료서비스 요구가 많은 환자에 대한 기피
	• 분류정보 조작을 통한 부당 청구 가능성
	• 행정적 간섭으로 의료행위의 자율성 감소
	• 새로운 의료기술의 도입에 어려움

📑 참고자료

[포괄수가제도의 유형]

1. 질병군별(DRG) 지불제도
    1) 특징
        ① 우리나라에서 현재까지 진료비 지불제도로 적용되어온 **사후진료비 지불제도인 행위별 수가제도의**
           한계를 극복하고 의료체계를 발전시키기 위한 방안으로 도입된 제도
        ② 환자가 분만, 수술 등으로 **입원한 환자를 DRG 분류체계에 따라 분류**한 후 퇴원할 때까지의 진료
           받은 진찰, 검사, 수술, 주사, 투약 등 **진료의 종류나 양에 관계없이 미리 정해진 일정액의 진료비만**
           지불되는 사전결정방식의 진료비 지불제도
    2) 적용대상 질병군
        현재 **4개 진료과 7개 질병군**으로 병원에 입원(외래는 제외됨)하여 **수술을 받거나 분만한 경우에 적용**
        된다.
        ① **안과**: 수정체수술(백내장수술)
        ② **이비인후과**: 편도 및 아데노이드 수술
        ③ **일반외과**: 항문 및 항문주위수술(치질수술), 서혜 및 대퇴부 탈장수술, 충수절제술(맹장염수술)
        ④ **산부인과**: 자궁 및 자궁부속기 수술(악성종양제외), 제왕절개분만
    3) 적용기관
        ① 현재 의료기관의 종별제한 없이 모두 적용됨(의원, 병원, 종합병원, 상급종합병원)
        ② 2012년 7월부터 병·의원급 의료기관에 의무 적용되었고, 2013년 7월부터 종합병원과 상급종합
           병원으로 의무 적용이 확대됨

2. 일당 수가제(per-diem payment)
    환자 입원 1일당 또는 외래 진료 1일당 수가를 정하여 지불하는 방식으로 주로 장기 진료를 받는 경우에
    적용한다. 예 요양병원 입원료, 의료급여 정신과 입원진료비

3. 방문당 수가제
    방문 시 이루어지는 진찰, 처방, 검사, 처치 등 모든 비용을 포함하는 1회 방문당 수가를 적용한다.
    예 가정간호의 기본방문료, 보건기관의 내소자 진료, 노인장기요양보험의 방문간호

4. 신포괄수가제
    ① 기존의 포괄수가제에 행위별수가제적인 성격을 반영한 **혼합형 지불제도**
    ② 입원기간 동안 발생한 입원료, 처치 등 입원진료에 필요한 **기본서비스는 포괄수가**로 묶고, 의사의 수
       술, 시술료 등 의사의 **진료행위는 행위별 수가**로 별도 보상하는 제도
       신포괄수가제 = 기본서비스 (포괄수가) + 전문서비스 (행위별 수가)
    ③ 의료자원의 효율적 활용과 적극적 의료서비스를 동시에 추구함
    ④ 일산병원 및 지역거점 공공병원 등 을 중심으로 시범 운영 중임
    ⑤ 2014년부터 4대 중증질환(암, 뇌혈관질환, 심장질환, 희귀난치성 질환)과 같이 복잡한 질환까지 포함

④ 총괄계약제(총액계약제)
  ㉠ **지불측(보험자)과 진료측(의사단체)이 미리 진료보수총액을 정하여 계약**을 체결한 후 사전에 결정된 진료비 총액을 지불하는 방식으로 의사단체는 행위별 수가 기준 등에 따라 각 의사들에게 진료비를 배분한다.
  ㉡ 독일 등에서 채택하는 방식으로 제공자 측에서는 그 총액의 범위 내에서 진료를 담당하나 지불자 측은 진료비에 구애받지 않고 의료서비스를 이용하는 제도이다.
  ㉢ **장점과 단점**

장점	단점
• 과잉진료 및 과잉청구 감소 • 의료비 절감효과를 보인다. • 의료공급자의 자율적 규제 가능 • 보험재정의 안정적 운영	• 매년 계약체결을 둘러싼 교섭이 어려움 • 과소진료의 가능성 • 의료의 질 관리의 어려움 • 신기술 개발 및 도입, 의료의 질 향상 동기 저하

[표 3-4] 지불보상제도의 특성 비교

기준	행위별수가	포괄수가제	봉급제	인두제	총액계약제
의료의 질	+	−	−	−	−
의료인의 자율성	+	−	−	−	−
신기술의 도입/발전	+	−	−	−	−
의료비억제	−	+	+	+	+
과잉진료억제	−	+	+	+	+
행정절차의 간편성	−	+	+	+	+

> **기출문제 맛 보기**
> 행위별수가제에 대한 설명으로 옳은 것은? 　21년 지방
> ① 진료비 청구 절차가 간소하다.
> ② 치료보다 예방적 서비스 제공을 유도한다.
> ③ 양질의 의료 행위를 촉진한다.
> ④ 의료비 억제효과가 크다.

정답 ③

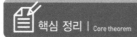
핵심 정리 | Core theorem

[진료비 지불제도의 장·단점]

지불방식	장점	단점
행위별수가제	• 양질의 의료서비스 제공 • 신 의료기술 및 신약개발 등에 기여 • 의료의 다양성이 반영될 수 있어 의사·의료기관의 제도 수용성이 높음	• 과잉진료, 과잉검사 등 초래 우려 • 국민의료비 증가 우려 • 수가 구조의 복잡성으로 청구오류, 허위·부당 청구 우려
포괄수가제	• 경영과 진료의 효율화 • 과잉진료, 의료서비스 오남용 억제 • 의료인과 심사기구·보험자 간의 마찰 감소 • 진료비 청구방법의 간소화 • 진료비 계산의 투명성 제고	• 서비스 제공의 최소화로 의료의 질적 수준 저하 • 환자와의 마찰 우려·조기퇴원 • DRG코드 조작으로 의료기관의 허위·부당 청구 우려 • 의료기관의 불만이 크고 제도 수용성이 낮음
봉급제	• 의사의 직장보장과 수입 안정 • 불필요한 경쟁심 억제	• 진료의 질을 높이거나 효율성 제고 등 열의가 낮음 • 관료화, 형식주의화, 경직화 등 우려 • 진료의 질적 수준 저하
인두제	• 진료비 지불의 관리 운영이 편리 • 지불비용의 사전예측 가능 • 예방의료, 공중보건, 개인위생 등에 노력 • 국민의료비 억제 가능	• 과소 진료 우려 • 신 의료기술의 적용 지연 • 중증 질병 환자의 등록 기피 발생 우려
총액계약제	• 과잉진료·청구의 시비가 줄어듦 • 진료비 심사·조정과 관련된 공급자 불만 감소 • 의료비 지출의 사전 예측이 가능하여 보험 재정의 안정적 운영 가능 • 의료공급자의 자율적 규제 가능	• 보험자 및 의사 단체 간 계약체결의 어려움 • 전문과목별, 요양기관별로 진료비를 많이 배분 받기 위한 갈등 유발 소지 • 신기술 개발 및 도입, 의료의 질향상 동기 저하 • 의료의 질 관리 어려움(과소 진료의 가능성)

*출처: 양숙자 등(2022). 지역사회간호학 I. 현문사. p.94.

우리나라 사회보장과 의료보장 제도

1 사회보장제도(Social security)

1) 사회보장의 정의

① 시회보장이란 출산, 양육, 실업, 노령, 장애, 질병, 빈곤 및 사망 등의 사회적 위험으로부터 모든 국민을 보호하고 국민 생활의 질을 향상시키는데 필요한 소득·서비스를 보장하는 사회보험, 공공부조, 사회서비스를 말한다(사회보장기본법 제 3조).

② 사회보장은 주체는 국가 또는 지방자치단체이며, 대상은 모든 국민이다.

2) 사회보장제도의 기능

(1) 최저생활 보장

사회보장이 보장하는 생활수준은 최저생활이며, 이는 생리적 한계에서 최저생활을 의미한다.

(2) 경제적 기능(국민경제의 안정)

정책을 통하여 국민경제의 성장과 경제변동을 완화하는 기능을 하기도 한다.

(3) 소득분배 기능

개인의 소득이 시기에 따라 변동을 가져오는 시간적 소득분배와 소득이 많은 계층에서 적은 계층으로 이전하는 사회적 소득분배 효과가 있다.

(4) 사회적 기능(사회통합기능)

국민생활을 안정시키는 정책목적을 수행하며 동시에 국민생활에 대한 각종 요구나 이해대립을 조정하는 기능이 있다.

[표 3-5] 5대 사회보험

	산업재해 보상보험	고용보험	건강보험	국민연금	노인장기 요양보험
도입 년도	1964	1995	1977	1988	2008
적용 대상	• 1인 이상 근로자	• 1인 이상 근로자	• 1인 이상 근로자, 농어민, 도시 자영자	• 사업장 가입자 • 지역가입자 • 임의가입자 • 임의계속가입자	• 노인 및 노인성 질환 으로 6개월 이상 혼 자서 일상생활을 수 행하기 어려운 자
목적	업무상 재해	실업	질병과 부상, 출산 등	노령, 장애, 사망 대비	노후생활안정, 가족의 부담을 덜어주기 위해
보험료 부담	사업주가 전액 부담	개인 및 사업주 부담	재산, 소득대비 개인 및 사업주 부담	개인 및 사업주 부담	건강보험료 대비 개인부담
급여 내용	• 요양급여 • 휴업급여 • 장해급여 • 간병급여 • 유족급여 • 상병보상연금 • 장의비 • 직업재활급여	• 고용안정사업 • 직업능력개발 사업 • 실업급여 • 유아휴직급여 • 출산전후 휴가 급여	• 요양급여 • 건강검진 • 요양비 • 부가급여 • 장애인보장구 급여비	• 노령연금 • 장애연금 • 유족연금 • 반환일시금	• 시설급여 • 재가급여 • 특별현금급여
관련법	산업재해보상 보험법	고용보험법	국민건강보험법	국민연금법	노인장기요양보험법
주무 부서	고용노동부		보건복지부		
관리 운영	근로복지공단	고용노동부	국민건강보험공단	국민연금관리공단	국민건강보험공단
징수	국민건강보험공단이 통합징수				

3) 사회보장의 형태

(1) 사회보험

① 사회보험은 국민에게 발생하는 사회적 위험을 보험방식으로 대처함으로써 국민의 건강과 소득을 보장하는 제도

② 사회의 연대성과 강제성이 적용

③ 산업재해보상보험, 연금보험, 고용보험, 건강보험, 노인장기요양보험, 5대 사회보험

(2) 공공부조

① 국가와 지방자치단체의 책임 하에 생활 유지 능력이 없거나 생활이 어려운 국민의 **최저 생활을 보장**하고 **자립을 지원**하는 제도

② 기초생활보장, 의료급여

[표 3-6] 사회보험과 공공부조 비교

특성	사회보험	공공부조
목적	사회적 위험에 의한 경제적 불안 해소 - 사전적 성격	당면한 경제적 문제 해결 - 사후적 성격
주체	정부, 보험자	정부(중앙 및 지방)
적용/선정 대상	보험료를 지불할 능력이 있는 국민	보험료를 지불한 능력이 없는 계층
적용의 강제성	강제적	자발적 신청
급여수준	자격 갖춘 사람(가입자)에게 급여지급	필요한 사람에게 지급하되 최저 필요범위로 한정
적용대상자의 기여 여부	기여(보험료 납입): 능력주의	무기여(무상): 평등주의
재원	가입자의 보험료, 고용주 및 국가 지원	일반 조세(국고)

(3) 사회서비스

① 국가와 지방자치단체 및 민간부문의 **도움이 필요한 모든 국민에게** 복지, 보건의료, 교육, 고용, 주거, 문화, 환경 등의 분야에서 **인간다운 생활을 보장**하고, 상담, 재활, 돌봄, 정보의 제공, 관련 시설의 이용, 역량 개발, 사회참여 지원 등을 통하여 **국민의 삶의 질이 향상되도록 사회적으로 지원하는 제도**

② 한부모가족 지원법, 장애인복지법, 아동 복지법, 노인복지법, 모자보건법, 사회복지사업법 등이 적용

2 의료보장

1) 의료보장

(1) 정의

국민의 건강권을 보호하기 위하여 요구되는 필요한 보건의료 서비스를 국가나 사회가 제도적으로 제공하는 것

(2) 목표

개인의 능력으로 해결할 수 없는 건강문제를 집단 등의 사회적 연대 책임으로 해결하여 사회구성원 누구나 건강한 삶을 향유할 수 있도록 하기 위함

2) 의료보장의 유형(OECD)

(1) 사회보험방식(National Health Insurance, NHI), 국민건강보험방식

① 의료비를 정부기관이 아닌 보험자가 보험료로써 재원을 마련하여 보장하는 방식
② 1차적으로 국민의 보험료에 의해 재원을 조달하고, 국가는 2차적 지원과 지도기능을 수행하는 제도
③ 독일, 일본, 프랑스, 한국, 대만 등
④ **장점**
　㉠ 효율적 제도운영이 가능(조합중심의 자율적 운영 가능)
　㉡ 상대적으로 의료의 질이 높음
⑤ **단점**
　㉠ 소득유형 등이 서로 다른 구성원에 대한 단일 보험료 부과기준 적용의 어려움
　㉡ 의료비 증가에 대한 억제기능이 취약하여 보험재정 안정을 위한 노력이 필요
　㉢ 관리 · 운영비 지출이 과다함

(2) 국민보건서비스 방식(National Health Service, NHS)

① 국가가 국민의 의료문제를 책임져야 한다는 접근 방식
② 정부가 일반 조세로 재원을 마련하여 모든 국민에게 무상으로 의료를 제공하는 국가의 직접적인 의료를 관장
③ 영국, 스웨덴, 이탈리아 등
④ **장점**
　㉠ 의료비 증가에 대한 효율적인 통제가 가능
　㉡ 조세 제도를 통한 재원조달로 소득재분배효과 창출
　㉢ 관리운영비 절감

⑤ **단점**
  ㉠ 상대적으로 의료의 질을 저하시킴
  ㉡ 정부의 과다한 복지비용 부담이 있음

(3) **민간보험 방식(소비자 주권형, Consumer Sovereignty Model)**
  ① 개인이 임의적으로 가입하여 보장받는 방식이므로 사회보장개념에 기반한 의료보장 방식은 아니다.
  ② 위험정도와 급여수준에 따라 보험료를 다르게 적용하며, 보험료 수준에 따라 급여와 보호수준에 차등을 둔다.
  ③ 미국 등

[표 3-7] 국가보건서비스방식과 사회보험방식의 비교

구분	사회보험(NHI)방식	국가보건서비스(NHS)방식
적용대상	• 국민을 임금소득자, 공무원, 자영업자 등으로 구분 적용	• 전 국민을 일괄 적용 (집단구분 없음)
재원조달	• 보험료, 일부 국고지원	• 정부 일반 조세
의료기관	• 일반 의료기관 중심 • 의료의 사유화 전제	• 공공 의료기관 중심 • 의료의 사회화 내지 국유화
급여내용	• 치료중심	• 예방중심
의료보수	• 의료기관과의 계약에 의한 행위별수가제 또는 총액계약제	• 일반 개원의: 인두제 • 병원급 의사: 봉급제
관리기구	• 보험자(조합 또는 금고)	• 정부기관(사회보험청 등)
국가	• 독일, 프랑스, 일본, 한국 등	• 영국, 스웨엔, 이탈리아, 캐나다 등
기본철학	• 의료비에 대한 국민의 일차적 책임의식(전국민 정부의존 최소화)	• 의료비에 대한 국가책임 견지 • 전국민 보편적용
국민의료비	• 의료비 억제기능 취약	• 의료비 통제효과 강함
보험료 형평성	• 보험자간 보험료 부과의 형평성 부족 • 보험자간 재정 불균형 파생	• 조세로 인한 재원조달로 소득재분배 효과 • 조세체계가 선진화되지 않은 경우 소득역전 초래
의료서비스	• 상대적으로 양질의 의료 제공 • 첨단 의료기술 발전에 긍정적 영향	• 의료의 질 저하, 입원 대기환자 급증(대기시간의 장기화, 개원의의 입원의뢰 남발)
관리운영	• 조합중심이 자율운영 • 상대적으로 관리운영비 많이 소요 (보험료징수 등)	• 정부기관 직접관리(가입자 운영참여 배제) • 관리운영비 절감

*출처: 양숙자 등(2022). 지역사회간호학 I. 현문사. p.56.

3) 보험급여의 제공 형태

(1) 직접 서비스형(제3자 지불방식)

① 가입자는 보험자에게 보험료를 지급하고, 진료를 받은 경우에 이용한 의료제공자(요양 취급기관)에게 본인 일부부담금만을 납부

② 의료제공자는 나머지 진료비를 보험자에게 청구, 보험자가 이를 심사하여 지불하는 제3자 지불방식

③ 저소득층의 의료이용에 대한 제약이 적으나, 과잉진료 및 부당청구의 문제 발생

④ 우리나라, 독일, 일본 등에서 채택하고 있는 형태

(2) 현금 배상형

① 가입자가 자유의사에 따라 의료기관을 이용하고 진료비를 지불한 후 영수증을 보험자에게 제출하여 약정한 비율의 보험급여를 상환받게 되는 제도

② 진료비를 직접 지불해야 하므로 의료남용 및 과잉진료는 억제되나 저소득층의 의료이용에는 제약이 됨

③ 프랑스가 대표적인 나라

(3) 변이형(직접형)

① 보험자가 의료기관을 직접 소유하거나 계약하여 가입자들에게 포괄적인 의료서비스를 제공함으로서 의료비를 절감하고자 하는 유형

② 진료비 심사가 필요없고 행정절차가 간편하나, 피보험자의 의료기관 선택의 제한과 의료서비스 제공의 최소화 등이 문제됨

③ NHS 시행국가, 미국의 HMO, 국민건강보험공단 운영의 일산병원

4) 본인일부부담제 유형

- 의료기관에서 요양급여를 받고 진료비의 일부를 의료기관에 직접 납부하는 제도이다.
- 의료이용자의 도덕적 해이를 방지하고 진료남용을 억제하는 순기능이 있으나, 빈곤계층의 의료접근성을 감소시킬 수 있다.

(1) 정률제(정률부담제, Coinsurance)

보험자가 의료비의 일정비율만 지불하고 나머지 일정비율은 환자가 부담하는 제도이다.
현재 우리나라에서 적용하고 있는 제도(진료비를 공단 80%, 본인 20% 부담)

(2) 정액제(정액부담제, Copayment)

의료이용의 내용에 상관없이 의료서비스 이용 건당 일정액에 대해서만 환자가 부담하고 나머지는 보험자가 부담하는 제도이다.

(3) 일정금액 공제제(Deductible)

일정기간(통상적으로 1년) 동안 의료비가 정해진 한도까지 환자가 부담하고 그 이상의 의료비에 대해서는 보험자가 지불하는 제도이다.

(4) 급여상한제(Maximums)

보험자가 지불하는 보험급여의 최고액을 정하여 그 이하의 의료비에 대해서는 보험자가 지불하고 최고액을 초과하는 의료비에 대해서는 환자가 부담하는 제도이다.

✏️ 기출문제 맛 보기

의료비 증가를 막기 위해 각 정부는 보험료에 본인 일부 부담금을 지불하게 하고 있다. 다음 중 비용공제제에 대한 설명으로 옳은 것은?   13년 지방직

① 보험급여 비용에 한계를 정하고 그 이상이 되면 본인이 부담하도록 하는 것을 말한다.
② 보험급여로 의료비를 모두 해결하도록 하는 것을 말한다.
③ 피보험자가 의료비의 일정수준까지는 본인이 의료비를 모두 지불하고 그 이상의 비용만 보험급여로 지불해 주는 것을 말한다.
④ 의료비의 일정비율을 보험급여로 해결해 주는 것을 말한다.

3　국민건강보험

1) 국민건강보험제도의 목적

국민의 질병·부상에 대한 예방·진단·치료·재활과 출산·사망 및 건강증진에 대하여 보험급여를 실시함으로써 국민보건 향상과 사회보장 증진에 이바지함을 목적으로 한다.

2) 국민건강보험제도 연혁

(1) 1963년 12월:「의료보험법」제정 – 임의피용자보험
(2) **1977년 7월: 500인 이상 사업장근로자와 공업단지 근로자에게 강제적용**
(3) 1977년 12월: 공무원 및 사립학교 교직원「의료보험법」제정
(4) 1979년: 공무원 및 교직원 건강보험 실시
(5) 1984년 12월: 한방 의료보험시범실시(청주, 청원) ➡ 87년 전국 확대실시
(6) 1988년 1월: 전 농촌지역 의료보험 확대실시(1981년 시범사업시작)
(7) **1989년 7월: 도시지역 확대, 전국민의료보험 실시, 의료전달체계 실시**

정답 ③

(8) 1989년 10월: 약국보험 적용

(9) 1997년 12월: 「의료보험법」 ➡ 「국민의료보험법」으로 개정(98년 10월부터 시행)

(10) 1998년 10월: 국민의료보험 관리공단 출범

공무원 및 사립학교 교직원 의료보험과 지역의료보험 통합(1차 조직 통합)

(11) 1999년 2월: 「국민건강보험법」 제정

(12) **2000년 7월: 「국민건강보험법」 시행, 국민건강보험공단 및 건강보험심사평가원 출범**

국민의료보험관리공단 및 직장조합 통합(2차 조직 통합)

의료보험조직 완전 통합 ➡ **직장가입자와 지역가입자로 구분**

(13) **2003년 7월: 직장 · 지역가입자 의료보험 재정통합**

(14) 2011년 1월: 사회보험 징수 통합제도 실시

3) 국민건강보험의 관리 · 운영체계

① 국민건강보험은 **보건복지부, 국민건강보험공단, 건강보험심사평가원**에 의해 관리 · 운영된다.

② **보건복지부**는 건강보험사업의 주무부서로서 건강보험관련 정책을 결정하고 건강보험업무 전반을 총괄한다.

③ **국민건강보험공단은 보험자로서 가입자의 자격관리, 보험료 부과 및 징수, 보험급여비용 지급 등의 업무를 수행한다.**

④ **건강보험심사평가원**은 요양기관이 청구한 요양급여를 심사하고 요양급여의 적정성을 평가한다.

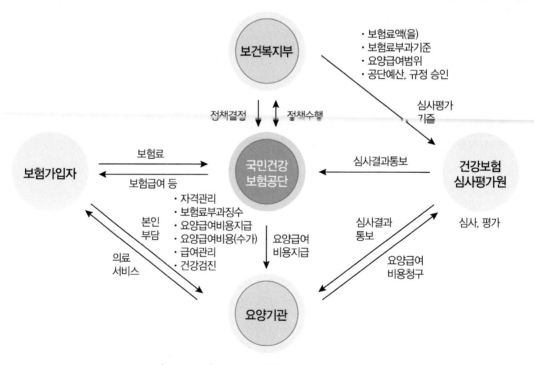

[그림 3-5] 국민건강보험의 관리 · 운영체계

*출처: 보건복지부(2015). 보건복지백서. p.647

[건강보험정책심의위원회(국민건강보험법 제4조)]

① 건강보험정책에 관한 사항을 심의 · 의결하기 위하여 보건복지부장관 소속으로 둔다.

② 건강보험종합계획 및 시행계획에 관한 사항, 요양급여의 기준, 요양급여비용에 관한 사항, 직장가입자의 보험료율, 지역가입자의 보험료 부과점수당 금액 등에 관한 사항을 심의 · 의결한다.

③ 심의위원회 구성은 위원장(보건복지부 차관) 1명을 포함하여 25명으로 구성한다.

Q **참고 POINT**

[국민건강보험공단의 업무(국민건강보험법 제14조 제1항)]

① 가입자 및 피부양자의 자격 관리

② 보험료와 그 밖에 이 법에 따른 징수금의 부과 · 징수

③ 보험급여의 관리

④ 가입자 및 피부양자의 건강 유지와 증진을 위하여 필요한 예방사업

⑤ 보험급여 비용의 지급

⑥ 자산의 관리 · 운영 및 증식사업

⑦ 의료시설의 운영

⑧ 건강보험에 관한 교육 · 훈련 및 홍보

⑨ 건강보험에 관한 조사 · 연구 및 국제협력

⑩ 이 법에서 공단의 업무로 정하고 있는 사항

⑪ 「국민연금법」, 「고용보험 및 산업재해보상보험의 보험료 징수 등에 관한 법률」, 「임금채권보장법」 및 「석면피해 구제법」에 따라 위탁 받은 업무

⑫ 그 밖에 이 법 또는 다른 법령에 따라 위탁받은 업무

⑬ 그 밖에 건강보험과 관련하여 보건복지부 장관이 필요하다고 인정한 업무

[건강보험심사평가원의 업무(국민건강보험법 제63조 제1항)]

① 요양급여의 심사

② 요양급여의 적정성 평가

③ 심사기준 및 평가기준의 개발

④ ①~③까지의 규정에 따른 업무와 관련된 조사 · 연구 및 국제협력

⑤ 다른 법률에 따라 지급되는 급여비용의 심사 또는 의료의 적정성 평가에 관하여 위탁받은 업무

⑥ 그 밖에 이 법 또는 다른 법령에 따라 위탁 받은 업무

⑦ 건강보험과 관련하여 보건복지부 장관이 필요하다고 인정하는 업무

⑧ 그 밖에 보험급여 비용의 심사 및 보험급여의 적정성 평가와 관련하여 대통령령이 정하는 업무

4) 국민건강보험제도의 기능과 역할

(1) 의료보장 기능

피보험대상자 모두에게 필요한 기본적 의료를 적정 수준까지 보장함으로써 그들의 의료문제를 해결하고 누구에게나 균등하게 적정수준의 급여를 제공한다.

(2) 위험분산 기능

많은 인원을 집단화하여 위험을 분산함으로써 개개인의 부담을 경감하는 기능과 미리 적은 돈을 갹출하여 둠으로써 위험을 시간적으로 분산하는 기능을 겸하여 수행한다.

(3) 사회연대 기능

건강에 대한 사회공동의 책임을 강조하여 비용(보험료)부담은 소득과 능력에 따라 부담하고 가입자 모두에게 균등한 급여를 제공함으로써 사회적 연대를 강화하고 사회통합을 이루는 기능을 가지고 있다.

(4) 소득재분배 기능

각 개인의 경제적 능력에 따른 일정한 부담으로 재원을 조성하고 개별 부담과 관계없이 필요에 따라 균등한 급여를 제공하여 질병의 치료부담을 경감시키는 소득재분배 기능을 수행한다.

5) 건강보험제도의 특성

(1) 의무적인 보험가입 및 보험료 납부(강제 가입원칙)

(2) 부담능력에 따른 보험료의 부과(차등부과 원칙)

(3) 보험급여의 균등한 보장: 보험료 납부액에 관계없이 보험급여 혜택은 균등

(4) 단기적 성격의 보험: 1회계연도를 기준으로 수입과 지출을 예상하여 보험료산출

(5) 예측불가능한 일시적인 사고(질병, 부상, 출산 등)를 대상

(6) 보험료 부과는 재산 · 소득비례 원칙
- 직장가입자의 경우: 소득비례 정률제
- 지역가입자의 경우: 소득 · 재산별 보험료부과점수에 점수당 단가를 곱하여 산정

(7) 제3자 지불의 원칙

(8) 보험급여의 제한 및 비급여

(9) 현물급여의 원칙

(10) 보험료 분담 원칙: 노사가 분담하거나 정부가 일부를 부담함

6) 국민건강보험제도의 내용

(1) 적용대상

① 국내에 거주하는 국민은 건강보험의 가입자 또는 피부양자가 된다(법 제5조).
다만, 다음 각 호에 해당하는 사람은 제외한다.

> 1. 「의료급여법」에 따라 의료급여를 받는 사람(의료급여수급권자)
> 2. 「독립유공자예우에 관한 법률」 및 「국가유공자 등 예우 및 지원에 관한 법률」에 따라
>   의료보호를 받는 사람 의한 사람(유공자 등 의료보호대상자)

② 직장가입자와 지역가입자로 구분

③ **직장가입자의 피부양자의 범위**

직장가입자에게 주로 생계를 의존하는 자로서 소득 또는 재산이 보건복지부령이 정하는 기준 이하에 해당되는 자로서 다음에 해당하는 자

㉠ 직장가입자의 배우자

㉡ 직장가입자의 직계존속(배우자의 직계존속을 포함)

㉢ 직장가입자의 직계비속(배우자의 직계비속을 포함) 과 그 배우자

㉣ 직장가입자의 형제 · 자매

(2) 보험료 부과기준

① 직장가입자 보험료

㉠ **보수월액 보험료와 소득월액 보험료를 합산**하여 가입자단위로 부과
- 보수월액보험료: 보수월액에 보험료율을 곱하여 얻은 금액
- 소득월액보험료: 소득월액에 보험료율을 곱하여 얻은 금액
  단, 소득월액＝(연간 보수외 소득－대통령령이 정하는 금액) × 1/12
  소득월액보험료는 직장가입자의 보수외 소득이 **연간 2,000만원 초과** 시 산정

㉡ 보험료 산정방법
- **건강보험료 = (보수월액 × 건강보험료율)＋(소득월액 × 건강보험료율)**

② 지역가입자의 보험료

㉠ 지역가입자의 월별 보험료는 **세대 단위**로 산정하되, 지역가입자가 속한 세대의 월별보험료액은 **소득, 재산을 기준**으로 산정한 **보험료 부과점수**에 **점수 당 금액**을 곱한 금액을 말한다.

㉡ 보험료 산정방법
- **건강보험료 = 보험료 부과점수 × 점수당 금액**

③ 건강보험 재원조달체계

구분		직장가입자	지역가입자
재원조달	보험료	⊙ **보수월액 보험료** • 사용자, 근로자가 각 50%씩 부담 • 사립학교 교원은 본인, 학교경영자, 정부가 각 50%, 30%, 20%씩 부담 • 사용자가 원천징수하여 공단에 납부 ⓒ **소득월액 보험료** 가입자 100% 부담	• 소득·재산 등의 점수를 합산하여 **산출한 보험료 부과점수에 점수당 단가를 곱한 금액** • 세대의 지역가입자가 **연대하여 납부**
	국고	당해연도 보험료 예상 수입의 14%	
	건강증진기금	당해연도 보험료 예상 수입액의 6%	

핵심 CHECK ‹‹‹

[보험료율의 결정(국민건강보험법 제73조)]
① 직장가입자의 보험료율은 **1천분의 80범위** 내에서 **심의위원회의 의결**을 거쳐 대통령령으로 정한다.
② 지역가입자의 보험료부과점수당 금액은 **심의위원회의 의결**을 거쳐 대통령령으로 정한다.

---

(3) 보험급여

① **요양급여**: 가입자 및 피부양자의 **질병·부상·출산** 등에 대하여 다음을 실시
　　⊙ 진찰·검사　　　　　　ⓒ 약제·치료재료의 지급
　　ⓒ 처치·수술 기타의 치료　　ⓔ 예방·재활
　　ⓜ 입원　　　　　　　　ⓗ 간호　　　　　　　ⓢ 이송

참고 POINT

① **필수급여**: 의학적으로 필요한 필수의료로 모두 급여화
② **선별급여**
　⊙ 경제성 또는 치료효과성이 불확실하여 그 검증을 위하여 추가적인 근거가 필요하거나, 경제성이 낮아도 건강회복에 잠재적 이득이 있는 등 대통령령이 정하는 경우 예비적 요양급여인 선별급여를 지정하여 실시할 수 있다(법41조의 4)
　ⓒ 다만 건강보험의 재정지속 가능성 유지를 위하여 **본인부담율은 상향조정**(50~90%)할 수 있다.
　ⓒ 선별급여의 적합성을 **5년**마다 평가하여 필수급여로 전환하거나 본인부담률을 조정할 수 있다.
　ⓔ 필수급여에 대하여 **예비적 급여**의 성격을 갖되, 현물급여, 법정급여에 속하는 점은 동일하다.
③ **방문요양급여**: 질병이나 부상으로 거동이 불편한 경우 등 보건복지부령으로 정하는 사유에 해당하는 경우에 직접 방문하여 요양급여를 실시할 수 있다.

② **건강검진**: 일반건강검진, 암검진, 영유아 건강검진

③ **요양비**: 긴급하거나 그 밖의 부득이한 사유로 요양기관과 비슷한 기능을 하는 기관에서 요양을 받거나 출산한 경우에 지급되는 급여

④ **부가급여**: 장제비, 상병수당, 임신출산진료비 그 밖의 급여를 대통령령이 정하는 바에 따라 실시할 수 있다. 현재는 이 중 **임신·출산진료비**만 적용됨

⑤ **장애인 보조기기급여**

핵심 CHECK ‹‹‹

- **법정급여**: 법률에 의하여 의무적으로 지급되는 급여이다.
- **부가급여**: 법률로 정한 급여 이외에 대통령령에 의하여 공단이 지급하는 급여이다.
- **임신·출산진료비**: 임신·출산 및 2세 미만의 영유아와 관련된 진료 및 처방된 약제와 치료 재료의 구입에 드는 비용으로, 공단은 비용을 결제할 수 있는 임신·출산 진료비 이용권을 발급할 수 있다.

[표 3-8] 법정급여와 부가급여

구분	급여의 종류	수급권자	비고
현물급여	요양급여	가입자 및 피부양자	법정급여
	건강검진	가입자 및 피부양자	
현금급여	요양비	가입자 및 피부양자	
	장애인보조기기급여	가입자 및 피부양자 중 장애인복지법에 의해 등록한 장애인	
	임신·출산 진료비	가입자 및 피부양자	부가급여

(4) 보험급여 체계

① **본인일부부담금**: 입원의 경우는 진료비의 20%를, 외래의 경우는 요양기관 종별에 따라 30~60%를 차등 적용해 본인이 부담한다.

② **본인부담상한제**: 본인부담액(비급여 제외)이 연간 상한액을 초과하는 경우 초과비용을 공단이 부담한다.

③ **급여일수의 상한**: 급여일수의 제한은 없다.

(5) 요양기관

요양급여(간호 및 이송 제외)는 다음의 요양기관에서 행한다(법 제42조).

① 「의료법」에 의하여 개설된 의료기관

② 「약사법」에 의하여 등록된 약국,

③ 「약사업」에 따라 설립된 한국희귀·필수의약품 센터

④ 「지역보건법」에 의한 보건소, 보건의료원, 보건지소

⑤ 「농어촌 등 보건의료를 위한 특별조치법」에 의하여 설치된 보건진료소

(6) 요양급여의 절차

① **가입자 또는 피부양자는 1단계 요양급여를 받은 후 2단계 요양급여를 받아야 한다.**
- **1단계 요양급여**: 상급종합병원을 제외한 요양기관에서 받는 요양급여
  (건강진단 또는 건강검진을 포함)
- **2단계 요양급여**: 상급종합병원에서 받는 요양급여

② **다음에 해당하는 자는 상급종합병원에서 1단계 요양급여를 받을 수 있다.**
- ㉠ 응급환자인 경우
- ㉡ 분만의 경우
- ㉢ 치과에서 요양급여를 받는 경우
- ㉣ 「장애인복지법」에 따른 등록 장애인 또는 단순 물리치료가 아닌 작업치료·운동치료 등의 재활치료가 필요하다고 인정되는 자가 재활의학과에서 요양급여를 받는 경우
- ㉤ 가정의학과에서 요양급여를 받는 경우
- ㉥ 당해 요양기관에서 근무하는 가입자가 요양급여를 받는 경우
- ㉦ 혈우병 환자가 요양급여를 받는 경우

🔍 **참고 POINT**

[급여의 제한(국민건강보험법 제53조)]
① 공단은 보험급여를 받을 수 있는 사람이 다음 각 호의 어느 하나에 해당하면 보험급여를 하지 아니한다.
  1. 고의 또는 중대한 과실로 인한 **범죄행위에 그 원인이 있거나 고의로 사고**를 일으킨 경우
  2. 고의 또는 중대한 과실로 공단이나 **요양기관의 요양에 관한 지시를 따르지 아니한 경우**
  3. 고의 또는 중대한 과실로 인하여 공단이 필요하다고 인정하여 제출을 **요구한 문서와 그 밖의 물건의 제출을 거부하거나 질문 또는 진단을 기피한 경우**
  4. 업무 또는 공무로 생긴 질병, 부상, 재해로 다른 **법령에 따른 보험급여나 보상 또는 보상을** 받게 되는 경우
② 공단은 보험급여를 받을 수 있는 사람이 **다른 법령에 따라 국가나 지방자치단체로부터 보험급여에 상당하는** 급여를 받거나 보험급여에 상당하는 비용을 지급받게 되는 경우에는 그 한도에서 보험급여를 하지 아니한다.
③ 공단은 가입자가 **보험료를 대통령령으로 정하는 기간(1개월) 이상 체납한 경우** 그 체납한 보험료를 완납할 때까지 그 가입자와 피부양자에 대하여 보험급여를 실시하지 아니할 수 있다. 다만, 월별보험료의 총 체납횟수가 대통령령으로 정하는 횟수(6회)미만이거나 가입자 및 피부양자의 소득·재산 등이 대통령령으로 정하는 기준 미만인 경우에는 그러하지 아니하다.

✏️ **기출문제 맛 보기**

우리나라 국민건강보험의 특징에 대한 설명으로 옳은 것은?
14년 지방

① 소득과 무관하게 보험료를 부과한다.
② 강제가입을 원칙으로 한다.
③ 보험료에 따라 차등적으로 요양급여 혜택을 제공한다.
④ 현금급여를 원칙으로 한다.

정답 ②

4 의료급여제도

1) 정의

생활유지의 능력이 없거나 생활이 어려운 저소득 국민의 의료문제를 국가가 보장하는 공공부조제도로서 건강보험과 더불어 국민의 의료보장정책의 중요한 수단이 되는 사회보장제도이다.

2) 발전과정

(1) **1961년**: 「생활보호법」 제정을 근거로 저소득자, 무능력자 및 무의탁자 등과 같은 취약계층에 대해 무료진료형태의 진료사업을 벌임

(2) **1977년**: 「의료보호법」을 제정을 근거로 의료급여 사업 시작
보건소가 일차의료급여기관으로 지정됨으로서 의료보호사업 시작

(3) **1999년**: 「생활보호법」이 폐지되고 「국민기초생활보장법」 제정

(4) **2001년**: 「의료보호법」이 「의료급여법」으로 전면 개정

3) 의료급여 관리·운영체계

① **보건복지부**: 의료급여의 정책개발·결정 및 의료급여사업의 총괄적인 조정 및 지도감독 업무를 수행한다.

② **지방자치단체**: 의료급여의 보장기관으로 의료급여업무를 수행한다.
- 시·도지사는 의료급여기금의 설치·관리·운영 및 보장기관에 대한 지도감독 업무
- 시·군·구청장은 수급권자의 자격선정과 관리업무

③ **국민건강보험공단**: 급여비용지급기관으로 급여비용지급 등의 위탁업무를 수행한다.

④ **건강보험심사평가원**: 급여비용심사기관으로 의료급여 심사 및 의료급여 적정성평가 등의 위탁업무를 수행한다.

4) 의료급여 수급권자

① 「**국민기초생활 보장법**」에 따른 의료급여 수급자

② 「**재해구호법**」에 따른 이재민으로서 보건복지부장관이 의료급여가 필요하다고 인정한 사람

③ 「**의사상자 등 예우 및 지원에 관한 법률**」에 따라 의료급여를 받는 사람

④ 「**국내 입양에 관한 특별법**」에 따라 입양된 18세 미만의 아동

⑤ 「**독립유공자예우에 관한 법률**」, 「**국가유공자 등 예우 및 지원에 관한 법률**」 및 「**보훈보상대상자 지원에 관한 법률**」의 적용을 받고 있는 사람과 그 가족으로서 국가보훈부장관이 의료급여가 필요하다고 추천한 사람 중에서 보건복지부장관이 의료급여가 필요하다고 인정한 사람

⑥ 「**무형유산의 보전 및 진흥에 관한 법률**」에 따라 지정된 국가무형유산의 보유자(명예보유자를 포함한다)와 그 가족으로서 문화재청장이 의료급여가 필요하다고 추천한 사람 중에서 보건복지부장관이 의료급여가 필요하다고 인정한 사람

⑦ 「북한이탈주민의 보호 및 정착지원에 관한 법률」의 적용을 받고 있는 사람과 그 가족으로서 보건복지부장관이 의료급여가 필요하다고 인정한 사람

⑧ 「5·18민주화운동 관련자 보상 등에 관한 법률」 제8조에 따라 보상금등을 받은 사람과 그 가족으로서 보건복지부장관이 의료급여가 필요하다고 인정한 사람

⑨ 「노숙인 등의 복지 및 자립지원에 관한 법률」에 따른 노숙인 등으로서 보건복지부장관이 의료급여가 필요하다고 인정한 사람

⑩ 그 밖에 생활유지 능력이 없거나 어려운 사람으로서 **대통령령이 정하는 사람**

  ○ "대통령령으로 정하는 사람"(시행령 제2조): 법 제3조제1항제1호부터 제9까지의 규정에 해당하는 사람과 유사한 사람으로서 다음 각 호의 어느 하나에 해당하는 사람 중 보건복지부 장관이 필요하다고 인정하는 사람을 말한다.

    1. 일정한 거소가 없는 사람으로서 경찰관서에서 무연고자로 확인된 사람
    2. 그 밖에 보건복지부령으로 정하는 사람

5) 의료급여수급권자의 구분

1종
의료급여
수급권자
	1. 법 제3조제1항 제1호 및 제3호부터 제8호까지의 규정에 해당하는 사람 중 다음 각 목의 하나에 해당하는 사람
	  1) 다음의 어느 하나에 **해당하는 사람만으로 구성된 세대의 구성원**
	    ① 18세 미만인 사람
	    ② 65세 이상인 사람
	    ③ 「장애인고용촉진 및 직업재활법」에 따른 **중증장애인**
	    ④ 질병, 부상 또는 그 후유증으로 **치료나 요양이 필요한 자** 중에서 근로능력 평가를 통하여 특별자치시장, 특별자치도지사, 시장, 군수, 구청장이 근로능력이 없다고 판정한 사람
	    ⑤ 세대의 구성원을 **양육·간병하는 사람** 등 근로가 곤란하다고 보건복지부장관이 정하는 사람
	    ⑥ 임신 중에 있거나 **분만 후 6개월 미만의 여자**
	    ⑦ 「병역법」에 의한 **병역의무**를 이행 중인 자
	  2) 「국민기초생활보장법」제32조에 따른 **보장시설에서 급여를 받고 있는 사람**
	  3) 보건복지부장관이 정하여 고시하는 **결핵질환, 희귀난치성 질환 또는 중증질환**을 가진 사람
	2. 법 제3조제1항제2호(이재민)및 제9호(노숙인)에 해당하는 사람
	3. 영 제2조제1호에 해당하는 수급권자(무연고자 등)
	4. 영 제2조제2호에 해당하는 사람(보건복지부령으로 정하는 사람)으로 보건복지부장관이 1종이 필요하다고 인정하는 사람

2종	1. 법 제3조제1항 및 제3호부터 제8호까지의 규정에 해당하는 사람 중 **1종에 해당하지 않는 사람** 2. 제2조 제2호(보건복지부령으로정하는 사람)에 해당하는 사람으로서 보건복지부장관이 2종 의료급여가 필요하다고 인정하는 사람

🖉 기출문제 맛 보기

「의료급여법」상 수급권자에 해당하지 않는 사람은?   17년 지방

① 「재해구호법」에 따른 이재민으로서 보건복지부장관이 의료급여가 필요하다고 인정한 사람
② 「의사상자 등 예우 및 지원에 관한 법률」에 따라 의료급여를 받는 사람
③ 「국내입양에 관한 특별법」에 따라 입양된 20세 미만의 아동
④ 「국민기초생활보장법」에 따른 의료급여 수급자

5) 의료급여 내용

① 진찰 · 검사
② 약제 · 치료재료의 지급
③ 처치 · 수술과 그 밖의 치료
④ 예방 · 재활
⑤ 입원
⑥ 간호
⑦ 이송과 그 밖의 의료목적의 달성을 위한 조치

6) 의료급여의 절차

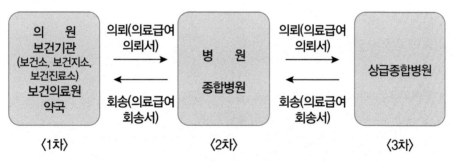

(1) 절차

수급권자가 의료급여를 받고자 하는 경우에는 제1차 의료급여기관에 의료급여를 신청하여야 한다 (의료급여법 시행규칙 제3조).

(2) 제2차 의료급여기관 또는 제 3차 의료급여기관에 의료급여를 신청할 수 있는 경우

① 「응급의료에 관한 법률」 제2조제1호에 해당하는 응급환자인 경우
② 분만의 경우
③ 보건복지부 장관이 고시하는 결핵질환, 희귀난치성질환자 또는 중증질환을 가진 사람이 의료급여를 받고자 하는 경우

정답 ③

④ 제2차 의료급여기관 또는 제 3차 의료 급여기관에서 근무하는 수급권자가 그 근무하는 의료 급여기관에서 의료급여를 받고자 하는 경우

⑤ 「장애인복지법」에 따라 등록한 장애인이 보조기기를 지급받고자 하는 경우

⑥ 「장애인복지법」에 따라 등록된 장애인이 장애인구강진료센터에서 의료급여를 받으려는 경우

⑦ 감염병의 확산 등 긴급한 사유가 있어 보건복지부장관이 정하여 고시하는 기준에 따라 의료 급여를 받고자 하는 경우

⑧ 「건강검진기본법」에 따른 국가건강검진을 받은 사람이 보건복지부장관이 정하여 고시하는 결핵질환의 확진검사에 대하여 의료급여를 받으려는 경우

(3) 제2차 의료급여 기관에 의료급여를 신청할 수 있는 경우

① 단순물리치료가 아닌 작업치료 · 운동치료 등의 재활치료가 필요하다고 인정되는 자가 재활 의학과에서 의료급여를 받고자 하는 경우

② 한센병환자가 의료급여를 받고자 하는 경우

③ 「장애인복지법」 제32조에 따라 등록한 장애인이 의료급여를 받고자 하는 경우

④ 「국민건강보험법 시행령」 제45조 제1호에 해당되는 지역의 의료급여수급권자가 의료급여를 받고자 하는 경우

⑤ 상이등급을 받은 자가 의료급여를 받고자 하는 경우

⑥ 15세 이하의 아동이 의료급여를 받으려는 경우

7) 급여비용과 본인부담금

(1) 급여비용의 부담

① 급여비용은 전부 또는 일부를 의료급여기금에서 부담하되, 의료급여기금에서 일부를 부담하는 경우 그 나머지 비용은 본인이 부담한다.

② 급여비용의 재원을 충당하기 위하여 시 · 도에 의료급여기금을 설치한다.

③ 기금의 재원은 국가보조금과 지방자치단체의 출연금 등으로 조성한다.

(2) 급여비용의 본인부담금

구분		1차(의원) 보건의료원	2차 (병원, 종합병원)	3차 (상급종합병원)	약국
1종	입원	없음	없음	없음	–
	외래	1000원	1500원	2000원	500원
2종	입원	10%	10%	10%	–
	외래	1000원	15%	15%	500원

* 보건소, 보건지소, 보건진료소는 외래, 약국 모두 본인부담금 없음

* 본인부담상한제가 적용됨

5 노인장기요양보험

1) 노인장기요양보험의 이해

(1) 목적

고령이나 노인성 질병 등의 사유로 일상생활을 혼자서 수행하기 어려운 노인 등에게 제공하는 **신체활동 또는 가사활동지원** 등의 장기요양급여에 관한 사항을 규정하여 노후의 건강증진 및 생활안정을 도모하고 그 가족의 부담을 덜어줌으로써 국민의 삶의 질을 향상하도록 함을 목적으로 함

(2) 의의

장기간에 걸친 간병, 장기요양문제를 **사회적 연대원리**에 따라 국가와 사회가 분담 중장년층의 자녀들의 부담감소를 통해 경제, 사회활동에 전념할 수 있도록 함

(3) 필요성

① 인구고령화로 치매 중풍 등 수발보호 필요노인의 급격한 증가
② 불필요한 입원으로 노인 의료비 증가
③ 노인수발 비용의 과중한 부담
④ 저출산, 핵가족화, 여성의 사회활동 확대 등으로 가족 수발의 한계

(4) 장기요양급여 제공의 기본원칙

① 장기요양급여는 노인 등이 가족과 함께 생활하면서 가정에서 장기요양을 받는 재가급여를 우선적으로 제공하여야 한다(법 제3조).
② 장기요양급여는 노인 등의 심신상태나 건강 등이 악화되지 아니하도록 의료서비스와 연계하여 이를 제공하여야 한다.

2) 노인장기요양보험의 대상자격

(1) 가입자

국민건강보험법에 따른 가입자로 한다.
즉, 장기요양보험가입자는 국민건강보험 가입자와 동일하다.

(2) 신청자

① 노인장기요양보험 가입자와 피부양자 및 「의료급여법」에 의한 수급자로서 65세 이상의 노인 또는 65세 미만의 자로서 노인성 질병을 가진 자
② 노인성 질환은 치매, 뇌혈관 질환, 파킨슨 병 등 대통령령으로 지정한 질병이다.

(3) 급여대상(급여수급권자)

신청자 중 장기요양등급판정 위원회로부터 장기요양 등급을 판정 받은 자

3) 장기요양급여의 종류

① 장기요양급여는 **재가급여, 시설급여, 특별현금급여**로 구성
② 장기요양급여란 6개월 이상 혼자서 일상생활을 수행하기 어렵다고 인정되는 자에게 신체활동 · 가사활동의 지원 또는 간병 등의 서비스나 이에 갈음하여 지급하는 현금 등을 말한다.

(1) 재가급여

가정을 방문하여 신체활동, 가사활동, 목욕, 간호 등 제공, 주간보호센터 이용, 복지용구 구입 또는 대여

① **방문요양**: 장기요양요원이 수급자의 가정 등을 방문하여 신체활동 및 가사활동 등을 지원하는 장기요양급여
② **방문목욕**: 장기요양요원이 목욕설비를 갖춘 장비를 이용하여 수급자의 가정 등을 방문하여 목욕을 제공하는 장기요양급여
③ **방문간호**: 장기요양요원인 간호사 등이 의사, 한의사 또는 치과의사의 지시서("방문간호지시서")에 따라 수급자의 가정 등을 방문하여 간호, 진료의 보조, 요양에 관한 상담 또는 구강위생 등을 제공하는 장기요양급여
④ **주 · 야간보호**: 수급자를 하루 중 일정한 시간 동안 장기요양기관에 보호하여 신체 활동지원 및 심신기능의 유지 · 향상을 위한 교육 · 훈련 등을 제공하는 장기요양급여
⑤ **단기보호**: 수급자를 보건복지부령으로 정하는 범위 안에서 일정 기간 동안 장기요양 기관에 보호하여 신체활동 지원 및 심신기능의 유지 · 향상을 위한 교육 · 훈련 등을 제공하는 장기요양급여

단기보호급여기간은 월 9일 이내 다만, 1회 9일 이내의 범위내에서 연간 4회까지 연장가능
⑥ **기타 재가급여**: 수급자의 일상생활 · 신체활동 지원 및 인지기능의 유지 · 향상에 필요한 용구를 제공하거나 가정을 방문하여 재활에 관한 지원 등을 제공하는 장기요양급여로서 대통령령으로 정하는 것

(2) 시설급여

장기요양기관에 장기간 입소한 수급자에게 신체활동 지원 및 심신기능의 유지 · 향상을 위한 교육 · 훈련 등을 제공하는 장기요양 급여

> 🔍 **참고 POINT**
>
> **[재가 및 시설급여비용의 산정방법 및 항목(시행규칙 제32조)]**
> 1. 재가급여
>   가. 방문요양 및 방문간호: 방문당 제공시간을 기준으로 산정한다.
>   나. 방문목욕: 방문횟수를 기준으로 한다.
>   다. 주·야간보호: 장기요양 등급 및 1일당 급여제공시간을 기준으로 산정한다.
>   라. 단기보호: 장기요양 등급 및 급여제공일수를 기준으로 산정한다.
>   마. 기타재가급여: 복지용구의 품목별, 제공 방법별 기준으로 산정한다.
> 2. 시설급여
>   장기요양 등급 및 급여제공일수를 기준으로 산정한다.

(3) 특별현금급여

① 가족요양비

도서·벽지 등 장기요양기관이 현저히 부족한 지역, 천재지변, 수급자의 신체·정신 또는 성격상의 사유로 인하여 가족으로부터 방문요양에 상당한 장기요양급여를 받은 때 지급되는 현금급여

② **특례요양비**

수급자가 장기요양기관이 아닌 노인요양시설 등의 기관 또는 시설에서 재가급여 또는 시설급여에 상당한 장기요양급여를 받은 경우 급여비용의 일부를 수급자에게 지급되는 현금급여

③ **요양병원 간병비**

요양병원에 입원한 때 장기요양에 사용되는 비용의 일부를 요양병원간병비로 지급되는 현금급여

4) 재원조달방식

(1) 장기요양보험료

① 건강보험료에 건강보험료율 대비 장기요양보험료율의 비율을 곱하여 산정하여 건강보험료와 **분리고지하고 통합징수**

$$장기요양보험료 = 건강보험료 \times (장기요양보험료율 / 건강보험료율)$$

② 통합 징수 후 장기요양보험료와 건강보험료는 각각 **독립회계로 관리**

③ 장기요양보험료율: 보건복지부장관 소속 **장기요양위원회의 심의**를 거쳐 대통령령으로 명시

(2) **국가지원**

① 장기요양보험료 예상수입액의 20% 부담(법 제58조)

② 의료급여수급권자의 장기요양급여비용, 의사소견서발급비용, 방문간호지시서 발급비용 중 공단이 부담하여야할 비용 및 관리운영비의 전액을 국가와 지방자치단체가 부담

(3) 본인부담금

① 장기요양급여(특별현금급여 제외)를 받는 자는 비용의 일부를 본인이 부담한다. 이 경우 재가급여는 비용의 100분의 15를, 시설급여는 비용의 100분의 20을 부담해야 한다.

② 다만, 국민기초생활보장법에 따른 의료급여수급자는 본인부담금을 부담하지 아니한다.

③ 다음 각 호에 해당하는 자에 대해서는 본인부담금의 **100분의 60**의 범위에서 보건복지부 장관이 정하는 바에 따라 **차등하여 감경**할 수 있다.

    1. 의료급여법 제3조제1항제2호부터 제9호까지의 규정에 따른 수급권 자

    2. 소득·재산 등이 보건복지부장관이 정하여 고시하는 일정금액 이하인 자

       다만, 도서·벽지·농어촌 등의 지역 거주자에 대하여 따로 금액을 정할 수 있다.

    3. 천재지변 등 보건복지부령이 정하는 사유로 인하여 생계가 곤란한 자

5) 노인장기요양보험의 이용절차

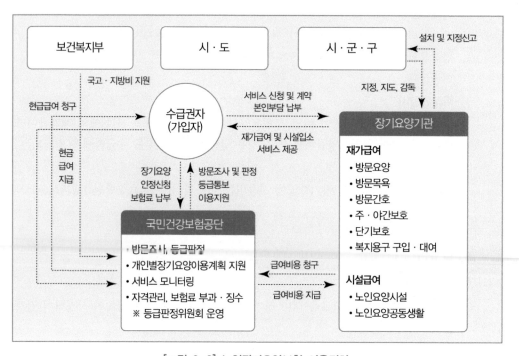

[그림 3-6] 노인장기요양보험 이용절차

(1) 장기요양 인정신청(국민건강보험공단에 신청)

① 65세 이상 노인 및 노인성 질환을 가진 65세 미만 자로서 장기요양보험가입자 및 그 피 부양자와 의료수급권자

② **국민건강보험공단에 신청**: 장기요양인정 신청서 및 의사 또는 한의사가 발급하는 소견서 제출

(2) 방문조사

    국민건강보험공단 소속직원(간호사, 사회복지사, 물리치료사 등)이 신청자의 가정을 방문하여 장기요양인정 조사표를 통해 장기요양인정점수 산정(1차 판정)

(3) 등급판정(등급판정 위원회)

    ① 국민건강보험공단은 조사결과서 및 의사소견서 등을 등급판정 위원회에 제출

    ② 등급판정위원회는 등급판정기준에 따라 장기요양인정여부 및 장기요양등급을 최종 판정

        ○ 장기요양판정: 6개월 이상 동안 혼자서 일상생활을 수행하기 어렵다고 인정하는 경우 심신상태 및 장기요양이 필요한 정도 등에 따라 등급판정기준에 따라 수급자로 판정

    ③ 신청일부터 30일 이내에 등급판정 완료

    ④ **등급판정 기준**

장기요양 1등급	심신의 기능상태 장애로 일상생활에서 전적으로 다른 사람의 도움이 필요한자	장기요양인정 점수 95점 이상
장기요양 2등급	심신의 기능상태 장애로 일상생활에서 상당 부분 다른 사람의 도움이 필요한 자	75점 이상 95점 미만
장기요양 3등급	심신의 기능상태 장애로 일상생활에서 부분적으로 다른 사람의 도움이 필요한 자	60점 이상 75점 미만
장기요양 4등급	심신의 기능상태 장애로 일상생활에서 일정부분 다른 사람의 도움이 필요한 자	51점 이상 60점 미만
장기요양 5등급	치매(제2조에 따른 노인성 질병에 해당하는 치매로 한정한다)환자	치매환자로 45점 이상 51점 미만
장기요양 인지지원등급	치매(제2조에 따른 노인성 질병에 해당하는 치매로 한정한다)환자	치매환자로 45점 미만
등급외 판정	장기요양보험의 혜택을 받을 수 없으며, 지역사회 보건소, 사회복지시설 등에 연결	

(4) 판정결과 통보(국민건강보험공단)

    ① 국민건강보험공단은 장기요양등급, 장기요양급여의 종류 및 내용이 담긴 **장기요양인정서**와 적절한 서비스 내용, 횟수, 급여한도액, 절차 등을 담은 **개인별장기요양이용계획서**를 수급자에게 송부

    ② 장기요양인정 **유효기간은 2년**으로 한다(영 제8조의 2).

(5) 계약 및 급여제공

    수급자는 장기요양기관에 **장기요양인정서와 개인별장기요양이용계획서**를 제시하여 **장기요양급여 이용계약**을 한 후 급여를 제공받음

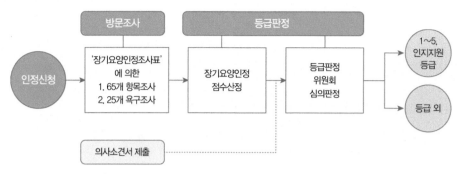

[그림 3-7] 노인장기요양보험 등급판정 절차

*출처: 국민건강보험공단 장기요양보험. www.longtermcare.or.kr

6) 장기요양기관

(1) 정의

장기요양기관은 「노인장기요양보험법」에 따라 치매·중풍 등 요양보호가 필요한 노인들에게 시설급여 또는 재가급여를 제공하는 기관임

(2) 장기요양기관 지정 절차

재가급여 또는 시설급여를 제공하는 장기요양기관을 운영하려는 자는 보건복지부령으로 정하는 장기요양에 필요한 시설과 인력을 갖추어 소재지를 관할 구역으로 하는 **특별자치 시장·특별자치도지사·시장·군수·구청장으로부터 지정**을 받아야 한다(법 31조).

(3) 장기요양기관지정 대상기관

① 시설급여 제공 장기요양기관: **노인의료복지시설**

㉠ 「노인복지법」 제34조제1항제1호에 따른 노인요양시설

㉡ 「노인복지법」 제34조제1항제2호에 따른 노인요양공동생활가정

② 재가급여 제공 장기요양기관: **재가노인복지시설**

「노인복지법」 제38조에 따른 재가노인복지시설

7) 장기요양급여 종류별 장기요양요원의 범위

장기요양요원: 장기요양기관에 소속되어 노인 등의 신체활동 및 가사활동 지원 등의 업무를 수행하는 자를 말함(시행령 제11조)

(1) 방문간호

① **간호사:** 방문간호 제공시 2년 이상의 업무 경력 필요

② **간호조무사:** 방문간호 제공시 3년 이상의 경력과 700시간의 교육 필요

③ **치과위생사:** 방문간호 제공시 구강위생업무에 한함

(2) 방문요양

① 「노인복지법」에 따른 요양보호사

② 「사회복지사업법」에 따른 사회복지사

(3) 방문목욕

「노인복지법」에 따른 요양보호사

(4) 주 · 야간보호, 단기보호

① 「노인복지법」에 따른 요양보호사

② 「사회복지사업법」에 따른 사회복지사

③ 「의료법」에 따른 간호사

④ 「의료법」에 따른 간호조무사

⑤ 「의료기사 등에 관한 법률」에 따른 물리치료사

⑥ 「의료기사 등에 관한 법률」에 따른 작업치료사

8) 장기요양보험의 기대효과

(1) 노인의 삶의 질이 크게 향상

(2) 가족의 부양 부담 경감

(3) 여성 등 비공식적 요양인의 사회 · 경제활동 활성화

(4) 사회서비스 일자리 확대로 지역경제 활성화

(5) 노인의료 및 요양의 전달체계 효율화로 국민의료비 감소

9) 건강보험과 노인 장기요양보험의 비교

구분	국민건강보험	노인장기요양보험
목적	질병, 부상의 예방, 진단, 치료, 재활 및 출산, 사망 및 건강증진 서비스제공	고령이나 노인성 질병 등으로 인하여 일상생활을 혼자서 수행하기 어려운 노인 등에게 신체활동 또는 가사지원 등의 요양서비스 제공
보험료 납부	가입자	가입자
수급자	가입자 및 피부양자	65세 이상 노인 또는 65세 미만 노인성 질환자로 등급판정자(1-5등급 + 인지지원등급)
급여	요양급여, 건강검진, 요양비, 부가급여, 장애인보장기기 급여	재가급여, 시설급여, 특별현금급여
이용시설	병의원, 약국. 보건소 등	재가시설 및 요양시설
이용절차	없음	국민건강보험공단에 요양인정 신청서 제출 - 요양등급 판정 - 요양기관과 계약 - 급여제공
본인 부담금	외래: 급여비용의 30-60% 입원: 급여비용의 20%	시설급여 20%, 재가급여 15%
보험자	국민건강보험공단	국민건강보험공단

기출문제 맛 보기

우리나라 노인장기요양보험제도에 대한 설명으로 가장 옳은 것은? 21년 서울

① 노인장기요양보험사업의 보험자는 보건복지부이다.
② 치매진단을 받은 45세 장기요양보험 가입자는 요양인정신청 할 수 없다.
③ 장기요양급여는 시설급여와 현금급여를 우선적으로 제공한다.
④ 국민건강보험공단은 장기요양보험료와 건강보험료를 각각의 독립회계로 관리하여야 한다.

정답 ④

🔍 **참고 POINT**

[공단의 업무(노인장기요양보험법 제48조)]
① 공단은 다음 각호의 업무를 관장한다.
1. 장기요양보험가입자 및 그 피부양자와 의료급여수급권자의 자격관리
2. 장기요양보험료의 부과 · 징수
3. 신청인에 대한 조사
4. 등급판정위원회의 운영 및 장기요양등급 판정
5. 장기요양인정서의 작성 및 개인별장기요양이용계획서의 제공
6. 장기요양급여의 관리 및 평가
7. 수급자 및 그 가족에 대한 정보제공 · 안내 · 상담 등 장기요양급여 관련 이용지원에 관한 사항
8. 재가 및 시설급여 비용의 심사 및 지급과 특별현금급여의 지급
9. 장기요양급여 제공내용 확인
10. 장기요양사업에 관한 조사 · 연구 및 홍보
11. 노인성 질환 예방사업
12. 이 법에 따른 부당이득금의 부과 · 징수
13. 장기요양급여의 제공기준을 개발하고 장기요양급여비용의 적정성을 검토하기 위한 장기요양기관의 설치 및 운영
14. 그 밖에 장기요양사업과 관련하여 보건복지부장관이 위탁한 업무

[장기요양위원회(노인장기요양보험법 제45조)]
다음 각호의 사항을 심의하기 위하여 보건복지부장관 소속으로 장기요양위원회를 둔다.
1. 장기요양보험료율
2. 가족요양비, 특례요양비 및 요양병원간병비의 지급기준
3. 재가 및 시설급여비용
4. 그 밖에 대통령령으로 정하는 주요 사항

[등급판정위원회의 설치(노인장기요양보험법 제52조)]
① 장기요양인정 및 장기요양등급 판정 등을 심의하기 위하여 공단에 장기요양등급판정위원회를 둔다.
② 등급판정위원회는 특별자치시 · 특별자치도 · 시 · 군 · 구 단위로 설치한다. 다만 인구 수 등을 고려 하여 특별자치시 · 특별자치도 · 시 · 군 · 구에 2 이상의 등급판정위원회를 설치하거나 2 이상의 특별자치시 · 특별자치도 · 시 · 군 · 구를 통합하여 하나의 등급판정위원회를 설치할 수 있다.
③ 등급판정위원회는 위원장 1인을 포함하여 15인의 위원으로 구성된다.
④ 등급판정위원회의 위원은 다음 각 호의 자 중에서 공단 이사장이 위촉한다. 이 경우 특별자치시장 · 특별자치도지사 · 시장 · 군수 · 구청장이 추천한 7인, 의사 또는 한의사가 1인 이상 각각 포함되어야 한다.
1. 「의료법」에 따른 의료인
2. 「사회복지사업법」에 따른 사회복지사
3. 특별자치시 · 특별자치도 · 시 · 군 · 구 소속 공무원
4. 그 밖에 법학 또는 장기요양에 관한 학식과 경험이 풍부한 자
⑤ 등급판정위원회 위원의 임기는 3년으로 하되, 한 차례만 연임할 수 있다. 다만, 공무원인 위원의 임기는 재임기간으로 한다.

CHAPTER 07

일차보건의료

1 일차보건의료의 개념

1) 일차보건의료의 개념

(1) 일차보건의료(Primary Health Care)란 **필수적인 보건의료**를 지역사회와 각 개인 및 가족이 받아들일 수 있고 비용지불이 가능한 방법으로 그들의 전적인 참여하에 골고루 활용될 수 있도록 실제적인 접근방법이다.

(2) 일차보건의료(Primary Health Care)는 단순히 일차진료(primary medical care)만을 의미하는 것이 아니라 개인, 가족, 지역사회를 위한 **건강증진, 예방, 치료 및 재활 등의 서비스가 통합된 기능**이다.

(3) 제도적으로 지역주민들이 보건의료체계에 **처음 접하는 관문(entry point)**이며, 기술적으로는 예방과 치료가 통합된 **포괄적 보건의료**를 의미하며, 국가보건체계의 핵심부분이며, 지역사회의 사회 · 경제개발의 구성요소이다.

2) 역사적 배경

(1) WHO는 1977년 〈Health for all by the year 2000〉이라는 인류건강 실현목표를 설정

(2) 1978년 소련의 **알마아타(Alma-Ata)회의**
HFA에 대한 목표실현을 위한 접근 수단으로 **일차보건의료(Primary Health Care)** 채택

3) 일차보건의료(PHC)의 접근전략

(1) **공정/평등**: 보건의료를 필요로 하는 모든 사람에게 주어져야 하며, 무시되는 집단이 없어야 함

(2) **지역공동체/ 주민의 주체적 참여**: 의사결정자로서 계획 · 실시과정에 주체적으로 참여

(3) **예방 중시**: 치료보다 예방 및 건강증진 활동이 중요하며, 경제적 관점에서도 중요

(4) **적정 기술과 인력**: 기자재, 방법, 기술, 인력은 적정한 수준이여야 함

(5) **복합적/다각적 접근**: 다양한 요인이 복합적으로 관련되므로 보건이외의 사회적 접근 필요

(6) **자조, 자립정신**: 주민 스스로 문제를 파악하고, 해결할 수 있도록 능력을 배양

(7) **지역 특성에 맞는 보건사업 추진**: 주민의 요구와 지역 특성에 맞는 보건의료사업 추진

Q 참고 POINT

[일차보건의료의 정의(WHO와 UNICEF의 공동정의)]
① 실제적이고 과학적으로 건전하며,
② 사회적으로 수용할 수 있는 방법을 기술을 통하여
③ 주민의 적극적인 참여 하에
④ 그들의 지불능력에 맞게 그들이 사는
⑤ 그들이 사는 지역 내에서 실시하는 필수저인 건강관리사업이다.

4) 일차보건의료의 필수요소 (WHO)-4A

(1) 접근성(Accessible)

모든 주민이 원할 때 쉽게 이용할 수 있어야 한다. 지역적·지리적·경제적·사회적 등으로 지역주민이 이용하는 데 있어서 차별이 있어서는 안 된다.

(2) 수용 가능성(Acceptable)

지역사회가 쉽게 받아들일 수 있는 방법으로 사업이 제공되어야 한다. 즉 주민들이 수용할 수 있도록 과학적 방법으로 접근하여 실용적인 서비스가 제공되어야 한다.

(3) 주민참여(Available)

지역사회의 적극적인 참여를 통해 이루어져야 한다. 일차보건의료는 지역사회 개발정책의 일환으로 진행되므로 주민참여는 일차보건의료의 핵심전략이라 할 수 있다.

(4) 지불가능성(Affordable)

지역사회 구성원의 지불능력에 맞는 보건의료수가로 제공되어야 하며, 저렴하고 양질의 서비스를 제공하여 비용-효과적이어야 한다.

Q 참고 POINT

[일차보건의료의 요소]
① **포괄성**: 모든 사람에게 기본적인 건강관리서비스를 제공해야 한다.
② **유용성**: 지역주민에게 필요하고 유용한 서비스여야 한다.
③ **지속성**: 필요한 보건의료서비스를 지속적으로 제공하여 건강을 유지할 수 있도록 한다.
④ **상호협조성**: 일차보건의료 관련 분야가 서로 상호 협조하여 일차보건의료체계를 구축하여야 한다.
⑤ **균등성**: 누구나 필요로 할 때면 어떤 여건에서든 필요한 만큼의 서비스를 똑같이 받을 수 있어야 한다.

2 일차보건의료의 내용(WHO, 1978)

현재 지구상의 인구가 가지고 있는 건강문제의 80% 이상이 일차보건의료로 해결할 수 있는 문제임을 감안하면 일차보건의료는 인간의 기본권을 추구하는 중요한 수단이 된다.

(1) 주요건강문제와 예방교육

(2) 식량공급과 영양개선

(3) 안전한 식수 공급과 기본적인 환경위생

(4) 가족계획을 포함한 모자보건사업

(5) 주요 감염병에 대한 예방접종

(6) 지역 풍토병 예방 및 관리

(7) 통상질환과 상해의 적절한 치료

(8) 필수의약품의 제공

(9) 정신보건의 증진(심신장애자의 사회 의학적 재활)

3 우리나라 일차보건의료

(1) 1969년: 선교사 시블리(Sibley) 박사가 거제지역에서 지역사회개발보건원 설립

(2) 1975년: 한국보건개발원법 제정

(3) 1976년: 한국보건개발연구원 설립

(4) 1976-1980년: 5년간 시범사업 실시(홍천군, 옥구군, 군위군 지역)

(5) 1980년 12월: 「농어촌 보건의료를 위한 특별조치법」을 공포

(6) 1981년: 읍·면지역의 보건지소에 공중보건의를 배치하였고, 벽·오지에 보건진료소를 설치하여 보건진료전담공무원을 배치함으로써 보건의료취약지역에 보건의료사업을 제공

> **⚡ 기출문제 맛 보기**
>
> 세계보건기구(WHO)에서 제시한 일차보건의료의 특성에 대한 설명으로 가장 옳지 않은 것은?　19년 서울
>
> ① 지역사회의 적극적인 참여를 통해 이루어져야 한다.
> ② 지역사회의 지불능력에 맞는 보건의료수가로 제공되어야 한다.
> ③ 지리적, 경제적, 사회적으로 지역주민이 이용하는데 차별이 있어서는 안 된다.
> ④ 자원이 한정되어 있으므로 효과가 가장 높은 사업을 선별하여 제공하여야 한다.

정답 ④

CHAPTER 08

지역보건의료기관의 기능과 역할

1 보건소

1) 보건소의 설치

(1) 설치 목적 및 기준

① 지역주민의 건강을 증진하고 질병을 예방·관리하기 위하여 **시·군·구에 1개소**의 보건소(보건의료원 포함)를 설치한다(법10조).

다만, 시·군·구의 인구가 **30만명을 초과**하는 등 지역주민의 보건의료를 위하여 특별히 필요하다고 인정되는 경우에는 대통령령으로 정하는 기준에 따라 해당 지방자치단체의 조례로 보건소를 추가로 설치할 수 있다.

② 동일한 시·군·구에 2개 이상의 보건소가 설치되어 있는 경우 해당 지방자치단체의 조례로 정하는 바에 따라 업무를 **총괄하는 보건소**를 지정하여 운영할 수 있다.

Q 참고 POINT

[보건소의 추가설치]
① 보건소를 추가로 설치할 수 있는 경우는 다음 각 호의 어느 하나에 해당하는 경우로 한다.
  1. 해당 시·군·구의 인구가 30만명을 초과하는 경우
  2. 해당 시·군·구의 「보건의료기본법」에 따른 보건의료기관 현황 등 보건의료 여건과 아동·여성·노인·장애인 등 보건의료 취약계층의 보건의료 수요 등을 고려하여 보건소를 추가로 설치할 필요가 있다고 인정되는 경우
② 보건소를 추가로 설치하려는 경우에는 「지방자치법 시행령」 제73조에 따른다. 이 경우 해당 **지방자치단체장은 보건복지부장관과 미리 협의**하여야 한다(시행령 제8조).

[보건의료원]
① 보건소 중 「의료법」에 따른 **병원의 요건을 갖춘 보건소**는 보건의료원이라는 명칭을 사용할 수 있다(법12조).
② 보건의료원은 「의료법」에 따른 병원 또는 치과의원 또는 한의원으로 보고, 보건소, 보건지소 및 건강생활지원센터는 의원, 치과의원, 한의원으로 본다(법 제31조: 「의료법」에 대한 특례).

(2) 조직체계

① 이원화된 지도 감독체계로 보건복지부의 보건행정과 보건의료사업의 지도, 감독과 행정안전부의 인력, 예산, 지원을 받는 하부 행정단위로 기능함

② 지역적 특성과 보건소 기능을 고려할 때 일반 시·군형, 통합 시·군형, 광역시형, 특별시형, 보건의료원형 등으로 분류됨

(3) 인력

① 보건소에는 보건소장(보건의료원의 경우에는 원장을 포함한다)을 1명을 두되, **의사의 면허**가 있는 사람 중에서 **시장·군수·구청장**이 임용한다. 다만 의사 면허가 있는 사람 중에서 임용하기 어려운 경우에는 「의료법」에 따른 **치과의사·한의사·간호사·조산사**, 「약사법」에 따른 **약사** 또는 보건소에서 실제로 **보건 등과 관련된 업무를 하는 공무원**으로서 대통령령이 정하는 자격을 갖춘 사람을 보건소장으로 임용할 수 있다.

② 보건등 직렬의 공무원을 보건소장으로 임용하려는 경우에 해당 보건소에서 실제로 보건 등과 관련된 업무를 하는 직렬의 공무원으로서 보건소장으로 **임용되기 이전 최근 5년 이상 보건 등의 업무와 관련하여 근무한 경험**이 있는 사람 중에서 임용하여야 한다.

③ 보건소장은 시장·군수·구청장의 지휘·감독을 받아 보건소 업무를 관장하고 소속 공무원을 지휘·감독하며, 관할 **보건지소, 건강생활지원센터 및 보건진료소**의 직원 및 업무에 대하여 지도·감독한다.

④ 지역보건의료기관에는 기관의 장과 해당 기관의 기능을 수행하는 데 필요한 면허·자격 또는 전문지식을 가진 전문 인력을 두어야 하며 배치기준은 보건복지부령으로 정한다.

핵심 CHECK ‹‹‹

[전문인력의 교육]

보건복지부장관 또는 시·도지사는 전문인력에 대하여 기본교육훈련과 직무분야별 전무교육훈련을 실시하여야 한다.

① **기본교육훈련**: 해당 직급의 공무원으로서 필요한 능력과 자질을 배양할 수 있도록 **신규로 임용되는 전문인력을 대상으로 하는 3주 이상의 교육훈련**

② **직무분야별 전문교육훈련**: 보건소에서 현재 담당하고 있거나 담당할 직무 분야에 필요한 전문적인 지식과 기술을 습득할 수 있도록 재직 중인 전문인력을 대상으로 하는 **1주 이상의 교육훈련**

---

2) 보건소의 기능과 업무(법 제11조)

(1) **건강 친화적인 지역사회 여건의 조성**

(2) **지역보건의료정책의 기획, 조사·연구 및 평가**

(3) **보건의료인 및 보건의료기관 등에 대한 지도·관리·육성과 국민보건향상을 위한 지도·관리**

(4) **보건의료 관련기관·단체, 학교, 직장 등과의 협력체계 구축**

(5) 지역주민의 건강증진 및 질병예방·관리를 위한 지역보건의료서비스의 제공

① 국민건강증진·구강건강·영양관리사업 및 보건교육

② 감염병의 예방 및 관리

③ 모성과 영유아의 건강유지·증진

④ 여성·노인·장애인 등 보건의료 취약계층의 건강유지·증진

⑤ 정신건강증진 및 생명존중에 관한 사항

⑥ 지역주민에 대한 진료, 건강검진 및 만성질환 등의 질병관리에 관한 사항

⑦ 가정 및 사회복지시설 등을 방문하여 행하는 보건의료 및 건강관리사업

⑧ 난임의 예방과 관리

🔍 참고 POINT

[보건소의 기능 및 업무의 세부사항 (시행령 제9조)]

1. 지역보건의료정책의 기획, 조사·연구 및 평가

① 지역보건의료계획 등 보건의료 및 건강증진에 관한 중장기 계획 및 실행계획의 수립·시행 및 평가에 관한 사항

② 지역사회 건강실태조사 등 보건의료 및 건강증진에 관한 조사·연구에 관한 사항

③ 보건에 관한 실험 및 검사에 관한 사항

2. 보건의료인 및 보건의료기관 등에 대한 지도·관리·육성과 국민보건향상을 위한 지도·관리

① 의료인 및 의료기관에 대한 지도 등에 관한 사항

② 의료기사·보건의료정보관리사 및 안경사에 대한 지도 등에 관한 사항

③ 응급의료에 관한 사항

④ 「농어촌 등 보건의료를 위한 특별조치법」에 따른 공중보건의사, 보건진료전담공무원 및 보건진료소에 대한 지도 등에 관한 사항

⑤ 약사에 관한 사항과 마약·항정신성의약품의 관리에 관한 사항

⑥ 공중위생·식품위생에 관한 사항

✏️ 기출문제 맛 보기

「지역보건법」상 보건소의 기능 및 업무에 해당하지 않는 것은? 　18년 지방

① 보건의료 관련기관·단체, 학교, 직장 등과의 협력관계 구축

② 국민건강증진·구강건강·영양관리사업 및 보건교육

③ 정신건강증진 및 생명존중에 관한 사항

④ 기후변화에 따른 국민건강영향평가

정답 ④

3) 지역사회 건강실태조사(시행령 제2조)

(1) **질병관리청장과 특별자치시장·특별자치도지사·시장·군수·구청장**은 지역주민의 건강상태 및 건강 문제의 원인을 파악하기 위하여 지역사회 건강실태조사를 실시하여야 한다.

(2) **질병관리청장은 보건복지부장관과 협의하여** 「지역보건법」에 따른 지역사회 건강실태조사를 **매년 지방자치단체의 장**에게 협조를 요청하여 실시한다(시행령 제2조).

(3) 협조 요청을 받은 지방자치단체의 장은 매년 **보건소**(보건의료원을 포함)를 통하여 지역 주민을 대상으로 지역사회 건강실태조사를 실시하여야 한다. 이 경우 지방자치단체의 장은 건강실태조사의 결과를 **질병관리청장**에게 **통보**하여야 한다.

(4) 지역사회 건강실태조사는 **표본조사**를 원칙으로 하되, 필요한 경우에는 전수조사를 할 수 있다.

(5) 지역사회 건강실태조사의 내용에는 다음 각 호의 사항이 포함되어야 한다.

   1. 흡연, 음주 등 건강 관련 생활습관에 관한 사항
   2. 건강검진 및 예방접종 등 질병 예방에 관한 사항
   3. 질병 및 보건의료서비스 이용 실태에 관한 사항
   4. 사고 및 중독에 관한 사항
   5. 활동의 제한 및 삶의 질에 관한 사항
   6. 그 밖에 지역사회 건강실태조사에 포함되어야 한다고 질병관리청장이 정하는 사항

4) 지역보건의료기관 업무의 위탁 및 대행

시·도지사 또는 시장·군수·구청장은 다음의 업무를 위탁·대행하게 할 수 있다.

(1) 보건의료기관·단체에 위탁할 수 있는 업무

   ① 지역사회 건강실태조사에 관한 업무
   ② 지역보건의료계획의 시행에 관한 업무
   ③ 감염병의 예방 및 관리에 관한 업무
   ④ 지역주민에 대한 진료, 건강검진 및 만성질환 등 질병관리에 관한 사항 중 전문지식 및 기술이 필요한 진료, 실험 및 검사업무
   ⑤ 가정 및 사회복지시설 등을 방문하여 행하는 보건의료사업에 관한 업무

(2) 의료인에게 대행하게 할 수 있는 업무

지역주민에 대한 진료, 건강검진 및 만성질환 등 질병관리에 관한 사항 중 전문지식 및 기술이 필요한 진료에 관한 업무

5) 보건소의 문제점

(1) **행정단위별 보건소의 설치**: 행정단위별 설치로 지역특성에 맞는 보건사업수행 어려움

(2) **보건소 조직의 이원화**: 중앙조직과 지방조직이 이원화로 보건사업의 장애가 됨

(3) **국민건강요구 변화에 따른 대응력 미흡**: 변화에 대처하는 보건사업개발 능력이 미흡

(4) **환경위생문제에 따른 대응력 미흡**: 환경위생업무가 행정안전부로 이관되어 감시위주 업무

(5) **보건의료서비스 기능의 포괄성 미흡**: 진료기능이 취약하고, 실적위주의 예방서비스 치중

(6) **주민의 보건소 이용 저조**: 보건소에 대한 신뢰도가 낮아 이용률이 저조

(7) **전문인력 확보 미흡**: 전문 인력이 부족하고 전문 인력의 역할과 책임과 한계가 불명확함. 요구에 부합하는 전문인력의 적절한 배치와 훈련기능의 강화를 위한 제도적 장치가 필요함

*출처: 양숙자 등(2022). 지역사회간호학 I. 현문사. p.76.

2 　　보건지소

1) 설치 목적

지방자치단체는 보건소의 업무수행을 위하여 필요하다고 인정하는 경우에는 대통령령이 정하는 기준에 따라 해당 지방자치단체의 조례로 보건소의 지소를 설치할 수 있다(법 제13조).

2) 설치 기준

(1) 보건지소는 읍·면(보건소가 설치된 읍·면은 제외한다)마다 1개소씩 설치할 수 있다.

(2) 다만 지역주민의 보건의료를 위하여 특별히 필요하다고 인정되는 경우에는 필요한 지역에 보건지소를 설치·운영하거나 여러 개의 보건지소를 통합하여 설치·운영할 수 있다(영 제10조).

3) 인력

(1) 보건소의 하부조직으로 의사, 치과의사, 간호사 또는 간호조무사, 치과위생사 등의 전문 인력이 배치되어 진료 및 행정업무와 예방사업 등을 수행하고 있다.

(2) 보건지소장은 보건소장의 지휘, 감독을 받아 보건지소의 업무를 관장하고 소속 직원을 지휘·감독하며, 보건진료소의 직원 및 업무에 대하여 지도·감독한다.

(3) **보건지소장의 자격**

보건지소에는 보건지소장 1명을 두되, 지방의무직 공무원 또는 임기제 공무원을 보건지소장으로 임용한다(시행령 제14조).

4) 기능 및 업무

(1) 진료업무, 예방업무, 행정업무

(2) 결핵관리사업, 모자보건사업, 만성질환자 및 노인건강사업 등을 수행

3 건강생활지원센터

1) 연혁

(1) 2005년: 도시지역 보건지소 시범사업 실시

(2) 2013년: 건강생활지원센터 시범사업으로 변경 실시
행정구역상 동지역에 설치, 통합건강증진사업 수행

(3) 2014년: 건강생활지원센터 정규사업 실시

(4) 2015년: 「지역보건법」 개정으로 지역보건의료기관으로 명시

2) 설치 목적

지방자치단체는 보건소 업무 중에서 특별히 지역주민의 만성질환 예방 및 건강한 생활습관 형성을 지원하기 위하여 대통령령으로 정하는 기준에 따라 해당 지방자치단체의 조례로 설치할 수 있다(법 제14조).

3) 설치기준

읍·면·동(보건소가 설치된 읍·면·동은 제외한다)마다 1개소씩 설치할 수 있다(시행령 제11조).

4) 건강생활지원센터장의 자격

(1) 건강생활지원센터에 건강생활지원센터장 1명을 두되, 보건 등 직렬의 공무원 또는 「보건의료기본법」 제3조제3호에 따른 보건의료인을 임용한다.

(2) 건강생활지원센터장은 보건소장의 지휘·감독을 받아 건강생활지원센터의 업무를 관장하고 소속 직원을 지휘·감독한다(시행령 제15조).

4 보건진료소

1) 배경

1980년 12월 「농어촌 보건의료를 위한 특별조치법」을 공포하여 보건진료전담공무원(구, 보건진료원)을 보건의료 취약지역의 주민에게 일차적인 보건의료 서비스 최초 접근 인력으로 활용하는 방안의 일차보건의료를 도입

2) 설치 목적

시장(도농복합형태의 시의 시장을 말하며, 읍 · 면 지역에서 보건진료소를 설치 · 운영하는 경우만 해당한다) 또는 **군수**는 **보건의료 취약지역의 주민에게 보건의료를 제공**하기 위하여 설치 · 운영한다.

3) 설치 근거

(1) 용어의 정의

① **보건진료소**: 의사가 배치되어 있지 않고 계속하여 의사를 배치하기 어려울 것으로 예상되는 의료 취약지역에서 보건진료전담공무원으로 하여금 의료행위를 하게 하기 위하여 시장 · 군수가 설치 · 운영하는 보건의료시설을 말한다.

② **보건진료 전담공무원**: 법 제19조에 따른 의료행위를 하기 위하여 보건진료소에 근무하는 사람을 말한다(농특법 제2조).

(2) 설치기준

① 의료취약지역을 **인구 5천명 미만**을 기준으로 구분한 **하나 또는 여러 개의 리 · 동을 관할 구역**으로 하여 **주민의 의료이용이 편리한 장소에 설치**한다.

② 군수(읍 · 면 지역에 보건진료소를 설치 · 운영하는 도농복합형태의 시장 및 관할구역의 도서지역에 보건진료소를 설치 · 운영하는 시장 · 구청장을 포함한다)는 보건진료소를 설치한 때에는 지체 없이 관할 **시 · 도지사**를 거쳐 **보건복지부장관**에게 보고하여야 한다.

(3) 인력

보건진료소에 보건진료소장 1명과 필요한 직원을 두되, 보건진료소장은 보건진료전담공무원(구 보건진료원)으로 보한다.

4) 보건진료 전담공무원의 자격과 임용

(1) 자격

① **간호사, 조산사 면허**를 가진 자로서 보건복지부장관이 실시하는 **24주 이상**의 직무교육을 받은 자

② 보건진료 전담공무원의 직무교육과정은 이론교육과정, 임상실습과정 및 현지실습과정별로 구분하여 보건복지부장관이 정하여 고시한다. 이 경우 각 교육과정의 기간은 **최소 4주** 이상이어야 한다(시행규칙 제22조).

(2) 신분 및 임용

보건진료전담공무원은 지방공무원으로 하며, 특별자치시장 · 특별자치도지사 · **시장 · 군수 또는 구청장**이 **근무지역을 지정**하여 임용한다(농특법 제17조).

5) 보건진료 전담공무원의 업무

(1) 보건진료 전담공무원의 의료행위의 범위

① 질병 · 부상상태를 판별하기 위한 진찰 · 검사

② 환자의 이송

③ 외상 등 흔히 볼 수 있는 환자의 치료 및 응급조치가 필요한 환자에 대한 응급처치

④ 질병 · 부상의 악화 방지를 위한 처치

⑤ 만성병 환자의 요양지도 및 관리

⑥ 정상분만 시의 분만도움

⑦ 예방접종

⑧ 제1호부터 제7호까지의 의료행위에 따르는 의약품의 투여

단, 보건진료 전담공무원은 제1항에 따른 의료행위를 할 때에는 보건복지부장관이 정하는 환자 진료지침에 따라야 한다(시행령 제14조).

(2) 보건진료 전담공무원의 의료행위 외의 업무

① 환경위생 및 영양개선에 관한 업무

② 질병예방에 관한 업무

③ 모자보건에 관한 업무

④ 주민의 건강에 관한 업무를 담당하는 사람에 대한 교육 및 지도에 관한 업무

⑤ 그 밖에 주민의 건강증진에 관한 업무

6) 보건진료소의 운영협의회

(1) 설치근거

① 보건진료소의 운영을 원활히 하기 위하여 보건진료소가 설치되는 지역마다 주민으로 구성되는 운영협의회를 둔다(법 제21조).

② 운영협의회의 조직과 운영에 필요한 사항은 해당 지방자치단체의 조례로 정한다.

(2) 운영협의회의 업무

① 보건진료소의 운영지원

② 보건진료소 운영에 관한 건의

Q 참고 POINT

[보건진료소의 발전 방향]

현재 의료기관의 수적증가로 의료이용의 불편이 점점 없어지면서 기존의 보건진료소의 일차의료제공에 대한 역할이 새로운 활동영역으로의 확대 및 개선이 필요하게 되었다.

(1) 지역주민의 적극적인 참여를 통한 사업의 효율성 확대

(2) 포괄적 건강관리서비스 강화

당뇨교실, 고혈압교실, 비만교실 등의 특수 클리닉을 개설하여 지역주민의 새로운 관심을 유도

(3) 업무의 효율화를 위한 업무 전산화

체계적인 지역보건의료 정보망을 구축 및 타 건강관리팀과의 팀서비스 연계

(4) 노인시설, 만성 및 장기 질환자 관리에 활용

(5) 산업장 및 사회복지 관련기관과의 협조를 통해 활성화

5　지역보건의료계획

1) 지역보건의료계획 수립의 의의

(1) 주민들을 지역보건의료계획에 참여

(2) 지방자치제 목표에 맞는 보건행정을 펼침

(3) 상의 하달식 사업 방식에서 하의 상달식 사업 방식으로 전환

(4) 평가과정을 통하여 계획의 활용성과 효과성을 극대화

(5) 주민의 요구에 근거한 보건과 복지와의 통합을 위함

2) 지역보건의료심의위원회의 설치와 구성

(1) 지역보건의료심의위원회의 설치(법 제6조)

지역보건의료에 관한 다음 각 호의 사항을 심의하기 위하여 시·도 및 시·군·구에 지역보건의료심의위원회를 둔다.

1. 지역사회 건강실태조사 등 지역보건의료의 실태조사에 관한 사항
2. 지역보건의료계획 및 연차별 시행계획의 수립·시행 및 평가에 관한 사항
3. 지역보건의료계획의 효율적 시행을 위하여 보건의료관련기관·단체, 학교, 직장 등과의 협력이 필요한 사항
4. 그 밖에 지역보건의료시책의 추진을 위하여 필요한 사항

(2) 지역보건의료심의위원회의 구성

① 지역보건의료심의위원회는 위원장 1명을 포함한 20명 이내의 위원으로 구성되며, 위원장은 해당 지방자치단체의 부단체장이 된다.
② 위원회의 위원은 지역주민 대표, 학교보건관계자, 산업안전·보건 관계자, 보건의료관련기관·단체의 임직원 및 관계공무원 중에서 해당 위원회가 속하는 지방자치단체의 장이 임명하거나 위촉한다.

3) 지역보건의료계획의 수립 등

(1) 수립시기

시·도지사 또는 시장·군수·구청장은 지역주민의 건강 증진을 위하여 지역보건의료계획을 **4년**마다 수립하여야 한다. 다만, 그 **연차별 시행계획**은 매년 수립하여야 한다.

(2) 수립절차

① 시·군·구(특별자치시·특별자치도 제외) 지역보건의료계획
   시장·군수·구청장은 ➡ 해당 시·군·구 **위원회의 심의**를 거쳐 지역보건의료계획(연차별계획을 포함)을 수립한 후 ➡ 해당 시·군·구**의회에 보고**하고 ➡ 시·도지사에게 제출하여야 한다.

② 시·도 (특별자치시·특별자치도 포함) 지역보건의료계획
   시·군·구의 지역보건의료계획을 받은 시·도지사는 ➡ 해당 **위원회의 심의**를 거쳐 시·도(특별자치시·특별자치도 포함)의 지역보건의료계획을 수립한 후 ➡ 해당 시·도**의회에 보고**하고 ➡ 보건복지부장관에게 제출하여야 한다.

(3) 지역보건의료계획 수립 방법

① **사전조사(영 제5조)**

시 · 도지사 또는 시장 · 군수 · 구청장은 지역보건의료계획을 수립하기 전에 지역 내 보건의료 실태와 지역주민의 보건의료의식 · 행동양상 등에 대하여 조사하고 자료를 수집하여야 한다.

② **정책과의 연계성(영 제6조)**

지역 내 보건의료실태 조사 결과에 따라 당해 지역에 필요한 사업 계획을 포함하여 수립하되 국가 또는 특별시 · 광역시 · 도의 보건의료시책에 맞춰 수립하여야 한다.

③ **내용의 공고(영 제5조)**

지역보건의료계획을 수립하는 경우에 그 주요내용을 시 · 도 또는 시 · 군 · 구의 홈페이지 등에 **2주 이상** 공고하여 지역주민 의견을 수렴하여야 한다.

(4) 지역보건의료계획의 제출 시기 등

① 시장 · 군수 · 구청장: 계획 **시행연도 1월 31일**까지 ➡ 시 · 도지사에게 제출

② 시 · 도지사: 계획 **시행연도 2월말**까지 ➡ 보건복지부 장관에게 제출(영 제6조)

(5) 지역보건의료계획(연차별 시행계획 포함)의 시행

① 시 · 도지사 또는 시장 · 군수 · 구청장은 지역보건의료계획을 시행할 때에는 연차별 시행계획에 따라 시행하여야 한다(법 제8조).

② 시 · 도지사 또는 시장 · 군수 · 구청장은 지역보건의료계획을 시행하는 데에 필요하다고 인정하는 경우에는 보건의료관련기관 · 단체 등에 인력 · 기술 및 재정지원을 할 수 있다.

(6) 지역보건의료계획 시행 결과의 제출

① **시장 · 군수 · 구청장**은 해당 시 · 군 · 구 지역보건의료계획의 연차별 시행 결과: 매 시행연도 **다음해 1월 31일**까지 ➡ **시 · 도지사**에게 제출

② **시 · 도지사**는 해당 시 · 도의 지역보건의료계획의 연차별 시행결과: 매 시행연도 **다음해 2월말**까지 ➡ **보건복지부장관**에게 제출(영 제7조)

[표 3-9] 지역보건의료계획 및 시행결과의 작성주기

작성주체	작성계획·결과	주기	제출시기	제출처
시·도지사	지역보건의료계획서	4년	계획 시행연도 2월 말일까지	보건복지부장관
	연차별 시행계획	1년	계획 시행연도 2월 말일까지	
	연차별 시행결과	1년	계획 시행연도 다음해 2월 말일까지	
시·군·구청장	지역보건의료계획	4년	계획 시행연도 1월 31일까지	시·도지사
	연차별 시행계획	1년	계획 시행연도 1월 31일까지	
	연차별 시행결과	1년	계획 시행연도 다음해 1월 31일까지	

(7) 지역보건의료계획에 포함될 내용

지역보건의료계획의 포함 사항 (법 제7조)	① 보건의료 수요의 측정 ② 지역보건의료서비스에 관한 장기·단기 공급대책 ③ 인력·조직·재정 등 보건의료자원의 조달 및 관리 ④ 지역보건의료서비스의 제공을 위한 전달체계 구성 방안 ⑤ 지역보건의료에 관련된 통계의 수집 및 정리
시, 군, 구 지역보건의료계획 세부내용 (영 제4조)	① 지역보건의료계획의 달성목표 ② 지역현황과 전망 ③ 지역보건의료기관과 보건의료 관련기관·단체 간의 기능분담 및 발전방향 ④ 법 제11에 따른 보건소의 기능 및 업무의 추진계획과 추진현황 ⑤ 지역보건의료기관의 인력·시설 등 자원 확충 및 정비계획 ⑥ 취약계층의 건강관리 및 지역주민의 건강 상태 격차 해소를 위한 추진계획 ⑦ 지역보건의료와 사회복지사업 사이의 연계성 확보 계획 ⑧ 그 밖에 시장·군수·구청장이 필요하다고 인정하는 사항
시, 도 지역보건의료계획 세부내용 (영 제4조)	① ~ ⑦까지의 내용 ⑧ 의료기관의 병상의 수요·공급 ⑨ 정신질환 등의 치료를 위한 전문치료시설의 수요·공급 ⑩ 특별자치시·특별자치도·시·군·구 지역보건 의료기관의 설치 운영의 지원 ⑪ 시·군·구의 지역보건의료기관 인력의 교육훈련 ⑫ 지역보건의료기관과 보건의료 관련기관·단체 간의 협력·연계 ⑬ 그 밖에 시·도지사, 특별자치시장·특별자치도지사가 필요하다고 인정하는 사항

🖋 기출문제 맛 보기

지역보건법령상 지역보건의료계획에 대한 설명으로 옳은 것은? 22년 지방

① 시·도와 시·군·구에서 5년마다 계획을 수립한다.
② 보건복지부장관은 계획 시행에 필요한 경우에 보건의료관련기관에 인력·기술 및 재정을 지원한다.
③ 보건복지부에서 심의를 받은 뒤 지방자치단체 의회에 보고하고 재심의를 받는다.
④ 시·도지사가 수립하는 계획은 의료기관 병상의 수요·공급에 관한 사항을 포함하여야 한다.

정답 ④

단원확인문제

01. 우리나라의 보건의료제도의 특성으로 맞는 것은?

> 가. 관리통제면에서 자유방임형에 속한다.
> 나. 전국민의료보험 이후 정부의 통제가 강화되었다.
> 다. 의료공급 측면에서 민간형에 속한다.
> 라. 의료비 부담의 형태는 조세형이다.

① 가, 나, 다   ② 가, 다
③ 나, 라   ④ 가, 나, 다, 라

02. 보건복지부는 국가보건의료체계를 구성하는 보건의료 자원개발에 대한 관리 기능을 담당한다. 보건의료 자원에 해당하는 것으로 옳은 것은?

> 가. 보건의료 인력   나. 보건의료 시설
> 다. 보건의료 장비   라. 보건의료 지식

① 가, 나, 다   ② 가, 다
③ 나, 라   ④ 가, 나, 다, 라

03. 보건의료전달체계 유형 중 자유방임형의 특성에 관한 설명으로 옳은 것은?

> 가. 경제적 지불능력이 있는 사람만이 이용 할 수 있다.
> 나. 정부의 간섭과 통제가 최소화되어 있다.
> 다. 보건의료 소비자가 보건의료 기관과 의료인을 자유롭게 선택할 수 있다.
> 라. 의료의 질이 높고 의료비가 저렴하다.

① 가, 나, 다   ② 가, 다
③ 나, 라   ④ 가, 나, 다, 라

04. 우리나라의 국민의료비 지출 증가요인은?

> 가. 생활수준 향상에 따른 건강에 대한 국민의식의 변화
> 나. 전국민적 의료보험의 실시
> 다. 노인 인구 및 만성, 장기 질환자 증가
> 라. 고가의 의료장비나 시설투자

① 가, 나, 다
② 가, 다
③ 나, 라
④ 가, 나, 다, 라

05. 의료보험 확대 실시 후 국민의료비가 증대되었다. 이를 억제하기 위한 방법은?

> 가. 포괄수가제의 실시　　　　　　나. 예방적 의료서비스의 확대
> 다. 본인부담률의 인상　　　　　　라. 행위별 수가제의 확산

① 가, 나, 다
② 가, 다
③ 나, 라
④ 가, 나, 다, 라

06. 다음 중 우리나라의 사회보험에 속하지 않는 것은?

① 의료보호
② 고용보험
③ 건강보험
④ 산업재해 보상보험

07. 제한된 보건의료자원을 가지고 양질의 의료를 공급하기 위한 최선의 방법은?

① 저렴한 의료수가 책정
② 효과적인 의료전달체계의 확립
③ 균등한 의료시설의 분포
④ 의사 수의 확보

08. 다음 중 사전결정방식의 의료비지불제도에 해당하는 것으로 제공된 의료서비스의 양과 관계없이 환자의 요양일수나 질병별로 부소 단가를 설정하여 보상하는 방법은?

① 총괄수가제　　　　　　　　② 인두제
③ 봉급제　　　　　　　　　　④ 포괄수가제

09. 세계보건기구가 1978년 알마아타 선언을 한 후 이를 실천하기 위한 전략으로 제시한 일차보건의료에 대한 설명으로 가장 부적절한 것은?

① 누구나 쉽게 접근할 수 있는 곳에서 필수 보건의료서비스를 제공한다.
② 지역주민의 참여를 중요시한다.
③ 지역사회에서 발생하는 특수질환을 치료할 수 있어야 한다.
④ 보건 부문 및 기타 관련부문 간에 조정 및 협조가 이루어져야 한다.

10. 다음 중 일차보건의료의 기본적 개념이 아닌 것은?

① 접근성　　　　　　　　　　② 수용성
③ 주민참여　　　　　　　　　④ 전문성

11. 지역사회간호사가 제공하는 일차예방사업에 해당하는 것은?

① 건강문제를 가지고 있는 주민을 조기발견하기 위한 건강검진을 한다.
② 입원환자에게 합병증 예방을 위한 교육을 한다.
③ 불구를 가진 환자의 재활 관리를 교육한다.
④ 지역주민에게 고혈압 예방 교육을 한다.

12. 보건진료원의 업무에 해당하는 것은?

> 가. 만성질환 관리
> 나. 상병의 악화 방지를 위한 처치
> 다. 주민의 건강에 관한 업무를 담당하는 자에 대한 교육지도
> 라. 장애인 관리

① 가, 나, 다
② 가, 다
③ 나, 라
④ 가, 나, 다, 라

13. 우리나라 국민건강보험제도에 관한 설명으로 옳은 것은?

① 국가보건서비스방식을 취한다.
② 1979년에 전 국민 건강보험제도가 시행되었다.
③ 건강보험가입과 보험료 납부는 임의적용 방식을 택하고 있다.
④ 보험료 부담수준과 관계없이 균등하게 보험급여가 이루어진다.

14. 지역보건의료계획에 포함시켜야 할 사항은 어느 것인가?

> 가. 보건의료수요 측정   나. 장기 보건진의료 공급 대책
> 다. 보건의료전달 체계   라. 사회보장제도의 확립 대책

① 가, 나, 다
② 가, 다
③ 나, 라
④ 가, 나, 다, 라

15. 고령이나 노인성질병 등의 사유로 집안일 등 일상생활을 혼자하기 어려운 노인들에게 신체활동, 가사활동 등의 급여를 제공하여 노후 생활의 안정과 그 가족의 부담을 덜어주어 국민의 삶의 질을 높여주기 위해 제정된 법은 무엇인가?

① 노인장기요양보험
② 노인복지법
③ 국민기초생활보장법
④ 국민연금법

16. 우리나라의 노인장기요양보험제도에 대한 설명으로 옳은 것을 모두 고르시오.

> 가. 국민건강보험으로 입원 시 자동으로 노인장기요양보험 서비스를 같이 받게 된다.
> 나. 국가가 모든 시설이나 인력을 고용하여 서비스를 제공한다.
> 다. 노인들은 전액 무료로 서비스 혜택을 받게 된다.
> 라. 65세 이상의 노인 및 65세 미만으로 노인성 질환을 가진 자가 사업대상자이다.

① 가, 다, 라
② 가, 다
③ 나, 라
④ 라

17. 한국금연운동협의회는 공공장소에서 흡연을 금지하는 법안이 통과될 수 있도록 모든 전략과 수단을 동원하고 있다. 이는 정책과정 중 어느 단계에 행해지는 활동인가?

① 정책결정
② 정책집행
③ 정책평가
④ 정책의제 형성

18. 우리나라 중앙행정조직인 보건복지부에서 지방보건에 대해 담당하는 기능은?

① 지방보건행정조직에 대한 기술지원
② 지방보건행정 조직의 예산관리
③ 지방보건행정 조직의 인사관리
④ 지방보건행정조직의 설치 및 운영

정답 및 해설 Answers & Explanations

01 정답 ①

우리나라 의료비 부담은 혼합형이다. 취약계층에 대한 의료급여제도는 국가가 조세로 부담하고, 사회보험형태의 국민건강보험제도는 보험료를 부담한다.

02 정답 ④

보건의료자원에는 보건의료인력, 보건의료시설, 보건의료정보 및 지식, 보건의료기술 등이 포함된다.

03 정답 ①

가, 나, 다는 모두 자유방임형의 특성이다. 또한 자유방임형은 의료의 질이 높은 반면 의료비 상승효과가 문제로 지적된다.

04 정답 ④

국민들의 질적인 삶을 추구하는 의식변화에 그에 따른 의료보험 실시, 의학 발달로 인한 만성, 장기 질환자, 노인 인구의 수명연장에 따른 치료비 증가, 의료서비스 향상을 위한 의료시설 및 장비의 고가 매입 투자 등이 의료비 지출을 높이는데 영향을 미친다.

05 정답 ①

국민의료비 증대 억제대책은 다음과 같다.
단기적 방안 – 본인부담률인상, 보험급여범위억제
　　　　　　　의료수가상승억제, 행정절차간소화를 통한 관리비 절감
장기적 방안 – 지불보상제도의 개편(포괄수가제의 실시)
　　　　　　　의료전달체계의 확립
　　　　　　　공공의료의 확대, 다양한 대체서비스 및 인력 개발

06 정답 ①

우리나라의 사회보험에는
- 업무상 재해에 대해서 보상하는 산업재해보상보험
- 질병과 부상에 대한 건강보험
- 폐질, 사망, 노령에 대한 연금보험
- 실업에 대한 고용보험(실업보험)이 있다.
- 고령, 노인성 질환에 대한 노인장기요양보험이 있다.
의료보호는 공적부조의 한 형태이다.

07 정답 ②

보건의료 전달체계는 보건의료서비스 제공을 원하는 사람에게 적절한 시기에 적정한 장소에서 적정한 의료인에게 적정진료를 받도록 해주는 절차로 제한된 보건의료자원을 효율적으로 사용하는 포괄적인 방법을 의미한다.

08 정답 ④

포괄수가제는 사전결정방식으로 과잉진료 억제효과와 총진료비 억제효과, 행정적 업무 절차의 간소화 등의 장점이 있다. 단점으로는 과소지료로 의료의 질이 떨어질 우려가 있고, 많은 의료서비스가 요구되는 환자에 대한 기피현상이 있을 수 있다.

09 정답 ③

일차보건의료의 개념은 다음과 같다.
- 기본적 의료와 포괄적 보건의료(예방적, 건강증진적, 치료적)를 제공
- 지역사회가 받아들일 수 있는 방법으로 제공(acceptability)
- 주민의 참여를 통해 제공(available)
- 지역사회와 국가가 지불할 수 있는 비용으로 제공(affordability)
- 필요할 때 즉시 쉽게 이용할 수 있는 접근성(accessibility)
- 서비스의 지속적 제공(continuity)

10 정답 ④

일차보건의료의 기본적 개념은 다음과 같다.
- **접근성**: 누구나 쉽게 접근할 수 있는 곳
- **수용가능성**: 필수적인 의료를 주민들이 받아들일 수 있는 방법으로
- **주민의 참여**: 주민들의 적극적인 참여로 자가간호 및 건강에 있어서는 자율적 관리 권장
- **지불부담능력**: 주민들의 지불능력에 맞는 의료수가로 적용

11 정답 ④

일차예방사업 – 질병발생 전에 하는 건강증진, 질병예방사업으로 보건교육, 예방접종,
환경관리 및 생활양식의 변화를 위한 교육 등이 해당하다.
이차예방사업 – 질병의 조기발견 및 조기치료를 위한 건강진단, 조기발견 및 조기치료
삼차예방사업 –불구를 가진 환자의 재활사업

12 정답 ①

보건진료원의 업무범위는 상병상태 판별을 위한 검사 및 진찰, 환자 이송, 외상 등 흔히 볼 수 있는 환자의 치료 및 응급을 요하는 환자의 응급처치, 상병의 악화 방지를 위한 처치, 만성병 환자의 요양지도 및 처치, 정상분만 시 개조, 의료행위에 따른 의약품 투여, 예방접종 등의 의료행위로 할 수 있으며 그 밖에 환경위생, 영양개선, 질병예방, 모자보건, 주민의 건강에 관한 업무를 담당하는 자에 대한 교육 및 지도, 건강증진에 관한 업무를 할 수 있다.

13 정답 ④

국민건강보험은 사회보험방식이며 보험료는 소득수준에 따라 차등부과된다. 전국민의료보험제도는 1989년 시행되었으며, 건강보험가입과 보험료 납부는 강제적용 방식을 택하고 있다.

14 정답 ①

「지역보건법」제4조(보건의료계획의 수립)에서 지역보건의료계획에는 다음 각호의 사항이 포함되어야 한다고 명시하고 있다.
㉠ 보건의료수요 측정
㉡ 보건의료에 관한 장·단기 공급대책
㉢ 인력, 조직, 재정 등 보건의료자원의 조달 및 관리
㉣ 보건의료 전달체계
㉤ 지역보건의료에 관련된 통계의 수집 및 정리
사회보장제도의 확립 대책은 국가보건의료계획에 포함되어야 할 사항에 해당된다고 할 수 있다.

15 정답 ①

「노인장기요양보험법」은 고령이나 노인성질병 등의 사유로 집안일 등 일상생활을 혼자하기 어려운 노인들에게 신체활동, 가사활동 등의 급여를 제공하여 노후 생활의 안정과 그 가족의 부담을 덜어주어 국민의 삶의 질을 높여주기 위해 제정된 법이다.

16 정답 ④

노인장기요양보험은 등급판정을 통해 1~5등급과 노인인지지원등급판정자가 혜택을 받게 되며 국가와 민간에 의해 이루어지고, 일부 본인부담금이 있다.

17 정답 ①

이해관계를 달리하는 개인 및 집단이 보다 자기에게 유리한 정책이 결정될 수 있도록 갖가지 전략과 수단을 동원하는 것은 정책결정과정에 해당한다.

18 정답 ①

시 · 도 및 시 · 군 · 구 지방자치단체의 조직, 인사 예산과 같은 일반 행정에 대해서는 행정안전부가 관장하고 있으며, 보건관련 기술행정에 대해서는 보건복지부에서 관장하는 이원적 행정체계를 가지고 있다.

PART 04

지역사회 간호사업

CHAPTER **01** # 방문건강관리 사업

1 방문건강관리 사업의 개념

1) 정의

공공 보건의료 인력이 지역주민의 가정이나 시설을 방문하여 이들의 건강증진, 질병예방 및 관리를 위해 보건의료서비스를 제공하거나 관련기관에 의뢰, 연계함으로써 대상자와 가족의 건강관리능력을 향상시키기 위한 포괄적 건강관리사업이다.

2) 개념적 틀

(1) "국민건강증진종합계획"의 건강형평성 확보를 위해 취약계층을 대상으로 방문건강관리 서비스를 제공
(2) 2013년 1월부터 "지역사회통합건강증진사업"의 한 분야(방문건강관리분야)로 운영되고 있다.

2 추진배경

1) 취약계층을 위한 보건의료 이용 형평성 제고

① 의료취약계층의 건강형평성 확보를 위해 방문건강관리 사업의 필요성 증대
② 국민건강종합계획의 건강형평성 확보를 위해 방문건강관리서비스 제공

2) 고령화사회의 도래에 대한 대응

① 인구 고령화에 따른 치매, 중풍 등 장기요양보호가 필요한 노인의 급속한 증가
② 장기요양등급외 판정자 등 허약노인의 장기요양상태 예방프로그램 필요

3) 적극적 만성질환 예방과 관리의 필요성 증가

만성질환의 증가에 대처하기 위한 건강생활실천 유도 등 적극적 중재 필요

4) 국민의료비 절감유도

① 방문건강관리사업을 통하여 병·의원의 조기입원, 시설보호를 최소화

② 만성질환자에 대한 건강관리 강화로 불필요한 의료기관의 이용을 억제하고 합병증을 예방함으로서 의료비 절감을 유도

3 추진경과

1) **1990년**: 일부 지방자치단체에서 보건소를 통하여 방문보건사업 부분적 실시

2) **1995년**: 지역보건법 개정, 건강증진법 제정으로 **방문보건사업의 법적 근거 마련**

3) **1999~2000년**: 공공근로사업 일환으로 노인·저소득층 등 의료사각지대에 있는 계층을 대상으로 한시적으로 사업 실시

4) **2001년**: 방문보건사업 표준지침 개발 및 보급
전국 보건소 정규인력을 통한 방문보건사업 전면 실시

5) **2003~2004년**: 대도시 방문보건사업 시범 실시

6) **2006년**: 보건소 방문보건사업 활성화방안 수립 - 인력충원, 교육강화, 업무메뉴얼 보완 등

7) **2007년**: **"맞춤형 방문 건강관리사업"**을 보건소를 중심으로 실시(서비스인력 2000명 확보)

8) **2008년**: 맞춤형 방문건강관리사업에 **재가암환자관리사업, 지역사회중심재활사업** 통합운영

9) **2012년**: **북한이탈주민 건강관리사업** 전국확대 실시

10) **2013년**: **지역사회 통합건강증진사업**(포괄보조제) 13개 분야 중 하나로 운영

11) **2018년**: 지역사회 통합건강증진사업으로부터 별도 예산사업으로 분리

4 방문건강관리사업의 개요(2024)

1) 방문건강관리 개념도

비전

> 건강형평성 제고와 건강수명 연장

목적

> 지역주민의 **자기건강관리능력의 향상 및 허약예방** 등을 통한 건강수준 향상

목표

> - 금연, 절주, 식생활, 신체활동 등 건강행태개선
> - 고혈압, 당뇨 등 만성질환관리율 향상 및 합병증 예방
> - 노인의 허약(노쇠)속도 지연

내용

> | 건강문제 스크리닝 | 건강관리서비스 | 보건소 내·외 자원연계 |
> |---|---|---|
> | • 건강행태 및 건강위험 요인 파악 | • 기본건강관리
• 만성질환 예방 및 관리
• 생애주기별 및 특성별 관리
　– 노인, 임산부, 신생아 및 영유아 건강관리
　– 다문화 및 북한이탈주민 건강관리
　– 장애인 재활관리
　– 중장년 고독사 위험군(고독사 예방) | • 보건·복지서비스 제공 |

방법

> **서비스방법(전략)**
> - 직접방문
> - 전화방문(유선 모니터링)
> - ICT 활용 비대면 건강관리
> - 그 외 방문건강관리서비스
>   – 문자발송, SNS등 온라인 창구 활용, 우편, 물품제공, 영상교육

수행체계

> 보건복지부　　　　시·도　　　　시·군·구 보건소

🔍 참고 POINT

[방문건강관리사업의 법적 근거]
지역보건법 제11조(보건소의 기능 및 업무)
5. 지역주민의 건강증진 및 질병예방·관리를 위한 다음 각 목의 지역보건의료서비스 제공
　라. 여성·노인·장애인 등 보건의료취약계층의 건강유지·증진
　사. 가정 및 사회복지시설 등을 방문하여 행하는 보건의료 및 건강관리사업

5 　사업 내용

1) 사업대상

건강관리서비스 이용 및 접근이 어려우면서, 건강관리가 필요한 지역사회 주민

(1) 방문건강관리가 필요한 대상자

① 흡연, 잦은 음주, 불규칙적인 식생활, 신체활동 부족 등 **건강행태개선**이 필요한 자

② 고혈압, 당뇨, 비만 등 **만성질환 위험군 또는 질환군**

③ 노인 중 **허약(노쇠) 예방 및 관리**가 필요한 자

(2) 우선순위 고려 대상

① **연령 기준**: 만 65세 이상 노인

② **경제적 기준**: 기초생활보장수급자, 차상위 계층 등

③ **사회적 특성**: 독거노인, 다문화가족, 한부모 가족, 조손가족, 북한이탈주민 등

④ **건강특성**: 관리되지 않은 만성질환자 및 만성질환 위험군, 장애인, 재가암환자 등

(3) 제외기준

노인 장기요양등급 판정자(1~5등급자)는 제외(단, 인지지원등급자는 포함)

다만, 노인지역사회 통합돌봄선도사업 및 노인의료·돌봄 통합지역 지원 시범사업 지역에 한해 이용일시를 달리하는 경우 노인장기요양등급자에 대해 서비스제공이 가능함

기출문제 맛 보기

방문건강관리사업의 대상자에 해당되지 않는 사람은?   09년 서울(수정)

① 결혼이민자 중 건강행태개선이 필요한 자
② 차상위계층의 질환군
③ 기초생활보장수급자
④ 허약예방이 필요한 65세 이상의 노인

2) 서비스 제공 과정

대상자 POOL 확보	• 보건소 내·외 자원 연계를 통한 대상자 POOL 확보 – (내) 진료, 금연클리닉 등 건강증진사업, 의료비지원사업, 철분제·엽산제 지원 등 보건소 사업 대상 및 건강검진 결과연계 대상 – (외) 지자체 사회복지서비스 관련 부서 및 읍면동 주민센터 등에서 의뢰받은 대상, 방문 현장 등에서 신규 확인된 대상 등 ※ 찾아가는 보건복지서비스 수행을 위하여 읍면동에 간호직 공무원이 배치된 지역에서는 읍면동 간호직 공무원이 신규 대상자 등록 및 사전 건강상태 스크리닝 수행, 지속적·정기적 건강관리 서비스가 필요하다고 판단되는 경우 보건소로 대상 이관 – 세부내용은 본 안내서 30쪽 및 2021년 찾아가는 보건복지서비스 매뉴얼 참조 • 전화확인을 통해 대상자와 방문일정 확정
사전 건강상태 스크리닝 및 군분류	• 대상자 등록 – 방문건강관리 대상자로의 등록·관리에 동의한 경우 • 사전 건강상태 스크리닝 – 방문전문인력은 신체계측 및 설문조사 등을 통해 대상자의 건강위험요인 및 건강문제 파악 • 군분류 – 집중관리군, 정기관리군, 자기역량지원군으로 분류
건강관리 서비스 운영	• 군별 맞춤 건강관리 계획수립 및 서비스 추진 • 보건소 내·외 자원연계를 통한 대상자 중심의 서비스 지원 ※ 방문전문 인력의 상황판단과 팀 구성에 따라 건강관리서비스 조정 가능
지속 및 퇴록 결정	• 대상군별 서비스 추진 후 재평가 실시 • 대상자 재평가 결과에 따라 서비스 군 지속 또는 재배치, 퇴록 등 결정

 정답 ③

3) 세부사업내용

방문건강관리사업은 크게 1) **건강상태 스크리닝**, 2) **건강관리 서비스**, 3) **보건소 내·외 자원연계**로 구분될 수 있음

구분	서비스 내용	목적 및 대상
건강상태 스크리닝	건강행태 및 건강위험요인 파악	• 모든 대상자
건강관리서비스	기본건강관리	• 계절 및 자연재난, 안전에 대한 교육 및 상담 • 모든 대상자
	만성질환 예방 및 관리	고혈압·당뇨·비만 등 주요 만성질환의 예방 및 증상관리, 합병증 예방을 위하여 건강행태개선 및 만성질환관리 역량 강화 • 일반검진 및 생애전환기검진 결과 건강문제(질환의심, 유질환자)가 있는 대상자 • 건강위험요인 및 건강문제가 있는 등록관리 대상자 • 보건소 내 타 부서로부터 의뢰된 만성질환자 • 지역사회 기관으로부터 의뢰된 만성질환자
	생애주기별 및 특성별 관리	• 노인: 만 65세 이상의 어르신 • 임산부·신생아 및 영유아 • 다문화가족 • 북한이탈주민 • 기초재활서비스가 필요한 재가 장애인
보건소 내·외 자원연계	보건·복지서비스 제공	• 해당자 모두

4) 대상자 군 분류 기준

신체계측 및 건강면접조사 결과를 토대로 아래의 기준에 따라 집중관리군, 정기관리군, 자기역량지원군으로 군분류 실시

○ 지역보건의료정보시스템(PHIS)내 건강상태 스크리닝 결과입력 시 자동 군분류가 가능하며, 지역여건에 따라 필요 시 일부 군 조정 가능

○ 군별 내용은 지역보건의료정보시스템(PHIS) 군분류 조건과 동일함

군별 관리횟수	대상자 특성	판정기준
집중관리군 (3개월 이내 8회 이상)	• 건강위험요인 및 건강문제가 있고 증상조절이 안되는 경우	[고혈압 기준] ① 수축기압 140mmHg 이상 또는 이완기압 90mmHg 이상 ② 수축기압 140mmHg 이상 또는 이완기압 90mmHg 이상이고, 흡연[1] · 고위험 음주[2] · 비만[3] · 신체활동 미 실천[4] 중 2개 이상의 건강행태 개선이 필요한 경우 [당뇨 기준] ③ 당화혈색소 7.0% 이상 또는 공복혈당 126mg/dℓ 이상 또는 식후혈당 200mg/dℓ 이상 ④ 당화혈색소 7.0% 이상 또는 공복혈당 126mg/dℓ 이상 또는 식후혈당 200mg/dℓ 이상이고, 흡연 · 고위험 음주 · 비만 · 신체활동 미실천 중 2개 이상의 건강행태 개선이 필요한 경우 [기타 질환] ⑤ 관절염, 뇌졸중, 암 등록자로 흡연 · 고위험 음주 · 비만 신체활동 미 실천 중 2개 이상의 건강행태 개선 필요 [대상 특성별 관리사항] ⑥ 임부 또는 분만 8주 이내 산부, 출생 4주 이내 신생아, 영유아, 다문화가족 ⑦ 허약노인 판정점수가 4~12점인 자 ⑧ 북한이탈주민으로 감염성 질환이 1개 이상이거나, 흡연, 고위험 음주 · 비만 · 신체활동 미실천 중 2개 이상의 건강행태 개선 필요 ※ 암대상자로 암 치료 종료 후 5년이 경과되지 아니한 경우

정기관리군 (3개월마다 1회 이상	• 건강위험요인 및 건강문제가 있고 **증상이 있으나 조절이 되는 경우(위험군)**	[고혈압 기준] ① 수축기압이 120~139mmHg 또는 이완기압이 80~89mmHg ② 수축기압이 120~139mmHg 또는 이완기압이 80~89mmHg이고, 흡연 · 고위험 음주 · 비만 · 신체활동 미 실천 중 1개 이상의 건강행태 개선필요 [당뇨 기준] ③ 공복혈당이 100~125mg/dℓ 또는 식후혈당이 140~199mg/dℓ인 경우 ④ 공복혈당이 100~125mg/dℓ 또는 식후혈당이 140~199mg/dℓ이고 흡 연 · 고위험 음주 · 비만 · 운동 미 실천 중 1개 이상의 건강행태 개선필요 [기타 질환] ⑤ 관절염, 뇌졸중, 암 등록자로 흡연 · 고위험 음주 · 비만 · 신체활동 미실 천 중 1개 이상의 건강행태 개선필요 [대상 특성별 관리사항] ⑥ 북한이탈주민으로 흡연 · 고위험음주 · 비만 · 신체활동 미실천 중 1개 이상의 건강행태 개선필요 ※ 암대상자로 암 치료 종료 후 5년이 경과되지 아니한 경우
자기역량 지원군 (6개월마다 1회 이상)	• 건강위험요인 및 건강문제가 있으나 **증상이 없는 경우(정상군)**	[고혈압 기준] ① 수축기압이 120mmHg 미만이고, 이완기압이 80mmHg 미만 ② 수축기압이 120mmHg 미만이고, 이완기압이 80mmHg 미만이고 흡연 · 고위험 음주 · 비만 · 신체활동 미실천 중 1개 이상의 건강행태 개 선이 필요 [당뇨 기준] ③ 당화혈색소가 7.0% 미만 또는 공복혈당 100mg/dℓ 미만 또는 식후혈당 140mg/dℓ 미만 ④ 당화혈색소가 7.0% 미만 또는 공복혈당 100mg/dℓ 미만 또는 식후혈당 140mg/dℓ 미만이고, 흡연 · 고위험 음주 · 비만 · 운동 미실천 중 1개 이상의 건강행태 개선필요 [기타 질환] ⑤ 질환은 없고, 흡연 · 고위험 음주 · 비만 · 신체활동 미실천 중 1개 이상 의 건강행태 개선이 필요 ※ 기타 집중관리군과 정기관리군에 해당되지 않은 경우

1) 흡연(현재흡연율): 평생 담배 5갑(100개비) 이상 피웠고 현재 담배를 피우는 분율
2) 고위험음주(고위험음주율): 1회 평균음주량이 남자는 7잔 이상, 여자는 5잔 이상이며, 주 2회 이상 음주하는 분율
3) 비만(비만유병율): 체질량지수 25 kg/㎡ 이상인 분율
4) 신체활동 미실천(걷기실천율): 최근 1주일 동안 걷기를 1회 10분 이상, 1일 총 30분 이상 주 5일 이상 실천한 분율

> **기출문제 맛 보기**
>
> 보건소의 방문건강관리사업 사례관리를 받기로 동의한 대상자의 건강위험요인을 파악하였다. 다음 중 정기관리군으로 고려될 대상자는? 19년 서울
>
> ① 허약노인 판정점수 6점인 75세 여성
> ② 당화혈색소 6.5%이면서 흡연 중인 77세 남자
> ③ 수축기압 145mmHg이면서 비만인 67세 여성
> ④ 뇌졸중 등록자로 신체활동을 미실천하는 72세 남성

5) 방문건강관리서비스 인력 및 업무

(1) 조직구성

효과적이고 전문적인 건강관리서비스를 제공하기 위해 **간호사를 중심으로 다분야 보건·의료전문가로 팀구성 접근함**

① 의사, 한의사, 간호사, 물리/작업치료사, 치과위생사, 영양사, 사회복지사 참여가능
② 간호조무사, 행정보조, 자원봉사자 등의 인력을 적절히 활용하여 운영
③ 방문건강관리 업무수행인력은 「의료법」 등 관련 법령이 정한 업무 범위 준수

(2) 방문건강관리전담공무원

① 방문건강관리사업을 담당하게 하기 위하여 지역보건의료기관에 보건복지부령이 정하는 전문인력을 방문건강관리전담공무원으로 둘 수 있다(지역보건법 제 16조의 2).
② 방문건강관리전담공무원은 다음 각 호의 어느 하나에 해당하는 사람으로 한다.
　1. 「의료법」에 따른 **의사, 한의사, 치과의사 및 간호사**
　2. 「의료기사 등에 관한 법률」에 따른 **물리치료사, 작업치료사 및 치과위생사**
　3. 「국민영양관리법」에 따른 **영양사**
　4. 「약사법」에 따른 **약사 및 한약사**
　5. 「국민체육진흥법」에 따른 **체육지도자**
　6. 그 밖에 방문건강관리사업에 관한 전문지식과 경험이 있다고 보건복지부장관이 인정하여 고시하는 사람

정답 ④

02 가정간호사업

1 가정간호의 개념

1) 가정간호의 정의

개인 또는 가족에게 건강상의 문제가 발생하였을 때 병원의 의뢰나 가족의 자발적인 요구에 따라 가정간호전문인력이 가정을 방문하여 환자 개인과 그 가족을 대상으로 이루어지는 건강관리서비스를 의미한다.

2) 가정간호사업의 유형

(1) 지역사회 중심의 가정간호

① 공공기관의 하부조직 또는 비영리 법인체나 독립형 체계를 갖추고 지역사회에 기반을 두어 비영리적으로 운영되는 가정간호제도이다.

② 재가 환자와 재가 장애자 및 그 가족을 대상으로 가정간호사가 의사의 직접적인 감독없이(필요시 자문 및 의뢰)제공하는 서비스를 말한다.

(2) 의료기관 중심의 가정간호

① 병원에 가정간호사업소를 두고 병원의 전반적인 정책 하에 운영하는 형태
   즉, 사업의 주체가 의료기관이다.

② 의료기관외의 장소에서 계속적인 치료와 관리가 필요한 대상자에게 의사 등의 의뢰에 따라 가정전문간호사에 의해 시행되는 서비스로, 병원의 입원 대체서비스로 기능한다.

③ 현재 의료법에 따라 제공되는 가정간호의 유형이다.

2 | 우리나라 가정간호사업의 개요

1) 가정간호의 정의

의사나 한의사가 의료기관 외의 장소에서 계속적인 치료와 관리가 필요하다고 판단하여, 가정전문간호사에게 치료나 관리를 의뢰한 자에 대하여 가정전문간호사가 환자의 가정을 방문하여 서비스를 제공하는 제도(의료법 시행규칙 제24조)

2) 가정간호사업의 역사

(1) **1974년**: 연세대학교 원주기독병원 지역사회 보건간호과에서 조기퇴원환자를 대상으로 병원중심 가정간호사업 시작

(2) **1990년**: 분야별 간호사에 가정간호사 포함(의료법 시행규칙 개정)

(3) **1994~1996년**: 제1차 병원중심 가정간호 시범사업 실시(4개 병원)

1997~2000년: 제2차 병원중심 가정간호 시범사업 확대 실시

(4) **2000년**: 의료기관 가정간호사업의 법적 근거 마련

(5) **2000년**: 분야별 간호사의 명칭에서 가정전문간호사로 개칭(의료법 시행규칙 개정)

(6) **2003년**: 가정전문간호사의 자격기준을 강화함

3) 가정간호의 필요성

(1) **사회경제적 측면**

① 노인인구의 증가

② 핵가족화 및 여성인구의 사회진출

③ 의료기기의 발달

(2) **국민건강 측면**

① 만성퇴행성 질환의 증가

② 자기건강관리에 대한 관심과 책임 인식 고조

(3) **보건의료환경의 변화**

① 국민의료비 부담 증가

② 의료자원의 비효율적 활용(의료자원의 적정화)

③ 건강보험 재정부담

④ 보건의료전달체계의 역의뢰의 미흡

3 가정간호사업 내용

1) 가정간호사업의 목적

(1) 수요자 측면

① 치료의 지속성 유지

② 심리적 안정감 도모

③ 가계 부담 절감 효과

④ 환자 및 가족의 건강관리 능력의 향상

⑤ 의료이용의 편의성 제고

(2) 의료공급자 측면

① 재원기간의 단축

② 병상회전율 제고

③ 병원의 인적, 물적 자원의 효율적 활용

(3) 국가적 측면

① 국민편의 도모

② 국민의료비 절감

③ 보건의료자원의 효율적 활용

2) 가정간호사업의 업무 범위

(1) 가정간호의 범위(규칙 제24조)

① 간호

② 검체의 채취와 운반

③ 투약

④ 주사

⑤ 응급처치 등의 교육 및 훈련

⑥ 상담

⑦ 다른 보건의료기관 등에 대한 건강관리에 관한 의뢰

(2) 가정간호의 범위(가정간호사업 업무편람, 2010)

① **기본간호**: 간호사정, 간호진단, 온·냉요법, 체위변경, 마사지, 구강간호 등으로 의사의 처방 없이도 가정전문간호사의 독자적인 판단 하에 시행

② **치료적 간호**: 진료업무영역에 속하는 비위관 교환, 정체도뇨관 교환, 기관지관 교환 및 관리, 산소요법 등으로 의사의 처방이 필요

③ 검사관련 업무

④ 투약 및 주사

⑤ 교육·훈련

⑥ 상담

⑦ 의뢰

3) 가정간호사업의 대상

(1) 가정간호 대상자

가정간호는 의사나 한의사가 의료기관외의 장소에서 계속적인 치료와 관리가 필요하다고 판단하여, 가정전문간호사에게 치료나 관리를 의뢰한 자에 대하여 실시하여야 한다(의료법 시행규칙 제24조).

(2) 가정간호 대상자 등록기준(가정간호업무편람, 2010)

의료기관에 입원진료 후 퇴원한 환자와 외래 및 응급실 환자 중 다음에 해당되는 자로서 의사 또는 한의사가 가정에서 계속적인 치료와 관리가 필요하다고 인정한 경우이다.

① 수술 후 조기퇴원 환자

② 만성질환자(고혈압, 당뇨, 암 등)

③ 만성폐쇄성 호흡기 질환자

④ 산모 및 신생아

⑤ 뇌혈관 질환자

⑥ 기타 진료담당의사 및 한의사가 필요하다고 인정되는 환자

4) 가정간호사업의 주요 특징

(1) 가정간호를 실시하는 간호사는 **가정전문간호사**여야 한다.

(2) 가정간호는 의사나 한의사가 의료기관 외의 장소에서 계속적인 치료와 관리가 필요하다고 판단하여, 가정전문간호사에게 **치료나 관리를 의뢰한 자**에 대해서만 실시하여야 한다.

(3) 가정전문간호사는 가정간호 중 검체의 채취 및 운반, 투약, 주사 또는 치료적 의료행위인 간호를 하는 경우에는 **의사나 한의사의 진단과 처방**에 따라야 한다.
이 경우 의사나 한의사 처방의 유효기간은 **처방일로부터 90일**까지로 한다.

(4) 가정간호를 실시하는 의료기관의 장은 **가정전문간호사를 2명 이상** 두어야 한다.

(5) 가정간호를 실시하는 의료기관의 장은 가정간호에 관한 **기록은 5년간 보존**하여야 한다.

(6) 가정간호를 제공할 수 있는 의료기관의 종별 제한은 없다(의료법 시행규칙 제24조).

5) 가정간호 수가 체계

(1) **가정간호수가체계**는 "기본방문료 + 개별행위료"로 구성

(2) **기본방문료**는 '방문당 수가'로, **개별행위료**는 '행위별 수가제'로 구성

(3) 건강보험법에 따라 '기본방문료와 개별행위료'는 **건강보험급여 항목**으로 본인이 **20%**를 부담
단, 의료급여 **1종 수급자는 본인부담금 없음**

(4) **가정간호방문 이용 횟수**: 이용자의 이용 횟수 제한은 없음

구분	수가기준
기본방문료	방문당 정액수가
개별행위료	국민건강보험 진료수가기준 적용

🖉 기출문제 맛 보기

의료기관 가정간호에 대한 설명으로 옳지 않은 것은?   24년 지방

① 기본간호와 치료적 간호가 제공된다.

② 누구에게나 무료로 제공되는 서비스이다.

③ 가정간호를 실시하는 간호사는 가정전문간호사이어야 한다.

④ 대상자는 담당의사가 의뢰한 조기퇴원환자 등이다.

정답 ②

4 노인장기요양보험제도와 가정간호사업

구분	방문건강관리	장기요양보험의 방문간호	의료기관 중심 가정간호
법적 근거	• 지역보건법	• 노인장기요양보험법	• 의료법
운영주체	• 보건소	• 장기요양기관	• 의료기관
대상자	• 건강취약계층대상 • 군별 중점관리	• 요양 1~5 등급	• 퇴원 후 가정에서 계속적인 치료·관리가 필요한 자(수술 후 조기 퇴원한 자, 만성질환자, 산모, 신생아 등)
이용절차	• 관할보건소에서 대상자 등록 후 관리	• 대상자와 방문간호기관과 서비스계약(방문간호지시서)	• 진료담당 의사, 한의사가 환자와 협의 후 가정간호 의뢰(가정간호 의뢰서)
제공인력	• 간호사, 의사, 물리치료사 등 다직종 전문인력 참여	• 2년 이상 임상경력을 가진 간호사 • 3년 이상 경력과 700시간 교육을 이수한 간호조무사 • 치위생사	• 가정전문간호사
제공장소	가정	가정	가정
서비스 내용	• 취약가족건강관리 • 생애주기별 건강관리 • 만성질환자 사례관리	• 간호, 진료의 보조, 요양에 관한 상담, 구강위생	• 기본간호, 치료적 간호, 검사, 투약 주사, 교육훈련, 상담, 의뢰 등
수가체계		• 1회 방문당 서비스 제공시간에 따라 수가 산정	• 기본방문료 + 개별행위료 ※ 기본방문료는 1회당 수가
비용부담	• 무료	• 재가급여 15% • 타법 의료급여수급권자 등 서소득층: 100분의 60의 범위 내에서 차등경감함 • 국민기초보장법에 따른 의료급여수급자: 무료	• 본인부담 20% • 의료급여 1종 무료

CHAPTER **03**

지역사회 통합건강증진사업

1 지역사회 통합건강증진사업

1) 의의 및 특성

(1) 지자체가 지역사회 주민을 대상으로 실시하는 건강생활실천 및 만성질환 예방, 취약계층의 건강관리를 목적으로 지역 특성과 주민요구가 반영된 프로그램 및 서비스 등을 기획·추진하는 사업

(2) 사업 영역 간 경계를 없애고, 주민 중심으로 사업을 통합·협력하여 수행

(3) 기존의 획일적인 국가 주도형 사업방식에서 지역여건에 맞는 사업을 추진할 수 있도록 지자체 주도방식으로 개선('13)

기존 국고보조사업	지역사회 통합건강증진사업
① 사업내용 및 방법 지정 지침	① 사업범위 및 원칙 중심 지침
② 중앙집중식·하향식	② 지방분권식·상향식
③ 지역여건에 무방한 사업	③ 지역여건을 고려한 사업
④ 산출중심의 사업 평가	④ 과정, 성과중심의 평가
⑤ 분절적 사업수행으로 비효율	⑤ 보건소 내외 사업 통합·연계 활성화

* 출처: 보건복지부, 한국건강증진개발원(2024). 2024년 지역사회 통합건강증진사업 안내. p. 2.

2) 사업 목적

지역사회 주민의 건강수준 향상을 위해 지자체가 주도적으로 사업을 추진하여 지역주민의 건강증진사업 체감도 및 건강형태 개선

(1) 중앙정부와 지방정부가 함께 노력하여 국민건강증진종합계획의 목표 달성

(2) 지역별 다양한 특성과 주민요구와 연계되는 건강증진사업 개발

3) 통합건강증진사업의 기본방향

(1) 건강증진사업 통합 및 재편성을 통한 사업의 효율성 제고

(2) 지자체의 자율성 확대

(3) 지자체의 책임성 제고

🔍 참고 POINT

[통합건강증진사업의 도입 목적]
① 단위사업 중심(분절적) → 대상자 중심 통합서비스 제공(효율성)
② 정해진 지침에 따라 운영(경직적) → 지역 여건에 맞추어 탄력적 운영(자율성)
③ 정해진 사업의 물량관리 위주 평가 → 사업목적, 목표달성 여부의 책임 평가(책임성)

4) 추진체계

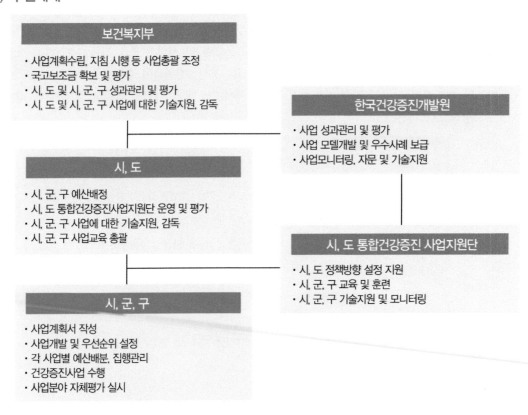

보건복지부
· 사업계획수립, 지침 시행 등 사업총괄 조정
· 국고보조금 확보 및 평가
· 시, 도 및 시, 군, 구 성과관리 및 평가
· 시, 도 및 시, 군, 구 사업에 대한 기술지원, 감독

한국건강증진개발원
· 사업 성과관리 및 평가
· 사업 모델개발 및 우수사례 보급
· 사업모니터링, 자문 및 기술지원

시, 도
· 시, 군, 구 예산배정
· 시, 도 통합건강증진사업지원단 운영 및 평가
· 시, 군, 구 사업에 대한 기술지원, 감독
· 시, 군, 구 사업교육 총괄

시, 도 통합건강증진 사업지원단
· 시, 도 정책방향 설정 지원
· 시, 군, 구 교육 및 훈련
· 시, 군, 구 기술지원 및 모니터링

시, 군, 구
· 사업계획서 작성
· 사업개발 및 우선순위 설정
· 각 사업별 예산배분, 집행관리
· 건강증진사업 수행
· 사업분야 자체평가 실시

한국보건복지인재원
· 지자체 인력 교육 총괄 관리
· 시, 도 및 지원단 교육지원, 교육 성과관리 실시
· 통합건강증진사업 교육협의처 운영
· 보건소 직급별, 직무별 교육 및 사이버교육 실시

사회보장정보원
· 지역보건의료정보시스템 구축 운영
· 시스템 재정비

* 출처: 보건복지부. 한국건강증진개발원(2024). 2024년 지역사회 통합건강증진사업 안내. p. 6.

5) 사업 영역(13개 분야)

사업분야명	사업유형	
① 금연	• 흡연예방 • 간접흡연 없는 환경(Smoke-free)조성	• 흡연자 금연촉진
② 절주	• 교육 및 홍보	• 조기선별 및 상담
③ 신체활동	• 생애주기별 교육 및 프로그램 제공 • 홍보 및 캠페인 • 지역사회지원 및 연계강화	• 만성질환예방을 위한 개인별 서비스 • 환경조성
④ 영양	• 대국민 홍보 환경조성	• 생애주기별 영양관리(영양플러스 포함)
⑤ 비만	• 정보제공 및 홍보 캠페인 • 생애주기별 주민교육	• 만성질환예방 및 비만관리 • 취약계층 비만예방 프로그램
⑥ 구강보건	• 구강건강증진 • 구강건강증진 및 구강병 예방진료	• 구강병 예방진료
⑦ 심뇌혈관질환 예방관리	• 심뇌혈관질환 · 홍보	• 만성질환예방관리
⑧ 한의약건강증진	• 한의약건강증진프로그램	
⑨ 아토피천식 예방관리	• 아토피 · 천식 안심학교 운영 • 아토피 · 천식 교육	• 취약계층 아토피 · 천신환자지원 • 아토피 · 천식 홍보
⑩ 여성어린이 특화	• 임산부 등록관리 • 가임기여성 건강증진 • 영유아건강증진	• 산모건강관리 • 다문화가정 여성 · 어린이 건강증진
⑪ 치매관리	• 치매노인사례관리	• 치매검진
⑫ 지역사회중심재활	• 장애인재활 • 2차 장애발생예방	• 장애인 사회참여
⑬ 방문건강관리	• 저소득층 건강행태개선 • 임산부 · 신생아 및 영유아 관리 • 다문화가족 및 북한이탈주민관리	• 만성질환 및 합병증 예방 • 노인허약예방 • 장애인 재활관리

심뇌혈관질환 예방관리사업

1 제2차 심뇌혈관질환관리 종합계획(2023-2027)

비전 24시간 어디서나 심뇌혈관질환 걱정 없는 건강한 일상

핵심목표

- ✔ 신속한 중증 · 응급 해결 파이프라인 확보
- ✔ 진료자원 · 인프라의 최적의 연계(Networking)
- ✔ 환자 중심의 포괄적 관리체계 구축
- ✔ 근거 기반 정책 실현을 위한 모니터링

성과지표

심뇌혈관질환 골든타임 내 병원 도착 비율
심근경색(2시간)('22) 48% → ('27) 58%
뇌졸중(3시간)('22) 52% → ('27) 62%

네트워크 확보 의료 이용권 비율
('22) 49% → ('27) 100%

권역 및 지역센터 등록 환자 비율
심근경색('19) 11.1% → ('27) 20%
뇌졸중('19) 6.3% → ('27) 15%

지표 개발 모니터링 체계 확보 건수
('22) 25개 → ('27) 40개

추진전략 및 과제

(환자중심)
심뇌혈관질환 환자중심
의료 이용체계 확보

- ✔ 중증 · 응급 위험신호 조기인지 및 대처법 확산
- ✔ 골든타임을 지키는 최적의 의료이용 경로 확보
- ✔ 질 높은 치료 보장을 위한 심뇌혈관질환 치료기관 인증

(문제해결)
중증 · 응급 심뇌혈관질환 치료
대응체계 확보

- ✔ 치료 거점기관으로의 권역심뇌혈관질환센터 혁신(2.0)
- ✔ 심뇌혈관질환 인적 네트워크 도입과 지역센터 지정
- ✔ 심뇌혈관질환 문제해결을 위한 기술지원 및 제도개선

(예방관리)
지역사회 예방관리체계 강화

- ✔ 주요 선행질환의 포괄적 관리
- ✔ 지역사회 일차의료 연계 예방관리 사업 활성화
- ✔ 재발 및 악화 예방과 재활서비스 확대

(근거기반)
과학적 정책 기반 확립

- ✔ 국가 심뇌혈관질환 데이터 구축 및 활성화
- ✔ 심뇌혈관질환 국가연구개발 사업 확대
- ✔ 심뇌혈관질환센터 기반 예방-치료-관리 모니터링 체계 구축

(현장소통)
수평적 협력 거버넌스 구축

- ✔ 정책과 협력 거버넌스 강화
- ✔ 중앙심뇌혈관질환센터 도입과 중앙-권역-지역 체계 확립
- ✔ 의료 현장 소통 강화

*출처: 보건복지부(2023). 제2차 심뇌혈관질환 종합계획(안).

1) 배경 및 필요성

(1) 심뇌혈관질환은 우리나라에서 질병부담이 크고 주요 사망원인: 사회·경제적 부담 증가

 ① 높은 사망률: 전체 사망원인의 1/5 차지

 ② 고혈압, 당뇨병 등 선행질환 유병률 및 진료비 증가 추세

(2) 인구고령화로 의료비 및 사회 경제적 부담이 급증할 것으로 예측: 노인진료비(43.4%)

(3) 심뇌혈관질환은 적절한 치료를 할 경우 사망을 막고, 좋은 예후를 기대할 수 있음

(4) 기저 선행질환을 잘 관리할 경우 중증 응급 심뇌혈관질환의 발생을 예방하여 사회경제적 비용의 절감 필요

(5) 외부 정책환경의 변화를 반영한 관리정책의 수정 및 보완 필요

 예방–치료–관리체계, 중앙–권역–지역체계를 통한 종합적, 체계적 관리가 필요

2) 단계별 추진 전략 및 중점과제

(1) **심뇌혈관질환 환자 중심 의료 이용체계 확보(환자중심)**

 ① 중증·응급 위험신호 조기 인지 및 대처법 확산

 ② 골든타임을 지키는 최적의 의료이용 경로 확보

 ③ 질 높은 치료보장을 위한 심뇌혈관질환 치료기관 인증

(2) **중증·응급 심뇌혈관질환 치료 대응체계 확보(문제해결)**

 ① 치료거점기관으로의 권역심뇌혈관질환센터 혁신

 ② 심뇌혈관질환 인적 네트워크 도입과 지역센터 지정

 ③ 심뇌혈관질환 문제해결을 위한 기술지원 및 제도개선

(3) **지역사회 예방관리체계 강화(예방관리)**

 ① 주요 선행질환의 포괄적 관리

 ② 지역사회 일차의료 연계 예방관리 사업 활성화

 ③ 재발 및 악화 예방과 재활서비스 확대

(4) **과학적 정책 기반 확립(근거기반)**

 ① 국가 심뇌혈관질환 데이터 구축 및 활성화

 ② 심뇌혈관질환 국가 연구개발사업 확대

 ③ 심뇌혈관질환센터 기반 예방–치료–관리 모니터링 체계 구축

(5) **수평적 협력 거버넌스 구축(현장소통)**

 ① 정책 협력 거버넌스 강화

 ② 중앙심뇌혈관질환센터 도입과 중앙–권역–지역 체계 확립

 ③ 의료 현장 소통 강화

2 보건소 심뇌혈관 질환 예방관리사업

1) 사업의 목적

(1) 인지율 향상

지역사회 교육·홍보사업을 통하여 고혈압·당뇨병·이상지질혈증의 예방·관리의 필요성과 방법에 대한 인지도를 높임

(2) 치료율 향상

환자 조기발견사업을 통하여 자신의 혈압·혈당·콜레스테롤 수치를 알고 있는 지역주민의 수를 증가시키고, 고혈압·당뇨병·이상지질혈증 환자를 조기발견, 조기치료함

(3) 조절률 향상

환자등록관리사업을 통해 고혈압·당뇨병 환자의 자기관리율 및 지속치료율을 높임

2) 사업내용

(1) 만성질환관리사업 환자 등록
(2) 고혈압·당뇨병·이상지질혈증 환자의 지속치료 및 자가관리능력 향상을 위한 교육
(3) 보건소 진료환자의 경우 의료진을 통한 적절한 처방(생활습관 교정치료 또는 약물처방)
(4) 맞춤형 방문건강관리사업과 연계하여 서비스 제공 실시
(5) 민간의료기관과 협력을 통한 만성질환자 지속 관리 실시

3) 사업 대상자

(1) 내소자
(2) 일반검진 및 생애전환기 검진결과 고혈압, 당뇨병 환자
(3) 의원급 만성질환관리제를 통해 공단에서 연계 받은 고혈압, 당뇨병환자
(4) 그 외 심뇌혈관질환자(뇌졸중, 심근경색 등)
(5) 지역주민

Q 참고 POINT

[의원급 만성질환관리제(2012)]
- **대상**: 고혈압, 당뇨병을 치료하기 위해 의원에서 질환간리 의사를 표명한 환자
- **혜택**: 진찰료 본인부담 경감(30% → 20%)
  건강지원서비스 – 교육책자 제공, 개별상담 및 집단교육 서비스, 자가측정기 대여 등

---

3 고혈압, 당뇨병, 이상지질혈증 진단 기준

1) 고혈압 진단 기준

분류		수축기 혈압		이완기혈압	생활요법	약물치료
정상		120 미만	그리고	80 미만	장려	불필요
주의		120~129	그리고	80 미만	필수	불필요
전단계		130~139	또는	80~89	필수	불필요
고혈압	1기	140~159	또는	90~99	필수	필요
	2기	160이상	또는	100 이상	필수	필요

*출처: 보건복지부·질병관리청(2024). 통합건강증진사업—심뇌혈관질환예방관리사업 안내.

2) 당뇨병 진단기준

분류	공복혈당(mg/dL)	경구 당부하 검사 (2시간 후 혈당)	임시 시점의 혈당치	당화혈색소(%)
정상	100 미만	140 미만	–	–
전 단계	100~125	140–199	–	5.7~6.4
당뇨병	126 이상	200 이상	200 이상이고 다뇨, 다음, 체중감소의 증상이 있을 때	6.5% 이상

*출처: 보건복지부·질병관리청(2024). 통합건강증진사업—심뇌혈관질환예방관리사업 안내.

3) 이상지질혈증 진단기준

구분	총콜레스테롤	중성지방	HDL	LDL
적정	< 200	< 150	≧ 60(높음)	< 100
정상	–	–	≧ 60(높음)	100~129
경계	200~239	150~199	–	130~159
높음	≧ 240	200~499	< 40(낮음)	160~189
매우 높음	–	≧ 500	< 40(낮음)	≧ 190

*출처: 보건복지부·질병관리청(2024). 통합건강증진사업—심뇌혈관질환예방관리사업 안내.

4 | 대사증후군

1) 정의

당뇨병, 복부비만, 고혈압, 고지질혈증과 같은 **심뇌혈관질환을 일으키는 위험요인**이 한 사람에게 동시다발적으로 발생하는 것을 말한다.

2) 진단기준

아래의 5가지 요소의 기준 중 **3가지 이상**을 가지고 있는 상태를 대사증후군으로 정의한다.

항목	이상 기준	
복부지방(허리둘레)	남	90cm 이상
	여	85cm 이상
혈압	수축기	130mmHg 이상
	이완기	85mmHg 이상
혈당	공복혈당	100mg/dℓ 이상
중성지방		150mg/dℓ 이상
HDL 콜레스테롤	남	40mg/dℓ 미만
	여	50mg/dℓ 미만

*출처: 질병관리청 국가건강정보포털 https://www.health.kdca.go.kr

> **기출문제 핏 보기**
>
> 다음 중 대사증후군 진단시 사용하는 요소 및 기준으로 옳지 않은 것은? 16년 서울
>
> ① 혈압 130/85mmHg 이상
> ② 중성지방 150mg/dL 이상
> ③ 공복 시 혈당 100mg/dL 이상
> ④ 체질량 지수 25kg/m² 이상

정답 ④

CHAPTER **05** # 지역사회 중심 재활사업

1 재활의 개념

1) 재활의 정의

재활은 장애를 지닌 이들의 의학적인 치료는 물론 신체적, 정신적, 사회적, 직업적인 가용능력을 최대한 회복시키는 과정으로 궁극적으로 장애인의 사회통합을 목표로 한다.

2) 장애의 정의

(1) 장애인(장애인복지법 제2조)

장애인이란 신체적, 정신적 장애로 오랫동안 일상적인 생활이나 사회생활에서 상당한 제약을 받는 자들이다.

(2) 장애인의 분류기준(장애정도 판정기준, 보건복지부 고시 제2019-117호)

대분류	중분류	소분류	세분류
신체적 장애	외부 신체기능의 장애	지체장애	• 절단장애, 관절장애, 지체기능장애, 변형 등의 장애
		뇌병변장애	• 뇌의 손상으로 인한 복합적인 장애
		시각장애	• 시력장애, 시야결손장애
		청각장애	• 청력장애, 평형기능장애
		언어장애	• 언어장애, 음성장애, 구어장애
		안면장애	• 안면부의 추상, 함몰, 비후 등 변형으로 인한 장애
	내부 기관의 장애	신장장애	• 투석치료중이거나 신장을 이식 받은 경우
		심장장애	• 일상생활이 현저히 제한되는 심장기능 이상
		간장애	• 일상생활이 현저히 제한되는 만성 · 중증의 간기능 이상
		호흡기장애	• 일상생활이 현저히 제한되는 만성 · 중증의 호흡기기능 이상
		장루 · 요루장애	• 일상생활이 현저히 제한되는 장루 · 요루
		뇌전증장애	• 일상생활이 현저히 제한되는 만성 · 중증의 뇌전증
정신적 장애	발달장애	지적장애	• 지능지수가 70 이하인 경우
		자폐성장애	• 소아청소년 자폐 등 자폐성 장애
	정신장애	정신장애	• 정신분열병, 분열형정동장애, 양극성정동장애, 재발성우울장애

Q 참고 POINT

[장애분류체계(WHO)]

(1) ICIDH(1980, WHO): 국제장애분류

① 손상(impairement): 신체기능상의 문제 또는 신체구조의 변형을 의미

② 불구(disability): 활동을 수행하는데 있어서의 어려움을 의미, 손상으로 인한 이차적 장애

③ 불리(handicap): 손상 혹은 불구로 인해 경험하는 사회적 불이익으로서 편견, 차별 등을 의미

(2) ICIDH-2(1997, WHO)

환경과 개인이라는 상황적 요인을 포함한 장애 개념을 채택

① 손상(impairement)

② 활동(activities)

③ 참여(participation)로 구분

(3) ICF-2(2001, WHO): 국제기능·장애·건강분류

장애에 대한 개별적 모형과 사회적 모형을 한 체계 안에서 포괄적으로 설명함

① 손상(impairement)

② 활동제한(activities limitation)

③ 참여제약(participation restrictions)로 구분

✎ 기출문제 맛 보기

우리나라 「장애인복지법」에 의한 장애 대상으로 맞는 것을 고르시오.   08년 서울

가. 지체장애	나. 호흡기장애	다. 자폐성장애	라. 수술장애

① 가, 나, 다   ② 가, 다
③ 나, 라   ④ 가

정답 ①

2 지역사회 중심 재활사업(CBR)

1) 지역사회 중심 재활사업의 목적

지역사회 장애인의 건강상태 개선 및 건강관리능력 향상을 위하여 보건소를 중심으로 지역사회의 인적 · 물적 자원을 최대한 개발 · 활용하여 재활서비스를 체계적으로 제공함으로써 장애인의 재활 촉진 및 사회참여를 증진시켜 보다 건강한 삶을 누릴 수 있도록 한다.

2) 지역사회 중심 재활사업의 필요성

(1) 장애인구의 급속한 증가
① 산업화와 도시화 및 노인인구 및 만성퇴행성 질환의 증가에 따른 장애인구의 증가
② 세계인구의 10% 다양한 종류의 장애를 가짐

(2) 재가 장애인을 위한 재활서비스의 절대적 부족
① 시설중심재활로는 2~3%의 대상자만 수용 가능
② 대부분의 재가장애인은 재활서비스를 받지 못함

(3) 재가 장애인을 위한 1차 보건의료 수준의 지역사회 재활서비스가 절대적으로 필요
① 실제로 지역에 살고 있는 장애인들이 가지고 있는 재활욕구의 70%는 장애의 조기발견, 재활에 대한 인식고취, 욕창관리, 대소변 관리, 가옥구조 변경, 간단한 재활치료 등으로 일차보건의료 수준에서 해결될 수 있는 문제들임
② 이러한 70%에 해당하는 재활의 영역을 지역사회에서 해결할 수 있도록 제반 여건을 조성하는 것이 우리나라 장애인 재활을 위한 가장 시급한 과제임

(4) 의료취약계층 장애인에 대한 공공보건사업의 필요성
특히 민간부분에서 관리가 어려운 의료취약계층인 장애인들에게 질적인 재활서비스를 공공부분에서 제공한다는 점에서 의의가 큰 공공보건사업임

3) 지역사회 중심 재활사업의 특징
(1) 지역자원을 최대한 가동시켜 능동적 역할을 담당한다.
(2) 지역상황에서 수용가능하고, 재정적으로 부담가능하며, 효과적이고 간단한 기술과 방법을 활용한다.
(3) 가능하면 1차보건의료체계와 같은 기존서비스 전달체계와 통합한다.
(4) 후송 의뢰체계와 보다 나은 결과를 얻을 수 있는 조정체계를 개발한다.
(5) 보건소와 같은 공공기관을 중심으로 주민들의 자발적인 참여를 유도한다.

4) 연혁

(1) 1993년 국립재활원이 일차 보건의료기관을 중심으로 지역사회 재활사업 지원

(2) 1995년 「지역보건법」이 개정되면서 장애인 재활사업이 보건소 업무로 명시

(3) 2000년 지역사회중심 재활 거점 보건소(16곳) 선정, 건강증진기금으로 사업 지원

(4) 2008년 방문건강관리사업으로 지역사회중심재활사업 일부 통합 운영

(5) 2013년 지역사회통합건강증진사업으로 통합

(6) 2017년 전국 254개 보건소로 사업 확대(필수사업으로 지정)

5) 추진 전략

(1) 장애인건강보건관리의 **지역 내 전달체계 확립**

① 지역장애인보건의료센터의 관내 보건소 간 보건의료–복지 연계와 조정기능 구축

② 보건소 지역사회재활협의체의 내실화로 지역 내 자원 발굴·개선 및 서비스 지원

(2) 유형별 장애 특성에 맞는 **맞춤형 건강관리 지원**

① 유형별 장애 특성에 맞는 보건의료 서비스 지원 및 건강생활 실천 프로그램 제공

② 장애 감수성 및 인식제고를 위한 장애인과 그 가족, 의료인 및 업무담당자의 교육 등 실시

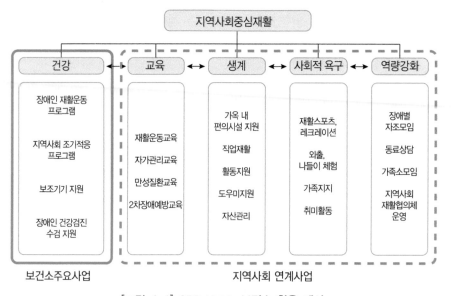

[그림 4-1] CBR Matrix 보건소 활용 예시

*출처: 보건복지부 등(2024). 지역사회중심재활사업 안내.

6) 사업대상자

(1) 사업대상 우선순위 선정 기준

① 사례관리가 필요한 중증의 법적 등록 장애인

② 의료기관에서 보건소 CBR사업으로 의뢰·연계된 관할 지역 내 거주하는 퇴원환자(예비 장애인)

③ 저소득층으로 지역사회에서 지속적 관리가 필요한 법적 등록 장애인

(2) 사업대상의 군 분류 기준

구분	집중관리군	정기관리군	자기역량지원군
대상 기준	정기적 건강관리 및 방문재활 서비스가 필요한 장애인	정기적 건강관리가 필요한 장애인	건강 및 복지정보서비스 제공이 필요한 장애인
등록 기준	기능평가(MBI) 49점 이하 또 는 삶의 질(EQ -5D) 0.666점 미만	기능평가(MBI) 50-74점 또는 삶의 질(EQ -5D) 0.666점 이상	기능평가(MBI) 75점 이상
서비스	정기적	정기적	비정기적
평가 횟수	연2회	연2회	연1회

*출처: 보건복지부 등(2024). 지역사회중심재활사업 안내.

7) 지역사회 중심 재활사업의 내용

(1) 사업계획수립: 장애인의 요구와 자원 파악을 통한 사업계획 수립

(2) 재활 대상자 선정기준 마련 및 등록, 의뢰, 퇴록의 원칙 구축

(3) 재활서비스 및 건강관리서비스 제공: 보건소 방문간호사업과 연계

(4) 장애예방을 위한 보건활동

(5) 지역 내 유관기관 및 자원과의 연계체계 구축

(6) 교육 및 홍보활동: 재활요원, 관련기관, 지역주민을 대상으로 교육 및 홍보

(7) 지역별 특성화된 재활프로그램개발: 주간 재활 프로그램, 이동클리닉, 기능훈련 교실 등

(8) 조사 및 연구: 지역자원 파악 및 요구도 조사, 사업평가 및 프로그램 개발

*출처: 김춘미 등(2022). 지역사회보건간호학. 수문사. p.674.

🖉 **기출문제 맛 보기**

정신보건 사업 중 재활사업의 궁극적인 목표로 가장 적합한 것은? 13년 서울

① 현 상태에서의 적응을 통해 최적의 안녕상태를 유지한다.

② 기능의 회복을 통해 최대의 독립성을 키워 사회통합을 이룬다.

③ 적정기능수준향상을 목표로 한다.

④ 잠재적 기능 회복에 초점을 준다.

⑤ 가족과 지역사회에 복귀하도록 돕는다.

정답 ②

CHAPTER **06** # 국가 암 관리사업

1 암 검진 사업

1) 검진 대상자(암관리법 시행령, 제7조)

(1) 「국민건강보험법」에 의한 가입자 및 피부양자
(2) 「의료급여법」에 의한 의료급여수급자

2) 암 검진 프로그램(암관리법 시행령[별표1])

	검진대상	검진방법	검진주기
위암	40세 이상 남·여	• 위장조영검사 또는 위내시경검사	2년
간암	40세 이상 남·여 중 간암 발생 고위험군	• 복부초음파 검사 + 혈청알파태아단백검사	6개월
대장암	50세 이상 남·여	• 분변잠혈반응검사(대변검사) • 이상 소견 시 대장내시경검사 또는 대장 이중조영검사	1년
유방암	40세 이상 여성	유방촬영	2년
자궁경부암	20세 이상 여성	자궁경부세포검사	2년
폐암	54세 이상 74세 이하의 남·여 중 폐암 발생 고위험군	저선량 CT 검사	2년

⭕ 간암발생고위험군: 간경변증, B형 간염항원 양성, C형 간염항체 양성, B형 또는 C형 간염 바이러스에 의한 만성 간질환 환자

⭕ 폐암발생고위험군: 30년갑 [하루 평균 담배소비량(갑) × 흡연기간(년)] 이상의 흡연력을 가진 현재 흡연자와 폐암 검진의 필요성이 높아 보건복지부 장관이 고시한 사람

2 암관리사업의 내용

1) 암검진비용 지원사업

(1) 의료급여수급권자
(2) 건강보험가입자 및 피부양자로서 당해 연도 검진대상자 중 **월별 보험료액 등을 기준**으로 보건복지부장관이 정하여 고시하는 보험료 부과기준액 이하에 해당하는 자

2) 암환자의료비 지원사업

저소득층 암 환자에게 의료비를 지원하여 암 진단부터 치료까지 연속적 지원으로 **치료 접근성**을 높이기 위함

대상			기준(,21년 개편)
성인 (18세 이상)	건강보험	저소득층 (보험료 기준)	• 국가암검진 사업에 의한 5대암 신규 암환자 • 폐암환자 • 보험료 납부액이 지원 기준에 적합한 자
		차상위계층 (차상위본인부담경감대상자)	• 전체 암환자 • 당연 적용
	의료급여		• 전체 암환자 • 당연 적용
소아 (18세 미만)	건강보험	저소득층 (재산 및 소득 기준)	• 전체 암환자 • 소득 및 재산 기준이 충족되는 자
	의료급여		• 전체 암환자 • 당연 적용

○ 신청은 대상자의 주소지 관할 보건소에 신청하면 보건소장이 위임 등록함

3) 재가암관리사업

(1) 재가암환자 관리사업은 치료중인 암환자, 치료가 끝난 암생존자, 그리고 말기암환자에게 필요한 방문 보건의료서비스를 제공하는 사업

(2) 재가암환자에 대한 서비스 내용은 암환자의 상태별, 단계별로 맞춤 서비스 제공이 이루어지도록 함

(3) 보건소에서 직접 수행하거나 전문기관에 위탁하여 수행

○ 장기요양 등급 판정을 받은 재가 암환자는 재가암환자 관리사업 대상자에서 제외

4) 호스피스완화의료사업

(1) 말기암환자와 가족의 고통을 경감시키고 삶과 죽음의 질을 향상하기 위한 사업

(2) 호스피스 완화의료서비스의 제공형태는 입원형(완화의료병동), 가정형, 자문형(일반병동)의 형태로 호스피스 완화의료서비스가 제공됨

> 🖉 **기출문제 맛 보기**
>
> 국가암검진 사업에 포함되는 암 종류별 대상자와 검진주기에 대한 설명으로 가장 옳은 것은?　19년 서울
>
> ① 위암: 50세 이상 남·여, 2년
> ② 대장암: 50세 이상 남·여, 1년
> ③ 유방암: 40세 이상 남·여, 1년
> ④ 간암: 50세 이상 남·여 중 간암발생 고위험군, 6개월

정답 ②

CHAPTER **07** 사례관리

1 사례관리의 개념

1) 사례관리의 정의

(1) 사례관리란 **서비스의 질과 비용-효과적인 결과**를 향상시키기 위해 활용 가능한 자원을 동원하여 개인의 건강요구에 합당한 서비스를 제공하기 위한 **사정, 계획, 실행, 조정 및 평가 등의 총체적인 과정**이다(미국사례관리협회, 2007).

(2) 지역사회 중심의 사례관리란 대상자의 **다양하고 복잡한 건강요구가** 포괄적으로 충족되도록 **자원을 연계·조정하는 과정**으로 의료의 접근성과 질을 높이는 동시에 비용을 절감하기 위하여 다학제간 접근에 의해서 이루어지는 **포괄적 건강관리서비스체계**이다(이부용, 2007).

2) 사례관리의 목적

(1) **서비스의 질 향상**: 지속적인 양질의 의료제공, 의료의 분절화 방지, 삶의 질 향상

(2) **비용 통제**: 자원의 효율적 활용, 병원 입원기간의 단축 등 비용절감

3) 사례관리 원칙

(1) 지속성(영속성, continuity)

시간의 경과에 따라 **변화하는 대상자의 요구를 충족시킬 수 있도록** 사후관리, 지지적 관계, 재평가 등의 서비스를 영속적으로 제공함으로서 **서비스의 지속성**을 보장한다.

(2) 포괄성(comprehensiveness)

특정 시점에서 대상자가 가지고 있는 대상자의 **다양한 욕구를 충족**하기 위하여 다학제 간 연계 및 협력을 통한 **포괄적 서비스**를 제공한다.

(3) 통합성(intergration)

① 다양하게 분리된 전달체계 내에서 **서비스를 통합하여 연결**시켜 주는 것으로, **서비스가 중복, 결여**되지 않도록 조직적으로 제공되어야 한다.

② 사례관리자는 대상자 개인의 목표뿐만 아니라 서비스제공체계의 목표 달성을 위해서도 노력해야 한다.

(4) 개별성(individualization)

대상자의 요구는 개인의 특성이나 주어진 환경에 따라 다양하므로 대상자의 요구와 환경에 맞게 **개별적인 접근**이 이루어져야 한다.

(5) 책임성(responsibility)

사례관리 전 과정에 대하여 책임성을 가지고 대상자의 요구변화에 적절히 대처할 수 있도록 **자원을 동원하고 변경**할 수 있어야 한다.

4) 사례관리자가 갖추어야 할 능력

① 개인의 **건강요구를 파악**할 수 있는 전문적인 능력이 있어야 한다.
② 대상자에게 가용한 자원을 파악하고 필요한 **자원을 연계**할 수 있어야 한다.
③ 개인의 건강요구를 충족시킬 수 있도록 서비스 **계획을 수립하고, 이를 수행, 모니터, 평가**할 수 있어야 한다.
④ 개인의 개별적인 건강요구를 고려하여 가능한 여러 **자원을 조정**할 수 있어야 한다.
⑤ 대상자 및 자원과 원활하게 **의사소통**할 수 있어야 한다.
⑥ **서비스의 질과 비용-효과성을 평가**하고, 지속적으로 **향상**시킬 수 있어야 한다.

5) 사례관리자의 역할

사례관리자는 대상자가 가진 문제를 해결하기 위한 주도적 역할을 하는 사람으로 **조정자, 옹호자, 변화 촉진자, 상담자, 교육자, 중계자(연계자), 연구자, 자문가, 사정자, 계획자, 평가자** 등의 다양한 역할을 수행하여야 한다.

2 사례관리 과정 및 절차

1) 대상자의 선정 및 등록

① 사례를 **발견**하여 스크리닝을 통해 대상자를 **선정 · 등록**하고 **사정을 위한 자료를 수집**한다.

② 이때 대상자와 기관은 서비스제공에 있어 상호 간의 적격성 여부를 점검한다.

   예 사례발견, 스크리닝, 인테이크(등록)등

2) 사정

중재방식을 선택하기 위해 **대상자의 요구(문제점)와 공식 · 비공식 지지망을 검토**하는 과정으로 이 과정을 통해 서비스 수준과 성격이 결정된다.

① **요구 및 문제 사정**

대상자와 가족에 의해 제시된 문제 외에도 신체적 · 인지적 · 사회적 · 정서적 · 재정적 · 환경적 요구를 사정한다.

② **대상자자의 장 · 단점 및 능력사정**

대상자의 장 · 단점과 신체적, 인지적, 정서적, 활동적 기능을 사정한다.

③ **사회적 지지망 사정**

공식적 · 비공식적으로 대상자에게 도움 및 영향을 줄 수 있는 지지망의 구조, 상호작용, 감정적 지지, 물질적지지, 정보제공 및 조언, 비판 및 간섭 등을 사정한다.

④ **지원서비스 사정**

지원가능 서비스목록, 이용가능성, 적절성, 수용성, 접근성 등을 고려하여 사정하며, 서비스 이용에 장애가 되는 내 · 외부 장애물도 사정한다.

3) 계획

① 대상자와 함께 사례관리를 위한 **목표를 설정하고, 그에 기초하여 사례관리계획을 작성**하되 각 대상자의 욕구에 맞는 개별화된 목표와 계획을 수립하여야 한다.

② 대상자의 참여를 극대화시켜 목표성취에 대한 대상자의 동기부여 기회로 활용한다.

4) 개입 및 실행

대상자가 질 높은 서비스와 지원을 받을 수 있도록 **직 · 간접적으로 개입을 실행하는 단계**이다.

(1) **직접적 서비스(이행)**

사례관리자가 소속 기관 내 **서비스나 프로그램(내부 자원)을 대상자에게 직접 제공**하는 것으로 개별화된 상담 및 치료 프로그램을 제공하는 것이다.

   예 교육, 격려와 지지, 동기부여, 상담, 치료프로그램 제공 등

(2) **간접적 서비스(조정)**

① 사례관리자가 대상자를 대신하여 **필요한 타 기관이나 자원(외부자원)을 연계**하는 것으로 공식적 · 비공식적 지지를 확보하는 것이다.

② 이 경우 사례관리자는 사례회의를 통해 제공자의 어려움을 파악하고 해결하도록 노력하고, **타 서비스 제공기관 간 중복된 중재를 조정**해야 한다.

예 공식적 · 비공식적 지지자원과의 연계, 서비스 제공자 연계, 서비스 협상, 대상자 옹호

5) 점검 및 재사정

① 점검은 **계획된 서비스나 자원의 연계가 잘 이루어지고 있는지를 확인**하는 과정이며 점검을 통해 대상자의 변화를 파악하게 된다.

② 재사정은 대상자의 변화 또는 설정된 목표의 달성 등에 따라 3단계인 계획단계로 되돌아가 **목표 수정과 서비스 계획의 수정을 결정**하는 과정이다.

6) 종결 및 평가

① 종결은 **사례관리서비스를 종료(중단)**하는 것이다.

대부분 더 이상의 서비스가 필요 없는 상황이 되어 사례관리를 종결하지만, 다른 서비스가 요구되는 경우, 대상자나 가족이 종결을 원하는 경우, 대상자의 사망, 자원의 한계 등 다양한 요인에 의해서 이루어질 수 있다.

② 평가란 사례관리자에 의해 **동원 · 조정된 서비스가 가치있는지를 판단하는 과정**으로 사례관리 활동과 관련된 성과들을 평가한다.

예 서비스와 지원계획의 연관성, 목표 달성과 영향, 전반적인 효과성, 만족도

🖉 **기출문제 맛 보기**

〈보기〉는 보건소에서 실시하는 방문건강관리사업의 일부이다. 이에 해당하는 사례관리의 단계로 가장 옳은 것은?   20년 서울

〈보기〉
- 전문 인력의 판단과 팀 구성에 따라 건강관리서비스 내용 조정
- 서신발송, 전화, 방문, 내소, 자원연계 실시

① 요구사정   ② 목표설정 및 계획수립
③ 대상자 선정 및 등록   ④ 개입 및 실행

정답 ④

3 사례관리 모형

1) 서비스 전달 방법에 따른 분류

(1) 중개모형

사례관리자가 대상자에게 필요한 여러 가지의 서비스를 통합·조정하는 역할을 수행하지만, 직접서비스를 제공하지 않는다. 즉 필요한 서비스를 대상자에게 연계만 하는 것이다.

(2) 판매모형

사례관리기관이 대상자에게 직접서비스를 제공하는 모형으로서 대상자와의 판매계약을 통해 기관의 자체서비스를 제공하거나 다른 기관의 서비스를 구입하여 제공하는 것이다.

(3) 통합된 중개모형

주요 사례관리기관은 대상자에게 제한적인 일부의 서비스를 제공하고, 나머지 서비스는 다른 기관과 협력해서 제공하는 방식이다.

2) 서비스 장소에 따른 사례관리 모형

(1) 병원 중심의 사례관리 모형

① 병원의 간호사가 사례관리자로서 임상경로를 통해 임상간호와 재정적 성과에 대한 평가를 수행한다(뉴잉글랜드 모형).
② 대상자의 진행과정을 결정하고 소비한 자원을 모니터하기 위해 임상경로를 사용하며 이는 의료이용을 검토하거나 관리의료적인 기능을 의미하며 퇴원 이후 전화와 직접방문이 제한적으로 이루어 질 수 있다.

(2) 병원과 지역사회 연속형 모형

① 퇴원 후 지역사회에서 지속적·장기적 사례관리가 이루어지는 모형이다(애리조나 모형).
② 대상자의 요구사정 결과에 따라 대상자가 입원해 있는 동안과 퇴원 이후 적절한 지역사회 서비스로의 연계 이후까지 책임을 맡는다.

(3) 지역사회 중심 사례관리 모형

① 대상자가 퇴원 이후 독립적으로 지역사회에서 사례관리가 이루어진다.
② 고위험 및 고비용 대상자에게 사례관리서비스와 재가서비스를 제공한다(덴버 모형)

4 우리나라 사례관리사업의 운영사례

1) 보건소의 방문건강관리 사례관리(2007)

(1) 목적
① 취약계층의 자기건강관리능력의 향상
② 취약계층의 건강수준의 향상

(2) 주 대상
취약계층 중 고혈압·당뇨, 뇌졸중, 관절염, 암 등 만성질환자

(3) 서비스 내용
① 직접 간호 제공
② 건강교육 및 정보제공
③ 상담 및 지지적 서비스
④ 서비스 연계·의뢰

(4) 사례관리 인력
간호사, 물리치료사, 영양사, 치과위생사, 사회복지사, 운동사로 팀 접근

2) 의료급여 사례관리(2003)

(1) 목적
① 자기건강관리능력의 향상
② 합리적인 의료이용 유도(의료급여 재정의 안정화)
③ 지지체계 구축

(2) 주 대상
의료급여수급권자로서 부적절한 의료급여 이용자(의료급여 과다 이용자) 등

(3) 내용
제도안내, 의료이용 정보제공, 상담 및 정보제공, 자원연계 등 제공

(4) 사례관리 인력
의료급여관리사 ○ 의료인으로서 의료기관에 2년 이상 근무한 경력을 가진 자

> Q 참고 POINT
>
> [의료급여관리사의 업무]
> ① 건강관리능력 향상을 위한 교육, 상담
> ② 의료급여제도 안내 및 의료기관 이용 상담
> ③ 의사의 의료와 보건지도 및 약사의 복약지도에 대한 이행여부 모니터링 등 요양방법의 지도
> ④ 수급자와 보장시설 등 보건복지자원과의 연계
> ⑤ 그 밖에 의료급여관리에 필요한 사항으로서 보건복지부장관이 정하는 사항

3) 국민건강보험공단 사례관리사업(2002)

(1) 목적

① 치료순응도 향상

② 위험요인 감소

③ 건강수준 향상

④ 합리적 의료이용 유도(의료비 감소)

(2) 주 대상

의사의 치료지시를 이행하지 않는 만성질환자(과다 및 과소 수진자)

(3) 내용

① 의사의 치료지시 이행에 대한 모니터링 및 지도

② 위험요인 감소를 위한 교육 및 정보제공

③ 합리적 의료이용 지도

④ 대상자 및 가족 지지

(4) 사례관리 인력

건강관리사(국민건강관리공단 직원 중 200시간의 교육, 내부시험)

📝 단원확인문제

01. 우리나라의 가정간호사업 대두 배경은?

> 가. 핵가족화 된 가족제도의 변화
> 나. 인구의 노령화로 노인인구의 증가와 이에 따른 만성퇴행성 질환의 증가
> 다. 병원의 병상회전율의 증가를 위해
> 라. 국민의료비 부담 증가

① 가, 나, 다   ② 가, 다
③ 나, 라   ④ 가, 나, 다, 라

02. 우리나라 가정간호사업에 대한 설명으로 옳은 것은?

① 모든 간호서비스는 의사의 처방이 있어야 한다.
② 비용은 개별의료비, 기본방문료로 구성된다.
③ 개별의료비는 본인이 모두 부담하고 기본방문료의 20%를 본인이 부담한다.
④ 의사의 의뢰 없이도 가정간호사의 판단 하에 등록시킬 수 있다.

03. 가정간호사가 할 수 있는 업무범위에 해당하는 것은?

> 가. 상담   나. 응급처치 등의 교육 및 훈련
> 다. 투약 및 주사 처치   라. 검체 보존

① 가, 나, 다   ② 가, 다
③ 나, 라   ④ 가, 나, 다, 라

04. 다음의 대상자에게 적합한 군분류와 방문횟수로 옳은 것은?

> 장애인으로 관절염을 앓고 있고 고위험음주로 건강행태개선이 필요하다.

① 집중관리군으로 3개월 이내 8회 이상 방문하여야 한다.
② 정기관리군으로 3개월 이내 8회 이상 방문하여야 한다.
③ 집중관리군으로 3개월 마다 1회 이상 방문하여야 한다.
④ 정기관리군으로 3개월 마다 1회 이상 방문하여야 한다.

05. 다음 중 통합건강증진사업의 도입 목적으로 맞지 않은 것은?

① 사업의 효율성 제고
② 지방자치단체의 자율성 확대
③ 지방자치단체의 책임성 제고
④ 사업의 표준화, 통합화 운영

06. 다음 중 보건소 방문건강관리사업에 대한 설명으로 옳은 것은?

① 제공인력: 간호사, 의사, 물리치료사 등 다직종
② 법적 근거: 「의료법」
③ 비용부담: 본인부담 20%
④ 이용절차: 방문간호기관과 대상자 간의 서비스 계약

07. 만성질환을 예방하기 위한 프로그램 중 1차 예방에 속하는 것은?

① 보건소에서 성인 남성에게 금연교육을 실시함
② 보건소에서 아토피 어린이를 대상으로 캠프를 개최함
③ 보건교사가 신체검진을 통하여 당뇨병 어린이를 발견함
④ 방문간호사가 관절염이 있는 노인에게 관절운동을 교육함

08. 다음 설명에 해당하는 사례관리의 원칙은?

> 대상자의 다양한 요구에 대해 서비스가 중복되지 않도록 조직적으로 제공하고, 대상자 개인의 목표와 서비스 제공체계의 목표달성을 위해서 노력한다.

① 책임성   ② 개별성

③ 통합성   ④ 포괄성

09. 사례관리 과정 중 설정된 목표가 달성되도록 필요한 자원과 서비스를 조직, 확보, 변환, 통합하는 과정은?

① 이행   ② 계획

③ 감시   ④ 조정

10. 국가 암관리 사업에서 2차 예방수준의 지역사회 간호중재에 대한 설명으로 가장 옳은 것은?

① 의료급여 수급권자가 무료로 국가 암 검진을 받도록 안내한다.

② 초등학생을 대상으로 간접흡연의 유해성을 교육한다.

③ 중학교 여학생에게 무료 자궁경부암 예방접종 사업 캠페인을 실시한다.

④ 암환자를 위한 가정방문형 호스피스 사업을 추진한다.

11. 방문건강관리사업 대상자 중 정기관리군을 다음에서 모두 고른 것은?

> 가. 북한이탈 주민으로 감염성 질환이 1개 있는 자
>
> 나. 암 대상자로 암 치료 종료 후 3년이 경과한 자
>
> 다. 뇌졸중 등록자로 신체활동 미실천자
>
> 라. 당화혈색소가 6.8인 자
>
> 마. 출생 후 22일이 경과한 아기가 있는 다문화 가족

① 가, 라   ② 나, 다

③ 나, 마   ④ 다, 마

12. 다음 중 지역사회 재활간호사의 활동 내용으로 옳은 것은?

가. 환자 및 가족의 교육
나. 장애발생 고위험군에 대한 예방교육 실시
다. 장애 원인이 되는 상병의 조기발견
라. 장애별 보건교육 프로그램 개발

① 가, 나, 다
② 가, 다
③ 나, 라
④ 가, 나, 다, 라

13. 지역사회 중심 재활사업의 필요성 중 옳은 것은?

가. 지역사회에 방치된 장애인이 많다.
나. 거동불편 장애인의 저소득층 비율이 높다.
다. 시설중심 재활에 비해 비용부담이 낮다.
라. 장애인의 재활욕구는 대부분 전문적 치료를 충족시키는 것이다.

① 가, 나, 다
② 가, 다
③ 나, 라
④ 가, 나, 다, 라

14. 우리나라에서 시행되는 국가 암검진사업의 기준으로 적절하게 조립된 것은?

① 위암: 40세 이상이 남·여 - 1년 간격으로 실시
② 폐암: 54~74 이하의 남·여 - 2년 간격으로 실시
③ 자궁경부암: 20세 이상의 여성 - 2년 간격으로 실시
④ 대장암: 50세 이상의 남·여 - 2년 간격으로 실시

15. 다음 중 대사증후군 진단 시 사용하는 요소 및 기준으로 옳지 않은 것은?

① 혈압 130/85 mmHg 이상
② 중성지방 150mg/dℓ
③ 공복 시 혈당 100mg/dℓ
④ 체질량 지수 25kg/m²

16. 우리나라 방문건강관리사업의 추진배경으로 옳지 않은 것은?

① 국민의료비 절감유도
② 병·의원의 조기입원 및 시설보호를 추진
③ 취약계층을 위한 보건의료 이용 형평성 제고
④ 적극적인 만성질환 예방 및 관리활동 필요

17. 우리나라의 지역보건의료사업에 대한 설명으로 옳은 것은?

① 국가의 보건의료시책은 별개의 지방자치단체의 독자적 사업
② 상의 하달식의 보건의료사업
③ 5년마다 계획을 수립하여 연차별로 시행
④ 전국의 모든 보건소가 지역보건의료사업을 수행

18. 우리나라 장애인복지법에 의한 장애 대상으로 맞는 것을 고르시오.

가. 지체장애	나. 호흡기장애
다. 발달장애(자폐증)	라. 수술장애

① 가, 나, 다
② 가, 다
③ 나, 라
④ 가, 나, 다, 라

19. 다음 중 보건소 방문건강관리사업의 대상으로 옳지 않은 대상은?

① 차상위 계층의 건강위험군
② 기초생활보장수급자 중 건강위험군
③ 미인가 시설 거주 주민으로서 질환군
④ 장기요양등급판정자

20. 의료취약계층의 부정적 의료이용 행태를 가진 대상자에게 합리적인 의료이용을 유도하기 위하여 도입된 사례관리 유형으로 옳은 것은?

① 의료급여사례관리   ② 방문건강사례관리
③ 건강보험사례관리   ④ 정신건강사례관리

21. 보건소 방문 건강관리사업에 대한 설명으로 옳은 것은?

① 법적근거: 의료법
② 비용부담: 본인부담 20%
③ 이용절차: 대상자는 방문간호기관과 서비스 계약
④ 세공인력: 간호사, 의사, 사회복지사 등 다직종 참여

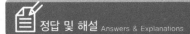
정답 및 해설 Answers & Explanations

01 정답 ④

가정간호사업은 핵가족화로 가족의 질병 시 간호할 사람이 부족하며, 노인인구의 증가로 만성퇴행성 질환이 증가하면서 장기입원으로 인한 의료비의 상승을 가져왔다. 뿐만 아니라 장기 환자의 입원은 병상회전율이 감소되었다. 이를 해결할 목적으로 가정간호사업의 필요성이 확대되었다.

02 정답 ②

2인 이상의 가정전문간호사가 상주하는 의료기관이면 어디나 가정간호사업을 할 수 있으며, 비용은 개별의료비(20%), 기본방문료(20%)를 본인이 부담한다. 의사의 의뢰를 통해서만 대상자 등록이 가능하며 의료서비스에는 반드시 의사의 처방이 있어야 한다.

03 정답 ①

「의료법 시행규칙」 제22조에 근거한 의료기관이 실시하는 가정간호의 범위는 검체의 채취 및 운반, 투약, 주사, 응급처치 등의 교육 및 훈련, 상담, 건강관리에 관한 다른 보건의료기관 등에 의뢰가 포함된다.

04 정답 ④

관절염, 뇌졸중, 암 등록자로 1개 이상의 건강행태 개선이 필요한 자는 정기관리군에 해당하며, 정기관리군의 방문횟수는 3개월 마다 1회 이상 방문해야 한다.

05 정답 ④

통합건강증진사업은 지자체가 주민을 대상으로 건강생활실천 및 만성질환예방, 취약계층의 건강관리를 목적으로 하는 사업을 통합하여 기존에 획일화, 표준화된 건강증진사업을 지역특성 및 주민 수요에 맞게 차별화하여 기획·추진하는 사업이다.

06 정답 ①

대상자는 건강취약계층, 법적근거는「지역보건법」, 비용부담은 무료, 이용절차는 관할 보건소에 대상자 등록 후 관리

07 정답 ①

1차 예방은 질병이 발생하기 전에 사전 예방하는 것으로 건강유지 및 증진을 꾀하는 노력과 질병 예방에 목적을 둔다. ③은 2차 예방이고 ②, ④는 재활로써 3차 예방에 속한다.

08 정답 ③

① 책임성: 사례관리 전 과정에 대하여 책임성을 가지고 대상자의 요구변화에 적절히 대처할 수 있도록 자원을 동원하고 변경할 수 있어야 한다.
② 개별성: 대상자의 요구는 개인의 특성이나 환경에 따라 다양해지므로 개별적인 접근이 이루어져야 한다.
④ 포괄성: 대상자의 다양한 요구를 충족하기 위해 포괄적 형태로 서비스가 제공되어야 한다.

09 정답 ④

이행은 사례관리자가 서비스를 직접 제공하는 과정이고, 조정은 대상자의 요구가 충족될 수 있도록 필요한 서비스나 자원을 조직, 변환, 연계 하는 과정이다.

10 정답 ①

①은 2차 예방, ②, ③은 1차 예방, ④는 3차 예방에 해당하는 중재이다.

11 정답 ②

가. 집중관리군 / 나. 집중관리군 또는 정기관리군 / 다. 정기관리군 / 라. 자기역량지원군 / 마. 집중관리군에 해당한다.

12 정답 ④

지역사회 재활간호사의 역할은 장애예방과 장애인 조기발견, 재활간호 제공, 장애별 보건교육 프로그램 개발 및 교육, 지역의 자원 동원 및 재활관련 기관과의 연계, 지역주민의 재활인식 고취 등이다.

13 정답 ①

재활에 대한 전통적인 접근방법인 시설중심 재활로는 대상자의 2~3%만 수용할 수 있고 나머지 대부분이 재가장애인으로서 재활서비스를 받지 못하고 있다. 재가장애인들이 가지고 있는 재활욕구의 70%는 장애의 조기발견, 재활에 대한 인식 고취, 욕창관리, 대소변 관리, 가옥구조 변경, 간단한 재활치료 등 일차보건의료 수준에서 해결될 수 있는 문제들이다.

14 정답 ③

① 위암: 40세 이상의 남·여 - 2년 간격으로 실시
② 폐암: 54~74 이하의 남·여 중 폐암 고위험군(30년갑 이상의 현재 흡연자)- 2년 간격으로 실시
③ 자궁경부암: 20세 이상의 여성 - 2년 간격으로 실시
④ 대장암: 50세 이상의 남·여 - 1년 간격으로 실시

15 정답 ④

대사증후군 진단기준
(1) 혈압 130/85mmHg 이상
(2) 중성지방 150mg/dℓ
(3) 공복 시 혈당 100mg/dℓ
(4) 복부비만 (허리둘레): 남자 90cm, 여자 85cm 이상
(5) HDL: 남자 40 미만, 여자 50 미만

16 정답 ②

방문건강관리사업은 병·의원의 조기입원 및 시설보호를 최소화하여 국민의료비 절감을 유도하기 위하여 취약계층의 가정이나 시설에서 제공되는 보건사업이다.

17 정답 ④

지방자치단체의 특성에 맞는 사업을 시행하되 국가 보건의료시책은 공통으로 수행하며, 하의상달식 보건의료사업으로, 지역보건의료계획은 4년마다 수립하고 매년 연차별 시행계획을 세운다. 「지역보건법」에 근거를 두고 사업을 진행하며 전국의 모든 보건소가 이를 따른다.

18 정답 ①

수술장애는 포함되지 않는다.

19 정답 ④

방문건강관리사업의 사업대상에는 장기요양등급판정자는 제외하도록 규정하고 있다.

[방문건강관리사업 대상자 선정기준]

• 건강증진서비스 이용이 어려운 사회, 문화, 경제적 건강취약계층에게 방문건강관리서비스 제공

기준
사회 · 문화 · 경제적 취약계층 중 건강위험군, 질환군을 대상으로 보건소 방문건강관리 서비스가 필요한 자를 지자체에서 선정
예시) 다문화가족, 북한이탈주민, 독거노인, 지역아동센터(빈곤아동), 청소년 쉼터 또는 미인가시설, 보건소 내 타부서 및 지역사회기관으로부터 방문이 필요하여 의뢰된 자 등

• 건강위험군은 질환의심군과 건강행태위험군(흡연, 고위험 음주, 신체활동 부족 등과 같은 생활습관관련 건강위험요인을 가진 인구집단)을 포함
• 장기요양등급 판정자 제외

20 정답 ①

의료취약계층의 합리적인 의료이용을 유도하기 위한 사례관리는 의료급여사례관리제도이다. 이에 반하여 건강보험사례관리는 만성질환자만을 대상으로 하며, 정신건강사례관리는 정신질환자를 대상으로 한다.

21 정답 ④

방문건강관리사업은 무료로 공공기관인 보건소 방문보건에서 수행하며 「지역보건법」에 근거하고 있다. 취약계층의 지역주민을 대상으로 하며 제공인력은 다직종이 참석한다.

PART

05

가족간호

CHAPTER 01 가족에 대한 이해

1 가족의 정의

가족은 시대와 사회문화적 배경에 따라 정의가 달라진다.

1) 전통적 관점

부부, 부모, 자녀, 형제 등 결혼, 혈연, 또는 입양에 의해 맺어져 생활을 함께 하는 공동체, 또는 그 성원으로 구성된 집단
- 건강가정기본법: 혼인, 혈연, 입양으로 이루어진 사회의 기본단위

2) 포괄적 관점

같은 또는 다른 혈족에서 유래해서 같은 집에 살면서 공통적인 감정유대를 경험하고, 서로에 대해 어떤 의무를 공유하는 둘 이상의 개인들로 구성된 집단(stanhope & Lancaster, 2000)

2 가족의 특징

1) 일차적 집단이다.

감정적인 유대가 깊은 사람들이 모여, **구성원들 간의 상호작용**이 그 어느 집단보다도 빈번하고 긴밀하며 집단에 대한 **소속감과 일체감**이 강하다.

2) 공동사회집단(정서집단)이다.

구성원들은 서로 **애정과 상호이해로 결합**되어 외부의 간섭이나 장애에도 분열되지 않는 **강력한 결합관계**를 가진다.

3) 폐쇄적 집단(closed group)이다.

가족구성원이 되기 위한 자격획득이나 포기가 용이하지 않다.

4) 가족은 형식적 집단이나 가족관계는 비형식적, 비제도적 집단이다.

결혼과 혼인신고라는 사회적 · 법적 절차에 의해 부부관계가 성립하므로 형식적이고 제도적인 집단(formal group)이다. 그러나 가족 상호간의 관계에 있어서는 자유롭고 순수하여 형식이나 예의에 얽매이지 않는 비형식적, 비제도적인 집단(informal group)이다.

5) 가족은 혈연집단이다.

가족은 출산을 통해 혈연집단을 형성하는 특성이 있으므로 부모−자식 간의 혈연관계는 본질적으로 영원히 존재하며, 가족 외에 혈연을 기반으로 하는 집단은 없다.

6) 가족은 하나의 집단으로 작용하며, 스스로 성장 · 발달한다

① 가족은 집단으로 작용한다.
② 가족은 이질적인 구성원들로 이루어진 집단으로써 개인의 욕구를 충족시킨다.
③ 가족은 시간과 장소에 따라 변한다.
④ 가족은 고유한 생활방식을 가지며, 이를 개발, 발전시켜 나간다.
⑤ 가족은 생활주기에 따라 스스로 성장해 나간다.
⑥ 가족은 지역사회와 상호작용한다.
⑦ 가족은 건강행위의 기본단위이다.

Q 참고 POINT

[가족의 특성]
• **일반적 특성:** ① 성과 혈연의 공동체 ② 거주 공동체 ③ 애정 공동체 ④ 운명 공동체
• **집단적 특성:** ① 일차집단 ② 공동사회집단 ③ 폐쇄집단 ④ 형식적 집단

3 가족의 유형

자연적 · 문화적 환경 차이에 따라 여러 형태의 가족이 존재한다.

1) 핵가족(Nuclear family)

부부와 그들의 미혼자녀로 구성된 2세대 가족

2) 확대가족(Extended family)

핵가족이 종적 · 횡적으로 확산되어 형성되는 것으로 자녀가 결혼 후에도 자신의 부모와 동거하는 가족 형태이다. 주로 전통적인 농경사회에서의 가족구조에 해당된다.

① **직계가족(Stem family)**: 결혼한 한 자녀가 부모와 동거하는 가족구조
② **방계가족(Joint family)**: 결혼한 두 자녀 이상이 부모와 동거하는 가족구조

3) 기타 가족의 형태

독신가족, 입양 가족, 한 부모 가족, 자녀가 없는 가족, 이혼가족, 재혼가족, 조손가족, 새싹가족, 분거가족, 동성애 가족 등 가족의 형태가 다양해지고 있는 추세이다.

4 가족의 기능

	대내적 기능	대외적 기능
1. 성 · 애정 기능	성적 욕구의 충족	성적 욕구의 통제
2. 생식 기능	자녀의 출산	종족보존(사회 구성원을 제공)
3. 경제 기능	생산과 소비 경제적 협동과 자립	노동력의 제공 및 경제 질서의 유지
4. 사회화 기능	자녀의 교육과 사회화	문화의 전달 및 사회적 역할과 지위창출
5. 보호 · 휴식 기능	신체, 정신적 보호, 지지 및 건강관리	사회의 안정화

5 가족의 생활주기(단계)의 분류

유형	특징	가족생활단계
Duvall (1977)	시간의 흐름에 따른 가족의 발달단계와 각 단계별 발달 과업을 제시	① 신혼기 가족 (결혼 ~ 첫 자녀 출생 전) ② 양육기 가족 (첫 자녀 출생 ~ 30개월) ③ 학령전기 가족 (첫자녀 30개월 ~ 6세) ④ 학령기 가족 (첫 자녀 6세 ~ 13세) ⑤ 청소년기(10대) 가족 (첫 자녀 13세 ~ 20세) ⑥ 진수기 가족 (첫 자녀 독립 ~ 막내 자녀 독립) ⑦ 중년기 가족 (부부만 남은 시기 ~ 은퇴 전) ⑧ 노년기 가족 (은퇴 ~ 부부 모두 사망)
WHO (1976)	핵가족의 가족생활단계를 결혼에서 배우자의 사망까지의 단계별로 구분	① 형성기 (결혼 ~ 첫 자녀 출생) ② 확대기 (첫 자녀 출생 ~ 마지막 자녀 출생) ③ 확대완료기 (마지막 자녀 출생 ~ 첫 자녀 독립) ④ 축소기 (첫 자녀 독립 ~ 마지막 자녀 독립) ⑤ 축소완료기 (마지막 자녀 독립 ~ 부부 중 한명 사망) ⑥ 해체기 (부부 중 한명 사망 ~ 나머지 부부 사망)
통계청	가구주의 연령을 기준으로 구분	① 형성기 (결혼: 25 ~ 34세) ② 확장기 (자녀 출산 및 양육: 35 ~ 44세) ③ 수축기 (자녀 독립: 45 ~ 64세) ④ 소멸기 (배우자 사망: 65세 이상)

🖋 기출문제 맛 보기

세계보건기구(WHO)의 가족생활주기(family life cycle)에서 첫 자녀 독립부터 막내 자녀 독립까지의 시기에 해당하는 발달단계는? 22년 지방

① 형성기(formation)
② 해체기(dissolution)
③ 축소기(contraction)
④ 확대완료기(completed extension)

정답 ③

6 우리나라 가족의 변화

1) 가족구조의 변화

(1) 세대구성의 단순화: 핵가족화

(2) 가족 규모의 축소

(3) 가족형태의 다양화: 노인 단독가구, 편부편모가구, 재혼가구 등

2) 가족기능의 변화

우리나라 가족은 산업화, 도시화, 서구화 등에 따른 가족기능의 축소와 약화를 겪고 있다.

(1) 경제적 기능의 변화

① 산업화에 따라 가족의 생산기능은 약화 또는 상실되고 소비기능은 강화됨
따라서 소비 생활수준이 가족생활 만족도에 직접적인 영향을 미침

② 산업화로 인하여 가족과 직업이 공간적으로 분리됨
따라서 가족원이 가정 밖에서 보내는 시간이 증가됨으로 인한 가족유대감 약화

③ 맞벌이 부부의 증가로 경제력이 양분
남성가구주의 소득비중이 줄고, 여성경제활동 인구가 늘어남

(2) 성적 기능과 재생산 기능의 약화

① 사회변화로 인한 임신·출산의 자유, 다양한 피임법 개발·보급, 성 개방풍조 등으로 가족의 성 규제 기능이 약화됨과 동시에 성에 대한 규범 및 가치관의 변화를 초래함

② 재생산 기능의 약화로 인한 출산율의 저하 추세

(3) 자녀 양육과 사회화 기능 약화

① 사회가 다원화, 이질화, 전문화 되면서 가족의 자녀양육 및 사회화 기능은 약화됨
– 사회화기능이 주로 학교나 외부기관 등에 이전됨

② 급속한 사회변화로 세대 간 갈등과 세대차이의 심화로 자녀의 사회화 기능이 약화되어 세대 간 통합 및 문화 계승의 저해로 이어짐

(4) 휴식과 여가 기능의 변화

① 가족여가보다는 개인여가시간이 증가, 창조적 활동보다 상품소비 방식의 여가문화 확산

② 계층 간 세대 간의 격차가 크고, 특히 노인들이 거의 소외됨

(5) 보호·지지 기능(복지기능)의 약화

① 가족해체 및 결손가족의 증가

이혼, 별거 등 가족해체의 증가는 가족체계의 불안정을 가져오며, 최근 증가하고 있는 한부모 가족, 조손 가족, 새싹 가족 등은 사회문제를 발생시켜 사회 안정과 통합에 위협요인임

② 노인부양문제 대두

가족 중 노인과 환자 등을 돌보는데 있어 인적, 물적, 시간적 여유의 부족으로 취약가족 구성원에 대한 보호·지지기능의 약화로 최근 노인부양문제가 사회문제로 대두됨

✎ 기출문제 맛 보기

우리나라 가족의 기능의 변화 양상에 대한 설명으로 옳지 않은 것은?　　17년 지방

① 산업화로 인하여 소비단위로서의 기능이 증가하였다.
② 학교 등 전문 교육기관의 발달로 교육기능이 축소되었다.
③ 사회보장제도의 축소로 인하여 가족구성원 간의 간병 기능이 확대되었다.
④ 건강한 사회 유지를 위한 애정적 기능은 여전히 중요하다.

---

3) 가족주기의 변화(WHO의 가족주기 모형을 중심으로)

가족주기	주기변화	변화요인
가족형성기	감소	여성의 초혼연령 상승하여 결혼 후 첫 자녀의 출산시기가 빨라짐
가족확대기	감소	출산력 저하에 따른 자녀 수 감소와 출산 간격의 단축을 출산 완료시기가 앞당겨짐
확대완료기	증가	자녀수 감소 및 출산 간격의 단축으로 막내아 출산이 빨라진 반면, 자녀의 초혼 연령은 높아짐
가족축소기	감소	출산력 저하에 따른 자녀 수 감소로 최근 한 자녀 가정이 보편화됨
축소완료기	증가	보건·의료기술이 발달하여 사망수준이 개선되면서 평균수명이 길어졌음
가족해체기	증가	남·녀 간 평균수명의 차이에 기인한 것임

정답 ③

🔍 참고 POINT

[제4차 건강가정기본계획(2021-2025)]

비전	**"2025 세상 모든 가족 함께"** 모든 가족, 모든 가족구성원을 존중하는 사회	
목표	가족 다양성 인정	평등하게 돌보는 사회

	영역 (4개)	정책과제 (11개)
영역별 과제	1. *세상* 모든 가족을 포용하는 사회기반 구축	1. 가족 다양성을 수용하는 법·제도 마련 2. 가족 다양성 인식과 평등한 가족문화 확산 3. 가정폭력 대응 강화 등 가족 구성원 인권 보호
	2. *모든* 가족의 안정적 생활 여건 보장	1. 가족 변화에 대응하는 경제적 기반 강화 2. 가족 특성을 고려한 자녀양육 여건 조성 3. 지역 중심의 통합적 가족서비스 체계 구축
	3. *가족* 다양성에 대응하는 사회적 돌봄 체계 강화	1. 지역 기반 다양한 가족의 돌봄지원 확대 2. 안전하고 촘촘한 돌봄 체계 구축 3. 가족 돌봄 지원의 양적·질적 강화
	4. *함께* 일하고 돌보는 사회 환경 조성	1. 남녀 모두 일하면서 돌볼 수 있는 권리 보장 2. 성평등 돌봄 정착 및 돌봄 친화적 지역사회 조성

*출처: 여성가족부.(2021). 제4차 건강가정기본계획2021-2025). p.14.

CHAPTER **02** 가족간호

1 가족간호의 이해

1) 가족간호의 정의

가족을 대상으로 지역사회간호과정을 통하여 가족의 적정기능향상을 도모하는 간호활동이다. 그러므로 가족간호는 가족 중 아픈 사람뿐만 아니라 건강한 사람도 포함하는 가족 전체를 대상으로 하는 간호이다.

2) 가족간호의 목적

가족의 적정기능 수준을 최대화하기 위하여 가족의 자기건강관리능력을 함양하고 삶의 질을 높이는 것을 목적으로 한다.

3) 가족간호의 필요성

(1) 만성퇴행성 질환의 증가

만성퇴행성질환자의 증가와 가족구조의 변화는 가족의 간호 부담을 가중시키고 이로 인해 가족 구성원의 역할구조가 변화되며, 가족의 삶의 질을 저하시키는 주요 문제로 대두

(2) 가족의 집단적 질병발생의 특성

가족의 생활양상은 가족 구성원의 건강과 관련된 습관, 가치, 태도에 영향을 주어 집단적 질병발생의 원인이 된다.
예 부모의 건강문제나 결함 ⇨ 자녀의 건강습관 형성에 영향 ⇨ 질병발생 가능성 높아짐

(3) 가족의 건강문제 결정권

건강문제 결정권은 개인이 갖고 있다기보다는 가족이 관여하고 결정한다.
예 간호대상자의 입원 및 치료 등 ⇨ 가족이 건강결정에 관여

(4) 건강증진에 대한 가족 단위 접근의 필요성

국민건강증진이 정책적으로 채택되면서 가족 단위의 접근이 개인의 건강행위에 효율적인 영향력을 행사할 수 있다는 인식이 증가되었다.

(5) 간호접근단위로서의 유용성

가족은 사회의 기본적인 단위일 뿐만 아니라 그 자체의 고유특성과 기능상 간호의 접근 단위로써 가장 효과적이고 유용한 매체이다.

2 가족간호 접근 방식

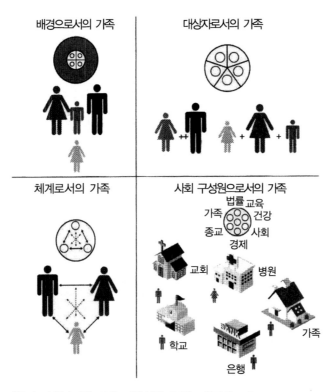

배경으로서의 가족

대상자로서의 가족

체계로서의 가족

사회 구성원으로서의 가족
법률 교육
가족 ◎ 건강
종교 사회
경제
교회 병원
학교 가족
은행

*출처: 심문숙 등(2022), 지역사회간호학II. 현문사. p.6.

1) 배경으로서의 가족

(1) 가족을 환자의 가장 근원적이며, 필수적인 **환경**으로 보는 접근법

(2) 가족을 스트레스원이나 문제해결의 기본자원으로 보는 접근

(3) 간호사의 관심의 초점은 개인

(4) 보다 나은 사정이나 중재를 위하여 가족을 지지체계로서 동참시킴

(5) 주로 임상간호사들이 가족접근에 사용

2) 대상자로서의 가족

(1) 가족을 **가족구성원의 합**으로 보는 접근법

(2) 개인의 건강에 가족의 영향이 크게 인식되면서 가족구성원이 간호의 대상이 됨

(3) 사업 제공시 가족 단위로 문제점을 포괄하여 함께 중재

(4) 가정의학이나 보건간호사업에 사용

3) 체계로서 가족

(1) 가족을 상호작용하는 **전체 체계**로서 보는 접근법

(2) 가족의 내·외 환경과의 상호작용에 초점을 둔다.

(3) 가족전체가 간호사정과 간호중재의 대상이다.

(4) 가족 내 상호관계나 가족 역동 또는 가족기능의 변화가 초점

(5) 지역사회간호사업에서 주로 많이 사용하는 접근

4) 사회구성요소로서의 가족

(1) 가족을 사회의 일차적 단위인 동시에 사회의 하위체계로 접근하는 방식

(2) 간호사는 가족과 **지역사회 기관(자원)들과의 상호작용(연계)**에 초점을 둠

Q 참고 POINT

[가족간호에 대한 3가지 접근법(Friedman,1989)]

(1) **개인 환경으로서의 가족간호**

가족을 환자나 가족 구성원에 대한 배경으로 보는 관점

(2) **대인관계체계로서의 가족간호**

주어진 시간에 상호작용하는 둘 또는 그 이상의 개인체계를 간호의 대상으로 접근

(3) **전체 체계로서의 가족간호**

환경체계와 하위체계가 상호작용하는 전체 체계로서의 가족에 초점

*출처: 박인혜 등(2017). 지역사회간호학 II. 현문사. p.87

---

3 가족간호 관련 이론

핵심 CHECK

[가족간호에서 가족이론을 적용하는 이유는 아래와 같다.]

(1) 가족을 체계적으로 이해하도록 돕는다.

(2) 조직적이고 논리적인 가족사정의 틀을 제공한다.

(3) 사정, 계획, 중재, 평가의 지침을 제공한다.

(4) 가족의 강점과 요구를 파악할 수 있게 하여 적절한 전략을 세우도록 돕는다.

1) 체계이론(System Theory)

1950년 Von Bertalanffy에 의하여 개발된 이론이다.

(1) 이론의 특징

① 가족을 하나의 체계로 보고, 가족 내 하부체계간의 관계 뿐 아니라 외부체계와의 교류에 의한 **체계의 균형(안정)**에 초점

② 가족 **내·외의 상호작용**을 이해하기 위한 수단을 제공

③ 가족을 개방체계로 접근함으로써 가족을 가장 포괄적으로 이해하는데 유용함

(2) 가족간호에의 적용

① 전체성

㉠ 가족은 **부분의 합보다 크다** 즉 가족은 각 부분의 특성을 합한 것 이상의 특징을 지닌 체계이다.

㉡ 개인의 성격, 목표, 가치관, 배경 등을 아무리 잘 안다 해도 그들이 상호작용하는 것을 알지 못한다면 우리는 그들의 가족체계를 다 이해할 수 없다.

㉢ 가족의 행동은 가족이라는 상황(체계)아래에서 잘 이해된다.

② 경계성

㉠ 가족을 환경으로부터 구분하는 경계로 환경과의 상호작용 정도에 따라 폐쇄적이거나 개방적인 가족이 된다.

㉡ 가족은 그 자체가 하위체계로 구성되어있고 더 큰 상위체계의 일부인 하나의 체계이다.
   • **상위체계**: 국가, 지역사회
   • **하위체계**: 부부 체계, 부모-자식 체계, 형제-자매 체계 등

③ 항상성

가족체계는 내·외부체계와의 지속적인 상호작용과 교류를 통하여 변화와 안정 간의 균형을 잡는다. ⓔ 만성질환 발생 → 가족기능의 변화 → 가족역할의 재조정 → 안정

④ 상호의존성(변화성)

㉠ 가족체계에서 **체계 한 부분의 변화는 체계 전체의 변화**를 초래할 수 있다.

㉡ 한 가족구성원의 질병발생은 가족 전체에게 영향을 미친다.

⑤ 순환성

㉠ 가족관계는 일회성이 아닌 지속적으로 서로 영향을 주고받으므로 **순환적 관점**에서 이해하여야 한다.

㉡ 가족에서의 사건(개인행동)은 직선적 관계(원인적 관계)가 아닌 **순환적 관계(상호적인 관계)**로 본다.

2) 구조-기능이론(Structure-Functional Theory)

구조-기능이론은 사회학과 인류학에서 유래, 결혼과 가족에 대한 초기 연구에서 많이 사용하였으며 Parson 등에 의해 정초되었다.

(1) 이론의 특징

① 가족은 **사회구조의 하나**로서 **사회전체의 요구에 얼마나 맞게 기능**하느냐에 초점**(사회화)**
② 상호작용의 과정보다 **구조 자체와 상호작용의 결과(기능)**에 중점을 둠
③ 가족구성원 간의 다양한 내적 관계뿐 아니라 가족과 **더 큰 사회와의 관계를 강조**
특히 **거시적 차원**에서 가족이 **사회통합에 어떻게 기여하는가**에 초점
④ 가족은 사회체계의 단위로, 지위-역할 복합체이며, 사회체계에서 부여되는 지위에 따른 역할을 수행함
⑤ 내용이 매우 구체적이며, 사정도구로는 **가계도와 사회지지도**가 있음

(2) 가족간호에의 적용

① 전체 가족구조뿐만 아니라 가족의 하부구조의 적합성에 중점을 둔다.
　　예 가족의 구조적 형태, 가족 내의 권력구조, 역할구조, 의사소통, 양상, 상호작용 구조 등
② 구조적 형태들이 사회에서 요구하는 가족의 기본 기능을 수행하도록 조직되었는가(구조의 적합성)에 연관되어 평가된다.
③ 가족이 사회의 하부체계로서 기능하며, 상위체계인 사회로의 통합에 간호의 초점을 둔다.
　　예 애정기능, 생식기능, 경제적 기능, 사회화기능, 보호기능 등

3) 상징적 상호작용이론(Symbolic interaction)

Mead에 의해서 이론이 정초되었으며, Blumer(1973)가 상징적 상호작용이라는 용어를 처음 사용되었다.

(1) 이론의 특징

① 가족은 상호작용하는 개인들의 단위로 이루어져 있다고 보고, **가족 내 개인 간의 관계**를 고찰한다.
② 가족구성원 간의 상호작용은 개인의 정체성에 영향을 주므로, 가족구성원 간의 **상호작용에 대한 개인의 중요성**을 강조한다.
③ 가족의 **내적과정**에 초점을 두며, 상호작용의 결과보다는 **상호작용의 과정에 중점**을 둔다.
④ 가족의 상호작용은 외부관찰로만 설명할 수 없으며, 반드시 가족구성원이 그 상황을 지각하는 방식으로 이해해야 한다.

(2) 가족간호에의 적용

① 가족건강은 가족구성원의 역할, 역할갈등, 의사소통 및 의사결정 과정 등 가족 **내적인 과정**에 영향을 받으므로 이에 초점을 둔다.

② 가족의 변화는 가족 외부의 힘보다는 가족 구성원의 상호작용의 산물로 본다.

③ 내적 과정의 이해에 있어 주된 초점은 **가족의 역할**이다.

④ 가족내 개인의 역할과 역할기대에 따른 상호작용을 중시하는 **미시적 접근**을 사용한다.

➡ **역할과 역할 기대**가 일치하여 역할수행이 잘 이루어지면 건강한 가족으로 봄

예 십대청소년의 가출, 가정 폭력, 알코올 중독가족 등의 문제를 접근 시 주로 사용된다.

🖉 기출문제 맛 보기

가족이론에 대한 설명으로 옳지 않은 것은?   20년 지방

① 구조-기능이론: 가족 기능을 위한 적절한 가족 구조를 갖춤으로써 상위체계인 사회로의 통합을 추구한다.

② 가족발달이론: 가족생활주기별 과업 수행 정도를 분석함으로써 가족문제를 파악할 수 있다.

③ 가족체계이론: 가족 구성원을 개별적으로 분석함으로써 가족체계 전체를 이해할 수 있다.

④ 상징적 상호작용이론: 가족 구성원 간 상호작용이 개인 정체성에 영향을 주므로 내적 가족역동이 중요하다.

---

4) 가족발달이론

• Duvall(1977)의 가족발달단계와 발달과업

Duvall은 가족의 생애를 통해 계속 변화해 가는 8단계의 발달단계와 각 단계별로 각 구성원이 완수해야할 특정의 발달과업을 제시하였다.

① 이론의 특징

㉠ 핵가족을 중심으로 한다.

㉡ 각 발달단계에 따라 가족이 완수해야 할 특정 발달과업이 있다.

㉢ 각 발달단계는 첫 자녀의 나이에 의해 구분된다.

㉢ 가족의 발달단계에 따라 발달과업에 대한 예측이 가능하고, 짧은 시간에 가족사정이 가능하므로 적절한 간호를 제공할 수 있어 가족간호사에게 유용한 접근법이다.

정답 ③

② 가족 발달과업

단계	기준	발달과업
1. 신혼기	결혼 ~ 첫 자녀 출생 전까지	• 결혼에의 적응 • 가족계획, 성적 양립성, 독립성과 의존성의 조화 • 친척에 대한 이해와 관계 수립 • 자녀 출생의 대비 • 밀접한 부부관계의 수립
2. 출산기 (양육기)	첫 자녀의 출생 ~ 30개월	• 부모의 역할과 기능 습득 • 각 가족구성원의 갈등이 되는 역할의 조정 • 산아제한, 임신, 자녀양육 문제에 대한 배우자 간의 동의
3. 학령전기 가족	첫 자녀의 30개월 ~ 6세	• 자녀들의 사회화 교육 및 영양관리 • 자녀들 간의 경쟁에 대한 대처 • 자녀와의 균형적인 관계 형성 • 안정된 부부 관계의 유지
4. 학령기 가족	첫 자녀 6세 ~ 13세	• 자녀들의 사회화 습득 • 가정의 전통과 관습의 전승 • 가족 내 규칙과 규범의 확립 • 자녀들의 학업성취의 증진 • 만족스런 부부관계의 유지
5. 10대 가족	첫자녀 13 ~ 20세	• 10대 청소년 자녀의 자유와 책임의 균형을 맞춤 • 자녀들의 독립성 증가에 따른 자유와 책임의 조화 • 세대 간의 충돌 대처 • 자녀들의 성 문제 대처 • 직업(수입)의 안정화 • 자녀의 출가에 준비 • 안정된 결혼관계의 유지
6. 진수기 가족	첫 자녀가 독립 ~ 막내 자녀 독립	• 자녀의 독립지지 및 격려 • 늙어가는 부모들에 대한 돌봄 및 지지 • 자녀들의 출가에 따른 부모의 역할 적응 • 새로운 흥미 및 관심영역의 개발과 참여 • 부부관계의 재조정
7. 중년기 가족	자녀들이 집을 떠난 후 ~ 은퇴할 때까지	• 경제적 안정, 은퇴에 대한 경제적, 심리적 준비 • 출가한 자녀 가족과의 유대관계 유지 • 부부관계의 재확립
8. 노년기 가족	은퇴 후 ~ 부부 모두 사망	• 은퇴에 대한 대처(적응), 만족스러운 생활 유지 • 건강 문제에 대한 대처 • 사회적 지위 및 경제적 감소의 대처(적응) • 배우자 상실, 권위의 이양, 의존과 독립의 전환

🖉 **기출문제 맛 보기**

Duvall은 가족발달주기를 8개 단계로 제시하였다. 다음과 같은 발달과업의 성취가 요구되는 가족발달주기는?

14년 서울

• 건설적인 방식으로 공동생활에 참여 • 자녀의 교육적 성취를 격려 • 가정의 전통과 관습의 전승

① 양육기 가족   ② 학령전기 가족

③ 학령기 가족   ④ 청소년기 가족

정답 ③

CHAPTER 03

가족간호과정

- 가족간호과정은 일련의 역동적, 순환적인 행위로 과학적인 문제해결을 위한 하나의 체계적인 접근방법이다.
- 개인을 대상으로 하는 간호과정과 마찬가지로 사정, 진단, 계획, 수행, 평가의 단계를 가진다.

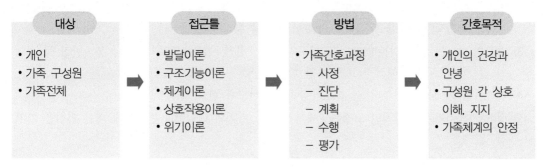

[그림 5-1] 가족간호 개념틀

1 사정

1) 자료수집

(1) 일차 자료

① 가정방문, 직접관찰, 전화, 대상자 면접 등 지역사회간호사가 대상자로부터 직접적으로 자료를 수집하는 방법

② 면담, 관찰, 신체사정, 환경조사 등을 통해 자료를 수집

(2) 이차자료

① 가족과 가까운 사람들로 이웃, 친척, 친구 등 지역에서 가족에 대한 정보를 얻을 수 있는 인적자원을 통해 자료를 수집하는 방법

② 기존자료의 활용하는 방법
- 가족이 이용하는 보건의료기관의 자료, 학교, 직장, 공공기관, 통계 등의 이미 수집된 기존자료를 활용하는 방법
- 시간과 노력이 절약되므로 우선적 접근

[자료의 분류]
- 1차 자료: 간호사가 직접 가족 및 환경으로부터 접촉하여 얻은 자료
- 2차 자료: 가족과 관련 있는 타인, 기관, 건강기록지 등 다양한 자료원으로부터 간접적으로 얻은 자료

2) 가족 사정 시의 기본 원칙

(1) 가구원보다는 **가족 전체**에 초점을 맞추어 접근 한다.

(2) 가족정보 중 **이중적 의미의 정보**가 있을 수 있으므로 한 가지 정보나 단면적인 정보에 의존하기 보다는 **복합적인 정보**를 수집하여 정확한 해석을 통하여 판단한다.

(3) 가구원 한 사람에게 의존하지 않고 가구원 전체, 친척, 이웃, 의료기관이나 통·반장 등 지역자 원 및 기존자료를 통해서 자료를 수집 한다.

(4) 가족이 함께 사정에서부터 전 간호과정에 **참여**하도록 한다.

(5) 정상 가족이라는 일반적인 고정관념에서 벗어나 가족의 **다양함과 변화성**에 대한 인식을 가지고 접근한다.

(6) 가족의 문제점뿐만 아니라 **강점**도 사정한다.

(7) 가족사정 자료들은 질적 자료가 필요하므로 충분한 시간을 할애해야 한다.

(8) 수집된 자료 중에서 **의미 있는 자료**를 선택하여 기록 한다.

(9) **사정된 자료는 가족의 문제나 원인이 아님**을 기억한다. 즉 사정자료는 진단이 아니므로 자료를 통해 의미 있는 내용을 선택하여 진단을 잡아야 한다.

3) 가족간호 사정영역 및 내용

한국 가족들의 문제를 중심으로 구성된 김의숙(1994)등의 가족 간호 접근의 7가지 주요 영역

영역	내용
1. 가족구조 / 발달주기	㉠ 가족 형태: 확대 가족 또는 핵가족 여부, 동거형태 및 가족 외 동거인, 가족구조도 ㉡ 발달 주기와 발달 과업
2. 가족체계 유지	㉠ 재정: 직업, 재정자원, 수입의 분배 ㉡ 관습과 가치관: 일상생활과 관련된 습관, 종교, 여가 활동 ㉢ 자존감: 교육 정도, 관심과 목표, 삶의 질 또는 만족도 ㉣ 가족규칙
3. 상호작용 및 교류	㉠ 의사소통: 방법, 빈도, 유형(사슬형, 바퀴형, Y형, 완전형) ㉡ 역할: 역할 만족, 업무의 위임과 분배, 업무 수행의 융통성 ㉢ 사회화와 양육: 사회 참여, 훈육 및 자녀 교육, 가치관, 가훈 ㉣ 의사결정과 권위: 가족 권력 관계, 가족구성원의 자율성 정도 ㉤ 사회 참여와 교류
4. 지지	㉠ 정서적, 영적 지지: 가족밀착도 ㉡ 경제적 협동 ㉢ 지지자원: 가족 내·외, 친족이나 이웃, 전문 조직, 사회지지도, 부부유형(남편 지배형, 부인 지배형, 민주형)
5. 대처/적응	㉠ 문제 해결: 문제 해결 과정, 참여자와 지도자 ㉡ 생활의 변화
6. 건강관리	㉠ 가족의 건강력: 유전 질환 등 가족 질병력, 심리적 문제에 대한 가족력, 질병 상태 ㉡ 생활방식: 위험 행위(영양, 운동, 수면, 흡연, 술, 스트레스, 약물 남용) ㉢ 자가간호능력: 예방법, 응급 처치 등 질병의 원인과 치료에 대한 지식 ㉣ 건강관리 행위 ㉤ 일상생활수행능력(ADL) ㉥ 도구적 일상생활수행능력(IADL)
7. 주거환경	㉠ 주거 지역: 주거 상태 및 주위 환경, 환경적 소음이나 공해 ㉡ 안전 위험 요소 ㉢ 생활 공간: 적합성, 효율성, 사생활 보장 ㉣ 위생: 화장실, 상·하수도, 환기, 조명, 부엌, 쓰레기 시설, 방충망 등
8. 가족의 강점	㉠ 가족에 대한 긍지, 효과적인 의사소통, 위기관리 능력 ㉡ 가족의 구심점이나 리더의 존재, 지지의 확보 ㉢ 가족 공통의 취미나 종교, 긍정적인 삶의 자세, 건강에 대한 관심 등 ※ 가족의 건강문제를 해결하는 데 매우 중요한 부분으로 작용한다.

*출처: 김춘미등(2022). 지역사회보건간호학. 수문사. p.713.

4) 가족간호사정 도구

(1) 가족구조도 또는 가계도(Genogram)

① 가족 전체의 **구성과 구조**를 한 눈에 볼 수 있도록 고안된 그림으로 3세대 이상에 걸친 **가족구성원에 관한 정보와 그들 간의 관계**를 도표로 나타낸다.

② 나이, 성별, 혈족관계, 중요한 가족사건(결혼, 이혼, 죽음 등), 직업, 가족의 질병력 등에 관한 정보 등이 포함된다.

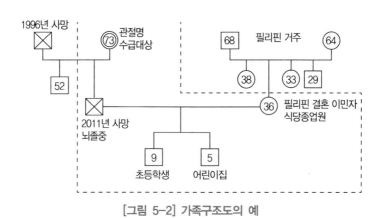

[그림 5-2] 가족구조도의 예

[가족구조도 도식 방법]

도식원칙	도식순서
• 법적 혼인관계의 가족구성원은 수평선 • 남편은 왼쪽, 아내는 오른쪽 • 자녀는 수직선 • 출생순위가 높을수록 왼쪽에 위치	① 부부를 그린다. ② 부부의 자녀를 그린다. ③ 남편과 아내의 부모와 형제자매를 그린다. ⑤ 가족구성원 개인별 정보를 기술한다. ④ 동거가족구성원은 점선으로 표시한다.

*출처: 한영란 등(2022). 최신 지역사회보건간호학 . 현문사. p.374.

③ 가족구조도의 작성방법

㉠ 가족구조를 부부, 자녀, 부부의 양가 부모와 형제 자매 순으로 도식화한다.

㉡ 가족에 관한 정보를 기록한다.

㉢ 함께 사는 가족을 점선으로 표시한다.

(2) 가족밀착도(Attachmentgram)

　① 현재 동거하고 있는 가족구성원들 간의 **밀착관계와 상호관계**를 그림으로 도식화

　② 가족의 구조뿐만 아니라 구조를 구성하고 있는 **관계의 본질**을 파악

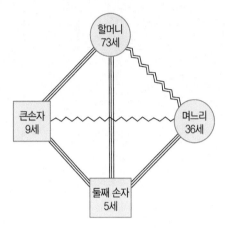

[그림 5-3] 가족밀착도의 예

[가족밀착도의 도식방법]

도식원칙	도식순서
• 가족구성원 개인별로 가족 내 역할과 연령 기술 • 남자 □ 여자 ○ • 친밀감이 약한 관계 ———— • 친밀한 관계 ═════ • 매우 밀착된 관계 ≡≡≡≡ • 갈등관계 ⋀⋀⋀⋀ • 심한 갈등관계 ⋀⋀⋀⋀⋀ • 단절 혹은 이별관계 —╫— • 갈등이 해소되어 친밀하게 된 관계 ⋈⋈⋈⋈	① 가족구성원을 둥글게 배치 ② 가족구성원 각 두 명 간의 관계를 선으로 표현

*출처: 한영란 등(2022). 최신 지역사회보건간호학. 현문사. p.375.

(3) 사회지지도(Sociosupportgram)

　① 사회지지도는 가족 내 가장 **취약점을 가지고 있는 가구원**을 중심으로 가족 내부뿐 아니라 외부와의 상호작용을 보여준다.

　② **가족의 지지체계 양상**을 전반적으로 이해할 수 있도록 도와줄 뿐 아니라

　　㉠ 가족의 문제를 해결할 때 누구를 중심으로 시작할 것인지,

　　㉡ 어떻게 지지체계를 활용할 수 있을 것인지를 알려주므로 가족 중재에 활용

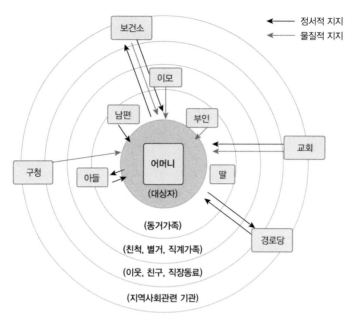

[그림 5-4] 사회지지도의 예

*출처: 한영란 등(2022). 최신 지역사회보건간호학. 현문사. p.376.

[사회지지도의 도식방법]

도식원칙	도식순서
• 정서적 지지는 검은선을 사용 • 물질적 지지는 색 선을 사용 • 강한 지지 수준 ——→ • 보통의 지지 수준 ——→ • 지지가 없는 경우 선이 없음 • 화살표로 지지제공의 방향을 표시	① 취약한 가족구성원을 선택 ② 크기가 다른 다섯 개의 원을 순차적으로 그림 　→ 가장 안쪽 원에 가족 내 취약한 대상자를 표시 　→ 두 번째 원에는 대상자의 동거가족을 표시 　→ 세 번째 원에는 친척, 별거, 직계가족을 표시 　→ 네 번째 원에는 이웃, 친구, 직장동료를 표시 　→ 다섯 번째 원에는 지역사회관련 기관을 표시 ③ 대상자와 인적·사회적 자원 간의 지지 정도를 표시

*출처: 한영란 등(2022). 최신 지역사회보건간호학 . 현문사. p.376.

(4) 외부체계도(Ecomap)

① 외부체계도는 가족을 둘러싸고 있는 다양한 **외부체계와 가족구성원과의 관계**를 그림으로 나타낸 것이다.

② 다양한 외부 체계와 가족의 상호작용 특성, 즉 가족과 외부환경 사이의 중요한 **에너지 흐름, 지지적인 관계와 스트레스 관계, 자원 활용, 부족한 자원** 등을 표현할 수 있다.

③ 가족구성원에게 영향을 미치는 스트레스원을 찾는 데 도움이 된다.

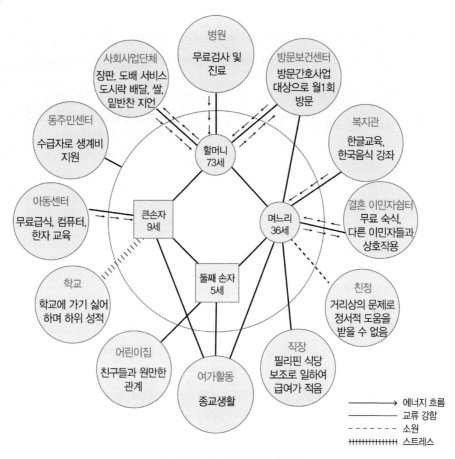

[그림 5-5] 외부체계도의 예

*출처: 박인혜 등(2017). 지역사회간호학 Ⅱ. 현문사. p.104.

[외부체계도의 도식방법]

도식원칙	도식순서
• 에너지의 흐름 ──────▶ • 강한 교류관계 ────── • 소원한 관계 - - - - - - • 스트레스 관계 ＋＋＋＋＋	① 가족구성원을 둥글게 배치 ② 가족을 둘러싼 원을 그려 가족체계를 표시 ③ 가족을 둘러싼 외부환경을 가족체계 바깥쪽에 작은 원으로 배치 ④ 가족구성원, 가족체계와 외부체계와의 상호관계를 표시

*출처: 한영란 등(2022). 최신 지역사회보건간호학. 현문사. p.374.

(5) 가족연대기(Family-life chronology)

① 가족의 역사 중에서 가장 중요하다고 생각되는 사건들을 순서대로 기술한다.

② 사건 및 상황에 대한 가족의 대처방법과 기전 및 가족구성원에게 미친 영향을 확인할 수 있다.

일시	중요사건	가족의 생활변화
2011	둘째 아들 뇌졸중으로 쓰러짐	• 택시운전을 하던 둘째아들이 뇌졸중으로 쓰러지면서 입원과 수술로 경제적 부담이 심해짐
2013	며느리 결혼 이민자 쉼터로 감	• 고부갈등과 현실을 도피하기 위해 며느리가 쉼터로 가게 되면서 김씨는 육아 부담이 커짐
2014	김씨 기초생활수급자 됨	• 의료비 및 생활비가 지원되고 여러 가지 단체로부터 교류가 활발해짐
2015	첫째 손자 초등학교 입학	• 다문화 가정 어린이에 대한 지원은 받고 있으나 학교생활 적응이 어려움

*출처: 박인혜 등(2017). 지역사회간호학 II. 현문사. p.105.

(6) 가족생활사건 도구(생의 변화 질문지)

① 질병을 일으킬 수 있는 스트레스가 되는 **생의 사건목록에 점수를 부여**하여 질병을 앓을 위험이 있는 사람을 조기에 파악하기 위해 사용

② 가정, 지역사회 또는 임상에서 **복합적인 스트레스를 경험하는 개인**이나 **가족**을 신속히 가려내는 데 유용

③ 1년 또는 6개월간의 생의 변화단위(LCU, Life Change Unit)점수를 합산하여 위험도를 평가

(7) 가족기능평가 도구(Family APGAR)

가족의 문제해결에 있어 가족의 기능수준을 사정하는 도구(G. Smilkstein, 1980)

구성	설명
적응 (Adaptation)	• 가족위기 시 문제해결을 위한 내적, 외적 자원의 활용능력의 정도 – 나는 어떤 문제에 부딪쳤을 때 큰 어려움 없이 가족에게 도움을 청한다.
동료의식(협력) (Partnership)	• 가족구성원들과 동반자적 관계에서 의사결정을 하고 서로 지지하는 정도 – 여러 가지 일에 대해 우리가족은 서로 어떤 의견을 교환하고 함께 해결한다.
성숙도 (Growth)	• 가족구성원간의 상호지지와 지도를 통한 신체적, 정서적 자아실현의 정도 – 나의 가족은 내가 새로운 활동을 시작하고 진로를 변경하고자 할 때 이를 받아들이고 도와준다.
애정 (Affection)	• 가족구성원간의 돌봄과 애정의 정도 – 나는 나의 가족이 애정을 표현하고, 슬픔, 사랑 같은 나의 감정을 받아 주는 것에 만족한다.
해결 (Resolve)	• 가족구성원들의 신체적, 정서적 지지를 위하여 가족이 함께 시간을 보내는 정도 – 나는 나의 가족과 함께 시간을 보내는 방식에 만족한다.

🖊 기출문제 맛 보기

〈보기〉에서 (가)와 (나)에 해당하는 내용을 옳게 짝 지은 것은?   22년 서울

〈보기〉

  (가) 는 가족내 가장 취약한 가구원을 중심으로 가족 내부뿐 아니라 외부와의 상호작용을 확인할 수 있는
도구이다. 이를 작성하려면 가족 구성원과 외부체계가 포함하는 다섯 개의 원을 이용하는데 두 번째 원에는
  (나) 를 표시한다.

	(가)	(나)
①	사회지지도	동거가족
②	외부체계도	직계가족
③	외부체계도	동거가족
④	사회지지도	직계가족

5) 자료분석 및 건강문제 도출

문제영역 혹은 가족 영역별로 일단 자료를 수집·분석한 후 간호진단을 내리게 된다.

가족영역	문제영역	의미있는 자료	결론	더 필요한 자료
가족구조 및 발달	가족형태	• 부부, 자녀 3명, 시부모를 모시고 있음	가족구조 및 발달	• 시부모와 부부 및 자녀와의 관계
가족 체계 유지	재정	• 가장의 실직기간, 실직으로 인한 어려움		• 가족 중 수입원 유무
상호작용과 교류	역할	• 부인은 혼자 병간호와 가정 살림을 도맡아 하고 있음	역할편중 역할갈등	• 다른 가구원 특히 시어머니와 자녀들과의 역할 분담
지지	가족지지	• 교회, 이웃이 지지체계	지지 자원 부족	• 친척들의 지지 가능성
대처/적응	생활의 변화	• 부인의 생활력, 가족들의 분담 의지 등		
건강관리	가족건강력	• 할아버지의 고혈압. 남편 고혈압, 뇌졸중	고혈압 가족력	
	건강상태	• 부인은 관절염 있음		• 관절염의 상태 및 관리 유무
주거환경	안전	• 계단이 가파르고 난간이 없음	사고 가능성	• 계단 주로 사용자의 과거사고 유무

정답 ①

2 │ 진단 단계

1) 간호문제 도출

선정된 건강문제에서 간호표준과 기준을 적용하여 간호문제를 도출

2) 간호진단 설정

(1) 진단의 구성

간호문제: 원인 또는 영향요인

문제	요인
부적절한 질병관리	• 고혈압 및 관절염에 대한 지식부족 • 자가간호 부족
부인의 역할편중	• 가족 간의 유대감 부족 • 지지체계 활용 부족 • 가족 내 지도자 부재

(2) 간호진단목록

① 북미간호진단협회(NANDA)

② 오마하분류체계

③ 가정간호분류체계

④ 국제간호실무분류체계

3) 진단의 우선순위 결정 기준

(1) **문제의 특성**: 건강결핍의 현존문제 > 잠재적 문제 > 건강증진적 문제의 순

(2) **해결가능성**: 가족들이 실제로 행동함으로 변화된 결과를 보거나 경험할 수 있는 것

(3) **중요성**: 도미노 현상을 일으킬 수 있는 근본적 문제

(4) **관심도**: 가족의 관심도가 높은 것

(5) **수행가능성**: 가족이 쉽게 수행 가능한 것

(6) **긴급성**: 응급 또는 긴급을 요하는 것

(7) **문제의 크기**: 가족전체에게 영향을 줄 수 있는 것

(8) **예방가능성**: 예방가능성이 있는 것

3 계획 단계

목표설정, 간호방법 및 수단의 선택, 수행계획, 평가계획이 포함됨

1) 목표설정

(1) 일반적 목표와 구체적 목표를 설정

(2) 간호목표 설정 시 간호사가 중재를 시작하기 전에 가족과 대상자로부터 타당성을 인정받아야 함

(3) 명확한 목표설정은 수행계획의 지침과 사업의 평가기준을 제시해 줌

(4) **목표설정 기준**

  ① 가족문제와의 관련성

  ② 실현 가능성

  ③ 관찰 가능성

  ④ 측정 가능성

2) 방법과 수단 선택

(1) **간호방법**: 직접 간호제공, 보건교육, 관리 등

(2) **간호수단**: 가정방문, 클리닉 활동, 집단교육, 상담, 의뢰 등

3) 수행계획

구체적인 간호방법 및 업무부담, 시간계획, 예산 및 자원활동 등이 포함

4) 평가계획

수행된 활동에 대하여 누가, 언제, 어떻게, 어느 범위로 평가할 것인가를 계획

4 수행 단계

확인된 목표와 목적을 달성하기 위한 노력으로 간호사와 가족이 협력하여야 한다.

1) 수행전략

(1) 문제 하나하나 보다는 가족전체의 취약점에 초점을 맞춘다.

(2) 표면화된 구체적 문제아래 내재되어 있는 더 큰 문제가 있음을 기억하고 문제들과의 연계, 자료들과의 상호관련성을 검토한다.

(3) 가족의 문제들은 '도미노' 현상을 가지고 있다. 중재 계획 시 '도미노'의 첫 단계가 무엇이 될 수 있는지를 파악하여 중재를 시작한다.

(4) 간호계획 시에는 가족들이 참여하여 대상자 스스로가 가능한 한 문제를 해결하도록 한다.

(5) 가족간호는 많은 경우 사정, 자료분석, 진단, 수행, 평가의 연속선상에서 계속되는 과정으로 각 단계의 순서나 구분이 모호하다.

(6) 가족의 강점을 확인해서 활용하여야 한다.

(7) 간호중재는 간호표준이나 지침과 부합되어야 한다.

2) 가족간호 수행 활동

(1) **예측적 안내**

가족발달단계를 통해 가족들이 경험할 수 있는 문제들을 미리 예측하여 이에 대처할 수 있도록 교육을 통해 능력을 증진시킨다.

(2) **계약**

가족간호 시 간호를 제공하기 전에 미리 구체적 목표, 간호내용에 대한 책임과 역할 등을 동반자적 관계에서 구체적으로 명시한 후 제공하는 방법이다.

(3) **건강상담**

가족이 스스로 문제를 인식하게 하고 문제해결의 방안을 스스로 찾을 수 있도록 한다. 가족의 협력과 참여를 유도하기 위해 가장 효과적 중재방법이다.

(4) **보건교육**

가족이 문제해결책을 찾는 것을 돕고 가족의 자원에 대한 지식, 태도, 행동을 변화하도록 돕는다.

(5) **직접간호제공**

만성질환자의 가정간호 시 가장 많이 이용된다.

(6) 의뢰

　　복합적인 건강문제나 위기시 여러 전문인의 도움이 필요시 적절히 활용한다.

(7) 가족의 자원 강화

　　물리적, 경제적, 인력을 포함하여 가족의 자원을 점검하고 필요시 자원을 제공한다.

(8) 스트레스 관리

　　문제해결, 인지의 재구조화, 갈등해소, 역할분담, 의사소통 전략, 시간관리, 친밀감, 가족중심성, 영성과 가족, 유머 등이 있다.

🖉 기출문제 맛 보기

가족이 경험할 수 있는 문제와 각 단계에서 있을 수 있는 문제상황에 대한 효율적인 결정을 하기 위하여 정보를 알고 평가하는데 도움을 주며, 이에 대처할 수 있는 능력을 키워주는 것으로, 가족들이 문제에 부딪쳤을 때 쉽게 적응할 수 있도록 하는 간호수행 방법은?　　　　　　19년 서울

① 조정　　　　　　　　　　　　　② 계약
③ 의뢰　　　　　　　　　　　　　④ 예측적 안내

5 　평가 단계

(1) 평가계획에 따라 가족간호성취도를 평가한다.
(2) 대상가족의 문제 해결여부를 확인한다.
(3) 문제가 여전히 존재하는 경우 재계획를 세워 중재한다.

정답 　④

취약가족 간호

1 취약가족의 이해

1) 취약가족(vulnerable Family)의 정의

장기적 또는 일시적 위험요인으로 인하여 생활 속에서 바람직하지 못한 결과를 좀 더 많이 경험하는 가족

2) 취약가족의 분류

(1) 구조적으로 취약한 가족

편부모 가족, 이혼 가족, 단독 가구, 새싹 가족, 조손 가족 등

(2) 기능적으로 취약한 가족

저소득 가족, 실업 가족, 취업모 가족, 만성질환자 가족, 장애자 가족 등

(3) 가족 내 상호작용이 취약한 가족

학대 가족, 폭력 가족, 비행청소년 가족, 알코올중독 가족 등

(4) 발달단계가 취약한 가족

미혼부모 가족, 미숙아 가족 등

🖊 기출문제 맛 보기

다음 중 구조적으로 가장 취약한 가족은?　　　　　　　　　　　　　13년 인천

① 편부모 가족　　　　　　　　　　② 알코올중독 가족
③ 미혼부모 가족　　　　　　　　　　④ 만성질환자 가족

---

3) 취약가족의 공통된 특성

(1) 위기상황의 복합성과 지속성

고위험요소가 장기화되고 많은 스트레스를 동반한 복합적 위기를 경험한다.

(2) 한 명 이상의 가족구성원이 없거나 분리되어 있다.

정답 ①

(3) 위기에 처한 구성원에게만 관심이 집중되어 다른 구성원의 신체적, 정서적 요구가 무시되는 경우가 많다.

(4) 가족 내 역할 변화를 자주 경험한다.

(5) 부모가 자녀의 훈육에 어려움을 느낀다.

(6) 흔히 재정적인 어려움이 있다.

🔍 **참고 POINT**

[취약가족(고위험가족)의 유형(Smith & Fontana, 1981)]
(1) 불완전가족(미혼모 가족, 미성년 가족 등 비합법적 동거가족)
(2) 긴장과 갈등이 습관화되고, 활기가 없고, 정서적으로 유리된 빈껍질 같은 가족
(3) 자녀의 교육능력 부족으로 자녀의 사회화를 제대로 못하는 가족
(4) 신체적, 정신적 학대가족
(5) 재정적 위기의 가족
(6) 이혼위기의 가족

---

2 만성질환자 가족

1) 특성

(1) 간호요구도의 증가

가족 내 만성질환자가 발생하면 의학적 처방의 수행을 포함한 환자간호의 역할을 가족이 담당하게 되므로 **가족의 역할 부담감**이 커지고, 가족생활에 많은 영향을 주게 된다.

(2) 역할의 재조정

가족 전체의 **일상(역할)을 재조정**하여야 하며, 다양한 보조적 서비스가 필요하다.

2) 가족의 문제

만성질환을 돌보는 스트레스 상황에 대한 부담감은 신체적, 사회적, 심리적, 경제적 차원에서 **복합적**으로 나타난다.

(1) **신체적 문제**: 수면부족, 피로, 신체적 건강상태의 악화를 경험

(2) **심리적 문제**: 불안, 위기감, 좌절감, 새로운 역할수행에 대한 부담감, 가족갈등, 소진감 등

(3) **사회적 문제**: 역할갈등, 발달과업 수행의 장애 등

(4) **경제적 문제**: 치료비용뿐만 아니라 생계까지 위협 받게 됨

3) 간호중재

(1) **권력과 역할관계의 재조정**: 역할분담 등

(2) **사회적 지지(개별지지, 집단지지)**

　지지의 유형: 정서적 지지, 정보적 지지, 평가적 지지 및 도구적 지지

(3) 가족 내 결속을 강화할 수 있는 프로그램 제공

(4) **보건교육과 상담 강화**: 만성질환으로 인한 생활양식 변화에 적극적 대처

(5) 간호사는 만성질환자뿐만 아니라 가족도 간호의 대상에 포함시켜 지지체계 구축

(6) 대상자의 자아존중감 향상 및 격려와 지지

3　저소득 가족

1) 특성

근로능력이 없는 가구주 가족, 편부모 가족, 노인가구, 여성가구주 가구 등에 저소득 가족에 빈곤율이 높다. 특히 노령화와 장애문제가 저소득층의 취약화, 악순환을 초래

2) 문제

- 가족의 경제적 빈곤은 그 자체보다 오히려 빈곤생활에서 오는 양친의 무기력, 무능력, 음주벽 또는 생활의 무질서 등 빈곤에서 오는 이차적으로 파생되는 방임과 갈등으로 인해 더 큰 문제를 야기
- 저소득 가족의 문제는 적은 자원, 밀집된 주거환경, 낮은 교육수준, 건강하지 않은 생활방식 등 복합적 요인이 작용

(1) **높은 사망률 및 급성 및 만성질환 유병률**

　건강관리의 부족과 경제적 문제 및 무기력 등이 복합적으로 작용한다.

(2) 낮은 의료 충족률

(3) **무기력, 무희망, 낮은 자존감**: 아동이나 배우자 학대(폭력), 약물중독, 이혼과 연관

(4) 자녀에 대한 방임문제 및 가족갈등

(5) 욕구불만, 열등의식, 긴장감, 예민한 성격, 반항적 성격, 심한 박탈감 등을 초래

3) 간호중재

(1) 저소득층을 위한 지역사회 자원을 파악하고 연계

(2) 국민기초생활보호 대상여부 파악을 위하여 거주지 동사무소에 연계

(3) 가족상담 프로그램이나 활동 프로그램의 참여를 권장

4 결손 가족(한부모 가족, 미혼 가족)

부모의 이혼이나 사망으로 인해 한쪽 부모가 영구적, 일시적으로 없는 가족을 말하며 편부 가족, 편모 가족 및 부모가 모두 없는 미혼 가족이 포함된다.

1) 특성

(1) 가족해체는 가족체계의 긴장을 초래하고 가족의 기능을 약화시켜 가족이 수행해야 할 다양한 역할들이 상실되거나 약화되게 함

(2) 해체가족은 부나 모의 구조적 결손으로 경제적 문제, 심리적 문제, 자녀양육 및 교육문제, 가사문제, 대인관계 문제 등 어려움을 겪게 됨

2) 문제

(1) **경제적 문제**: 평균소득이 낮아 경제적 어려움이 큼

(2) **심리적 문제**: 이혼이나 사망 등으로 인한 가족의 해체는 당사자뿐만 아니라 자녀에게도 심각한 영향을 줌

(3) **역할변화의 문제**: 이혼여성은 가장의 역할을 수행해야하므로 역할 갈등을 경험하며 편부가족의 경우는 자녀교육에 큰 어려움 경험함

(4) **사회적 편견**: 사회적 활동이 위축되거나 대인관계의 문제가 발생, 소외감이나 피해 의식 등 경험

3) 간호중재

(1) 지지 및 상담

① 이혼 상담

이혼에 관련된 법적인 절차, 이혼자들이 경험하는 실제적인 영역들에 대한 정보를 제공함으로써 환경에 대한 통제력을 회복하고 자신감을 얻도록 함

② 아동 상담

이혼가정의 아동들은 부모가 이혼했다는 사실을 인정하고 부모의 갈등과 스트레스로부터 자신을 분리하여 자신의 일상을 재정리함으로써 이혼의 영속성을 수용하도록 지지

(2) 부모교육 프로그램

이혼한 부모를 대상으로 이혼이 자녀에게 미치는 영향, 이혼 후 자녀들이 경험하게 될 심리사회적 문제와 반응 등에 대한 구체적인 지식을 알려주고 그것에 대처할 수 있도록 함

(3) 정보제공 및 자원활동

생계-복지급여, 복지급여대여, 여성복지상담소 등에 대한 정보와 자원을 활용하도록 함

5 다문화 가족

1) 다문화 가족의 정의

(1) 광의의 정의

국내에 거주하고 있는 **외국인이 포함된 가족**을 의미함

즉 한국인과 결혼한 국제결혼가정, 외국인근로자 가정, 유학생, 외국 국적 동포, 북한이탈주민 등

(2) 협의의 정의

「**다문화가족지원법**」(제2조)에 따른 다문화 가족으로 의미함

① **혼인귀화자**

「재한외국인 처우 기본법」제2조 제3호의 **결혼이민자**(대한민국 국민과 혼인한 적이 있거나 혼인관계에 있는 재한외국인)와 「국적법」제2조부터 제4조까지의 규정에 따라 **대한민국 국적을 취득한 자**로 이루어진 가족

② **인지, 귀화 국적취득자**

「국적법」제3조(**인지**에 의한 국적취득자) 및 제4조(**귀화**에 의한 국적취득자)에 따라 대한민국 국적을 취득한 자와 같은 법 제2조부터 제4조까지의 규정에 따라 **대한민국 국적을 취득한 자**로 이루어진 가족

🔍 참고 POINT

[국적법에 의한 국적취득자의 유형]

제2조(출생에 의한 국적 취득)

다음 각 호의 어느 하나에 해당하는 자는 출생과 동시에 대한민국 국적을 취득한다.

1. 출생 당시에 부 또는 모가 대한민국의 국민인 자
2. 출생하기 전에 부가 사망한 경우에는 그 사망 당시에 부가 대한민국의 국민이었던 자
3. 부모가 분명하지 아니한 경우나 국적이 없는 경우에는 대한민국에서 출생한 자

제3조(인지에 의한 국적 취득)

대한민국 국민이 아닌자(외국인)로서 대한민국의 국민의 부 또는 모에 의하여 인지된 자가 다음의 요건을 갖추면 법무부장관에게 신고함으로써 국적을 취득할 수 있다.

1. 대한민국의 민법상 미성년일 것
2. 출생 당시에 부 또는 모가 대한민국 국민이었을 것

제4조(귀화에 의한 국적취득)

대한민국 국적을 취득한 사실이 없는 외국인은 법무부장관의 귀화허가를 받아 대한민국의 국적을 취득할 수 있다.

2) 다문화 가족의 문제

(1) 문화적응 스트레스

한국인의 편견과 차별, 불평등한 대우, 낯선 환경에서의 생활, 정체성의 혼란 등

(2) 언어소통의 문제

(3) 가족갈등

남편의 권위적 태도, 시부모와의 갈등, 자녀와의 갈등 등

3) 우리나라 다문화 가족 지원 사업

(1) 다문화 가족 지원체계

① **중앙조직(여성가족부):** "**다문화 가족 지원을 위한 기본계획**"을 수립하고 다문화 가족 정책을 총괄 운영

② **시·도 및 시, 군, 구: 다문화 가족 지원센터**를 통해 지역사회에 적응하고 독립적인 생활을 영위할 수 있도록 포괄적이고 지속적인 접근을 수행함

(2) 다문화 가족 지원 사업

① **한국어 교육:** 결혼이민자의 의사소통을 돕기 위한 정책 및 교육과정
한국어 교실, 한국어능력향상프로그램, 다문화 가족 지원센터, 지역문화 복지센터 등 기존 한국어 교육 실시기관과 연계하여 상시 운영

② **가족교육**
㉠ 가족 성평등·인권·사회통합 교육프로그램 운영
㉡ 부부교육, 가족관계 향상 프로그램, 부모역할교육, 부부갈등 해결 프로그램 등

③ **사회적응·취업지원**
취업기초소양교육, 취업훈련전문기관 연계, 소비가 경제교육, 다문화 이해교육, 자조모임 등

④ **상담 및 사례관리**
㉠ 다문화 가족 구성원 간 관계 증진을 위한 상담 및 사례관리 서비스 제공
㉡ 심리검사, 법률상담, 위기가족 긴급지원, 외부상담기관 연계 등

⑤ **다문화 가족 자녀지원**
자녀 언어발달지원서비스, 다문화 가족 자녀 성장 지원, 자녀생활서비스 등

4) 다문화 간호

(1) 문화적 다양성에 대한 이해와 존중의 중요성에 대하여 인식

(2) 다문화 간호사정 시 문화적 편견과 선입견을 줄이기 위해 자신의 문화를 먼저 사정한 후 대상자의 문화를 사정함

(3) 간호사는 자신의 문화에 의거해서 대상자를 판단, 평가해서는 안 됨. 그러므로 다문화 간호에서는 타문화에 대한 이해, 존중, 경청 등이 중요함

6 폭력 가족(학대 가족)

가정폭력이란 가족구성원들 사이에 신체적, 정신적 또는 재산상 피해를 수반하는 행위를 말하며(가정폭력의 처벌 등에 관한 특별법안 제2조 1항), 아동, 부부, 노인에 대한 학대를 포함한다.

1) 가정폭력의 특징

(1) 가정폭력은 가정 내에서 일어나는 각종 형태의 폭력을 의미
(2) 가정폭력은 한 가족원이 다른 가족구성원에게 상해를 주거나 조절하려는 의도로 행하는 행위
(3) 가정폭력의 공통요소는 사건의 반복, 폭력에 의한 손상 흔적과 계획적인 심한 폭력 등
(4) 가정폭력에 대해 갖고 있는 잘못된 통념은 가족 내의 폭력행동에 영향을 미칠 수 있으므로 이에 대한 조정이 필요

2) 가정폭력 유형

(1) 아동학대
(2) 부부학대
(3) 노인학대

3) 가정폭력 예방

가정폭력을 조절하기 위해서는 일차, 이차, 삼차예방에서의 통합적 접근이 필요하다.

> **핵심 CHECK** ····
>
> [가정폭력을 해결하기 위한 계획은 일반적인 세 원칙에 근거한다.]
> ① 간호사와 가족은 상호 간에 수용될 수 있는 목적을 정하여 기록한다. 의견이 다를 때는 그 차이에 대해 토론하고 타협하여야 한다.
> ② 구체적으로 이룰 수 있는 목적을 설정하여 이를 달성하도록 한다.
> ③ 간호사는 가족에게 해결책을 강요해서는 안 된다.

(1) **일차예방**

일차예방은 잠재적인 학대의 가해자와 피해자 또는 사회 전반을 대상으로 하며, 지역사회 전체가 폭력에 대항하는 입장을 다음과 같이 취해야 한다.
① 대중매체의 폭력성을 줄이기 위한 다양한 활동에 참여한다.
② 학교에서의 체벌과 부부학대 등을 방지하는 법을 제정하기 위한 다양한 활동에 참여한다.
③ 이웃이 각 가정의 폭력을 관찰하고 신고해주는 등 지역사회의 응집력을 높인다.

(2) 이차예방

이차예방은 가족 내에서 폭력과 학대가 발생한 것을 확인하였을 때 이루어진다. 이 단계에서 두 가지 주된 목적은 피해자를 더 이상 학대 받지 않도록 보호하는 것과 폭력의 주기를 붕괴하는 것이다. 폭력주기를 붕괴하기 위해서는 학대자, 피해자와 가족에 대한 치료를 포함한다.

(3) 삼차예방

① 발생한 학대가 재발하지 않도록 예방해야 한다.
② 간호사는 사례관리자와 조정자의 역할을 담당한다.
③ 학대자가 스트레스를 좀 더 적합한 방식으로 다루는 방법을 개발하도록 지지한다.
④ 학대자, 피해자 양쪽 모두 좀 더 긍정적인 자아개념을 발달시키도록 지지하며, 학대에 기여하는 사회, 행동적 영역의 수정과 제거는 재발 예방에 중요하다.
⑤ 장기적인 작업이지만 사회적 지지자원의 부재와 부족, 학대의 가족력, 대처기술 부족 등 취약한 요소를 감소시키는 작업을 해야 한다.

---

7 문제청소년 가족

1) 인터넷 중독 청소년의 가족

(1) 문제

① 청소년 개인의 정신건강에 위해
② 학교의 부적응 문제
③ 가족을 비롯한 사회적 관계에서 문제를 야기

(2) 인터넷 중독 청소년의 특성

① 중독증상을 많이 보이는 청소년들일수록 자아존중감이 낮고, 자아불안감은 높다.
② 스스로 쉽게 권태감을 느끼고, 충동적이며, 낮은 자신감, 행동통제의 어려움이 있다고 얘기한다.

(3) 간호중재

① 인터넷 중독에 평가
② 가족 접근
  ㉠ 자녀와의 의사소통 지침
  ㉡ 인터넷 과다사용 예방기술

2) 십대 미혼모의 가족

우리나라 미혼모의 특성은 이전에 비해 성경험의 연령이 낮아져 십대 미혼모가 늘고, 임신횟수가 증가하며 가출의 증가와 저학력화의 경향을 띠고 있다.

(1) 미혼모의 건강문제

미혼모들은 임신 동안 신체적인 건강문제뿐만 아니라 마음의 혼란, 아기문제, 주위의 시선, 경제적 문제, 가족 문제 등으로 심리적 고통을 겪게 된다.

① 건강문제

산전진찰 부재, 부적절한 영양섭취, 흡연과 음주, 약물남용 혹은 성병감염 등

② 심리적 고통

아기에 대한 죄의식과 상실감, 미혼부의 배반과 사회의 냉대로 인한 분노와 수치심, 가족과 사회로부터 받을 비난에 대한 두려움, 임신을 숨기고 고립시킴으로써 느끼는 불안과 소외감 등

③ 학교적응의 문제

학교를 그만두는 경우가 많음

④ 가족과의 관계에서 파생되는 문제

(2) 간호중재

① 미혼모 가족들이 현실을 받아들이고 미혼모인 자녀가 건강하고 안전한 생활을 할 수 있도록 도와주도록 격려한다.

② 임신단계에 따라 요구되는 산전간호, 안전한 분만과 산후관리가 가정에서 이루어질 수 있도록 해야 한다.

③ 필요한 경우 간호사는 미혼모를 위한 상담기관과 보호시설에 대상자를 의뢰

④ 부모훈련프로그램을 통하여 양육에 필요한 부모기술을 익히도록 도와준다.

⑤ 상실감이나 절망감에 빠지지 않고 책임감을 기르기 위해 미혼모 집단 등의 참여그룹이나 지지체계그룹을 연결

⑥ 반복적인 미혼모 발생의 예방을 위한 적극적인 성교육

📝 단원확인문제

01. 10대 청소년 자녀를 둔 가족이 성취해야 할 발달과업은?

① 자녀를 누가 지지, 관리하고 돌볼 것인지 결정한다.
② 친척에 대한 이해와 관계를 수립한다.
③ 가족 구성원들을 적절하게 통합하고 분가시킨다.
④ 세대 간의 충돌에 대처한다.

02. 다음 중 가장 우선적으로 접근해야 할 고위험 가족은?

① 고혈압 약을 중단한 중년기 가족
② 양로원에 들락거리는 독거노인 가족
③ 추가예방접종이 필요한 출산가족
④ 가정 내 환자로 인해 주부의 가사량이 증가한 가족

03. 가족이론으로 상징적 상호작용이론에 대한 설명으로 알맞은 것은?

가. 가족 내 구성원이 서로 영향을 준다.
나. 가족구성원은 가족이 기대하는 역할을 한다.
다. 내적 가족역동을 이해함으로 가족을 사정한다.
라. 외부 환경과 상호관계가 있다.

① 가, 나, 다 ② 가, 다
③ 나, 라 ④ 가, 나, 다, 라

04. 지역사회 보건간호 서비스 기본단위가 가족이 되는 이유는?

> 가. 가족의 건강문제는 상호 관련적이기 때문이다.
>
> 나. 가정이라는 집단의 문제를 함께 해결하는 활동단위가 되기 때문이다.
>
> 다. 가족은 가족구성원 개인의 건강결정과 행위를 하는데 가장 빈번한 영향력을 발휘하기 때문이다.
>
> 라. 가족 전체보다는 가족구성원 개인에게 초점을 두기 때문이다.

① 가, 나, 다　　　　　　　　　　② 가, 다

③ 나, 라　　　　　　　　　　　　④ 가, 나, 다, 라

05. 3세대의 질병, 가족구조, 직업, 동거여부를 한 눈에 알 수 있는 사정도구는?

① 가족구조도　　　　　　　　　　② 사회지지도

③ 외부체계도　　　　　　　　　　④ 가족친밀도

06. 지역사회간호가 지역사회 방문을 하려고 한다. 가정방문시 방문순서로 옳은 것은?

가. 일신 8개월 된 임부	나. 성병에 걸린 환자
다. 가정에서 출생한 신생아	라. 결핵에 걸린 사람

① 가 - 나 - 다 - 라　　　　　　② 가 - 다 - 나 - 라

③ 다 - 가 - 나 - 라　　　　　　④ 다 - 가 - 라 - 나

07. 가족이론 체계이론에 대한 설명이다. 거리가 먼 것은?

① 가족 일원의 문제는 가족 전체에 영향을 준다.

② 가족은 외부체계와 지속적 상호작용과 교류를 통해 변화와 안정 사이에 균형을 유지한다.

③ 가족의 행동은 가족이라는 상황 하에서 잘 이해된다.

④ 가족구성원의 행동은 회환기제로서 설명되는 원인과 결과의 직선관계에서 잘 이해된다.

08. 가족간호에서 가장 강조되는 사업의 초점은 무엇인가?

① 가정에서의 환자간호
② 감염병 환자의 접촉자 색출 및 접촉 빈도
③ 가족계획 대상자 색출 및 지도
④ 가족을 단위로 한 건강관리의 지도

09. 가족발달 주기상 학령기 가족의 발달 과업이 아닌 것은?

① 자녀와의 균형적인 관계 유지
② 자녀동의 사회화 습득
③ 가족의 전통과 관습의 전승
④ 만족스러운 부부관계의 유지

10. 다음은 어떤 가족이론을 설명한 것인가?

> • 가족구성원 간의 다양한 내적인 관계뿐만 아니라 가족과 사회와의 관계를 강조한다.
> • 가족과 사회의 연계 및 가족강화를 통한 사회체계 안정에 중점을 둔다.
> • 거시적 관점으로 가족이 사회통합에 어떻게 기여하는가에 초점을 둔다.

① 체계이론   ② 발달이론
③ 상징적 상호작용이론   ④ 구조기능이론

11. 가족건강을 이론적 관점에서 설명하고 있는 것 중 옳지 않은 것은?

① 발달이론: 유기체의 성장과 마찬가지로 가족은 발달단계별 특정과업을 갖는다.
② 체계이론: 가족은 환경과 에너지, 물질을 교환한다.
③ 상징적 상호작용이론: 개인 행위는 상호작용을 통해 형성된다.
④ 구조기능이론: 내부 상호작용의 결과와 외부체계와의 관계에 중점을 두는 접근방법이다.

12. 가족발달 주기 상 진수기 과업에 해당되지 않은 것은?

① 부부만의 가족관계 재조정
② 늙어가는 부모들에 대한 돌봄 및 지지
③ 성장된 자녀와 자녀의 배우자와의 관계 재배열
④ 신체적 기능의 감소에 직면해서 자신 또는 부부간의 기능 변화

13. 발달이론적 관점에서 가족간호에 대해 잘 설명한 것은?

① 가족 내 적응과 의사소통과정을 중시한다.
② 가족은 성장, 발달기가 있으며 그 시기에 따라 요구, 역할 및 목표가 다르다.
③ 가계도, 사회지지도와 같은 사정기술이 개발되어 쉽게 적용할 수 있는 장점이 있다.
④ 내부 상호작용과 외부체계와의 관계에 중점을 둔다.

14. 보건소의 방문간호사가 대상자의 가정을 방문하여 가족 중 가장 취약한 가족원을 확인하고 그를 중심으로 가족 내 친척, 친구, 이웃, 직장동료, 그 외 지역사회기관과의 지지와 상호작용을 조사하였다. 이때 방문간호사가 사용한 가족사정도구는?

① 가계도
② 가족밀착도
③ 외부체계도
④ 사회지지도

15. 다음 중 가족의 성숙위기에 속하는 것은?

① 배우자의 갑작스런 사망
② 장애아의 출생
③ 자녀의 대학입시
④ 중증질환으로 인한 입원

16. 문제가족에 대한 특성으로 옳은 것은?

> 가. 가족의 조직력이 약하고 기능상의 장애를 갖는 가족
> 나. 가족구성원의 의식, 태도, 가치관, 이해관계 등 상호관계가 결여된 상태 가족
> 다. 가족구성원의 역할 수행이 여러 종류의 부적응과 부조화로 나타나는 가족
> 라. 가족구성원 간 경계가 있는 가족

① 가, 나, 다   ② 가, 다
③ 나, 라   ④ 가, 나, 다, 라

17. 가족사정시 사용되는 외부체계도에 대한 설명으로 옳은 것은?

① 가족과 외부체계와의 상호작용을 파악 할 수 있다.
② 3세대 이상에 걸친 가족구성원의 정보가 기록 된다.
③ 가족 중 가장 취약한 구성원과 외부체계와의 관계를 파악 한다.
④ 5개의 원을 배치하여 가족, 친족, 이웃 지역사회 자원을 차례로 배치한다.

정답 및 해설 Answers & Explanations

01 정답 ④

이 가족은 10대 자녀를 둔 가족이므로 세대 간의 차이를 극복하는 것이 가족의 발달과업이다.
①은 출산기 가족, ②는 신혼기 가족, ③은 진수기 가족, ④는 10대 가족, ⑤는 학령기의 발달 과업이다.

02 정답 ①

가족간호 문제의 우선순위는 현존 문제의 종류별 특성, 문제의 해결가능성, 문제의 예방 가능성, 문제인식의 차등성에 의해 결정된다. 고혈압 약의 복용 중단은 현존하는 간호 문제이며 가족의 행동 변화로 쉽게 해결가능하고 예방가능성도 높은 문제이므로 우선순위가 가장 높다.

03 정답 ①

상징적 상호작용이란, 가족구성원 개인 간의 관계를 고찰하는 방식으로 가족을 상호작용하는 인격체로 보고 접근하는 이론이다. 가족을 상호작용 존재의 단위로서 내적 과정에 초점을 두고 의사소통 과정, 역할, 의사결정, 문제해결과 사회화 양식을 포함하는 내적 가족역동을 이해함으로 가족을 사정한다. 가족 안에서 각 구성원은 형식적·비형식적 위치에 있으며, 그 위치에 맞는 역할을 수행하며 역할은 가족구성원 사이의 사회적 상호작용의 결과로써 나타난다.

04 정답 ①

가, 나, 다 외에도 가족은 사회의 자연적이고 기본적인 단위이며 지역사회 간호사업을 수행하는 데 가장 유용한 매체가 되기 때문이다. 가족사정의 기본 원칙으로 가족구성원보다는 가족 전체에 초점을 맞추어야 한다.

05 정답 ①

- **가족구조도**: 가족구성원의 구조로서 보통 3세대를 나타내며, 가족력, 질병력 등을 알 수 있다.
- **사회지지도**: 가족 중에서 가장 취약한 가족 구성원에게 가족 내(부모, 형제 등), 외적(친척, 친구, 이웃, 지역사회 등)으로 주어지는 지지의 흐름과 단절을 알 수 있다.
- **외부체세도**: 현재 동거하고 있는 가족구성원들이 가족체계 외(직장, 이웃, 지역사회 등)와의 관계를 알 수 있다.
- **가족밀착도**: 현재 동거하고 있는 가족구성원들 간의 애정적 결속력, 애착정도, 갈등 정도를 알 수 있다.

06 정답 ③

하루에 여러 곳을 방문시는 우선 순위를 정해 방문한다. 비전염성 영아부터 방문하고 전염성 질환자는 제일 마지막에 방문하여 간호사가 감염병 매체가 되지 않도록 한다. 방문대상자의 건강문제 중요성에 우선순위를 두어 감수성이 높은 연령부터 가정방문한다.

07 정답 ④

가족체계이론에 의하면 가족은 경계성, 전체성, 변화성, 항상선, 순환성의 특성을 지니고 있다. 전체성은 가족구성원 간의 상호작용을 통하여 나타나는 가족역할, 가족권력, 가족 의사소통 등의 역동성을 말하며 가족의 행동은 가족이라는 상황하에서 잘 이해된다. 변화성이란 가족구성원 한 사람에게 일어난 중요한 사건이나 변화는 가족 모두에게 영향을 주며 한 가족 구성원이 변화하면 나머지 가족구성원도 이전과는 다른 형태로 행동하게 된다. 항상성이란 가족은 외부체계와 지속적 상호작용과 교류를 통해 변화와 안정 사이에 균형을 유지한다는 뜻이며, 가족구성원의 행동은 원인과 결과의 직선관계가 아닌 회환기제로서 순환적 관점에서 보다 잘 이해된다.

08 정답 ④

가족간호대상은 개인과 가족구성원, 가족체계일 때 모두 해당되며 서비스단위로서 가족 전체를 다룬다.

09 정답 ①
①은 학령전기 가족의 발달과업이다.

10 정답 ④
구조 기능적 접근법은 가족을 사회에서 필요한 기능을 가진 사회구조의 하나로 보고, 가족구성원이 사회와 상호작용
하면서 사회통합에 어떻게 기여하는가에 초점을 두며, 가족의 구조적 형태, 가족의 권력구조, 역할 구조, 상호작용 구
조 등에 중점을 둔다.

11 정답 ④
④ 내부 상호작용의 결과와 외부체계와의 관계에 중점을 두는 접근법은 체계이론이다.

12 정답 ④
발달단계상의 진수기 과업은 자녀들이 집을 떠남으로 부부관계 변경과 자녀가 없는 부모로서의 새로운 역할에 적응
해야 하며, 자녀의 배우자를 가족에 포함시키기 위한 가족단결 및 기대를 조정하고 늙어가는 부모에 대한 돌봄과 지
지가 필요하게 된다. 신체적 기능 감소, 은퇴와 죽음에 이른 부부간의 기능변화는 노년기의 과업이다.

13 정답 ②
①은 상호작용이론, ③은 구조기능이론, ④는 체계이론에 대한 설명이다.

14 정답 ④
가족 중 가장 취약한 구성원을 중심으로 가족 내부뿐만 아니라 외부와의 상호작용을 확인할 수 있는 도구로 가족지
지체계의 양상을 전반적으로 이해할 수 있도록 도와줄 뿐만 아니라 문제를 해결할 때 누구를 중심으로 시작할 것인
가 또 어떻게 지지체계를 활용할 것인가를 알려준다.

15 정답 ③
성숙위기가 발생할 수 있는 구체적인 생의 사건의 예는 첫 학교 입학, 초경, 첫 출근, 결혼, 임신, 첫 아이의 학교입학,
자녀출가, 폐경, 정년퇴직, 임종 등의 자연스럽게 찾아오는 일이다.

16 정답 ①
가족을 체계이론적 관점에서 체계로 볼 때 경계는 체계이론의 구성요소 중 하나이다.

17 정답 ①
외부체계도는 가족과 외부체계도와 상호작용을 파악할 수 있다.

PART **06**

노인보건

CHAPTER 01 노인보건의 이해

1 노인보건사업의 개요

1) 노인인구의 변화

(1) 인구의 노령화

① 우리나라는 2000년에 노인인구비율이 7%를 넘어 고령화사회(aging society)에 진입
② 2018년에는 14%를 넘어 고령사회(aged society), 2026년에는 20%를 넘어 초고령 사회(super aged society)가 될 것으로 전망된다.

(2) 인구구조의 변화

① 피라미드형 → 종형구조 → 항아리구조로 변화
② 2060년경에는 윗부분이 넓은 항아리구조로 변화가 예상

(3) 성비의 변화

① 전체 인구성비: 감소
  • 여성 고령화 인구의 증가에 기인함
② **노인인구이 성비는 고령하될수록 감소**
  • 노인인구의 성비는 고령화될수록 성비는 감소 → 남성평균수명보다 여성평균수명이 높음
    단, 노인인구의 성비는 증가: 남자고령자의 평균수명의 증가에 기인함

(4) 노령화지수, 노년부양비, 전체부양비: **증가추세**

2) 노인보건복지사업의 필요성

(1) 노인 인구의 증가

(2) 노인문제의 특성

노인문제는 소득 상실, 역할상실 등으로 인한 소외, 고독감, 각종 만성 질환 등으로 다양하여 노인보건과 노인복지서비스에 관한 정책적 지원이 절실

(3) 의료비 부담의 증가

후기고령자가 크게 늘면서 소득상실과 대비되어 신체적, 정신적장애가 있는 노인이 증가하고 있어서 의료비의 문제는 상당한 부담이 된다.

(4) 노인 부양 형태의 변화(가족구조의 변화)

① **노인부양 책임의식의 변화**: 노인부양에 대한 가족의 책임이 사회적 책임으로 변화

② **가족구조의 변화**: 출산율 저하, 이혼율의 증가로 부양받지 못하는 노인가구 증가

Q 참고 POINT

[WHO의 고령단계 분류]
- **고령화 사회**: 노인인구가 전체인구의 7% 이상 시 - 2000년 도래
- **고령 사회**: 노인인구가 전체인구의 14% 이상 시 - 2018년 도래
- **초고령 사회**: 노인인구가 전체인구의 20% 이상 시 - 2026년 예정

---

2 노인의 보건의료요구

1) 노인의 정의

65세 이상으로, 생물학적, 사회적, 심리적 요인에 의해 변화하는 과정에 쇠퇴가 있는 사람

2) 우리나라 노인의 특성

(1) 평균수명이 증가

2017년: 평균 82.70세(남 79.70세, 여 85.70세)

(2) 성비의 낮아짐

나이가 증가할수록 여성 노인의 비율이 증가함으로써 성비가 낮아짐

(3) 사회경제적 특성

① 농촌지역 노인의 비율이 높음(젊은층의 이농현상으로)

② 노인부부로만 구성된 가구와 독거노인 가구의 증가

③ 수입원의 감소에 따라 기초생활수급권자의 증가

3) 노화에 따른 건강변화

(1) 신체적 변화

① 근골격계의 문제: 골다공증, 골절, 관절염 등의 질환이 증가

② 기초대사율 감소: 비만문제

③ 소화기능, 호흡기능의 감퇴: 영양 및 운동기능의 저하

④ 감각기능 저하: 사고발생가능성의 증가

⑤ 호흡기능 감퇴: 호흡기 감염 빈발

⑥ 심맥관계의 변화: 고혈압, 협심증, 심근경색증, 뇌혈전증이나 뇌졸중의 위험 증가

⑦ 신장기능의 저하: 약물 중독 등의 문제

⑧ 피부조직의 노화: 신체상의 변화

⑨ 면역기능 저하: 감염질병 빈발

(2) 사회 · 심리적 변화

① 우울 경향의 증가 및 사회적 고립감 경험

② **요인**

㉠ 노년기에는 자녀들이 떠나는 빈 둥지(empty nest) 현상

㉡ 노령기의 신체적 질병, 배우자의 죽음

㉢ 수입의 감소와 은퇴

㉣ 사회와 가족들로부터의 소외와 고립감

㉤ 자기 주변 환경 및 제도 등에 대한 통제 불가능

㉥ 지나온 세월에 대한 억울함과 분노 등이 원인

(3) 인지능력의 변화

① **지능감퇴**: 반응속도가 느려짐

② 문제해결능력의 감퇴

③ 기억력과 학습능률의 저하

(4) 건강수준의 변화

노인인구의 건강수준은 노화 및 만성질환과 관련되어 있으므로 가장 의미 있는 건강지표는 노인의 기능상태(ADL, IADL)이다.

① **일상생활수행능력(ADL)**: 식사하기, 목욕하기, 배뇨 · 배변조절, 계단 오르기 등

② **도구적 일상생활수행능력(IADL)**: 가벼운 집안일, 금전관리, 약물복용, 전화기사용 등

> **Q 참고 POINT**
>
> [노인의 일상생활 기능 정도(ADL) 측정의 중요성: Activity of Daily Living]
> ① 기능장애가 **질병의 증상**을 나타내는 것일 수 있음
> ② 기능상태의 사정으로 **치료할 것인지, 보류할 것인지**를 결정함
> ③ 기능상태의 사정은 노인이 필요로 하는 **돌봄의 수준**을 정확히 예측할 수 있게 함
> ④ 식사, 이동, 보행 등에 대한 독립성의 정도는 다양한 분야에서 **의사소통**할 수 있는 용어들이기 때문임
> ⑤ 기능결손 사정은 서비스에 대한 **요구를 사정**하는 데 도움이 됨

4) 노인성 질환의 특성

(1) 질환으로 인한 일상생활수행능력의 저하로 와상상태가 되기 쉬움

(2) 두 가지 이상의 질병을 가지고 있는 경우가 많음

(3) 원인이 불명확한 만성퇴행성 질환이 많고, 장기간의 관리가 필요

(4) 질병의 양상과 질병과정이 다소 특이하게 나타나 진단이 어려움

(5) 경과가 길고 재발되기 쉽고, 합병증이 발생하기 쉬움

(6) 약에 대한 반응성이 떨어지고, 약물중독이 되기 쉬움

(7) 심리적 요인에 의하여 영향을 받기 쉬움

(8) 생체의 반응력은 감소되어 자각증상이 경미하거나 없어서 진단이 어려움

(9) 노인은 높은 상해를 경험하는 연령층

CHAPTER 02 노인보건복지사업

1 우리나라 노인보건복지사업 현황

1) 주거 및 노인요양

(1) 노인주거복지시설

일상생활에 지장이 없는 노인을 입소시켜 급식 기타 일상생활에 필요한 편의를 제공

(2) 노인의료복지시설

노인성 질환 등으로 요양이 필요한 노인에게 주거 및 급식·요양, 그 밖의 일상생활에 필요한 요양서비스를 제공

(3) 재가노인복지시설

심신이 허약하거나 장애가 있는 재가 노인을 보호하기 위한 서비스로, 방문요양, 주야간보호, 단기보호, 방문목욕, 재가노인지원서비스, 방문간호 등을 제공

(4) 노인장기요양보험제도

고령이나 노인성 질병자에게 신체활동, 가사지원 등의 서비스를 제공

2) 치매 및 건강보장

(1) 치매관리사업

① **치매안심센터 운영**: 치매예방 및 치매환자 및 가족에 대한 종합적인 지원서비스 제공
② **치매검진사업**: 치매환자를 조기에 발견·관리하기 위한 사업
③ **치매치료관리비 지원사업**: 효과적으로 치매를 지속 치료함으로써 악화를 방지하고, 비용절감에 기여하기 위한 지원서비스
④ 공립요양병원 운영 및 치매기능 보강사업
⑤ 실종노인의 발생예방 및 찾기 사업

(2) 노인실명예방사업

　① **안검진사업**: 안질환을 조기 발견하여 적기 치료하기 위한 검진 서비스

　② **개안수술비 지원사업**: 노인 및 가족의 수술 · 의료비 부담을 경감하기 위한 서비스

(3) 노인 무릎인공관절 수술 지원

무릎관절수술 지원을 통한 노인건강보장 및 의료비 부담 경감을 위한 서비스

(4) 노인 건강진단

질병을 조기발견 및 치료로 노인건강수준을 향상하기 위함

3) 노인 사회활동 및 여가활동 지원

(1) 노인 일자리 및 사회활동 지원사업

(2) 노인자원봉사 활성화

(3) 경로당 운영

(4) 노인복지관 설치 · 운영

4) 노인돌봄 및 지원서비스

(1) 노인맞춤돌봄서비스

(2) 독거노인 · 장애인 응급안전안심서비스

(3) 독거노인 공동생활홈 서비스

(4) 노인보호전문기관 설치 · 운영

(5) 학대피해노인 전용쉼터

(6) 결식 우려 노인 무료급식 지원

5) 경로효친사상 및 노인부양의식 제고

(1) 어버이날 행사

(2) 노인의 날 및 경로의 날 행사

(3) 경로우대제 운영: 철도, 전철, 국 · 공립공원 등

6) 장사시설 설치 · 운영

🔍 참고 POINT

[2024년 노인보건복지사업 수혜기준]

사업명		수혜자	
		연령기준	자격기준
건강보장	노인장기요양보험	65세 이상 또는 65세 미만의 노인성 질환자	65세 이상의 노인 또는 65세 미만 노인성 질환을 가진 자로서 요양보호를 필요로 하는 중등도 이상(1~5등급)의 자
	노인의료복지시설 (의료)	-	노인성질환 등으로 요양을 필요로 하는 자로서 • 노인장기요양보험법 제 15조에 따른 수급자 • 기초생활수급자(생계급여, 의료급여) 및 적절한 부양을 받지 못하는 자로서 65세 이상인자 ※ 입소자로부터 입소비용의 전부를 수납받아 운영하는 시설의 경우 60세 이상의 자
	재가노인복지사업	-	• 노인장기요양수급자 • 심신이 허약하거나 장애가 있는 65세 이상인 자 ※ 이용자로부터 이용비용의 전부를 수납받아 운영하는 시설의 경우 60세 이상의 자
	치매안심센터운영		치매환자 및 가족
	치매검진사업	60세 이상	60세 이상인 자 ※ 진단, 감별검사는 기준중위소득 120% 이하인 자 지원
	치매치료관리비 지원사업	60세 이상	60세 이상 치매환자 ※ 기준중위소득 120% 이하인 자 지원
소득보장	노인일자리 및 사회활동 지원사업	-	노인일자리 및 사회활동 지원사업 참여가 가능한 노인 ※ 사업내용에 따라 일부사업은 60세 이상도 참여가능
주거보장	노인주거복지시설	-	일상생활에 지장이 없는 자로서 • 기초생활수급자(생계급여, 의료급여) 및 적절한 부양을 받지 못하는 자로서 65세 이상인 자 • 도시근로자 월평균소득 이하 가구 노인 ※ 입소자로부터 입소비용의 전부를 수납하여 운영하는 시설의 경우는 60세 이상인 자
사회서비스	노인맞춤돌봄서비스	65세 이상	만 65세 이상 국민기초생활수급자, 차상위계층 또는 기초연금수급자로서 유사중복 사업 자격에 해당하지 않는 자 ※ 유사중복사업: 노인장기요양보험, 가사·간병 방문 지원사업, 보훈재가복지서비스, 장애인 활동지원 사업 등
	독거노인·장애인 응급안전안심서비스	65세 이상	(노인) 안전·안부확인이 필요한자 • (독거노인) 소득·재산 수준과 무관히 서비스가 필요한 자 • (2인가구) 기초연금 수급이하의 소득 중 거동이 불편하거나 모두 75세 이상인 경우 • (조손가구) 노인 1인 및 손·자녀의 경우 2인가구 기준을 따름 • (장애인) 장애인활동지원수급자이면서 독거·취약가족, 비수급자는 기초지자체의 장의 승인이 있는 경우

사회서비스	노인여가복지시설 – 경로당 – 노인복지관 등	65세 이상 60세 이상	없음
	결식우려노인 무료급식지원	60세 이상	결식이 우려되는 노인
	경로우대제 (철도, 전철 국·공립공원 등)	65세 이상	없음

*출처: 보건복지부(2024). 노인보건복지사업 안내. pp.49–50.

2 노인복지시설

종류	시설	설치 목적	입소대상자	설치
노인주거 복지시설	양로시설	노인을 입소시켜 무료 또는 저렴한 요금으로 급식 기타 일상생활에 필요한 편의를 제공함을 목적으로 하는 시설	양로시설·노인공동생활가정 다음 각 목의 어느 하나에 해당하는 자로서 일상생활에 지장이 없는 자 가. 국민기초생활보장법에 따른 생계급여 수급자 및 의료급여 수급자로서 65세 이상의 자	시장· 군수· 구청장에 신고
	노인공동 생활가정	노인에게 가정과 같은 주거여건과 급식, 그 밖의 일상생활에 필요한 편의를 제공함을 목적으로 하는 시설	나. 부양의무자로부터 적절한 부양을 받지 못하는 65세 이상의 자 다. 본인 및 본인과 생계를 같이 하고 있는 부양의무자의 월소득을 합산한 금액을 가구원수로 나누어 얻은 1인당 월평균 소득액이 전년도 도시근로자 1인당 월평균 소득액이하인 자로서 65세 이상의 재(이하 "실비보호대상자"라 한다) 라. 입소자로부터 입소비용의 전부를 수납하여 운영하는 양로시설 또는 노인공동생활가정의 경우는 60세 이상의 자	″
	노인복지 주택	노인에게 주거시설을 임대 하여 주거의 편의·생활지도·상담 및 안전관리 등 일상생활에 필요한 편의를 제공함을 목적으로 하는 시설	단독취사 등 독립된 주거생활을 하는데 지장이 없는 60세 이상의 자	″

노인의료 복지시설	노인요양 시설	치매 · 중풍 등 노인성질환 등으로 심신에 상당한 장애가 발생하여 도움을 필요로 하는 노인을 입소시켜 급식 · 요양과 그 밖에 일상생활에 필요한 편의 제공함을 목적으로 하는 시설	노인요양시설 · 노인요양공동생활가정 다음 각 목의 어느 하나에 해당하는 자로서 노인성질환 등으로 요양을 필요로 하는 자 가. 장기요양급여수급자 나. 국민기초생활보장법에 따른 생계급여 수급자 및 의료급여 수급자로서 65세 이상의 자 다. 부양의무자로부터 적절한 부양을 받지 못하는 65세 이상의 자 라. 입소자로부터 입소비용의 전부를 수납하여 운영하는 노인요양시설 또는 노인요양공동생활가정의 경우는 60세 이상의 자	시장 · 군수 · 구청장에 신고
	노인요양 공동생활 가정	치매 · 중풍 등 노인성질환 등으로 심신에 상당한 장애가 발생하여 도움을 필요로 하는 노인에게 가정과 같은 주거여건과 급식 · 요양, 그 밖에 일상생활에 필요한 편의를 제공함을 목적으로 하는 시설		"
노인여가 복지시설	노인복지 회관	노인의 교양 · 취미생활 및 사회참여활동 등에 대한 각종 정보와 서비스를 제공하고, 건강증진 및 질병예방과 소득보장 · 재가복지, 그 밖에 노인의 복지증진에 필요한 서비스를 제공함을 목적으로 하는 시설	60세 이상의 자	"
	경로당	지역노인들이 자율적으로 친목도모 · 취미활동 · 공동작업장 운영 및 각종 정보교환과 기타 여가활동을 할 수 있도록 하는 장소를 제공	65세 이상의 자	"
	노인교실	노인들에 대하여 사회활동 참여욕구를 충족시키기 위하여 건전한 취미생활 · 노인건강유지 · 소득보장 기타 일상생활과 관련한 학습프로그램을 제공	60세 이상의 자	"
재가노인 복지시설	방문요양 서비스	재가노인으로서 신체적 · 정신적 장애로 어려움을 겪고 있는 노인에게 필요한 각종 편의를 제공하여 지역사회 안에서 건전하고 안정된 노후를 영위하도록 하는 서비스	1. 장기요양급여수급자 2. 심신이 허약하거나 장애가 있는 65세 이상의 재(이용자로부터 이용비용의 전부를 수납받아 운영하는 시설의 경우에는 60세 이상의 자로 한다)로서 다음 각 목에 해당하는 자	"
	주야간 보호 서비스	부득이한 사유로 가족의 보호를 받을 수 없는 심신이 허약한 노인과 장애노인을 주간 또는 야간 동안 보호시설에 입소시켜 필요한 각종 편의를 제공하여 이들의 생활안정과 심신기능의 유지 · 향상을 도모하고, 그 가족의 신체적 · 정신적 부담을 덜어주기 위한 서비스		

	단기보호 서비스	부득이한 사유로 가족의 보호를 받을 수 없어 일시적으로 보호가 필요한 심신이 허약한 노인과 장애노인을 보호시설에 단기간 입소시켜 보호함으로써 노인 및 노인가정의 복지증진을 도모하기 위한 서비스	가. 방문요양서비스: 가정에서의 보호가 필요한 자 나. 주·야간보호서비스: 주간 또는 야간 동안의 보호가 필요한 자 다. 단기보호서비스: 월 1일 이상 15일 이하의 단기간의 보호가 필요한 자 라. 방문 목욕서비스: 가정에서의 목욕이 필요한 자 마. 재가노인지원서비스: 가~라까지의 서비스 이외의 서비스로서 상담·교육 및 각종 지원 서비스가 필요한 자 바. 방문간호서비스: 가정 등에서 간호, 진료의 보조, 요양에 관한 상담 또는 구강위생 등이 필요한 자 사. 복지용구지원서비스: 복지용구가 필요한 자	
	방문목욕 서비스	목욕장비를 갖추고 재가노인을 방문하여 목욕을 제공하는 서비스		
	재가노인 지원 서비스	재가노인에게 노인생활 및 신상에 관한 상담을 제공하고, 재가노인 및 가족 등 보호자를 교육하며 각종편의를 제공하여 지역사회 안에서 건전하고 안정된 노후생활을 영위하도록 하는 서비스		
	방문간호 서비스	간호사 등이 의사, 한의사 또는 치과의사의 지시서에 따라 재가노인의 가정 등을 방문하여 간호, 진료의 보조, 요양에 관한 상담 또는 구강위생 등을 제공하는 서비스		
	복지용구 지원서비스	「노인장기요양보험법 시행규칙」 제11조 1항에 따른 복지용구를 제공하거나 대여하는 서비스		
노인보호 전문기관	노인보호 전문기관	• 시·도지사가 노인보호전문기관을 지정·운영 • 노인학대 신고, 상담, 보호, 예방 및 홍보 • 24시간 신고·상담용 긴급전화(1389) 운영	• 노인학대행위자에 대한 상담 및 교육 • 학대받은 노인의 발견·상담·보호 등 • 노인학대 예방 및 방지를 위한 홍보	시· 도지사 지정

※ 방문간호인력의 기준: 장기요양보험 방문간호의 인력기준과 동일
※ 기타 노인복지시설로는 노인일자리 지원기관과 학대피해노인 전용쉼터가 있음

3 노인 건강 지원사업

1) 노인 건강진단

(1) 목적

질병의 조기발견 및 치료로 건강의 유지 · 증진 도모

(2) 실시대상

시 · 군 · 구 관할구역에 거주하는 만 65세 이상 의료급여수급권자 중 희망자

> ※ 노인복지법 시행령 제20조 제1항
> 법 제27조 제1항의 규정에 의한 건강진단은 보건복지부장관, 시 · 도지사 또는 시장 · 군수 · 구청장은 2년에 1회 이상 국 · 공립병원, 보건소 또는 보건복지부령이 정하는 건강진단기관에서 대상자의 건강상태에 따라 1차 및 2차를 구분하여 실시한다.

2) 치매관리사업

(1) 치매검진사업

① 목적

치매의 위험이 높은 만 **60세 이상**의 노인을 대상으로 **2년마다** 정기적 검진을 통하여 치매 환자를 조기에 발견 · 관리함으로써 치매 노인 및 그 가족들의 삶의 질을 제고하기 위함

② 치매검진 대상 및 검진내용

검진단계	검진내용		검진장소	대상
1단계	선별검사(간이 정신상태검사)		보건소/치매안심센터	만 60세 이상 모든 노인
2단계	정밀검사	진단검사(신경인지 검사, 전문의 진료)	치매안심센터/협약병원	① 만 60세 이상이고, ② 기준중위소득 120% 이하인 자
3단계		감별검사(혈액검사, 뇌영상 촬영)	협약병원	

(2) 치매안심센터 설치

① 목적

시 · 군 · 구의 관할 보건소에 치매예방과 치매환자 및 그 가족에 대한 종합적인 지원을 위하여 설치(치매관리법 제17조)

② 치매안심센터 업무

  1. 치매 관련 상담 및 조기검진

  2. 치매환자의 등록 · 관리

  3. 치매등록통계사업의 지원

  4. 치매의 예방 · 교육 및 홍보

  5. 치매환자를 위한 단기쉼터의 운영

  6. 치매환자의 가족지원 사업

  6의 2. 「노인장기요양보험법」에 따른 장기요양인정신청 등의 대리

  6의 3. 제12조 3에 따른 성년후견제 이용 지원사업

  6의 4. 치매 인식개선 교육 및 홍보

  7. 그 밖에 시장 · 군수 · 구청장이 치매관리에 필요하다고 인정하는 업무

핵심 CHECK ‹‹‹

[치매안심센터 인력기준]

• 간호사, 1급 사회복지사, 작업치료사, 임상심리사를 각각 1명 이상 둘 것

---

(3) **치매환자의 의료비 지원사업**

  ① **대상:** 치매치료제를 복용중인 치매환자

  ② **대상자 선정기준:** 보건소에 치매환자로 등록된 자 중에서 선정기준에 적합한 자

    ㉠ 연령(만 60세 이상), ⓑ 진단기준, ⓒ 치료기준, ⓓ 소득기준(기준중위소득 120% 이하)을 충족해야함

    ㉡ 사업내용: 약제비와 진료비 중 본인부담금 지원 (월 3만원 ,연간 36만원 내 실비 지원)

(4) **치매 인식개선사업**

  ① 치매예방 수칙 및 치매예방 운동법 확산

  ② 중앙 치매센터 홈페이지 정보 제공

(5) **기타**

  ① **치매전담형 장기요양기관 도입**

    노인요양시설 내 치매전담실, 치매전담형 노인요양공동생활가정, 치매전담형 주 · 야간 보호시설 등 운영

  ② 치매안심병원 지정 및 **공립요양병원 기능강화(치매전문병동 도입)**

  ③ **치매가족지원 확대:** 치매가족상담, 소득공제, 여행바우처 지원 등

  ④ **중증치매(1, 2등급):** 연 6일 24시간 방문요양서비스 제공

  ⑤ **치매특별등급 도입:** 노인 장기요양 5등급 및 인지지원 등급

3) 노인실명예방관리사업(한국실명예방재단)

(1) 노인 안 검진사업

60세 이상 모든 노인(저소득층 우선)

(2) 노인 개안수술 사업

① **대상 기준**: 만 60세 이상이면서, 기초생활수급권자 또는 차상위계층, 「한부모가족지원법」에 따른 지원대상자

② **대상질환**: 개안수술(백내장, 망막질환, 녹내장 등)

4) 노인 무릎인공관절 수술 지원 사업(노인의료나눔재단)

(1) 목적

무릎관절 수술 지원을 통한 노인 건강보장 및 의료비 부담 경감

(2) 사업대상 및 법위

① **대상기준**: 만 60세 이상이면서 기초생활수급권자 또는 차상위계층, 「한부모가족지원법」에 따른 지원대상자

② **대상질환**: 건강보험급여 '인공관절치환술(슬관절)' 인정기준에 준하는 질환자

🔍 참고 POINT

[노인장기요양보험제도와 기존 노인복지서비스체계 비교]

구분	노인장기요양보험제도	노인복지서비스체계
관련법	• 노인장기요양보험법	• 노인복지법
서비스대상	• 보편적 제도 • 장기요양이 필요한 65세 이상 노인 및 치매 등 노인성 질환을 가진 65세 미만자	• 특정대상 한정(선택적) • 국민기초생활보장 수급자를 포함한 저소득층 위주
서비스선택	• 수급자 및 부양가족의 선택에 의한 서비스 제공(수요자 위주)	• 지방자치단체 장의 판단(공급자 위주)
재원	• 장기요양보험료 + 국가 및 지방자치단체 부담 + 이용자 본인부담	• 정부 및 지방자치단체의 부담

*출처: 최연희 등(2016). 지역사회보건간호학 2. 수문사

📝 단원확인문제

01. 다음 중 노인의 보건의료요구에 대한 설명으로 맞는 것은?

> 가. 노인은 두 가지 이상의 질병을 가지고 있는 경우가 많다.
> 나. 노인의 질병이나 장애는 만성적이고 복잡해서 원인을 찾기 어려운 경우가 많고, 장기간의 관리가 필요하다.
> 다. 젊은 층에 비해 현저히 많은 양의 수발이 필요하다.
> 라. 노인의 질병은 일단 치료되면 재발은 잘되지 않는다.

① 가, 나, 다　　　　　　　　　② 가, 다
③ 나, 라　　　　　　　　　　　④ 가, 나, 다, 라

02. 다음의 대상자가 이용할 수 있는 장기요양급여는?

> 아들 부부는 90세 이상의 어머니를 모시고 함께 살고 있다. 어머니는 장기요양 2등급 판정을 받았고, 와상상태로 혼자서 움직이거나 이동이 어려운 상태이다. 따라서 아들 부부는 어머니의 식사 및 이동 도움을 위해 전동침대를 대여하고, 욕창예방 매트리스를 구입하려고 한다.

① 방문요양　　　　　　　　　② 가족요양비
③ 방문간호　　　　　　　　　④ 기타재가급여

03. 우리나라의 주된 노인 문제는?

> 가. 소득감소와 경제적 의존　　　나. 건강보호 문제
> 다. 역할상실　　　　　　　　　　라. 사회·심리적 고립

① 가, 나, 다　　　　　　　　　② 가, 다
③ 나, 라　　　　　　　　　　　④ 가, 나, 다, 라

04. 노인간호에서 노인의 기능정도를 측정하는 것이 중요한 이유로 옳은 것은?

> 가. 노인의 건강상태에 대한 전문가들의 의사소통에 편리한 방법을 제공하기 때문이다.
> 나. 노인에게 필요한 외부 도움의 기준으로 질병보다는 기능수준이 적당하기 때문이다.
> 다. 노인이 필요로 하는 돌봄의 수준을 정확히 예측할 수 있기 때문이다.
> 라. 노인의 질병상태를 정확히 반영하는 지표이기 때문이다.

① 가, 나, 다   ② 가, 다
③ 나, 라   ④ 가, 나, 다, 라

05. 다음 중 우리나라 재가 노인 복지사업에 해당하는 것은?

> 가. 주야간보호 서비스   나. 단기보호서비스
> 다. 방문목욕 서비스   라. 방문요양서비스

① 가, 나, 다   ② 가, 다
③ 나, 라   ④ 가, 나, 다, 라

06. 다음 중 노인주거복지시설에 입소할 수 있는 대상자의 기준은?

> 가. 「국민기초생활보장법」에 의한 생계급여수급자로서 65세 이상으로 일상생활이 지장이 없는 자
> 나. 65세 이상 노인으로 일상생활이 가능한 실비보호대상자
> 다. 부양의무자로부터 적절한 부양을 받지 못하는 65세 이상의 자로 독립적 생활이 가능한 자
> 라. 치매로 다른 사람의 도움이 필요한 65세 이상자

① 가, 나, 다   ② 가, 다
③ 나, 라   ④ 가, 나, 다, 라

정답 및 해설 Answers & Explanations

01 정답 ①

노인의 건강문제의 특성은 다음과 같다.
- 노인의 질병은 경과가 길어지기 쉽고, 재발되기 쉽다.
- 현재 건강문제로 인해 일상생활 활동에 지장을 받고 있는 노인인구가 많다.
- 노인은 두 가지 이상의 질병을 가지고 있는 경우가 많다.
- 노인의 질병이나 장애는 만성적이고 복잡해서 원인을 찾기 어려운 경우가 많고, 장기간의 관리가 필요하다.
- 젊은 층에 비해 현저히 많은 양의 수발이 필요하다.
  상황위기는 예측할 수 없으므로 발생 시 지지를 해주고 도움을 준다.

02 정답 ④

수급자의 일상생활·신체활동 지원 및 인지기능의 유지·향상에 필요한 재활용구를 제공하거나 대여하는 급여는 기타 재가급여이다.

03 정답 ④

노인은 다른 연령층과는 달리 신체, 심리 및 사회적 측면의 만성적인 건강문제로 인해활동에 제한을 받으며 그와 관련된 문제를 갖는다. 대부분의 노인들은 건강유지에 대한 지식이 없거나, 위축되어 가는 신체, 심리적 상태와 사회적 위치로 인하여 건강의 유지 및 증진을 포기하려는 심리상태에 빠지기 쉽고 이로 인하여 건강문제의 발생빈도가 증가된다.

04 정답 ①

노인간호에서 기능적 상태를 사정해야 하는 이유는 노인의 경유 자신의 질병을 제한된 활동이나 불편감을 통해 인지하므로 기능장애가 질병의 증상을 나타낼 수 있다는 것이다. 또한 만성퇴행성 질환이 많은 노인들에게는 완치보다는 기능상태의 회복 및 자기간호 유지에 초점을 맞추어 간호하게 된다. 식사, 이동, 보행 등에 대한 독립성의 정도 등에 대한 기능상태의 사정은 간호계획 수립에 도움을 주며 노인이 필요로 하는 간호가 무엇인지 예측할 수 있도록 해준다.

05 정답 ④

그 외에 재가노인지원서비스, 방문간호서비스 등이 있다.

06 정답 ①

라의 경우는 노인 의료복지시설에 입소가능하다.

PART 07

건강증진과 보건교육

CHAPTER **01** 건강증진의 이해

1 건강증진(health promotion)의 정의

1) O'Donell(1989)

건강증진은 최적의 건강상태를 지향하기 위하여 사람들로 하여금 생활양식을 변화시키도록 하는데 도움을 주는 과학과 기술

2) WHO, 제1차 건강증진 국제회의(1986)

건강증진은 사람들이 스스로 자신의 건강에 대한 통제력을 증가함으로써 건강을 향상시키는 능력을 갖도록 하는 과정

3) 포괄적 관점의 정의

건강증진은 단순한 질병의 치료나 예방이 아니라, 사람들이 지니고 있는 건강행동 및 건강잠재력을 함양시켜 최적의 건강상태가 되도록 건강한 생활양식을 유지, 변화시키기 위한 교육적, 예방의학적, 사회제도적, 환경 보호적 수단을 강구하는 것이다.

2 건강증진의 개념

1) 건강증진과 유사한 개념

예방의학적 관점에서 볼 때 건강증진은 질병예방 및 건강보호와 구별되는 개념이지만, 광의의 건강증진 개념은 질병예방과 건강보호적 수단을 모두 포함하고 있다.

(1) 질병예방(disease prevention, 소극적 건강증진 개념)
① **예방의학적 개념**으로 불건강의 위험을 조기에 발견·관리하여 **질병발생 및 악화를 예방**하기 위한 소극적, 부정적인 건강향상책
② 건강검진, 상담, 지도, 예방접종 등의 서비스 활동

(2) 건강보호(heath protection)

　① 건강위해요인의 접촉기회와 건강위해 행위를 줄이는 활동 등 환경적 측면을 강조

　　즉 법률적, 재정적, 사회적 방법을 통하여 **건강에 유익한 환경을 제공**함으로써 인구집단을 보호

　　🗒 보호구의 착용, 공공장소에서의 금연, 안전벨트 의무화, HACCP 등

　② 건강보호는 예방의학적 초점을 반영하고 있어 질병예방과 혼용하여 사용함

(3) 건강증진(적극적 건강증진 개념)

　① 보건교육적 수단, 건강보호적 수단, 예방의학적 수단을 통하여 개인의 건강잠재력을 향상시켜

　　건강을 유지 · 증진시키고자하는 **적극적, 긍정적** 건강향상책

　② 건강증진을 위한 가장 필수적인 수단은 보건교육임

3　건강증진의 역사적 배경

1) 건강증진 개념의 발전

(1) Lalonde 보고서(1974)

　① "캐나다 보건의료에 관한 새로운 조망"에서 현대적 건강증진개념이 처음 제기

　　➡ 치료중심의 의학적 모형에서 건강증진 중심의 총체적 모형으로 전환하는 계기가 됨

　② 건강은 건강결정요인 4가지 즉 생물학적 요인(20%), 환경적 요인(20%), 생활양식 요인(50%),

　　보건의료서비스 요인(10%)의 상호작용으로 이루어짐

　　➡ 이들 요인을 변화시킴이 건강개선에 효과적임

　③ 그 중 **생활양식(50%)이 건강의 결정적인 주요 요인**임을 강조

(2) Healthy People(미국 보건성, 1979)

조기사망 원인의 50% 이상이 일상생활에서의 개인 부주의한 습관 및 유해한 환경과 관련되어 있으므로 이러한 **생활양식을 변화**시키도록 개인 및 지역사회의 대책 개발을 주장

(3) WHO는 Alma-Ata회의 (1978)

'Health For All By the 2000(HFA)'을 목적으로 건강접근성 향상을 위한 **일차보건 의료사업(PHC)**을 전략적 수단으로 채택

(4) 오타와 제1차 국제 건강증진회의(1986)

　① 'Health For All (HFA)'의 목적을 달성하기 위한 주요 전략으로 **오타와 헌장**을 선포

　② 1986년 캐나다 오타와에서 열린 제1차 국제회의를 시작으로 2021년 스위스 제네바회의까지 총 10차례의 국제건강증진대회가 개최되었다.

2) 제1차 건강증진 국제회의(오타와, 1986)

HFA의 기본 전략으로 건강증진 개념을 적극 수용하며, **건강증진의 3대 원칙과 5가지 활동영역**을 제시한 오타와 헌장(Ottawa Chart)을 선포함(1986)

(1) 건강증진의 3대 원칙(전략)

① 옹호(advocate)

건강의 중요성에 대한 대중의 관심을 불러일으키고, 보건의료의 수요 충족을 위한 **건강한 보건정책**을 수립하고 지원하도록 촉구하는 것이다.

② 역량강화(empowerment, 가능화 enable)

개인과 가족의 건강유지 능력과 권리를 인정하고, 그들 스스로 건강관리에 적극 참여하여 자신의 행동에 책임을 갖고 **건강증진을 위한 능력**을 함양하는 것이다.

③ 연합(alliance, 중재, mediate)

건강수준 향상을 위한 활동이 여러 수준과 분야 간에 **통합되고 조정**되어야 하므로 건강에 영향을 미치는 모든 조직과 관련 분야 전문가들의 **연합(협력)**이 필요하다.

(2) 건강증진을 위한 5개 활동 영역

① 건강한 공공정책 수립(build healthy public policy)
- 건강에 이로운 **공공정책**을 수립하여야 한다.
- 건강증진은 보건의료 사업의 범위를 넘어선 활동으로 입법조치, 재정마련, 조세 및 조직의 변화 등 다양한 부분에서 상호보완적 접근을 해야 함.
  ➡ 모든 영역의 정책입안자들은 정책결정이 국민건강에 대해 책임이 있음을 인식

② 지지적 환경 조성(create supportive environment)
- **건강지향적 환경**을 구축하여야 한다.
- 인간의 건강과 환경은 불가분의 관계이므로 안전 지향적이며, 만족과 즐거움을 가질 수 있는 사회, 물리적 환경을 조성하는데 지역사회나 국가, 전 세계가 상호보완적 관계를 유지해야 한다.

③ 지역사회활동 강화(strengthen community action)
- 건강증진사업의 목표달성은 구체적이고 효과적인 지역사회활동을 통해 이루어지므로 지역사회에서 **건강 관련 활동**을 강화하여야 한다. ➡ **지역사회 역량** 개발 필요
- 지역사회 역량 개발을 위해서는 지역사회의 인적·물적 자원의 개발과 공공의 협력을 강화하고 **건강관련사업에 대중의 참여를 강화**하는 탄력적 체계를 개발하여야 한다.

④ 개인의 기술 개발(develop personal skills)
- 개인은 자신의 건강증진에 필요한 **기술을 개발**하여야 한다.

- 생의 주기에 따른 건강증진활동을 할 수 있고, 만성질환이나 상해, 위기 등에 효율적으로 대처할 수 있는 능력이 개발되어야 한다.
  - ➡ 이를 위하여 가정, 학교, 산업장 및 지역사회에서는 지속적으로 **정보 및 교육**을 제공하여야 한다.

⑤ 보건의료서비스의 방향 재정립(reorient health services)
- 기존의 **보건의료서비스체계를 재조정**하여야 한다.
- 치료위주 사업에서 **예방 및 건강증진 사업**으로 방향이 재조정되어야 하며, 건강증진에 대한 책임은 개인, 지역사회, 보건전문인, 보건의료기관과 정부 등이 각기 분담하되 함께 **협력**하여 일하는 방법을 배워야 한다.

3) 국제건강증진회의의 주요 결과 및 내용

순서	년도	지명	주제
1차	1986	오타와(캐나다)	• 건강증진 3대 원칙, 5대 활동영역 제시 – 오타와 헌장
2차	1988	아델레이드 (호주)	• 건강한 공공정책 수립 강조(정부정책의 중요성 강조) 〈4대 우선순위 선정〉 ① 여성건강　② 식품과 영양 ③ 흡연과 음주　④ 지지적 환경의 조성
3차	1991	선즈볼 (스웨덴)	• 건강 지지적 환경 조성의 중요성 강조 ① 정책개발, 법제, 조직의 방향 재설정 ② 옹호, 인식의 제고　③ 권한 부여 ④ 자원의 동원　⑤ 지역사회 역량강화 등
4차	1997	자카르타 (인도네시아)	'건강증진은 가치있는 투자임' • 건강증진을 보건의료사업의 중심으로 보고 공공·민간부문의 파트너십 강조 ① 건강에 대한 사회적 책임 증대 ② 보건부문 투자 확대 ③ 파트너십 형성과 확장 ④ 지역사회와 개인의 역량 강화 ⑤ 건강증진을 위한 인프라 구축
5차	2000	멕시코시티 (멕시코)	'건강에 관한 사회적 형평성 제고' • 건강은 삶이 긍정적 자산이며 사회 및 경제발전과 형평에 필요한 요소: 자카르타 우선순위에 '의료체계와 서비스'의 재정비 추가
6차	2005	방콕 (태국)	'실천을 위한 정책과 파트너십' – 방콕헌장 • 5가지 건강증진을 위한 구체적 전략을 제시 전략: ① 옹호　② 투자　③ 역량개발　④ 규제와 입법 　　　⑤ 파트너십과 연대구축
7차	2009	나이로비 (케냐)	'건강증진 및 개발: 수행 간극 좁히기' – 나이로비헌장 • 국내 또는 국가 간 일차보건의료와 함께 건강증진이 필수적이고 효과적인 접근임을 확인하고, 수행역량 격차해소를 위한 전략제시

			① 지역사회 역량 강화 ② 건강정보를 획득하고 활용할 수 있는 능력 및 건강행태 ③ 보건의료시스템 강화하기 ④ 파트너십과 부서간의 활동 강화 ⑤ 건강증진을 위한 역량강화
8차	2013	헬싱키 (필란드)	'모든 정책에서의 건강을'(Health in All Policies) • 모든 수준의 정책결정에 건강영향을 고려하도록 정책결정자 및 국가의 책무를 강조 ① 제1차~제7차 회의까지 이루어진 건강증진에 대한 경과, 효과, 성취 정도를 되돌아 봄 ② 향후 건강시스템의 지속가능성, MDGs에 대한 검토 및 지속가능한 개발 의제 등에 대한 토의
9차	2016	상하이 (중국)	'지속가능한 발전에 있어서의 건강증진: 모두를 위한 건강과 건강을 위한 모든 것"(Health for All and All for Health)' • 지속가능개발 목표(SDGs)를 성취하기 위한 건강증진의 역할 강조 • 건강을 증진하고 지속가능 발전을 도모하기 위한 3대 축을 선정 ① 건강도시, ② 건강정보이해능력, ③ 좋은 거버넌스와 사회적 동원 등
10차	2021	제네바 (스위스)	'웰빙사회(Well-being Societies)' – 스위스 헌장 • 지구의 건강을 파괴하지 않으면서 현재와 미래세대를 위한 평등한 건강과 사회적 결과를 달성하기 위한 글로벌 약속의 필요성을 강조 • 웰빙사회의 필수요소와 전 세계적으로 직면한 여러 건강 및 생태위기를 보다 잘 예방하고 대응하기 위한 조치를 제시 ① 인간개발에 기여하는 평등한 경제를 설계 ② 공익을 위한 공공정책의 수립 ③ 보편적인 건강보장 달성 ④ 피해 및 권한 박탈에 대응하고 혜택을 강화하기 위한 디지털 혁신 ⑤ 지구를 소중히 여기고 보존하는 것

📎 기출문제 맛 보기

제1차 건강증진회의(캐나다, 오타와)에서 건강증진 5대 활동 전략이 발표되었다. 다음 글에 해당하는 전략은?

17년 지방

• 보건의료 부문의 역할은 치료와 임상서비스에 대한 책임을 넘어서 건강증진 방향으로 전환해야 한다.
• 건강증진의 책임은 개인, 지역사회, 보건전문인, 보건의료기관, 정부 등이 공동으로 분담한다.

① 보건의료서비스의 방향 재설정
② 건강 지향적 공공정책의 수립
③ 지지적 환경 조성
④ 지역사회 활동의 강화

정답 ①

4 건강증진 관련 이론 및 모형

1) 건강신념 모형(Health Belief Model, HBM)

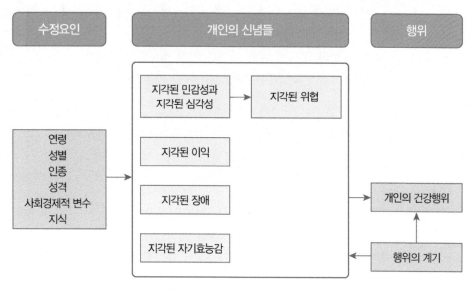

[그림 7-1] 건강신념 모형, Glanz, K. 등, 2015

*출처: 김광숙 등(2022). 지역사회간호학 이론과 실제. 현문사. p.75. 재인용.

(1) **모형의 개요**

① 많은 사람들이 결핵검사, 자궁경부암 검사, 예방접종 등 질병예방프로그램에 참가하지 않는 이유를 파악하기 위하여 1950~1960년대 사회심리학자들에 의해 개발된 모형이다.

② 개인이 생각하는 가치와 신념이 행동으로 연결된다는 **사회심리학 이론과 레빈의 장의 이론**에 근거하여 개발되었다.

③ 이 모형은 예방대책을 할 사람과 하지 않을 사람들을 예측하고, 하지 않을 사람들에게 질병예방행위를 하도록 중재를 제공하는 데 유용한 이론이다. 즉 이 모형은 사람들이 특정 질병에 대한 **예방행위를 하는 데 유의하게 관련된 개념들**이 무엇인지 설명하는 것으로 사람들의 질병 예방행위의 가능성을 높이는 것이 궁극적 목표이다.

(2) **모형의 구성 개념**

① **지각된 감수성(민감성)**

• 개인이 어떤 질병에 걸릴 위험이 있다는 가능성에 대해 지각하고 있는 정도이다.

• 특정 질병에 걸릴 가능성이 높다고 지각할수록 예방행위를 할 가능성이 높아진다.

② 지각된 심각성
- 개인이 특정질환에 걸렸을 경우나 치료를 하지 않았을 때 얼마나 심각하게 될 것인가에 대하여 지각하는 정도이다.
- 특정 질병이 자신에게 심각한 결과를 가져올 수 있다고 지각할수록 예방행위를 취할 가능성이 높아진다.

③ 지각된 위협감
- 특정질환에 대한 위협의 정도에 대한 개인의 지각 정도를 의미한다.
- 특정 질병을 위협적으로 지각할수록 예방행위를 할 가능성이 높아진다.

④ 지각된 유익성
- 특정 행위를 함으로써 얻을 수 있는 혜택과 유익에 대한 지각 정도이다.
- 특정 유익성이 크다고 지각할수록 예방행위를 할 가능성이 높아진다.

⑤ 지각된 장애성
- 특정 건강행위를 하는데 있어 부딪치게 되는 어려움(부작용, 통증, 시간소비, 불편함, 경제적 비용부담 등)에 대한 부정적 지각의 정도를 의미한다.
- 지각된 장애가 낮을수록 예방행위를 할 가능성이 높아진다.

⑥ 행위의 계기
- 사람들로 하여금 특정행위에 참여 하도록 자극을 줄 수 있는 중재 또는 계기를 의미
- 대중매체, 교육, 상담, 유인물, 조언, 추후검진 일정안내, 가족이나 친구의 질병 등
- 중재효과의 강도가 높을수록 예방행위를 할 가능성이 높아진다.

⑦ 자기효능감
- 건강에 필요한 행위를 수행할 수 있다는 확신 정도를 의미한다.
- 초기 모형에는 없었던 개념인 자기 효능감을 1988년에 Rosenstock 등이 추가하도록 주장함
- 자기효능감의 정도가 높을수록 건강행위를 할 가능성이 높아진다.

⑧ 기타 변수들
지각요인과 자기효능감에 영향을 미칠 수 있으며 간접적으로 건강관련행위에 영향을 줄 수 있다.
- **인구학적 변수**: 연령, 성별, 인종 등
- **사회심리학적 변수**: 성격, 사회적 지위, 경제상태, 동료의 압력
- **구조적 변수**: 질병에 대한 선행경험이나 지식 등

2) Pender의 건강증진모형(Health Promotion Model)

(1) 이론의 개요

① **건강증진행위에 영향을 미치는 요인**을 설명하는 것으로 Feather의 기대가치이론, Bandura의 사회인지이론과 건강신념모델 등을 기초로 하여 개발

② 건강증진행위의 수행에 **인지·정서요인의 영향**이 크다는 것을 강조

③ 인지·정서요인은 중재에 의해 변화 가능하므로 이를 변화시켜 건강증진행위를 촉진함

(2) 건강증진 모형의 구성 개념

① 개인적 특성과 경험

사람들은 각자 고유한 개인적 특성과 경험을 가지고 있으며, 이는 개인의 행동에 영향을 미친다.

㉠ 이전의 관련된 행위: 현재와 비슷하거나 같은 행위를 과거에 얼마나 자주하였는지를 의미한 것으로 직접 또는 간접으로 개인의 건강증진 행위에 영향을 미침

㉡ 개인적 특성: 생물학적, 심리적, 사회문화적 요인으로 분류된다. 건강증진 행위 및 행위에 따른 인지와 정서에 직접적인 영향을 미치나 변화가 어렵기 때문에 중재로 구체화시키기가 어려움

② 행위와 관련된 인지와 정서

동기화에 중요한 요소로 이 요인은 간호중재를 통해 변화가 가능할 수 있는 변수이기 때문에 간호중재의 대상이 된다.

㉠ 행위에 대한 지각된 유익성
- 특정행위에 대한 개인이 기대하는 이익이나 긍정적 결과
- 유익성이 클수록 건강 증진행위가 증가

㉡ 행위에 대한 지각된 장애성
- 상상이나 실제적으로 건강증진행위를 하는 데 장애가 되는 요인
- 장애성이 클수록 건강증진행위가 감소

㉢ 지각된 자기효능감
- 수행을 확실하게 성취할 수 있는 개인의 능력에 대한 판단
- 자기효능이 높을수록 지각된 장애정도는 감소

㉣ 행위와 관련된 정서
- 건강증진행위를 하기 전, 하는 동안 또는 그 후에 갖게 되는 주관적 느낌
- 긍정적인 정서를 동반한 행위는 반복될 가능성이 크지만 부정적인 정서를 느끼게 하는 행위는 다음에는 피할 가능성이 증가함
- 행위와 관련된 정서가 긍정적이면 자기효능감 증가

ⓜ 대인관계 영향
  • 특정행위에 대한 다른 사람들의 행위, 태도, 신념에 의해 영향을 받는 것을 의미
  • 규범(다른 사람의 기대치), 사회적지지, 모델링 등이 여기에 속함
  • 대인관계 영향은 특히 청소년의 경우에 더욱 큼

ⓑ 상황적 영향
  • 상황과 환경에 대한 개인적 지각과 인지로, 행위를 촉진시키거나 방해할 수 있음
  • 안전하고 편안한 환경이나 상황, 환상적이고 흥미로운 환경에서 행위를 더 잘하게 됨

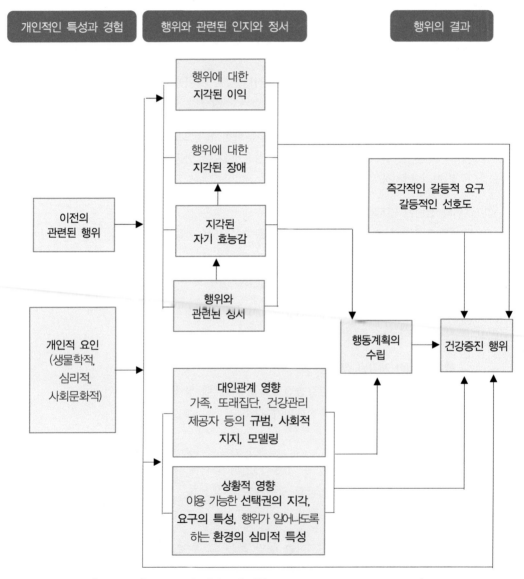

[그림 7-2] Pender의 건강증진모형(Health Promotion Model, 2006)

*출처: 양숙자 등(2022). 지역사회간호학Ⅰ. 현문사. p.366.

③ 행위결과

행위계획을 수립하고 건강행위가 이루어지는 단계이다.

㉠ 행위계획 수립

특정 행위를 성공적으로 하기 위한 구체적 활동을 계획하거나 전략을 찾는 것과 같은 행위수행의 의도를 의미한다.

㉡ 즉각적인 갈등적 요구와 선호도

• 계획된 행동을 실천하기에 앞서 즉각적으로 개입될 수 있는 선택적 행위로, 수립된 행위계획에 방해가 되는 대안적 행위를 말한다.

• 개인이 갈등적인 요구와 선호를 얼마나 잘 처리하느냐하는 것은 각자의 자기조절능력에 달려있다.

• 자기조절 및 통제력을 훈련시켜 건강증진행위를 방해하는 갈등적 요구와 선호를 억제할 수 있도록 돕는다.

㉢ 건강증진행위

이 모형의 최종 목적으로, 건강상태에 도달할 수 있게 하는 행위를 수행하는 것이다.

🖊 **기출문제 맛 보기**

팬더(Pender)의 건강증진모형을 이용하여 건강한 젊은 성인들을 대상으로 제공할 수 있는 운동프로그램 중재로 옳지 않은 것은?　　　　15년 지방직

① 대상자의 자기효능감을 증진시킨다.
② 대상자에게 운동의 이점을 설명한다.
③ 건강위협을 통해 대상자를 동기화한다.
④ 대상자 가족들이 대상자를 지지하도록 한다.

---

3) Green의 PRECEDE–PROCEED 모형(2005)

• **PRECEDE 과정**: 보건교육사업의 우선순위결정 및 목적설정을 보여주는 진단단계
• **PROCEED 과정**: 정책수립 및 보건교육사업 수행과 사업평가 대상 및 기준을 제시하는 건강증진프로그램의 개발단계

(1) 모형의 개요

① 건강증진에 대한 다수준적 상호작용 접근법인 생태학적 접근으로서 보건교육의 계획부터 수행, 평가 과정의 연속적인 단계를 제공하는 **포괄적인 기획모형**이다.

② 여러 측면의 진단 과정을 통해 건강과 건강행위에 미치는 **다양한 요인을 복합적**으로 분류하여 조직화 하도록 접근하고 있다.

정답 ③

③ 건강 및 건강행위에 **사회적·생태학적 측면들**이 중요한 요인임을 강조하여, 건강행위 변화에 대한 책임을 대상자 중심으로 본 타 건강행위 관련 모형과 차별화 된다.

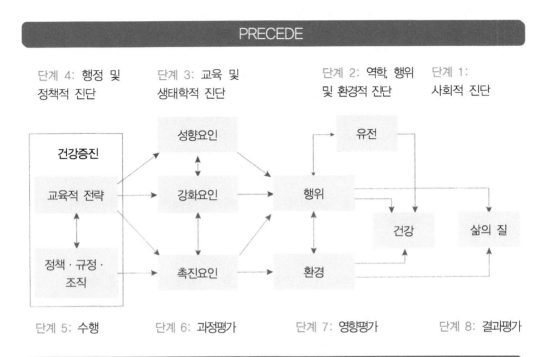

[그림 7-3] PRECEDE-PROCEED 개정 모형(2005)

*출처: 양숙자 등(2022), 지역사회간호학 I, 현문사, p.375.

(2) PRECEDE-PROCEED(2005) 모형의 단계: 8단계로 구성

① **사회적 진단**
    ㉠ 지역주민의 입장에서 자신들의 삶과 관련된 문제가 무엇인지 파악하도록 돕는 단계
    ㉡ 지역사회 주민의 **삶의 질과 관련된 주요문제 사정**(건강자료 이외의 것 파악)
        📌 실업률, 주택밀도, 대기오염상태, 주민의 적응과 삶의 만족도 등을 사정

② **역학 및 행위와 환경 진단**
    ㉠ **역학적 진단**: 규명된 삶의 질에 영향을 미치는 문제와 관련된 구체적인 **질병/건강 문제를 규명**하고, 우선순위와 사업목적을 수립하는 단계
    ㉡ **행위 및 환경진단**: 확인된 건강문제와 원인적으로 연관된 **건강관련 행위와 환경요인**을 규명하여 행동목표를 수립

- **행위요인**: 흡연, 과음, 고지방음식 섭취, 운동행위, 생활양식 등
- **환경요인**: 운동시설, 건강진단시설 등의 유무 및 접근 용이도, 금연구역 설정 유무, 스트레스 정도 등

③ 교육 생태학적 진단

건강행위의 변화를 가져오기 위한 **보건교육의 내용을 설정**하는 단계로, 앞 단계에서 규명된 건강행위에 영향을 주는 3가지 요인 즉 **성향요인, 강화요인, 촉진요인**을 사정한다.

㉠ **성향요인(Predisposing factors)**

행위의 근거나 동기를 제공하는 인지, 정서적 요인 즉 동기부여기능

▣ 지식, 태도, 신념가치, 자기효능, 의도 등

㉡ **촉진요인(Enabling factors)**

개인이나 조직의 건강행위 수행을 가능하게 도와주는 요인 즉 동기가 실현되도록 하는 기능

▣ 보건의료 및 지역사회 자원의 이용 가능성, 접근성, 시간적 여유, 시설의 유무, 개인의 기술 및 자원 등

㉢ **강화요인(Reinforcing factors)**

보상, 칭찬, 처벌 등과 같이 행위가 지속되게 하거나 중단시키게 하는 요인

▣ 사회적, 신체적 유익성, 보상, 사회적 지지, 친구·가족의 영향 및 충고, 의료인에 의한 긍정적, 부정적 반응 등

④ 행정 및 정책적 진단

㉠ PRECEDE에서 PROCEED로 진행되는 단계로서 수행단계로 이어진다.

㉡ 이전 단계에서 세워진 계획이 건강증진사업으로 전환되어 수행되기 위해 필요한 행정적 정책적 사정이 이루어지며, 프로그램을 촉진하거나 방해하는 정책, 규정, 조직, 자원 등을 분석하고 개선하는 단계

▣ 물자, 인력, 예산, 시설, 조직체계 등을 사정

⑤ 수행

프로그램을 개발하고 시행방안을 마련하여 수행하는 단계

---

⑥ - ⑧ 평가
건강증진사업은 **과정, 영향, 결과평가** 등 3가지 영역에서 1가지 이상에 대해 평가한다.

---

⑥ **과정평가**

프로그램의 수행이 정책, 이론적 근거, 프로토콜 등에 따라 잘 수행되었는지를 평가

⑦ **영향평가**

행동적, 환경적 요인의 변화와 더불어 **성향요인, 강화요인, 촉진요인**의 변화를 평가

⑧ **결과평가**

진단의 초기 단계에서 사정된 **건강 및 삶의 질**의 변화를 평가

🔖 기출문제 맛 보기

서울특별시 D구는 PRCEDE-PROCEED 모형에 근거하여 성인인구집단의 비만예방을 위한 건강증진사업을 기획하고자 한다. 교육 및 생태학적 사정단계에서 교육전략 구성을 위해 건강행위에 영향을 주는 요인 중 가능요인(enabling factors)으로 활용할 수 있는 지표로 가장 옳은 것은?　　　　　　22년 서울

① 비만 유발요인에 대한 지식 정도
② 신체활동을 격려해주는 가족의 지지
③ 과일과 채소 섭취를 증가시킬 수 있는 자신감
④ 집에서 가까운 지불가능한 운동센터의 개수

---

4) 합리적 행위이론(Theory of Reasoned Action, TRA)

(1) 이론의 개요

① 합리적 행위 이론은 Fishbein과 Ajzen(1980)에 의해 건강행위, 태도, 의도 사이의 관계를 설명하기 위해 개발된 이론이다.
② 인간의 행위는 자기조절 하에 있으므로, 어떤 행위를 수행하려는 의도(intention)가 있다면 그 의도(intention)가 그 행위의 직접적인 결정요인이 된다고 가정한다.
③ 이러한 행동의 의도는 그 **행위에 대한 태도와 주관적 규범**에 의하여 결정된다.

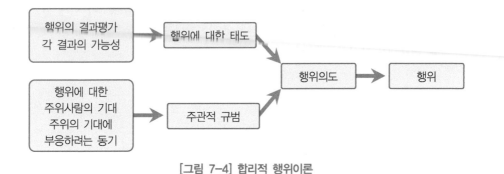

[그림 7-4] 합리적 행위이론

*출처: 김춘미 등(2022). 지역사회보건간호학. 수문사. p.459.

(2) 합리적 행위이론의 구성 개념

① **행위의도(intention)**

특정행위에 대한 **동기유발(의사)이나 준비** 등의 정도

정답 ④

② **행위에 대한 태도(attitude toward the behavior)**

특정행위 수행에 대한 **긍정적 또는 부정적 평가**에 대한 개인의 지각

㉠ **결과의 가능성(행위 신념): 특정행위가 특정 결과(긍정적/부정적 결과)를 이끌어 낼 것**이라는 믿음

㉡ **결과 평가: 특정행위를 함으로써 초래할 결과의 가치(좋아함/싫어함)에 대한 판단**

③ **주관적 규범(subjective norm)**

특정행위를 수행하도록 만드는 **사회적 기대감(사회적 압력)에 대한 개인의 지각**

㉠ **규범적 신념 (normative belief):** 주위의 의미있는 사람(준거인)이 행위 수행에 대해 가지고 있는 기대(사회적 압력)에 대한 믿음(지지/반대)

㉡ **순응동기(motivation to comply):** 그 기대에 부응하고자 하는 동기

5) 계획된 행위이론(Theory of Planned Behavior, TPB)

(1) 이론의 개요

계획된 행위이론(Ajen, 1991)은 합리적 행위이론의 예측력을 향상시키기 위하여 합리적 행위이론이 확대된 이론으로, 행위수행과 관련하여 **지각된 행위통제개념을 추가**한 모형이다.

(2) 이론의 구성요소

- **지각된 행위통제(perceived behavioral control)**
  - 특정행위를 수행하는데 있어서 **어려움이나 용이함에 대한 개인의 지각**
  - 지각된 행위통제는 행위의도에는 직접적인 영향을 미치고, 행위에는 직접적 또는 간접적인 영향을 미친다.

  ㉠ **통제신념**

  행위 수행에 필요한 자원과 기회 및 장애물의 존재 유무 등에 **대한 믿음**

  ㉡ **지각된 영향력**

  특정 행위의 촉진요인 또는 장애요인이 **행위수행에 미치는 영향력**에 대한 인식으로, 행위수행의 용이성, 수행에 필요한 자원과 기회, 장애물의 존재 유무, 과거경험 또는 행위수행의지 등에 따라 결정된다.

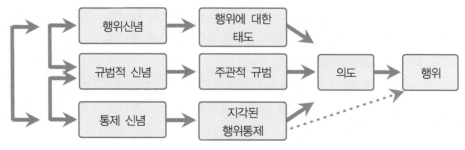

[그림 7-5] 계획된 행위이론

*출처: 양숙자 등(2022). 지역사회간호학 I. 현문사. p.370.

6) 사회인지이론(social cognitive theory: Bandura, 1977)

(1) 이론의 개요

① Bandura의 사회인지이론은 어떻게 사람들이 특정행위을 습득하고 유지하는 설명하는 이론으로, 사회학습이론에서 **자기효능감과 상호결정론**을 추가하면서 사회인지이론으로 확장

② 사회인지이론은 **인간행동이 개인(person), 행동(behavior), 환경(environment)의 세 가지 요소가 서로 역동적인 상호작용에 의해 학습**된다는 상호결정론을 이론적 기틀로 제시

③ 상호결정론은 행동만 분리하여 고려하지 않고, 개인적 요소와 환경적 요소를 함께 고려하여 **개인 특성에 맞거나 환경변화에 초점을 맞춘 프로그램**을 개발하여 행동변화를 일으키게 하는데 유용하다.

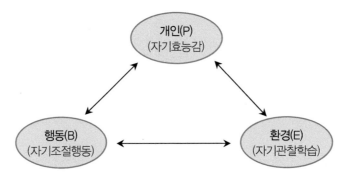

[그림 7-6] 사회인지이론의 개념틀

*출처: 최연희 등(2016). 지역사회보건간호학 2. 수문사. p.573.

(2) 구성요소

① 개인적 요소: 자기효능감과 결과기대

㉠ **자기효능감**: 어떤 행동을 자신이 해낼 수 있는가에 대한 개인의 지각

ⓐ **수행경험**: 직접 수행을 통한 성공 경험은 자기효능감을 증가시킴

ⓑ **대리경험**: 타인의 행동수행을 관찰함으로써 목표행동을 위한 기술을 배울 수 있을 뿐 아니라 자신이 수행할 수 있는 능력에 대한 자신감 즉 자기효능감을 증가시킴

ⓒ **언어적인 설득**: 타인 특히 존경받는 사람의 격려, 칭찬/비판 등에 의하여 자기효능감은 영향을 받음

ⓓ **생리적 상태**: 아픔, 피로, 질병 등은 자신감에 영향을 미치므로 생리적 상태뿐만 아니라 생리적 상태에 대한 인식도 자기효능감에 영향을 줌

㉡ **자기효능감의 영향요소**

ⓐ **결과기대**: 어떤 행동으로 특정의 결과가 초래될 것이라는 개인의 기대

ⓑ **효능기대**: 어떤 수행 수준을 달성할 수 있는 자신의 능력에 대한 개인의 기대

② **행동요소**: 자기조절행동

　㉠ **자기조절행동**: 행동수행의 기준에 의해 자신의 행동을 평가(긍정/부정)하는 것

　㉡ 설정된 기준 이상의 수행은 긍정적으로 평가되어 자기존경, 자기만족의 자기강화가 나타나고, 부정적으로 평가되면 자기처벌로 나타나 우울증, 무기력감 등 초래

　㉢ **자기조절행동의 단계**: 자기관찰 → 자기평가 → 자기반응단계

③ **환경적 요소**: 관찰학습

　㉠ **관찰학습**: 개인이 다른 사람의 행동과 그 사람이 받는 강화를 관찰함으로써 행동의 변화가 이루어짐

　㉡ 관찰학습은 **강화**를 통해서 뿐만 아니라 관찰을 통한 **대리경험**을 통해서도 이루어진다.

　㉢ **관찰학습의 유형**: 대리강화, 대리처벌, 모방

7) 범이론적 모형(Trans-theoretical Model), 변화단계모형

(1) 이론의 개요

① Prochaska와 Diclemente에 의해 개발된 모형으로, 심리치료연구를 바탕으로 개인이 어떻게 건강행동을 수정하고 이를 유지하는가에 대한 **행위변화 과정과 단계**를 설명하는 통합적 모형이다.

② 특정행위로 인한 효과와 손실을 통한 **의사결정균형**과 어떤 특정행위를 지속할 수 있다는 자신감인 **자기효능감**을 통하여 특정행위가 형성, 유지, 지속된다고 보았다.

③ **이론의 구성 개념**

　㉠ **변화단계**: 계획이전 단계(무관심단계), 계획단계(관심단계), 준비단계, 행동단계, 유지단계

　㉡ **변화의 과정**: 변화단계를 이동하기 위하여 수행하는 내·외적 행동 양상

　㉢ **자기 효능감**: 특정행위 수행에 대한 자신감

　㉣ **의사결정 균형**: 행위변화로 인하여 이득이 있거나 손실이 적을 때 결정을 하게 된다.

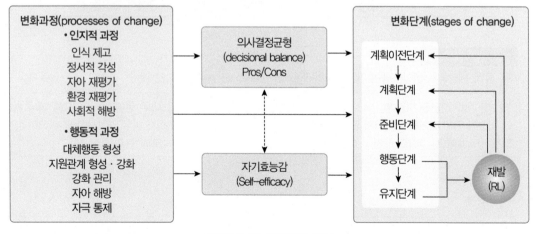

[그림 7-7] 범이론적 모형

*출처: 최연희 등(2016). 지역사회간호학 2. 수문사. p.578.

(2) 이론의 개념

① 변화단계

변화단계	행동의 변화	중재전략
계획 전 단계 (precontemplation)	• 6개월 이내에 행동변화의 의지가 없는 단계 • 자신의 문제를 인지하지 못하거나, 과소평가, 회피, 저항함	• 문제의 **심각성(유해성)**에 대한 교육과 홍보 • 인식제고를 위한 정보제공
계획단계 (contemplation)	• 문제를 인식하고 **6개월 이내에 행위변화**로 인한 이익과 장애를 고려하여 변화하고자 하는 의도를 갖고 있음 • 문제를 인식하고 변화를 생각하지만 행동으로 옮기지 않는 시기 • 구체적인 계획은 아직 없고 생각만 하고 있음	• 구체적 계획을 세울 수 있도록 **긍정적 부분** 강조 • **자기조절**을 강조 • 개인의 의식을 강화하고 정서적 지지 제공
준비단계 (preparation or Planning)	• 행위변화의도와 행동을 결합시킨 단계 • **1개월 이내에 건강행동**을 하려는 의도 가짐 • 효과적인 활동은 못하고 행위를 시도하기 위한 정보를 얻는 노력함	• **실천계획**을 세울 수 있도록 도와줌(금연일정하기, 금연선서식 준비 등) • 기술을 가르쳐 줌 • 자신감 강화
행동단계 (action)	• **행동시작 후 6개월 이내**로 행동변화가 실행되는 단계 • 행위, 경험, 환경을 크게 변화시키는 단계 • 행위변화가 안정되어 있지 않고 되돌아가려는 성향 작용	• 다양한 **금연전략의 실행** 및 힘 북돋워 주기 • 흡연유혹에 대한 자극을 확인하고 조절하는 계획을 세울 수 있도록 함 • 계속적인 정서적 지지
유지단계 (maintenance)	• 실행단계에서 시작한 **행위변화를 최소한 6개월 이상 지속**하여 생활의 일부분으로 정착하는 단계 • 재발유혹에 저항, 행동유지에 지난감을 부임 • 행위변화가 점점 습관화되고, 되돌아가려는 성향은 줄어드나 여전히 주의를 요함	• 계속 금연할 수 있도록 용기를 북돋워 줌 • 흡연을 하게 되는 상황을 진단하고 **자기조절 중요성을 지속적으로 강조** • 긍정적 강화를 줌

🖉 **기출문제 맛 보기**

다음 글에 해당하는 범이론적 모형(Transtheoretic model)의 건강행위 변화단계는?　　20년 지방

> 저는 담배를 10년간 피웠더니 폐도 안 좋아진 것 같고 조금만 활동을 해도 너무 힘이 들어요. 요즘 아내와 임신에 관해 얘기하고 있어서 담배를 끊기는 해야 할 것 같은데, 스트레스가 너무 많아서 어떻게 해야 할지 모르겠어요. 그래도 태어날 아기를 생각해서 6개월 안에는 금연을 시도해 볼까 해요.

① 계획 전 단계　　　　　　　　　　② 계획단계
③ 준비단계　　　　　　　　　　　　④ 행동단계

정답 ②

② 변화과정

- **변화과정**은 변화의 한 단계에서 다음 단계로 이동하기 위해 수행하는 **내적 또는 외적 행동 양상**으로, 다음 단계로 나가는데 필요한 **중재 프로그램을 안내하는 지침**이 된다.
- 변화의 초기단계에서는 의도와 동기를 증가시키기 위해 **경험적 과정(인지적 과정)**을 더 많이 사용하고, 후기단계 에서는 **행동적 과정**을 자주 사용한다.

구성 개념	단계	변화과정 (중재전략)	중재방법
경험적 변화 과정 (인지적 과정)	계획 전 단계	• **의식고취(인식제고)**: 자신의 문제를 인식하여 행위변화를 위한 **새로운 정보나 아이디어 또는 조언** 등을 찾고 습득하는 과정	미디어활용, 피드백, 설명, 독서요법, 대중캠페인
		• **극적 해소(정서적 각성)**: 불건강한 행위 때문에 느끼는 갈등과 부정적인 감정(두려움, 불안, 걱정)을 표출하게 함으로써 양가감정을 해소하는 과정	이완, 역할극, 심리극, 상담, 대중캠페인
		• **환경 재평가**: 개인의 불건강한 행위가 **주위 환경(타인)**에 어떤 **영향을 미치는지를 평가**하여 인식하는 과정	감정이입훈련, 다큐멘터리, 토론, 글쓰기
	계획 단계	• **자기 재평가(자아재평가)**: 자신과 자신의 문제에 대하여 **정서적, 인지적으로 재평가**하는 과정으로 자기 기준이나 이미지와 맞지 않는 행동을 수정하려는 동기를 스스로 부여하는 일이 일어나는 과정 ※ 계획단계에서 준비단계로 이동 시 중요한 과정임	심상요법, 가치의 명료화, 교정감정의 경험, 건강한 역할 모델과 비교
		• **사회적 해방**: 사회적 규범이 건강한 행위변화를 지지하는 방향으로 변화하고 있다는 것을 인식하는 과정	힘 북돋우기, 정책의 개입(금연구역, 채식전용 식당 등)
행동적 변화 과정	준비 단계	• **자기해방**: 변화하겠다고 결심하고 다른 사람에게 그 **결심을 공개**함으로써 의지를 더욱 강화시키고, 확실한 책임을 갖도록 하는 과정	결심 알리기, 의사결정 치료, 의미치료
	행동 단계	• **자극통제**: 불건강한 행위를 유발하는 환경과 경험들을 **제거**하고 건강한 행위를 이끄는 환경과 경험을 증가시키는 과정	환경의 재구성, 고위험 신호 피하기
		• **조력관계**: 문제행위를 변화시키려고 시도하는 동안에 타인의 도움을 신뢰하고 수용하여 **지지관계를 형성**하는 과정	자조모임, 개별 혹은 집단 상담
	유지 단계	• **대체조건 형성**: 행동단계나 유지단계에서 문제행위를 **긍정적 행위나 경험으로 대체**할 수 있는 능력이나 대처방법 및 기술을 형성하는 과정	이완요법, 운동요법, 탈감작, 긍정적인 자기주장
		• **강화관리**: 긍정적인 행위변화에 대한 **보상**을 늘리고, 불건강 행동에 대한 보상을 감소시키는 과정	조건부계약, 강화

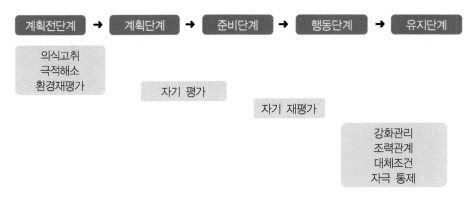

[그림 7-8] 변화과정과 변화단계

*출처: 김춘미 등(2022). 지역사회보건간호학. 수문사. P. 465. 재인용.

🖉 **기출문제 맛 보기**

다음 범이론적 모형(Trans-theoretical Model)의 변화과정 중 하나에 대한 설명이다. 이에 해당하는 것은?

14년 지방

개인의 건강습관 유무가 어떻게 사회적 환경에 영향을 미치는지 정서적 · 인지적으로 사정한다.

① 인식제고(consciousness rasing)
② 자아 재평가(self reevaluation)
③ 환경 재평가(environment reevaluation)
④ 자극통제(stimuli control)

---

8) Tannahill의 건강증진모형

(1) 이론의 개요

터너힐의 건강증진모형은 보건의료사업에서 널리 사용하는 모형으로 건강증진은 **보건교육, 예방, 건강보호**의 3가지 분야로 구성되어 있고, 이들 분야들을 독립적 부분과 중복되는 부분으로 구분하여 **7가지 영역**으로 제시하였다.

1. 예방 영역
2. 예방적 보건교육 영역
3. 예방적 건강보호 영역
4. 예방적 건강보호를 위한 보건교육
5. 적극적 보건교육 영역
6. 적극적 건강보호 영역
7. 적극적 건강보호를 위한 보건교육 영역

*출처: 지역사회보건간호학 편찬위원회편(2022). 최신 지역사회보건간호학 2, 수문사. p.516.

정답 ③

(2) 구성개념

① 보건교육(health education)

보건교육은 적극적으로 건강을 향상시키고, 불건강을 예방하기 위한 일련의 의사소통 활동이다. 목적은 대상자의 지식, 태도, 행위에 영향을 주고 건강한 환경을 조성함으로써 **자기건강관리능력을 개발**하는 것이다.

② 예방(prevention)

예방은 예방 의학적 개입을 통해 **질병과 불건강을 감소**시키는 것을 의미한다.

③ 건강보호

건강보호는 환경에서 발생하는 **환경적 위험을 통제하려는 노력**으로, 자발적 규칙과 정책을 정해 **법률적, 재정적, 사회적 통제**를 통해 건강에 유익한 환경을 제공함으로써 인구집단을 보호하는 것을 의미한다.

④ 건강증진영역(7가지 영역)

건강증진영역	내용	건강증진 활동의 예제
1. 예방서비스		예방접종, 자궁경부암 선별검사, 고혈압 발견 등
2. 예방적 보건교육	불건강을 예방하기 위해 생활양식의 변화를 유도하고 예방사업이용을 권장하는 노력	금연상담 및 정보제공
3. 예방적 건강보호	예방을 위한 건강보호차원에서 소개된 법률, 정책의 제정과 시행을 위한 노력	충치예방을 위한 수돗물 불소화사업
4. 예방적 건강보호를 위한 보건교육	예방적 건강보호를 위한 사회적 환경을 조성하려는 노력	안전벨트 의무착용 입법화를 위한 로비활동 및 운동전개
5. 적극적 보건교육		청소년의 생활습관기술 향상
6. 적극적 건강보호		사업장 금연정책
7. 적극적 건강보호를 위한 보건교육	대중이나 정책결정자들에게 적극적 건강보호수단의 중요성을 인식시키고, 지원을 보장받기 위한 노력	담배광고 금지를 위한 로비활동

*출처: 지역사회보건간호학 편찬위원회편(2022), 최신 지역사회보건간호학 2, 수문사. p.517.

CHAPTER **02** # 건강증진사업

1 국민건강증진사업

1) 국민건강증진사업의 배경(필요성)

(1) 건강수준의 변화

① 기대수명과 건강수명은 지속적으로 증가하나 주관적 건강상태('18년 32%)는 OECD 국가 (67.9%)중 최하위로 '건강의 질'은 담보상태

② 만성질환 및 이에 따른 질병부담이 증가

③ 개인의 건강행태와 마음건강 악화

(2) 급속한 고령화로 인한 사회돌봄 부담 증가

① 급속한 고령화로 인한 노인의료비 증가 등 사회부담의 증가

② 높은 노인빈곤율은 사회적 부담 증가는 물론 노인의 건강에도 부정적 영향

(3) 기후변화 및 환경문제 심화로 인한 신종질환 출현

① 산업화로 인한 온실가스 증가로 인한 지구온난화는 건강에 직, 간접 영향을 미침

② 기후변화, 국제교류 증가 등으로 신종 및 재출현 감염병 출현 및 환경성 질환 증가

(4) 소득 양극화 및 건강불평등의 개선 필요

소득양극화로 인한 의료취약계층의 증가로 지역 간, 계층 간 건강격차가 심화될 전망이므로 건강불평등을 완화할 건강정책 등의 필요성이 증대

(5) 새로운 형태의 건강 수요-공급 발생

① 건강유지-증진, 장수, 행복한 삶(wellness)에 대한 관심 증대
국민의 의료수요가 Cure → Care → Wellness로 변화

② 4차 산업혁명으로 인한 빅데이터, 인공지능(AI), 사물인터넷(IoT) 등의 기술을 활용한 비대면 건강관리서비스의 가속화 예상

(6) 코로나19로 인한 건강행태 및 마음건강 악화

① 코로나19 이후 생긴 생활이 변화는 식습관과 신체활동에 영향

② 코로나19 이후 사회적 고립감과 건강염려 등으로 우울감이나 불안감의 증가(코로나블루)

Q 참고 POINT

[건강증진의 3대 축]: 제9차 국제건강증진 컨퍼런스, '16년 상하이
WHO는 건강을 증진하고 지속가능한 발전을 도모하기 위한 3대 축으로
① 좋은 거버넌스, ② 건강도시, ③ 건강정보 이해능력을 선정

좋은 거버넌스	건강한 도시와 공동체	건강정보 이해능력
건강을 보호하고 안녕을 증진할 수 있는 **시스템 구축**	다른 도시정책과 상호 도움이 되는 **정책을 우선 선택**	건강정보 이해능력이 건강의 **핵심적 결정요인임**을 인정
보편적 의료보장 도입	사회혁신과 양방향 기술의 활용	건강정보 이해능력을 개선할 수 있는 국가적·지역적 전략 마련
국제 이슈를 해결할 수 있는 글로벌 거버넌스 강화	보건복지서비스의 형평성 재정립	시민의 자기 건강관리능력 향상

2) 국민건강증진사업의 추진 경과

(1) 1995년 1월 국회에서 국민건강증진법이 제정하여 건강증진 사업의 법적·제도적 장치 마련
- 국민건강증진 종합계획을 '국민건강증진법'에 근거, 매 5년마다 수립하도록 규정
(2) 2002년 제1차 국민건강증진종합계획(Health Plan 2010, 2002-2010)수립
(3) 2005년 제2차 국민건강증진종합계획(Health Plan 2010, 2006-2010)수립
　　　전국 모든 보건소에서 건강생활실천사업 실시
(4) 2010년 제3차 국민건강종합계획(Health Plan 2020, 2011-2020) 수립
(5) 2015년 제4차 국민건강종합계획(2016-2020)은 제3차 HP2020의 중간 수정 형태로 수립
(6) 2020년 **제5차 국민건강종합계획(Health Plan 2030, 2021-2030) 수립**

3) 제5차 국민건강증진 종합계획(HP 2030, 2021-2030)

(1) 비전: "모든 사람이 평생 건강을 누리는 사회"
- 모든 사람: 성, 계층, 지역 간 **건강 형평성**을 확보, 적용대상을 **모든 사람**으로 확대
- 평생 건강을 누리는 사회: 출생부터 노년까지 **전 생애주기에 걸친 건강권** 보장, 정부를 포함한 **사회전체**를 포괄

(2) **총괄 목표**: 건강수명 연장, 건강형평성 제고
- 건강수명: '30년까지 건강수명 **73.3세** 달성'(18. 70.4세)
- 건강형평성: 건강수명의 **소득 간(7.6세 이하), 지역 간(2.9세 이하) 형평성** 확보

모든 사람이 평생 건강을 누리는 사회

건강수명 연장, 건강형평성 제고

기 본 원 칙

1. 국가와 지역사회의 **모든 정책 수립에 건강을 우선적으로 반영**한다.
2. **보편적인 건강수준의 향상**과 **건강형평성 제고**를 함께 추진한다.
3. **모든 생애과정과 생활터에 적용**한다.
4. **건강친화적인 환경**을 구축한다.
5. **누구나 참여**하여 **함께 만들고 누릴** 수 있도록 한다.
6. 관련된 **모든 부문**이 **연계**하고 **협력**한다.

 건강생활 실천

① 금연
② 절주
③ 영양
④ 신체활동
⑤ 구강건강

 정신건강 관리

⑥ 자살예방
⑦ 치매
⑧ 중독
⑨ 지역사회 정신건강

 비감염성 질환 예방관리

⑩ 암
⑪ 심뇌혈관질환
⑫ 비만
⑬ 손상

 감염 및 기후변화성 질환 예방관리

⑭ 감염병 예방 및 관리
⑮ 감염병 위기 대비·대응
⑯ 기후변화성 질환

 인구집단별 건강관리

⑰ 영유아
⑱ 아동·청소년
⑲ 여성
⑳ 노인
㉑ 장애인
㉒ 근로자
㉓ 군인

 긴강친화적 환경 구축

㉔ 건강친화적 법제도 개선
㉕ 건강정보 이해력 제고
㉖ 혁신적 정보기술의 적용
㉗ 재원마련 및 운용
㉘ 지역사회 자원 확충 및 거버넌스 구축

[그림 7-9] 제5차 국민건강증진 종합계획(HP2030)의 개념틀

*출처: 보건복지부, 한국건강증진개발원(2020). 제5차 국민건강증진종합계획(HP2030, 2021-2030). p.19.

(3) 기본원칙

① **국가와 지역사회의 모든 정책 수립에 건강을 우선적으로 반영**
- 건강의 사회적 결정요인(Social Determinants of Health)을 확인하고, 건강증진과 지속 가능 발전을 도모하기 위한 **다부처·다분야 참여** 추진
- 모든 정책에서 **건강을 우선적으로 고려**(Health in All Policies)하는 제도 도입 지향

② **보편적인 건강수준 향상과 건강형평성 제고를 함께 추진**
- 중점과제별로 특히 **취약한 집단·계층을 확인**하고, 이들에게 편익이 돌아갈 수 있도록 **정책목표와 우선순위 설정**
  - 세부사업 및 성과지표 선정 시 기본적으로 성별 분리지표를 설정하고, 소득·지역 등 건강의 **사회적 결정요인에 따른 격차 감소**를 고려

③ **모든 생애과정과 생활터에 적용**
- 영유아·아동·청소년·성인·노인 등 **생애주기별 단계**와 학교·군대·직장 등 **생활터** 내에서 **적절한 건강 정책이 투입**될 수 있도록 정책 설계

④ **건강친화적인 환경 구축**
- 모든 사람이 자신의 건강과 안녕(well-being)을 위한 잠재력을 최대한 발휘할 수 있는 **사회적·물리적·경제적 환경 조성**

⑤ **누구나 참여하여 함께 만들고 누릴 기회 보장**
- 전문가·공무원뿐만 아니라 일반 국민의 건강정책 의견 수렴 및 주도적 역할 부여

⑥ **관련된 모든 부문이 연계하고 협력**
- SDGs 등 국제 동향과 국내 분야별/지역별 건강정책과의 **연계성 확보**, 향후 분야별/지역별 **신규 계획 수립** 시 지침으로 기능

(4) 사업분야별 중점과제

최종목표를 달성하기 위하여 건강결정요인별로 우선적으로 달성해야 하는 정책목표를 분과로 선정하고 각 분과 내에서 우선적으로 추진해야 하는 중점과제를 선정하여, 6개 분야 28개 중점과제를 선정하였다.

목표	사업분야	사업과제
건강 수명 연장	건강생활실천 확산	• 개인의 금연, 절주 행동변화 및 위해물질에 대한 규제 강화 • 취약계층과 생활터 중심 영양, 신체활동, 건강생활실천 환경 조성 ▶ ① 금연, ② 절주, ③ 영양, ④ 신체활동, ⑤ 구강건강
	정신건강관리	• 자살고위험군, 치매, 정신질환 조기발견 및 개입체제 강화 • 정신건강서비스 인식개선 및 지역사회지지체계 확립 ▶ ① 자살예방, ② 치매, ③ 중독, ④ 지역사회정신건강
	비감염성 질환 예방관리	• 취약계층 대상 조기발견·예방 사업 강화 밍 위해 요인개선 환경조성 • 비감염성 질환 전주기 연속적 관리를 위한 다부처, 다기관 협력 ▶ ① 암, ② 심뇌혈관질환(심뇌혈관질환, 선행질환) ③ 비만 ④ 손상

	감염 및 기후 변화성
	질환 예방관리
		• 감염병 조기감지, 신속진단 등 감염병 대응 기술 혁신, 운영인력과
		체계 구축
		• 감염병으로 인한 취약계층 보호 및 필수의료 공백으로 인한 초과사망
		감소
		▶ ① 감염병 예방 및 관리:
		    − 결핵, 에이즈, 의료감염·항생제 내성, 예방행태 개선
		  ② 감염병위기 대비대응: 검역/감시, 예방접종
		  ③ 기후변화성 질환

건강 형평성 제고	인구집단별 건강관리	• 영유아, 청소년의 건강한 성장 지원으로 평생건강 토대 마련 • 여성, 노인, 장애인 건강을 위한 환경 구축 • 건강을 지킬 수 있는 근로환경 개선과 군 생활 보장 ▶ ① 영유아, ② 아동·청소년, ③ 여성, ④ 노인, ⑤ 장애인, ⑥ 근로자, ⑦ 군인

	건강친화적 환경구축	• 모든 정책에 건강을 고려하기 위해 중앙 및 지방정부 거버넌스와
		법·제도 개선
		• 건강 형평성 제고 전략으로서 건깅정보 이해력가 혁신적인 정보기술 활용
		▶ ① 건강 친화적 법제도 개선
		  ② 건강정보 이해력 제고
		  ③ 혁신적 정보지술의 적용
		  ④ 재원마련 및 운용
		  ⑤ 지역사회자원(인력, 시설) 확충 및 거버넌스 구축

*출처: 보건복지부, 한국건강증진개발원(2020). 제5차 국민건강증진종합계획(HP2030, 2021-2030). p.20.

✎ 기출문제 맛 보기

「제5차 국민건강증진종합계획(Health Plan 2030)」상 '비감염성 질환 예방관리' 분과의 중점과제에 해당하는 것은?   24년 지방

① 손상   ② 신체활동
③ 지역사회 정신건강   ④ 건강정보 이해력 제고

정답 ①

(5) 건강결정요인과 HP2030의 사업분야 및 목표와의 개념적 관련성

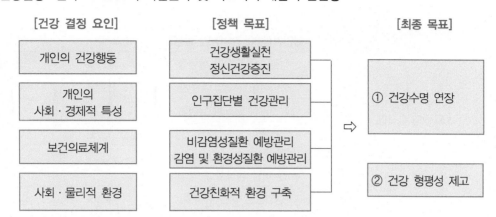

*출처: 보건복지부, 한국건강증진개발원(2020). 제5차 국민건강증진종합계획(HP2030, 2021-2030). p.20.

(6) 제5차 국민건강증진종합계획(HP2030) 대표 지표

과제		대표지표	'18	'30
1	금연	성인남성 현재 **흡연율**	36.7%	25.0%
		성인여성 현재 **흡연율**	7.5%	4.0%
2	절주	성인남성 **고위험음주율**	20.8%	17.8%
		성인여성 **고위험음주율**	8.4%	7.3%
3	영양	식품 안전성 확보 가구분율	96.9%	97.0%
4	신체활동	성인남성 **유산소 신체활동 실천율**	51.0%	56.5%
		성인여성 유산소 신체활동 실천율	44.0%	49.3%
5	구강건강	영구치(12세 이상) **우식 경험률**	56.4%	45.0%
6	자살예방	**자살사망률** (인구 10만명당)	26.6명	17.0명
		남성 자살사망률	38.5명	27.5명
		여성 자살사망률	14.8명	12.8명
7	치매	치매안심센터의 치매환자 **등록·관리율**	51.5%% ('19)	82.0%
8	중독	알코올 사용장애 **정신건강 서비스 이용률**	12.1% ('16)	25.0%
9	지역사회 정신건강	**정신건강 서비스 이용률**	22.2% ('16)	35.0

10	암	성인남성(20-74세) 암 발생률 (인구10만명당)	338.0명 ('17)	313.9명
		성인여성(20-74세) 암 발생률	358.5명 ('17)	330.0명
11	심뇌혈관 질환	성인남성 고혈압 유병률	33.2%	32.2%
		성인여성 고혈압 유병률	23.1%	22.1%
		성인남성 당뇨병 유병률	12.9%	11.9%
		성인여성 당뇨병 유병률	7.9%	6.9%
		급성 심근경색증 환자의 발병 후 3시간 미만 응급실 도착 비율	45.2%	50.4%
12	비만	성인남성 비만 유병률	42.8%	$\leq$ 42.8%
		성인여성 비만 유병률	25.5%	$\leq$ 25.5%
13	손상	손상사망률 (인구10만명당)	54.7명	38.0명
14	감염병 예방 및 관리	신고결핵 신환자율 (인구10만명당)	51.5명	10.0명
15	감염병위기 대비대응	MMR 완전접종률	94.7% ('19)	$\geq$ 95.0%
16	기후변화성 질환	기후보건영향평가 평가체계 구축 및 운영	-	구축완료
17	영유아	영아사망률 (출생아 1천명당)	2.8명	2.3명
18	청소년	고등학교 남학생 현재 흡연율	14.1%	13.2%
		고등학교 여학생 현재 흡연율	5.1%	4.2%
19	여성	모성사망비 (출생아 10만명당)	11.3명	7.0명
20	노인	노인 남성 주관적 건강인지율	25.1%	30.0%
		노인 여성 주관적 건강인지율	15.4%	20.9%
21	장애인	성인 장애인 건강검진수검율	64.9%('17)	69.9%
22	근로자	연간 평균 노동시간	1,993시간	1,750시간
23	군인	군 장병 흡연율	40.7%('19)	33.0%
24	건강정보 이해력 제고	성인남성 적절한 건강정보 이해능력 수준	-	70.0%%
		성인여성 적절한 건강정보 이해능력 수준	-	70.7%%

*출처: 보건복지부, 한국건강증진개발원(2020). 제5차 국민건강증진종합계획(HP2030, 2021-2030). p.58-59.

제5차 국민건강증진종합계획(Health Plan 2030)에 제시된 인구집단별 건강관리의 대상과 대표지표를 옳게 짝 지은 것은?

22년 서울

① 영유아: 손상 사망률　　　　　　　　② 근로자: 연간 평균 노동시간

③ 노인: 치매환자 등록률　　　　　　　④ 여성: 비만 유병률

2 　건강도시

1) 건강도시 개념

(1) 건강도시의 발전 과정

① 건강도시는 1980년대 **도시 보건문제**에 관심을 갖기 시작한 WHO가 **도시 건강증진을 목적으**로 탄생시킨 개념으로 1986년 유럽 및 북미지역을 중심으로 시작되어 전 세계로 확산됨

② 1991년 세계보건기구 총회에서 도시 건강문제해결을 위한 수단으로 채택

③ 우리나라는 1996년 과천시가 건강도시 시범사업을 시작으로 2004년에는 창원시 등이 WHO 서태평양 사무국 산하 **건강도시연맹(AFHC)**에 가입하여 현재 80여개의 도시가 가입하여 건강도시에 대한 국제적인 정보교류와 친교가 이루어지고 있다.

(2) 정의

건강도시란 **지역사회의 물리적, 사회적 환경**을 지속적으로 개선하고 창출하며, **지역사회의 자원**을 증대함으로써 도시구성원들이 개개인의 능력을 모두 발휘하고 잠재**능력을 개발**하여 서로 상부상조할 수 있는 도시로서(WHO, 1998), 시민의 건강과 안녕을 **의사결정 과정 중심**에 두고 시민의 건강과 삶의 질을 향상하기 위하여 **지속적으로 노력해 나가는 도시**(WHO, 2004).

2) 건강도시의 조건(WHO, 1996)

(1) **깨끗하고 안전하며, 질 높은 물리적 환경**

(2) 안정적이며, 장기적으로 지속 가능한 생태계

(3) 계층간·부문간 상호협력이 잘 이루어지며, 비착취적인 지역사회

(4) 개개인의 삶, 건강과 복지에 영향을 미치는 **결정에 대한 시민의 참여와 통제**

(5) **모든 시민의 기본적 욕구(음식, 물, 주거, 소득, 안전, 직장)의 충족**

(6) 다양하고 폭 넓은 경험과 교류 및 의사소통을 가능하게 하는 기회와 자원에 대한 접근성

(7) 다양하고 활기찬, 혁신적인 도시 경제

정답 ②

⑻ 역사, 문화 및 생물학적 유산과 함께 다양한 집단과 개인과의 연계를 조장

⑼ 모든 시민에 대한 적절한 공중보건 및 치료서비스의 보장

⑽ 높은 수준의 건강과 낮은 수준의 질병발생

⑾ 이상의 특성들과 양립하고 그것을 증진시키는 도시 형태

*출처: 대한민국건강도시협의회(2016). 건강도시소개.

3) 건강도시지표

WHO의 건강도시지표는 각 도시가 어떤 건강사업에 중점을 두어야 할지에 대한 의사결정의 기준을 제공하며, 항목별 장래의 경향에 대한 추정을 요하기도 한다.

분류	진단항목	세부진단지표
영향 요인	생활양식	• 흡연, 음주, 운동, 식이, 약물오남용 등
	주택환경	• 주택의 유형, 소유형태, 주택환경, 밀집도 등
	사회·경제적 여건	• 교육, 고용, 소득, 문화 참여 등
	물리적 환경	• 대기, 수질, 소음, 감염, 식품의 질, 상하수도, 쓰레기처리
	불공평성	• 지역간, 계층간 불평등 정도
	물리적·사회적 하부구조	• 교통, 도시계획, 도시재개발, 훈련기회, 사회개발등
건강 현황	인구	• 인구수, 노인인구비율, 성별·연령별 인구, 출생·사망률
	건강상태	• 원인별 사망률, 질병유병률, 감염성 질환 발생률 등
대응 수준	공중보건정책 및 서비스	• 건강정책이나 서비스에 관한 지표

「출처. 안양희 등(2017). 지역사회보건간호학 현문사, p,327.

🖋 **기출문제 맛 보기**

세계보건기구에서 제시하는 건강도시의 특징으로 옳은 것만을 고른 것은?　　16년 지방

가. 깨끗하고 안전한 물리적 환경
나. 모든 시민의 기본 욕구 충족 노력
다. 건강과 복지에 대한 시민참여
라. 모든 시민에 대한 적절한 공중보건 및 치료서비스의 보장

① 가, 나
② 다, 라
③ 가, 나, 다
④ 가, 나, 다, 라

정답 ④

3 건강증진 프로그램 과정

1) 건강증진 프로그램의 기획과정

(1) 현황분석

① 지역의 건강수준: 인구사회학적 특성, 건강수준지표, 질병부담, 건강결정요인, 삶의질
② 지역사회의 관심과 장점
③ 지역보건체계
④ 건강문제와 해결능력에 영향을 미치는 환경의 변화
⑤ 수집된 자료의 평가

(2) 우선순위 결정

① PATCH
② Bryant의 우선순위 결정기준

(3) 목표설정

(4) 건강증진 전략의 개발과 실행계획

① 건강증진전략의 개발: 교육전략, 정책전략, 환경전략
② 실행계획의 작성
　㉠ 업무분담
　㉡ 예산 및 자원 확보 방안
　㉢ 사업일정
　㉣ 평가계획과 평가결과의 활용방안

(5) 프로그램 평가

① 평가원칙
　㉠ 대상자 참여
　㉡ 평가방법의 다양성
　㉢ 평가능력의 배양
　㉣ 평가의 적절성

② 평가의 영역
　㉠ 구조평가
　㉡ 과정평가
　㉢ 결과평가

2) 건강증진프로그램 과정

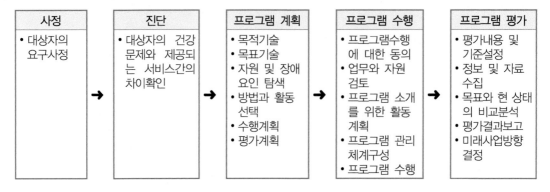

사정	진단	프로그램 계획	프로그램 수행	프로그램 평가
• 대상자의 요구사정	• 대상자의 건강문제와 제공되는 서비스간의 차이확인	• 목적기술 • 목표기술 • 자원 및 장애요인 탐색 • 방법과 활동 선택 • 수행계획 • 평가계획	• 프로그램수행에 대한 동의 • 업무와 자원검토 • 프로그램 소개를 위한 활동계획 • 프로그램 관리체계구성 • 프로그램 수행	• 평가내용 및 기준설정 • 정보 및 자료수집 • 목표와 현 상태의 비교분석 • 평가결과보고 • 미래사업방향결정

4 지역사회건강증진프로그램

1) 금연 프로그램

흡연기간이 길수록, 흡연량이 많을수록 흡연의 상대위험도는 증가하며, 다른 어떤 건강위험요인들보다도 그로 인한 건강문제 발생이 심각하다.

(1) 담배의 유해성분

① **니코틴**: 90% 폐에서 흡수되며, 중독성과 함께 유해한 생리작용을 일으킨다.
중추신경흥분 및 각성 기능, 혈압상승 및 동맥경화증 유발, 의존성 유발, 금단증상 유발

② **타르**: 2000여종의 독성물질과 60여종의 발암물질의 혼합체로 폐암을 유빌

③ **일산화탄소**: 혈액의 헤모글로빈과 결합하여 산소운반 방해, 만성일산화탄소 중독

④ **기타 발암성 물질**: 나트틸아민, 니켈, 벤젠, 비닐클로라이드, 비소, 카드뮴 등

(2) 흡연과 질병

수명단축, 암, 심장병, 뇌졸중, 만성폐색성 폐질환, 당뇨병 악화, 위궤양, 태아와 임산부위협, 간접흡연으로 인한 가족건강 위협

(3) 금연 프로그램

① 행동요법

㉠ 흡연동기 확인, 흡연습관에 영향요인 파악

㉡ 흡연의 부정적 강화요인과 금연의 긍정적 강화요인을 강조하는 전략으로 접근

② 금연단계별 전략

1. 계획전 단계(precontemplation stage, 인식전 단계)

   흡연행위에 대한 문제점을 인식할 수 있도록 흡연의 유해성에 대한 정보제공으로 금연 동기 부여를 도움

2. 계획단계(contemplation stage, 인식단계)

   자신의 흡연행위 관찰 및 인식, 금연에 대한 준비를 할 수 있도록 도움

3. 준비단계 (preparation stage)

   금연일 정하기, 금연선서식 준비, 다양한 금연전략에 대한 정보제공

4. 행동단계(action stage)

   흡연욕구와 금단증상에 대처할 수 있는 전략을 제공. 가족의 지지, 자조집단의 지지가 도움이 됨

5. 유지단계(maintenance stage)

   금연을 시도했다가 실패하는 경우 금연 준비단계에서부터 다시 시작해야 함

Q 참고 POINT

[금연프로그램]

(1) 동기부여 단계

　① 대상자가 흡연습관에 변화를 시도할 때까지 담배를 끊도록 권고

　② 금연의 긍정적인 면을 알림

　③ 금연행위에 경쟁심을 유발하도록 호소하는 단계

(2) 금연행동화 단계

　① 흡연습관의 변화를 시도하는 날과 완전히 금연하는 날인 목표날짜 잡기

　② 담배 피울 때마다 기록하기

　③ 흡연 욕구를 유발하는 상황의 우선순위 정하기

　④ 목표 설정하기

　⑤ 유혹의 조절, 충동 다스리기

　⑥ 긴장완화훈련, 보상, 재발방지의 적절한 방안을 상기

(3) 금연유지 단계

　금연행위를 계속 지속할 수 있도록 돕는 단계로 재발방지를 지속하며 재발처치와 인지적 처치가 제공되며 습관화를 이루는 단계

---

③ 니코틴 대체 약물요법

- 금단증상으로 인한 흡연욕구 감소로 성공적 금연을 하도록 함
- 니코틴 패치, 니코틴 껌, 니코틴 비강 분무제, 니코닌 흡입제 등

④ 금연프로그램 운영 시 주의사항
- 금연프로그램을 시작 시 스트레스를 받는 일이 있으면 실패율이 높다.
- 금연 시작 1-3일 동안 니코틴 금단증상이 가장 심하다.
- 금연교실 등 집단교육을 통한 금연전략의 성공률이 높다.
- 금연은 서서히 줄이는 것보다 단연법이 효과적이다.

2) 운동프로그램

(1) 운동의 효과
① 스트레스 해소 및 심리적 만족
② 작업능력 강화
③ 심폐기능 및 대사과정 향상으로 신체의 건강과 활력이 증진
④ 삶의 질 증가

(2) 운동프로그램 실시
충분한 사전 검사 후 운동 실시

① 운동의 종류
유산소 · 무산소 운동, 고충격 · 저충격 운동, 등장성 · 등척성 운동, 등역학운동

🔍 참고 POINT

(1) **근육, 인대 관절이 손상예방**: 저충격운동
   - 초보자, 노인, 과체중자, 골다공증, 관절염 환자, 반신방 환지는 저충격 운동이 좋음
(2) **근력강화운동**: 등장성 · 등척성 운동, 등역학 운동, 무산소운동
(3) **심폐기능강화운동**: 유산소운동, 등역학 운동

---

② 운동 강도
- 최대심박수(220-나이)의 60~80% 권장, 초보자는 40~60%에서 시작
- 준비운동, 본운동, 마무리운동 순으로 함

③ 운동시간
- 1회 30~60분, 1주에 3회~5회
- 지속적인 운동프로그램에 참여함으로써 생활습관으로 정착 유도

3) 영양프로그램

(1) 한국인을 위한 식생활 지침(보건복지부, 2003)

- 에너지와 단백질은 권장량에 알맞게 섭취한다.
- 칼슘, 철, 비타민 A, 리보플라빈의 섭취를 늘린다.
- 지방의 섭취는 총에너지의 20%를 넘지 않도록 한다.
- 소금은 1일 10g 이하로 섭취한다.
- 알코올의 섭취를 줄인다.
- 건강 체중(18.5 < BMI < 25)을 유지한다.
- 바른 식사 습관을 유지한다.
- 전통 식생활을 발전시킨다.
- 식품을 위생적으로 관리한다.
- 음식의 낭비를 줄인다.

4) 스트레스 관리 프로그램

스트레스 누적 시 자율신경계와 내분비계의 균형이 깨져 각종 질병이 유발됨

(1) **스트레스 유발요인**

① 대형사고(홍수, 지진, 가스폭발 등)
② 자녀출산, 배우자의 사망, 이혼, 퇴직 등의 생활사건
③ 인간관계, 일상생활에서의 사소한 문제 등

(2) **스트레스로 인한 반응**

신체적, 심리적, 행동적, 스트레스 관련 질환 발생

(3) **스트레스 관리 프로그램**

① **이완훈련**: 점진적 이완훈련, 수동적인 점진적 이완법 등
② **바이오피드백**

5) 절주 프로그램

(1) **알코올이 신체에 미치는 영향**

① **정신적 문제**: 집중력, 판별력 저하, 감각기능 및 운동기능 저하, 기억상실, 혼수상태나 사망
② **신체적 문제**: 지방간, 알코올성 간염, 간경변, 위장문제, 혈압상승, 동맥경화증, 암, 생식기계의 문제

(2) 알코올의 체내 흡수에 영향을 주는 요인

알코올 함유도, 섭취횟수, 섭취속도, 위장의 음식물 유무, 성별

(3) 알코올 중독의 진단

① **알코올 남용(Alcohol abuse)**: 음주로 인해 직업, 가정 내의 책임을 수행하지 못하거나 법적 문제 발생

② **알코올 의존(Alochol dependence)**: 내성과 금단증상 출현

③ **알코올 중독(Alcoholism)**: 음주에 편향된 특징을 나타내는 질환. 신체장애, 정신장애, 직업장애 및 사회부적응 수반

(4) 절주프로그램

① 사업장에서의 절주 프로그램

② 청소년 음주예방 프로그램

• 학교중심 교육전략

• 가정교육을 통한 전략

• 지역사회 전략: 주세부과, 음주허용 연령제한, 언론이나 대중매체 홍보, 지역사회와의 공동 노력

(5) 음주통제 정책

① 음주 광고제한 및 규제

② 주세의 인상

③ 음주 광고에 경고문 및 그림 삽입

④ 술 판매일자나 시간제한

⑤ 술 구입 연령 제한

⑥ 알코올 농도 규제

⑦ 과음상태의 사람에게 술 판매 금지

⑧ 음주운전의 혈중 알콜 농도 허용한도를 낮춤

⑨ 공공장소의 음주행위 금지

(6) 청소년 음주예방 프로그램

① 술에 대한 부정적 측면과 올바른 정보 교육

② 또래 압력 대처 기술 습득

③ 감정 다루기

④ 문제해결 기술과 능력 증진

⑤ 명확한 의사전달법과 경청기술 등 의사소통 기술 학습

CHAPTER **03** 보건교육

---

1 보건교육의 이해

1) 보건교육의 정의

(1) 미국 학교보건용어 제정위원회(2011)

개인 또는 집단의 건강에 관여하는 **지식, 태도, 행위에 바람직한 변화**가 오도록 영향을 주는 모든 학습경험의 총합(sum of experience)이다.

(2) Green 등(1980)

건강에 **이로운 행동을 자발적**으로 할 수 있도록 계획한 학습경험의 총합이다.

(3) 국민건강증진법

개인 또는 집단으로 하여금 건강에 **유익한 행위를 자발적으로 수행하**도록 하는 교육을 말한다(제2조 제2호).

(4) 종합적 정의

개인, 집단. 지역사회를 대상으로 건강을 유지·증진하는데 **유익한 지식, 태도, 행동** 등을 바람직한 방향으로 변화시키고자 하는 것으로, 그들 **스스로 자기건강관리를 수행**하도록 촉진하는 고안된 학습경험이다.

> **Q 참고 POINT**
>
> [보건교육의 내용(국민건강증진법 시행령 제17조)]
> 1. 금연·절주등 건강생활의 실천에 관한 사항
> 2. 만성퇴행성질환등 질병의 예방에 관한 사항
> 3. 영양 및 식생활에 관한 사항
> 4. 구강건강에 관한 사항
> 5. 공중위생에 관한 사항
> 6. 건강증진을 위한 체육활동에 관한 사항
> 7. 그 밖에 건강증진사업에 관한 사항

---

2) 보건교육의 목적

(1) 보건교육의 궁극적 목적

건강행위의 변화 즉 건강행위의 실천을 통한 삶의 질 향상이다.

(2) 보건교육의 목표(WHO 제1차 보건교육 전문위원회)

① 지역사회구성원의 건강은 지역사회의 발전에 중요한 자산임을 인식시킨다.

② 개인이나 집단이 자기 자신의 건강을 스스로 관리할 능력을 갖도록 하는 것이다.

③ 지역사회가 자신들의 건강문제를 인식하고 스스로 행동하여 건강을 증진시키도록 하는 힘을 갖도록 하는 것이다.

2 학습이론

1) 행동주의 이론

(1) 개념

학습현상을 **행동**과 그 행동의 발생 원인이 되는 **외부 환경**에 초점을 두고 설명하는 이론으로, 목표한 **행동의 변화**가 일어나면 학습이 이루어졌다고 본다.

① **학습**: 외적인 환경을 적절히 조정하여 학습자의 행동을 변화시키는 것

② **인간**: 외적 자극에 반응하는 수동적인 존재로 인식

③ **교수**: 바람직한 행동변화를 유도해 내도록 자극을 조성하는 것

④ **평가기준**: 목표한 행동의 변화가 일어났는지 확인하는 것

(2) 주요 학자의 이론

① 파블로프(Pavlov)의 고전적 조건화

조건 **자극**을 반복해 줌으로써 조건 **반응**을 **반복**하다가 학습이 이루어짐

② 손다이크(Thorndike)의 시행착오이론

시행착오반응을 반복하면서 실패한 반응은 약화되고, **성공적인 반응은 강화**되어 학습이 이루어진다고 보는 이론

③ 스키너(Skinner)의 조작적 조건화(도구적 조건화)

특정 결과를 얻기 위해서 **스스로 반응을 만들어 내는 것**(operant)을 의미한다. 즉 어떤 행동을 한 뒤 **강화가 제공되면** 그 행동의 빈도를 높여 학습되고, 반복되는 것을 말한다.

(3) 학습 원리

① 학습목표(행동목표)가 명백하게 진술되어야 효과적이다.

② 반복은 학습을 증진시킨다.

③ 학습과제(정보)를 단계적으로 제시함으로써 학습을 돕는다.

④ 정확하고 즉각적인 회환은 학습을 향상시킨다.

⑤ 각성은 주의집중에 영향을 준다.

⑥ 강화는 행동(학습)을 증가시킨다.

강화란 특수한 반응이 일어날 확률을 증가시키는 모든 사건을 의미함

㉠ **긍정적 강화**: 상, 칭찬 등 유쾌한 자극을 제공함으로써 행동을 강화

㉡ **부정적 강화**: 처벌, 위협 등 불쾌한 자극을 제거함으로써 행동을 강화

⑦ 즉각적이고 일관성 있는 강화가 효과적이다.

2) 인지주의 이론

(1) 개념

학습은 단순히 자극과 보상에 의한 것이 아니라 지각하고 해석하고 판단하는 내적 사고과정에서의 **인지구조의 변화**이다.

➡ 경험에 의해 이미 알고 있는 것을 바탕으로 새로운 정보를 이해하고 재구성하면서 새로운 학습이 이루어진다고 봄

① **학습**: 능동적인 내적 사고과정에서의 인지구조의 변화

② **인간**: 외부의 자극(정보)을 재조직하고, 구성하는 능동적인 존재로 인식

③ **교수**: 학습자가 정보를 재조직하고 구성할 수 있도록 정보를 조직화, 범주화하는 것

(2) 주요 학자의 이론

① **형태주의(Gestalt) 심리학**: 쾰러(Koehler)의 통찰이론

• 학습은 통찰(insight)에 의한 인지구조의 변화로 이루어진다고 보고 **통찰학습**을 강조함

○ 통찰(insight): 문제 상황 속에서 개인이 **전체 상황을 구성하는 요소간의 관계를 순간적으로 파악하여 해결책을 발견하는 현상**으로, 전체적인 인식의 장에서 일어나는 인지구조의 변화과정

• 통찰력을 갖게 하기 위해서는 전체에 대한 요소들의 관련성을 보도록 가르쳐야 함을 시사함

② Lewin의 장이론

• 인간의 행위는 개인(심리적 장)과 환경(외부의 장)의 상호작용에 의해서 결정되며, 이러한 상호작용은 일종의 심리적 경험으로 학습은 각 개인의 **심리의 장(인지)**에서 이루어짐을 강조함

• 학습은 통찰에 의한 인지구조의 변화로 보고 대상자의 심리적 장을 사정하여 그와 관련된 교육을 제공하여야 한다.

③ 피아제(Piaget)의 인지발달 이론

• 인간의 인지 발달은 시간에 따라 발달하는 점진적인 과정으로 봄

• 학습은 개인이 더 발달된 인지구조를 얻는 적극적인 과정으로 내적 인지과정인 동화와 조절을 통해 이루어짐

㉠ **동화**: 기존의 아이디어, 개념, 기억에 새로운 아이디어를 관련시켜 통합하는 것

㉡ **조절**: 새로운 관점으로 현상을 보는 것으로 인지구조가 수정되는 과정

④ 정보처리 이론

- 인간의 인지과정을 정보처리과정으로 보고, 습득한 관련 지식을 어떻게 조직화하고 활용하는가에 초점
- **정보습득, 저장(감각저장고- 형태재인-여과 및 선택-단기기억-장기기억), 인출**로 정보를 처리하는 과정을 통하여 학습이 이루어짐
- 학습이란 단기기억의 정보가 장기기억으로 전이해 가는 것으로 봄

(3) 학습 원리

① 주의집중은 학습을 증가시킨다.

② 정보자료를 조직화하면 학습을 증진시킨다.

③ 정보를 관련 지움으로써 학습을 증가시킨다.

④ 신기함이나 새로움은 정보의 저장에 영향을 준다.

⑤ 우선적인 것은 정보의 저장에 영향을 준다.

⑥ 연습은 정보의 저장에 영향을 주며, 분산된 연습이 저장에 효과적임

⑥ 각 학습자는 인지과정의 차이에 따라 다양한 학습유형을 가진다.

⑦ 새로이 학습한 내용을 다양한 상황에 적용해 보는 것은 그 학습의 일반화를 도와준다.

3) 인본주의 학습이론

(1) 개념

① **학습**: 개인이 주위 환경과의 능동적인 상호작용을 통하여 자아성장과 자아실현을 이루는 **주관적 경험의 과정**으로 인식함

➡ 학습은 학습자의 요구에 근거하여 이루어지며, 학습자가 스스로 학습을 선택, 관리할 때 학습효과가 높음(유의미학습)

② **인간**: 자신의 삶을 주도하고, 잠재력을 발달시킬 수 있는 자아실현적 존재

③ **교수**: 학습자의 동기화를 위하여 학습자를 격려하고 지지하는 것

(2) 주요 학자의 이론

① Maslow의 동기이론

㉠ 동기이론은 인간의 동기에는 위계가 있다는 것을 바탕으로, 학습의 동기는 학습자로부터 나오는 내재적인 것으로 "모든 인간은 자아실현을 하기 위하여 노력하는 존재"로 설명한다.

㉡ 학습은 "최대한 자발적인 자아실현을 하기 위한 경험"으로 보므로 학습목표를 욕구 위계의 최상위 개념인 **자아실현**에 둔다.

ⓒ 교수자는 학습자의 학습동기를 촉진하고, 학습자가 경험하는 학습상황이 보다 즐겁고, 개방적일 수 있도록 촉진하는 역할을 한다.

② Rogers의 유의미학습이론

   ⊙ 인간의 본성이 **성장과 성취를 추구**하는 경향이 있으므로 대상자들을 긍정적으로 존중하고, 그들의 내적 세계(주관적 경험의 세계)를 감정 이입적으로 이해할 때 학습이 이루어진다는 **학습자 중심의 학습개념**이다.

   ⓛ 유의미학습의 원리는 학습자가 **자기주도적이고 자기의도적인 학습을 하는 자유가 보장된 학습**으로, 학습자로 하여금 **학습경험을 스스로 선택**하게 하고 그들 자신의 **학습을 관리**하게 하는 데 있다.

   ⓒ 교수자는 학습자의 자유로운 잠재 가능성의 실현을 돕는 촉진자로서의 역할을 한다.

(3) 학습 원리

① 학습자들이 필요로 하고, 알기 원하는 것을 배워야 한다.

② 학습은 교육내용이 학습자에게 **관련성이 깊을 때 유의미**하며, 더 빠르게 이루어진다.

③ 학습은 **외적 위협이나 지시가 감소**될 때 촉진된다.

④ 학습자는 적극적으로 학습에 참여하며, 교수자는 주로 촉진자, 조력자의 역할을 한다.

  ➡ 학습자가 **학습을 주도**하고, 교수자가 학습자 스스로 동기화되도록 조력해주는 역할을 할 때 학습효과가 증대

⑤ 학습은 학습자의 **전인적인 측면**에 관련될 때, 즉 지적인 측면과 정의적 측면이 통합된 때 가장 지속적이다.

⑥ 학습은 학습자의 **자기책임**이 강조되고 **자기평가**가 이루어질 때 더 고양된다.

4) 구성주의(Constructivism)

(1) 개념

① **지식**: 객관적으로 외부의 검증된 지식을 인정하지 않으며, 지식은 인간에 의해 **의미가 부여**되는 것으로 **개인의 경험**에 의해 개인별로 다 다르게 구성되어 **개개인의 마음에 내재하는 것**으로 보는 **상대주의 인식론**에 기초한다.

② **학습**: 주어진 상황에서 학습자가 **자신의 개인적 경험과 사회적 상호작용을 통해 지식이 갖는 내적의미를 구성하는 과정** 즉 자신의 개인적 경험에 근거하여 독특하게 **개인적 이해와 해석을 내리는 능동적인 문제해결과정**이다.

  ➡ **학습의 목적**: 단순한 지식의 습득보다는 학습자가 실제 상황에서 자신이 구성한 의미를 적용하여 **문제를 해결할 수 있는 능력**을 기르는 것

③ **교수자**: 학습자의 **의미구성 과정을 촉진**하는 촉진자, 보조자, 코치. 환경 제공자 역할

④ 구성주의는 최근 의학이나 간호학의 학습방법으로 도입된 **문제중심학습(Problem Based Learning), 사례기반학습, 팀기반 학습(협동학습), 프로젝트학습법** 등의 철학적 배경이 된다.

(2) 학습 원리

① 학습자 중심의 학습 강조(학습자 주도의 학습환경 제공)

학습자는 학습의 주체이며, 교사가 제시하는 정보를 분석하고, 평가할 수 있으며 이를 재구성하여 새로운 환경과 상황에 적용할 수 있어야 한다.

② 문제상황의 제공

교육자는 사고력을 촉진하고자 복합적이고 **역동적인 문제나 상황을 제시함으로서 학습이 일어나는 환경을 제공**하고, 학습자 스스로 해결해 나가는 과정을 통하여 **지식을 적용할 수 있는 능력**을 함양하는 것이다.

③ 실제상황과 유사한 맥락 제공

학습자들이 학습을 쉽게 이해하고, 실제 문제발생 상황 시 배운 지식을 적용하여 **실제문제를 해결**할 수 있게 된다.

④ 협동학습의 활용

지식의 내적의미를 구성하기 위해서는 **사회적 상호작용이 필수적으로 요구**되므로 이를 위한 협동능력이 요구되며 이러한 과정을 통하여 현실의 문제를 해결할 수 있는 능력이 배양된다.

⑤ 학습의 평가

학습의 성과나 결과가 아닌 **학습하는 과정**을 중심으로 평가한다. 문제해결과정에서 지식과 기술을 새로운 상황에 전이 할 수 있는 능력에 초점을 두고 평가한다.

⑥ 교사의 역할

교사의 역할은 학습자의 흥미를 유발시키고, 질문을 유도하며, 지속적인 피드백과 지지를 통해서 학습자의 의미구성 과정을 촉진해야 하므로 안내사, 교시, 촉진자, 멘토, 환경제공자의 역할이 필요하다.

✎ 기출문제 맛 보기

다음에 해당하는 학습이론은?   21년 지방

> 채소를 먹으면 어머니에게 보상을 받았던 학습경험을 통해 편식을 하는 아동이 자발적으로 채소를 먹게 되었다.

① 구성주의 학습이론   ② 인지주의 학습이론
③ 인본주의 학습이론   ④ 행동주의 학습이론

정답 ④

3 보건교육과정의 이해

1) 보건교육계획과정(보건교육과정)

① 교육요구사정   ② 학습목표 설정   ③ 학습내용 선정 및 조직

④ 교육방법 선정(시간배정)   ⑤ 교육매체 선정   ⑥ 평가기준 설정

⑦ 보건교육계획안 작성   ⑧ 교육수행 및 교육평가

2) 보건교육계획안 작성 요소

① 보건교육의 주제   ② 교육대상 및 교육자   ③ 교육일시와 장소

④ 학습목표   ⑤ 교육내용   ⑥ 교육방법 및 매체

⑦ 교육평가   ⑧ 참고문헌

4 보건교육 과정

1) 교육요구 사정

(1) 교육 대상자 사정

① 보건교육 요구의 유형(Bradshaw, 1972)

대상자가 가진 건강문제 및 건강과 관련된 지식이나 인식의 부족, 동기, 역할, 불편감, 잠재력, 태도, 기술 등 대상자의 요구를 규명하는 것

㉠ **규범적 요구**: 보건의료 전문가에 의해 정의되는 요구

㉡ **내면적 요구**: 학습자의 개인적 생각이나 느낌으로 인식되는 요구

㉢ **외향적 요구**: 학습자의 내면적 요구에서 비롯되어 말이나 행동으로 표현되는 요구

㉣ **상대적 요구**: 다른 집단과는 달리 특정집단만이 갖는 고유한 문제로 그 집단의 특성에서 비롯되는 요구 예 청소년 집단, 고혈압 집단, 임산부 집단, 풍토병이 있는 지역

② 준비성 사정(4가지 유형: PEEK)

㉠ **신체적 준비성(Physical readiness)**
- 학습자의 신체기능 정도가 건강행위를 수행할 수 있는지 여부를 사정
- 성별, 신체기능정도, 건강상태, 신체상태 등

㉡ **정서적 준비성(Emotional readiness)**
- 학습자가 학습활동을 하게 만드는 심리적 요인을 사정

- 학습자의 동기화 정도, 지지체계, 불안수준, 심리상태, 발달단계 등
  - **내적 동기**: 보건교육활동의 즐거움, 만족도
  - **외적 동기**: 칭찬, 보상, 인정 등

ⓒ **경험적 준비성(Experience readiness)**
- 새로운 학습과 관련된 교육 이전의 경험이나 훈련을 사정
- 사전학습경험, 학습자의 배경, 기술, 태도, 과거의 대처기전, 성공경험 등

ⓔ **지식적 준비성(Knowledge readiness)**
    학습자의 현재의 지식정도, 인지능력, 학습능력, 학습장애의 정도, 학습유형 등을 사정

(2) 교육환경 사정

① **교육자**
   교육자의 자기효능감, 학습자에 대한 기대, 편견 등이 학습자에게 영향을 줄 수 있으므로 이에 대한 노력이 필요하다.

② **교육자와 학습자의 관계**
   보건교육의 진행방향, 방법, 교육효과 등에 영향을 줄 수 있으므로 보건교육계획단계에서 이를 미리 사정하여 계획에 반영하여야 한다.

③ **물리적 학습환경**
   공간, 온도, 조명, 기구나 자원, 가구배치 등이 학습에 도움이 되어야 하므로 주어진 물리적 환경을 미리 파악하여 보건계획에 반영하거나 물리적 환경을 개선시킬 수 있어야 한다.

2) 학습목표의 설정

(1) 학습목표의 설정원리

① 행동용어로 기술한다.
② 학습자가 변화하는 것으로 기술한다.
③ 학습 후의 결과로 학습자에게 기대되는 최종 행위 또는 학습결과를 기술한다.
④ 한 문장 안에는 단일 성과만을 기술한다.
⑤ 구체적인 행동목표는 일반목표의 범위 내에서 기술하며, 일관성이 있어야 한다.
⑥ 모든 사람에게 충분히 의사소통되도록 명시적 목표를 사용한다.

(2) 학습목표의 진술의 구성요소(Mager, 행동주의 학자)

누가, 언제, 무엇을 할 것인지에 대한 상세하고 측정 가능한 용어로 표현해야 하며, 대상자의 관점에 의해 진술되어야 한다.

① **행위:** 교육 후 기대되는 최종행위를 구체적인 행위동사로 기술(The act)
② **내용:** 대상자의 변화되어야 할 내용을 기술(The content)
③ **조건:** 변화할 때 갖추어야할 요구 조건을 기술(The condition)
④ **기준:** 변화할 때 도달해야 할 기준으로 목표달성의 판단기준을 기술(The criteria)

핵심 CHECK ◀◀◀

[목표진술의 예시]

학습자	내용	기준	조건	행위
학생 들은	흡연의 유해성을	3가지 이상	정확하게	설명한다.
	감염예방을 위한 손씻기를	하루에 6번 이상	흐르는 물에 1분 동안	씻는다.
	비만을 예방하기 위한 신체활동을	일주일에 3번 이상	1회에 30분 이상씩 땀이 날 정도로	줄넘기를 한다.

---

(3) 교육목표 설정 시 고려해야 할 요소

① 학습이 필요한 영역의 결정: 인지적, 정의적, 심동적 영역 및 수준을 결정
② 대상자의 준비성: 대상자의 발달적, 정서적, 경험적 준비성 고려
③ 교육제공자의 철학
④ 시간 관리의 지속성: 우선순위 설정, 중간목표 설정, 순차적 배열 등
⑤ 환경: 학습이 이루어져야 할 심리적, 물리적 환경 고려
⑥ 학습목표는 학습경험을 계획, 수행, 평가하는 기준이 되도록 제시한다.

(4) 교육목표의 영역(Bloom, 1956)

① 인지적 영역(cognitive domain)

지식의 증가와 그 정보를 이용하는 능력의 증가를 나타내는 지적영역(6가지 수준)

㉠ 지식(암기) → ㉡ 이해 → ㉢ 적용 → ㉣ 분석 → ㉤ 종합 → ㉥ 평가

② 정의적 영역(affective domain)

• 대상자의 태도, 느낌, 감정의 변화를 유도
• 느낌이나 정서의 내면화가 깊어짐에 따라 대상자의 성격과 가치체계에 통합되어 가는 과정을 **나타냄(5가지 수준)**

㉠ 감수 → ㉡ 반응 → ㉢ 가치화 → ㉣ 조직화 → ㉤ 인격화

③ 심리운동 영역(psycho-motor domain)

지식에 대한 실천영역으로 관찰이 가능하기 때문에 확인하고 측정하기가 용이함(7가지 수준)

㉠ 지각 → ㉡ 태세 → ㉢ 지시에 따른 반응 → ㉣ 기계화 → ㉤ 복잡한 외적 반응 → ㉥ 적응 → ㉦ 창조

🔍 참고 POINT

[교육목표 설정의 예]

(1) 인지적 영역의 교육목표

① **지식/암기(knowledge)**: 기억력에 의존하여 개념, 정의, 용어, 방법, 구조 등을 암기하는 것
  예 대상자들은 흡연의 피해를 열거할 수 있다.

② **이해(comprehension)**: 내용의 의미를 파악하는 것, 사실과 개념원리 등을 설명하는 것
  예 대상자들은 니코틴의 작용을 말할 수 있다.

③ **적용(application)**: 이해한 것을 구체적 문제나 상황에 적용하는 능력, 추상성을 사용하는 것
  예 대상자들은 심장질환과 니코틴의 작용을 관련지어 말할 수 있다.

④ **분석(analysis)**: 어떤 자료를 범주화하여 분류하고, 분류한 자료들 간의 관계를 규명하는 것
  예 대상자들은 흡연으로 인한 증상과 자신에게서 나타나는 증상을 비교한다.

⑤ **종합(synthesis)**: 각 요소를 조합하여 하나로 묶어 전체를 만드는 것, 창의력과 유사함
  예 대상자들은 금연방법을 참고하여 자신의 금연계획을 세운다.

⑥ **평가(evauation)**: 주어진 목표에 대해 자료나 방법의 가치에 대해 질, 양적으로 판단하는 것
  예 대상자들은 자신들이 계획한 금연계획을 실천가능성에 따라 평가한다.

(2) 정의적 영역의 교육 목표

① **감수(receiving)**: 어떤 현상이나 자극에 대하여 주의를 기울이는 행동으로, 경청, 관심을 표현하는 것
  예 대상자는 담배연기로 죽어가는 쥐를 본다.

② **반응(responding)**: 적극적 참여를 나타내는 것으로 특정 자극이나 형상에 적극적 반응을 나타내는 것
  예 대상자는 담배가 자신이나 가족에게 매우 해롭다고 말한다.

③ **가치화(valuing)**: 특정한 가치를 인정하고 몰입하는 단계
  – 가치의 수용, 가치의 선호, 가치의 확신
  예 대상자는 금연계획을 세우고 담배를 줄이며 금연 스티커를 보이는 곳에 붙여놓는다.

④ **조직화(organization)**: 복합적인 가치를 적절히 분류하고 순서를 매겨 체계화하고, 가치들의 관계가 조화롭고 내적으로 일관성을 이루도록 하는 것
  예 대상자는 흡연의 유혹을 피하기 위해 기상과 함께 조깅을 하고 아침식사 후 커피 대신 과일을 먹는 등의 생활양식을 체계적으로 실행한다.

⑤ **인격화/성격화(characterization/intergration)**: 특정 가치관이 한 개인의 생활을 지배하고 생활화함으로써 그 개인의 독특한 생활방식이 형성되는 단계, 특정 가치체계에 사회적·정의적으로 적응되는 단계
  예 대상자는 지역사회 금연 운동에서 자원봉사자로 활동한다.

(3) 심리 운동 영역의 교육 목표

① **지각(perception)**: 어떤 것을 알게 되는 과정으로 감각기관을 통해 지각하는 것
   예 노인들은 운동 시범자의 유연성 운동, 근력운동을 관찰한다.

② **태세(set)**: 어떤 활동이나 경험을 위한 준비를 갖추는 것
   예 노인들은 운동을 하기 위해 필요한 고무밴드를 하나씩 잡는다.

③ **지시에 따른 반응(guided response)**: 교육자의 안내하에 학습자가 외형적인 행위를 하는 것.
   예 노인들은 운동시범자의 지시에 따라 고무밴드를 이용한 운동을 따라한다.

④ **기계화(mechanism)**: 학습된 반응이 습관화되는 단계. 행동수행에 자신감을 가지고 상황에 따라 습관적으로 행동하는 것 예 노인들은 음악을 들으며 스스로 운동을 한다.

⑤ **복잡 외적반응(complex overt response)**: 복합적인 활동의 수행을 뜻하며, 고도의 기술습득으로 가장 효율적 행위를 하는 것 예 노인들은 집에서 텔레비전을 보며 고무밴드를 이용한 운동을 능숙하게 한다.

⑥ **적응(adaptation)**: 신체적 반응이 필요한 새로운 문제상황에 대처할 수 있는 것
   예 노인들은 고무밴드가 없는 노인회관에서 고무밴드 대신 긴 타월을 이용하여 운동을 한다.

⑦ **창조(organization)**: 습득한 기술이나 능력을 통해 새로운 활동이나 방법을 창안해 내는 것
   예 노인들은 고무밴드를 이용한 상체운동을 응용하여 하체운동을 만들어 실행한다.

🖉 **기출문제 맛 보기**

블룸(Bloom)의 심리운동 영역에 해당하는 학습목표는?   17년 지방

① 대상자는 운동의 장점을 열거할 수 있다.
② 대상자는 지도자의 지시에 따라 맨손체조를 실시할 수 있다.
③ 대상자는 만성질환 관리와 운동 효과를 연관시킬 수 있다.
④ 대상자는 운동이 자신에게 매우 이롭다고 표현한다.

---

3) 교육내용의 선정과 조직

(1) 교육내용의 선정과 평가의 준거

① **교육목표와의 관련성**: 학습목표와 관련이 있을 것
② **타당성**: 대상자의 요구와 건강향상에 꼭 필요하고 중요한 내용이어야 함
③ **영속성**: 다양한 상황에서 계속적으로 활용될 수 있어야 함
④ **깊이와 넓이의 균형**: 너무 광범위하거나 피상적이어서는 안 되며, 일부 내용만을 깊이 다루어서도 안 됨.
⑤ **참신성**: 최근의 이론과 지식을 기초로 새롭고 참신한 내용으로 준비
⑥ **유용성**: 대상자의 건강관리에 활용이 가능하고 기여하는 내용이어야 함
⑦ **사회적 현실에의 적절성**: 대상자의 현실적 여건과 상황에 적합한 내용이어야 함

정답 ②

(2) 교육내용의 조직 원리

① 계속성의 원리
　　㉠ 학습내용조직에 있어서의 종적인 관계 표시
　　㉡ 교육내용이 학습자의 경험 속에 정착되기 위해 계속적인 반복학습이 이루어져야 한다는
　　　원리로 동일수준의 반복적 학습 뜻함
　　㉢ 지적인 영역 < 기능적 영역 < 정의적 영역의 순으로 더 긴 시간을 요구함

② 계열성의 원리
　　㉠ 학습조직의 종적관계로, 학습내용이 앞뒤 위계에 따라 위계적, 순차적 반복을 통한 누적
　　　적 학습을 의미함
　　㉡ 선행경험을 기초로 학습내용이 깊이와 넓이를 더하도록 하는 원리로 수준을 달리한 동일
　　　교육내용의 반복적 학습 예 시간의 흐름과 관련이 있을 때 연대순 방법이 적합

③ 통합성의 원리
　　㉠ 학습내용의 횡적조직과 관련
　　㉡ 여러 영역에서 학습하는 내용들이 서로 연결되고 통합되어 의미 있는 학습이 되도록 해
　　　야 한다는 원리
　　㉢ 통합성을 고려치 않으면 교육내용이나 경험들 간의 불균형과 부조화, 내용의 중복이나
　　　누락 등을 가져옴

(3) 교육내용의 조직 방법
　① 아는 것에서 모르는 것으로
　② 쉬운 것에서 어려운 것으로
　③ 단순한 것에서 복잡한 것으로
　④ 구체적인 것에서 추상적인 것으로
　⑤ 가까운 것에서 먼 것으로
　⑥ 전체(개괄적인 내용)에서 부분(세부적인 내용)으로

4) 교육방법 및 매체의 선정

(1) 교육방법 선정에 영향을 미치는 요소

① 교육대상자에 대한 정보
　• 대상자의 수
　• 학습목표의 영역 및 난이도
　• 보건교육 내용
　• 대상자의 수준: 교육정도, 경험, 능력, 인지발달수준 등

② 교육환경에 대한 정보

- 인적자원: 교육자, 보건요원, 자원봉사자 등의 수, 능력, 지도기술 등
- 시간: 할애할 수 있는 시간
- 물적자원: 교육자료, 건물, 시설, 기자재의 이용가능성
- 재정: 경비

⇨ **교육대상자의 수와 학습목표가 가장 중요한 요소임**

(2) 교육매체의 선정

① 교육매체는 대상자의 수 및 교육목적 등을 고려하여 활용함으로써 교육의 효과를 높인다.

② **교육효과**

구두전달 < 그림 < 모형 < 표본 < 실물 < 실물이 존재하는 현장

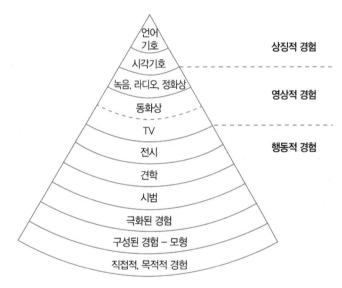

[그림 7-10] Edgar Dale의 경험의 원추

*출처: 김춘미 등(2022). 지역사회보건간호학. 수문사. p.427.

5) 보건교육의 수행

(1) 도입단계

① 학습목표를 제시하고, 보건교육의 주제, 내용, 중요성 등을 개괄적으로 설명
② 학습자와 관계를 형성하고 흥미유발과 동기를 부여
③ 이전에 배운 것과 앞으로 배울 내용을 연결함
④ 일반적으로 3~4분이 적당(10~15%)
⑤ **수행방법**: 학습목표제시, 학습자의 동기 유발, 호기심 자극(사전 테스트, 동영상, 슬라이드, 전시 등), 과거 학습경험과 연결하기

(2) 전개단계

① 학습의 중심부분으로 주 학습내용이 전달되는 단계

② 학습자의 이해를 촉구하는 다양한 학습방법 및 매체를 활용함

③ 학습자 수준에 맞는 용어와 학습자의 경험과 관련된 사건을 소재로 하여 설명

④ 학습자가 생각할 수 있는 기회를 주면서 설명하고 학습자의 적극적 참여를 유도함

⑤ 전체시간의 70~80% 할애

⑥ **수행방법**: 학습내용 제시, 학습자의 참여유도, 다양한 학습방법 및 매체 사용

(3) 정리단계

① 학습한 전체 내용을 총괄하여 조직적으로 결론을 지음

② 목표가 성취되는 단계

③ 학습내용을 정리하거나 중요한 부분에 대한 질문 및 토의를 통하여 이해정도를 평가

④ 전체시간의 10~15%

⑤ **수행방법**: 요약정리, 연습을 통한 강화 및 일반화, 학습과제 설명, 보충자료 제시 및 차시예고, 학습평가

6) 보건교육 평가

(1) 평가목적

① 교육대상자의 교육요구 확인

② 교육목표의 도달유무 진단

③ 교육효과의 영향요인 확인

④ 교육방법 및 교육활동의 적절성 확인

⑤ 교육과정 및 내용의 적절성 확인

⑥ 교육결과의 피드백

⑦ 새로운 보건교육계획의 근거 제시

(2) 평가도구가 갖추어야 할 조건

① 타당도(validity)

• 평가도구가 평가하려는 내용 즉 측정하려고 의도하는 것을 얼마나 충실히 측정하고 있느냐를 의미함

• 보건교육 평가에서 가장 중요

② 신뢰도(reliability)

• 평가도구가 측정하고자 하는 내용을 얼마나 안정적으로 일관성 있게 측정하느냐를 의미함

• 반복 측정하더라도 평가결과가 일관되어야 함을 의미함

③ 객관도(objectivity)
- 평가자가 얼마나 객관적인가의 문제로, 평가가 평가자의 주관에 흔들리지 않음을 의미함. 즉 평가자의 일관성을 의미함
- 평가자에 의한 오차(주관, 편견 등)를 어떻게 최소화하느냐가 중요

④ 실용도(usability)
- 그 평가방법을 적용하는 데 드는 시간과 노력 및 경비의 정도

(3) 평가유형

① 평가의 시기별 평가유형

㉠ 진단평가
- 효과적인 학습지도를 위하여 교육 전 혹은 수업의 초기단계에서 학습자의 학습준비도를 파악하여 수업계획에 필요한 정보를 얻기 위한 평가
- 진단평가는 학습의 중복을 피할 수 있고 학습곤란에 대한 사전대책의 수립이 목적임
- 평가의 결과는 절대기준평가의 방법에 의해 해석

㉡ 형성평가
- 교수학습활동이 진행되는 동안 주기적으로 학습의 진행정도와 그 영향요인을 평가하기 위함
- 교육방법이나 교육내용 등을 개선함으로써 교육과정의 효과를 증진하기 위함
- 평가의 결과는 절대기준평가의 방법에 의해 해석

㉢ 총합평가(최종평가, 총괄평가)
- 일정한 교육이 끝난 후에 교육목표의 달성 여부와 그 영향요인을 평가하여 재계획에 반영하기 위함
- 교육내용, 교수방법, 교육과정 등을 개선하는데 필요한 자료로 활용하기 위함
- 평가의 결과는 절대평가 또는 상대평가의 방법에 의해 해석

핵심 CHECK ‹‹‹

[진단평가, 형성평가, 총합평가의 특성]

구분 \ 평가유형	진단평가	형성평가	총합평가
평가시기	교육 전	교육 중	교육 후
목적	• 학습 전 학습자의 지식, 흥미, 준비도 등 진단 • 교수방법 대안 마련	• 학습의 진행 정도 평가 • 교수전략 개선 • 학습동기를 촉진	• 학업성취 수준 평가 • 학습목표도달 여부 평가 • 재계획에 반영
평가도구	• 관찰, 표준화된 검사 • 절대평가	• 교사제작 도구 • 절대평가	• 중간/기말고사 등 • 절대평가, 상대평가

② 평가목적별 평가유형

   ⊙ 과정평가
- 보건교육 프로그램이 어떻게 시행되었는가를 평가하는 것
- 교육자가 교육하는 과정 중에 교육을 개선하기 위한 정보를 얻기 위해 실시

   ⓒ 영향평가
- 프로그램을 투입한 결과로 단기적으로 나타난 바람직한 결과평가
- 지식이나 태도·기술·행위의 변화, 기관의 프로그램, 자원의 변화, 사업의 수용도 등을 측정

   ⓒ 성과평가(결과평가)
- 프로그램을 시행한 결과로 얻어진 건강 또는 사회적 요인의 개선점 평가
- 교육 후 장기적 목적과 목표가 도달되었는지를 확인하기 위해 실시

③ 평가기준별 평가유형

   ⊙ 절대평가(준거 지향적 평가)
- 미리 도달해야할 기준(준거)을 설정하고, 교육 후 기준에 도달여부를 평가
- 교수-학습과정 전체가 평가의 대상이 됨, 평가자는 교수자

   ⓒ 상대평가(규준 지향적 평가)
- 다른 사람에 비하여 어느 정도인지를 평가
- 개인의 상대적 위치와 우열의 파악이 가능하여 경쟁을 통한 학습동기를 유발
- 학습자가 주된 평가의 대상임, 평가자는 교수자 혹은 제삼자 등

(4) 평가방법: **학습목표, 학습내용, 학습방법에 따라 달라짐**

① 평가방법

   ⊙ **관찰법**
- 행동측정에 가장 유용한 방법으로 계획적이고 조직적으로 이루어져야 한다.
- 심동영역의 기술능력 평가에 유용하며, 정의적 영역의 태도평가도 가능하다.
- 객관적으로 관찰해야만 여러 가지 오류를 줄일 수 있고, 관찰 즉시 관찰한 내용을 사실 그대로 기록하여야 한다.

   ⓒ **구두질문법**
관찰과 함께 사용할 수 있는 방법으로 쉽게 관찰되지 않는 행동을 평가할 수 있다.

ⓒ **질문지법**
- 간접적 평가방법으로 지적 영역의 학습을 평가하기에 적절한 방법이다.
- 문항개발 시 측정하고자 하는 내용이 빠짐없이 논리적으로 작성하여야 하며, 질문 문항 은 선택형과 서답형이 있다.

ⓓ **자기보고서 및 자기감시법**
- **자기보고서**: 대상자의 태도, 가치, 흥미 등 정의적 영역의 학습을 평가하는데 적합한 방법으로, 척도법을 사용한 질문지나 개방식 질문지 등을 통해 이루어진다.
- **자기감시법**: 대상자가 내면이나 외향적 행위를 한 후 자신의 행위를 기록하는 방식으로 자기감시법에 따른 자료는 외부에서 관찰한 내용과 다를 수 있다.

② 학습목표에 따른 평가방법
  ㉠ **인지적 영역의 평가**: 질문지법, 구두질문법
  ㉡ **정의적 영역의 평가**: 관찰법, 자기보고서, 면접법
  ㉢ **심동적 영역의 평가**: 관찰법(직접관찰), 시범, 자기감시법

(5) 평가의 대상
  ① 학습자   ② 교육자   ③ 교육과정   ④ 학습환경

(6) 평가자
  학습자, 교수자, 외부전문가, 평가위원회 등 다양할수록 바람직함
  단, 반드시 학습자가 참여하는 평가여야 함

5 보건교육방법

1) 개별교육

장점	• 개인의 비밀에 해당하는 문제(성병, AIDS, 미혼모, 유산문제 등)에서 주로 사용 • 대상 집단의 개인차가 클 때에도 효과적
단점	• 시간이 많이 들어 경제성이 적음

1 : 1로 이루어지는 교육으로 면담과 상담이 이에 속하며 가정방문, 전화, 클리닉 이용시 행해진다.

(1) 면접

① 면접이란 두 사람이 의도한 목적을 가지고 생각이나 정보를 교환하는 과정

② 면접자는 특정 분야의 학문과 기술을 가지고 면접을 하기 때문에 전문직업적 대화자라고도 할 수 있다.

장점	• 시간과 장소의 제약 없이 할 수 있음 • 피면접자에게 심리적 부담감이나 준비물을 요구하지 않음 • 정확한 문제의식이 있으므로 효과적
단점	• 많은 인원과 시간이 소요됨 • 소극적 대상자에게는 심리적 부담감 • 비용이 많이 들므로 경제성이 낮음

(2) 상담

① 목적

상담을 통해 학습자가 스스로 자신의 문제를 인식하고, 받아들이며 스스로 문제 해결 방안을 찾도록 도와주는 데 있다.

② 상담과정

㉠ **관계형성**: 학습자에 대한 충분한 이해를 위하여 관계를 형성하는 단계이다

㉡ **경청**: 경청과정을 통하여 문제상황을 이해하고, 정보를 탐색하면서 문제를 파악한다.

㉢ **직면**: 학습자가 자신의 문제를 인식하고 인정하도록 돕는다.

㉣ **참여**: 스스로 직면한 문제에 해결방법을 찾고 문제를 해결하도록 돕는다.

㉤ **정리**

• 학습자가 태도 및 행동변화를 일으키도록 돕고, 긍정적 행동을 지지ㆍ격려한다.

• 상담과정을 평가하고 상호 만족한 상태가 될 때 상담을 종결한다.

장점	• 개별적으로 진행되어 교육효과가 높음 • 교육자와 대상자간에 상호작용이 많음. • 대상자의 내밀(內密)한 건강문제해결에 도움이 됨 • 협소한 공간에서 이루어져 집단교육에 비해 별도의 행정적인 노력이 필요하지 않음
단점	• 개인을 대상으로 이루어지므로 시간, 인력, 비용에 있어 비경제적

(3) 동기강화상담(동기유발상담, Motivational Interviewing, MI)

① 동기강화상담이란?

　㉠ 일반적인 상담기법에 동기강화적 요건을 가미한 상담

　㉡ 대상자의 양가감정을 탐색하고 해결함으로써 대상자가 내면에 갖고 있는 **변화동기를 강화**하는 데 목적이 있으며 대상자 중심의 직접적 방식의 상담이다.

② 동기상담의 기본원리

원리	내용
저항 수용	• 변화 저항에 대해 논쟁하지 말고, 저항을 표현하도록 놔둔다. • 변화에 대한 저항에 직접적으로 맞서면 안된다. • 변화가 바람직하다며 강요하지 말고, 변화를 유도해야 한다. • 대상자가 해답과 해결책의 중요한 원천이어야 한다. • 저항을 약간씩 돌리거나 다르게 해석해 주면 저항을 변화로 바꿀 수 있다.
대상자의 동기 이해	• 상담자가 아니라 대상자가 주체가 되어 변화에 대해 이야기 한다. • 변화동기는 현재의 행동과 개인의 가치관 사이에 불일치감을 느낄 때 생기므로 불일치감을 확인하도록 돕는다.
경청과 공감 표현	• 대상자를 있는 그대로 수용해주면 변화가 촉진된다. • 비난하지 않고 존중하는 태도로 경청한다. • 대상자가 양가감정을 느끼는 것은 정상이라고 표현한다.
자기효능감 지지	• 개인의 변화자신감이 중요한 동기요인이다. • 변화를 선택, 이행할 책임은 대상자에게 있다고 지지한다. • 대상자의 변화능력에 대한 상담자의 믿음이 대상자의 자기효능감에 도움이 된다.

(4) 컴퓨터 보조 학습(프로그램 학습)

① 스스로 학습할 수 있도록 고안된 개별학습방법으로써 컴퓨터라는 매체를 통한 학습

② 학습자가 전문가에 의하여 상호작용이 가능하도록 개발된 학습프로그램을 활용하는 학습방법

장점	• 쌍방향 의견 교환이 가능함 • 시간과 장소의 구애를 안 받음 • 다양한 색깔, 음악, 영상으로 학습자의 흥미유발 • 반복학습이 가능하다. • 학습자의 수준과 속도에 따라 학습을 조절할 수 있음: 개별화
단점	• 컴퓨터 사용 능력이 없으면 활용할 수 없고, 프로그램개발비가 많이 든다. • 창의성이 무시되고, 사회적 관계가 결여됨 • 정의적, 심동적, 대인관계기술 영역의 교육에는 효과적이지 못함 • 나이 많은 성인학습자의 경우 효과적이지 않을 수 있음

2) 집단교육

두 명 이상의 대상자들에게 이루어지는 교육으로 인지영역, 정의적 영역, 심리운동 영역에 따라 다양한 방법을 적용한다.

(1) 강의(Lecture)

언어를 통해 일방향적으로 지식이 전달되는 전통적 교수방법, 모든 교육의 기본이 됨

장점	• 많은 양을 짧은 시간에 전달 • 지식의 전달에 효과적임 • 대규모 학습에 유용 • 학습자의 긴장감 낮음 • 특별한 장비가 필요없으며, 경제적임
단점	• 많은 양의 지식전달로 학습자가 학습내용을 다 기억하지 못하고, 오래 기억할 수 없음 • 일방향적 지식전달로 인한 대상자들의 수동적 학습으로 문제해결능력이 결여 • 대상자들의 개인차가 고려 안됨 • 대상자들의 학습성취 정도를 인지하기 어려움 • 시간이 길어지면 주의집중력이 저하됨

(2) 집단토의(Group Discussion)

10명 내외의 소수참가자들이 특정 주제에 대해 자유로운 입장에서 상호의견을 교환하여 결론을 내리게 하는 방법

장점	• 대상자들의 능동적 참여 유도로 학습의욕이 생김 • 대상자들이 서로 협력하여 결론을 도출하므로 민주적 회의진행을 배울 수 있음 • 자신의 의사를 올바르게 전달하는 능력이 배양됨 • 다른 사람의 의견을 통해 반성적 사고능력이 함양됨
단점	• 소수 집단을 대상으로 하므로 경제성이 떨어짐 • 토의 주관자의 자질에 큰 영향을 받음

(3) 분단토의(Buzz Session)

① 전체 참가자의 의견을 제한된 시간 내에 상호교환하기 위해 교육에 참가한 전원을 몇 개의 소그룹으로 나누어 토론하게 한 후 전체 토의시간을 마련하여 소그룹의 대표가 각 그룹의 토의결과를 발표함으로써 전체의 의견을 교환할 수 있다.

② 각 분단은 6~8명이 적당하고 각 분단마다 의장과 서기를 두어 회의를 진행시키는 것이 효과적이다.

장점	• 참석인원이 많아도 가능 • 문제를 다각도로 볼 수 있고 전체 참여에 의해 해결방안 모색 가능
단점	• 학습자의 준비가 없으면 산만

(4) 배심토의(Panel Discussion)

어떤 제한된 특정 주제에 대해 상반된 의견을 가진 전문가 4~7명이 자신의 의견을 발표한 후 사회자의 진행에 따라 단상토론을 실시함으로써 참여한 청중들이 전문가의 토론을 들으면서 필요한 지식, 태도의 변화를 유발하며, 미래를 전망할 수 있다.

장점	• 제한된 시간 안에 다양한 전문가의 의견을 들을 수 있음 • 타인의 의견을 듣고 비판능력이 생긴다. • 특정 주제에 대한 다각도의 생각과 미래를 전망할 수 있는 능력이 함양됨
단점	• 토론 주제에 대해 기본지식이 없으면 토론내용을 이해하기 어려울 수 있음 • 적합한 전문가 선정이 어렵고, 경제적 부담이 됨 • 사회자의 토의진행 기술에 의해 교육의 질이 결정됨

(5) 심포지엄(Symposium)

① 특정 주제에 대해 전문지식을 가진 연사 3~5명을 초청하여 각자 동일주제의 한 영역씩 10~15분 정도씩 의견을 발표하도록 한 후 내용을 중심으로 사회자가 청중을 공개토론 형식으로 참여시키는 교육방법

② 연사, 사회자, 청중 모두 주제에 대한 전문 지식이나 경험을 가진 전문가로 구성된다.

장점	• 집단 구성원이 많고 폭넓게 문제를 토의할 때 유용함 • 주제에 대한 밀도 있는 접근이 가능함 • 청중이 알고자하는 문제의 전체적 파악과 부분적 이해가 가능
단점	• 연사의 발표내용이 중복될 우려가 있음 • 교육대상자가 주제에 대한 정확한 파악이 안 되면 비효과적임

(6) 세미나(seminar)

① 세미나는 토론 구성원이 해당 주제에 관한 전문가나 연구자로 이루어졌을 때 주제발표자가 먼저 발표를 하고, 토론참가자들이 이에 대한 토론을 하는 방법이다.

② 세미나는 사전에 철저한 연구와 토론준비를 전제로 하여 토론자들이 해당 주제에 대한 지식이나 정보를 체계적이고 깊이 토론할 수 있다.

장점	• 전문성을 높이는데 가장 효과적임 • 능동적 참여로 흥미와 관심이 높음
단점	• 참여자가 잘못 선정될 경우 효과가 없음 • 소수집단형태로만 가능함

(7) 브레인 스토밍(Brain Storming)

① 묘안 착상법이라고도 하며 번개처럼 떠오르는 기발한 생각을 12~15명이 한 그룹이 되어 10~15분 정도 자유로운 분위기에서 단기 토의를 하는 방법이다.

② 어떤 특별한 문제를 해결하기 위해 단체의 협동적 토의 방법으로 어떤 문제의 여러 면을 검토할 때 사용된다.

장점	• 어떤 문제든지 토론의 주제로 삼을 수 있음 • 별도의 장비가 준비하지 않아도 됨 • 기대하지 않았던 의미 있는 결과를 얻을 수 있음 • 협력적인 분위기를 조성하는데 유용함 • 짧은 시간에 많은 아이디어를 낼 수 있음
단점	• 수다로 시간낭비로 끝날 수 있음 • 성공적이 되기 위하여 고도의 기술이 필요함

(8) 역할극(Role Play)

학습자들이 직접 실제 상황 속의 인물이 되어 연기를 함으로써 다른 사람들의 입장이나 상황을 이해하고 건강문제나 상황분석을 통하여 문제해결방안을 모색하는 방법

장점	• 대상자들이 직접 참석하므로 흥미와 동기유발이 잘됨 • 실제 활용가능한 기술습득이 용이함 • 실제 문제에 대해 이해와 연구를 통해 가능한 해결책을 점검해 볼 수 있음 • 교육대상자가 많아도 적용이 가능함
단점	• 사전 준비가 필요하므로 교육자의 준비시간이 요구됨 • 역할극과 실제상황이 거리가 있을 경우 문제 속에 대상자들이 흡수되지 못하여 교육목적을 이룰 수 없음

(9) 시범(Demonstration)

심리운동 영역의 학습목표를 가진 기술교육에 적합한 교육방법

장점	• 학습자가 주의집중과 동기유발이 잘 됨 • 대상자의 교육수준, 경험과 상관없이 교육의 목표도달이 쉬움 • 학습 내용을 실무에 적용하기 쉬움
단점	• 소수 집단에만 이용 가능, 경제성이 없음 • 교사의 준비시간이 많이 듦

(10) 견학(Field Trip)

학습장소를 실제현장으로 옮겨 직접관찰 함으로써 학습효과를 높이는 방법

장점	• 실물이나 실제상황을 직접 관찰할 수 있어서 학습자들의 흥미와 동기유발 가능함 • 학습을 실제에 적용하기 쉬움
단점	• 시간과 경비가 많이 들며, 장소에 제약을 받음 • 사전계획이 필수이며, 견학장소와의 협조가 필요

(11) 프로젝트 학습법

① 개인이나 소수집단의 학습자에게 교육목표를 제시
② 대상자 스스로 목표달성을 위해 계획, 자료수집, 수행을 하게 함으로써 스스로 지식, 태도, 기술을 포괄적으로 습득하게 하는 방법
③ 대상자 중심의 자발적이고 능동적인 학습활동을 강화하고, 대상자 자신이 계획하고 실제상황에서 학습함으로써 교육 후 즉시 활용할 수 있는 능력을 향상시킨다.
④ 심층적인 연구가 요구되는 과제에 적용 시 효과적이다.
⑤ 개인을 대상으로 수행하기도 하나 소집단 구성을 통한 협동학습이 바람직하다.

장점	• 대상자 스스로 진행하므로 학습에 대한 동기유발이 용이 • 대상자가 문제해결과정을 통해 자주성과 책임감이 개발되며, 의사결정능력, 문제해결 능력, 인내심, 창의력, 탐구능력, 협동정신과 지도력, 희생정신이 길러짐 • 문제해결 과정에 영향을 주는 여러 가지 변수에 대한 이해를 할 수 있음
단점	• 의존적, 수동적 학습에 익숙해진 학습자나 의욕이 부족한 대상자인 경우 목표달성이 어려움

(12) 문제해결학습법(문제중심학습법)

① 해결할 실제적 문제(시나리오)를 제시하고 스스로 해결해 나가도록 하면서 학습이 이루어지는 방법
② 문제의 인식, 문제와 관련된 자료수집, 해결방안계획, 실행, 평가의 과정을 거친다.
③ 개인을 대상으로 수행하기도 하나 소집단구성을 통한 협동학습이 바람직하다.

장점	• 학습현장에서 학습자 스스로 발생한 과제를 해결하는 방법을 배울 수 있음 • 지식, 태도, 기술 등을 종합적으로 습득하여, 실제생활에 통합됨 • 협동학습을 통한 민주적인 생활태도와 반성적 사고력을 기를 수 있음
단점	• 체계적인 기초학습을 진행하기에는 어려움 • 노력에 비해 능률이 낮음/ 시간이 많이 소요됨 • 수업과정이 산만하여 수업진행이 어려움

⒀ 사례연구(case study)

① 특정 학습주제를 가르치기 위해 기존의 여러 사례를 이용하는 학습방법

② 학습자는 사례들을 수집, 비교, 분석하여 해결방안을 모색하거나 일반적인 원리를 파악하는 과정에서 새로운 지식을 습득한다.

장점	• 대상자 중심의 활동이 많음 • 문제해결에 필요한 분석적 사고력이 향상됨 • 특정한 문제에 대해 다양한 해결책이 있음을 알게 됨
단점	• 교수의 지도경험이 부족한 경우 예기치 못한 결과를 초래할 우려 있음

⒁ 팀기반 학습법(Team Based Learning,TBL)

① 공동의 목표를 달성하기 위해 팀을 구성하여 학습하는 것

② 팀구성원들이 비전을 공유하고, 효율적인 의사소통을 체계를 갖추고, 상호작용함으로써 학습성과를 달성할 수 있다.

장점	• 상호작용하는 방법을 습득하게 됨(대인관계 발달) • 구성원 각자의 장점과 약점을 자세하게 알게 됨 • 결과에 대한 피드백을 할 수 있는 통찰력을 갖게 됨 • 동료평가와 피드백을 통하여 학습자에게 변화기회(유의미한 영향)를 제공함
단점	• 리더십과 협동심(동료의식)이 발휘되지 못하면 학습목적을 달성하기 어려움 • 노력하지 않고 무임승차하는 학습자가 있을 수 있음 • 동료평가를 하는 것이 팀에 부정적인 영향을 미칠 수 있음

⒂ 시뮬레이션(Simulation)학습법(모의실험극)

① 학습자에게 중요한 학습내용이지만 실제 학습환경을 경험할 수 없는 경우에 실제와 비슷한 상황을 제공하여 학습자가 직접 실제상황과 같은 조건에서 활동을 경험해 봄으로써 실제상황에서 대처(활용)할 수 있는 능력을 향상시키는 교육방법

② 실제에서 유발할 수 있는 위험 부담이나 윤리적 문제없이 학습이 가능하다.

③ 적용 후, 그 경험에 대하여 대상자와 함께 분석하고 토론하는 것이 바람직하다.

장점	• 실제 현장과 거의 같은 여건 하에서 안전하고 빠르게 현실을 경험할 수 있음 • 학습자의 참여를 조장할 수 있음 • 다양한 상황을 응용할 수 있음 • 즉각적인 피드백을 줌으로써 학습효과를 유도할 수 있음 • 중요한 기술인 경우 반복할 수 있고, 임상기술에 대한 평가도구로 활용 가능
단점	• 시간과 비용이 많이 소요됨 • 학습자의 준비가 없을 경우 흥미 위주로 끝날 위험성이 있음 • 사용방법과 조작이 복잡하므로 교수자의 숙련된 교육자, 운영자, 평가자로서의 역량개발이 요구됨

⒃ **플립러닝(Flipped learning)**

① 학습자가 **수업내용을 온라인 등으로 미리 학습한 뒤 수업을 진행**하는 학습방식

② 브렌디드러닝(Blended learning)의 한 형태로 '거꾸로 학습', '역전학습', '역진행 수업방식' 등으로 해석된다.

장점	• 교수자와 학습자 간의 소통을 강화할 수 있음 • 동영상 강의로 반복학습이 가능하며, 수준별 학습이 가능 • 학습자 간의 실력과 편차를 감소시킬 수 있음 • 학업성취도가 낮은 학습자에게 도움이 됨
단점	• 교수자가 수업준비를 위한 경험과 노하우가 요구됨 • 학습자의 수업준비에 대한 부담이 있을 수 있음

⒄ **액션러닝(Action learning)**

교수자 중심에서 벗어나 **학습자들이 팀을 구성하여 실제 과제에 대한 해결방안을 모색**하는 과정에서 질문과 성찰, 피드백 등을 통해 자연스럽게 학습이 이루어지는 학습 방법

장점	• 의사소통 능력 향상에 도움 • 팀활동으로 인해 협동심을 기를 수 있음 • 상대방의 관점에 대해 인식할 수 있음 • 문제해결과정을 학습할 수 있고, 문제해결과정에서 지식과 전문능력이 향상될 수 있음
단점	• 사전 준비 및 학습활동이 필요하므로 교육 훈련시간이 많이 소요됨 • 교육프로그램과 학습지원환경을 유기적으로 구축하는 노력이 필요함

3) 대중교육

(1) 건강 캠페인

① 매우 집중적이고 반복적인 과정을 통해 사람들이 올바른 교육내용을 습득하도록 널리 알리는 방법

② 수행하는 기간은 수일에서 수개월까지 다양하다.

③ 교육매체로는 팸플릿, 포스터, TV, 오디오, 거리 인쇄물 배포 등을 다양하게 활용한다.

장점	• 지역사회 어디서나 활용 가능 • 비교적 단시간동안 건강지식과 기술을 증진시킬 수 있음
단점	• 종료 후 관심이 감소하여 지속적인 관리가 필요

(2) 건강전시회

보건교육이 필요한 대상자들에게 일정한 장소를 활용하여 시각적 자료를 전시하는 것

장점	• 전시물을 통해 건강에 관심을 가짐 • 핵심적인 정보를 축적할 수 있음
단점	• 전시 장소를 선정하기 어려움 • 전달하고자 하는 정보를 자주 교체하여 전시해야 함

🖉 기출문제 맛 보기

제시된 시나리오를 활용하여 학습에 대한 동기유발, 학습자의 자발적 참여와 자율성, 능동적 태도 및 문제해결능력이 강화되어 새로운 상황에 대한 효과적인 대처가 가능하도록 교육하는데 근거가 되는 교육방법과 교육이론을 옳게 짝 지은 것은?   19년 서울

① 역할극 - 행동주의 학습이론
② 분단토의 - 인지주의 학습이론
③ 강의 - 인본주의 학습이론
④ 문제중심학습법 - 구성주의 학습이론

정답 ④

6   교육매체

종류	장점	단점
실물 환등기	• 사진, 그림, 도표, 모형 등 불투명한 자료를 실물 그대로 투사하여 보여줌 (불투명 투사기) • 자료를 특별히 제작할 필요가 없음 • 자료의 크기를 임의로 확대 가능	• 장기간 사용시 다량의 열 발생 • 암막장치 필요: 대상자의 주의집중이 떨어 질 우려가 있음 • 자료가 큰 경우는 사용에 제한이 있음
실물 화상기	• 인쇄물, 입체자료, 슬라이드 필름 등의 시청각 자료를 위쪽에 설치된 카메라로 찍어 TV 등으로 보여줌 • 다양한 시청각 기기(TV, 프로젝트, VTR, DVD, 컴퓨터 등)와 연결하여 사용 가능 • 암막 없이 활용가능하고, 확대·축소 가능	• 값이 비쌈 • 기재가 커서 운반이 불편함
슬라이드 환등기	• 실물이나 모형으로 보여줄 수 없는 것을 환등기를 통하여 확대하여 보여줄 수 있음 • 다수의 학습자에게 동일한 모양을 보여줄 수 있음 • 확대된 영상을 보여줄 수 있음 • 정지된 화면을 반복해서 보여줄 수 있음 • 제작비가 적게 들고, 보관과 이용이 간편	• 암막을 이용하므로 학습자의 주의집중력이 떨어질 수 있음 • 정지된 상태를 보여주므로 연속적인 과정을 배우는 데는 제한이 있음 • 슬라이드 제작의 기술이 필요함
O. H. P (투시물 환등기)	• 암막이 없이 투시물을 확대하여 스크린에 비춤 • 교사와 학생 간에 시선이 일치 • 산만하지 않고, 필기에 방해받지 않음 • 직접 첨삭 및 재기록도 할 수 있음 • 교육효과가 높음 • 가격이 저렴, 경제적	• 사전준비에 시간이 걸림 • 평면적인 상만 제시함 • 기계사용의 기술이 필요 • 장소의 제한
실물	• 교육 후 실생활에 즉시 적용 • 교사와 학생간의 의사소통이 짧은 순간에 이루어짐 • 오감을 사용함으로 학습목표 도달이 용이함 • 건강교육에 가장 효과적인 매체임	• 실물, 실제상황을 구하기 힘듦 • 경제성이 낮음 • 보관이 어렵고, 손상이 있을 수 있음 • 학습자수가 적을 때 가능함
모형	• 실물이나 실제상황을 활용할 때와 비슷한 효과를 얻을 수 있음 • 반복 관찰, 시행이 가능 • 세부적인 부분까지 볼 수 있음 • 개념 및 기술습득에 효과적 • 색채감과 현실감이 있다.	• 휴대와 보관이 불편함 • 학습자수가 적을 때 가능함 • 경제성이 낮음
융판	• 제작이 가능하고 교육 전후의 변화과정을 쉽게 표현할 수 있음 • 반복 학습이 가능함 • 휴대가 간편함 • 단계적인 그림제시로 주의집중, 흥미유발 및 이해가 쉬움 • 저학년에 효과적임	• 소그룹일 때 가능 • 그림이나 글씨 제작이 어려움 • 섬세한 설명이 불가능

그림, 사진	• 현장감이 있음 • 상황이나 모형을 압축하여 간결하게 표현가능 • 얻기 쉽고, 제작이 간편, 비용 저렴하여 경제적 • 휴대 간편, 필요시 복사하여 나누어줄 수 있음	• 단면적, 자료크기가 작아 대집단 교육 엔 비효과적 • 흑백사진은 실제상황이 정확히 전달되 지 않음
비디오, 영화	• 시간, 공간의 제한을 덜 받음 • 직접 경험하기 힘든 현장을 보여 줄 수 있음 • 움직이는 전체과정을 보여주어 이해, 실천이 가능 • 개인차를 최소화하고 동일한 경험과 이해를 촉진함 • 반복 및 정지 기능 • 전문가의 교육을 대신할 수 있음	• 예산이 많이 들며 기술이 필요, 제작 이 어려움 • 사용을 위한 시설과 기구 필요 • 현실로 착각할 수 있음 • 수정이 어려움
유인물/ 소책자	• 대상자들이 보관하면서 필요시 볼 수 있음 • 정보를 조직적, 계획적으로 자세히 담을 수 있음 • 다른 매체보다 신뢰성이 있음	• 글을 알지 못하거나 읽지 않으면 효과 를 볼 수 없음 • 비용이 많이 듦
벽보/ 포스터	• 많은 주민에게 전파 가능 및 경제적 • 흥미있는 사람이 자발적으로 학습할 수 있음 • 정보를 교환하는 역할 • 대상자의 시각을 자극하여 전파효과 높음	• 제작에 특별한 기술이 필요함 • 대상의 학습효과를 확인할 수 없음 • 오래 게시하면 교육적 효과 감소
대중 매체 (방송)	• 가장 빠르게 많은 대상자에게 전달 가능 • 유인물과 같은 매체에 노출되지 않은 대상자에게 효과적임 • 보건지식 정보전달에 효과적임	• 시간이 지나면 방송내용이 잊혀짐 • 방송망 활용이 어려움

🔍 참고 POINT

[생애주기에 따른 대상자별 교육기법]

영유아기와 학령기	① 그림책이나 동영상, 인형극 등을 이용하여 아동에게 집중하도록 돕는다. ② 곰돌이나 장난감을 이용해 **역할놀이**를 하면서 교육한다. ③ 아동을 돌보는 보호자에게 교육을 실시한다. ④ 설명이 필요한 경우, 매우 **간단하고 구체적**으로 설명한다. ⑤ **칭찬**을 자주 한다. ⑥ 피드백을 바로 준다. ⑦ **기본적이고 사실적인 정보**를 제공한다. ⑧ **그림을 그려** 설명한다. ⑨ 스스로 무엇을 해야 하는지 설명한다.
청소년기	① 청소년을 존중하고 신뢰하여 **자존감**을 갖게 한다. ② 청소년들이 즐겨 사용하는 **은어**의 뜻을 이해하고, 교육 시 유머스럽게 적절히 사용한다. ③ 청소년의 기분변화를 예측한다. ④ 청소년이 **하고자 하는 말과 싫어하는 말**을 파악한다. ⑤ 질병관리와 관련된 행동이나 가치관을 명확히 하기 위한 **문제해결기법과 역할놀이**가 효과적이다. ⑥ 학습을 촉진시키기 위한 강화를 위하여 대상자가 **성취한 것을 칭찬**해 주며, **친구들의 인정**을 받을 수 있도록 하는 접근이 필요하다.
성인기	① 학습자의 **경험을 중시**하고, 학습자 중심의 교육을 한다. ② 교육적인 태도를 버리고 교육자도 **함께 학습하는 자세**를 갖는다. ③ 사실을 간단명료하게 전달하여 현실 상황에서 **스스로 해결**하도록 한다. ④ 의견교환을 위해 질문을 하고, 학습자들이 **질문을 하도록** 유도한다. ⑤ 학습자와 논쟁하지 않는다. ⑥ 교육시간을 짧게 한다. ⑦ **스스로 학습하는 방법**을 가르친다.
노년기	노화로 인한 신체, 인지, 감각, 운동수준의 저하로 인한 학습과 지적능력의 저하, 근력의 감소, 기억력 저하 등을 충분히 고려하여야 한다. ① 학습자의 **경험을 존중**한다. ② 무조건 가르치려고 하지 않는다. ③ 긍정적인 것부터 교육하기 시작한다. ④ 노인의 **신체적인 변화**를 고려한다. ⑤ 간단하게 만든 **시청각 자료**를 다양하게 보여준다. ⑥ 따뜻하고 친절하게 대한다. ⑦ **개인에 맞도록 학습목표**를 결정한다. ⑧ 기억증강을 위해 반복과 연습을 실시하고, **생각과 행동의 단서**를 제공한다. 이를 위해 게임, **역할극, 시범, 재시범** 등의 교육방법을 적용한다. ⑨ 자신의 잘못이 노출되는 것이 두렵기 때문에 **테스트에 대한 불안감이 증가**하므로 이를 피한다.

*출처: 김춘미 등(2022). 지역사회보건간호학, 수문사. pp.372~377.

📝 단원확인문제

01. 우리나라의 보건정책에서 건강증진에 대한 관심 부각된 배경으로 적합한 것은?

> 가. 인구의 고령화로 인한 노인인구의 증가
> 나. 급성질환에서 만성질환으로의 상병양상의 변화
> 다. 산업의 발달로 인한 생활양식의 변화
> 라. 만성퇴행성 질병으로 인한 비용 · 효과적 측면의 고려

① 가, 나, 다   ② 가, 다
③ 나, 라   ④ 가, 나, 다, 라

02. Pender의 건강증진모형 대한 설명으로 틀린 것은?

① 자기효능감이 높을수록 건강행위 실천을 잘 할 것이다.
② 행동과 관련된 감정이 긍정적 일수록 건강행위 건강증진행위가 증가할 것이다.
③ 인지지각 요인은 중재에 의해 변화 가능하므로 이에 대한 보건교육이 필요하다.
④ 성향요인, 강화요인, 촉진요인을 강화시키기 위한 접근을 한다.

03. 다음은 오타와 헌장에서 제안한 건강증진활동 중 무엇에 해당하는가?

> 가. 운동시설 이용료에 대해 소비세를 경감하도록 관련 법을 개정하였다.
> 나. 경찰청은 어린이 · 노인 · 장애인 보호구역에서 속도위반 과태료를 대폭 인상하였다.

① 개인기술 개발   ② 지지적 환경 조성
③ 지역사회 역량 강화   ④ 건강한 공공정책의 수립

04. 보건교육의 교육방법 선정에 영향을 미치는 요소 중 가장 중요한 것은?

① 교육대상자 수와 학습목표   ② 교육대상자의 태도
③ 교육에 참여한 대상자들의 교육정도   ④ 교육장소와 시설

05. Bloom의 인지영역의 학습 목표의 수준이 올바르게 나열된 것은?

① 지식 → 적용 → 이해 → 이해 → 분석 → 평가
② 지식 → 이해 → 이해 → 적용 → 분석 → 평가
③ 지식 → 이해 → 이해 → 적용 → 종합 → 평가
④ 지식 → 적용 → 이해 → 이해 → 종합 → 평가

06. 다음 중 행동주의 학습이론과 관련되지 않는 것은?

① 각성은 주의집중에 영향을 준다.　② 행동에 따른 적절한 보상을 준다.
③ 반복은 학습을 증가시킨다.　④ 대상자마다 학습유형이 다양하다.

07. 다음의 보건교육 방법에 대한 설명으로 틀린 것은?

① 배심토의는 제한된 특정주제에 대해 상반된 의견을 가진 전문가의 의견을 단상토론을 통해 들으면서 자신의 지식, 태도 변화를 유발하고 미래를 전망할 수 있다.
② 강의는 단시간에 많은 구성원에게 일방적인 정보를 전달한다.
③ 심포지엄은 참석인원이 많아도 가능하며 제한된 시간 내에 전체참가자의 의견을 상호교환할 때 사용된다.
④ 역할극은 다른 사람의 입장이나 상황을 이해하고 상황분석을 통해 문제해결방안을 모색할 수 있다.

08. 다음 보건교육방법 중 학습목적을 학습자에게 제시하고 그것을 소그룹이나 개인이 시간을 두고 학습자가 스스로 자료를 수집하고 계획하고 실시함으로 어떤 문제를 해결하는데 필요한 지식, 기술 태도를 포괄적으로 습득하게 하는 방법은?

① 견학　② 사례연구
③ 프로젝트법　④ 세미나

09. 전체 참가자의 의견을 제한된 시간 내에 상호교환하려는 목적으로 교육에 참가한 사람들을 몇 개의 소그룹으로 나누어 토론하게 한 후 전체 토의 시간을 마련하여 상호 의견을 교환하게 하는 보건교육방법은?

① 분단토의(buzz session)
② 시범(demonstration)
③ 브레인 스토밍(braining storming)
④ 집단토론(group discussion)

10. 당뇨병 환자를 대상으로 인슐린 자가투여에 대한 보건교육 시행 후 기술을 평가할 수 있는 보건교육 평가자료는?

가. 직접관찰	나. 질문지법
다. 시범	라. 자가보고서

① 가, 나, 다
② 가, 다
③ 나, 라
④ 가, 나, 다, 라

11. 지역주민을 대상으로 보건교육을 계획할 때 우선순위 설정 시 가장 고려해야 할 사항은?

① 지역 보건간호사의 견해
② 보건행정기관의 정책
③ 학습환경
④ 주민의 요구도

12. 보건교육 수행 시 도입단계에서 할 일은?

가. 관계형성	나. 주의집중
다. 동기와 흥미 부여	라. 학습자의 참여 유도

① 가, 나, 다
② 가, 다
③ 나, 라
④ 가, 나, 다, 라

13. 초등학교 학생들을 대상으로 손씻기 보건교육을 실시하고자 한다. 가장 효과적인 방법은?

① 역할극
② 시범
③ 그룹토의
④ 분단토의

14. 금연행동화 단계로 맞는 것은?

가. 목표날짜 정하기	나. 금연권고, 금연 경쟁심 유발
다. 목표 설정하기	라. 재발 방지에 대한 지속적 노력

① 가, 나, 다
② 가, 다
③ 나, 라
④ 가, 나, 다, 라

15. RECEDE—PROCEED 모형으로 교육—생태학적 진단을 하였다. 다음 중 촉진요인은?

① 가족이나 동료의 흡연 영향
② 금연에 대한 인식부족
③ 동료의 흡연압력에 대한 저항기술 부족
④ 금연에 대한 자기효능감 부족

16. 다음 중 학습내용이 적절한지 평가할 수 있는 기준이 아닌 것은?

① 타당성
② 영속성
③ 교육목표와의 관련성
④ 이상성

17. 범이론적 변화단계 모형을 적용하여 금연교육을 할 때 계획 단계에 해당하는 사람은?

① 금연한 지 1주일이 된 사람
② 금연에 전혀 관심이 없는 사람
③ 한 달 이내에 금연 의도가 있는 사람
④ 6개월 이내에 금연을 하려는 의도가 있는 사람

18. 범이론적 모형 중 개인의 습관 존재유무가 어떻게 사회적 환경에 영향을 미치는지를 정서적, 인지적으로 사정하고 고려하는 과정은?

① 사회적 해방
② 자기 해방
③ 자아 재평가
④ 환경 재평가

19. 보건교육 방법 중 시범의 장점으로 옳은 것은?

> 가. 눈앞에 이루어지는 상황을 직접 볼 수 있으므로 동기 유발이 용이하다.
> 나. 집단의 요구나 문제에 따라 다양하게 적용시킬 수 있다.
> 다. 다른 교육방법과는 달리 배운 내용을 실무에 적용하기가 용이하다.
> 라. 교육사의 교육준비시간이 절약된다.

① 가, 나, 다
② 가, 다
③ 나, 라
④ 가, 나, 다, 라

20. 건강신념모델 중 다음의 보기와 관련된 개념은?

> • 사람들로 하여금 특정행위에 참여하도록 자극을 줄 수 있는 중재 등을 의미하며 대중매체, 의미있는 사람의 조언, 추후검진 일정안내 등이 있다.
> • 중재효과의 강도가 높을수록 예방행위를 할 가능성이 높아진다.

① 지각된 심각성
② 지각된 유익성
③ 지각된 민감성
④ 행위의 계기

21. 다음 글이 설명하는 학습이론은?

> • 정보를 관련 지음으로써 학습을 증진시킨다.
> • 정보자료를 조직화하면 학습을 증진시킨다.
> • 각 학습자는 다양한 학습유형을 가진다.

① 행동주의   ② 인지주의

③ 구성주의   ④ 인본주의

22. 보건교육을 계획하고자 할 때 고려해야 할 사항으로 옳은 것은?

① 첫 단계는 학습목표에 맞는 매체와 방법을 선정하는 것이다.
② 목표진술은 명시적 행동용어보다 암시적 행동용어로 한다.
③ 학습목표에 따라 적절한 교육방법을 선택한다.
④ 학습내용은 구체적인 것에서 추상적인 것, 먼 것에서 가까운 것으로 배열한다.

23. 지역사회간호사가 식이에 대한 보건교육을 실시하고 있다. 대상자는 체중조절을 성공적으로 끝낸 후 정상체중을 유지하기 위해 영양교육을 받는 사람들로 구성되어있다. 이 경우의 보건교육설명으로 맞는 것은?

① 1차 예방   ② 2차 예방

③ 3차 예방   ④ 1, 2, 3차의 성격을 다 가지고 있다.

24. 지역사회간호사가 고혈압 예방 교육을 실시하는 과정에서 대상자의 능력이나 특성 등을 평가하여 교육방법을 개선하고 목표를 수정하고자 할 때 이때 지역사회간호사가 실시한 평가 유형은?

① 형성평가   ② 진단평가

③ 총괄평가   ④ 영향평가

25. 지역사회간호사가 Green의 PRECEDE–PROCEED모형을 적용하여 건강증진 사업을 실시하고자 각 단계별 진단하는 과정에서 건강행위에 영향을 미치는 태도와 자기 효능감을 조사하였다면 이는 어떤 진단을 위한 것인가?

① 사회적 진단
② 역학적 진단
③ 행위 및 환경 진단
④ 교육 및 생태학적 진단

26. 제5차 국민건강증진종합계획(HP 2030)에서 '노인건강영역'의 대표지표로 의미가 있는 것은?

① 치매등록률
② 건강정보이해력
③ 주관적 건강 인지율
④ 일상생활수행능력 장애율

27. 제5차 국민건강증진종합계획의(HP 2030) '비감염성 질환 예방관리 분야'의 중점과제에 포함되지 않은 것은?

① 심뇌혈관질환
② 손상
③ 비만
④ 치매

28. 가장이 폐결핵으로 실직한 영유아기 가족을 대상으로 보건간호사가 보건교육 요구를 파악하여 교육을 실시하려고 한다. 보건간호사가 파악한 교육요구를 무엇이라고 하는가?

① 규범적 요구
② 내면적 요구
③ 상대적 요구
④ 외향적 요구

정답 및 해설 Answers & Explanations

01 정답 ④

건강증진에 대한 관심은 노인인구의 증가, 생활양식의 변화 등으로 인해 상병양상이 급성질환에서 만성퇴행성 질환으로 변함에 따라 비용·효과면에서 건강증진이 치료보다 비용이 덜 들며, 국민의 건강을 지킬 수 있다는 데 있다. 또한 국민의 건강에 대한 관심도 건강증진에 대한 정책을 고조시키는 데 기여했다.

02 정답 ④

성향요인, 강화요인, 촉진요인은 PRECEDE—PROCEED 모형에 대한 설명이다.
pender의 건강증진모형은 인지지각요인을 변화시켜 건강증진행위를 촉진하는 데 초점을 둔다.

03 정답 ④

건강한 공공정책 수립이란 건강에 이로운 공공정책을 수립하는 것으로 건장증진을 위한 입법조치, 재정마련, 조세 및 조직의 변화 등 다양한 활동이 요구된다.

04 정답 ①

교육방법의 선정에는 교육대상자 수, 학습목표의 난이도, 대상자의 교육정도, 교육실시 장소 및 시설 등이 영향을 미치지만 대상자수와 학습목표는 가장 중요한 요소가 된다.

05 정답 ③

학습목표 중 인지학습영역은 가장 낮은 단계부터 지식-이해-적용-분석-종합-평가 순으로 분류할 수 있다.

06 정답 ④

행동주의 학습원리는 다음과 같다.
• 반복은 학습을 증대시킨다.
• 새로운 자료를 간격을 두고 제시할 때 학습이 증대된다.(하위과제 → 상위과제)
• 정확하고 즉각적 회환은 학습을 증대시킨다.
• 각성은 주의집중에 영향을 준다.(새로운 것, 감각적 자극, 정서적 각성, 적절한 수준의 긴장)
• 행동에 따른 적절한 보상은 학습을 증진한다.

07 정답 ③

참석인원이 많아도 가능하며 제한된 시간 내에 전체 참가자의 의견을 상호교환할 때 사용하는 교육방법은 분단토의이고, 심포지움은 집단구성원이 많고 폭넓은 문제를 토의할 때 유용하며 청중이 알고자 하는 문제의 전체적 파악과 부분적 이해가 가능하다.

08 정답 ③

(1) **프로젝트법** - 교육 후 즉시 활용할 수 있는 지식과 기술, 적응능력을 스스로 획득하도록 한다.
(2) **워크숍** - 강연을 주로 하는 교육적 집회로 참가자 전원이 실제로 기획해서 활동함으로써 실천하는 방법이다.
(3) **세미나** - 토의, 연구 및 선정된 문제를 과학적으로 분석하기 위한 집회형태이다.
(4) **사례연구** - 보건교육에 있어서 간호의 치료적 측면에 중점을 두어 학습자가 사례를 분석하고 대안적 해결을 고려할 수 있게 하는 방법이다.

09 정답 ①

- 분단토의는 참석인원이 많아도 가능한 방법으로 문제를 다각도로 볼 수 있고 전체 참여에 의해 해결방안을 모색할 수 있다는 장점이 있다. 반면 학습자의 준비가 없으면 산만해 질 수 있다.
- 집단토론은 10명 내외의 소수참가자들이 특정 주제에 대해 자유롭게 자신이 입장을 교환하고 결론을 내리는 방법이다.

10 정답 ②

학습목표의 유형은 인지적 영역(지식), 정의적 영역(태도, 느낌, 감정변화), 심리운동적 영역(실천)으로 구분된다. 그 중 심리 운동적 영역은 신경—근육의 조정을 필요로 하는 기술의 발휘 정도를 말한다. 기술영역은 직접관찰과 시범을 통해 평가할 수 있다.

11 정답 ④

지역 주민을 대상으로 보건교육을 계획할 때에는 지역사회 기초조사와 자료분석 과정을 통하여 그 지역주민들의 건강문제와 건강요구가 무엇인지 파악하여 주민들과 함께 보건교육을 위한 우선순위를 세우는 것이 바람직하다.

12 정답 ①

도입단계에서는 소개 및 인사로 관계를 형성하며 다양한 예화나 경험담으로 학습동기와 흥미를 유발하고 주의집중을 유도한다.

13 정답 ②

시범은 이론과 함께 손 씻는 실습을 통해 지도하므로 현실적으로 실천 가능케 하는 가장 효과적인 방법이다.

14 정답 ②

금연프로그램의 단계는 동기부여 단계, 행동화 단계, 금연유지 단계로 구성된다.

- **동기부여 단계**: 대상자가 흡연습관에 변화를 시도할 때까지 담배를 끊도록 권고하고 금연의 긍정적인 면을 인식하도록 하며, 금연행위에 경쟁심을 유발하도록 호소하는 단계이다.
- **금연행동화 단계**: 흡연습관의 변화를 시도하는 날과 완전히 금연하는 날인 목표날짜 잡기, 담배 피울 때마다 기록하기, 흡연 욕구를 유발하는 상황의 우선순위 정하기, 목표 설정하기, 유혹의 소설, 충동 나스리기, 긴장이회훈련, 보상, 재발방지의 적절한 방안을 상기하는 단계이며
- **금연유지 단계**: 금연행위를 계속 지속할 수 있도록 돕는 단계로 재발방지를 지속하며 재발처치와 인지적 처치가 제공되며 습관화를 이루는 단계이다.

15 정답 ③

촉진요인은 개인이나 조직의 건강행위 수행을 가능하게 도와주는 요인으로 개인의 기술과 자원, 자원접근성, 이용가능성 시설유무 등이 속한다. 답가지 ①은 강화요인, ②와 ④는 성향요인에 해당한다.

16 정답 ④

학습내용의 적절성 평가기준

- **타당성**: 학습내용은 대상자의 건강에 꼭 필요하고 중요한 내용이어야 함
- **영속성**: 다양한 상황에서 활용될 수 있어야 함
- **깊이와 넓이의 균형**: 대상자의 성장발달, 경험 및 지식, 흥미와 관심영역을 포함하여 내용의 범위와 깊이의 균형이 적절해야 함
- **교육목표와의 관련성**: 학습목표와 관련이 있을 것
- **참신성**: 최근의 이론과 지식을 기초로 새롭고 참신한 내용으로 준비
- **유용성**: 학습내용은 대상자의 자기 건강관리를 위해 현재와 미래에 기여하는 내용 이어야 함

- **사회적 현실에의 적절성**: 대상자가 살고 있는 가정과 지역사회의 여건에서 요구되고 허용되는 내용이어야 함. 사회 문화적 근거와 인간의 건강행위, 교육, 과학, 법 등에 근거하여 선정하여야 함

17 정답 ④

계획단계는 문제를 인식하고 변화를 생각하지만 행동으로 옳지 않은 시기로, 6개월 이내 행위변화할 의도를 가진 사람이다. 답가지 ①은 행동단계, ②는 계획 전 단계, ③은 준비단계이다.

18 정답 ④

환경 재평가란 개인의 습관 존재유무가 어떻게 사회적 환경에 영향을 미치는지를 정서적, 인지적으로 사정하고 고려하는 변화과정이다.

19 정답 ①

시범의 장점
- 주의 집중, 동기유발이 용이하다.
- 실무에 적용하기가 용이하다.
- 대상자의 개인차에도 불구하고 눈으로 보고 배우는 것이므로 학습 목표 도달이 용이하다.

시범의 단점
- 소수에게만 적용이 가능하므로 경제성이 없다.
- 교육자는 교육준비시간에 많은 시간이 든다.

20 정답 ④

- **지각된 민감성**: 개인이 어떤 질병에 걸릴 위험이 있다는 가능성에 대해 지각하고 있는 정도이다.
- **지각된 심각성**: 개인이 특정질환에 걸렸을 경우나 치료를 하지 않았을 때 얼마나 심각하게 될 것인가에 대하여 지각하는 정도이다.
- **지각된 유익성**: 특정행위를 함으로써 얻을 수 있는 혜택과 유익에 대한 지각 정도이다.

21 정답 ②

인지주의 학습이론의 학습원리는 다음과 같다.
- 주의집중
- 정보의 조직화
- 정보를 관련 지움
- 신기함, 새로움, 연습, 우선적인 것
- 배운 것을 다양한 상황에 적용하는 것 등은 학습을 증진시킨다.

22 정답 ③

① 첫 단계는 보건교육 요구를 사정하는 것이다.
② 목표진술은 암시적 행동용어보다 명시적 행동용어로 한다.
④ 학습내용은 구체적인 것에서 추상적인 것, 가까운 것에서 먼 것으로 배열한다.

23 정답 ③

1차 예방: 비만이 되지 않도록 예방하는 것
2차 예방: 비만 후 정상체중으로 돌아가도록 식이 요법을 사용
3차 예방: 체중조절이 끝난 후 그 체중을 유지하도록 하는 것

24 정답 ①

보건교육을 진행하는 과정 중의 평가는 형성평가이다.

평가의 종류에는 진단평가(보건교육 시작 전에 대상자들의 수준과 지식, 요구를 파악), 형성평가(보건교육 중에 진행 상태, 교육방법 개선, 목표 수정 등을 위해), 결과평가(보건교육 후 목표 달성정도를 파악)가 있다.

25 정답 ④

Green의 PRECEDE-PROCEED모형에서 태도와 자기효능감을 조사하는 것은 교육 생태학적 사정단계로 촉진요인, 강화요인, 성향요인을 사정하는 것이다.

26 정답 ③

노인건강 대표지표는 주관적 건강인지율로 평가한다.

27 정답 ④

비감염성 질환의 예방관리에 대한 중점과제는 암, 심뇌혈관질환, 비만, 손상이다.

28 정답 ①

Bradshaw (1972) 교육요구(네 가지 유형)

(1) **규범적 요구**: 보건의료 전문가에 의해 정의되는 것

(2) **내면적 요구**: 학습자가 바라는 바대로 정의된다.

(3) **외향적 요구**: 학습자의 내면적 요구에서 비롯되어 말이나 행동으로 나타난 상태

(4) **상대적 요구**: 집단마다 갖는 특성에서 비롯되는 것

PART 08

역학과 질병관리

CHAPTER **01**

역학의 이해

1 역학의 개요

1) 역학의 정의

인구집단을 대상(대상)으로 이들에서 발생하는 모든 생리적 상태 및 이상상태의 빈도와 분포를 기술 (기술역학)하고 이들 빈도와 분포를 결정하는 요인들을 원인적 연관성 여부를 근거로 밝혀냄으로써 (분석역학) 효율적 예방법을 개발하는 학문(김정순, 2004)

2) 역학적 연구의 실제

(1) John Snow의 콜레라 역학조사

"On the mode of communication of cholera"에 따르면 시간별, 지역별, 인적특성에 따라 발 생분포를 관찰한 결과 – 전염원은 우물에 있고, 콜레라 환자나 환자의 배설물에 접촉하거나 오 염된 물을 마심으로써 감염되고, 빈곤자나 군집자와 관계가 있으며, 임상적으로 보아 위장계에 침범하는 질병 – 라는 것을 발견

(2) Goldberger의 Pellagra 역학조사

1735년 스페인 Casel이 펠라그라를 나병의 일종으로 기록하였으나, 1914년 미국 Goldberger 가 실험역학조사를 실시하여 영양필핍증인은 증명

(3) Doll 등의 폐암에 관한 역학조사

1950년 흡연과 폐암 간의 연관성에 대한 환자–대조군 연구결과, 흡연과 폐암과의 통계적 연관 성과 흡연량과 폐암 발생에서 비례적 반응관계가 성립함을 입증하였다.

(4) 프레밍햄(Framingham)의 심장병 연구

심장병의 원인을 규명하기 위해 프레밍햄 지역의 전체 성인을 대상으로 심장병과 관련 있을 것 으로 의심되는 모든 자료를 수집하여 이후 심장병발생 유무를 계속 조사하여 흡연, 고혈압, 고 지혈증이 심장병의 원인임이 판명되었다.

3) 역학의 역할

(1) 기술적 역할

① 질병의 자연사에 대한 기술

질병의 자연사(질병의 발생부터 종결까지의 과정)에 관한 통계는 발생 가능한 질병의 예방, 질병의 진단 및 예후를 추정하는 데 유용하다.

② 건강수준과 질병양상에 대한 기술

보건지표의 기술(사망률, 발생률, 유병률 등)과 지역사회의 여러 요인을 관련시켜 기술함으로써 질병 발생의 원인을 규명하기 위한 가설설정의 기초를 제공과 보건사업계획 수립의 기초가 된다.

③ 인구동태에 관한 기술

인구집단의 출생률, 사망률, 인구이동 등의 인구자료는 인구의 양적 변화 및 구조적 변화를 초래하여 질병발생이나 유병 양상에도 영향을 줄 수 있기에 인구동태에 대한 상세한 기술이 필요하다.

④ 보건지수의 개발 및 측정치에 대한 정확도와 신뢰도의 검증

인구집단의 건강수준을 더 정확하게 기술할 수 있도록 표준화된 보건지수 또는 보건지표를 개발하고, 개발된 지표의 측정값에 대한 정확도와 신뢰도를 검증하는 것이다.

(2) 질병발생의 원인 규명

질병의 원인과 전파경로를 찾아내어 치료를 할 수 있도록 돕고, 위험요인들에 대한 관리대책을 수립함으로써 질병발생을 억제하는 데 도움이 된다.

(3) 연구전략개발

원인-결과의 관계를 규명하는데 필요한 여러 가지 안전한 과학적인 방법 개발을 할 수 있도록 하는 것으로 이중맹검법, 환자-대조군 연구, 코호트 방법의 개발 등이 있다.

(4) 질병의 발생과 유행의 감시

인간집단에서 일어나는 이상상태의 조기발견 및 처치를 위한 상황판단의 기초가 되며, 질병관리 대책의 수립이나 결과의 평가에 결정적 역할이다.

(5) 보건사업의 평가

많은 역학적 자료를 근거로 새로 도입될 보건사업의 기획 및 설계에 대한 평가, 보건사업의 진행과 효율성에 평가 및 실제 보건사업에서 얻어진 효과의 평가로 이루어진다.

4) 역학(유행)조사과정

(1) 진단의 확인

신고된 환자나 유사환자의 진단을 확인하는 것으로, 신고된 환자뿐만 아니라 미처 신고하지 못한 환자들도 임상소견을 관찰하고 검사물을 수집하여 진단을 확인해야 한다.

(2) 유행의 확인

진단으로 확인된 환자 수가 과거 동일한 시기에 발생했던 수 이상의 수인 유행적 발생수준인지 유행규모를 파악해야 한다.

(3) 유행의 특성에 대한 기술

① 진단을 확인하고 유행을 확인하면서 필요한 자료를 수집·분석하여 역학적 특성을 파악하고 기술한다.
② 인적, 지역별, 시간별 특성을 분석하여 기술한다.

(4) 가설 설정과 검정

수집, 분석한 자료를 토대로 숙주의 공통된 요인과 폭로된 환경에 대하여 요약, 정리하여 가능성이 높은 감염원을 설정하고 감염경로에 대한 가설을 설정하고 검정한다.

(5) 관리 및 예방 대책의 수립과 중재

적절한 방역활동 즉 공통오염원 소독 감염자, 보균자관리활동 등을 신속하게 적용하여 질환의 유행을 차단해야 한다.

(6) 결과에 대한 평가: 평가 및 보고

(7) 보고서 작성

문제의 인식시점부터 관리의 효과까지 얻은 내용들을 명료하게 작성해야 한다.

02 질병발생과 역학

1 질병의 자연사와 예방수준

1) 질병의 자연사

(1) 자연사(natural history)

① 질병의 자연사란 질병의 시작부터 소멸까지의 일련의 과정으로 정의하며, 하나의 질병이 어떠한 조치나 처치를 하지 않은 상황에서 질병발생 초기부터 끝까지의 경과를 보여주는 것이다.

② 역학적 연구는 자연사를 규명하는데 초점을 둠

③ 역학연구를 통해 질병의 자연사를 규명함으로써 질병의 특징, 증세, 질병경과에 영향을 미치는 병인 – 숙주 – 환경요인을 이해하고 인간에게 미치는 영향을 통제하여 예방을 가능하게 한다.

(2) 질병발생 5단계(Leavell & ClarK, 1965)

Leavell & ClarK(1965)은 질병의 자연사를 크게 질병발생 이전기와 질병발병기로 구분하고, 다시 이를 5단계로 구분하여 질병의 예방 개념과 연결하였다.

① **1단계 비병원성기**

질병발생 이전이며, 숙주의 저항력이나 환경요인이 숙주에게 유리하게 작용하여 숙주가 병인의 자극을 극복하고 건강이 유지되고 있는 기간

② **2단계 초기병원성기**

병원체의 숙주에 대한 자극이 시작되는 시기로 숙주의 면역 강화로 인한 질병에 대한 저항력 증진이 요구되는 시기

③ **3단계 불현성감염기**

병인의 자극에 대해 숙주의 반응이 시작되는 초기의 병적 변화기로서 감염병의 경우는 병의 증상이 없는 잠복기에 해당하고, 비감염성 질환의 경우는 자각증상이 없는 단계

④ **4단계 발현성감염기**

임상적인 증상이 구체적으로 나타나는 시기로서 해부학적 또는 기능적 변화가 있으며, 이에 대한 적절한 치료가 필요한 시기

⑤ **5단계 회복기**

재활의 단계로서 회복기에 있는 환자에게 질병으로 인한 신체적 · 정신적 후유증이나 불구를 최소화하고, 잔여기능을 최대한 활용하도록 도와주는 단계

핵심 CHECK ⟪⟪⟪

[질병의 자연사와 예방단계]

비병원성기	초기병원성기	불현성감염기	발현성감염기	회복기
• 보건교육 • 발달단계에 적합한 좋은 영양수준 • 인성발달 • 적절한 주거, 오락, 근로조건의 제공 • 결혼 상담 및 성교육 등	• 예방접종 • 개인위생관리 • 환경위생관리 • 산업재해예방 • 사고예방 • 특정 영양섭취 • 발암원 노출 예방 • 알러지원으로 부터의 보호	• 사례발견 • 개인 및 집단검진	• 질병의 진전을 막고 추후 합병증 및 후유증을 예방하기 위한 **적절한 치료** • **장애 및 사망률 감소를 위한 시설 제공**	• 재활 및 잔여능력 최대화를 위해 의료기관 및 지역사회 시설 제공 • 가능한 고용상태 유지 • 근무지 선별
건강증진	건강보호	조기진단 및 치료	악화방지를 위한 치료	재활
일차예방		이차예방		삼차예방
예방적 조치의 적용수준				

1. **일차예방**: 질병발생을 억제하는 것으로 질병의 자연사 단계 중 1, 2단계를 위한 예방 건강증진과 건강보호로 구성
2. **이차예방**: 조기진단 및 치료로 이루어지며 질병의 자연사 중 3, 4단계를 위한 예방
3. **삼차예방**: 잔여기능을 최대화하고 재활을 통해 일상생활과 사회생활에 효과적으로 적응할 수 있도록 하는 활동으로, 질병의 자연사 중 5단계를 위한 예방

*출처: 한영란 등(2022). 최신 지역사회 보건간호학. 현문사. p.138.

2) 예방수준

(1) 1차 예방

① 질병의 자연사 단계 중 1단계, 2단계를 위한 예방으로 **건강을 보호 또는 증진**하는 것과 질병발생을 예방하는 것이다.

② 건강증진은 생활여건을 개선하고 환경에 대해 적응할 수 있는 체력을 기르며, 생리적 기능을 향상시키는 것이다.

③ 건강보호는 건강을 저해하는 요인들을 제거하는 것으로서 예방접종, 환경개선, 안전 관리, 특정 영양섭취 등이 해당한다.

(2) 2차 예방

① 질병의 자연사 단계 중 3단계, 4단계를 위한 예방으로 **조기발견과 조기치료**가 이루어진다.

② 감염성 질환의 경우 전염기회를 최소화하여 전파를 차단하고 치료기간을 줄여 질병으로 인한 생산성의 손실을 최소화하는 것이고, 비감염성 질환은 질병을 조기에 발견하여 치료기간을 단축하고 생존율을 증가시키는 것이다.

(3) 3차 예방

① 질병의 자연사 단계 중 5단계인 **재활 및 회복**을 위한 단계이다.

② 질병으로 인한 신체적, 정신적 손상 후유증을 줄이고 재활치료로 신체기능을 회복시키거나 기능장애를 최소화하고 남아있는 기능을 최대한 활용하여 정상적인 사회생활을 할 수 있도록 하는 것이다.

🔗 기출문제 맛 보기

리벨과 클라크(Leavell & Clark)는 질병의 자연사에 따른 예방적 수준을 제시하였다. 질병의 자연사 중 초기병변단계(불현성감염기)에 해당하는 예방적 조치는?   18년 지방직

① 보건교육   ② 조기진단
③ 예방접종   ④ 재활훈련

---

2 질병발생 요인

1) 병인 또는 병원체 요인

건강문제 발생에 직접 원인이 되는 요인

(1) 병인의 종류(Clark, 1992)

① 화학적 요인

　⊙ **내인성 화학물질**: 인체에서 분비되는 물질

　⊙ **외인성 화학물질**: 호흡·구강, 피부를 통해 들어오는 생물병원체를 제외한 유해물질

② 물리적 요인

　열, 과다한 자외선 노출, 방사능

③ 생물학적 요인(병원체)

　박테리아, 바이러스, 리케차, 프로토조아, 메타조아, 진균 등

④ 심리적 요인

　스트레스, 사회적 격리, 사회적 지지 등

⑤ 영양 요인

정답 ②

(2) 병원체와 숙주의 상호작용 지표

감염력	• 감염을 성공시키는 데 필요한 최저병원체의 수 • 감염력을 직접 측정하기는 어려우므로 항체형성을 가지고 측정함 $$감염력 = \frac{불현성\ 감염자수 + 현성감염자\ 수}{감수성자의\ 총수}\ (\times 100)$$
병원력	• 병원체가 감수성 숙주에게서 임상적으로 질환을 일으키는 병인의 능력으로 감염자 중에 현성증상을 나타내는 사람들이 차지하는 비율 $$병원력 = \frac{발병자수(현성감염자수)}{감염자수}\ (\times 100)$$
독력	• 병원체 노출에 따른 질병의 위중도(사망이나 후유증)를 나타냄 $$독력 = \frac{중환자수 + 사망자수}{현성감염자수}\ (\times 100)$$ $$치명률 = \frac{사망자수}{현성감염자수}\ (\times 100)$$

🔍 참고 POINT

[감염력, 병원력, 독력의 상대적 강도(김정순, 2004)]

강도	감염력	병원력	독력
높음	두창, 홍역, 수두, 폴리오	광견병, 수두, 감기, 홍역, AIDS	광견병, 결핵, 한센병, AIDS
중간	풍진, 감기, 유행성 이하선염	풍진, 유행성 이하선염	폴리오
낮음	결핵	폴리오, 결핵	홍역
매우 낮음	한센병, AIDS	한센병	풍진, 수두, 감기

*출처: 김정순 등(2014). 역학원론. 신광출판사.

2) 숙주 요인

① **행태요인**: 위생습관, 성생활, 식습관
② **생물학적 요인**: 숙주의 연령, 성, 인종, 일반적인 건강상태, 가족력, 면역
③ **구조적, 기능적 방어기전**
④ **면역상태**(수동면역, 능동면역, 집단면역)

3) 환경 요인

① **물리적 환경**: 지형, 기후, 소음, 시설 등 물리적 여건

② **사회경제적 환경**: 인구밀도, 자원, 경제상태, 정치 문화 등

③ **생물학적 환경**: 미생물, 매개체, 전파경로 등

🖋 **기출문제 맛 보기**

병원체의 특성에 관하여 옳지 않은 것은?   13년 경기

① 독력은 대상자에게 심각한 증상이나 장애를 일으키는 정도를 말한다.

② 병원력은 감염된 모든 사람들 중에서 현성 증상을 나타내는 사람의 비율이다.

③ 감염력은 인체에 균이 들어와 자리잡고 증식할 수 있는 능력을 말한다.

④ 병원성을 나타내는 지표로 치명률이 있다.

---

3 | 질병발생의 역학적 모형

1) 생태학적 모형(lever theory, 평형이론, 지렛대 이론)

① 존 고든(John Gordon)은 질병의 발생기전을 환경이라는 저울받침대의 양 끝에 병원체와 숙주라는 추가 놓인 지렛대에 비유하여 설명

② 건강한 상태란 병원체, 숙주, 환경 요인들이 평형을 이루는 상태이며, 3가지 요인 중 한 요인이라도 변화가 있어 평형상태가 깨질 경우 질병이 발생한다는 이론

③ **감염성 질환의 발생** 설명에 유효한 모형이다.

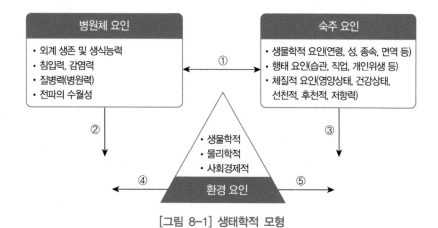

[그림 8-1] 생태학적 모형

정답 ④

① 평형상태

② 병원체 요인이 변화

③ 숙주의 면역수준의 변화

④ 환경이 숙주의 감수성을 증가시키는 방향으로 변화

⑤ 환경이 병원체에게 유리한 방향으로 변화

*출처: 김춘미 등(2022). 지역사회보건간호학. 수문사. p.492. 재인용.

2) 수레바퀴 모형(wheel model)

① 질병발생을 숙주와 환경과의 상호작용결과로 설명하는 모형이다. 즉 병인을 환경의 일부분으로 간주한다.

② 질병은 유전적 소인을 가진 인간과 생물학적, 물리적, 사회적 환경과의 상호작용에 의하여 발생한다.

③ 질병의 종류에 따라 바퀴가 구성하는 각 부분의 크기를 다르게 표현함으로써 역학적 분석이 용이하다.

④ 질병의 특정원인을 강조하기 보다는 **질병발생의 다요인적 병인들을** 강조한다.

➡ 비감염성 질환 발생의 설명에 유효함

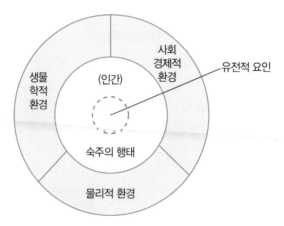

[그림 8-2] 수레바퀴 모형

*출처: 양숙자 등(2022). 최신 지역사회 보건간호학. 현문사. p.168.

3) 거미줄 모형(web of causation, 원인망 모형)

① 맥마흔(MacMahon)에 의해 제시되었으며, 질병의 발생은 **사람의 내부 및 외부의 여러 요인들**이 서로 얽히고 연결되어 복잡한 작용경로를 통해 발생됨을 설명하는 모형이다.

② 질병발생은 많은 원인요소(다요인)에 의한 것임을 설명

③ **질병이 발생하는 경로**를 표현함으로써 **질병 예방대책 수립**에 효과적이다.

➡ 원인요소 중 몇 개의 요인을 제거하면 질병을 예방할 수 있음을 보여준다.

④ 특히 비감염성 질환의 발생 이해에 효과적이다.

➡ 프리만(Freeman, 1980)은 심근경색의 발생과정과 관련된 여러 요인을 설명

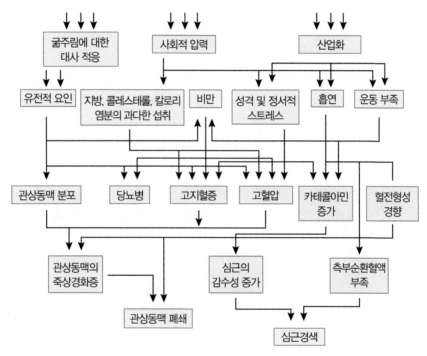

[그림 8-3] 심근경색의 발생과정

*출처: 양숙자 등(2022). 최신 지역사회 보건간호학. 현문사. p.169.

CHAPTER **03** 역학의 측정지표

---

1 측정지표의 개념

1) 측정치의 유형

(1) 비(ratio)

① 두 항목간의 대비 즉 한 측정값으로 다른 측정값으로 나눈 값

② 성비, 상대위험도, 교차비 등

$$A : B = \frac{A}{B} \quad (\text{단, A와 B는 서로 상호 배타적이어야 한다.})$$

(2) 분율(proportion, 구성비율)

① 전체(N) 중에서 어떤 특성을 가진 하위 집단(N1)의 상대적 비중을 의미한다.

② 값은 전체가 1이므로 0에서 1사이의 값을 취하며, 주로 백분율(%)의 형태로 표현됨

③ 유병률, 치명률, 이환율 등

$$분율 = \frac{Ni}{N} = \frac{A}{A+B}$$

(3) 비율(rate, 율)

① 단위시간 동안에 발생한 측정값의 변화량을 의미하며, 시간의 차원(0-무한대)을 가진다.

② 발생률, 발병률, 조사망률, 조출생률 등

$$율(rate) = \frac{A}{A+B} \times 시간$$

단, 분자와 분모는 동일기간이 적용되어야 하며, 분자는 분모에 반드시 포함되어야 한다. 또한 분모는 어떤 사건을 같이 경험하는 위험집단이여야 한다(감수성 집단).

2) 계산방법에 따른 측정의 종류

(1) 조율(crude rate)

일정기간 동안의 전체 인구(모집단) 중 실제로 발생한 수

예 조사망률, 조출생률 등

(2) 특수율(specific rate)

모집단을 특성별 소집단(성별, 연령별, 질병별)으로 나누어 각 소집단 내 사건의 비율

예 연령별 사망률, 원인별 사망률, 성별 사망률 등

(3) 표준화율(standardized rate)

① 인구구성이 서로 다른 둘 이상의 지역사회의 사건의 비율을 비교하고자 할 때 인구구성의 차이에 의한 영향을 배제한 표준화율을 적용하여 집단 간 차이를 비교

② 비교하는 두 집단 간의 구성비를 같도록 한 표준집단을 설정한 후 표준화율을 적용하여 비교

🔍 참고 POINT

[지역별 사고발생률 비교를 위한 직접표준화법 적용의 예시]

성별	A지역			B지역		
	인구수	발생수	발생률	인구수	발생수	발생률
남성	1,000	20	20.0	2,000	40	20.0
여성	2,000	20	10.0	1,000	10	10.0
계(조율)	3,000	40	13.3	3,000	50	16.6

① 표준화율 = (기대발생수 총합 / 표준인구) × 단위인구
② A지역의 표준인구 = 3,000(남)+3,000(여) = 6,000명,
   B지역의 표준인구 = 3,000(남)+3,000(여) = 6,000 명
③ A지역 기대발생수 총합 = 남성표준인구 × 특수율(남성발생률)+여성표준인구 × 특수율(여성발생률)
   = [3,000 × (20 / 1000)]+[3,000 × (20 / 2000)] = 60+30 = 90
④ A지역의 **표준화 사고발생률** = (90 / 6,000) × 1000 = 15.0
⑤ B지역 기대발생수 총합 = 남성표준인구 × 특수율(남성발생률) + 여성표준인구 × 특수율(여성발생률)
   = [3,000 × (40 / 2000)]+[3,000 × (10 / 1000)] = 60+30 = 90
⑥ B지역의 **표준화 사고발생률** = (90 / 6,000) × 1000 = 15.0
⑦ 결론적으로 A, B 두지역의 사고발생률에 표준화율의 적용 결과 **두 지역의 사고발생률은 같다.**

2 질병의 이환지표

1) 유병률(prevalence rate)

① 어떤 시점, 혹은 일정 기간 동안에 **특정 시점 혹은 기간의 인구 중 존재하는 환자의 비율**

② 만성질환의 경우 **질병관리에 필요한 인력 및 자원 소요정도를 추정**할 수 있으므로 계획수립에 유용함

시점유병률	어떤 **주어진 시점**에서 인구 중 존재하는 환자 수의 크기를 단위인구로 표시한 것. $$시점유병률 = \frac{그 시점에서의 환자 수}{특정 시점에서의 인구 수} \times 1,000$$
기간유병률	**일정기간** 동안의 인구 중에 존재하는 환자 수의 크기를 단위인구로 표시한 것 $$기간유병률 = \frac{그 기간 내에 존재한 환자 수}{특정 기간 내의 중앙 인구 수} \times 1,000$$

2) 발생률(incidence rate)

① 발생률은 일정 기간 동안에 **어떤 위험요인에 노출된 인구집단 중에서 새롭게 발생한 환자의 수**를 단위인구당 계산한 것을 의미

② 분모의 관찰 대상 인구집단은 특정 질병에 대한 **감수성자**가 대상임(환자, 예방접종자 및 병후 항체형성자 등 면역보유자 제외)

③ 일정 기간 동안에 대상 인구집단에서 **질병에 걸릴 가능성 또는 위험**을 나타내는 지표

④ 질병발생확률을 의미하므로 **질병원인을 규명**하는 연구에서 가장 유용한 지표

누적발생률 (발생률)	전체 대상자의 관찰기간이 동일한 경우, 일정 기간 동안에 단위 인구당 발생한 환자 수로 표시 $$누적발생률 = \frac{일정기간동안에 새로 발생한 환자 수}{일정기간 내 발병위험에 폭로된 인구수(감수성자)} \times 1,000$$
평균발생률	대상자의 관찰기간이 같지 않는 경우, 각 개인의 **관찰기간의 총합** 동안에 단위기간 당 발생한 환자 수로 표시 $$평균발생률 = \frac{일정기간 동안에 새로 발생한 환자 수}{관찰인년(관찰대상자의 총 관찰기간)} \times 1,000$$

3) 발병률(attack rate)

① 발생률의 일종으로 특정 질병발생이 한정된 기간에 한해서만 가능한 경우 발병률이라고 함

② 감염병처럼 짧은 기간에 특별히 유행 또는 사건이 발생할 때 사용

③ 특정 유행이 시작한 시기부터 끝날 때까지를 기반으로 하므로 구성비율로 표시되며, 주로 %로 표시

4) 이차 발병률(secondary attack rate)

① 질병에 감수성이 있는 사람들이 **발단환자(primary case)와 접촉하여 잠복기가 경과한 후 그 질병이 발생한 환자수**를 의미하므로 구성 비율로 표시

② 감염성 질환에서 그 병원체의 **감염력과 전염력**을 간접적으로 측정하는 데 유용하게 이용

발병률 (attack rate)	• 대상 집단이 한정된 기간에 한해서만 어떤 질병에 걸릴 위험이 놓여있을 때 특정질환의 전체 이환기간 중 집단 내에 새로 발병한 총수 • 주로 감염병의 유행적 발생에 사용 $$발병률 = \frac{유행기간\ 내\ \ 집단\ 내\ 새로\ 발생한\ 환자수}{유행기간\ 내\ 발병위험에\ 폭로된\ 인구수(감수성자)} \times 100$$
2차 발병률	• 특정 질환에 접촉하여 이차적으로 발병한 총수 • 병원체의 감염력 및 전염력을 간접적으로 측정하는 데 유용 $$2차\ 발병률 = \frac{발단\ 환자와의\ 접촉으로\ 인해\ 이차적으로\ 발병한\ 환자수}{발단\ 환자와\ 접촉한\ 감수성자수} \times 100$$

> **🖊 기출문제 맛 보기**
>
> 지난 1년간 한 마을에 고혈압 환자가 신규로 40명이 발생하였다. 마을 주민 중 이전에 고혈압을 진단받은 환자는 200명이다. 마을 전체 주민이 1,000명이라면 지난 1년간 고혈압 발생률은?   19년 서울
>
> ① 4%   ② 5%
> ③ 20%   ④ 24%

5) 발생률과 유병률과의 관계

① P(유병률) = I(발생률) × D(이환기간)

② 발생률과 유병률 비교로 어느 측정치가 크냐를 따질 경우 **질병이환기간, 치명률** 등이 영향을 미친다.

③ **급성 질병의 경우**

발생률과 유병률이 거의 같다.

단, 치명률인 높은 질병의 경우 오히려 유병률보다 발생률이 더 높을 수 있다.

④ **만성 질병의 경우**

발생률에 비해 유병률이 크다.

➡ 발생률이 적음에도 치명률이 낮고, 이환기간이 길어지기 때문이다.

정답 ②

CHAPTER 04

역학적 연구

1 역학연구의 개념

1) 원인적 연관성

(1) 관계의 연관성

두 개의 사상(event) A, B가 서로 연관성이 있는 비독립적인 관계 즉 통계학적으로 사상 A가 존재할 때 사상 B의 발생률이 사상 A가 존재하지 않을 때 보다 유의하게 높거나 낮은 관계를 의미한다.

(2) 원인적 연관성

① 두 사상 간에 통계적으로 유의한 연관성이 있다고 확인되면, 그 관계가 인과 관계인지를 밝히는 것을 의미한다.

② 원인적 연관성이란 한 사상(원인)이 양과 질이 변하면, 뒤따르는 다른 사상(결과)의 양과 질에도 변화가 있는 관계를 의미한다.

2) 원인적 연관성의 확정조건

(1) 시간적 선후관계(Appropriate Time Relationship, 속발성)

원인적 요인에의 폭로가 결과라고 생각되는 질병발생보다 반드시 선행되어야 한다.

(2) 연관성의 강도(Strength of Association)

① 연관성의 정도가 클수록 인과관계일 가능성이 높다는 증거가 된다.

② 역학연구에서 연관성의 강도는 상대위험비, 교차비 등으로도 측정이 가능하며, 일반적으로 상대위험비가 클수록 원인적 연관성의 가능성이 커진다.

(3) 양-반응관계(Dose-Response Relationship)

① 질병의 원인이 되는 요인에 노출되는 정도가 높을 때 즉 노출량이 많거나 노출기간이 길 때 질병발생률이나 유병률이 증가한다면 원인적 연관성은 크다.

② 양-반응관계(Dose-Response Relationship)가 확인되면 원인적 연관성을 확정 지을 수 있다.

(4) 기존 지식과의 일치성(Coherence of the Evidence)

통계적 연관성을 보이는 추정원인이 이미 확인된 지식소견(학설)과 일치할 경우 원인적 연관성일 가능성이 커진다.

(5) 연관성의 특이성(Specificity of Association, 예측 가능한 특이성)

① 요인에 폭로되었을 경우 특정 질병 발생을 추정할 수 있을 만큼 특이성이 있으면 원인적 연관성이 크다.

② 어떤 요인이 특정질병에는 관련성을 보이나 다른 질병에는 관련성을 보이지 않는 경우 특정 질병과의 인과성의 가능성이 높아지는 것을 의미한다.

(6) 생물학적 설명가능성(Biological Plausibility)

① 어떤 병인이 어떻게 특정 질병을 유발하는가를 설명할 수 있는 합리적인 생물학적 기전이 있으면 원인적 연관성이 크다.

② 예를 들어 콜레스테롤과 관상동맥질환과의 관계를 생물학적 기전으로 설명할 수 있다면 원인일 가능성이 높다.

(7) 연구결과의 일관성(Consistency of Association)

요인과 결과 간의 연관성이 연구자, 연구대상집단, 연구방법, 연구시점이 다를 때에도 계속하여 존재한다면 원인일 가능성이 높다.

(8) 실험적 증거(Experimental Evidence, 노출 중단)

실험을 통해 원인요인에 노출시킬 때 질병발생이 확인되거나 원인요인의 제거에 의해 질병발생이 감소한다면 인과성에 대한 확증을 확보할 수 있다.

(9) 기존의 다른 인과관계와의 유사성(Anaology)

기존에 밝혀진 인과 관계와 유사한 연관성이 관찰되면 인과관계로 추론할 수 있다.

🖊 **기출문제 맛 보기**

질병발생의 역학적 인과관계가 있다고 확정 짓는 조건으로 가장 옳은 것은? 22년 서울

① 요인에 대한 결과가 다른 집단에서는 다른 경향을 나타낸다.
② 어떤 요인이 특정 질병에만 관련을 보인다.
③ 원인적 요인이 우연히 일어날 수 있는 확률이 높다.
④ 질병요인의 노출을 제거했을 때 질병발생의 위험이 증가한다.

정답 ②

2 역학적 연구방법

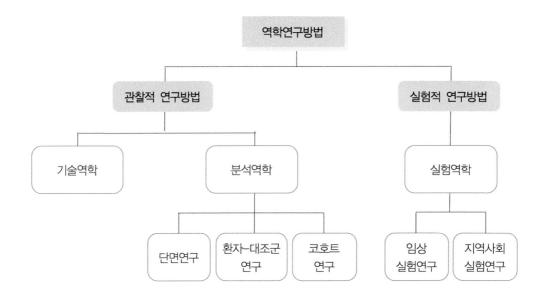

1) 기술역학

(1) 기술역학의 개념

① 건강과 건강관련 상황이 발생했을 때 있는 그대로의 상황을 기술

② 인구집단 내에 질병, 병적 상태, 사망 등의 규모와 분포를 사람, 장소, 시간의 세 가지 측면에서 기술

③ 건강수준과 보건의료 수요 등의 추정에 필요한 정보를 제공

④ 분석연구에서 검증할 가설을 제공

(2) 기술역학의 주요 변수

① 인적변수

연령, 성, 종족, 종교, 경제적 상태, 직업, 결혼상태 등

② 지역적 변수

㉠ **지방성(풍토병)**: 어떤 지역에 항상 존재하며 일정한 발생양상을 유지하는 경우

• 그 지역에 살고 있는 모든 종족에서 높은 발생률이 관찰된다.

• 다른 지역에 살고 있는 동일 종족에서는 발생률이 높지 않다.

• 다른 지역에 살던 건강인이 이 지역으로 이주해오면 원래 이 지역에 살던 주민과 같은 수준의 발병률로 그 병에 걸린다.

• 이 지역을 떠난 주민은 그 질병의 발생률이 높지 않다.

• 이 지역에 살고 있는 사람 이외의 동물에게서도 비슷한 질병의 발생이 관찰된다.

ⓒ **유행성**: 토착병 발생수준 이상으로 많은 환자가 발생하는 경우

ⓒ **산발성**: 산발적으로 일부 한정된 지역에 발생하는 경우 즉 지역과의 경향성을 예측할 수 없는 경우

ⓔ **범유행성**: 전 세계적으로 유행하는 경우

③ 시간적 변수

　　㉠ **추세변화(장기적 변화)**: 수십년~백년 정도의 기간에 나타나는 변화를 관찰해서 볼 수 있는 이환율 및 사망률의 변동으로 주로 10년을 단위로 추적한다.

　　　　예 만성질환, 장티푸스(30~40년), 디프테리아(20년), 인플루엔자(30년)

　　㉡ **주기적 변화(순환변화)**: 몇 년 주기로 순환적으로 나타나는 변화

　　　　예 홍역(2~3년), 백일해(2~4년), 풍진 · 일본 뇌염 · 유행성 이하 선염(3~4년): 집단면역의 영향

　　㉢ **계절적 변화**: 1년을 주기로 발생

　　　　예 일본뇌염(7, 8월 ~ 9월), 신증후군 출혈열(6월, 11월), 홍역 · 백일해(봄)

　　㉣ **일일변화(돌연유행)**: 국한된 지역에서 일시에 돌발적으로 발생하는 현상, 잠복기가 짧고 폭발적 발생

　　　　예 장티푸스, 콜레라 등의 수인성 감염병, 식중독, 외래전염병 국내침입 시

🔍 참고 POINT

[그 밖의 관찰적 연구방법]

(1) 생태학적 연구

① 한 시점에서 인구집단을 대상으로 분석하며, 기존자료(국가통계자료 등)를 이용하여 인구집단별 특성과 평균적인 속성 간의 상관성을 분석하는 연구방법

② 인구집단 간의 특정 질병의 발생률과 특정 위험요인에의 노출률 간의 상관성을 분석하는 연구방법

　　예 • 국가 간 1인당 소금섭취량과 고혈압 발생률과의 상관성 연구
　　　 • 국가 간 담배생산량과 폐암 사망률과의 상관성 연구(Doll & Peto)

③ 기존의 자료를 이용할 수 있으며, 비교적 단시간에 결과를 얻을 수 있고, 비용이 적게 든다.

④ 시간적 선후관계에 대한 오류와 생태학적 오류의 발생가능성이 있다.

(2) 사례연구/사례군 연구

① 개인, 가족, 사례 집단에 대해 적은 수의 대상자들을 집중적으로 탐구하는 기술연구방법이다.

② 특이한 질병이나 환자의 병력 등에 대한 깊이 있는 탐구로 새로운 사실을 확인할 수 있다.

③ 이 전에 알려지지 않았던 질환이나 새로운 증상 혹은 치료 반응에 대한 유사한 사례를 수집하면 새로운 가설을 제공할 수 있고, 큰 표본으로 확대연구를 진행시킬 수 있는 자료가 된다.

2) 분석역학

기술역학을 토대로 질병발생에 대한 가설을 설정하고, 설정된 가설을 검정함으로써 질병의 발생 원인을 규명하는 분석적 연구방법이다.

(1) 단면조사연구(시점조사, 유병률 조사, 조사연구)

① 기본적 개념
   ⊙ **특정 시점** 또는 단기간 동안 대상 인구집단의 **질병 유무와 연구하고자 하는 특정 속성의 노출 유무를 동시에 조사**한 후 이들 간의 관련성을 찾는 연구방법이다.
   ⓒ 대상집단의 특정 질병에 대한 유병률을 확인할 수 있어 **유병률 연구**라고도 한다.
   ⓒ 모집단을 대표할 수 있는 표본을 추출하여 사용하여야 **연구결과를 일반화**시켜 활용할 수 있다.

② 연구설계

③ 장 · 단점

장점	단점
⊙ 비용이 적게 들며 비교적 단시간 내에 결과를 얻을 수 있음 ⓒ 새로운 가설 제시와 일반화가 용이 ⓒ 동시에 여러 종류의 질병과 요인과의 관련성을 조사할 수 있음 ⓔ 해당 질병의 규모(유병률)을 구할 수 있음 ⓜ 발생시점이 불분명하거나, 초기증상이 미미한 질병의 위험요인을 찾는 연구에 유용(만성질환, 퇴행성 질환, 정신질환 등)	⊙ 대상 인구집단이 비교적 커야 함 ⓒ 질병 – 요인 간 시간적 선후관계가 불분명함 ⓒ 복합 요인 중 원인요인만을 찾아내기가 어려움 ⓔ 연구대상 선정 시 선택편견의 가능성이 있음 ⓜ 유병률이 낮은 질병이나 치명률이 높은 질환의 연구에는 적합하지 않음

(2) 환자 – 대조군 연구(후향성 연구)

① 기본적 개념

⊙ 연구하고자 하는 질병에 이환된 집단(환자군)을 먼저 선정하고 해당 질병이 없는 집단(대조군)을 선정하여 비교하는 것이다.

ⓒ 두 군 간에 질병의 원인이라고 의심되는 요인의 과거 노출된 정도를 비교함으로써 교차비(odds ratio)로 제시하는 연구 설계를 갖는다.

② 연구설계

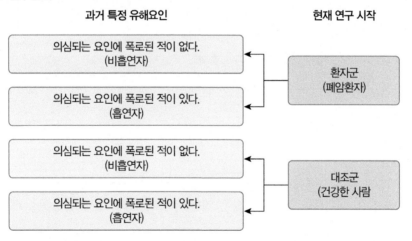

*출처: 양숙자 등(2022). 지역사회간호학. 현문사. p.214.

③ 자료분석: 교차비(OR: Odd's Ratio) = 비의비

유해요인	질병	
	유	무
유	A	B
무	C	D

$$교차비 = \frac{환자군에서\ 유해요인\ 노출군과\ 비노출군의\ 비}{비환자군에서\ 유해요인\ 노출군과\ 비노출군의\ 비} = \frac{A/C}{B/D} = \frac{AD}{BC}$$

※ 해석

㉠ OR > 1: 환자군의 유해요인 노출경우가 대조군의 유해요인 노출경우보다 커서 유해요인이 건강문제를 일으킨다고 봄

㉡ OR = 1: 환자군과 대조군의 유해요인 노출경우가 같음

*OR의 숫자가 클수록 유해요인이 건강문제의 원인이라고 추정할 수 있다.

④ 장·단점

장점	단점
㉠ 단기간 내에 연구를 수행할 수 있으므로 시간, 경비, 노력이 적게 듦 ㉡ 필요한 연구대상자의 숫자가 적음 ㉢ 희귀한 질병 및 잠복기간이 매우 긴 질병도 연구 가능 ㉣ 연구 때문에 피연구자가 새로운 위험에 노출되는 일이 없음	㉠ 기억력, 과거의 기록에 의존하므로 정보편견 위험이 큼 ㉡ 필요로 하는 요인에 대한 정보수집이 제한적임 ㉢ 대조군 선정이 어려움

(3) 코호트 연구(전향성 연구)

① 기본적 개념

㉠ 연구하고자 하는 질병에 이환되지 않은 건강군을 대상으로 하여 그 질병발생의 요인에 폭로된 집단(폭로군)과 폭로되지 않은 집단(비폭로군)간의 질병 발생률을 비교·분석하는 방법

㉡ 발생한 질병의 정도와 위험요인과의 관계를 상대위험도로 제시한다.

㉢ 코호트 연구는 연구 시작 시점에 따라 전향성 코호트 연구(prospective cohort study)와 후향적 코호트 연구(retrospective cohort study)로 구분한다.

② 후향적 코호트 연구

    ㉠ 연구자가 연구 시작 시점에서 질병발생을 파악하고 위험요인 노출여부는 과거의 기록을 이용하는 연구방법으로, 특수한 역사적 사건 연구가 가능하여 역사적 코호트 연구라고도 한다.

    ㉡ 관찰시작과 폭로, 질병의 시간적 관계는 환자-대조군 연구와 같은 후향성이지만, 관찰방법은 코호트적으로 하는 연구방법이다.

    ㉢ 후향적으로 관찰하나 코호트연구이므로 발생률 계산이 가능하며 상대위험비와 같은 지표의 계산이 가능하다.

③ 연구설계

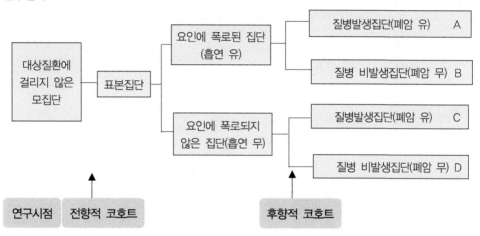

핵심 CHECK

[후향적 코호트 연구와 환자-대조군 연구의 비교]

① 대상질환이 발생한 이 후에 연구를 시작한다는 점에서 **연구시점이 동일하다.**

② 환자-대조군 연구는 **환자집단과 대조집단** 간의 과거에 원인이라고 의심되는 **요인에의 폭로 비율**을 비교하는 데 반해, 후향적 코호트 연구는 요인에 폭로된 집단과 폭로되지 않은 집단 간의 환자의 비율을 비교한다는 점에서 큰 차이가 있다. 즉 두 연구는 분자와 분모가 전혀 다른 연구이다.

④ 자료분석

유해요인	질병		계
	유	무	
유	A	B	A+B
무	C	D	C+D
계	A+C	B+D	A+B+C+D

㉠ 상대위험비(Relative risk Ratio, RR) = 비교위험도
- 폭로군에서의 발생률과 비폭로군에서의 발생률의 비
- 위험요인이 있는 집단이 위험요인이 없는 집단보다 얼마나 상대적으로 더 위험(질병발생)해졌는지 비교함
- 원인 규명에 중요한 개념

> 가. 상대위험비
>
> $$\text{상대위험비} = \frac{\text{폭로군에서의 발생률}}{\text{비폭로군에서의 발생률}} = \frac{A/(A+B)}{C/(C+D)} = \frac{AC+AD}{AC+BC}$$
>
> 나. 해석
> - RR > 1: 폭로군이 비폭로군보다 질병 발생률이 높아서 원인가능성이 큼
> - RR = 1: 폭로군과 비폭로군의 질병발생률 같으므로 위험요인이 건강에 영향을 미친다고 볼 수 없음
> - 1에 가까울수록 유해요인이 건강문제 발생의 원인이라고 말하기가 어렵다.

㉡ 기여위험도(Attributable risk, AR) = 귀속위험도
- 질병발생에서 특정위험요인의 노출이 기여하는 정도를 의미함
- 질병발생의 예방효과를 나타낼 때 중요한 개념임

> 가. 계산법
> ⓐ 기여위험도: 폭로군에서의 발생률과 비폭로군에서의 발생률의 차이
>
> 기여위험도 = 폭로군에서의 발생률 - 비폭로군에서의 발생률 = $A/(A+B) - C/(C+D)$
>
> ⓑ 백분율 기여위험도
>
> $$\text{백분율 기여위험도} = \frac{\{A/(A+B)\} - \{C/(C+D)\}}{A/(A+B)} \times 100$$
>
> 나. 해석
> - 폭로군의 질병발생률에 대한 폭로요인에 의한 질병발생률의 비율로서 질병발생에 대한 원인의 비중을 말하며 백분율(%)로 표시한다.
> - 숫자가 크면 클수록 영향요인이 질병에 미치는 효과가 크다고 볼 수 있다.

⑤ 장·단점

장점	단점
㉠ 위험요인 노출부터 질병진행의 전 과정을 관찰 가능	㉠ 노력, 비용, 시간이 대규모로 소요
㉡ 위험요인 노출수준을 여러 번 측정할 수 있고 발생률 산출이 가능함	㉡ 추적불능의 연구대상자가 많아지면 연구가 실패할 가능성이 있음
㉢ 위험요인에 노출된 군과 그렇지 않은 군별로 발생률과 비교위험도를 구할 수 있음	㉢ 연구과정 중 진단방법, 질병분류 방법이 변화할 가능성이 있음
㉣ 원인-결과 해석 시 선후관계가 비교적 분명	㉣ 희귀한 질병일 경우는 불가능함
	㉤ 시간이 흐름에 따라 피연구자의 위험요인에 대한 폭로수준이 변화될 수 있음

🖊 기출문제 맛 보기

흡연과 폐암과의 인과관계를 추정하기 위해 코호트연구를 실시하여 〈보기〉와 같은 결과를 얻었다. 흡연으로 인한 폐암의 상대위험비(relative risk)는?   21년 서울

흡연여부	폐암발생여부		계
	O	X	
O	100	900	1,000
X	10	990	1,000
계	110	1,890	2,000

① (100/10) / (900/990) ② (100/1,000) / (10/1,000)
③ (100/900 / (10/990) ④ (100/110) / (900/1,890)

정답 ②

📝 SUMMARY

다음 표를 보고 환자대조군 연구에서의 교차비와 코호트 연구에서의 상대위험비를 구하라.

흡연(요인)	폐암(질병)		계
	유	무	
유	A (102)	B (298)	400
무	C (41)	D (976)	1,017
계	A+C(143)	B+D(1,174)	1,417

1) 환자대조군 연구
   - 교차비 = (A/C) / (B/D) = AD / BC = (102×976) / (298×41) = 99,592 / 12,218 = 8.1
   - 따라서 교차비가 1보다 큰 8.1이므로 폐암환자군에서 정상군에 비해 흡연율이 8.1배 많다고 볼 수 있으므로 폐암과 흡연과의 인과관계가 있다고 볼 수 있다.

2) 코호트 연구
   - 폭로군의 질병발생률 = A / (A+B) = 102 / 400 = 0.255
   - 비폭로군의 질병발생률 = C / (C+D) = 41 / 1,017 = 0.040
   - 상대위험비 = {A / (A+B)} / {C / (C+D)} = A(C+D) / C(A+B) = 6.33
   - 따라서 흡연군이 비흡연군에 비해 폐암이 6.33배 많이 발생했다고 볼 수 있으므로 흡연과 폐암에 인과관계가 있다고 볼 수 있다.

3) 실험역학(experimental epidemiologic research)

(1) 기본적 개념

① 실험연구는 **실험적 방법**을 사용하여 특정가설을 검증하고자 하는 연구방법으로 역학연구의 마지막 단계에서 수행한다.

② **연구의 세 가지 특징**은 **실험군과 대조군**을 선정하여야 하며, 선정할 때에는 반드시 모집단을 대표할 수 있도록 **무작위**로 대상군을 각각 선정하여 선택 편의를 없애야 하며, 또한 실험군의 독립변수의 성질을 임의로 **조작**하여 **대조군과의 차이**를 검증하여야 한다.

(2) 실험 연구의 유형

① 임상실험연구

임상이나 연구기관에서 개인별 치료효과나 예방효과를 검증하는 연구

② 지역사회 실험 연구

지역사회 단위에서 집단을 대상으로 질병의 예방효과나 사업효과 등을 검증하는 연구

○ 이중 맹검법(double blind method): 실험연구에서 연구결과에 영향을 미치는 편향(bias)을 통제하기 위해서 실험자나 대상자 모두에게 실험 사실 또는 특정정보를 공개하지 않고 판정자만 알고 연구를 진행하는 방법

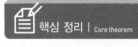
핵심 정리 | Core theorem

[역학적 연구방법의 특징과 장단점]

	기술적 연구	단면적 연구	환자-대조군 연구	코호트 연구	실험연구
연구 대상	지역사회, 병의원 환자	지역사회 인구표본	진단기준에 의한 발병 환자들과 대조군	위험요인에 폭로되는 집단과 폭로되지 않은 집단	실험군에게 인위적 조작하고 대조군은 하지 않음
주요 목적	• 건강수준 파악 • 가설 유도	원인규명	원인규명	원인규명	• 원인규명 • 효과평가
산출 통계량	• 유병률 • 발생률	• 상대위험도 추정 • 기여위험도 추정 • 유병률	• 교차비(상대위험도 추정)	• 상대위험도 • 기여위험도 • 발생률	• 상대위험도 • 기여위험도 • 발생률
장점	• 기존자료이용가능 • 지역사회건강수준 파악	• 단시간 내 정보 습득 가능 • 지역사회에 대한 정보파악 • 유병률을 포함한 질병의 역학적 특성 파악 • 동시에 여러 종류의 질병과 위험요인 간의 관련성 파악	• 시간, 경비, 노력이 적게 듦 • 필요한 연구대상자 수가 적음 • 잠복기가 길거나 희귀한 질병도 연구 가능	• 정보편견이 적음 • 인과관계확인가능 • 질병발생 전 과정의 관찰 가능	• 인과관계를 가장 정확하게 확인 • 건강문제 예방 관리방법 검증
단점	• 자료의 정확도 • 방대한 자료분석	• 표본의 규모가 커야 함 • 질병과 관련요인 간 선후관계가 불분명 • 사망하거나 입원한 환자가 제외되는 선택편견 가능 • 치명률이 높은 질병연구에 적합하지 않음	• 대조군의 선정이 어렵고 제한적 • 정보수집이 제한적임(기억력 의존) • 발생률을 알 수 없음	• 발생률이 낮은 질병은 불가능 • 표본 수가 커야함 • 시간, 경비, 노력이 많이 소요 • 높은 탈락률 발생	• 윤리적 문제로 제한적 • 동물실험 결과일 경우 적용에 문제

*출처: 소애영 등(2022). 지역사회간호학 Ⅱ. 수문사. p.68.

CHAPTER 05 감염성 질환의 관리

1 감염성 질환의 개요

1) 감염성 질환의 정의

(1) 감염(infection)

미생물이 숙주내로 침입하여 적당한 기관에 자리를 잡아 균이 증식되는 상태

(2) 감염성 질환(infectous disease)

감염 결과 숙주의 정상적 생리 상태를 변화시켜 이상상태를 나타내는 것을 증상의 발현이라 하며, 병원체의 감염으로 인해 발병되었을 경우 이를 감염성 질환이라 함

2) 감염의 형태

(1) 불현성 감염(inapparent infection)

감염되었음에도 불구하고 임상적 증상과 징후가 없는 감염상태

(2) 현성 감염(apparent infection)

감염이 되어 임상적인 증상이 나타나는 감염상태

(3) 잠재감염(잠복감염, latent infection)

① 병원체가 숙주에 증상을 일으키지 않으면서 숙주 내에 지속적으로 존재하는 상태로 병원체와 숙주가 평형을 이루는 상태

② 이때 병원체가 혈액이나 조직, 분비물에서 발견될 수도 있고, 발견되지 않을 수도 있으며, 면역억제제 투여, 면역결핍증, 영양불량, 만성 질환 등으로 저항력이 약해지면 증상과 증후가 나타난다. 예 B형 간염, 결핵, 단순포진 등.

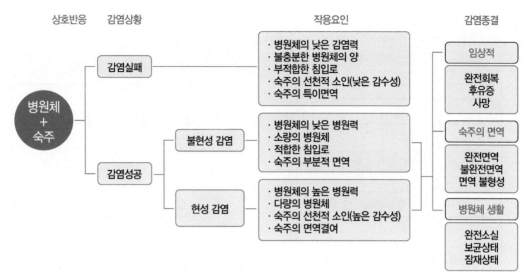

[그림 8-4] 병원체와 숙주의 상호반응 결과

*출처: 지역사회보건간호학 편찬위원회(2021).최신 지역사회보건간호학. p.284.

3) 감염과정

(1) 잠재기(latent period)

① 병원체가 숙주에 침입하여 표적장기로 이동하여 증식하는 시기로 병원체가 인체 내에 머무르는 기간

② 조직, 혈액, 분비물 등에서 병원체가 발견되지 않는 시기로 감염의 전파가 일어나지 않는 기간

(2) 전염기(communicability period, 개방기)

① 잠재기가 끝나 병인을 체외로 내보내는 기간

② 조직, 혈액, 분비물 등에서 병원체가 발견되기 시작하는 시기로 다른 사람에게 전염(전파)시킬 수 있는 기간

(3) 세대기(generation period)

① 병원체를 숙주에 침입부터 균 배출이 가장 많아 감염력이 가장 높은 시점까지의 기간

② 감염성 질환 관리 측면에서 매우 중요

(4) 잠복기(incubation period)

① 병원체가 숙주에 침입한 시간부터 질환에 대한 증상과 징후가 생기기 전까지의 기간

② 질병의 종류에 따라 차이가 있으나 일반적으로 호흡기 질환은 잠복기가 잠재기보다 길고, 소화기 질환은 잠재기가 잠복기보다 길다.

(5) 이환기

병원체가 숙주에 침입하여 질병에 대한 증상과 징후가 나타나는 시기

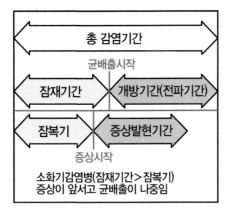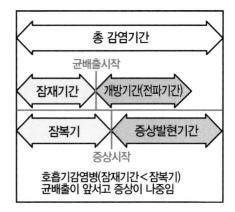

[그림 8-5] 소화기 감염병과 호흡기 감염병의 감염과정 비교

*출처: 대한예방의학회(2021). 예방의학과 공중보건학. 계축문화사. p.353.

2 감염병의 예방 및 관리

1) 감염성 질환의 생성과정

감염성 질환의 생성과정은 병인체, 병원소, 병원체의 탈출, 전파, 새로운 숙주로의 침입, 신 숙주의 감수성과 면역의 6단계를 거쳐 이루어진다.

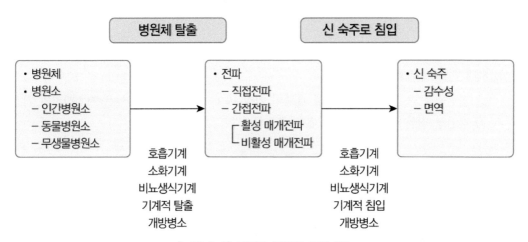

[그림 8-6] 감염성 질병의 발생과정

(1) 병원체(Agent)

생물병원체 즉 세균, 바이러스, 리케챠, 곰팡이, 원충(protozoa), 기생충 등

(2) 병원소(Reservoirs)

병원체가 증식하면서 다른 숙주에게 전파될 수 있는 장소를 제공하는 인간, 동물, 곤충, 식물, 흙 등

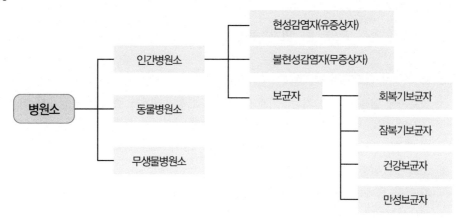

① **인간병원소(인간에서 인간으로 전파되는 양상을 보임)**

  ㉠ **환자:** 병원체 감염되어 뚜렷한 임상증상을 보이는 사람(현성감염자)

  ㉡ **무증상감염자:** 임상증상이 가볍거나 미미해서 인지되지 못한 감염자나 불현성 감염자

  ㉢ **보균자:** 자각적, 타각적으로 인지할 임상증상은 없으나 체내에 병원체를 보유하여 항시 또는 때때로 균을 배출하는 병원체 보유자

  • **건강보균자:** 불현성 감염과 같은 상태에서 증상이 없으면서 균을 보유하고 있는 자

   예 B형 간염 보균자, 일본뇌염, 폴리오, 디프테리아

  • **회복기 보균자:** 회복기에 균을 보유하고 있는 자

   예 소화기계 감염성 질환(세균성 이질, 콜레라, 파라티푸스 등)

  • **잠복기 보균자:** 증상이 나타나기 전 균을 보유

   예 호흡기계 감염성 질환(홍역, 이하선염, 디프테리아)

  • **만성보균자:** 보균기간이 장기간 계속되는 경우

   예 장티푸스, B형 간염, 결핵 등

> **핵심 CHECK**
>
> 건강보균자와 잠복기 보균자의 경우 보균자로서 인지하기 어렵기 때문에, 감염성 질병 관리에 큰 장애요소가 된다.

② 동물 병원소

인수공통감염병: 사람과 가축에게 공통적으로 옮기는 감염성 질환

예 결핵(소, 돼지, 새)

　　일본뇌염(돼지, 조류, 뱀)

　　광견병(개, 고양이, 기타 야생동물)

　　황열(원숭이)

　　동물인플루엔자 인체감염증(조류)

③ 무생물 병원소: 토양, 물, 먼지, 공기 등

(3) 병원소로부터 병원체의 탈출(Exit from Reservoir)

① **호흡기계 탈출**: 비강, 기동, 기관지, 폐 등 호흡기계에서 증식한 병원체가 외호흡을 통해서 나가며 주로 대화, 기침, 재채기를 통해 전파

예 폐결핵, 폐렴, 백일해, 홍역, 수두, 천연두 등

② **소화기계 탈출**: 위장관을 통한 탈출

예 이질, 콜레라, 장티푸스, 폴리오 등

③ **비뇨생식기계 탈출**: 소변이나 생식기 분비물에 의해 탈출

예 성병, 임질 등

④ **개방병소로 직접 탈출**: 신체 표면의 농양, 피부병 등의 상처부위에서 병원체가 직접 탈출

예 한센병, 성홍열, 트리코마 등

⑤ **기계적 탈출**: 흡혈성 곤충에 의한 탈출과 주사기 등에 의한 탈출

예 발진열, 발진티푸스, 말라리아, AIDS, 간염 등

(4) 전파(Mechanisms of Transmission)

일단 배출된 병원체가 새로운 숙주에 운반되는 과정을 전파라 함

① 직접전파

㉠ **신체접촉**: 피부접촉, 키스, 성교 등의 형태 예 농가진, AIDS

㉡ **비말 전파**

예 디프테리아, 백일해, 인플루엔자, SARS, 폐렴, 풍진, 코로나 19 등

② 간접전파

매개체에 의해 숙주에게 전파

㉠ **활성매개체**: 매개 역할을 하는 생물이 있는 것 예 모기, 벼룩, 이, 진드기, 파리 등

㉡ **비활성 매개체**: 무생물을 통해 전파

예 물, 우유, 식품, 토양, 혈액, 타액, 수술기구, 요리기구, 수건, 공기 등

○ 공기전파: 먼지나 비말핵에 의해 이루어짐 예 수두, 결핵, 신증후군 출혈열 등

🔍 참고 POINT

(1) 공기전파의 특징
① 먼지나 비말핵(droplet nucler)에 의해 이루어짐
② 사람들의 이야기나 재채기 등을 통하여 날아온 비말이 바닥에 가라앉은 뒤 수분이 증발하면 지름 (0.5~5㎛)이 작아 실내를 날아다니다 호흡 시 호흡기를 통해 깊숙이 침입함
③ 공기전파는 비말감염에 의한 전파보다 매우 높은 전파력을 가지고 있어 해당 환자가 있는 병실은 음압상태로 해야 하고, 환자를 간호한 가운이나 장갑 등에 대한 철저한 감염관리가 이루어져야 함

(2) 활성매개체에 의해 전파되는 감염성 질환

매개체	감염성 질환
모기	말라리아, 사상충증, 일본뇌염, 황열, 뎅기열, 지카바이러스 감염증, 웨스트나일열
파리	장티푸스, 이질, 소아마비, 수면병, 콜레라, 결핵
진드기	재귀열, 쯔쯔가무시병, 라임병
이	발진티푸스, 재귀열
쥐벼룩	발진열, 페스트
쥐	렙토스피라증, 살모넬라증, 소아마비, 신증후군 출혈열, 페스트, 라싸열
물고기	간흡충증
게	폐흡충증

*출처: 대한예방의학회(2021). 예방의학과 공중보건. 계축문화사. p.361.

(5) 새로운 숙주에의 침입(Entry into new host)

침입 경로는 호흡기계, 소화기계, 비뇨기계, 피부 및 점막의 개방병소, 기계적 침입 등으로 이루어진다.

질병	탈출	전파	침입
홍역, 디프테리아, 결핵, 인플루엔자, SARS, 결핵, 백일해 등	기도 분비물	직접전파, 공기매개전파, 매개물 등	기도
장티푸스, 소아마비, 콜레라, 세균성 이질, 파라티푸스, A형 간염 등	분변	물, 음식, 파리, 손, 매개물 등	구강(입)
AIDS, B형간염, C형간염	혈액	주사바늘, 수혈	피부, 자상부위
말라리아, 사상충, 일본뇌염, 황열, 뎅기열		흡혈절족동물	
단순포진, 임질, 매독, 트라코마, AIDS등	병변부위 삼출액	직접접촉, 성교, 손	피부, 성기점막, 안구점막 등

(6) 신숙주의 감수성과 면역상태

숙주의 감수성이 높고, 면역상태가 저하 시 병에 걸리기 쉽다.

① 개인의 면역성

선천면역	종속면역, 종족면역, 개인 특이성			
후천면역	능동면역	자연능동면역	병후면역(불현성 감염, 이환 후 면역)	
		인공능동면역	생균	BCG, MMR, 수두
			Toxoid	디프테리아, 파상풍
			사균	백일해, 일본뇌염, 간염
	수동면역	자연수동면역	모유, 모체, 태반을 통한 면역	
		인공수동면역	항독소, 면역혈청, γ-globuline	

② 집단면역(herd immunity)

㉠ **집단면역**
- 집단면역이란 지역사회 또는 집단에 특정 감염병 전파에 대한 집단의 저항수준을 의미한다.
- 집단면역의 수준은 집단의 **총인구 중 면역을 갖고 있는 사람의 비율**로 나타낸다.
- 사람 간에 전파되는 감염병의 유행은 뚜렷한 주기성을 가지고 있는데 이는 집단 면역 때문이다.

㉡ **기본감염재생산수(basic reproductive number, Ro)**
- 기본감염재생산수는 어떤 십난의 모든 인구가 감수성이 있다고 가정할 때 한명이 감염환자(발단환자)가 감염가능기간 동안 **직접 감염시키는 평균인원 수**를 의미한다.
- Ro는 질병마다 다르나, 유행지와 집단의 특성에 따라 편차가 존재한다.
  예 홍역 12~18, 볼거리 4~7, 디프테리아 6~7명

㉢ **감염재생산수(reproductive number, R)**
- 한 인구집단 내에서 특정 개인으로부터 다른 개인으로 질병이 확대되어 나가는 잠재력을 말한다.
- 면역을 가진 사람의 비율이 높은 경우 감염자가 감수성자와 접촉할 수 있는 기회가 적어져 **실제 감염재생산수**는 기본감염재생산수보다 적어지게 된다.
- **백신의 접종**은 개인의 감염예방과 동시에 공중보건 측면에서 **집단면역**을 높이는 데 주요한 목적을 두고 있다.
- 면역을 가진 사람의 인구의 비율을 P라고 한다면, P만큼의 환자가 덜 발생한다.

$$감염재생산수(R) = Ro - (Ro \times P)$$

R>1이면 환자수는 증가하게 된다. 즉 **질병은 유행**하게 된다.

R=1이면 환자수는 일정하게 유지된다. 즉 질병이 **풍토병**이 된다.

R<1이면 결국은 0에 수렴하게 되므로 질병은 **소멸**된다.

ⓔ **한계밀도**

- 한계밀도는 질병의 유행이 일어나는 **집단면역의 한계치**를 의미한다.
- 집단면역이 한계밀도 보다 크면 유행은 차단된다.
- 한계밀도는 **질병의 종류**(기본감염재생산수)**와 인구밀도**에 따라 차이가 있다.
- 인구밀도가 **높으면** 집단 간의 접촉가능성이 높아지므로 **한계밀도를 높여야** 유행이 일어나지 않으며, 인구밀도가 **낮으면** 집단 간의 접촉가능성이 낮아지므로 **한계밀도가 낮아도** 유행이 일어나지 않는다.

$$한계밀도(\%) = \frac{기본감염지수(RO) - 1}{기본감염지수(RO)} \times 100$$

4) 감염성 질환의 예방과 관리

감염병의 전파 고리를 제거함으로서 예방 및 관리가 가능하다. 감염설 질환의 예방과 관리를 위한 방법으로는 ① **병원소와 병원체 관리** ② **전파과정의 차단** ③ **면역증강** 등 세 가지로 요약할 수 있다.

(1) 병원체와 병원소 관리

① 감염병 관리의 가장 확실한 방법은 감염병 발생의 1차 원인인 병원체 또는 병원소를 제거하는 것

② 동물병원소인 경우 살처분이 가장 효과적이며, 사람이 병원소인 경우 환자와 보균자를 발견하여 적절한 치료를 하거나 격리하여 일반 인구집단 내 병원소의 수를 감소시킴

(2) 전파과정의 차단

① **병원소의 검역과 격리**

ㄱ **검역과 격리**
- **건강격리(검역, quarantine)**: 감염병에 노출되었거나 노출되었을 가능성이 있는 사람을 감염되지 않았다고 밝혀질 때까지 이동이나 활동을 제한하는 것
- **환자격리(Isolation)**: 감염병을 전파시킬 우려가 있는 감염자(환자, 보균자)를 전염력이 없어질 때까지 격리하는 것

ㄴ **검역감염병 및 검역감염병의 최대잠복기(규칙제14조의 3)**
가. 콜레라 – 5일
나. 페스트 – 6일
다. 황열 – 6일
라. 중증급성호흡기 증후군(SARS) – 10일
마. 동물인플루엔자 인체 감염증 – 10일
바. 신종 인플루엔자 감염증 – 최대 잠복기간

　　　　사. 중동호흡기 증후군(MERS) - 14일

　　　　아. 에볼라바이러스병 - 21일

　　　　자. 질병관리청장이 긴급 검역조치가 필요하다고 인정하여 고시하는 감염병

　　ⓒ **검역감염병 환자 등의 격리기간**

　　　검역감염병 환자 등의 감염력이 없어질 때까지로 하고, 격리기간이 지나면 즉시 해제하여야 한다(검역법 제16조 제4항).

　　ⓔ **검역감염병 접촉자에 대한 감시 또는 격리기간**

　　　검역감염병 접촉자 또는 검역감염병 위험요인에 노출된 사람의 감시 또는 격리기간은 보건복지부령이 정하는 해당 감염병의 최대 잠복기간을 초과할 수 없다(제17조제3항).

② **환경위생관리(소독, 청결)**

　특히 소화기계 감염병은 환경위생으로 관리가 가능하다.

③ **환자의 조기발견 및 조기치료**

　• 환자 발생 또는 의심 시 즉시 의료기관에 연락 ⇨ 감염병 여부 확인

　• 보균자 발견 시 ➡ 신고, 치료

🔍 **참고 POINT**

[검역감염병 환자 등의 격리(검역법 제16조)]

① 질병관리청장은 검역감염병 환자등을 다음 각 호의 어느 하나에 해당하는 시설에 격리한다. 다만, 사람 간 전파가능성이 낮은 경우 등 질병관리청장이 정하는 경우는 격리 대상에서 제외할 수 있다.
　1. 질병관리청장이 지정한 검역소 내 격리시설
　2. 「감염병의 예방 및 관리에 관한 법률」에 따른 감염병관리기관, 격리소·요양소 또는 진료소
　3. 자가
　4. 「감염병의 예방 및 관리에 관한 법률」에 따른 감염병전문병원
　5. 국내에 거주지가 없는 경우 질병관리청장이 지정하는 시설 또는 장소
② 질병관리청장은 검역감염병 환자등이 많이 발생하여 제1항에 따른 격리시설이나 감염병관리기관 등이 부족한 경우에는 보건복지부령으로 정하는 바에 따라 임시 격리시설을 설치·운영할 수 있다.
③ 질병관리청장은 제1항에 따른 격리조치(이송을 포함한다)를 할 때에 필요하면 시·도지사 또는 시장·군수·구청장에게 협조를 요청할 수 있다. 이 경우 시·도지사 또는 시장·군수·구청장은 특별한 사유가 없으면 협조하여야 한다.
④ 검역감염병 환자등의 격리기간은 검역감염병 환자등의 감염력이 없어질 때까지로 하고, 격리기간이 지나면 즉시 해제하여야 한다.
⑤ 제4항에 따른 격리 기간 동안 격리된 사람은 검역소장의 허가를 받지 아니하고는 다른 사람과 접촉할 수 없다.
⑥ 검역소장은 검역감염병 환자등을 격리하였을 때에는 보건복지부령으로 정하는 바에 따라 격리 사실을 격리 대상자 및 격리 대상자의 가족, 보호자 또는 격리대상자가 지정한 사람에게 알려야 한다.

[검역감염병 접촉자에 대한 감시(검역법 제17조)]

① 질병관리청장은 검역감염병 접촉자 또는 검역감염병 위험요인에 노출된 사람이 입국 후 거주하거나 체류하는 지역의 특별자치도지사·시장·군수·구청장에게 건강상태를 감시하거나 「감염병의 예방 및 관리에 관한 법률」제49조제1항에 따라 격리시킬 것을 요청할 수 있다.

② 특별자치도지사 · 시장 · 군수 · 구청장은 제1항에 따라 감시하는 동안 검역감염병 접촉자 또는 검역 감염병 위험요인에 노출된 사람이 검역감염병 환자등으로 확인된 경우에는 지체없이 격리 등 필요한 조치를 하고 즉시 그 사실을 질병관리청장에게 보고하여야 한다.

③ 제1항에 따른 감시 또는 격리 기간은 보건복지부령으로 정하는 해당 검역감염병의 최대 잠복기간을 초과할 수 없다.

(3) 면역증강

① 영양관리

② 적절한 휴식과 운동

③ 충분한 수면

④ **예방접종**

　㉠ **백신의 종류**

사용백신 종류	분류	질병명
불활성화 백신	세균	백일해, 콜레라, 장티푸스(주사용), 폐렴구균, 디프테리아, 파상풍, b형 헤모필루스인플루엔자
	바이러스	일본뇌염, 인플루엔자, A, B간염, 폴리오(IPV), 사람유두종바이러스
약독화 생백신	세균	결핵
	바이러스	홍역, 풍진, 유행선 이하선염, 수두, 일본뇌염

　㉡ **필수예방접종 대상 감염병(감염병 예방법 제 24조)**

특별자치시장 · 특별자치도지사 또는 시장 · 군수 · 구청장은 다음에 해당하는 질병에 대하여 관할 보건소를 통하여 필수예방접종을 실시하여야 한다(총 19종).

- 제1급 감염병(1종): 디프테리아
- 제2급 감염병(10종): 백일해, 홍역, 유행성 이하선염, 풍진, 수두, 폴리오, 결핵, b형헤모필루스인플루엔자, 폐렴구균감염증, A형 간염
- 제3급 감염병(3종): 파상풍, 일본뇌염, B형간염
- 제4급 감염병(3종): 인플루엔자, 사람유두종바이러스 감염증, 그룹A형 로타바이러스 감염증
- 질병관리청장 지정감염병(2종): 장티푸스(2급), 신증후군 출혈열(3급)

> **핵심 CHECK** ‹‹‹
> 12세 이하 어린이에게 무료로 접종하는 **국가예방접종** 대상감염병은 필수예방접종 대상감염병 중 고위험군에게만 접종하는 질병관리청장 지정감염병 2종(장티푸스, 신증후군 출혈열)을 제외한 **17종**이다.

🔍 참고 POINT

[가을철 주로 발생하는 발열성 질병 비교]

구분	쯔쯔가무시증	렙토스피라증	신증후군출혈열
병원소	리켓치아의 일종인 쯔쯔가무시에 의해 감염	렙토스피라균에 의한 사람, 동물 공통감염	등줄쥐 등에 서식하는 한탄바이러스에 감염
감염 경로	감염된 털 진드기 유충에 물려서 감염	감염된 **동물의 소변**에 직접 접촉 또는 오염된 물, 토양, 음식물에 노출, 상처난 피부 등을 통해 감염	한탄바이러스에 감염된 등줄쥐와 서울바이러스에 감염된 시궁쥐의 타액, 소변, 분변에서 분비된 **바이러스가 공기 중 호흡기를 통해 감염**
치명률	적절한 치료를 하지 않은 경우 0~30%	적절한 치료를 하지 않은 경우 20~30%	2~7%
주요 증상	가피(eschar) 형성, 고열, 오한, 심한 두통, 피부발진, 구토, 복통, 기침 등	오한, 발열, 근육통, 두통, 복통, 오심, 구토, 피부발진	두통, 근육통, 발열, 기침, 오한, 출혈성 반점, 신부전
잠복기	8~11일	5~7일	1~3주
주감 염충	농부, 임업, 낚시꾼, 벌초 등 풀숲에 노출된 자	농부, 광부, 낚시꾼, 군인이 주로 감염되며, **홍수나 추수기 벼베기** 후 주로 발생	벼베기, 밭일, 벌초 등 성인남자가 많이 발생
치료 방법	테트라사이클린, 독시사이클린, 클로람페니콜 복용	독시사이클린, 페니실린 복용	대증요법
예방 수칙	• 쥐가 서식하지 못하게 논둑, 관목 숲, 경작지 주변 잡풀을 세거 힐 깃 • 유행지역 숲, 풀밭에 가지 말 것 • 풀밭 위에 옷을 벗어 놓거나 눕지 말 것 • 작업 중 풀숲에 앉아서 용변을 보지 말 것 • 야외작업 시 기피제 처리한 작업복 및 토시를 착용하고, 소매와 바지 끝을 단단히 여미고 장화를 신을 것 • 작업 및 야외활동 후 옷의 먼지를 털고 목욕할 것 • 가피, 고열, 두통, 오한, 발진 등 증상 있을 시 즉시 치료받을 것	• 쥐가 서식하지 못하게 논둑, 관목 숲, 경작지 주변 잡풀을 제거할 것 • 유행지역의 숲, 풀밭에 가지 말 것 • 들쥐의 배설물 접촉을 피할 것 • 농경지의 고인 물에 들어갈 때에는 **고무장갑과 장화**를 착용할 것 • 가급적 논의 물을 빼고 마른 뒤 벼베기 작업을 할 것	• 쥐가 서식하지 못하게 논둑, 관목 숲, 경작지 주변 잡풀을 제거할 것 • 유행지역의 숲, 풀밭에 가지 말 것 • 풀밭 위에 옷을 벗어 놓거나 눕지 말 것 • 들쥐 배설물 접촉을 피할 것 • 풀밭이나 들에서 야영, 작업을 많이 하는 사람은 **예방접종**을 할 것

3 우리나라 법정 감염병 관리

1) 우리나라 법정 감염병 개요

(1) 법정 감염병의 정의

"감염병"이란 제1급감염병, 제2급감염병, 제3급감염병, 제4급감염병, 기생충감염병, 세계보건기구 감시대상감염병, 생물테러감염병, 성매개감염병, 인수(人獸)공통감염병 및 의료관련감염병을 말한다.

① **제1급감염병**이란 생물테러감염병 또는 치명률이 높거나 집단발생의 우려가 커서 발생 또는 유행 즉시 신고하여야 하고, 음압격리와 같은 높은 수준의 격리가 필요한 감염병을 말한다. 다만, 갑작스러운 국내 유입 또는 유행이 예견되어 긴급한 예방·관리가 필요하여 질병관리청장이 보건복지부장관과 협의하여 지정하는 감염병을 포함한다.

② **제2급감염병**이란 전파가능성을 고려하여 발생 또는 유행 시 24시간 이내에 신고하여야 하고, 격리가 필요한 감염병을 말한다. 다만 갑작스러운 국내 유입 또는 유행이 예견되어 긴급한 예방·관리가 필요하여 질병관리청장이 보건복지부장관과 협의하여 지정하는 감염병을 포함한다.

③ **제3급감염병**이란 그 발생을 계속 감시할 필요가 있어 발생 또는 유행 시 24시간 이내에 신고하여야 하는 감염병을 말한다. 다만, 갑작스러운 국내 유입 또는 유행이 예견되어 긴급한 예방·관리가 필요하여 질병관리청장이 보건복지부장관과 협의하여 지정하는 감염병을 포함한다.

④ **제4급감염병**이란 제1급감염병부터 제3급감염병까지의 감염병 외에 유행 여부를 조사하기 위하여 표본감시활동이 필요한 감염병을 말한다. 다만, 질병관리청장이 지정하는 감염병을 포함한다.

⑤ **기생충 감염병**이란 기생충에 감염되어 발생하는 감염병 중 질병관리청장이 고시하는 감염병을 말한다.

⑥ **세계보건기구 감시대상 감염병**이란 세계보건기구가 국제공중보건의 비상사태에 대비하기 위하여 감시대상으로 정한 질환으로서 질병관리청장이 고시하는 감염병을 말한다.

⑦ **생물테러감염병**이란 고의 또는 테러 등을 목적으로 이용된 병원체에 의하여 발생된 감염병 중 질병관리청장이 고시하는 감염병을 말한다.

⑧ **성매개감염병**이란 성 접촉을 통하여 전파되는 감염병 중 질병관리청장이 고시하는 감염병을 말한다.

⑨ **인수공통감염병**이란 동물과 사람 간에 서로 전파되는 병원체에 의하여 발생되는 감염병 중 질병관리청장이 고시하는 감염병을 말한다.

⑩ **의료관련감염병**이란 환자나 임산부 등이 의료행위를 적용받는 과정에서 발생한 감염병으로서 감시활동이 필요하여 질병관리청장이 고시하는 감염병을 말한다.

⑪ **감염병환자**란 감염병의 병원체가 인체에 침입하여 증상을 나타내는 사람으로서 제11조제6항의 진단기준에 따른 의사, 치과의사 또는 한의사의 진단이나 보건복지부령이 정하는 기관(감염병병원체확인기관)의 실험실 검사를 통하여 확인된 사람을 말한다.

⑫ **감염병의사환자**란 감염병 병원체가 인체에 침입한 것으로 의심되나 감염병환자로 확인되기 전 단계에 있는 사람을 말한다.

⑬ **병원체 보유자**란 임상적인 증상은 없으나 감염병병원체를 보유하고 있는 사람을 말한다.

⑭ **감염병의심자**란 다음의 어느 하나에 해당하는 사람을 말한다.

　　㉠ 감염병환자, 감염병의사환자 및 병원체보유자(이하 "감염병환자등"이라 한다)와 접촉하거나 접촉이 의심되는 사람(이하 "접촉자"라 한다)

　　㉡ 「검역법」에 따른 검역관리지역 또는 중점검역관리지역에 체류하거나 그 지역을 경유한 사람으로서 감염이 우려되는 사람

　　㉢ 감염병병원체 등 위험요인에 노출되어 감염이 우려되는 사람

⑮ **감시**란 감염병 발생과 관련된 자료, 감염병병원체·매개체에 대한 자료를 체계적이고 지속적으로 수집, 분석 및 해석하고 그 결과를 제때에 필요한 사람에게 배포하여 감염병 예방 및 관리에 사용하도록 하는 일체의 과정을 말한다.

⑯ **표본감시**란 감염병 중 감염병환자의 발생빈도가 높아 전수조사가 어렵고 중증도가 비교적 낮은 감염병의 발생에 대하여 감시기관을 지정하여 정기적이고 지속적인 의과학적 감시를 실시하는 것을 말한다.

⑰ **역학조사**란 감염병환자등이 발생한 경우 감염병의 차단과 확산 방지 등을 위하여 감염병환자등의 발생 규모를 파악하고 감염원을 추적하는 등의 활동과 감염병 예방접종 후이상반응 사례가 발생한 경우나 감염병 여부가 불분명하나 그 발병원인을 조사할 필요가 있는 사례가 발생한 경우 그 원인을 규명하기 위하여 하는 활동을 말한다.

⑱ **예방접종 후 이상반응**이란 예방접종 후 그 접종으로 인하여 발생할 수 있는 모든 증상 또는 질병으로서 해당 예방접종과 시간적 관련성이 있는 것을 말한다.

⑲ **관리대상 해외 신종감염병**이란 기존 감염병의 변이 및 변종 또는 기존에 알려지지 아니한 새로운 병원체에 의해 발생하여 국제적으로 보건문제를 야기하고 국내 유입에 대비하여야 하는 감염병으로서 질병관리청장이 보건복지부장관과 협의하여 지정하는 것을 말한다.

🖊 **기출문제 맛 보기**

치명률이 높거나 집단 발생의 우려가 커서 발생 또는 유행 즉시 신고하여야 하고, 음압격리와 같은 높은 수준의 격리가 필요한 감염병에 해당하지 않은 것은?　　　　22년 서울

① 두창
② 탄저
③ 유행성 이하선염
④ 중증급성호흡기증후군(SARS)

정답 ③

(2) 법정 감염병의 분류

구분	제1급감염병	제2급감염병	제3급감염병	제4급감염병	기생충감염병
특성	생물테러감염병 또는 치명률이 높거나 집단발생 우려 감염병 (17종)	전파가능성 고려대상 감염병 (21종)	계속 발생 감시가 필요한 감염병 (27종)	표본감시활동이 필요한 감염병 (22종)	기생충 감염증 (7종)
종류	가. 에볼라바이러스병 나. 마버그열 다. 라싸열 라. 크리미언콩고출혈열 마. 남아메리카출혈열 바. 리프트밸리열 사. 두창 아. 페스트 자. 탄저 차. 보툴리눔독소증 카. 야토병 타. 신종감염병증후군 파. 중증급성호흡기 증후군(SARS) 하. 중동호흡기 증후군 (MERS) 거. 동물인플루엔자 인체 감염증 너. 신종인플루엔자 더. 디프테리아	가. 결핵 나. 수두 다. 홍역 라. 콜레라 마. 장티푸스 바. 파라티푸스 사. 세균성이질 아. 장출혈성대장균 감염증 자. A형간염 차. 백일해 카. 유행성이하선염 타. 풍진 파. 폴리오 하. 수막구균 감염증 거. b형헤모필루스 인플루엔자 너. 폐렴구균 감염증 더. 한센병 러. 성홍열 머. 반코마이신내성 황색포도알균 (VRSA)감염증 버. 카바페넴내성 장내세균목(CRE) 감염증 서. E형 간염	가. 파상풍 나. B형간염 다. 일본뇌염 라. C형간염 마. 말라리아 바. 레지오넬라증 사. 비브리오패혈증 아. 발진티푸스 자. 발진열 차. 쯔쯔가무시증 카. 렙토스피라증 타. 브루셀라증 파. 공수병 하. 신증후군출혈열 거. 후천성면역결핍증 (AIDS) 너. 크로이츠펠트-야콥병(CJD) 및 변종크로이펠츠-야콥병(vCJD) 더. 황열 러. 뎅기열 머. 큐열(Q열) 버. 웨스트나일열 서. 라임병 어. 진드기매개뇌염 저. 유비저 처. 치쿤구니야열 커. 중증열성혈소판 감소증후군(SFTS) 터. 지카바이러스 감염증 퍼. 매독	가. 인플루엔자 나. 〈삭제〉 다. 회충증 라. 편충증 마. 요충증 바. 간흡충증 사. 폐흡충증 아. 장흡충증 자. 수족구병 차. 임질 카. 클라미디아감염증 타. 연성하감 파. 성기단순포진 하. 첨규콘딜롬 거. 반코마이신내성장 알균(VRE) 감염증 너. 메티실린내성 황색포도알균 (MRSA) 감염증 더. 다제내성녹농균 (MRPA) 감염증 러. 다제내성아시네토 박터바우마니균 (MRAB) 감염증 머. 장관감염증 버. 급성호흡기감염증 서. 해외유입기생충 감염증 어. 엔테로바이러스 감염증 저. 사람유두종바이러스감염증	가. 회충증 나. 편충증 다. 요충증 라. 간흡충증 마. 폐흡충증 바. 장흡충증 사. 해외유입 기생충 감염증
신고 시기	즉시	24시간 이내	24시간 이내	7일 이내	–

세계보건기구 감시대상 감염병	생물테러감염병	성매개감염병	인수공통감염병	의료관련감염병
(9종)	(8종)	(7종)	(10종)	(6종)
가. 두창 나. 폴리오 다. 신종인플루엔자 라. 중증급성호흡기 　　증후군(SARS) 마. 콜레라 바. 폐렴형 페스트 사. 황열 아. 바이러스성출혈열 자. 웨스트나일열	가. 탄저 나. 보툴리눔독소증 다. 페스트 라. 마버그열 러. 에볼라바이러스병 마. 라싸열 바. 두창 사. 야토병	가. 매독 나. 임질 다. 클라미디아 　　감염증 라. 연성하감 마. 성기단순포진 바. 첨규콘딜롬 사. 사람유두종 　　바이러스 　　감염증	가. 장출혈성대장균 　　감염증 나. 일본뇌염 다. 브루셀라증 라. 탄저 마. 공수병 바. 동물인플루엔자 　　인체감염증 사. 중증급성호흡기 　　증후군(SARS) 아. 변종크로이츠펠트 　　－야콥병(vCJD) 자. 큐열 차. 결핵 카. 중증열성혈소판 　　감소증후군(SFTS) 타. 장관감염증 　　1) 살모넬라 　　　감염증 　　2) 캄필로박터균 　　　감염증	가. 반코마이신내성황색 　　포도알균(VRSA) 감염증 나. 반코마이신내성장알균 　　(VRE) 감염증 다. 메티실린내성황색포도 　　알균(MRSA) 감염증 라. 다제내성녹농균(MRPA) 　　감염증 마. 다제내성아시네토박터 　　바우마니균(MRAB) 감염증 바. 카바페넴내성장내세균목 　　(CRE) 감염증

2) 국민의 권리와 의무(법 제6조)

① 국민은 **감염병으로 격리 및 치료** 등을 받은 경우 이로 인한 **피해를 보상**받을 수 있다.

② 국민은 감염병 발생 상황, 감염병 예방 및 관리 등에 관한 **정보와 대응방법을 알 권리**가 있고, **국가와 지방자치단체**는 신속하게 **정보를 공개**하여야 한다.

③ 국민은 의료기관에서 이 법에 따른 감염병에 대한 **진단 및 치료를 받을 권리**가 있고, **국가와 지방자치단체**는 이에 소요되는 **비용을 부담**하여야 한다.

④ 국민은 치료 및 격리조치 등 국가와 지방자치단체의 감염병예방 및 관리를 위한 활동에 **적극 협조**하여야 한다.

3) 법정 감염병의 신고 및 보고체계

(1) 의사등의 신고(법 제11조)

① **의사, 치과의사 또는 한의사**는 다음 각 호의 어느 하나에 해당하는 사실(표본감시 대상이 되는 제4급감염병으로 인한 경우는 제외한다)이 있으면 **소속 의료기관의 장에게 보고**하여야 하고, 해당 환자와 그 동거인에게 질병관리청장이 정하는 감염 방지 방법 등을 지도하여야 한다. 다만, **의료기관에 소속되지 아니한 의사, 치과의사 또는 한의사**는 그 사실을 **관할 보건소장에게 신고**하여야 한다.

  1. 감염병환자등을 진단하거나 사체를 검안한 경우
  2. 예방접종 후 이상반응자를 진단하거나 그 사체를 검안한 경우
  3. 감염병환자등이 **제1급감염병부터 제3급감염병**까지에 해당하는 감염병으로 사망한 경우
  4. 감염병환자로 의심되는 사람이 감염병병원체 검사를 거부하는 경우

② 감염병병원체 확인기관의 소속 직원은 실험실 검사 등을 통하여 **보건복지부령으로 정하는 감염병환자등**을 발견한 경우 그 사실을 **감염병병원체 확인기관의 장에게 보고**하여야 한다.

③ 제1항 및 제2항에 따라 보고를 받은 **의료기관의 장과 감염병병원체 확인기관의 장**은 제1급감염병의 경우는 즉시, 제2급감염병 및 제3급감염병의 경우에는 24시간 이내에, 제 4급감염병의 경우에는 7일 이내에 질병관리청장 또는 관할 보건소장에게 신고하여야 한다.

④ 육군, 해군, 공군 또는 국방부 직할 부대에 소속된 **군의관**은 제1항 각 호의 어느 하나에 해당하는 사실(표본감시 대상이 되는 감염병으로 인한 경우는 제외한다)이 있으면 **소속부대장에게 보고**하여야 하고, 보고를 받은 **소속 부대장은 제1급감염병의 경우에는 즉시, 제2급감염병 및 제3급감염병의 경우에는 24시간 이내에 관할 보건소장에게 신고**하여야 한다.

⑤ 제16조제1항에 따른 **감염병 표본감시기관**은 제16조제6항에 따라 **표본감시대상이 되는 제4급감염병**으로 인하여 제1항제1호 또는 제3호에 해당하는 사실이 있으면 보건복지부령이 정하는 바에 따라 **질병관리청장 또는 보건소장에게 신고**하여야 한다.

🔍 참고 POINT

[감염병 표본감시 등(법 제16조)]
① 질병관리청장은 감염병 발생의 의과학적 인 감시를 위하여 질병의 특성과 지역을 고려하여「보건의료기본법」에 따른 보건의료기관이나 그 밖의 기관 또는 단체를 감염병 표본감시기관으로 지정할 수 있다.
② 질병관리청장, 시·도지사, 시장·군수·구청장은 제 1항에 따라 지정받은 감염병 표본감시기관의 장에게 감염병의 표본감시와 관련하여 필요한 자료의 제출을 요구하거나 감염병의 예방·관리에 필요한 협조를 요청할 수 있다. 이 경우 표본감시기관은 특별한 사유가 없으면 이에 따라야 한다.

(2) 그 밖의 신고의무자(법 제12조)

① 다음 각 호의 어느 하나에 해당하는 사람은 제1급감염병부터 제3급감염병까지에 해당하는 감염병 중 **보건복지부령이 정하는 감염병**이 발생한 경우 의사, 치과의사 또는 한의사의 **진단이나 검안을 요구**하거나 해당 주소지를 관할하는 **보건소장에게 신고**하여야 한다.

1. 일반가정에서는 세대를 같이하는 **세대주**. 다만 세대주가 부재 중인 경우에는 그 세대원

2. 학교, 병원, 관공서, 회사, 공연장, 예배장소, 선박·항공기·열차 등 운송수단, 각종 사무소·사업소, 음식점, 숙박업소 또는 그 밖에 여러 사람이 모이는 장소로서 보건복지부령이 정하는 장소의 **관리인, 경영자 또는 대표자**

3. 「약사법」에 따른 **약사·한약사 및 약국개설자**

② 제1항에 따른 신고의무자가 아니더라도 **감염병환자등 또는 감염병으로 인한 사망자**로 의심되는 사람을 발견하면 **보건소장**에게 알려야 한다.

③ 제1항에 따른 신고의 방법과 기간(**지체없이**) 및 제2항에 따른 통보의 방법과 절차 등에 관하여 필요한 사항은 보건복지부령으로 정한다.

> **핵심 CHECK** ◀◀◀
>
> **1. 감염병 신고의무자**
>
> | ① 의사, 한의사, 치과의사 | ② 의료기관의 장 |
> | ③ 감염병 병원체 확인기관의 장 | ④ 부대장 |
> | ⑤ 표본감시기관 | ⑥ 그 밖의 신고자 |
>
> **2. 신고 대상 감염병 및 신고 시기**
>
> ① 제1급 감염병: 즉시 신고
> ② 제2급 감염병 및 제3급 감염병: 24시간 이내 신고
> ③ 제4급 감염병: 7일 이내 신고
>
> **3. 그 밖의 신고자 신고대상 감염병(8종)**
>
> 홍역, 결핵, 콜레라, 장티푸스, 파라티푸스, 세균성 이질, 장출혈성대장균감염증, A형 간염

(3) 보건소장 등의 보고(법 제13조)

① 제11조 및 제12조에 따라 신고를 받은 **보건소장**은 그 내용을 관할 특별자치도지사 또는 **시장·군수·구청장에게 보고**하여야 하며, 보고를 받은 특별자치시장·특별자치도지사는 질병관리청장에게, **시장·군수·구청장은 질병관리청장 및 시·도지사에게 이를 각각 보고**하여야 한다.

② 제1항에 따라 보고를 받은 질병관리청장, 시·도지사 또는 시장·군수·구청장은 제11조 제1항 제4호에 해당하는 사람(제1급감염병환자로 의심되는 경우에 한정한다)에 대하여 감염병병원체 검사를 하게 할 수 있다.

③ 제1항에 따른 보고의 방법 및 절차 등에 관하여 필요한 사항은 보건복지부령으로 정한다.

(4) 인수공통감염병의 통보(법 제14조)

① 「가축전염병예방법」 제11조제1항제2호에 따라 **신고를 받은 국립가축방역기관장, 신고대상 가축의 소재지를 관할하는 시장·군수·구청장 또는 시·도 가축방역기관의 장은** 같은 법에 따른 가축전염병 중 다음 각 호의 어느 하나에 해당하는 감염병의 경우에는 **즉시 질병관리청장에게 통보**하여야 한다.

1. **탄저**
2. **고병원성조류인플루엔자**
3. **광견병**
4. 그 밖에 대통령령으로 정하는 인수공통감염병(**동물인플루엔자**)

② 제1항에 따른 통보를 받은 **질병관리청장**은 감염병의 예방 및 확산 방지를 위하여 이 법에 따른 **적절한 조치**를 취하여야 한다.

4) 감염병의 관리

(1) 역학조사(법 제18조)

① **질병관리청장, 시·도지사 또는 시장·군수·구청장**은 감염병이 발생하여 유행할 우려가 있거나, 감염병 여부가 불분명하나 발병원인을 조사할 필요가 있다고 인정하면 **지체없이 역학조사를 하여야** 하고, 그 결과에 관한 정보를 필요한 범위에서 **해당 의료기관에 제공**하여야 한다. 다만, 지역 확산 방지 등을 위하여 필요한 경우 다른 의료기관에 제공하여야 한다.

② **질병관리청장, 시·도지사 또는 시장·군수·구청장**은 역학조사를 하기 위하여 역학조사반을 각각 설치하여야 한다.

(2) 감염병환자 등의 관리(법 제41조)

감염병 중 특히 전파위험이 높은 감염병으로서 **제1급감염병 및 질병관리청장이 고시한 감염병에 걸린 감염병환자등은 감염병관리기관, 중앙감염병전문병원, 권역별감염병전문병원 및 감염병관리시설을 갖춘 의료기관**(이하 "감염병관리기관등"이라 한다)에서 **입원치료**를 받아야 한다.

○ 법 41조 1항에 따른 질병관리청장이 고시한 감염병(11종)
홍역, 폴리오, 결핵, 성홍열, 수막구균감염증, 콜레라, 장티푸스, 파라티푸스, 세균성 이질, 장출혈성 대장균 감염증, A형간염

Q 참고 POINT

[감염병관리기관의 지정(법 제36조)]
① **보건복지부장관, 질병관리청장 또는 시·도지사**는 보건복지부령이 정하는 바에 따라 「의료법」제3조에 따른 의료기관을 **감염병관리기관으로 지정**하여야 한다.
② 시장·군수·구청장은 보건복지부령으로 정하는 바에 따라 「의료법」에 따른 의료기관을 감염병관리기관으로 지정할 수 있다.

③ 지정 받은 **의료기관(감염병관리기관)의 장**은 감염병을 예방하고 감염병환자등을 진료하는 시설(**감염병관리시설**)을 설치하여야 한다. 이 경우 보건복지부령이 정하는 **일정 규모 이상**의 감염병관리기관에는 감염병의 전파를 막기위하여 **전실 및 음압시설 등을 갖춘 1인 병실**을 보건복지부령이 정하는 기준에 따라 설치하여야 한다.

④ 감염병관리기관이 아닌 의료기관이 감염병관리시설을 설치·운영하려면 보건복지부령으로 정하는 바에 따라 특별자치시장·특별자치도지사 또는 시장·군수·구청장에게 신고하여야 한다. 이 경우 이 법에 적합하면 신고를 수리하여야 한다.

[감염병위기 시 감염병관리기관의 설치 등(법 제37조)]

① 보건복지부장관, 질병관리청장, 시·도지사 또는 시장·군수·구청장은 감염병환자가 대량으로 발생하거나 제36조에 따라 지정된 감염병관리기관만으로 감염병환자등을 모두 수용하기 어려운 경우에는 다음과 같은 조치를 취할 수 있다.

  1. 제36조에 따라 **지정된 감염병관리기관이 아닌 의료기관을 일정 기간 동안 감염병관리기관으로 지정**

  2. **격리소·요양소 또는 진료소**의 설치·운영

(3) 감염병에 관한 강제처분(법 42조)

질병관리청장, 시·도지사 또는 시장·군수·구청장은 해당 공무원으로 하여금 다음 각 호의 어느 하나에 해당하는 감염병환자등이 있다고 인정되는 주거시설, 선박, 항공기, 열차 등 운송수단 또는 그 밖의 장소에 들어가 **필요한 조사나 진찰**을 하게 할 수 있으며, 그 진찰 결과 **감염병환자등으로 인정**될 때에는 동행하여 치료받게 하거나 입원시킬 수 있다.

1. **제1급감염병**
2. **제2급감염병** 중 결핵, 홍역, 콜레라, 장티푸스, 파라티푸스, 세균성이질, 장출혈성대장균감염증, A형간염, 수막구균 감염증, 폴리오, 성홍열 또는 질병관리청장이 정하는 감염병
3. **제3급감염병** 중 질병관리청장이 정하는 감염병(MPOX)
4. **세계보건기구 감시대상 감염병**

🔗 **기출문제 맛 보기**

「감염병 예방 및 관리에 관한 법률」상 질병관리청장, 시·도지사, 시장·군수·구청장이 강제처분권을 가지고 감염병이 의심되는 주거시설, 선박, 항공기, 열차 등의 운송 수단 또는 그 밖의 장소에 들어가 필요한 조사나 진찰을 하게 할 수 있는 감염병에 포함되지 않는 것은?　　　　　　　　15년 서울(수정)

① 제1급 감염병
② 제2급 감염병 중 장티푸스, 결핵, 홍역, 세균성 이질, 파라티푸스
③ 제3급 감염병 중 쯔쯔가무시증, 렙토스피라증 및 신증후군 출혈열
④ 세계보건기구 감시대상 감염병

정답 ③

CHAPTER **06** 만성질환의 관리

1 만성질환의 개요

1) 만성질환의 정의

① 만성질환은 감염성 질환에 상반되는 개념으로(WHO), 영구적이고 돌이킬 수 없는 병리적 변화에 의한 것으로서 최소 3개월 이상 지속되는 병적상태를 의미함(미국만성질병위원회)

② 일단 발생하면 3개월 이상 오랜 기간 경과된 경우로, 호전과 악화를 반복하면서 결국 점점 나빠지는 방향으로 진행하는 특성을 가진 질환(국민건강보험공단)

➡ 암, 심장질환, 뇌혈관질환 모두 만성질환으로 총사망자의 47.4% 차지(2013)

2) 만성 질환의 증가요인

① 평균수명의 증가

② 산업기술의 발달: 건강에 해를 미치는 요인의 증가, 환경오염, 사고의 증가, 스트레스 증가

③ 생활양식의 변화: 식습관의 변화, 운동량의 감소, 흡연 및 음주의 증가

④ 의학의 발달: 진단과 치료기술의 발달

3) 만성 질환의 특성

① 3개월 이상 오랜 기간의 경과를 가짐

② 호전과 악화를 반복하면서 점점 악화되는 경향을 보임

③ 연령이 증가함에 따라 유병률이 증가함

④ 다인적 요인으로 원인이 명확히 밝혀지지 않음

⑤ 기능장애를 동반하는 경우가 흔함

4) 만성 질환의 관리

(1) 1차 예방사업

① 발병 전 원인 노출을 방지하여 발병이 되지 않도록 함

② 예방접종, 건강증진사업(금연, 절주, 운동 및 영양개선 사업)

(2) 2차 예방사업

① 병리적 병소가 발생하였으나 증상이 나타나기 전에 조기진단 및 치료를 통해 유병률을 감소시킴

② 종류

㉠ 정기검진

㉡ 암 건강검진(위암, 자궁암, 유방암 등 주요 암에 대한 무료 검진) 및 암 등록사업

㉢ 직업병 검색을 통한 질병 조기발견 및 치료

(3) 3차 예방사업

① 후유증 및 불능 예방 및 감소, 재활치료를 통해 정상생활 및 사회생활로의 복귀를 도움

② 재활

---

2 집단검진

1) 집단검진(mass screening)의 목적

질병을 조기에 발견 조기 치료함으로써 치명적인 결과를 감소시키기 위함

2) 집단검진을 위한 구비조건

① 선별해 내려는 상태는 중요한 건강문제이어야 한다.

② 질병이 발견되면 효과적인 치료법이 있어야 한다.

③ 정확하게 진단을 내리고 치료를 할 수 있는 시설이 있어야 한다.

④ 어느 정도의 잠복기 또는 초기 증상을 나타내는 시기가 있는 질병이어야 한다.

⑤ 타당하고 신뢰성 있는 검사 방법이 있어야 한다.

⑥ 주민들이 검사방법을 받아들일 수 있어야 한다.

⑦ 질병의 발생 및 진행과정(자연사)이 알려진 질병이어야 한다.

⑧ 치료를 해야 할 환자로 규정하는 기준이 마련되어 있어야 한다.

⑨ 환자 발견해서 진단과 치료하는데 소요되는 경비가 부담 되지 않아야 한다.

⑩ 환자 색출은 계속적으로 이루어져야 하며, 한 번으로 끝나서는 안 된다.

3) 집단검진 도구의 평가

(1) 신뢰도(Repeatability = Reliability)

① 같은 검사법을 동일 대상자에게 반복 측정 시 같은 결과가 나오는 경향

즉 **측정결과의 일관성**(일정성, consistency)을 의미하는 척도이다.

② **영향요인**: 관측자의 편견, 기술부족, 측정도구의 불량상태, 측정 시 환경조건 등

③ **신뢰도를 높이는 방법**

㉠ 측정자의 숙련도와 측정기술을 높인다.

㉡ 측정자수를 줄임으로써 측정자간에 발생할 수 있는 오차를 감소시킨다.

㉢ 표준화된 환경 하에서 측정을 하도록 한다.

㉣ 측정도구의 주기적인 관리

㉤ 여러 가지 방법을 병행한 측정치로 종합적인 평가를 하므로 한 측정치에서 발생할 수 있는 오차를 감소시킬 수 있다.

(2) 타당도 = 정확도(Validity)

① 어떤 측정치나 측정방법이 측정하고자 하는 내용을 **얼마나 정확하게 반영**해 주는지의 정도를 의미한다.

② 타당도에 영향을 주는 요소로는 진단의 경계값(Cutting Point), 유병율, 신뢰도, 환자정의에 대한 기준의 명확성, 측정자의 성실성 등이 있다.

어떤 검진방법	확실한 검진방법(질병)		계
	양성(질병유)	음성(질병무)	
양성	a (진양성)	b (가양성)	a+b
음성	c (가음성)	d (진음성)	c+d
계	a+c (총 환자수)	b+d (총 비환자수)	a+b+c+d

타당도의 종류	설명	구하는 공식
민감도	• 질병에 걸린 사람이 **양성**으로 나올 확률	$a/(a+c) \times 100$
특이도	• 질병에 안걸린 사람이 **음성**으로 나올 확률	$d/(b+d) \times 100$
양성예측도	• 측정도구가 질병이라고 판단된 사람 중 실제로 **질병이 있는** 비율	$a/(a+b) \times 100$
음성예측도	• 측정도구가 질병이 아니라고 판단된 사람 중 실제로 **질병이 없는** 비율	$d/(c+d) \times 100$

Q 참고 POINT

[도구의 타당도 간의 관계]
① 민감도가 높은 도구는 음성예측도가 높다.
② 특이도가 높은 도구는 양성예측도가 높다.

[경계값과 타당도의 관계]
① 진단의 경계값이 낮아지면(엄격해지면): 가음성수가 감소하므로 → 민감도는 높아지고,
　　　　　　　　　　　　　　　　　　　 가양성수는 증가하므로 → 특이도는 낮아진다.
② 진단의 경계값이 높아지면(완화되면): 가음성수가 증가하므로 → 민감도는 낮아지고,
　　　　　　　　　　　　　　　　　　　 가양성수는 감소하므로 → 특이도는 높아진다.

[유병률과 타당도의 관계]
① 유병률이 낮으면: 가양성수가 증가하여 → 양성예측도가 감소하므로 → 이를 보완하기 위하여 특이도가
　 높은 검진도구를 사용하여야 한다.
② 유병률이 높으면: 가음성수가 증가하여 → 음성예측도가 감소하므로 → 이를 보완하기 위하여 민감도가
　 높은 검진도구를 사용하여야 한다.

✏ 기출문제 맛 보기

당뇨병환자의 진단기준은 공복 시 혈당 126mg/dl 이상이다. 만약 기준을 공복 시 혈당 115mg/dl으로 낮출 경우 민감도와 특이도의 변화로 옳은 것은?　　　　　13년 서울

① 민감도, 특이도 모두 증가한다.
② 민감도, 특이도 모두 감소한다.
③ 민감도는 증가하고 특이도는 감소한다.
④ 민감도는 감소하고 특이도는 증가한다.

정답 ③

Q 참고 POINT

[보건통계의 해석과 활용]

(1) 표본의 추출

(1) 확률표본추출법	
단순무작위추출법	사전에 아무런 조정을 하지 않고 표본을 추출하는 것으로 난수표를 이용하는 방법
층화무작위추출법	모집단의 특성에 따라 모집단을 몇 개의 계층으로 분류하여, 분류된 각 계층으로부터 표본을 추출하는 방법
계통추출법	표본추출단위들이 일련의 순서로 나열되어 있을 때 일정한 간격으로 등 해 나가면서 추출하는 방법
집락추출법	모집단을 구성하는 각 개인이 직접 추출되는 것이 아니라, 표본추출 단위를 선정하고, 선정된 표본추출 단위에서 일부 혹은 전체를 다시 표본 추출하여 조사하는 방법
(2) 비확률표본추출법	
임의표출법	연구자 임의로 표본을 선정하는 방법으로 대표성이 확보되지 않음
눈덩이표출법	원하는 특성을 가진 대상자가 드문 경우 사용하는 방법으로 일부의 대상자를 선정한 후 동일한 특성을 가진 대상자를 소개받으며 표본을 추출
할당표출법	모집단의 특성을 구분지어 각 계층의 비율을 파악한 뒤 비율에 따라 임의표출하는 방법이다.
의도표출법	표본추출 시 어떤 목적을 가지고 의도적으로 표본을 선택하는 방법

(2) 변수의 척도

명목척도	측정 대상의 속성을 범주화(분류)할 수 있으나, 서열화할 수 없음 예 성별, 종교, 결혼상태, 혈액형
서열척도	측정대상의 속성에 대하여 상대적인 서열(순위)을 표기하는 척도로 우열을 관계만을 구분하며, 척도단위의 간격이 동일함을 의미하지 않음 예 경제수준, 통증의 강도, 사회계층, 선호도, 석차
등간척도	서열로 표시할 수 있고, 척도단위의 간격이 동일하며, 임의의 영점(0)이 존재함 예 온도, 점수, 물가지수
비율척도	척도의 간격이 동일하며, 절대 영점(0)을 가지고 있어 사칙연산이 가능한 척도 예 무게, 속도, 부피, 길이, 거리, 시간

(3) 대표값

평균값(mean)	n개의 각 측정값을 모두 합하여 n개로 나눈 값으로, 극단값에 민감하게 반응
중앙값(median)	n개의 측정값을 그 크기에 따라 작은 값에서 큰 값으로 순서에 따라 배령한 후, 중앙에 위치한 값. 극단값에 민감하지 않음
최빈값(mode)	측정된 값들 중 가장 빈도가 높은 값을 의미함

📝 단원확인문제

01. 건강한 사람을 대상으로 질환발생이 어떻게 나타나는지를 비교하여 원인요인을 규명하고자 한다. 적절한 연구설계는 다음의 어느 것인가?

① 기술연구　　　　　　　　　　　　② 코호트 연구
③ 환자-대조군 연구　　　　　　　　　④ 임상실험 연구

02. 환자 - 대조군연구에 대한 설명으로 맞는 것은?

가. 연구가 단기간 내 수행될 수 있다.
나. 위험요인 노출에서부터 질병진행의 전 과정을 관찰할 수 있다
다. 희귀한 질병 및 잠복기간이 긴 질병도 연구가 가능하다.
라. 인과 관계가 비교적 분명하다.

① 가, 나, 다　　　　　　　　　　　② 가, 다
③ 나, 라　　　　　　　　　　　　　④ 가, 나, 다, 라

03. 역학연구방법 중 단면조사연구방법에 대한 설명으로 옳은 것은?

가. 특정 건강문제와 유해요인을 동시에 조사하는 연구이다.
나. 조사시간이 많이 걸린다.
다. 관찰이나 조사표를 활용할 수 있다.
라. 건강문제와 유해요인과의 인과 관계를 밝히는 방법이다.

① 가, 나, 다　　　　　　　　　　　② 가, 다
③ 나, 라　　　　　　　　　　　　　④ 가, 나, 다, 라

04. 역학연구방법 중에서 코호트 연구방법의 특징으로 옳은 것은?

> 가. 위험요인 노출수준을 반복 측정할 수 있다.
> 나. 장기적인 관찰이 필요하다.
> 다. 원인결과 해석에서 전후 관계가 비교적 분명하다.
> 라. 노력과 비용이 많이 소요된다.

① 가, 나, 다   ② 가, 다
③ 나, 라   ④ 가, 나, 다, 라

05. 다음 중 질병에 이환된 후 얻게 되는 면역은?

① 자연능동면역   ② 자연피동면역
③ 인공능동면역   ④ 인공피동면역

06. 제2급 법정 감염병에 대한 설명으로 옳은 것은?

> 가. 전파가능성 고려대상 감염병이다.
> 나. 발생 즉시 신고해야 하는 감염병이다.
> 다. 결핵, 파라티푸스, 세균성이질, 백일해 홍역 등이 속한다.
> 라. 계속 발생 감시가 필요한 감염병이다.

① 가, 나, 다   ② 가, 다
③ 나, 라   ④ 라

07. 다음 중 감염성 질환의 예방 및 관리방법은?

가. 건강격리	나. 환경위생
다. 예방접종	라. 감염력 감소

① 가, 나, 다   ② 가, 다

③ 나, 라   ④ 가, 나, 다, 라

08. 다음 중 수인성감염병의 역학적 특성으로 맞지 않는 것은?

① 2~3일 내에 폭발적으로 환자가 발생한다.
② 급수지역과 환자발생 분포가 일치한다.
③ 여름철에만 발생한다.
④ 다른 소화기계 감염병에 비해 치명률과 2차 발생률이 낮다.

09. 인간병원소 중 이상증상이 없는 병원체 보유자로서 전염원으로 작용하는 감염자를 의미하는 용어는?

① 현성 감염자   ② 보균자

③ 잠복 감염자   ④ 불현성 감염자

10. 의심되는 요인에 폭로된 사람이 폭로 안 된 사람에 비하여 질병이 발병할 가능성이 얼마나 큰지 그 차이를 보는 것은?

① 상대위험도   ② 민감도

③ 특이도   ④ 귀속위험도

11. 감염병의 전파차단을 방지하기 위해 감염원이 되는 병원소를 제거해야 하는 것은?

① 콜레라   ② 장티푸스

③ 브루셀라   ④ 디프테리아

12. 만성 퇴행성 질환의 특징은?

가. 연령과의 상관성은 밝혀지지 않았다.
나. 점점 증세가 악화되는 특성을 지닌다.
다. 원인이 명확하게 밝혀져 있다.
라. 3개월 이상 오랜 기간의 경과를 갖는다.

① 가, 나, 다   ② 가, 다

③ 나, 라   ④ 라

13. 유행하는 질병의 지역적 유행 양상에 해당되지 않은 것은?

① 범유행성   ② 유행성

③ 돌연 유행성   ④ 지방성

14. 지역사회의 유병률을 높이는 조건으로 이루어진 것은?

가. 평균 질병이환기간의 증가	나. 낙후된 진단기술
다. 질병발생률의 증가	라. 보고율의 저하

① 가, 나, 다   ② 가, 다

③ 나, 라   ④ 가, 다, 라

15. 다음의 표에서 흡연에 의한 폐암발생의 상대위험비는 몇 배인가?

흡연(요인)	폐암(질병)		계
	유	무	
유	10	990	1,000
무	10	1,990	2,000
계	20	2,980	

① 1 ② 2
③ 3 ④ 4

16. 다음 중 아래 A지역의 병원력과 치명률로 옳은 것은?

> 가. A지역의 총인원 수는 10,000명
> 나. A지역의 감염자 수는 300명
> 다. A지역의 증상이 있는 현성감염자 수는 150명
> 라. A지역의 감염으로 인한 사망자 수 30명(현성감염자 수에 포함됨)

① 30%, 20% ② 50%, 10%
③ 50%, 20% ④ 60%, 10%

17. 만성퇴행성 질환의 일차 예방은 다음의 어느 것이 주된 사업인가?

> 가. 건강증진사업 나. 집단검진사업
> 다. 보건교육사업 라. 조기치료사업

① 가, 나, 다 ② 가, 다
③ 나, 라 ④ 가, 나, 다, 라

18. 다음 중 소화기계 감염병은?

| 가. 장티푸스 | 나. 콜레라 |
| 다. 세균성 이질 | 라. 디프테리아 |

① 가, 나, 다   ② 가, 다

③ 나, 라   ④ 가, 다, 라

19. 다음 운동부족과 심혈관질환 발생과의 관계를 알아보기 위해 환자-대조군 연구를 실시하였다. 아래표와 같은 결과가 나왔을 때 운동부족과 심혈관질환 발생 간의 교차비는 얼마인가?

	질환군	건강군
운동부족	120	880
운동실시	48	952

① (880 / 952) / (120 / 48)   ② (120 / 48) / (880 / 952)

③ (120 / 168) / (880 / 1832)   ④ (48 / 1000) / (120 / 1000)

20. 숙주와 병원체가 접촉하여 감염이 실패할 경우 작용 요인이 아닌 것은?

① 병원체의 낮은 감염력   ② 숙주의 특이면역

③ 부적합한 침입경로   ④ 숙주의 높은 감수성

21. 다음 설명에 해당하는 질병발생 모형은?

질병 발생을 인간과 환경과의 상호작용의 결과로 설명하며, 질병에 대한 원인 요소들의 기여 정도에 따라 면적 크기를 다르게 표현함으로써 역학적으로 분석한다.

① 역학적 삼각형 모형   ② 거미줄 모형

③ 수레바퀴모형   ④ 생태학적 모형

22. 병원체가 호흡기 계통으로 침입하여 병을 일으키는 질병은?

가. 폐결핵	나. 홍역
다. 수두	라. A형 간염

① 가, 나, 다   ② 가, 다

③ 나, 라   ④ 가, 나, 다, 라

23. 아동에게 「감염병예방법」에 의거하여 국가예방접종사업으로 지정하고 실시하고 있는 것은?

가. 수두	나. 결핵
다. 풍진	라. 인플루엔자

① 가, 나, 다   ② 가, 다

③ 나, 라   ④ 가, 나, 다, 라

24. 다음 중 예방접종 시기가 옳게 연결된 것은?

가. 생후 즉시 – B형 간염	나. 생후 1개월 – BCG
다. 생후 6개월 이내 – 소아마비	라. 생후 1년 이내 – 파상풍

① 가, 나, 다   ② 가, 다

③ 나, 라   ④ 가, 나, 다, 라

25. 제1급 감염병에 대해 옳은 설명은?

가. 치명률이 높거나 집단발생의 우려가 큰 감염병이다.
나. 음압격리 등 높은 수준의 격리가 필요한 감염병이다.
다. 디프테리아, 두창, 신종인플루엔자, SARS 등의 감염병이다.
라. 발생 또는 유행 시 24시간 이내에 신고하여야 한다.

① 가, 나, 다   ② 가, 다
③ 나, 라   ④ 가, 나

26. 다음 중 감염병에 대한 설명으로 옳은 것은?

가. 제1급 감염병은 생물테러감염병 또는 치명률이 높거나 집단발생의 우려가 큰 감염병으로 발생 또는 유행 즉시 신고하여야 하고, 음압격리가 필요한 감염병이다.
나. 제2급 감염병은 전파가능성을 고려하여 발생 또는 유행 시 24시간 이내에 신고하여야 하고, 격리가 필요한 감염병이다.
다. 제3급 감염병은 그 발생을 계속 감시할 필요가 있어 발생 또는 유행 시 24시간 이내에 신고하여야 하는 감염병이다.
라. 제4급 감염병은 제1급감염병부터 제3급 감염병까지의 감염병 외에 유행여부를 조사하기 위하여 표본감시활동이 필요한 감염병이다.

① 가, 나, 다   ② 가, 다
③ 나, 라   ④ 가, 나, 다, 라

27. 건강검진에서 간질환 양성으로 나온 주민들에게 2차 확인 검사를 시행하였을 때 이중 96%가 질환이 있는 것으로 판명되었다. 이에 대한 설명으로 옳은 것은?

① 검사의 민감도가 높다.   ② 검사의 특이도가 높다.
③ 검사의 양성예측도가 높다.   ④ 검사의 음성예측도가 높다.

28. 우리나라 전체 사망 중 암으로 인한 사망은 25%를 차지하고 있다. 어느 지표를 설명한 것인가?

① 비례사망률   ② 조사망률

③ 비례사망지수   ④ 원인별 사망률

29. 특정요인 여부에 따른 질병의 발생을 설명하는 측정치에 관한 설명으로 옳지 않은 것은?

① 기여위험도는 폭로군과 비폭로군의 질병발생률 차이를 의미한다.
② 비교위험도는 폭로군과 비폭로군의 질병발생률 비를 의미한다.
③ 교차비는 환자군과 대조군이 과거 위험요인에 대한 노출정도의 차이를 알아보기 위한 것이다.
④ 상대위험비가 1에 가까울수록 위해요인의 영향력이 크다.

30. 감염자 중에서 증상을 발현하는 정도를 의미하는 것은?

① 치명률   ② 독력

③ 병원력   ④ 감염력

정답 및 해설 Answers & Explanations

01 정답 ②

건강한 사람을 대상으로 위험요인의 노출유무가 시간에 따라 질병발생을 일으키는 지 여부를 조사하는 연구는 코호트 연구이다 코호트 연구는 시간, 비용, 노력이 많이 들지만 연구의 질이 높은 장점이 있다.

02 정답 ②

환자–대조군 연구의 특징은 다음과 같다.
- 비용, 시간, 노력이 비교적 적게 든다.
- 희귀한 질병 및 잠복기간이 긴 질병도 연구가 가능하다.
- 필요한 연구대상자의 숫자가 적다.
- 기억력에 의존하므로 정보편견의 위험이 있다.
- 동일한 조건의 대조군 선정의 어려움이 있다.
- 인과관계가 불명확하다.

나, 라는 코호트 연구의 특징이다.

03 정답 ②

단면조사연구는 짧은 시간에 특정건강문제와 유해요인을 동시에 조사하는 연구로 조사표를 활용한다. 주로 인과관계 보다는 연관성을 밝히며 표본이 많아야만 연구가 가능하다.

04 정답 ④

코호트 연구는 긴 시간과 노력, 비용이 드는 연구로 건강한 사람을 대상으로 그들을 추적하여 질병발생 유무를 확인 하므로써 위험요인과 질병과의 인과관계를 밝히기 위한 목적으로 수행되는 분석연구 방법이다.

05 정답 ①

각 면역에 대한 설명은 다음과 같다.
- **자연능동면역**: 각종 질환에 이환된 후 형성되는 면역
- **인공능동면역**: 인위적으로 항원을 체내에 투입하여 항체를 생성되도록 하는 방법으로 생균, 사균, 순화독소 등을 사용하는 예방접종으로 얻어지는 면역
- **자연피동(수동)면역**: 직접 모체로부터 형성된 면역체를 받는 경우로 태반, 모유 등을 통해 얻는 면역을 말함
- **인공피동(수동)면역**: 인위적으로 면역체를 투입하는 것으로 B형 감염 모체에서 태어난 신생아에게 감마 글로블린 등을 주사하여 모체로부터의 감염을 예방하는 것이 있다.

06 정답 ②

제2급 법정감염병은 전파가능성이 높은 감염병으로 발생 또는 유행 시 24시간 이내에 신고하여야 한다.

07 정답 ⑤

감염성 질환의 예방 및 관리 방법은 다음과 같다.
- 병원소 제거
- 감염력의 감소: 적절한 치료
- 병원소 격리: 환자격리, 건강격리
- 환경위생 관리: 소독, 청결
- 면역증강: 예방접종, 영양, 휴식 및 운동, 충분한 수면
- 환자의 조기발견 및 조기치료

08 정답 ⑤

수인성 감염병 발생과 계절이 언제나 일치하지는 않는다.

09 정답 ②

인간병원소는 현성감염자(유증상자), 불현성 감염자(무증상자), 보균자로 나누어 볼 수 있다.
- **현성감염자(유증상자)**: 병원체에 감염되어 자각적 또는 타각적으로 이상증상이 있는 사람으로서 우리가 흔히 환자라고 한다.
- **불현성 감염자(무증상자)**: 병원체에 감염되었으나 임상증상이 아주 미약하여 본인이나 타인이 환자임을 간과하기 쉬운 환자를 말한다.
- **보균자**: 자각적으로나 타각적으로 임상증상이 없는 병원체 보유자로서 전염원으로 작용하는 감염자를 말하며 회복기보균자, 잠복기 보균자, 건강보균자가 있다.

10 정답 ④

- **상대위험도(비교위험도)**: 위험에 노출된 사람의 질병 발생률이 노출되지 않는 사람의 발생률에 비해 몇 배가 되는가를 보는 것으로 상대적 비율의 크기를 말한다.
- **기여위험도(귀속위험도)**: 위험에 노출된 집단의 질병 발생률에 대한 노출되지 않은 사람의 질병 발생률의 차이를 말하며 공중보건학적 견지에서 예방대책 수립에 이용된다.
- **민감도와 특이도**는 도구의 타당도(정확도)를 측정하는 방법으로 민감도는 질병에 걸린 사람이 양성으로 나올 확률, 특이도는 질병에 걸리지 않은 사람이 음성으로 나올 확률을 말한다.

11 정답 ③

병원소를 제거해야 하는 것은 동물병원소를 제거하는 것이므로 광견병, 페스트, 우형결핵, 탄저 브루셀라 등이다.

12 정답 ③

만성퇴행성 질환의 특성은 다음과 같다.
- 3개월 이상 오랜 기간의 경과
- 호전과 악화를 반복하며 점점 악화됨
- 연령이 증가함에 따라 유병률이 증가함
- 원인이 명확히 밝혀지지 않았음
- 기능장애를 동반함

13 정답 ③

돌연유행성은 크기별 질병 발생 용어가 아니라 시간적 특성을 나타내는 질병발생 용어이다.

14 정답 ②

유병률: 어느 시점 혹은 어느 기간에 일정한 집단의 환자수; 시점유병률, 기간유병률

기간유병률 $= \dfrac{\text{같은 기간동안에 존재하는 환자수}}{\text{일정기간 동안의 평균인구}}$

- 발생률과 유병률과의 관계: 유병률 = 발생률 × 이환기간

15 정답 ②

상대위험비 = 폭로군에서의 질병발생률/ 비폭로군에서의 질병발생률 = (10 / 1000) / (10 / 2,000) = 2이다.

16 정답 ③

병원력 = (현성감염자수 / 총감염자수) × 100 = (150 / 300) × 100 = 50%
치명률 = (사망자수 / 현성감염자수) × 100 = (30 / 150) × 100 = 20%

17 정답 ②

만성퇴행성 질환의 1차 예방은 고위험군과 건강인에게 특정질환의 위험인자에 대한 보건교육과 홍보사업이 주가 되며 전염성질환처럼 예방접종을 통하여 질병발생이전에 예방하기가 힘들다. 따라서 밝혀진 위험인자에 대한 교육과 건강증진차원의 교육을 통한 예방사업을 하게 된다.

18 정답 ①

- **소화기계 감염병**: 장티푸스, 파라티푸스, 콜레라, 세균성 이질, 폴리오, 비브리오 패혈증
- **호흡기계 감염병**: 페스트, 디프테리아, 백일해, 성홍열, 수막 구균성 수막염, 홍역, 유행성 이하선염, 결핵, 인플루엔자, 풍진, 레지오넬라
- **절족동물 매개 감염병**: 페스트, 발진티푸스, 말라리아, 일본뇌염, 신증후군출혈열, 쯔쯔가무시, 렙토스피라, 황열, 발진열
- **동물매개 감염병**: 공수병, 탄저

19 정답 ②

교차비 = (환자군에서 유해요인 노출군과 비노출군의 비)/(대조군에서 유애요인 노출군과 비노출군의 비)
그러므로 노출비 = (120 / 48) / (880 / 952)

20 정답 ④

감염에 실패하는 요인에는 병원체의 낮은 감염력, 불충분한 병원체의 양, 부적절한 침입로, 숙주의 낮은 감수성, 숙주의 특이면역(저항성)이 관련된다. 숙주가 높은 감수성을 지니고 있으면 감염에 성공하여 현성질환을 일으킨다.

21 정답 ③

- **역학적 삼각형 모형**: 질병의 발생은 숙주, 병원체, 환경과의 상호작용으로 설명하는 모형이다.
- **거미줄 모형**: 질병의 발생은 사람의 외부와 내부의 여러 요인들이 연결되어 발병됨을 설명한 모형이다.
- **생태학적 모형**: 질병의 발생을 숙주, 병원체, 환경과의 상호관계를 저울에 비유하여 설명한 모형이다.

22 정답 ①

A형 간염의 침입경로는 소화기계이다.

23 정답 ④

국가예방접종 참고

24 정답 ①

종류	기본접종
BCG	생후 4주 이내
DPT(DTaP)	2,4,6개월
소아마비	2,4,6개월
홍역, 볼거리, 풍진(MMR)	12~15개월
일본뇌염	사백신 생후 12~24개월(1주일간격으로 2회 접종)
	생백신(생후 12~24개월에 1회 접종하고 12개월 후 2차 접종)
수두	12~15개월
B형 간염	0,1,2 또는 0,1,6

25 정답 ①

제1급 감염병은 생물테러감염병 또는 치명률이 높거나 집단발생의 우려가 커서 발생 또는 유행 즉시 신고하여야 하며, 음압격리와 같은 높은 수준의 격리가 필요한 감염병이다.

26 정답 ④

모두 법정 감염병에 대한 맞는 설명이다.

27 정답 ③

검사결과 양성으로 나온 사람 중 실제 질병이 있을 확률은 양성예측도이다.

28 정답 ①

전체사망 중 특정질환으로 인한 사망은 비례사망비이다.
비례사망지수는 전체사망자수 중 50대 이상 사망자수를 말하며 수치가 클수록 보건수준이 높은 국가라 할 수 있다.
원인별 사망률은 전체인구 중 특정질환으로 인해 사망한 수를 말한다.

29 정답 ④

상대위험비가 1에 가까울수록 위해요인과 건강문제의 관련성은 없다.

30 정답 ③

병원성은 감염자 중 증상이 발현하는 정도를 의미한다.
감염성이란 숙주에 균이 침입하는 능력을 말하며 독성은 병원체가 숙주에 침입하여 위증도(사망이나 후유증)를 나타내는 것을 말한다. 이중 사망에 대한 확률은 치명률이다.

PART

09

환경보건

CHAPTER 01

환경보건의 이해

1 환경보건의 개념

1) 환경의 정의

인간을 포함한 모든 생명체를 둘러싸고, 그 생명체에 직·간접으로 상호영향을 미치는 외부세계를 말한다.

2) 환경의 분류

우리나라 환경정책기본법에 따르면 환경은 자연환경과 생활환경으로 나뉜다.

(1) 자연환경

지하·지표(해양 포함) 및 지상의 모든 생물과 이들을 둘러싸고 있는 비생물적인 것을 포함한 자연상태의 환경

(2) 생활환경

대기, 물, 폐기물, 소음, 진동, 악취, 일조 등 사람의 일상생활과 관계되는 환경

3) 주요 환경문제

(1) 기후변화로 인한 자연재해, 환경호르몬, 오존층의 파괴, 지구온난화, 유해 폐기물의 국가 간 이동, 생물종의 감소, 산성비의 영향 등

(2) 주요 3대 환경문제

① 환경호르몬(내분비계 장애물질)
② 오존층의 파괴
③ 지구온난화

Q 참고 POINT

[내분비계 장애물질(환경호르몬)]

(1) 내분비계 장애물질이란?

환경 중에 배출된 화학물질 등이 생물체 내에 유입되어 호르몬처럼 작용하면서 내분비계의 정상적인 기능에 장애를 일으켜, 생태계 및 인간의 생식기능 저하, 기형, 성장장애, 암 등을 유발하는 물질을 말한다.

(2) 특성

① 생체 호르몬과는 달리 쉽게 분해되지 않는다.

② 환경 중 및 생체 내에 잔존하며 심지어 수년간 지속되기도 한다.

③ 인체 등 생물체의 지방 및 조직에 농축되는 성질이 있다.

(3) 내분비계 장애 유발물질

① 각종 산업용 화학물질(원료물질): PCB, 비스페놀 A

② 살충제 및 제초제 등의 농약류: DDT, 아미톨, 아트라진 등

③ 유기 중금속류: 수은, 납, 카드뮴

④ 소각장의 다이옥신류 등

4) 환경문제의 원인

(1) **인구증가**

(2) **경제개발**: 자연자원의 개발을 통한 환경자원의 고갈 및 파괴

(3) **산업화**: 오염물질의 배출 증가의 가장 직접적인 요인임

(3) **도시화**: 교통문제, 생산시설의 집중, 사용 후 폐기물량의 증가 등

(4) **과학기술의 발달**: 신물질의 개발과 생산이 생태계의 파괴를 초래

(5) **환경에 대한 인식 부족 및 행정의 미비**

5) 환경문제의 특성

(1) **다양화**: 오염물질의 다양화

(2) **누적화**: 자정능력 상실에 의한 누적화 현상

(3) **다발화와 지속성**: 대도시 주변의 공장난립과 인구의 집중 등으로 오염발생이 빈발

(4) **광역화**: 무계획적인 산업개발의 확대로 농촌까지 오염물질의 확산과 누적화

2 환경보존을 위한 국제환경회의와 기구

1) 주요 국제환경회의

(1) UN 인간환경회의(UNCHE)

1972년 스웨덴 스톡홀름에서 개최: 스톡홀름회의

① 113개국 정상이 모여 '**인간환경선언**' 선포

② '단 하나 뿐인 지구(only one earth)'를 보호하자는 공동 인식에 합의함

(2) 유엔환경계획기구(UNEP)창설

① 1973년 UN산하 환경전담기구인 '유엔환경계획기구UNEP)' 창설

② 본부는 케냐의 나이로비

③ 환경문제에 대한 각종 협약, 회의 등 구심적 역할을 함

(3) 유엔환경개발회의(UNCED)

1992년 브라질의 리우데자네이루에서 개최: 리우회의

① 환경보전에 대한 각국의 합의가 도출

② '**리우환경선언**'과 구체적 실천계획인 '**Agenda 21**' 채택

　㉠ **리우선언**

　　환경적으로 건전하고 지속 가능한 개발의 구현을 위한 지구 환경질서에 대한 기본원칙

　㉡ **의제 21**

　　리우선언의 구체적인 환경보전 실천계획 즉 21세기 지구인의 행동강령

　㉢ 3개의 협약

　　• **기후변화협약**: 기후온난화방지를 위한 협약

　　• **생물다양성 협약**: 생물자원 보존을 위한 협약

　　• **삼림보존권고안(산림원칙)**: 산림의 보호와 지속가능한 이용에 관한 협약

2) 주요 국제환경협약

주제	협약명	개최년도	협약내용 및 규제 대상
인간환경보호	유엔인간환경회의 (스톡홀름 회의)	1972	• '인간환경선언' 선포 • 'the only one earth'를 보존하자는 공동인식
	유엔환경개발회의	1992	• '리우선언' 선표 • '의제 21' 채택
습지 보호	람사르협약 (1971)	1971	• 습지의 보호와 지속가능한 이용에 관한 협약

해양오염	런던협약 (1972)	1972	• 폐기물이나 다른 물질의 투기를 규제하는 해양오염 방지조약
오존층 파괴	비엔나협약 (1985)	1985	• 오존층 보호를 위한 국제 협약
	몬트리올의정서 (1987)	1987	• 오존층 파괴물질의 생산 및 사용의 규제에 관한 협약 • CFCs, Halon 등 96종의 오존파괴물질의 생산과 사용을 규제
유해폐기물	바젤협약 (1989)	1989	• 유해폐기물의 국가간 이동 및 처리에 관한 협약 • 유해 폐기물의 불법교역 및 처리
생물 다양성 보호	생물다양성 협약 (1992)	1992	• 지구상에 존재하는 생물종의 다양성 보존과 생물자원의 지속 가능한 이용을 위한 협약
	나고야의정서 (2010)	2010	• 생물학적 유전자원의 이용 및 이익의 공정하고 공평한 공유에 대한 국제적인 강제이행사항을 규정
지구온난화 기후변화	기후변화 협약 (1992)	1992	• 지구온난화 방지를 위해 온실가스의 인위적 방출을 규제하기 위한 협약
	교토의정서 (1997)	1997	• 온실가스감축 목표에 관한 의정서로 선진국의 온실가스 배출량 감축 목표치 규정 • CO_2, CH_4, N_2O, PFC, HFC, SF_6 (6종) 　－ 2008~2012까지 1990년 대비 5.2% 감소
	18차 당사국 회의 20차 당사국 회의 21차 당사국 회의 (파리기후협정)	2012 2014 2015	• 교토의정서내용을 2020년까지 연장 합의 • 2015년까지 온실가스 각국 감축목표제시에 합의 　우리나라는 2030 배출전망치의 37% 감축 제시 • 신기후 합의문 채택 　－ 지구평균기온 상승을 산업화이전 대비 2℃ 이내보다 낮은 수준을 유지하고, 1.5℃ 이하로 제한하도록 노력함
사막화방지	사막화 방지 협약 (1994)	1994	• 사막화 방지를 통한 지구환경 보호협약 • 사막화 방지

🖊 기출문제 맛 보기

다음에서 설명하는 지구온난화 및 기후변화 대비 협약으로 가장 옳은 것은?　　20년 서울

> 2015년에 채택되었으며 지구 평균온도 상승폭을 산업화 이전 대비 2℃ 이상 상승하지 않도록 합의

① 몬트리올의정서　　　　　　　　② 바젤협약
③ 파리협약　　　　　　　　　　　④ 비엔나협약

정답 ③

핵심 CHECK

[파리기후협정(2015)]

	교토의정서(1997)	파리기후협정(2015)
대상 국가	선진국 38개국 의무 적용	195개국 당사국(모든 당사국)
적용 시기	2020년까지 기후변화 대응	2020년 이후 신기후 체제
적용 내용	• 온실가스 총배출량을 1990년 수준보다 5.2% 감소 • 선진국에만 온실가스 감축 의무 부여	• 세기말까지 **지구평균 온도 상승폭**을 산업화 이전과 비교해서 **2도 이내보다 낮은 수준**을 유지하고, 1.5도 이하로 제한하도록 노력함 • 선진국이 개도국에게 기후변화대처사업지원을 위한 기금조성 • 5년 마다 탄소 감축 상황 보고 (우리나라; 2030년 배출 전망치의 37% 감축 목표 제시)

3 우리나라의 환경보존

1) 환경영향평가의 개념(Environment Impact Assessment, EIA)

(1) 정의

환경에 영향을 미치는 실시계획 · 시행계획 등의 허가 · 인가 · 승인 · 면허 또는 결정 등을 할 때에 해당 사업이 **환경에 미치는 영향을 미리 조사 · 예측 · 평가하는 것(환경영향평가법)**

(2) 목적

해로운 환경영향을 피하거나 제거 또는 감소시킬 수 있는 방안을 마련함으로써 환경피해를 사전에 예방하기 위함이다.

(3) 연혁

① 1977년: 「환경보전법」에 환경영향평가제도의 실시 근거마련

② 1981년: 「환경보전법」따라 환경영향평가제도 실시

③ **1993년: 「환경영향평가법 제정 · 공포」** − 환경영향평가제도를 체계적으로 운영

(4) 환경영향평가의 기능

① **정보기능**: 정책결정자나 지역주민에게 정보제공

② **합의형성기능**: 사업에 대한 이해, 설득 내지는 합의형성 촉진

③ **유도기능**: 정보제공을 통한 친환경적인 계획 수립 유도

④ **규제기능**: 환경을 오염 · 훼손시키는 사업을 규제하는 기능

(5) 환경영향평가 분야 및 항목(6개분야 21개 항목)

1. 자연생태환경 분야	① 동 · 식물상	② 자연환경 자산
2. 대기환경 분야	① 기상 ③ 악취	② 대기질 ④ 온실가스
3. 수환경 분야	① 수질(지표 · 지하) ③ 해양환경	② 수리 · 수문
4. 토지환경 분야	① 토지이용 ③ 지형 · 지질	② 토양
5. 생활환경분야	① 친환경적 자원 순환 ③ 위락 · 경관 ⑤ 전파장해	② 소음 · 진동 ④ 위생 · 공중보건 ⑥ 일조장해
6. 사회 · 경제환경 분야	① 인구 ③ 산업	② 주거

2) 건강영향평가(Health Impact Assessment, HIA)

(1) 정의

정책(policy), 계획(plan), 프로그램(program) 및 프로젝트(project)가 인체에 미치는 영향과 그 분포를 파악하는 도구, 절차, 방법 또는 그 조합을 의미함(WHO)

(2) 목적

사업 시행이 야기하는 건강결정요인의 변화로 인해 특정 인구집단의 건강에 미치는 잠재적 영향을 확인하며, 긍정적인 영향은 극대화하고 부정적 영향과 건강불평등을 최소화하여 사업계획을 조정하거나 대책을 마련하도록 의사결정권자에게 정보를 제공하기 위함

(3) 대상사업

환경영향평가대상 사업 중 ① 산업단지 및 산업단지 조성 ② 에너지 개발 ③ 폐기물처리시설, 분뇨처리시설 및 축산공정처리시설 사업에 대하여 건강영향평가를 실시하고 있다.

(4) 연혁

① 2008년 「환경보건법」 제정
② 2009년 '건강영향평가항목의 검토 및 평가에 관한 업무 처리 지침' 제정
③ 2010년부터 건강영향평가 실시

환경영향 평가제도의 틀 내에서 소음, 진동, 대기, 토양, 수질 등에 국한하여 환경유해인자가 국민건강에 미치는 영향을 추가하여 검토 평가함

[기후보건영향평가](보건의료기본법 제37조의2)

① 질병관리청장은 국민의 건강을 보호 · 증진하기 위하여 지구온난화 등 **기후변화가 국민건강에 미치는 영향**을 5년 마다 조사 · 평가(이하 "기후보건영향평가"라 한다)하여 그 결과를 공표하고 정책수립의 기초자료로 활용하여야 한다.

② 질병관리청장은 기후보건영향평가에 필요한 기초자료 확보 및 통계의 작성을 위하여 **실태조사**를 실시할 수 있다.

[기후보건영향평가의 내용 및 방법](보건의료기본법 시행령 제13조의 2)

③ 질병관리청장은 국민건강의 보호 · 증진을 위하여 필요하다고 인정하는 경우에는 기후보건영향평가의 결과를 관계 중앙행정기관의 장, 시 · 도지사 및 사장 · 군수 · 구청장에게 알려야 한다.

④ 질병관리청장은 기후보건영향평가의 결과를 공표하는 경우에는 질병관리청장이 지정하는 인터넷 홈페이지에 게재하여야 한다.

CHAPTER **02**

대기환경과 건강

---

1 | 대기의 이해

1) 대기권의 분류

○ 대기권: 지구를 둘러싸고 있는 공기층으로 고도 1000Km까지를 이름

(1) 대류권

지상에서 11~12km 이내로 지표오염물질이 확산, 이동 등에 영향을 주는 생활권으로 구름이나 눈, 비 등의 기상현상이 일어남

(2) 성층권

고도 12~50km로 20~30km 사이에서 오존층이 있어 자외선을 흡수하므로 높이가 올라감에 따라 기온이 상승함

(3) 중간권

고도 50~80km의 대기권으로 높이가 올라감에 따라 기온이 하강함

(4) 열권

고도 80km 이상의 대기권으로 온도가 급격하게 상승하는 층임

2) 대기의 구성

- 질소(78.1%), 산소(20.93%), 아르곤(0.93%), 이산화탄소(0.03%), 수소가 미량 포함
- 생물의 생명유지에 필수적이며 지구대기권의 하층부분을 구성

(1) 질소

① 공기 중에 약 78%를 차지, 생리적 불활성화 가스

② **발생 질병**

    ㉠ 고기압 시: 3기압 이상(자극), 4기압 이상(마취), 10기압 이상(의식상실)

    ㉡ 급격한 감압 시: 잠함병 또는 감압병 초래

(2) 산소

① 특성

㉠ 공기 중 약 21% 차지

㉡ 체내에서 HbO_2로 결합하여 호흡작용. 세포조직에서 영양대사에 사용됨.

② 관련 질병

㉠ 저산소증: 대기 중 15% 이하에서 발생

㉡ 산소중독증: 대기 중 25% 이상에서 폐부종, 충혈, 흉통, 이통 등 발생

(3) 이산화탄소

① 특성

㉠ 무색, 무취의 비독성 가스

㉡ 공기 중 0.03~0.04%로 일정하게 유지

㉢ 실내 공기오염의 지표로 사용

실내공기의 위생학적 허용농도: 0.1% 이하(1000ppm 이하)

㉣ 온실효과로 기온상승시킴

② 신체증상: 호흡곤란 및 질식

3) 공기오염

(1) 군집독(crowd poisoning)

① 많은 사람들이 환기가 불량한 실내에 장시간 있으면 불쾌하게 되고, 권태감, 두통, 구역, 구토, 현기증, 실신 등의 증상이 나타나는 현상을 말한다.

② 주로 실내온도 상승, 습도증가. 기류부족에 기인한다. 그러므로 가장 중요한 것은 적절한 환기(ventilation)이다.

③ 군집독은 실내 공기오염의 지표이며 주로 실내 CO_2 농도로 측정된다.

(2) 일산화탄소

① 특성

㉠ 무색, 무취, 무자극성의 맹독성 가스

㉡ 주로 석탄, 휘발유, 디젤유 등 유기물질이 불완전 연소됨으로 발생

② 일산화탄소 중독 발생

㉠ CO는 헤모글로빈(Hb)과의 친화성이 산소에 비해서 250~300배나 강하므로 혈액 중에서 HbO_2의 형성을 방해 → 산소결핍증(anorexia) 유발

㉡ 위생학적 허용농도: 0.01%(100ppm)

③ 치료: 고압산소 요법(100% 산소, 3기압)

4) 공기의 자정작용

공기는 여러 가지 요인으로 조성이 변하나 자정작용으로 매연, 먼지, 방사능물질, 공장의 각종 공기 오염물질들을 계속 정화하므로 공기조성에 큰 변화는 없다.

(1) **희석작용:** 공기는 바람 등에 의해 오염물질이 희석

(2) **세정작용:** 강우·강설 등에 의해 부유분진이나 용해성 가스가 제거됨

(3) **산화작용:** 산소·오존·과산화수소 등에 의해 산화작용이 일어남

(4) **살균작용:** 자외선에 의한 살균작용이 일어남

(5) **교환작용:** 식물의 탄소동화작용에 의한 O_2와 CO_2의 교환이 일어남

2 　대기환경과 건강

1) 온열 요소(Thermal Factor)

- 인체의 체온조절에 중요한 영향을 미치는 기후 요소
- **4대 온열인자:** 기온, 기습, 기류, 복사열

(1) 기온

① 공기의 온도

② **생활에 적합한 표준온도:** $18\pm2℃$

③ **병실의 온도:** $21\pm2℃$

(2) 기습

① 공기 중에 포함된 수증기량

② **표준습도의 범위:** 40~70%

③ **습도의 기능**

㉠ 낮에는 태양열을 막아 지표의 과열을 방지

㉡ 밤에는 지열복사를 차단하여 기후를 완화시킴

④ 공기의 건습정도를 가장 잘 표시하는 것은 비교습도이다.

㉠ 절대습도: 현재 공기 1㎥ 중에 함유된 수증기량

㉢ 포화습도: 일정공기가 함유할 수 있는 수증기량의 포화상태의 수증기량

㉡ 비교습도(상대습도): 현재 공기 1㎥가 포화상태에서 함유할 수 수증기량에 대한 현재 그 공기 중에 함유되어 있는 수증기량(절대습도)을 %로 나타낸 것

　　● 비교습도 = 절대습도 / 포화습도 X 100

(3) 기류

① 바람이라고 하며, 주로 기압의 차와 기온의 차이에 의해 발생한다. 실외는 주로 기압의 차이로, 실내는 주로 온도의 차이로 발생한다.

② **종류**

　　㉠ 불감기류: 0.5m/sec 이하(0.2~0.5m/sec)

　　㉡ 쾌적기류: 0.2~0.3m/sec(실내), 1m/sec전후(실외)

　　㉢ 무풍: 0.1m/sec 이하

③ 기류는 자체 압력과 냉각력으로 피부에 적당한 자극을 주어 혈관운동신경은 물론이고 신진대사에도 좋은 영향을 준다.

④ **측정도구**

　　㉠ 실내 기류: 카타한란계(카타온도계)

　　㉡ 실외 기류: 풍차풍속계

(4) 복사열

① 태양이나 난로 등 발열체로부터의 열로, 실제 온도보다 더 큰 온감을 느끼게 한다.

② 흑구온도계로 측정 가능

2) 온열지수(기후 종합지수)

기온, 기습, 기류, 복사열 등의 복합적인 작용을 객관적인 값으로 평가하는 지수

(1) 쾌감대

① 안정 시 보통 착의 상태에서 가장 쾌적하게 느끼는 기후범위를 표시한 것으로 쾌감선 상하 2~3℃정도의 기후 범위대를 쾌감대라 한다.

② 기온, 기습, 기류에 영향을 받는다.

③ 쾌감대는 작업량, 개인차, 습도, 의복의 착용 등에 따라 다르다.

④ 착의 시 쾌감온도: 17~18℃, 쾌감습도: 60~65%, 불감기류

(2) 감각온도(체감온도, 실효온도, 등감온도)

① 기온·기습·기류의 3인자가 종합하여 실제 인체에 주는 온감을 말한다.

② 감각온도는 포화습도(습도100%), 정지공기(기류 0m/sec) 상태에서 동일한 온감(등온감각)을 주는 온도를 말한다.

③ 최적감각 온도

　・여름: 감각온도 21.7℃, 겨울: 감각온도 18.9℃

　・기후에 대한 순화현상으로 여름보다 겨울이 낮음

(3) 불쾌지수(Discomfortable Index, DI)

① 습도와 온도의 영향으로 인해 인간이 느끼는 불쾌감을 숫자로 표시한 것이다.

② **제한점**: 기류와 복사열이 고려되지 않아 실내에서만 적용가능하다.

③ **증상**

- D. I. 70 이상 시: 10%의 사람들이 불쾌감을 느낌
- D. I. 75 이상 시: 50%의 사람들이 불쾌감을 느낌
- D. I. 80 이상 시: 거의 모든 사람들이 불쾌감을 느낌
- D. I. 85 이상 시: 불쾌감이 매우 심해 모든 사람이 견딜 수 없는 상태

(4) Kata냉각력

① 온도, 습도, 기류의 3인자가 종합하여 기온, 기습이 낮고 기류가 클 때는 인체의 체열방산량이 증대하는데, 이때 인체의 열을 빼앗는 힘을 그 공기의 냉각력이라 한다.

② 여러 가지 환경조건이 인체에 미치는 공기의 냉각력에 영향을 미치는 환경조건의 종합적인 효과를 알아내기 위해 고안된 것으로 사람의 단위 표면적에서 1초당 손실되는 열량($cal/cm^2/sec$)으로 측정한 것이다.

③ 온도, 습도가 낮고 기류가 큰 경우 크다.

④ **카타 온도계**: 인체에 대한 공기의 냉각력을 측정하여 공기의 쾌적도를 측정하는 데 사용되며, 불감기류 같은 미풍을 정확히 측정할 수 있어 실내기류 측정계로도 사용한다.

(5) 지적온도

체온조절에 가장 적절한 온도로 노동의 강도, 착의 상태, 성별, 연령, 건강상태 등에 따라 다르다.

① **주관적 지적온도(쾌적)**: 감각적으로 가장 쾌적하게 느끼는 온도

② **생산적 지적온도(노동)**: 일을 할 때 생산능률을 가장 많이 올릴 수 있는 온도이며 작업강도에 따라 다르다. 정신적 작업 > 근육작업, 경노동 > 중노동

③ **생리적 지적온도(건강)**: 인간이 최소의 에너지 소모로서 최대의 생리적 활동을 발휘할 수 있는 온도

3 대기오염

1) 대기오염의 정의

대기 중에 인위적으로 배출된 오염물질의 양과 농도 및 지속시간이 지역주민에게 불쾌감을 일으키거나, 해당 지역의 공중보건상 위해를 끼치고 인간과 동식물의 활동에 해를 주어 생활과 재산을 향유할 정당한 권리를 방해 받는 상태를 대기오염이라고 한다(WHO).

2) 대기오염물질

(1) 대기오염물질 배출원

① **자연적 배출원**: 황사현상, 화산재, 자연적 산불, 연기, 미연소 탄화수소 등
② **인위적 배출원**: 화력발전소, 자동차, 기차, 비행기, 선박, 일반주택, 배출 시설 등

(2) 대기오염물질

① **입자상 물질**

물질의 파쇄·연소·합성·분해 등의 과정에서 생긴 공기 중의 고체 또는 액체의 미세한 입자로서 산재하고 있는 것으로 에어로졸(aerosol)이라고 한다.

분류	오염물질의 생성 및 특성
먼지(dust)	분쇄·폭파·운송 등 물질의 이송과 처리과정에서 방출되는 1~100㎛ 이상의 비교적 큰 고체입자
훈연(fume)	금속산화물과 같이 주로 가스 상 물질이 응축될 때 생성되는 고체입자
매연(smoke)	매연이라고도 하며 연료가 연소할 때 완전히 타지 않고 남는 고체물질로 1㎛ 이하 크기의 탄소입자 가스를 함유하며 주로 탄소성분과 연소물질로 구성
검댕(soot)	탄소 함유물질의 불안전 연소로 형성된 1㎛ 이상의 탄소입자의 응집체
스모그(smog)	대기 중 광화학반응에 의하여 생성된 가스의 응축과정에서 생성되며, 크기는 1㎛보다 작고 smoke와 fog의 합성어
연무(mist)	가스나 증기의 응축과정에 의해 생성되어 공기나 기체 속에 부유상태로 존재하는 액체입자
박무(haze)	크기가 1㎛보다 작은 시야를 방해하는 입자상의 물질로 수분, 오염물질 및 먼지 등으로 구성

*출처: 김춘미 등(2022). 지역사회 보건간호학. 수문사. p.922.

② 가스상 물질

㉠ **1차 오염물질**: 발생원에서 직접 대기로 방출되는 오염물

분류	주요 배출원	특징 및 영향
황산화물 (SOx)	• 석탄이나 석유계 연료의 연소과정에서 발생 • SO_2(아황산가스)가 대표적임 • 수용성이 높아 기관지, 후두, 비점막 등 강기도 자극	• SO_2, SO_3, H_2SO_4 • 습도가 높은 경우 황산미스트를 형성하여 산성비의 원인이 됨 • SO_2는 공기보다 무겁기 때문에 지표가 까운 공기층에 체류하여 대기를 오염
질소산화물 (NOx)	• 자동차의 배기가스, 가열로의 배기 등 주로 유기질소의 연소에 의해 발생 • 주 오염물질인 NO, NO_2의 총칭 • NO → NO_2 → 광화학스모그 → 식물세포를 파괴 • NO_2 독성이 매우 강한 기체로 수용성이 낮아 쉽게 폐에 도달, 폐포를 자극	• 대기 중 습도가 높을 경우 HNO_3(질산)이 되어 산성비의 원인 • 광화학반응으로 2차 오염물질 생성(오존 등)의 원인물질 • 헤모글로빈과의 친화력이 CO보다 강하여 대량 폭로 시 met−Hb으로 만들어 산소결핍 및 중추신경 마비 초래
일산화탄소 (CO)	• 연료의 불완전 연소 시 발생 • 석탄, 용광로, 자동차 배기가스 • COHB로 변화시켜 산소운반기능을 저하시키고 매우 유독함	• 급성 시 저산소증 발생. • 만성중독 시 성장장애, 만성호흡기질환, 심장비대, 지각이상, 시력장애, 보행 장애, 직업병 악화 등
탄화수소 (HC)	• 자동차 배기가스, 페인트, 세탁 시 유기용매의 휘발, 쓰레기 소각 발생 • VOCs: 휘발성 유기화합물의 총칭	• 대기 중 NOx와 광화학반응 → 2차 오염물질(오존 등)을 생성
이산화탄소 (CO_2)	• 화석연료의 연소 및 산림파괴 등에 의해 배출	• 지표온도 상승(온실가스)

㉡ **2차 오염물질**: 광화학 스모그(smog)

• 1차 오염물질이 대기 중에서 물리·화학적 반응으로 새롭게 생성된 물질로 가장 대표적인 것이 광화학적 반응에 의한 광화학 스모그이다.

• 오존의 생성과정은 **질소산화물(NOx)과 탄화수소**가 대기 중에서 **자외선**에 영향을 받아 **광화학적 반응**에 의해 **2차적**으로 발생한 **산화력**이 강한 오염물질이다.

• 대표적 물질: 오존(O_3), PAN, Aldehyde 등

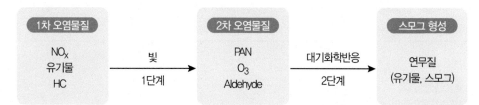

○ 스모그(smog): 영어의 smoke와 fog를 합성한 말로 지상에서 배출하는 연기, 먼지 등 불순물이 대기 속에서 사라지지 못하고 쌓인 채 지상 300m 안팎의 공중에 떠 있는 현상으로 시야를 흐리고 공기를 탁하게 하는 대기오염 현상

3) 대기오염으로 인한 영향

(1) 기온역전

① 기온역전

공기의 층이 반대로 형성되는 것. 즉 **상부의 기온이 하부기온보다 높아** 대기가 안정되고 공기의 수직 확산(대류)이 없어지고 가스나 오염물질이 지표면에 침체되므로 중독사고가 나기 쉬운 형태가 됨 → **산으로 둘러싸인 분지나 계곡에 위치한 공업지대의 경우 더 잘 발생함**

② 종류

㉠ **복사성 역전(접지 역전, 지표성 역전)**

- **야간에 대지가 복사에 의해 냉각** 시 따뜻한 공기 밑에 차가운 공기층이 생겨 대지가 뜨거워질 때까지 공기의 수직운동이 안 일어남
- 계곡이나 밤이 긴 겨울에 주로 발생, 120~250m에서 주로 발생, **런던 스모그** 사건

㉡ **침강성 역전**

- 고기압 중심 부근에 있는 **공기가 침강하는 동안 단열압축**을 받아 건조, 가열되어 지상 1,000m 높이에 200~300m 두께로 **역전층 형성**하여 공기의 이동 막음
- 로스엔젤레스 스모그 사건

[표 9-1] 런던형 스모그와 로스엔젤레스형 스모그의 비교

항목	런던형 스모그(복사형)	로스엔젤레스형 스모그(침강형)
발생 시의 온도	-1~4℃	24~32℃
발생 시의 습도	85% 이상	70% 이하
기온역전의 종류	복사성 역전	침강성 역전
풍속	무풍	5m/sec 이하
가장 발생하기 쉬운 달	12월, 1월	8월, 9월
주된 사용연료	석탄과 석유계	석유계
주된 성분	SO_2, CO, 입자상 물질	O_3, NO_2, CO, 유기물
반응유형	열적	광화학적, 열적
화학적 반응	환원	산화
최다 발생시간	이른 아침	낮
인체에 대한 영향	기침, 가래, 호흡기계 질환	눈의 자극

핵심 CHECK

[고농도 오존의 발생조건]
① 자외선이 강할수록 ② 낮시간에 ③ 대기오염물질의 배출이 클수록
④ 역전층 형성 시 ⑤ 바람이 적을 때

[세계적인 대기오염 사건]

대기오염 사건	특성
뮤즈계곡(벨기에, 1930)	계곡, 무풍지대, 기온역전, 연무발생, 공장지대(철공, 금속, 아연)
도노라(미국, 1948)	계곡, 무풍지대, 기온역전, 연무발생, 공장지대(철공, 전선, 아연)
런던(영국, 1952)	하천평지, 무풍상태, 기온역전, 연무발생, 습도 90%, 차가운 스모그
로스엔젤레스(미국, 1954)	해안분지, 고기압, 기온역전, 백색연무, 차량연료 소비 급증
요코하마(일본, 1946)	무풍상태, 진한 연무발생, 공업지대, 원인은 대기오염물질추정
포자리카(멕시코, 1950)	가스공장의 조작사고, 대량의 유화수소(H_2S)도시유입, 기온역전
보팔(인도,1984)	한밤중, 무풍상태, 쌀쌀한 날씨, 진한 안개, 공장 유독가스 누출
체르노빌(소련, 1986)	원자로 방사성 물질 유출

(2) 열섬현상(heat island effect)

① 도심의 온도가 대기오염이나 인공열 등의 영향으로 **주변지역 보다 높게 나타나는 현상**

② 열섬현상의 주요원인은 도시 도로의 **포장률 증가, 인위적인 열생산량의 증가**, 도시의 대형건물과 공장들이 **불규칙한 지면**을 형성함으로써 공기의 흐름이나 바람을 지연시켜 도심의 온도가 상승하게 됨

③ 열섬으로 인해 따뜻한 공기는 상승하고 도시 주위로부터 찬바람이 지표에 흐르게 되어 대기오염물질이 상승하여 **먼지지붕(dust dome)**을 형성하게 되어 오염이 더욱 심화됨

(3) 온실효과(greenhouse effect)

① 대기 중의 **온실가스**가 온실의 유리처럼 작용하여 **지구표면의 온도를 높게 유지하는 현상**으로 **지구온난화현상**을 가속화함

② 지구로 들어오는 태양에너지의 단파장 성분을 투과시키고, 지구에서 반사되는 장파장 성분을 흡수함으로써 지구의 온도가 상승하게 됨

③ 온실가스: 이산화탄소(50%), 메탄(20%), 염화불화탄소(CFC, 15%), N_2O, 오존 등

(4) 오존층의 파괴

① 자외선을 차단하는 **성층권의 오존층 파괴**로 유해 자외선이 지구에 직접 도달되어 피부암, 백내장, 동식물 피해, 지구온난화 등 유발

② **오존층을 파괴 주요인**
프레온가스(CFCs), 이산화탄소(CO_2), 메탄가스(CH_4), 아산화질소(N_2O) 등

(5) 기상이변

기후변화는 해수면 상승, 홍수, 가뭄, 사막화 및 기상이변 등을 초래하고 이로 인해 전 세계의 자연생태계가 급격하게 변화시킬 뿐만 아니라 인간의 건강에도 심각한 위협이 됨

① 엘니뇨(El Nino): 적도 무역풍이 약해지면서 해수면의 온도를 상승시켜 나타나는 현상

> **예** 동태평양 지역: 폭우, 홍수, 폭염, 어장 황폐화

② 라니냐(La Nina): 적도 무역풍이 강해지면서 해수면의 온도가 하강시켜 나타나는 현상

> **예** 동태평양 지역: 가뭄(산불), 한파, 어장 활성화

(6) 산성비

① 공장이나 자동차 배기가스에서 배출된 황산화물과 질소산화물이 대기 중 산화되어 황산, 질산으로 변환되고 비 또는 안개의 형태로 지상에 강하하는 것으로 pH가 5.6 이하의 값을 갖는 빗물

② **산성비로 인한 피해**

ㄱ. 건물, 교량 및 문화재 부식

ㄴ. 농작물이나 산림의 피해

ㄷ. 토양의 유기물 분해를 방해하고, 호수나 하천을 산성화시켜 생태계 파괴

(7) 인체에 미치는 영향

유해물질	증상
황산화물(SO_2)	• 만성기관지염 등 호흡기계 질환 • 고농도로 장기간 노출 시: 저항력 약화, 체내 항체생성 억제
질소산화물(NO_x)	• 기관지염, 기관시폐렴, 폐기종, 만성 폐섬유화, 폐암 등 호흡기계 질환 • 메트헤모글로빈혈증 유발
일산화탄소(CO)	• 산소결핍증 유발
탄화수소(HC)	• 대기 중의 NO_x와 반응하여 2차 오염물질인 PAN, 오존 등을 생성하여 눈, 상기도 점막 자극
입자상 물질	• 진폐증 유발: 규폐증, 석면폐증, 면폐증, 농부폐증 　- 규폐증: 유리규산이 원인, 폐의 섬유화로 가장 큰 문제 　- 석면폐증: 폐암의 주원인으로 작용

(8) 식물에 미치는 영향

유해물질	영향
분진	• 장기간에 노출 시 광합성작용, 호흡작용을 저해하여 식물의 성장방해
오존	• 식물의 잎 끝에 검은 반점이 생기게 하며, 성장을 지연시킴
황산화물(SO_2)	• 식물 잎맥의 표백과 백화현상, 성장 지연

(9) 경제적 피해

금속의 부식, 식물과 토양 악화, 건축물 표면의 부식, 예술품의 손상, 착색물의 변색 등

4) 우리나라 대기환경기준(환경정책기본법 시행령)

항목	기준	측정방법
아황산가스(SO_2)	• 연간평균치 0.02ppm 이하 • 24시간 평균치 0.05ppm 이하 • 1시간 평균치 0.15ppm 이하	자외선형광법 (Pulse U.V. Fluorescence Method)
일산화탄소(CO)	• 8시간 평균치 9ppm 이하 • 1시간 평균치 25ppm 이하	비분산적외선분석법 (Non-Dispersive Infrared Method)
이산화질소(NO_2)	• 연간 평균치 0.03ppm 이하 • 24시간 평균치 0.06ppm 이하 • 1시간 평균치 0.1ppm 이하	화학발광법 (Chemiluminescent Method)
미세먼지(PM-10)	• 연간 평균치 50$\mu g/m_3$ 이하 • 24시간 평균치 100$\mu g/m_3$ 이하	베타선흡수법 (β-Ray Absorption Method)
미세먼지(PM-2.5)	• 연간 평균치 15$\mu g/m_3$ 이하 • 24시간 평균치 35$\mu g/m_3$ 이하	중량농도법 또는 이에 준하는 자동측정법
오존(O_3)	• 8시간 평균치 0.06ppm 이하 • 1시간 평균치 0.1ppm 이하	자외선광도법 (U.V Photometric Method)
납(Pb)	• 연간 평균치 0.5$\mu g/m_3$ 이하	원자흡광광도법 (Atomic Absorption Spectrophotometry)
벤젠(C_6H_6)	• 연간 평균치 5$\mu g/m_3$ 이하	가스크로마토그래프법 (Gas Chromatography)

5) 대기오염에 대한 경보(대기환경보전법 제8조)

(1) **시·도지사**는 대기오염도가 「환경정책기본법」 제12조에 따른 대기에 대한 환경기준(이하 '환경기준'이라 한다)을 초과하여 주민의 건강이나 재산이나 동식물의 생육에 심각한 위해를 끼칠 우려가 있다고 인정되면 그 지역에 **대기오염경보를 발령**할 수 있다. 대기오염경보의 발령 사유가 없어진 경우 시·도지사는 대기오염경보를 **즉시 해제**하여야 한다.

(2) **시·도지사**는 대기오염경보가 발령된 지역의 대기오염을 긴급하게 줄일 필요가 있다고 인정하면 기간을 정하여 그 지역에서 자동차의 운행을 제한하거나 그 사업장의 조업 단축을 명하거나, 그 밖에 **필요한 조치(비상저감조치)**를 할 수 있다.

6) 대기오염경보의 대상 오염물질 및 경보단계별 조치사항

(1) 대기오염경보의 대상물질 및 경보단계 (대기환경보전법 시행령 제2조 제2항과 제3항)

① 미세먼지(PM-10): 주의보, 경보

② 초미세먼지(PM-2.5): 주의보, 경보

③ 오존 (O_3): 주의보, 경보, 중대경보

(2) 대기오염경보 단계별 조치(대기환경보전법 시행령 제2조 제4항)

종류	단계별 조치사항
주의보	• 주민의 실외활동 자제 요청 • 자동차 사용의 자제요청
경보	• 주민의 실외 활동 제한 요청 • 자동차 사용 제한 • 사업장의 연료사용량 감축 권고
중대경보	• 주민의 실외활동 금지 요청 • 자동차의 통행금지 • 사업장의 조업시간 단축명령

7) 대기오염경보 단계별 대기오염물질이 농도 기준

대상물질	경보단계	발령기준	해제기준
미세먼지 PM-10	주의보	시간평균농도가 150μg/㎥ 이상 2시간 지속	시간평균농도가 100μg/㎥ 미만일 때
	경보	시간평균농도가 300μg/㎥ 이상 2시간 지속	시간평균농도가 150μg/㎥ 미만일 때 주의보로 전환
미세먼지 PM-2.5	주의보	시간평균농도가 75μg/㎥ 이상 2시간 지속	시간평균농도가 35μg/㎥ 미만일 때
	경보	시간평균농도가 150μg/㎥ 이상 2시간 지속	시간평균농도가 75μg/㎥ 미만일 때 주의보로 전환
오존	주의보	시간평균농도 0.12ppm 이상	시간평균농도 0.12ppm 미만일 때
	경보	시간평균농도 0.3ppm 이상	시간평균농도 0.3ppm 미만일 때 주의보로 전환
	중대경보	시간평균농도 0.5ppm 이상	시간평균농도 0.5ppm 미만일 때 경보로 전환

기출문제 맛 보기

오존경보 단계별 조치사항에 관한 설명으로 옳은 것은?   13년 경기

① 오존주의보는 오존농도가 0.13ppm 이상일 때 발령한다.
② 오존경보는 오존농도가 0.3ppm 이상일 때 발령한다.
③ 오존중대경보는 오존농도가 0.6ppm 이상일 때 발령한다.
④ 오존경보일 때 주민행동요령에 사업장의 조업시간 단축명령이 포함된다.

8) 대기오염 측정방법

(1) 매연

링겔만 차트를 이용, 연기의 색과 불투명조사. 0~5도까지 연기의 탁도 비교

(2) 낙진량

영국 표준 낙진기를 이용, 지상 10m 높이에 낙진기 설치하여 공기 중 가라앉는 먼지량 표시, tons/㎢/month, g/㎡/day로 표시)

(3) 가스

가스 검진관을 이용, 각종 유기 및 무기 가스 농도를 ppm으로 표시

정답 ②

수질환경과 건강

1 물

1) 물의 자정작용

(1) **물리적 자정작용**: **희석, 침전**, 여과, 흡착, **자외선 살균**

(2) **화학적 자정작용**: **산화**와 환원, 응집작용, 중화작용

(3) **생물학적 자정작용**: **미생물**에 의한 유기물질 분해작용과 수중생물의 미생물 포식 작용

2) 수원

(1) **지하수**: 지하에 침투한 물로 오염도가 낮아 먹는 물로 사용 가능

(2) **지표수**: 연못, 저수지, 하천수, 호수 등의 물로 오염이 잘되어 위생적 관리 필요
우리나라 상수도는 대부분 지표수를 정수하여 사용함

(3) **천수**: 빗물 등으로 세척용, 공장용으로 사용

(4) **복류수**: 지하수와 하천수가 합쳐진 것으로 수질이 양호하여 소도시의 수원으로 이용

(5) **우물**: 산촌, 농촌 등에서 일부 사용

2 상수의 정수과정

1) 침전(Sedimentation)

물속에 있는 비중이 무거운 부유물을 가라앉혀 색도, 탁도, 냄새, 세균 등을 감소시키는 방법

종류	보통침전	약품침전
방법	• 침전지에서 천천히 물을 흐르게 하거나 정지시켜 부유물을 침전	• 보통침전으로는 잘 가라앉지 않는 작고 가벼운 물질을 약품 $Al_2(SO_4)_3$을 사용하여 응집시켜 침전
시간	• 장시간 소요	• 시간이 적게 걸림(2~5시간)(대도시용)

2) 폭기(Aeration)

인위적으로 **산소를 공급**하여 산화작용과 호기성 세균에 의한 소화작용을 촉진함

(1) CO_2, CH_4, H_2S, NH_4 등 제거
(2) 물의 pH를 높이고, 수온을 내리며, 냄새와 맛을 감소함

3) 여과(Filtration)

비교	완속 여과법	급속 여과법
침전법	• 보통 침전법으로 침전시킨 후 여과지로 보내는 방법	• 약품 $Al_2(SO_4)_3$을 사용하여 침전을 시킨 후 여과지로 보내는 방법
유래	• 영국식, 영국 1829년	• 미국식, 미국 1872년)
침전법	• 보통침전	• 약품침전(황산반토)
여과속도	• 3m(6~7m)/day	• 120m/day
비용	• 건설비가 많이 드나, • 경상비는 적게 든다.	• 건설비는 적게 드나, • 경상비가 많이 든다.
청소방법	• 상부 사면대치법	• 역류세척법
세균제거율	• 98~99%	• 95~98%
면적	• 넓은 면적 필요	• 좁은 면적에 가능
비고	–	• 원수의 탁도, 색도가 심할 때 • 이끼류 발생이 쉬운 장소 • 수면이 동결되기 쉬운 장소에 유효함

4) 소독

(1) 가열법

① 자비소독(100℃의 끓는 물에서 15~20분간)이 가장 안전한 소독법으로 가정용 음용수 소독에 적합함
② 75℃에서 15~30분간 끓이면 대부분의 병원균은 사멸
③ 소규모의 음용수에 적합

(2) 자외선법

물의 표면만을 소독할 수 있으며 가격이 비싸 사용 가치가 적다.

(3) 염소소독

① 우리나라에서 주로 사용하는 방법으로 0℃, 4기압에서 액화시킨 염소를 수도에 섞는 방법
② 장·단점

장점	단점
• 소독력이 강하다. • 잔류효과가 크다. • 조작이 간편하다. • 가격이 저렴하다.	• 염소의 냄새와 독성이 있다. • 발암물질인 트리할로메탄(THM)을 생성

🔍 참고 POINT

1. BreaK Point Chlorination(잔류염소소독)

   염소는 강한 산화력이 있어서 유기물과 환원성 물질에 접촉 시 살균력이 저하되므로 불연속점(결합 잔류 염소가 0이 되는 점) 이상으로 염소를 주입하여 유리 잔류염소가 검출되도록 염소를 주입하여야 한다.

   ⭕ 부활현상(after growth): 염소소독 후 일정시간이 지나 다시 세균이 증식하게 되는 경우를 말함

2. 잔류염소별 특성

   ① 유리잔류염소: 염소가 HOCl, OCl⁻ 형태로 물속에 로 존재하는 염소, **강한 살균력 및 냄새**
   ② 결합잔류염소: 염소가 암모니아나 질소화합물과 결합한 형태로 **약한 살균력, 냄새 없고, 잔류성 강함**
   ③ 소독력: HOCl > OCl⁻ > 클로라민

3. 수도시설의 잔류염소(수도법 시행규칙 제22조의2 제3호)

   ① 수도꼭지의 먹는 물 **유리잔류염소가 0.1mg/L**(결합잔류염소는 0.4mg/L) 이상 되도록 할 것.
   ② 다만, 병원성 미생물에 의하여 오염되었거나 오염될 우려가 있는 경우에는 **유리잔류염소가 0.4mg/L** (결합잔류염소는 1.8mg/L) 이상이 되도록 할 것

(4) 오존소독법

① 장점

   ㉠ 살균력이 염소보다 강하다.
   ㉡ THM이 생성되지 않는다.
   ㉢ 맛과 냄새가 없다.

② 단점

   ㉠ 잔류효과가 없다.
   ㉡ 값이 비싸다.
   ㉢ 오존 발생장치가 필요하다.

3 　먹는 물의 수질

1) 수질검사 방법

① **현장검사**: 위치, 우물구조, 환경조건 등
② **이학적 검사**: 탁도, 색도, 유기물 및 광물질 허용기준 등의 적부 검사
③ **생물학적 검사**: 대장균검사, 일반세균수 검사, 오수성 생물검사 등

2) 수질 검사 기준(정수장 기준)

① **매일 1회 이상**: 냄새, 맛, 색도, 탁도, 수소이온 농도, 잔류염소(6개 항목)
② **매주 1회 이상**: 일반세균, 총대장균, 대장균 또는 분원성 대장균군, 암모니아성질소, 질산성질소, 과망간산칼륨 소비량, 증발잔류물(7개 항목)
③ **매월 1회 이상**: 전 종목(단, 일부 소독제 및 소독부산물질은 제외)

3) 먹는 물 수질기준(먹는 물 수질기준 및 검사 등에 관한 규칙)

(1) 미생물 기준

① **일반세균**: 1cc 중 100CFU 이하
② **대장균수**: 100cc 중 무검출

(2) 건강 상 유해영향 무기물질 기준

① **암모니아성 질소**: 0.5mg/L 이하
② **질산성 질소**: 10mg/L 이하
③ **불소농도**: 1.5mg/L 이하
④ **납**: 0.01 mg/L 이하
⑤ **수은**: 0.001mg/L 이하
⑥ **크롬**: 0.05mg/L 이하
⑦ **비소**: 0.01mg/L 이하

(3) 건강상 유해영향 유기물질 기준

① **페놀**: 0.005mg/L 이하
② **벤젠**: 0.01mg/L 이하
③ **톨루엔**: 0.7mg/L 이하

(4) 소독제 및 소독부산물질 기준

    ① **잔류염소(유리잔류염소):** 4.0mg/L 이하

    ② **총트리할로메탄:** 0.1mg/L 이하

(5) 심미적 영향물질 기준

    ① **무미, 무취**(소독으로 인한 맛과 냄새 제외)

    ② **색도:** 5도 이하

    ③ **탁도:** 1NTU 이하

    ④ **경도:** 1000mg/L 이하 (수돗물 기준: 300mg/L 이하)

    ⑤ **pH:** 5.8~8.5

    ⑥ **염소이온:** 250mg/L 이하

    ⑦ **과망간산칼륨 소비량:** 10mg/L 이하

(6) 방사능 기준(염지하수의 경우만 적용한다.)

    세슘(Cs-137): 4.0mBq/L 이하(베크렐)

○ 부록 「먹는 물의 수질 기준」 참조

⊘ 기출문제 맛 보기

수돗물의 수질검사를 시행한 후, 다음과 같은 결과를 얻었다. 다음 중 「먹는 물의 수질기준 및 검사 등에 관한 규칙」에 명시된 기준과 비교 시, 문제가 되는 검사결과는?   14년 서울

① 암모니아성 질소: 0.7mg/L   ② 유리잔류염소: 2.0mg/L

③ 일반세균: 50CFU/mL   ④ 수소이온 농도: pH 8.4

⑤ 질산성 질소: 9mg/L

정답 ①

4 하수

하수란 생활 속에서 생기는 오수로 가정오수·산업폐수·빗물 등이 원인이 된다.

1) 하수처리의 목적

    (1) 상수원의 오염을 방지

    (2) 수인성 감염병 예방

    (3) 수중 동식물의 보호

    (4) 적합한 공업용수의 확보

2) 하수 발생원

    (1) **가정하수**: 화장실, 씽크대, 욕조 등 ⇨ 가장 많음

    (2) **도로**: 빗물, 지하수 등의 배수

    (3) **학교**: 배수로, 화장실, 하수구

    (4) **공장폐수**

    (5) **축산폐수**

3) 하수처리 과정

하수처리는 그 처리방식에 따라 1차 처리, 2차 처리, 3차 처리 또는 예비처리, 본처리, 오니처리로 분류된다.

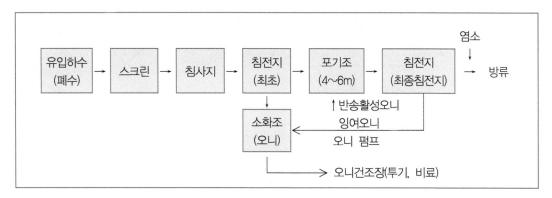

[그림 9-1] 하수처리 과정

    (1) 예비처리(1차 처리): 물리적 처리 방식

      ① **스크린(Screen)**: 대형 부유물질을 screen으로 제거

      ② **침사법**: 하수 중에 섞여 있는 비중이 큰 부유물질(토사 등)을 침전, 제거하기 위하여 저유속 (0.3m/sec 이하)에서 비중이 큰 물질을 가라앉혀 처리하는 방법

③ **침전법**

  ㉠ 보통침전

    • 하수를 정지 또는 완만하게 흘려보내므로 불순물을 침전 제거

    • 유속을 낮추어 부유물질의 60~75% 제거, 12시간 소요

  ㉡ 약품침전

    • 특정약품 $Al_2(SO_4)_3$을 사용하여 침전시킴

    • 부유물질의 80% 제거, 3-5시간 소요

(2) **본처리(2차 처리): 생물학적 처리**

미생물을 이용한 생물학적 처리법으로 혐기성 및 호기성 처리로 구분

① **혐기성 처리(Anaerobic treatment)**

하수에 공기를 차단하여 혐기성균을 증식시킴으로써 처리하는 방법

  ㉠ 부패조(Septic tank)

    • 단순한 탱크에 하수를 넣으면 가벼운 것이 떠다니며 공기를 차단함. 이때 탱크 내에 산소결핍으로 혐기성균에 의한 분해가 일어나며 찌꺼기는 소화됨

    • 소규모 가정에서 사용

    • 단점: 가스발생으로 악취가 남

  ㉡ 임호프 탱크(Imhoff tank)

  악취가 나는 부패조의 결점 보완하고자 **침전실과 오니소화실(침사실)**로 분리하여 부패실에서 냄새가 역류하여 밖으로 나오지 않도록 고안해낸 방법

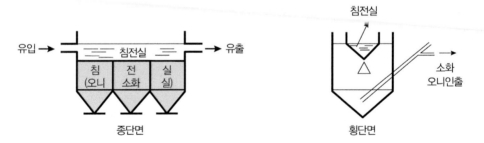

[그림 9-2] 임호프탱크(imhoff tank)의 단면

*출처: 김춘미 등(2022). 지역사회보건간호학. 수문사. p.942.

② **호기성 처리(Aerobic treatment)**

산소를 공급하여 호기성 균의 성장활동을 촉진시켜 하수를 처리하는 방법

  ㉠ 활성오니법(Activated sludge process)

  호기성균이 풍부한 오니를 하수량의 25% 정도 하수에 주입한 후 충분한 산소(공가)를 공급하여 호기성균의 활동을 촉진시켜 수중 유기물을 산화시키는 방법이다.

ⓛ 살수여상법(Trickling filter process)

1차 처리된 하수를 미생물점막으로 덮힌 쇄석이나 기타 매개층 등 필터 위에 뿌려서 미생물막과 폐수 중의 유기물을 접촉시켜 호기성 처리하는 방법이다. 통성혐기성처리라고도 하며 주로 산업폐수나 분뇨의 소화처리 후 탈리액의 처리에 이용한다.

[표 9-2] 활성오니법과 살수여상법의 비교

분류	활성오니법	살수여상법
장점	• 경제적이고 좁은 면적에서도 가능 • 대용량 규모의 폐수처리 가능 • 정화율(BOD제거율)이 좋음 • 대도시 하수처리 방법	• 갑작스런 수량변화에 조치가능 • 건설비와 유지비가 적게 듦 • 폭기에 동력이 필요없음(자연환기) • 잉여오니 반송이 불필요
단점	• 기계조작이 어렵고 고도의 기술 필요 • 건설비와 유지비가 많이 듦 • 폭기에 동력이 필요(강제폭기) • 잉여오니의 생성량이 많음 • 유량과 수질변화에 취약	• 높은 수압이 필요험. • 여상의 폐색이 잘 일어남 • 여름철에는 악취가 심하고, 파리발생의 문제가 있고, 기온 하락 시 동결의 우려 • 균등 살포가 어려움

ⓒ 산화지(Oxidation pond)법
• 하수를 연못이나 웅덩이에 저장하여 물의 자정작용을 이용한 하수처리 방법
• 호기성 균이 유기물을 분해하고 조류는 이들 유기물과 햇빛을 이용하여 광합성을 하여 산소를 방출하고, 세균은 방출된 산소를 이용하여 유기물을 분해하는 것을 이용한 방법

(3) 3차 처리

① 물리·화학, 생물학적 처리방식을 종합하여 2차 처리에서 제거되지 않은 유기물과 질소, 인과 같은 영양물질을 제거하는 고도의 처리과정이다.

② 도시 하수처리에는 생물학적 2차 처리가 주로 채택된다.

(4) 최종침전지

생물학적으로 처리된 물은 최종 침전지에서 오니를 침전시키고 맑은 물은 염소 처리 방류

(5) 오니처리

하수에서 분리된 고형성분을 오니라고 하며 침전된 오니, 잉여 오니 등은 imhoff tank에 넣고 가온, 소화시킴

➡ 소화된 오니는 건조, 탈수되어 비료로 사용되거나 매립 해상투기로 처분된다.

5 수질오염

1) 정의
폐기물의 양이 증가하여 물의 자정능력이 상실되는 상태

2) 수질 오염원의 유형

(1) 점오염원
생활하수, 산업폐수, 축산 폐수 등 오염원이 쉽게 확인되고 자체 정화시설이나 적정한 관리로 오염원 통제가 용이한 오염원

(2) 비점오염원
① 오염원의 확인이 어렵고 규제관리가 어려운 오염원
② 농약류, 질소와 인이 함유된 화학비료, 거품이 과다하게 발생되는 합성세제가 대표적

3) 수질 오염원의 종류
(1) **분해성 유기물질**: 가정의 음식쓰레기, 분뇨쓰레기, 축사의 폐수
(2) **합성세제**: 수질오염의 주범
(3) **중금속**: 공장폐수, 산업폐기물, 쓰레기 매립장
(4) **유독물질**: 다양한 화학물질
(5) **유류**: 유막형성으로 어패류에 영향
(6) **영양염류**: 비료, 가성하수 등

4) 수질오염의 측정지표

(1) 용존산소량(Dissolved Oxygen, DO)
① 물의 오염도를 나타내는 지표 중 하나로 물에 녹아있는 유리산소의 양을 mg/L로 표시
② 수온이 낮을수록, 기압이 높을수록 용존산소량은 증가하며, 염류의 농도가 높을수록 감소하고 순수한 물일 때 최대가 된다.
③ **용존산소와 물의 상태**
  ㉠ DO = 0이면 물이 썩음
  ㉡ 2ppm 이상: 물에서 냄새가 안남
  ㉢ 4ppm 이상: 물고기가 살 수 있는 물
  ㉣ 5ppm 이상: 어족보호를 위한 권장허용량
  ㉤ 8ppm 이상: 깨끗한 자연수일 경우

(2) 생물학적 산소요구량(Biological Oxygen Demand, BOD)

① 호기성 미생물이 호기성 상태에서 분해 가능한 유기물을 20℃에서 5일간 안정화 시키는 데 소비하는 산소량으로 mg/L(혹은 ppm)으로 표시한다.

② BOD가 높다는 것은 물에 분해 가능한 유기물질이 다량 함유되어 있다는 것이므로 오염도가 높음을 의미한다.

③ 수질오염의 강도와 자정작용의 정도를 예견하는 것으로도 사용된다.

(3) 화학적 산소요구량(Chemical Oxygen Demand, COD)

① 수중에 함유되어 있는 유기물질을 강력한 산화제(과망간산칼륨)로 화학적으로 산화시킬 때 소모되는 산화제의 양에 상당하는 산소의 양으로 mg/L로 나타낸다.

② BOD와 같이 수중의 유기물질을 간접적으로 측정하는 방법이다.

③ 생물학적으로 분해되지 않는 폐수나 유독물질을 함유한 공장폐수의 오염도를 알고자 할 때 적당하다.

(4) 부유물질(Suspended Solid)

① 유기물질과 무기물질을 함유한 2mm 이하의 현탁 고형물로 일반적으로 탁도를 결정하며 전반적인 수질을 판단하는데 이용된다.

② 수중의 부유물질은 유기물인 경우 용존산소를 소모시키며, 많은 경우는 어류의 아가미에 부착되어 폐사시키고 빛의 수중전달을 방해하거나 수중식물의 광합성 장애를 유발한다.

(5) 수소이온농도(pH)

① pH 6~8이 어류의 생존에 적합한 환경이다.

② 외부로부터 산성 및 알칼리성 물질이 혼입되면 쉽게 변화하므로 오염여부를 판단하는 좋은 지표가 된다.

(6) 세균과 대장균군

① 일반세균: 일반세균수는 생물학적으로 분해 가능한 유기물질의 농도를 알 수 있는 지표로서의 의미가 있다.

② 대장균군

㉠ 그 자체가 유해하지는 않으나 분변오염이나 다른 미생물의 오염을 추측할 수 있다.

㉡ 검출방법이 간단하고 정확하기 때문에 수질오염의 지표로 중요하다.

㉢ 일반적으로 최확수(MPN)를 사용한다.

　　　○ 최확수: 이론적으로 검수 100㎖ 속에 들어 있는 대장균의 수

(7) 질소

암모니아성 질소($NH_3 - N$)의 검출은 유기물에 오염된 지 얼마되지 않았다는 것과 분변에 의한 오염가능성을 의미하므로 수질오염의 유력한 지표이다.

○ 질소 유기물의 분해 과정: 단백질 → 아미노산(NH_3) → 암모니아성 질소(NH_3–N) → 아질산성 질소(NO_2–N) → 질산성 질소(NO_3–N)

6) 수질오염 현상

(1) 부영양화

① 개념

질소나 인을 함유한 도시하수나 농업폐수로부터 다량의 영양염류가 유입되어 과도하게 수중 생물이 번식하는 현상을 의미한다.

② 과정

질소, 인 등을 함유한 영양염류가 많아지면 조류(식물성 플랑크톤)가 대량 증식하여 물의 표면을 뒤덮어 햇빛을 차단하고, 조류의 산소소비량이 급속히 증가하여 호수, 댐에 서식하는 동식물이 다량으로 폐사한다.

(2) 적조현상(red tide)

① 질소, 인 등의 영양염류의 농도가 높아진 **해수**에 쌍편모조류(적조류)가 대량 번식하여 바닷물의 색이 붉게 변하는 현상

② 주로 연안해역에서 발생하며, 물속의 산소부족과 식물성 플랑크톤의 독성으로 어패류를 패사하고 수질이 악화되어 수산업에 막대한 피해를 준다.

③ 적조현상을 예방하기 위해서는 부영양화 예방, 양식장의 사료과나 사용 억제, 하수 및 폐수의 슬러지의 해양투입을 금지해야 한다.

(3) 녹조현상(green tide)

① 질소, 인 등의 영양염류의 농도가 높아진 **호수나 늪, 유속이 느린 하천**에 남조류가 증가하여 물색이 녹조를 띄는 현상

② 녹조현상을 예방하기 위해서는 생활하수를 충분히 정화하여 영양염류가 바다나 호수로 유입되지 않도록 해야 하며, 유입된 영양염류를 제거하기 위해서는 풀과 나무를 강가나 호숫가에 심어 물속의 영양염류를 흡수하도록 한다. 또한 갯벌을 보존하여 육지에서 유입되는 물을 정화하는 것도 필요하다.

7) 수질오염 사건

(1) 미나마타 병(Minamata Disease): 수은

① **원인**: 공장에서 메탈수은 화합물이 유출되어 어패류에 오염을 일으키고, 그 오염된 어패류를 주민이 먹고 발생

② **증상**: 중추신경장애 즉 태아 및 환자의 사지마비, 청력장애, 시야 협착, 언어장애 등

(2) 이타이이타이 병(Itai Itai Diease): 카드뮴

① **원인**: 아연공장에서 배출된 카드뮴이 하천을 오염시키고 토양에 축적되어 농작물이 오염되고 이를 섭취한 주민들에게 만성중독을 일으킴

② **증상**: 신장기능장애(단백뇨), 골연화증, 보행 장애, 심한요통과 대퇴관절통 등

(3) 가네미 사건: PCB(폴리염화비페닐)

① **원인**: 가네미공장에서 미강유의 탈취공정 중에 열매체로 사용된 PCB가 미강유에 혼합되어 그것을 먹고 중독증상을 일으킴

② **증상**: 피부장애, 신경장애(언어장애 등), 간장애, 안질 등

🔍 **참고 POINT**

[우리나라 수질오염사건]

(1) 수돗물 중금속 사건(1989)

(2) 트리할로메탄(THM)사건(1990)

(3) 페놀유출사건(1991)

(4) 태안기름 유출사건(2007)

---

8) 수질오염의 대책

(1) 수질 및 배출허용기준의 제정 및 지도

(2) 오염물질의 관측

(3) 하수·폐수 처리 시설

(4) 배출원의 이전 또는 분산

(5) 환경영향 평가제도 실시

(6) 총량규제제도의 도입: 하천에 유입될 수 있는 양을 먼저 정하고, 그에 따른 배출허용량을 정하는 것으로 가장 이상적인 방법

(7) 국민계몽 및 보건교육: 수질오염의 피해 인식, 스스로 수질오염 행위를 자제하도록 계몽 및 수질보전운동을 전개

CHAPTER 04

식품과 건강

1 식품위생

1) 정의

식품위생이란 식품, 식품첨가물, 기구 및 용기와 포장을 대상으로 하는 음식에 관한 위생을 말한다.

2) 식품의 변질

변질(spoliage)은 식품을 자연조건하에 방치하면 부착되어 있는 미생물과 식품의 효소작용에 의해 분해되는 것으로, 비타민 등의 영양소가 파괴되어 향, 맛의 손상으로 먹을 수 없는 상태가 된다.

(1) 부패(putrefaction)

단백질 식품이 미생물의 작용에 의해 분해되는 것이다. 분해과정에서 아미노산과 아민이 생성되며 암모니아, 메탄, 황화수소 등의 가스가 발생된다.

(2) 변패(deterioration)

탄수화물이나 지방식품이 미생물에 의해 분해되는 것을 말한다.

(3) 산패(rancidity)

지방이 주로 산화되어 변질되는 것을 말한다.

(4) 발효(fermentation)

탄수화물식품이 산소가 없는 상태에서 미생물에 의해 분해되는 현상으로 일상생활에 유용하게 이용되는 것을 말한다.

3) 식품저장법

식품저장법		내용
물리적	가열법	가열은 식품에 부착되어 있는 미생물을 죽이거나 효소를 파괴하여 식품의 변질을 예방 ① 저온살균법: 60~65℃ 30분간 가열. 식품의 영양가 손실예방, 단백질 변성예방 ② 고온단시간살균법: 70~75℃ 15초간 살균 ③ 초고온법: 130~135℃ 2~3초간 살균 ④ 초음파가열살균법: 100~200만cycle 초음파를 이용하여 세균을 진동시켜 균체를 파괴함으로써 식품의 비타민 파괴를 막고 식품의 변색을 저하시키는 방법
	냉장 및 냉동법	① 냉장법: 0~10℃ 사이의 저장 ② 냉동법: 0℃ 이하의 저장 ※ **참고: 식품의 종류별 냉장, 냉동법** • 10℃ 이하의 움저장법(과실, 채소류) • 1~4℃의 냉장법(야채, 과일, 육류) • 0℃ 이하의 냉동법(육류, 어류), 급랭법(식육, 어패류) 등
	건조법 (Drying)	① **수분 15% 이하**로 유지: 미생물 생육 저지 ② 미생물이 번식하는 데 적당한 습도를 제거함으로써 미생물 번식 억제방법
	밀봉법 (통조림법)	호기성세균 억제방법
	움저장법	농작물을 땅속 1~2m 저장, 10℃, 85% 습도
물리, 화학적 (화학적으로 도 분류됨)	훈연법	① 주로 육류, 어류의 보존법(햄, 베이컨, 조개 등) ② **연기**에 함유된 크실렌, 페놀메틸레이트, 포름알데히드, 식초산, 아세톤, 메틸알코올, 개미산 등에 의해 살균 및 건조가 일어나 식품의 **저장성과 풍미**를 향상 ③ 훈연에 쓰이는 목재: 수지가 적고 단단한 벚나무, 참나무 등 목재 및 왕겨 등
	가스 저장법	① CO_2, $N_2(NO_2)$ 가스 이용 ② 공기 중의 이산화탄소, 산소, 온도, 습도농도를 조절하여 오래 저장하는 방법 ③ 과실류, 야채류, 난류 등의 저장에 이용
화학적	염장법	① **10%의 소금**을 뿌려 저장하는 방법 (동양, 우리나라 발달) ② 삼투압에 의하여 미생물의 발육 억제 ③ 식물성 식품(무짠지, 오이지) 동물성 식품(육류, 어류, 어란) 저장
	당장법	① **50% 설탕**에 저장하는 방법 ② 삼투압에 의하여 미생물의 발육 억제 ③ 잼, 젤리 등
	산저장법 (초절임법)	① 초산, 젖산 등을 이용하여 식품을 저장하는 방법 (서양 발달) ② **pH 4.9 이하**로 조절(낮은 산도를 유지)하여 미생물의 발육 억제 ③ 서양음식인 피클 ④ 유기산이 무기산보다 미생물에 대한 번식억제 효과가 크다.

🖉 기출문제 맛 보기

다음의 식품저장 방법에 대한 설명으로 옳은 것은?   13년 지방직

① 당장법은 80% 이상의 설탕에 저장하는 방법으로 삼투압에 의해 미생물의 발육을 억제하는 방법이다.

② 저온살균법은 60~65℃에서 30분간 가열하여 식품의 영양가 손실을 막고, 단백질 변성을 예방하기 위한 방법이다.

③ 건조법은 식품의 수분함유량을 40% 이하로 감소시켜 미생물 번식을 억제하는 방법이다.

④ 훈연법은 CO_2, NO_2 등의 가스를 이용하여 살균 및 건조가 일어나 식품의 저장성과 풍미를 향상시키는 방법이다.

---

2 | 식중독

식중독은 단시간 내에 발생하며, 집단적으로 발생하고, 환자에 의한 2차 감염은 드물고 일반적 설사, 구토, 복통의 3대 증상을 보인다.

세균성 식중독	감염형	• 살모넬라, 장염 비브리오, 병원성 대장균, 캠필로박터, 여시니아 등	
	독소형	• 보툴리누스, 황색 포도상구균, 웰치균(클로스트리디움 퍼프린젠스) 등	
바이러스성 식중독	공기, 접촉, 물 등의 경로로 전염	• 노로바이러스 • 아스트로바이러스 • A형 간염 바이러스	• 로타바이러스 • 장관아데노바이러스 • E형 간염 바이러스 등
자연독 식중독	동물성	• 복어	• tetrodotoxin
		• 굴, 바지락, 모시조개	• venerupin
		• 홍합	• mytilotoxin, saxitoxin(섭조개, 대합)
	식물성	• 독버섯	• muscarin
		• 감자	• solanine, sepsine
		• 맥각	• ergotoxin
		• 청매	• amygdaline
		• 독미나리	• cicutoxin
화학적 식중독	• 불량 첨가물, 잔류 · 혼합되는 유해 · 유독물질, 기구 · 용기 · 포장에 의한 중독, parathion, malathion		

정답 ②

1) 세균성 식중독(Bacterial food poisoning)

(1) 감염형

식품에서 미리 증식한 균이 식품과 함께 섭취되어 소장에서 더욱 증식한 후 중독증상을 일으키는 것

분류	살모넬라 식중독	장염비브리오 식중독	병원성 대장균 식중독
원인균	• Salmonella 균(장염균, 장티푸스균, 돈콜레라균 등)	• Vibrio parahemolyticus • 병원성 호염성균(해수균): 2~4% 소금물에서 생육 • 해수온도가 15도 이상에서 증식	• 병원성 대장균 • 취약계층(영유아)에 산발적 발생
원인 식품	• 덜익은 육류, 날 계란등 • 우유 및 유제품, 어패류 등 • 불완전하게 조리된 가공품	• 어패류 및 그 가공품 • 해산물, 바다고기, 오징어 등	• 대장균에 감염된 모든 식품 • 햄, 치즈, 소시지, 도시락, 급식 등
감염 경로	• 살모넬라균에 감염된 육류, 유류, 두부 등의 섭취 • 환자, 가축, 쥐 등의 대소변에 오염된 음식물 섭취	• 5월경부터 시작하여 주로 7~9월에 빈발(하절기) • 오염된 해수 속의 어패류 섭취 • 어패류를 취급한 조리기구 등에 의한 오염식품 섭취	• 환자 및 보균자의 분변에 직·간접으로 오염된 모든 식품 • 오염된 칼이나 도마 등으로 조리된 음식물
잠복기	• 8~48시간 (균종에 따라 다양)	• 평균12시간	• 12~72시간 (균종에 따라 다양))
증상	• 복통, 설사, 구토 • 급격한 발열 • 발병률은 75% 이상 • 사망률은 낮음	• 복통, 설사, 구토 • 미열(고열은 없음)	• 설사(혈변, 고름 섞일 수 있음) • 복통, 구토, 고열
예방	• 식품의 가열살균 (75℃ 1분 이상) • 저온 저장 • 부엌, 식품 저장고, 도축장의 위생관리 • 위생해충 및 쥐 등의 구제	• 여름철에 어패류의 생식 금지, 가열하여 섭취 (60℃ 5분, 55℃ 10분간) • 저온저장 • 조리 기구나 용기 등의 청결한 관리 • 수돗물에 의한 세정	• 조리기구를 구분하여 사용으로 2차 오염방지 • 생육과 조리된 음식은 구분 보관 • 다진 고기는 중심부 온도가 75℃ 1분 이상 가열

(2) 독소형

식품에 들어 있던 균이 증식하면서 독소를 생산, 그 식품을 섭취함으로써 그 독소에 의한 중독 증상을 일으키며, 가열에 의한 예방효과가 약하다.

구분	보툴리누스 식중독	황색포도상구균 식중독	클로스피리디움 퍼프린젠스(웰치균) 식중독
원인균	• Clostridium botulinum • 혐기성균, 신경독소 • 열에 불안정: 80℃ 20분간, 100℃ 1~2분 가열 독소파괴	• Staphylococus aureus • 장독소 • 내열성 강함: 100℃ 60분간 가열 독소파괴	• Clostridium perfringens • 혐기성균 • 장독소
원인식품	• 햄, 소시지, 채소, 과일 등의 통조림 같은 혐기성 상태에서 발생	• 육류 및 그 가공품 • 유제품(우유, 크림, 과자, 버터, 치즈 등) • 도시락, 초밥, 떡, 빵, 김밥, 두부 등 복합조리식품	• 육류 및 어패류 및 그 가공품
감염경로	• 통조림에서 번식하는 세균의 독소에 의해 감염 • 토양과 보균동물의 분변에 주로 분포	• 분변, 토양, 하수 등에 널리 분포 • 주로 사람의 화농소나 코, 목에 존재하는 포도상구균이 식품에 혼합	• 사람이나 동물의 분변, 토양, 하수 등에 분포하다가 식품 속에서 증식하여 식중독을 일으킴 • 단체급식시설에 주로 발생 • 도축과정에서의 오염
잠복기	• 8~36시간	• 1~5시간(평균 3시간)	• 8~12시간
증상	• 신경계 증상(복시, 동공확대, 시력장애, 손발운동 마비, 인후두마비(타액분비정지) • 심하면 호흡곤란으로 사망, 치명률이 높음	• 구토, 복통, 설사, 오심 등 • 보통 1~2일 내 치유	• 설사, 복통, 구토
예방	• 통조림 및 가공식품의 위생적 조리와 가열섭취 • 식품원재료를 가공 및 기타 통조림 등으로 제조할 때에는 120℃ 4분이나 100℃ 30분 가열로 포자를 완전히 사멸시켜야 함	• 화농 있는 자나 인두염환자의 식품취급 금지 • 조리자의 청결, 모든 기구의 청결 유지하여 2차 오염 예방 • 식품은 조리 후 조속히 모두 섭취 • 남은 식품은 냉장보관 (5℃ 이하)	• 식품의 오염방지 및 가열 조리 • 조리 후 즉시 섭취 • 조리 후 급냉시켜 증식억제 • 단체급식 시 주의요망

참고 POINT

[감염형 식중독과 독소형 식중독]

구분	감염형 식중독	독소형 식중독
정의	• 체내에서 생성된 다량의 균에 의해 발생	• 세균이 증식할 때 발생하는 체외독소에 의해 발생
독소	• 균체 내 독소	• 균체 외 독소
균의 생사와 발병	• 균 사멸 시 식중독 발병 없음	• 생균이 없어도 발생 가능성 있음
잠복기	• 길다.	• 짧다.
가열에 의한 예방	• 효과 있음	• 효과 약함
종류	• 살모넬라 식중독 • 장염비브리오 식중독 • 병원성 대장균 식중독	• 보툴리누스 식중독 • 포도상구균 식중독 • 웰치균 식중독

[소화기계 감염병과 세균성 식중독]

비교	소화기계 감염병	세균성 식중독
섭취초량	• 비교적 소량의 균으로도 발병한다.	• 다량의 세균이나 독소량이 있어야 발병함
감염경로	• 2차 감염 있다.	• 2차 감염 드물다.
잠복기	• 잠복기간이 식중독에 비해 길다.	• 잠복기가 짧다.
면역성	• 병후 면역을 획득한다.	• 병후 면역이 획득되지 않는다.
경과	• 대체로 길다.	• 대체로 짧다.

기출문제 맛 보기

세균성 식중독은 감염형과 독소형으로 분류한다. 감염형 식중독의 특성에 대한 설명으로 옳은 것은?

22년 서울

① 잠복기가 비교적 길다.
② 균이 사멸해도 발생할 수 있다.
③ 식품을 가열처리해도 예방효과가 낮다.
④ 세균이 증가할 때 발생하는 체외독소에 의해 발생한다.

정답 ①

2) 자연독에 의한 식중독

동식물의 일부기관 내에 사람에게 유해한 독성물질이 함유되어 있는데 이러한 식품을 오용함으로써 자연독 식중독이 발생된다.

종류	병인	특징 및 증상	예방
복어	Tetrodotoxin	• 복어의 난소, 간, 고환, 내장 섭취 시 발생 • 지각마비, 두통, 복통, 언어장애, 시력장애, 호흡곤란, 의식소실	• 조리사에 의한 식품섭취
굴, 조개	Venerupin	• 발열, 비출혈, 점막출혈 혼수상태	• 굴의 산란기인 5~9월에 섭취 제한
홍합	Mytilotoxin saxitoxin	• 말초신경마비, 호흡마비	• 늦은 봄~여름까지 섭취 자제 : 유독성 플랑크톤 증가
버섯류	Muscarin	• 위장형, 콜레라형, 뇌증상 등 다양	• 잘 모르는 버섯 식용 금지
감자	Solanine(푸른부분, 싹) Sepsine (썩은부분)	• 복통, 허탈, 현기증, 호흡중추 마비	• 열에 강하므로 싹이나 푸른 부분은 도려내고 섭취
맥각	Ergotoxin	• 임산부의 경우 자궁수축으로 조산, 유산 유발	• 치사량이 강함
독미나리	Cicutoxin	• 복통, 구토, 현기증, 경련, 호흡정지	• 치사량이 강하나 삶아서 먹으면 무해함
청매	Amygdaline	• 오심, 구토, 복통, 설사, 두통, 지각이상	• 잘 익은 매실을 먹을 것

🖉 **기출문제 맛 보기**

다음의 식중독과 그 원인으로 옳게 조립된 것은?   13년 서울

① 버섯 – 솔라닌   ② 바지락 – 테트로도톡신
③ 맥각 – 베네루핀   ④ 감염형 식중독 – 보툴리누스
⑤ 독소형 식중독 – 포도상구균

정답 ⑤

3) 노로바이러스에 의한 식중독

구분	내용
원인균	• 급성위장관염을 유발하는 바이러스 • 최근 식품매개 집단식중독의 가장 주요한 원인임 • 소량의 바이러스만으로도 쉽게 감염, 전파력이 매우 높음
원인 식품	• 주로 식품과 물 매개: 굴 등 해산물, 야채, 과일, 냉동빵, 샐러드, 물 등

감염 경로	• 연중 발생하며 특히 10~11월에 증가하고 다음해 **1월에 최고정점(겨울장염)**
	• 주로 **분변─구강 경로를** 통하여 감염
	• 오염된 **음식**(패류, 샐러드, 과일, 냉장식품, 상추, 햄 등), **물(수인성)**에 의해 주로 발생
	   ─ 광범위한 상수도 오염 시 폭발적인 유행이 발생할 수 있다.
	• **감염자의 변, 구토물이 접촉**(경구적인 경로)에 의한 **2차 감염도** 흔함
	   ─ 음식물을 취급하는 조리자가 감염 시 집단감염을 일으킬 수 있음(집단급식)

잠복기	• 24~48시간
증상	• 오심, 구토, 설사, 복통 등 장염증세로 주로 경미함 • 1~2일이 지나면 자연 회복됨

예방	• 개인위생(용변 후, 조리 전 등)과 음식물 관리 중요
	   ─ 특히 과일, 채소는 철저히 세척(수돗물 사용), 굴 등 어패류는 생식금지하고 85℃,
	     1분 이상 가열 후 섭취
	• 음식 조리자 경우 감염 회복 후 최소 3일 이후에 업무복귀 가능
	• 바이러스에 감염된 옷 등은 즉시 비누를 사용하여 뜨거운 물로 세탁

🔍 참고 POINT

[위해요소 중점관리 기준(HACCP): 식품안전관리 인증 기준]
(1) **위해요소 중점관리 기준(Hazard Analysis Critical Control Point, HACCP)**
    식품의 원료, 제조, 가공 및 유통의 전 과정에서 위해물질이 해당 식품에 혼합되거나 오염되는 것을 사전
    에 막기 위해 각 과정을 중점적으로 관리하는 기준
    ※ HACCP는 HA와 CCP의 두 부분으로 나뉜다.
    ① **HA(위해요소)**: 인체의 건강을 해칠 우려가 있는 생물학적, 화학적, 물리학적 위해요소를 분석
    ② **CCP(중점관리 기준)**: 식품의 위해요소를 예방, 제거하거나 안전성을 확보할 수 있는 공정이나 단계를
       중점관리
(2) **일반적인 CCP 포함 내용**
    ① 시설, 설비의 위생유지
    ② 기계, 기구의 위생
    ③ 종업원의 개인위생
    ④ 일상의 미생물관리체계
    ⑤ 미생물의 증식억제, 온도관리

CHAPTER **05** # 생활환경과 건강

1 | 폐기물 처리

1) 폐기물

쓰레기, 연소재, 오니, 폐산, 폐알칼리 및 동물의 사체 등으로서 사람의 생활이나 사업활동에 필요하지 아니하게 된 물질(폐기물 관리법 제 2조)

2) 폐기물의 분류(폐기물 관리법)

생활폐기물과 사업장 폐기물로 구분

(1) **생활폐기물**: 일상생활에서 생기는 폐기물 즉 사업장 폐기물 이외의 폐기물을 통칭

(2) **사업장 폐기물**: 법률에 의해 배출시설을 설치 운영하는 사업장에서 발생되는 폐기물

(3) **지정폐기물**: 사업장 폐기물 중 주변 환경을 오염시킬 수 있거나 의료 폐기물 등 인체에 위해를 줄 수 있는 해로운 물질

예 폐유, 폐산, 폐석면, 폐알칼리, 의료 폐기물 등

(4) **의료 폐기물**: 보건의료기관, 동물병원, 시험·검사기관 등에서 배출되는 폐기물 중 인체에 감염 등 위해를 줄 수 있는 폐기물, 인체적출, 실험동물의 사체 등 보건환경 보호상 특별한 관리가 필요하다고 인정되는 폐기물

3) 폐기물의 발생 현황

(1) 생활폐기물은 감소추세이나 사업장 폐기물의 지속적인 증가로 전체 폐기물 발생량은 증가추세에 있다.

(2) **생활폐기물 발생량 감소의 원인**: 쓰레기종량제, 1회용품·과대포장 억제, 음식물쓰레기 줄이기 정책 등

4) 폐기물 처리 방법

- **폐기물 처리**: 폐기물의 소각, 중화, 파쇄, 고형화 등의 중간처리와 매립하거나 해역으로 배출하는 등의 최종처리를 말함
- **폐기물 처리과정**: ① 발생 → ② 배출 → ③ 수집 → ④ 운반 → ⑤ 중간처리(압축, 파쇄, 소각, 퇴비화) → ⑥ 최종처분(위생매립, 해양투기)

(1) 파쇄

폐기물의 크기를 원래보다 작고 균일한 형태로 만드는 방법

(2) 압축

폐기물의 밀도를 증가시켜 효율적 저장, 운반가능하도록 만드는 방법

(3) 선별

이용 가능한 물질 등을 선별하여 새로운 생산품 제조를 위해 이용하는 방법

(4) 열적처리

고온에서 가스상, 액상, 고체상 물질로 전환하는 것으로 부피감소와 에너지 회수 목적으로 사용

(5) 퇴비화

① 기물을 호기성미생물에 의해 안정된 상태의 부식토로 변환시키는 방법
② 도시에는 부적합하고 농촌에 적합함

(6) 고화처리

폐기물을 고체 상태로 고정시키는 물질과 혼합하여 물리적으로 고정하고, 화학적으로 안정화함
으로써 환경오염의 가능성은 낮다. 그러나 부피나 무게 증가로 운반비용 증가
예 고농도의 중금속 폐기물 처리

(7) 투기법

폐기물을 육상, 해상에 버리는 방법으로 질병매개체의 발생원이 되므로 비위생적임

(8) 소각처리

① 고체폐기물을 연소시켜 그 양을 줄이고 발생된 잔여물을 매립 처리하는 방식
② 장점은 설치소요면적과 잔유물이 적고, 기후나 기상에 영향을 받지 않으며 위생적이다.
③ 단점은 건설비가 많이 들고, 대기오염의 우려가 있고, 소각과정에서 환경호르몬인 다이옥신
등을 발생시킴

(9) 매립법

① 폐기물을 분리수거하여 재활용 폐기물은 회수하고 나머지는 선별과정을 거쳐 각각의 특성에
맞추어 처리하여 자원회수, 에너지 회수 등을 거친 후 매립
② **장점**: 처리비용이 가장 낮으며, 공정이 간단하여 전 세계 고형폐기물의 90% 이상 처리함
③ **단점**: 토지면적이 과다소요되며, 지하수 오염과 주민의 NIMBY현상 등과 냄새, 쥐 등의 발
생을 방지해야 함

④ 매립방법

㉠ 쓰레기를 3m 높이로 매립 → ㉡ 20cm 복토(15~30cm) →
㉢ 쓰레기 소화발효 용적이 1/2 이하 → ㉣ 쓰레기를 1~2m 높이로 재 매립 →
㉤ 60~100cm 복토(최종 복토) → 10년 경과 후 사용 (지반의 안전성 고려)

5) 폐기물의 관리 대책

(1) 폐기물의 감량화

쓰레기 종량제, 1회용품 및 과대포장 억제 음식쓰레기 줄이기 정책 등

(2) 폐기물 재활용

재활용품 분리수거, 폐기물 예치금, 폐기물 부담금, 공병보증금제

(3) 폐자원 에너지화

(4) 폐기물 안전처리

① 폐기물 적법처리 시스템 운영: 소각, 매립 등
② 바젤협약 준수(유해물 이동 및 처리에 관한 협약): 우리나라 1994년 가입

2 토양과 건강

1) 토양오염

토양오염이란 인간의 활동으로 인한 여러 물질이 토양에 들어감으로써 토양이 그 기능을 상실하는 것을 의미한다.

2) 토양오염물질의 유형

(1) 대기오염물질

매연과 자동차 배기가스 등으로 인한 질소산화물이나 황산화물이 강우나 분진 등으로 식물에 직접 피해를 주거나 토양에 유입됨으로 농작물에 피해를 줌

(2) 수질오염물질

유기 및 유기질 공장폐수, 탄광, 석유, 천연가스 광폐수, 광산폐수 등이 농업용수에 혼입 사용 시 토양 및 농작물이 오염 발생

(3) 고형폐기물

고형폐기물 매립 시 지하수를 통하여 인근의 토양을 오염시킴

(4) 농약

유기인 화합물로써 땅속에서 분해되지 않고 장기간 잔류하여 문제가 됨

(5) 중금속에 의한 오염

카드뮴, 납, 수은, 구리, 아연, 비소 등이 농경지에 유입되어 토양의 오염원이 됨

3) 토양오염의 영향

① 오염물질이 토양에 축적 → ② 축적된 오염물질이 식물에 흡수됨
→ ③ 식물의 생육을 저지하거나 유독한 식물을 경작 → ④ 섭취과정에서 전이됨

4) 토양오염의 대책

(1) 오염원 배출규제

수은, 카드뮴 건전지, 형광등 등의 유해물질 분리, 중금속을 함유한 농약, 잔류독성이 큰 농약 사용 제한 또는 금지

(2) 오염토양의 처리기술의 개발

① **추출(Extraction)**: 토양 중의 오염물질을 일정한 용액으로 씻어내는 것
② **불활성화(Immobilization)**: 오염토양 내의 유해물질의 활동을 억제하여 지하수, 표면수로의 이동 또는 대기에의 노출을 감소시키는 방법
③ **분해(Degradation)**: 유해한 물질을 무독성화하거나 저독성화하는 방법
④ **희석(Attenuation)**: 토양내 오염물질의 함량을 적절한 수준까지 감소시키기 위하여 신선한 토양 또는 유사물질을 섞는 방법
⑤ **휘발성 감축(Reduction of volatilization)**: 토양 내 휘발성 오염물질의 확산을 억제하거나 휘발성이 될 수 있는 상황을 없앰

(3) 농경지 개량법

중금속에 의한 오염 시에는 제거하기란 거의 불가능

(4) 보전농업

친환경적 농법을 통해 토양오염을 줄여 인간의 건강향상을 도모하는 것

3 방사능 관리

1) 방사능의 종류

(1) **자연방사능**: 빛, 태양열, 우주선 등에 1년 동안 2.4mSv 정도 노출

(2) **치료목적의 의료용 방사능**

(3) **기타**: 화재 탐지기, 항암치료, 탄소연대 측정, 각종 생물, 해류 추적장치, 우주탐사를 위한 에너지원 등

2) 방사능 노출량과 건강 피해

(1) 일반적인 피폭 허용치

자연방사능과 의료목적의 방사능치료를 제외하고 1년에 1mSv

○ 흉부 X선 촬영 시 1회당 0.1~0.3mSv 노출, CT 촬영 시 8~10mSv 정도 노출

(2) 노출량과 이상 증상

① 500mSv까지는 건강에 큰 이상 없음

② 1Sv에서는 구토나 메스꺼움

③ 4Sv에서는 50%의 사람들이 30일 이내에 사망

④ 5~10Sv에서는 조혈기의 장애를 일으켜 고도의 백혈구, 혈소판 등이 감소하여 4~6주 후 사망의 가능성이 높음

⑤ 10~15Sv에서 소화기 장애가 발생하여 2주 후 장염과 쇼크로 사망

⑥ 50Sv 이상일 경우 중추신경장애로 오심과 구토 등이 일어나며, 피폭 몇 시간 후 뇌부종으로 사망

3) 건강장애

DNA 손상을 통해 인체에 영향

(1) 피부장애

(2) 혈액 · 조혈기능 장애: 재생 불량성 빈혈 , 백혈병 등

(3) 악성종양

(4) 생식기능 장애: 무월경, 무정자, 불임 등

(5) 기타: 백내장, 수명의 단축 등

4) 방사능 대책

(1) 방사선 노출시간을 최대한 줄이고, 오염물로부터 멀리 떨어지도록 함

(2) 방사능에 오염된 것으로 추정되는 부위는 깨끗이 씻어야 함

(3) 호흡이나 구강섭취에 의해 인체 내부에 유입되었을 경우 방사능 물질을 몸 밖으로 배출하기 위한 약품인 요오드화 칼륨 섭취

단원확인문제

01. 다음 중 상수의 전 과정을 바르게 나열한 것은?

① 침전 – 폭기 – 여과 – 소독
② 여과 – 폭기 – 침전 – 소독
③ 폭기 – 침전 – 여과 – 소독
④ 소독 – 침전 – 여과 – 폭기

02. 상수처리법 중 물과 공기를 접촉시켜 냄새, 이산화탄소, 철분 등을 제거하는 방법은?

① 소독법
② 여과법
③ 폭기법
④ 침전법

03. 다음은 우리나라 음용수 수질 기준이다. 옳은 것은?

가. 일반세균은 1cc 중 100CFU 이하	나. 염소이온은 250mg/L 이하
다. pH 5.8~8.5	라. 대장균은 1cc 중 100 이하

① 가, 나, 다
② 가, 다
③ 나, 라
④ 가, 나, 다, 라

04. 생물학적 산소요구량에 대한 설명으로 올바른 것은?

가. 오염된 물일수록 생물화학적 산소요구량이 높아진다.
나. 생물학적 산소요구량이란 물속에 녹아 있는 산소량을 말하는 것으로 오염된 물일수록 낮다.
다. 생물화학적 산소요구량이 커지면 용존산소량은 감소한다.
라. 생물화학적 산소요구량은 시간에 따라 감소하고 온도가 상승하면 작아진다.

① 가, 나, 다
② 가, 다
③ 나, 라
④ 가, 다, 라

05. 상수의 정화과정 중 급속여과법에 대한 설명으로 맞는 것은?

가. 약품침전법을 사용하며, 전처리가 필요하다.
나. 여과속도가 완속사 여과법에 비해 느리다.
다. 건설하는데 소요되는 면적이 적다.
라. 수면이 동결되거나 이끼류가 심한 곳에서는 사용이 어려운 단점이 있다.

① 가, 나, 다   ② 가, 다
③ 나, 라   ④ 가, 나, 다, 라

06. 우리나라 대기환경기준에 해당하는 항목이 아닌 것은?

① 아황산가스   ② 일산화탄소
③ 이산화질소   ④ 이산화탄소

07. 우리나라 대기환경보전법 시행규칙에 의한 대기오염 경보 단계별 오염물질의 농도 중 오존 농도에 관한 내용으로 알맞은 것은?

가. 오존 농도는 1시간 평균농도를 기준으로 하여 해당 지역에 1개 측정소라도 기준을 초과하면 경보를 발령한다.
나. 오존 주의보는 0.12ppm 이상일 때 발령한다.
다. 오존 경보는 0.3ppm 이상일 때 발령한다.
라. 대기오염 경보 발령 시에는 노약자 및 어린이는 외출을 하지 않는 것이 좋다.

① 가, 나, 다   ② 가, 다
③ 나, 라   ④ 가, 나, 다, 라

08. 하수처리 과정 순서로 옳은 것은?

가. 부유물질 스크린	나. 약품침전
다. 침사	라. 호기성 균에 의한 유기물 산화

① 가–나–다–라　　　　　　　　　② 가–다–나–라
③ 다–나–가–라　　　　　　　　　④ 다–가–나–라

09. 런던 스모그와 로스앤젤레스 스모그이 공통점은?

가. 겨울에 잘 발생한다.
나. 이른 아침에 발생한다.
다. 해안지대에 잘 발생한다.
라. 기온역전현상이 있다.

① 가, 나, 다　　　　　　　　　② 가, 다
③ 나, 라　　　　　　　　　　　④ 라

10. 다음은 수질오염의 지표로 사용되는 용존산소(DO)와 생화학적 산소요구량(BOD)의 관계에 대한 설명이다. 옳은 것은?

① DO는 낮고 BOD가 높을수록 물의 오염도가 낮다.
② DO와 BOD가 낮을수록 물의 오염도가 낮다.
③ DO는 높고 BOD는 낮을수록 물의 오염도가 낮다.
④ DO와 BOD가 높을수록 물의 오염도가 낮다.

11. 수질오염 현상 중에서 가정의 생활하수나 가축의 배설물 등이 하천에 한꺼번에 많이 유입되어 과도하게 수중생물이 번식하는 현상을 무엇이라 하는가?

① 엘니뇨　　　　　　　　　② 부영양화
③ 라니냐　　　　　　　　　④ 녹조현상

12. 환경문제 관련 회의 및 협약이 옳게 짝 지어진 것은?

① 오존층 파괴 – 파리협약
② 기후변화 – 몬트리올 의정서
③ 유해폐기물에 대한 국가 간의 이동 및 처분 규제 – 바젤협약
④ 생물다양성 – 리오협약

13. 대기오염 물질 중 가장 심각한 오염물질은 매연이므로 이의 발생원에 대한 대책이 필요하다. 이에 대한 설명으로 알맞은 것은 어느 것인가?

> 가. 자동차의 연료가 완전 연소되도록 엔진기능을 증진시키고 탄화수소와 일산화탄소를 수증기로 촉매 전환 장치를 부착한다.
> 나. 연료를 석탄, 석유대신 액화천연가스(LNG)를 사용한다.
> 다. 연료의 황을 제거 또는 감소하여 사용한다.
> 라. 대기오염물질을 배출하는 시설에는 접진장치(dust collectdor) 장치를 설치한다.

① 가, 나, 다   ② 가, 다
③ 나, 라   ④ 가, 나, 다, 라

14. 산성비가 미치는 영향에 대한 설명이다. 알맞은 것은 어느 것인가?

> 가. 금속물의 부식   나. 삼림의 황폐화
> 다. 문화재의 손실   라. 물고기의 떼죽음

① 가, 나, 다   ② 가, 다
③ 나, 라   ④ 가, 나, 다, 라

15. 폐기물에는 크게 생활폐기물과 산업폐기물의 두 종류가 있으며, 생활폐기물은 쓰레기, 분뇨 등이고 산업폐기물은 일반폐기물과 특정 유해물질로 나누어진다. 다음 중 폐기물이 미치는 영향이라고 볼 수 있는 것은?

가. 토양오염	나. 수질오염
다. 공기오염	라. 생태계 균형 파괴

① 가, 나, 다   ② 가, 다

③ 나, 라   ④ 라

⑤ 가, 나, 다, 라

16. 일본에서 발생했던 대표적인 수질오염 사건으로 미나마타병을 들 수 있다. 다음 중 미나마타병의 원인 물질로 맞는 것은?

① 카드뮴(Cd)   ② 수은(Hg)

③ 크롬(Cr)   ④ 납(Pb)

17. 식물에 고농도로 단시간 노출시키면 나뭇잎에 백색 반점이 생기고 저농도로 장시간 노출시키면 엽록소 생성기전에 방해를 받아 나뭇잎이 누렇게 변색이 되는 오염 물질은?

① 아황산가스   ② 일산화탄소

③ 아질산가스   ④ 이산화탄소

18. 환경영향평가에 대한 설명으로 옳은 것은?

① 개발사업 후의 건설이 자연 및 생활환경에 미친 영향을 평가함으로써 더 이상의 오염을 초래할 개발사업을 억제하기 위한 제도이다.

② 환경에 미치는 영향이 큰 법률, 행정계획 등 국가정책을 수립하거나 개발계획을 시행한 후 이러한 시행이 환경에 미치는 영향을 평가하는 제도이다.

③ 개발사업 전에 파생할 자연 및 생활환경의 변화를 평가하여 그 대책을 개발 계획에 포함시킴으로써 환경에의 부정적 영향을 최소화하거나 방지하기 위해 시행하는 제도이다.

④ 각종 사업을 하는데 있어 개발사업의 정체성과 기술성보다 환경적 요인을 전적으로 고려하여 개발보다는 환경오염 방지에 초점을 두는 제도이다.

19. 온열지수에 대한 설명 중 옳은 것으로 이루어진 것은?

> 가. 감각온도 – 어느 기온에서 습도 100%, 정지기류의 경우를 기초로 하여 이와 동등한 온도 감각을 주는 기온
>
> 나. 지적온도 – 체온조절에 있어서 가장 적절한 온도
>
> 다. 냉각력 – 기온, 기습이 낮고 기류가 클 때는 인체의 체열 방산량이 증대하는데, 이때 열을 빼앗김
>
> 라. 등가온도 – 기온, 기습, 기류만을 기초로 하여 나타내는 온도

① 가, 나, 다   ② 가, 다
③ 나, 라   ④ 가, 나, 다, 라

20. 포도상구균 식중독의 특징은?

> 가. 장독소에 의한 독소형이다.
>
> 나. 잠복기는 24시간이다.
>
> 다. 유제품에 의해 주로 발생된다.
>
> 라. 피부에 수포가 생긴다.

① 가, 나, 다   ② 가, 다
③ 나, 라   ④ 나, 다

21. 새집 증후군을 일으키는 대표적인 실내오염물질로 눈과 코의 자극, 어지럼증, 피부질환을 유발하는 것은?

① 석면   ② 오존
③ 라돈   ④ 포름알데히드

22. 다음 중 보툴리누스 식중독에 대한 설명으로 맞는 것은?

> 가. 독소는 균이 증식하는 과정에서 생기며 신경증상을 나타낸다.
> 나. 예후가 나빠 치명률이 높다.
> 다. 소시지, 햄, 채소, 과일 등의 통조림이 원인식품이다.
> 라. 예방을 위해 가공식품은 익혀 먹도록 한다.

① 가, 나, 다   ② 가, 다
③ 나, 라   ④ 가, 나, 다, 라

23. 자연독에 의한 식중독 중 굴과 조개에 의해 발생하며 권태, 오한 구토, 두통 등의 뇌증상을 동반하는 원인이 되는 것은?

① 테트로도톡신   ② 베네루핀
③ 솔라닌   ④ 무스카린

24. 회식 후 복통, 설사, 구토 및 발열 등의 증상이 나타나 보건소를 방문하여 장염비브리오 식중독 진단을 받은 남자가 먹었을 것으로 예측되는 음식은?

① 달걀   ② 잉어
③ 오징어   ④ 소고기

25. 식중독 예방 수칙으로 틀린 것은?

① 조리된 식품은 즉시 먹는다.
② 한번 조리된 식품은 재가열한다.
③ 조리된 식품은 차게, 밀봉하여 저장한다.
④ 날 음식은 조리된 식품과 섞어서 먹는다.

26. 포도상구균 식중독의 특징을 옳게 설명한 것은?

① 급성 위장증상과 고열을 동반한다.
② 김밥, 도시락, 유제품, 가공식품 제조 시 발생한다.
③ 잠복기가 24~36시간이다.
④ 치명률 60~80%로 높다.

27. 식품의 위해요소 HACCP의 CCP에 해당하는 것은?

가. 시설, 설비의 위생유지	나. 종업원의 개인위생
다. 미생물의 증식억제, 온도관리	라. 기계, 기구의 위생

① 가, 다   ② 나, 라
③ 가, 나, 다   ④ 가, 나, 다, 라

정답 및 해설 Answers & Explanations

01 정답 ①
상수의 정수과정은 침전, 폭기, 여과, 소독의 4과정을 거친다.

02 정답 ③
폭기법은 산소와 기타 이물질 등을 접촉시켜 제거하는 방법이다.

03 정답 ①
우리나라 음용수 수질기준은 다음과 같다.
• 무취, 무미, 색도 5도 이하
• **일반세균**: 1cc 중 100 이하
• **대장균**: 100cc 중 불검출
• **pH**: 5.8~8.5
• **염소이온**: 250mg/L 이하
• **불소농도**: 1.5ppm 이하

04 정답 ②
• 용존산소량은 물속에 녹아있는 산소량으로서 깨끗한 물일수록 높다.
• 생물화학적 산소요구량은 호기성 미생물에 의해 유기물을 안정상태의 무기물로 분해시키는 데 소모되는 산소량으로 오염된 물일수록 산소의 소모가 많으므로 높아진다.
• 생물화학적 산소요구량은 시간에 따라 증가하고 온도가 상승하면 높아진다.

05 정답 ②
급속여과법은 미국식으로 약품침전 후 사용한다. 여과속도가 하루에 120m 정도로 빠르며 역류세척법을 사용하고, 소요되는 면적이 좁다. 건설비가 적게 드는 반면 경상비가 많이 들며 세균제거율이 95~98%정도이고, 전처리가 절대필요하다. 이끼류 발생이 쉬운 곳이나 수면이 동결되기 쉬운 곳에서도 사용이 가능하다.

06 정답 ④
우리나라 대기환경기준에 속하는 항목은 아황산가스, 일산화탄소, 이산화질소, 미세먼지, 오존, 납, 벤젠이다.

07 정답 ⑤
「대기환경보전법 시행규칙」의 대기오염경보 단계별 오염물질의 농도 중 오존농도는 다음과 같다.
• **오존 주의보**: 0.12ppm
• **오존 경보**: 0.3ppm
• **중대 경보**: 0.5 ppm
오존 농도는 1시간 평균농도를 기준으로 해당지역에 1개 측정소라도 기준을 초과하면 경보를 발령한다. 대기오염경보 발령 시에는 노약자 및 어린이는 외출을 하지 않는 것이 좋다.

08 정답 ②
하수처리는 1차 처리로 Screening(대형 부유물질 제거), 침사(하수의 유속을 낮추어 토사 등이 비중이 큰 물질 가라앉힘), 침전(유기물질을 함유한 부유 및 고형물질 제거)을 거친 후 2차 처리(생물학적인 처리)로 산소를 공급하여 호기성균의 성장활동을 촉진시키는 살수여상법이나 활성오니법을 이용하여 유기물을 산화시킨다.

09 정답 ④

런던형 스모그는 복사성 기온역전으로 석탄 사용 후 공장에서 나온 SO₂가 원인으로 겨울철 새벽에 빈발한다. 로스엔젤레스형 스모그는 침강성 기온역전으로 낮 동안 일년 내내 발생한다. 모두 기온 역전에 의해 스모그가 발생한다.

10 정답 ③

BOD(생물학적 산소요구량)가 높으면 유기물질이 다량 함유되어 세균이 이것을 분해, 안정화하는 데 많은 양의 유리산소를 소모하였다고 말하는 것이며, 이것은 물의 오염도가 높다는 것이고 DO(용존산소)는 낮을수록 물의 오염도가 높다는 것을 의미한다.

11 정답 ②

부영양화: 질소나 인을 함유한 도시하수나 공장폐수→과다한 영양분을 갖게 되어 플랑크톤이 급속하게 성장, 조류 증식 → 산소소모 많아짐 → 수질 오염 초래

12 정답 ③

- **오존층 파괴** – 비엔나 협약, 몬트리올 의정서
- **기후변화** – 기후변화협약, 교토의정서, 파리협정
- **생물다양성** – 생물다양성 협약, 나고야 의정서

13 정답 ④

대기오염 발생원의 대책에는 연료선택 및 연소방법의 개선(액화천연가스, 탈황 연료 사용 등), 제진장치, 및 배기가스의 제거, 배출방법의 개선, 자동차 배기가스의 대책, 입지대책 등이 포함된다.

14 정답 ④

산성 물질이 쌓이면 그 땅에서 자라는 식물이 피해를 입으며, 산성비의 영향으로 세계도처의 삼림이 황폐화되고 토양의 오염, 하천이나 호수의 물고기 떼죽음 현상이 나타난다. 산성비는 금속철제와 콘크리트 등 건축 구조물과 고고학적 유물까지도 부식시켜 커다란 경제적, 문화적 손실을 입히게 한다.

15 정답 ④

폐기물은 공기, 물, 토양의 광범위한 오염과 동, 식물의 오염을 초래하여 자연계의 생태학적 평형을 교란시키므로 인젠가는 인류의 생존조차 위협할 우려가 있다.

16 정답 ②

- **미나마타병** – 공업의 의한 경우의 예로 일본 미나마타만 연안이나 니가다현 아가노가와 유역 주민의 유기수은 중독인 미나마타병은 오염된 어패류를 섭취한 후 유기수은 중독이 되었으며 증상으로는 지각 이상, 시야 협착, 보행이상, 조정 작용 이상이 나타났다.
- **이따이 이따이 병** – 카드뮴 중독, 즉 광업에 의한 오염물이 지하수를 오염시키고 이에 오염된 농작물과 어류, 음료수를 장기간 섭취하여 생겨난 질환으로 주요증상으로는 칼슘 상실과 불균형에 의한 골연화증, 보행 장애, 심한 요통과 대퇴관절통, 신장 기능 장애가 있으며 1955년부터 1971년까지 일본의 도야마현 지쥬가와 유역의 중년부인 94명이 사망하였다.

17 정답 ①

황산화물 중 가장 대표적인 가스는 아황산가스로서 자극성이 강하며 대기오염 물질로 중요하게 다루어진다. 각종 연료, 특히 석탄을 태울 때 발생하며 0.2ppm에서 나뭇잎이 고갈되며 습도가 80% 이상일 때는 부식성이 높은 황산먼지를 형성하여 산성비의 원인이 된다.

18 정답 ③

환경영향평가제도는 개발사업 시행 전에 개발사업으로 인해 파생할 자연 및 생활환경의 변화를 평가하여 그 대책을 개발 계획에 포함시킴으로써 환경개발을 억제하는 것이 아니라 지속가능한 개발을 위해서 환경에의 부정적 영향을 최소화하거나 방지하기 위해 시행하는 사전예방제도이다.

19 정답 ①

감각온도는 기온, 기습, 기류만을 기초로 하여 나타내는 온도이며, 등가온도는 기온, 기습, 기류와 복사열까지 포함하여 고려된 것이다.

20 정답 ②

포도상구균 식중독은 세균이 분비한 독소에 의한 독소형 식중독으로 원인균은 포도상구균으로 열에 내성이 강하며 잠복기는 평균 3시간이며, 주증상은 구역질, 복통, 설사이며 원인식품은 가공된 유제품(아이스크림, 케이크 등)이다.

21 정답 ④

새집증후군의 주원인은 포름알데히드이다. 집안의 온도를 35~40도로 올린 후 8시간 난방하는 방법을 써서 유해성분의 약 70%를 제거할 수 있다.

22 정답 ④

보툴리누스균 식중독의 특성은 다음과 같다.
• 균이 증식하는 과정에서 생성된 독소는 신경증상을 초래한다.
• 잠복기간은 18~96시간으로 잠복기가 짧을수록 중증이다.
• 예후가 나빠 치명률이 높다.
• 소시지, 햄, 채소, 과일 등의 통조림이 원인식품이다.
• 독소는 가열하면 파괴되므로, 통조림이나 가공식품 등은 익혀먹도록 하며, 위생적인 조리를 한다. 또한 가동식품의 보관이 중요하다.

23 정답 ②

베네루핀 식중독은 굴, 조개에 의해 발생하며 열에 의해 잘 파괴되지 않는다.

24 정답 ③

장염비브리오 균은 2~5%의 호염기성 균이며, 해수온도가 15도 이상에서 자란다. 그러므로 장염비브리오 감염은 여름철에 주로 발생하며, 바닷물 또는 덜 조리된 어패류, 오징어, 바다고기 등을 통해 감염된다.

25 정답 ④

날음식은 조리된 음식과 섞이지 않도록 한다. 이외에 식품은 곤충, 쥐, 기타 동물들을 피해서 보관하며 부엌의 모든 표면을 아주 깨끗이 하도록 하고 손을 여러 번 씻는 것을 포함한다.

26 정답 ②

급성위장증상은 있으나 고열을 동반하지는 않으며 잠복기는 3시간 정도로 짧고 치명률은 낮다. 전분을 포함한 밥, 떡, 도시락, 두부 등과 유제품 제조시 발생하는 독소형 식중독이다.

27 정답 ④

위해요소 중점관리 기준(hazard analysis critical control point, HACCP)은 식품의 원료, 제조, 가공 및 유통의 전 과정에서 위해물질이 해당 식품에 혼합되거나 오염되는 것을 사전에 막기 위해 각 과정을 중점적으로 관리하는 기준이다. HACCP는 HA(위해요소)와 CCP(중점관리 기준) 의 두 부분으로 나뉘며 CCP에 해당하는 것은 시설, 설비의 위생유지, 기계, 기구의 위생, 종업원의 개인위생, 일상의 미생물관리체계, 미생물의 증식억제, 온도관리이다.

PART

10

학교보건

CHAPTER **01** # 학교보건의 이해

1 학교보건의 개념

1) 학교보건의 정의

학교보건은 학생 및 교직원과 그 가족, 나아가서 지역사회를 대상으로, 학생, 가족, 교직원, 보건의료전문가가 참여하여 **보건서비스와 환경관리, 보건교육**을 제공함으로써 **자기 건강관리능력을 향상**시켜 안녕상태에 이르도록 하는 **포괄적인 건강사업**이다(김화중 등, 2013).

2) 학교보건의 목적

(1) 학교의 보건관리에 필요한 사항을 규정하여 학생과 교직원의 건강을 보호·증진함을 목적으로 한다(학교보건법 제1조).

(2) 학생과 교직원이 스스로 그들의 질병을 관리하고 질병을 예방하고 건강보호·유지·증진할 수 있는 능력을 갖추도록(적정기능 수준의 향상) 하기 위함이다.

3) 학교보건의 필요성

(1) **학교인구의 비율이 높다.**

학교인구는 국민전체 인구의 20~30%(1/4)를 차지할 정도로 범위가 크다.

(2) **교육효과가 크다.**

① 학교라는 고정된 장소에 밀집된 인구집단이므로 사업의 제공이 용이하다.

② 건강관리 중 가장 중요한 전략인 보건교육을 학교교과 과정 내에 통합시켜 제공하므로 효과적인 보건교육의 제공이 가능하다.

(3) **투자효과가 크다.**

학생은 발육이 왕성한 시기이기 때문에 이 시기의 건강유지 및 증진은 성인기 건강의 밑거름이 되어 국민건강 향상에 기여한다.

(4) 파급효과가 크다.

① 집단을 이루고 있고, 면역기능이 충분히 발달되지 않은 단계이므로 질병이 집단적으로 발전할 가능성이 높아 건강관리가 효율적으로 이루어지지 않을 경우 그 결과의 파급효과가 크다.

② 학생뿐 아니라 그 가족 더 나아가 지역사회까지 건강지식이나 정보를 전달하여 영향력을 파급할 수 있다.

4) 학교보건의 영역(WHO, 2010)

(1) 학교보건서비스

(2) 보건교육

(3) 건전한 학교환경 조성

(4) 정신건강과 상담

(5) 교직원의 건강증진

(6) 영양(급식)서비스

(7) 체육교육과 레크레이션

(8) 지역사회와의 연계(학부모 및 지역사회 참여)

5) 학교보건의 역사

(1) 1949년 「교육법」에 의거 학교보건사업 실시

(2) 1951년 「학교신체검사 규정」 제정

(3) 1953년 「교육공무원법」 제정: 양호교사 법제화(1961: 양호교사 배치)

(4) 1967년 「학교보건법」 제정: 학교보건사업이 본격화

(5) 1968년 「학교보건법 시행령」 제정

(6) 1990년 시행령 개정: 양호교사의 일차건강관리자로서의 직무 규정

(7) 1998년 「학교보건법」 개정: 양호실이 보건실로 명칭변경

(8) 2002년 양호교사 명칭이 보건교사로 변경됨

(9) 2007년 「학교보건법」 개정: 보건교육의 법적 근거 마련

(10) 2008년 보건과목 신설 고시(교육과학부 고시)

(11) 2009년 초·중·고등학교에서 보건수업 실시(2010: 중·고에서 선택과목으로 지정)

(12) 2021년 「학교보건법」 개정: 모든 초·중·고에 보건교사의 필수 배치 근거와 일정 규모 이상을 초과 시 2명 이상의 보건교사를 두도록 규정

2 학교보건 조직

1) 중앙조직

교육부 내의 학생지원국 학생건강정책과에서 학교보건, 학교급식, 학교환경위생, 학교안전업무, 정신건강, 자살예방, 감염병 대책 등을 관장

2) 지방조직

현재 전국 각 시도별 교육청의 학교보건관리 체계는 다양함

(1) 각 시·도 교육청: 체육건강과(체육건강교육과), 서울특별시 학교보건진흥원 등
(2) 시·도 교육청에 학교보건 전문인력으로 보건장학사가 배치되어 있음
(3) 한 개 또는 2개 이상의 지자체를 관할구역으로 교육지원청(교육장)에 평생교육건강과 등

3) 민간 관련 조직

(1) 학교보건협회
(2) 보건교사회
(3) 한국건강관리협회

4) 시·도 학교보건위원회

구분	내용
설치목적	학생과 교직원의 건강을 보호·증진하기 위한 기본계획 및 학교보건의 중요시책을 심의하기 위해 교육감 소속으로 둔다.
구성인원	① 해당 교육청의 국장급 공무원 및 학교보건에 경험이 있는 자 ② 15명 이내의 위원으로 구성하며, 임기는 2년으로 연임가능
위원장	위원 중에서 호선
법적근거	학교보건법 시행령
임명위촉자	위원은 교육감이 임명하거나 위촉
심의내용	① 학생과 교직원의 건강증진에 관한 시·도의 중·장기 기본계획 ② 학교보건과 관련되는 시·도의 조례 또는 교육규칙의 제정·개정안 ③ 교육감이 회의에 부치는 학교보건정책 등에 관한 사항

3 학교보건인력의 배치 및 직무

- 학교장: 학생 및 교직원의 보건관리의 최고 책임자(학교보건법)
- 학교보건 전문 인력(학교보건법): 보건교사, 학교의(의사, 치과의사, 한의사), 학교약사
- 기타 학교보건 인력: 학교보건전문인력외에 상담교사, 담임교사, 영양교사, 체육교사 등

1) 학교보건인력 배치 기준 (법 제15조)

① 학교에는 대통령령으로 정하는 바에 따라 학생과 교직원의 건강관리를 지원하는 「의료법」에 따른 **의료인**과 「약사법」에 따른 **약사**를 둘 수 있다.

② 학교(고등교육법에 따른 학교는 제외)에는 **보건교육과 학생들의 건강관리**를 위하여 담당하는 **보건교사를 두어야 한다. 다만, 대통령령이 정하는 일정 규모 이하의 학교에는 순회 보건교사를 둘 수 있다.**

③ 보건교사를 두는 경우 대통령령이 정하는 **일정규모 이상(36학급 이상)의 학교**에는 2명 이상의 보건교사를 두어야 한다.

④ 학교에 두는 의료인과 약사는 학교장이 **위촉하거나 채용**한다(시행령 23조).

2) 학교보건 인력의 직무 내용

(1) 보건교사

① 학교보건계획의 수립

② 학교 환경위생 유지관리 및 개선에 관한 사항

③ 학생 및 교직원에 대한 건강진단실시의 준비와 실시에 관한 협조

④ 각종 질병의 예방처치 및 보건지도

⑤ 학생과 교직원의 건강관찰과 학교의사의 건강 상담, 건강평가 등의 실시에 관한 협조

⑥ 신체허약 학생의 보건지도

⑦ 보건지도를 위한 학생가정의 방문

⑧ 교사의 보건교육에 관한 협조와 필요시의 보건교육

⑨ 보건실의 시설, 설비 및 약품 등의 관리

⑩ 보건교육 자료의 수집, 관리

⑪ 학생 건강 기록부의 관리

⑫ 다음의 의료행위(간호사 면허를 가진 자에 한함)

   ⑦ 외상 등 흔히 볼 수 있는 환자의 치료

   ⓛ 응급을 요하는 자에 대한 응급처치

   ⓒ 부상과 질병의 악화를 방지하기 위한 처치

   ⓔ 건강진단결과 발견된 질병자의 요양지도 및 관리

   ⓜ (가)부터 (라)까지의 의료행위에 따르는 의약품 투여

⑬ 그 밖에 학교의 보건관리

(2) 학교의사(치과의사, 한의사 포함)의 직무

① 학교보건계획의 수립에 관한 자문

② 학교환경위생의 유지관리 및 개선에 관한 자문

③ 학생 및 교직원의 건강진단과 건강평가

④ 각종 질병의 예방처치 및 보건지도

⑤ 학생 및 교직원의 건강 상담

⑥ 기타 학교보건관리에 관한 지도

(3) 학교약사의 직무

① 학교보건계획의 수립에 관한 자문

② 학교환경위생의 유지관리 및 개선에 관한 자문

③ 학교에서 사용하는 의약품 및 독극물의 관리에 관한 자문

④ 학교에서 사용하는 의약품 및 독극물의 실험, 검사

⑤ 기타 학교보건관리에 관한 지도

3) 학교보건인력의 권한과 의무

(1) 관할청

관할청은 감염병 예방과 학교보건을 위한 **휴업 또는 등교수업일 조정과 휴교(휴원)**를 명할 수 있다.

(2) 시장, 군수, 구청장

학교의 학생 또는 교직원의 감염병의 필수 또는 임시 예방접종을 시행한다.

(3) 학교의 설립자·경영자

보건실을 설치하고 학교보건에 필요한 시설과 기구 및 용품을 갖추어야 한다.

(4) 학교의 장의 권한과 의무

① 학교환경위생 및 식품위생

㉠ 학교의 장은 학교환경위생과 식품위생을 적절히 유지·관리하여야 한다.

㉡ 학교의 장은 학교환경위생 및 식품위생을 적절히 유지·관리하기 위하여 교육부령이 정하는 바에 따라 연 2회 이상 점검하고, 그 결과를 기록·보존 및 보고하여야 한다.

② 학생과 교직원에 대한 건강검사 실시

학교의 장은 학생과 교직원에 대하여 건강검사를 실시하여야 한다. 다만, 교직원에 대한 건강검사는 국민건강보험법에 따른 건강검진을 갈음할 수 있다.

③ 학생건강증진계획의 수립 · 시행

   ㉠ 학교의 장은 **건강검사의 결과**를 평가하여 이를 바탕으로 **학생건강증진계획**을 수립 · 시행하여야 한다.

   ㉡ 학교의 장은 학생건강증진계획을 수립하기 위하여 학교의사 또는 학교약사에게 자문을 할 수 있다.

      ❍ **교육부 장관**은 5년 마다 학생의 **신체 및 정신건강 증진을 위한 기본계획**을 수립 · 시행하여야 한다.

      ❍ **교육감**은 기본계획에 따라 매년 지역의 여건 및 특색을 고려하여 **학생의 신체 및 정신건강증진**을 위한 **학생건강증진 시행계획**을 수립 · 시행하여야 한다.

④ 건강검사기록의 작성 · 관리

   건강검사 결과를 기준에 따라 작성, 관리하고 **교육정보시스템**을 이용하여 처리한다.

⑤ 등교중지 및 휴업

   ㉠ **건강검사의 결과나 의사의 진단결과** 감염병에 감염되었거나, 감염된 것으로 의심되거나, 감염될 우려가 있는 학생 및 교직원에 대하여 **대통령령으로 정하는 바**에 따라 **등교를 중지**시킬 수 있다.

   ㉡ 학교의 장은 **감염병 예방과 학교의 보건**에 필요할 때에 **휴업**할 수 있다.

⑥ 예방접종 완료여부의 검사

   ㉠ **초등학교와 중학교의 장**은 학생이 새로 **입학한 날부터 90일** 이내에 시장 · 군수 · 구청장에게 **예방접종증명서**를 발급받아 예방접종을 모두 받았는지를 검사한 후 교육정보시스템에 기록하여야 한다.

   ㉡ 검사결과 예방접종을 모두 받지 못한 입학생에게는 필요한 예방접종을 받도록 **지도**하여야 하며, 필요하면 보건소장에게 예방접종 지원 등의 협조를 요청할 수 있다.

핵심 CHECK ‹‹‹

[초 · 중학교 입학생 예방접종 확인사업(질병관리청)]

(1) 초등학교 입학 시 확인 대상 정기예방접종(4종)

   ① DPT 5차

   ② MMR 2차

   ③ 폴리오 4차

   ④ 일본뇌염(사백신 4차 또는 생백신2차)

(2) 중학교 입학 시 확인 대상 정기예방접종(3종)

   ① Td 6차

   ② 일본뇌염(사백신 5차 또는 생백신 2차)

   ③ 사람 유두종바이러스 감염증(HPV) 1차– 여학생에 한함

⑦ 보건교육 등

   ㉠ 학교의 장은 매년 **교직원**을 대상으로 **심폐소생술 등 응급처치에 관한 교육**을 실시하여야 한다.

   ㉡ 학교의 장은 매 학년도 3월 31일 까지 응급처치 교육계획을 수립하여야 한다.

   ㉢ 응급처치 교육을 실시한 후 해당 학년도의 **교육결과**를 다음 학년도가 시작되기 **30일** 전까지 **교육감에게 제출**하여야 한다.

   ㉣ 응급처치의 교육은 이론교육 2시간과 실습교육2시간 총 **4시간**으로 구성된다.

      ○ 교육부장관은 유치원 및 초·중등학교의 모든 학생들을 대상으로 심폐소생술 등 응급처치에 관한 교육을 포함한 보건교육을 체계적으로 실시하여야 한다.

⑧ **치료 및 예방조치 등**

   건강검사 결과 질병에 감염되었거나 감염될 우려가 있는 학생에 대하여 질병의 치료 및 예방에 필요한 조치를 하여야 하며 필요하면 **보건소장에게 협조를 요청**할 수 있다.

⑨ 학생의 보건관리

   학생의 신체발달 및 체력증진, 질병의 치료와 예방, 음주·흡연과 마약류를 포함한 약물오용·남용의 예방, 성교육, 이동통신단말장치 등 전자기기의 과의존 예방, 도박중독의 예방 및 정신건강 증진 등을 위하여 보건교육을 실시하고 필요한 조치를 하여야한다.

⑩ 학생의 안전관리

   학생의 안전사고를 예방하기 위하여 학교의 시설·장비의 점검 및 개선, 학생에 대한 안전교육, 그 밖에 필요한 조치를 하여야 한다.

⑪ 교직원의 보건관리

   건강검사 결과 필요하거나 건강검사를 갈음하는 건강검진의 결과 필요하면 교직원에 대하여 질병 치료와 근무 여건 개선 등 필요한 조치를 하여야 한다.

📎 기출문제 맛 보기

「학교보건법 시행령」상 보건교사의 직무에 해당하는 것은?   24년 지방

① 학교보건계획의 수립에 관한 자문
② 학생과 교직원의 건강상담
③ 학생과 교직원의 건강진단과 건강평가
④ 보건지도를 위한 학생가정 방문

정답 ④

CHAPTER **02**

학교보건 간호과정

1 학교간호과정의 개요

1) 학교간호대상

학생, 교직원

2) 학교간호목표

학교의 학생과 교직원이 자신의 건강문제의 해결 및 건강관리를 스스로 할 수 있는 자기간호능력을 적정수준으로 향상시키는 것이다.

3) 학교간호활동

(1) 직접간호제공

보건실 활동, 방문활동, 의뢰활동, 집단지도, 면접, 상담, 매체활용 등

(2) 보건관리

예산, 시설, 장비, 기록과 보고, 직무관계수립, 학교보건 조직·운영 등

(3) 보건교육

4) 학교간호방법 및 수단

(1) 학교간호의 방법

간호제공·보건교육·관리활동

(2) 학교 간호수단

방문활동·의뢰활동·개인상담·집단지도·매체활용·학교보건조직 및 각종 조직 활용 등

5) 학교간호과정

학교간호과정은 학교가 가지고 있는 건강문제를 스스로 해결할 수 있도록 하기 위한 일련의 체계적 과정으로 사정, 진단, 계획 수행, 평가의 5단계로 구분할 수 있다.

2 학교간호의 사정

1) 자료수집방법

(1) 기존 자료의 활용

보건일지, 학생건강기록부, 교직원 건강검사 결과표, 학교보건사업과 관련된 공문, 연간보건교육 계획서, 보건실 물품관리 대장 등

(2) 새로운 자료수집

직접관찰, 참여관찰, 설문조사, 면담, 공청회(위원회 학생회, 학부모회 등)

2) 자료수집내용

(1) 일반적 특성

① 인구통계

학생 및 교직원의 연령, 성별, 이동, 학생과 교직원수, 결석률 등을 파악

② 학교 내 환경

㉠ 물리적 환경: 학교의 부지, 학생들의 통학거리, 주위환경, 급수원, 토질, 높이 및 방향, 학교건물의 위치, 교실, 상수 및 하수시설, 쓰레기 처리, 화장실, 운동장, 수영장 등의 위생적 시설, 학교의 시설인 의자와 책상, 건물, 시설의 설비 등

㉡ 사회적 환경: 행정체계, 학부모의 교육 정도, 지역사회와의 연계체계 등

③ 학교 외 환경

교육환경 보호구역, 이용 가능한 지역사회자원

(2) 건강수준 영역

① **학생과 교직원의 사망과 상병에 관한 통계**: 사망률, 유병률, 발생률(감염병, 사고 등)

② **건강검사 및 각종검사결과**

③ **건강행위 파악**: 흡연상태, 약물복용상태, 운동 상태, 식습관, 취미활동 등

④ **학교보건사업의 실태**: 보건실 이용률, 예방접종률, 보건교육 횟수, 학교급식 실태

(3) 자원 영역

① **인적 자원**: 보건교사, 교의 · 치과의 · 학교 약사 · 학교 교직원 · 학부모 등

② **물적 자원**: 시설물 · 기구 및 도구 · 자료 · 재정 · 시간 등과 지역사회지원체계(응급관리체계)

3) 자료분석

다양하게 수집된 자료를 영역별로 분석하여 학교간호문제로 도출한다.

4) 학교보건의 기준과 지침 확인

(1) 학교간호문제가 보건교사가 해결하여야 하는 문제인지 규명하기 위해 보건교사의 역할과 기능을 파악함

(2) 학교보건법과 교육인적자원부, 시도 교육위원회 업무방향이나 지침, 학교교육 목표, 학교내규 등을 확인

5) 학교간호문제 규명

자료수집 및 분석, 학교간호사업의 지침과 기준 확인 후 도출된 학교간호문제는 다음과 같이 구분할 수 있다.

(1) 보건교사가 직접 해결할 문제

(2) 보건교사의 의뢰조치가 필요한 문제: 의사, 교직원, 학부모, 의뢰기관 등

(3) 보건교사가 학교보건 행정가에게 건의할 문제: 교장, 교감, 주임교사, 서무과장 등

(4) 보건교사가 처리하지 않을 학교보건 문제

6) 학교간호진단

(1) 사업계획의 방향 제시

(2) 오마하 시스템을 개인과 가족요구 진단을 위해 활용

(3) 원인 + 문제 행태로 진단내림

7) 우선순위 결정

(1) 학생 및 교직원의 건강문제 유발위험성

　① 건강문제의 심각성(파급효과) 고려

　② 학생과 교직원의 건강문제, 환경문제의 순으로

(2) 영향범위와 대상자의 취약성

　① 많은 사람에게 영향을 주는 문제

　② 저학년의 문제가 우선

(3) 인적 물적 자원의 동원 가능성

(4) 법적 의무규정인 문제

(5) 보건교사의 준비도 및 문제해결능력

(6) 학교정책과의 연관성

3 학교간호사업 계획

1) 목표설정

(1) 목표기술시 포함되어야 할 항목: 무엇, 범위, 누가, 어디서, 언제

> 📖 A학교의 충치발생률은 2007년 3월 30%에서 2008년 2월까지 20%로 낮아진다.

(2) 목표 진술이 갖추어야 할 조건

① **목표와 진단의 관련성**

ⓐ 현재 당면한 학교건강문제와의 연관성

ⓑ 상위 기관 시도교육위원회의 학교보건정책 및 목표와의 연관성

② **실현 가능성**: 자원 동원 가능성과 문제의 단순성에 의해 좌우됨

③ **관찰 가능성**: 수행된 결과를 눈으로 보거나 명확히 알 수 있는 것

④ **측정 가능성**: 성취된 결과를 숫자로 표시할 수 있는 것

2) 방법과 수단선택

(1) 학교간호방법

간호제공, 보건교육, 간호관리

(2) 간호수단

방문활동, 보건실 활동, 의뢰, 건의(보건행정가), 개인상담, 집단지도, 매체활용, 학교보건조직 및 각종 조직 활용 능

(3) 방법 및 수단 선택 절차

① 목표달성을 위한 각종 방법 및 수단 강구

② 문제해결에 필요한 자원과 이용 가능한 자원을 조정

③ 가장 최선의 방법 및 수단을 선정

④ 구체적인 활동(방법 및 수단) 기술

(4) 수단 선택 후 타당성검증을 통해 적절한 방법을 선택

① **기술적 타당성**: 방법 및 수단이 기술적으로 가능성과 효과성 여부

② **법적 타당성**: 법적수용 가능성

③ **경제적 타당성**: 경제적으로 시행가능하며 효과가 경제적 측면에서 유용한지 여부

④ **사회적 타당성**: 사업대상자들이 수용하는지의 여부

3) 학교간호사업의 집행계획 수립

(1) 목표와 수단에 따라 집행계획을 세움

(2) 연간계획, 월간계획, 주간계획으로 작성

(3) 간호방법 및 수단을 언제, 누가, 어디서, 무엇을 할 것인지 설정

(4) 수행계획 시 기본원칙
   ① 학교인구 모두가 참여
   ② 인원, 예산, 시간을 고려
   ③ 계속적, 지속적
   ④ 미래지향성(발전적)

4) 학교간호사업의 평가계획 수립

(1) **평가항목**: 평가시기, 평가방법, 평가자, 평가내용, 평가범주가 포함됨
   ① **평가자**: 보건교사 단독 평가, 평가위원회구성
   ② **평가시기**: 진단평가, 형성평가, 최종평가
   ③ **평가방법**: 직접관찰, 직접참여, 면담, 공청회, 언론매체 등
      타당성과 신뢰성이 있어야 하며 평가서, 평가질문서, 사업실적표 등
   ④ **평가범주**
      ㉠ 체계모형에 따른 평가범주: 사업목표달성 정도, 투입된 노력, 사업의 진행, 사업의 효율 측면에서 평가
      ㉡ 사업과정에 따른 평가 범주: 사업의 구조, 과정, 결과에 따른 평가
      ㉢ 사업시기별에 따른 평가범주: 진단평가, 형성평가, 총합평가

4 학교간호사업 수행

1) 보건교사의 직접수행 업무

학교보건교육, 건강사정, 질병예방을 위한 보건관리, 건강상담 및 요양호 학생 관리, 학교환경위생 관리, 안전관리, 응급처치, 건강증진 등

2) 조정

(1) 계획을 상황에 맞추어 집행하는 것을 의미
(2) 보건교사가 매일의 업무활동의 중복이나 누락 없이 목표를 달성하기 위해 인력조정과 업무활동 조정을 위해 의사소통을 하는 것

3) 감시

(1) 사업목표달성을 위해 계획대로 진행되고 있는지 확인하는 것
(2) **감시내용**: 사업의 진도, 수행수준, 수행절차, 수행결과에서 미흡한 부분을 파악하고 원인 규명
(3) **감시방법**: 계속적 관찰, 기록검사, 물품 점검, 학생 및 교직원과의 토의, 업무담당자와의 상담 등

4) 지도감독

학교간호에 참여한 학생, 교직원 등의 인력활동이 정상적으로 이루어지는가를 사정하여 기술적 조언이 필요시 제공하는 것. 조정과 감시과정에서 지도감독이 병행되어야 함

5 학교간호사업 평가

평가는 평가계획에 의해서 이루어진다.

1) 학교간호의 평가 및 재 계획단계

(1) 평가대상 및 기준 선정
(2) 자료수집
(3) 계획과 실적 비교
(4) 결과분석
(5) 재 계획

2) 평가항목

누가, 언제, 어디서, 어떻게(평가방법: 질문지법, 상담, 비디오, 기록지 등), 무엇이 제시되어야 한다.

3) 평가내용

학교보건교육 실태, 학교보건서비스 실태, 학교환경관리 및 안전관리, 학교보건조직 및 인력, 학교보건행정, 학교간호사업의 진행 실태 등

4) 평가자

보건교사나 평가위원회를 구성하여 평가

5) 평가범주

(1) 사업과정에 따른 평가내용에 초점을 둔 평가

① **구조평가**: 장소, 기구, 도구, 물품, 예산 등에 대한 평가
② **과정평가**: 만족도, 흥미도, 프로그램 참여율, 교재의 적절성, 대상자의 적절성 등에 대한 평가
③ **결과평가**: 지식변화, 행위변화, 사업목표달성 정도에 대한 평가

(2) 체계모형에 대한 평가

① **투입된 노력에 대한 평가**: 사업에 투입된 인력, 예산, 자원을 평가
② **사업진행에 대한 평가**: 진행 내용 및 일정이 계획대로 되고 있는지의 평가, 차질이 있다면 원인을 규명하고 계획변경여부를 평가
③ **사업의 목표달성 정도에 대한 평가**
   ㉠ 성과 혹은 결과 평가에 해당
   ㉡ 처음 설정된 목표가 일정기간 내 얼마나 달성되었는지를 평가
   ㉢ 목표수준에 도달하지 못한 경우 원인 규명
④ **사업의 효율에 대한 평가**
   ㉠ 학교사업수행을 위해 투입된 노력 등을 비용으로 환산하여 목표달성 정도와 비교해서 측정
   ㉡ 전년도의 효율이나 다른 학교의 효율화와 비교하여 평가할 수 도 있음
⑤ **사업의 적합성에 대한 평가**

6) 평가방법

직접관찰, 직접참여, 상담, 공청회, 평가서, 사업실적표 등

03 # 학교건강증진

1 학교건강증진의 개념

1) 학교건강증진 원칙(WHO)

(1) 학교건강증진 사업은 학생전체를 대상으로 전체 학생들의 일상생활에 관한 전반적인 내용을 포함한다.

(2) 학교건강증진은 학생들의 건강문제 원인이나 결정요인에 초점을 둔 활동이다.

(3) 학교건강증진은 학생들의 건강유해요인을 감소시키기 위한 의사소통, 교육, 학교활동, 경제적 도움, 학교조직의 변화, 지역사회 개발 · 지역 활동 등의 다양한 활동들을 포함하다.

(4) 학교건강증진은 효과적이고 확실한 학생들의 참여를 목표로 한다.

(5) 학교건강증진의 활성화에 가장 중점적인 역할을 하는 사람은 일차건강관리제공자인 보건교사이다.

2) 학교건강증진의 영역(WHO)

(1) **학교의 보건정책**

학생 및 교직원의 건강을 증진시키기 위한 학교정책을 의미

(2) **문리적 환경 관리**

건물, 시설, 주변환경의 안전성, 식수위생 등 안전한 환경 유지

(3) **사회적 환경관리**

교직원 간, 학생들 간, 그리고 교직원과 학생과의 상호관계의 질을 말하며, 더 나아가 부모와 학생과의 상호교류도 포함함

(4) **지역사회 유대관계(연계)**

학부모와 지역사회가 학교건강 활동에 적극적으로 참여하도록 유도하는 활동

(5) **개인건강기술**

건강문제를 연계성 있게 접근하고, 학생들이 건강에 대한 지식과 기술을 습득하고 실천할 수 있도록 교과과정 계획

(6) 학교건강서비스

학교기반 또는 학교와 연계된 학생과 교직원의 요구에 적합한 건강관리서비스 제공

Q 참고 POINT

[건강증진학교]
(1) WHO는 1980년대 초반부터 학교에서의 건강증진을 위한 효과적인 접근법으로 건강증진학교의 개념과 실천전략을 제안하였다.
(2) 건강증진학교는 학교구성원들의 신체적, 정신적, 사회적 건강과 안녕을 증진시키기 위해 학교와 지역사회의 협력된 노력을 통하여 체계적이고 포괄적인 서비스를 지속적으로 제공하는 총체적이며 포괄적인 접근법이다(WHO, 2009).
(3) 우리나라는 2009년부터 전국 시, 도별로 건강증진학교 시범사업을 시행하여, 현재 전국 초, 중, 고를 대상으로 건강증진학교 운영하고 있다.

---

2 학교건강증진 프로그램

1) 시력 관리

(1) 학생시력저하 관련 요인

① **개인적 요인**: 유전, 생활습관, 영양상태
② 근거리 작업이나 독서, 텔레비전, 컴퓨터, 오락기의 사용
③ 조명 불량
④ 나쁜 자세
⑤ 눈에 적당한 휴식을 주지 않는 것

(2) 시력저하 증상

① 잘 안보이며, 눈을 찌푸리고 보는 경향이 있다.
② 안정피로(눈과 머리가 아프고 경우에 따라 오심증상)
③ 눈이 쉽게 피로하고 두통이 생김

(3) 시력관리

시력 보호를 위하여 독서자세, 독서환경을 지도, 적당한 조도, 장시간 무리한 눈 사용방지, 규칙적인 눈 운동 실시, 눈의 굴절 이상 시 전문의에 의한 시력교정을 받도록 한다.

(4) 시력관리를 위한 보건교육 내용

① 올바른 독서법에 대해 교육한다.

- 책과 눈과의 거리는 20~30cm, 책과 눈과의 각도는 90°가 좋다.
- 책을 읽을 때는 40분~50분마다 5~10분 정도 휴식
- 직사광선 아래에서 책을 읽지 않도록 한다.
- 조도가 300 Lux 이상이 되도록 조명도를 유지한다.
- 몸을 기준하여 왼편 뒤쪽에 광원이 있는 것이 좋다.
- 독서 후 적당한 운동 실시

② 시력관리에 좋은 식품

- 균형 잡힌 식사 및 비타민류나 칼슘이 충분한 영양식 필요
- 비타민 A, B가 많은 식품 권장

③ 올바른 TV 시청 방법

- 텔레비전은 3m 이상 거리(회면크기의 5~7배)에서 시청
- TV 높이는 눈높이보다 약간 낮게, 30분 시청 후 5분 쉬도록 한다.

④ 안구운동 방법 교육

⑤ 정기적인 시력검사: 1년에 1회 이상 안과 전문의에 시력검사 필요

2) 구강 관리

(1) 구강보건교육

① 식이지도

치아에 해로운 탄산음료 등 달고 끈적이는 음식 섭취를 제한하고 치아건강에 좋은 식품인 우유, 두부, 생선, 과일, 야채, 미역 등을 섭취

② 올바른 이 닦기 지도: 매 식사 후 3분 이내 3분간 회전법을 사용하여 이를 닦도록 한다.

(2) 불소용액 양치사업

① 불소는 치아의 치질을 단단하게 하는 역할을 하므로 치아우식 예방에 효과적이다.

② **불소양치**

㉠ **대상**: 수돗물 불소농도 조정사업 미 실시 지역의 초등학교, 중학교, 특수학교 전체학생

㉡ **사업방법**: 불화나트륨용액 사용

- 0.05% 불화나트륨(NaF)용액의 경우 매일 1회 실시
- 0.2% 불화나트륨(NaF)용액의 경우 주 1회 실시

㉢ **지도내용**

- 불화소다 한 모금 정도(약 10mL)의 용액을 약 1분간 입안에 머물고 있다가 뱉게 한다.
- 뱉은 다음 다시 물로 헹구지 않아야 하며 불소용액은 절대로 마시지 않도록 지도한다.
- 양치 후 30분간 음식을 먹지 않도록 지도한다.

(3) 구강검진사업

① 6개월 마다 정기적인 구강검진 권장

② 구강검진을 실시하여 치아우식증 초기 병소를 발견하고 치료하도록 한다.

③ 치주병 예방 및 부정교합을 조기 발견하여 조기 치료하도록 한다.

3) 비만관리

(1) 비만의 원인

① **과식**: 인스턴트, 지방질 음식의 증가

② **잘못된 식사방법**: 폭식, 간식, 야식, 스트레스를 먹는 것으로 푸는 경우

③ **운동부족**: 운동시간의 감소, 여가활동의 감소

④ **유전**

(2) 비만도의 측정

① BMI(body mass index)를 이용한 비만도 산출

㉠ BMI = 체중(kg)/신장$(m)^2$

㉡ 판정

- **학교보건: 체질량지수 백분위수 도표의 95 이상 → 비만**

- **성인: 체질량지수 25kg/㎡ 이상인 경우 → 비만**

② 표준체중에 의한 상대체중으로 비만도 산출

㉠ **비만도(%)** = (실제체중 − 표준체중) / 표준체중 × 100]

㉡ 판정: −10% 미만: 저체중

−10% ~ +10% 미만: 정상체중

+10% ~ 20% 미만: 과체중

+20% ~ 30% 미만: 경도비만

+30% ~ 50% 미만: 중등도 비만

50% 이상: 고도 비만

🔍 참고 POINT

[Broca 지수에 의한 비만도 산출]

(1) 신장이 160 이상인 성인에게 주로 사용한다.

(2) 표준체중 = (신장 − 100) X 0.9

(3) 브로카지수 = (실제체중 − 표준체중) / 표준체중 X 100

(4) 지수가 20 이상이면 비만으로 판정함

(3) 비만으로 인한 건강문제

① 80~85%가 성인비만으로 이행

② 고지혈증, 지방간, 고혈압, 동맥경화증, 당뇨병, 심근경색, 뇌출혈 등 성인병의 조기출현 및 합병증 유발

③ 무릎관절이나 척추 통증 호소

④ 정서적 불안정 및 성적부진 초래

(4) 비만관리

① **식사요법**: 식습관 교정을 통한 칼로리 섭취 감소

② **운동요법**: 운동을 통해 칼로리 소모 증가

③ **행동요법**

㉠ 식사습관 원인발견을 위한 식사일기 및 분석

㉡ 비만의 문제와 부모의 사랑 확인 등

(5) 학교 비만관리 프로그램

① **비만학생 관리카드 작성**: 비만학생 관리카드를 작성하여 가정과 학교에서의 실천과제인 식습관 교정과 운동요법을 잘 수행할 수 있도록 격려하며 상담 및 보건교육 자료로 활용

② **비만관리 프로그램 운영**: 비만아가 성인비만으로 정착되기 전의 시기인 사춘기 이전에 비만관리를 시작하여 지속적으로 효과적으로 비만아 관리를 하여야 한다.

04 학교건강관리

1 학교건강검사

1) 목적

학생과 교직원의 질병 또는 건강 상 결함의 조기 발견 및 치료와 예방, 건강증진 및 체력 향상을 도모하기 위하여 실시한다.

[구체적 목표]
① 학생의 건강상태를 파악하여 이를 교정함으로서 학생건강관리의 기반을 확고히 한다.
② 학생의 건강상태에 대한 이해와 관심을 높임으로써 자기건강관리 능력을 향상시킨다.
③ 학부모 및 학교가 학생들의 건강상태와 요구를 이해할 수 있도록 돕는다.
④ 학생건강증진프로그램을 능동적으로 실시하기 위한 기초자료를 제공한다.

2) 학교건강검사

(1) 건강검사 구분
① 신체의 발달상황 ② 신체의 능력 ③ 건강조사
④ 정신건강 상태 검사 ⑤ 건강검진

(2) 건강검사 실시
① **건강검사 실시계획의 수립**
학교의 장은 건강검사에 소요되는 예산을 포함한 구체적인 건강검사 실시계획을 **매년 3월 31일까지 수립하여야 한다.**
② 학교의 장: 신체의 발달상황, 신체의 능력, 건강조사, 정신건강 상태 검사 실시
③ **검진기관**: 건강검진 실시
단, 건강검진을 실시하는 학생에 대한 **신체의 발달상황에 대한 검사는 검진기관**에서 실시할 수 있다.
④ **건강검사 실시 시기**
신체의 발달상황과 건강조사는 매학년도 1학기 말까지 실시해야 하며, 필요한 경우 추가로 실시할 수 있다.

(3) 교직원의 건강검사
「국민건강보험법」 제 52조 규정에 따른 건강검진으로 갈음할 수 있다.

(4) 학생의 건강검진

① 학생은 취학 후 **3년마다** 검진기관에 **방문**하여 건강검진을 받도록 규정함

② 건강검진대상 학년: **초등학교 1, 4학년, 중학교 1학년, 고등학교 1학년**

③ **검진비용**: 학교가 부담

(5) 그 외의 학생

건강검진 대상외의 학생은 당해 학교 자체에서 신체발달상황과 건강조사, 신체의 능력, 정신건상 상태 검사를 학교건강검사규칙에 의해 실시한다.

[표 10-1] 대상별 건강검사 내용

학교별	학년	신체발달 상황	건강조사	건강검진	정신건강상태 검사	신체능력
초등학교	1, 4, 2, 3, 5, 6	검진기관 당해학교	당해학교	검진기관 구강검진기관	당해학교 –	5, 6학년
중학교	1, 2, 3	검진기관 당해학교	당해학교	검진기관 –	당해학교 –	당해학교
고등학교	1, 2, 3	검진기관 당해학교	당해학교	검진기관 –	당해학교 –	당해학교

3) 건강검사 내용

(1) 신체의 발달상황

① 키, 몸무게 측정 후 비만도 산출하여 파악함

② **신체의 발달 상황에 대한 검사항목 및 검사방법**

검사항목	측정단위	검사 방법
키	센티 미터 (cm)	1. 검사대상자의 자세 　가. 신발을 벗은 상태에서 발꿈치를 붙일 것 　나. 등·엉덩이 및 발꿈치를 측정대에 붙일 것 　다. 똑바로 서서 두 팔을 몸 옆에 자연스럽게 붙일 것 　라. 눈과 귀는 수평인 상태를 유지할 것 2. 검사자는 검사대상자의 발바닥부터 머리끝까지의 높이를 측정
몸무게	킬로그램(kg)	옷을 입고 측정한 경우 옷의 무게를 뺄 것
비만도	–	1. 비만도는 학생의 키와 몸무게를 이용하여 계산된 **체질량지수(BMI, Body Mass Index: kg/m^2)**를 성별·나이별 **체질량지수 백분위수 도표**에 대비하여 판정한다. 2. 비만도의 표기방법은 다음 각 목과 같다. 　가. 체질량지수 백분위수 도표의 5 미만인 경우: 저체중 　나. 체질량지수 백분위수 도표의 85 이상 95 미만인 경우: 과체중 　다. 체질량지수 백분위수 도표의 95 이상인 경우: 비만 　라. 가목부터 다목까지의 규정에 해당되지 않는 경우: 정상

※ 비고: 수치는 소수 첫째자리까지 나타낸다(측정값이 소수 둘째자리 이상까지 나오는 경우에는 둘째자리에서 반올림 한다).

⑵ 건강조사

① 건강조사는 병력, 식생활 및 건강생활 행태 등에 대해서 실시함

② 건강조사는 시·도교육감이 구조화된 설문지를 마련하고 학교의 장을 통하여 조사할 수 있도록 함

③ **건강조사 항목 및 내용**

조사항목	조사 내용
1. 예방접종/병력	가. 감염병 예방접종 나. 가족병력 다. 개인병력
2. 식생활/비만	가. 식습관 나. 인스턴트 및 그 밖에 식품의 섭취형태 다. 다이어트 행태
3. 위생관리	가. 손 씻기 나. 양치질
4. 신체활동	가. 근지구력 향상을 위한 운동 나. 심폐기능 향상을 위한 운동 다. 수면
5. 학교생활/가정생활	가. 가족 내 지지 정도 나. 학교생활 적응 정도 다. 교우관계
6. 텔레비전/인터넷/음란물의 이용	가. 텔레비전 시청 나. 인터넷 이용 다. 음란물에의 노출 여부 및 정도
7. 안전의식	가. 안전에 대한 인식 나. 안전사고의 발생
8. 학교폭력	가. 학교폭력에의 노출 여부 및 정도
9. 흡연/음주/약물의 사용	가. 흡연 나. 음주 다. 흡입제의 사용 여부 및 약물의 오·남용 여부 등
10. 성 의식	가. 성문제 나. 성에 대한 인식
11. 사회성/정신건강	가. 사회성(자긍심, 적응력 등) 나. 정신적 건강(우울, 자살, 불안증, 주의력 결핍 등)
12. 건강 상담	가. 건강에 대한 상담의 요구 등

(3) 건강검진

항목 – 척추, 눈, 귀, 콧병, 목병, 피부병, 구강, 병리검사, 허리둘레 등

검진항목		검진방법(세부항목)
1. 척추		척추옆굽음증(척추측만증) 검사
2. 눈	가. 시력측정	1) 공인시력표에 의한 검사 2) 오른쪽과 왼쪽의 눈을 각각 구별하여 검사 3) 안경 등으로 시력을 교정한 경우에는 교정시력을 검사
	나. 안질환	결막염, 눈썹찔림증, 사시 등 검사
3. 귀	가. 청력	1) 청력계 등에 의한 검사 2) 오른쪽과 왼쪽의 귀를 각각 구별하여 검사
	나. 귓병	중이염, 바깥귀길염(외이도염) 등 검사
4. 콧병		코곁굴염(부비동염), 비염 등 검사
5. 목병		편도선비대 · 목부위림프절비대 · 갑상샘비대 등 검사
6. 피부병		아토피성피부염, 전염성피부염 등 검사
7. 구강	가. 치아상태	충치, 충치발생위험치아, 결손치아(영구치로 한정한다) 검사
	나. 구강상태	치주질환(잇몸병) · 구내염 및 연조직질환, 부정교합, 구강위생상태 등 검사
8. 병리 검사 등	가. 소변	요컵 또는 시험관 등을 이용하여 신선한 요를 채취하며, 시험지를 사용하여 측정(요단백 · 요잠혈 검사)
	나. 혈액	1회용 주사기나 진공시험관으로 채혈하여 다음의 검사 1) 비만학생(초4, 중1, 고1) 　　<u>혈당(식전에 측정한다), 총콜레스테롤, 고밀도지단백(HDL) 콜레스테롤, 중성 　　지방, 저밀도지단백(LDL) 콜레스테롤 및 간 세포 효소(AST · ALT)</u> 2) 여학생(고1): <u>혈색소</u>
	다. 결핵	흉부 X–선 촬영 및 판독 (중1, 고1)
	라. 혈압	혈압계에 의한 수축기 및 이완기 혈압
9. 허리둘레		줄자를 이용하여 측정: 비만학생(초4, 중1, 고1)
10. 그 밖의 사항		제1호부터 제9호까지의 검진항목 외에 담당의사가 필요하다고 판단하여 추가하는 항목(검진비용이 추가되지 않는 경우로 한정한다)

※ **적용범위 및 판정기준**

1. 다음 각 목의 검진항목에 대한 검사 또는 진단은 해당 목에 따른 학생을 대상으로 하여 실시한다.
   가. 위 표 제8호나목1) 및 같은 표 제9호의 검진항목: <u>초등학교 4학년과 중학교 1학년 및 고등학교 1학년 학생 중 비만인 학생</u>
   나. 위 표 제8호나목2)의 검진항목: <u>고등학교 1학년 여학생</u>
   다. 위 표 제8호다목의 검진항목: 중학교 1학년 및 고등학교 1학년 학생

참고 POINT

[건강검진의 절차(학교건강검사규칙 제5조의 2)]
① 학교의 장은 학생의 건강검사를 실시하기 위하여 **2개 이상의 검진기관을 선정**하여야 한다. 다만, 검진기관을 2개 이상 선정할 수 없는 경우에는 관할 **교육감의 승인**을 얻어 1개의 검진기관만 선정할 수 있다.
② 학교의 장은 검진기관을 선정하고자 할 때에는 학교운영위원회의 심의 또는 자문을 받을 수 있다.
③ 학교의 장은 검진대상자가 검진기관을 방문하여 건강검진을 받도록 하여야 한다.

기출문제 맛 보기

「학교건강검사규칙」상 건강검진의 내용으로 가장 옳지 않은 것은? 21년 서울

① 척추는 척추옆굽음증(척추측만증)을 검사한다.
② 고등학교 1학년 여학생은 혈액검사 중 혈색소 검사를 한다.
③ 시력측정은 안경 등으로 시력을 교정한 경우에는 교정시력을 검사한다.
④ 초등학교 4학년과 중학교 1학년 및 고등학교 1학년 학생 중 비만인 학생은 허리둘레와 혈압을 측정한다.

(4) 정신건강 상태 검사

① 정신건강상태 검사는 **설문조사** 등의 방법으로 한다.
② 설문조사 등의 **시행과 그 결과처리는 교육정보시스템**을 통하여 할 수 있다.
③ 학교의 장은 정신건강 상태 검사를 실시하는 경우(동의 없이 실시하는 경우 포함) 그 구체적인 내용을 **학부모에게 미리 알려야 한다.**
④ 학교의 장은 필요한 경우에 학부모의 동의 없이 정신건강 상태검사를 실시할 수 있다. 이 경우 학교의 장은 지체 없이 해당 학부모에게 검사사실을 통보하여야 한다(학교보건법 제 7조)

(5) 신체능력검사

① **신체의 능력검사 대상**: 초등학교 5, 6학년 학생과 중학교 및 고등학교 학생
다만, 심장질환 등으로 인한 신체허약자와 지체부자유자는 그 대상에서 제외할 수 있다.
② **검사방법**
ㄱ **필수평가**: 체력요소를 평가하여 신체의 능력등급을 판정하는 평가로, 체력요소별로 1개의 검사항목을 선택하여 매 학년 초에 실시함을 원칙으로 한다.
ㄴ **선택평가**: 신체활동에 대한 인식정도 등 필수평가에 대한 심층평가를 하는 평가로, 학교의 장이 해당 학교의 여건을 고려하여 검사항목, 검사주기 등을 자율적으로 결정하여 실시할 수 있다.
③ 5개의 체력요소별 검사항목의 점수(각 20점)를 종합하여 신체능력등급(1~5등급)을 판정하며, 하위 4~5등급을 받은 저체력 학생을 위해 건강교실 등을 운영한다.

정답 ④

④ **검사항목**

필수평가	심폐지구력	왕복 오래 달리기, 오래 달리기-걷기, 스텝검사
	유연성	앉아 윗몸 앞으로 굽히기, 종합 유연성 검사
	근력·근지구력	팔굽혀 펴기(남), 무릎대고 팔굽혀펴기(여), 윗몸 말아올리기, 악력
	순발력	50미터 달리기, 제자리 멀리뛰기
	비만	체질량 지수
선택평가	심폐지구력 정밀검사, 비만평가, 자기신체평가, 자세평가	

4) 구강 검진

(1) 건강검진 대상 학년 모두 해당(초1, 초4, 중1, 고1)

(2) 다만, 초등학교는 전학년이 구강검진 대상에 해당(법 제7조)

5) 별도의 검사

학교의 장은 **건강검사 외에 학생**의 건강을 보호·증진하기 위하여 필요하다고 인정할 때 그 학생을 별도로 검사할 수 있다. 다만 **학년, 시기, 방법은 교육감**이 정한다.

[표 10-2] 별도검사의 항목과 검사대상

검사종목	검사대상(건강검사규칙)
소변검사 시력검사	초, 중, 고등학생 중 교육감이 지정하는 학년의 학생
결핵검사	고등학생 중 교육감이 지정하는 학년의 학생
구강검사	중, 고등학생 중 교육감이 지정하는 학년의 학생

6) 건강검사 결과기록 및 관리

(1) 건강검진결과 통보

① 검진기관은 검사결과를 **검사일로부터 30일 이내**에 해당 **학생 또는 학부모**와 해당 **학교의 장**에게 **각각** 통보하여야 한다.

이 경우 검진결과 **질환**이 의심되는 학생 또는 **정밀검사**가 필요한 학생의 경우에는 반드시 **학부모**에게 통보하여야 한다.

② 검사결과 통보서는 **학생건강검사결과통보서와 학생구강검사결과통보서**를 각각 통보해야 한다.

(2) 건강검사 등의 실시결과 관리(학교건강검사규칙 제9조)

① 학교의 장은 **건강검사의 실시결과**를 기준에 따라 작성·관리하여야 하며, 교육정보시스템을 이용하여 처리한다.

② 학교의 장은 건강검사 실시결과를 교육정보시스템을 이용하여 처리하기 위하여 **학생건강기록부에 기재**하여야 한다.

③ 고등학교의 장은 소속 학생이 **고등학교를 졸업**할 때 학생건강기록부를 해당 학생에게 교부하여야 한다.

④ 학생이 중학교 또는 고등학교에 진학하지 아니하거나 휴학 또는 퇴학 등으로 고등학교를 졸업하지 못하는 경우에는 그 학생이 **최종적으로 재적하였던 학교**에서 최종적으로 재적한 날부터 **5년간 보존**하여야 한다.

핵심 CHECK ‹‹‹

[학생건강기록부에 기재되어야 하는 내용]
(1) 인적사항
(2) 신체의 발달상황 및 능력
(3) 예방접종 완료 여부
(4) 건강검진의 검진일자 및 검진기관명
(5) 별도검사의 종류, 검사일자 및 검사기관명

---

(3) 건강검사 등의 실시결과에 따른 조치

① 학교의 장은 건강검사 등의 실시결과에 따라 보건의료기관 등의 협조를 받아 **소속 학생 및 교직원**에 대한 건강상담, 예방조치 및 체력증진 등 ➡ 적절한 보호 또는 양호의 대책을 **강구**하여야 한다.

② **학교의 장**은 건강검사 등을 실시한 경우에는 **신체발달상황통계표**를 작성하여 **해당연도의 8월 31일까지, 신체능력검사통계표**를 작성하여 **다음 연도의 2월 말일까지 관할 교육장을 거쳐 교육감에게 보고**해야 한다.

③ **교육감**은 학생건강증진계획의 수립·시행을 위하여 필요한 경우에는 **학교의 장**에게 **건강조사 결과 및 건강검진 결과에 관한 통계자료를 제출**하도록 할 수 있다.

🔗 **기출문제 맛 보기**

학교건강검사 결과의 관리 및 처리에 대한 설명으로 옳지 않은 것은?   14년 지방

① 학교의 장은 건강검사 결과에 따라 건강상담, 예방조치 등의 대책을 강구하여야 한다.
② 학교의 장은 건강검사 결과에서 감염병에 감염될 우려가 있는 학생에 대하여 등교를 중지시킬 수 있다.
③ 졸업하지 못한 학생의 건강기록부는 당해연도에 보건소로 이관하여 5년간 보관한다.
④ 검진기관은 검사 결과를 해당 학생 또는 학부모, 해당 학교의 장에게 통보하여야 한다.

정답 ③

🔍 참고 POINT

[학생건강기록부 서식]

[별지 제1호 서식] <개정 2009.5.22>

(1쪽)

학 생 건 강 기 록 부

1. 인적사항

성 명	성 별	학 년	반(이수과정/학과)	~	혈액형 Rh( )	형 보호자
학 교			주민등록번호		번호	담임 성명

2. 전염병 예방접종
가. 취학 전 예방접종

대상전염병	접종여부				
	1차	2차	3차	4차	5차
디프테리아					
백 일 해					
파 상 풍					
홍 역					
유행성이하선염					
풍 진					
폴 리 오					
결 핵					
일본뇌염					
수 두					
B형 간염					

비 고

나. 취학 후 예방접종

대상 전염병	접종일자	대상 전염병	접종일자	접종일자
일본뇌염		디프테리아		
		파상풍		

학교/학년		
검사일자		
검사명		
검사기관		

(2쪽)

3. 건강검사 실시현황
가. 신체의 발달상황

구 분		초등학교						중학교			고등학교		
		1	2	3	4	5	6	1	2	3	1	2	3
키 (cm)													
몸무게(kg)													
비만도	체질량지수												
	상대체중												

나. 신체의 능력

구 분	단위	초등학교			중학교			고등학교		
		4	5	6	1	2	3	1	2	3
왕 복 오 래 달 리 기	회									
오 래 1,000m(초·중)	분.초	공 란								
달리기-걷기 1,600m(중·고/남)	분.초		공 란	공 란						
(초5~고3) 1,200m(중·고/여)	분.초	공 란	공 란							
스 텝 검 사	PEI									
앉아윗몸앞으로굽히기	cm	공 란		공 란						
종 합 유 연 성	점	공 란								
윗몸말아올리기	회									
(무릎대고)팔굽혀펴기(중·고)	회									
악 력	kg									
50m 달 리 기	초									
제자리 멀리뛰기	cm									
체 지 방 률	%									
신체의 능력점수	점									
신체의 능력등급	등급									

다. 건강검진 현황

구 분	초등학교						중학교	고등학교
	1학년	2학년	3학년	4학년	5학년	6학년	(1학년)	(1학년)
건강 검진일자		공 란	공 란		공 란	공 란		
검진 검진기관		공 란	공 란		공 란	공 란		
구강 검진일자								
검진 검진기관								

라. 별도검사 현황

검사일자		
검 사 명		
검사기관		

210㎜ × 297㎜(일반용지 60g/㎡(재활용품))

2 학교감염병 관리

1) 감염병예방대책의 마련 등

(1) **교육부장관**은 감염병으로부터 학생과 교직원을 보호하기 위하여 **감염병예방대책**을 마련하여야 한다. 이 경우 **행정안전부장관 및 질병관리청장**과 협의하여야 한다.

(2) 교육부장관은 감염병예방대책을 마련할 때에는 특별시장, 광역시장, 특별자치시장, 도지사, 특별자치도지사, 교육감 및 학교에 알려야 한다.

(3) **교육감**은 교육부장관의 감염병예방대책을 토대로 지역 실정에 맞는 **감염병 예방 세부 대책**을 마련하여야 한다.

(4) **교육부장관**은 학교에서 감염병에 효과적으로 대응하기 위하여 **질병관리청장**과의 협의를 거쳐 감염병 유형에 따른 **감염병대응매뉴얼을 작성·배포**하여야 한다.

2) 감염병의 보고와 신고

(1) 학교장의 보고

① 학교의 장은 해당 학교에 감염병에 걸렸거나 의심이 되는 학생 및 교직원이 있는 경우 즉시 **교육감을 거쳐 교육부장관에게 보고**한다.(학교보건법 제14조의 3)

② 해당 학교의 장이 보고하여야 할 사항(시행규칙 제10조의2)

  1. 해당 학생 및 교직원의 감염병명 및 감염병의 발병일·진단일

  2. 해당 학생 및 교직원의 소속

  3. 해당 학생 및 교직원에 대한 조치 사항

(2) 학교장의 신고

학교 장은 감염병 환자가 발생하였을 때는 의사 등의 **진단이나 검안을 요구**하거나, 관할 **보건소장**에게 **지체없이 신고**한다.(감염병 예방 및 관리에 관한 법 제12조)

3) 등교중지

① 학교장은 건강검사의 결과나 의사의 진단 결과 **감염병**에 감염되었거나 감염된 것으로 의심되거나 감염될 우려가 있는 **학생 및 교직원**에 대하여 **대통령령으로 정하는 바**에 따라 **등교를 중지시킬 수 있다**(법 제8조 제1항).

② **등교중지 대상자**(영 제22조)

  ㉠ 「감염병의 예방과 관리에 관한 법률」에 따른 **감염병환자, 감염병의사환자 및 병원체보유자**(이하 "감염병환자" 등이라 한다)

  다만, 의사가 다른 사람에게 감염될 우려가 없다고 진단한 사람은 제외한다.

  ㉡ 이외의 환자로서 의사가 **감염성이 강환 질환**에 감염되었다고 진단한 사람

③ 학교의 장은 등교중지를 명할 때는 그 **사유와 기간**을 명시해야 한다.

4) 휴업 및 휴교조치

① 학교의 장은 감염병 예방과 학교의 보건에 필요하면 **휴업**을 할 수 있다.

② 관할청은 감염병 예방과 학교보건에 필요할 때에는 해당 학교에 대하여 **휴업 또는 등교수업일 조정과 휴교**를 명할 수 있다(법 제14조).

🔍 **참고 POINT**

[주의 이상의 위기경보 시 등교중지 및 휴업·휴교 조치]

1. **교육부 장관의 등교중지**
   ① **교육부 장관**은 감염병으로 인하여 「재난 및 안전관리 기본법」에 따른 **주의 이상의 위기 경보**가 발령되는 경우 다음 각 호의 어느 하나에 해당하는 학생 또는 교직원에 대하여 **질병관리청장과 협의**하여 등교 를 중지시킬 것을 **학교의 장에게 명**할 수 있다. 이 경우 해당 학교의 **관할청을 경유**하여야 한다.(법 제8조 제 2항)
   1. 「검역법」에 따른 검역관리지역 또는 중점검역관리지역에 체류하거나 그 지역을 경유한 사람으로서 **검역감염병의 감염이 우려되는 사람**
   2. 감염병 발생 지역에 거주하는 사람 도는 그 지역에 출입하는 사람으로서 감염병에 **감염되었을 것으로 의심되는 사람**
   3. 「감염병의 예방과 관리에 관한 법률」에 따라 자가 또는 시설에 격리된 **사람의 가족 또는 그 동거인**
   4. 그 밖에 학교 내 감염병의 차단과 확산 방지 등을 위하여 등교중지가 필요하다고 인정되는 사람
   ② 명을 받은 **학교의 장**은 해당 학생 또는 교직원에 대하여 **지체없이 등교**를 중지시켜야 한다.

2. **휴업과 휴교(등교수업일수 조정 포함)**
   감염병으로 인하여 「재난 및 안전관리 기본법」에 따른 **주의 이상의 위기경보**가 발령되어 휴업과 휴교 조치를 하는 경우
   ① **학교의 장의 휴업 시 관할청의 동의**를 받아야 한다.
   ② **교육감**의 휴업·휴교 시(등교수업일수 조정 포함) **교육부 장관의 동의**를 받아야 한다.

---

5) 감염병 관리

(1) 역학조사에의 요청 및 협조

감염원인을 규명하고 감염원을 파악하여 감염경로를 추적하기 위하여 보건소 등의 역학조사기관의 활동에 적극 협조하며, 추가 발생현황에 대하여 계속 모니터링 한다.

(2) 전파차단 및 방역조치

① 환자, 밀접접촉자, 고위험군에 대한 관리 조치

② 방역소독 등 교내 방역조치 및 교내 환경관리: 급수시설의 오염방지, 교사 내 소독, 화장실 소독 등

③ 감염병예방 교육 실시: 가정통신문 배부, 개인위생과 공중위생에 대한 보건 교육 등

(3) 출결관리 및 수업결손 대책 수립

① 등교중지 또는 휴업을 실시 한 경우 학생 생활지도 및 휴업학생 수업결손에 따른 대책을 강구해야 한다.

② 담임교사는 감염 학생에 대한 **등교중지 기간을 출석으로 인정**된다는 사실을 알려 주고 필요한 행정조치를 취해야 한다.

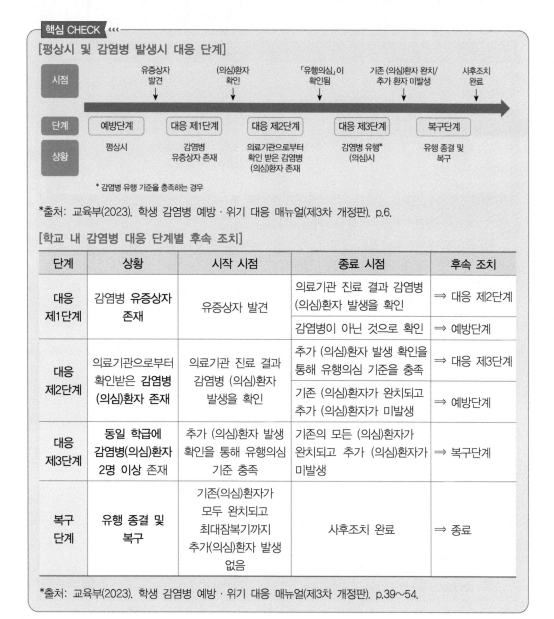

핵심 CHECK

[평상시 및 감염병 발생시 대응 단계]

시점		유증상자 발견	(의심)환자 확인	「유행의심」이 확인됨	기존 (의심)환자 완치/ 추가 환자 미발생	사후조치 완료
단계	예방단계	대응 제1단계	대응 제2단계	대응 제3단계	복구단계
상황	평상시	감염병 유증상자 존재	의료기관으로부터 확인 받은 감염병 (의심)환자 존재	감염병 유행* (의심)시	유행 종결 및 복구

* 감염병 유행 기준을 충족하는 경우

*출처: 교육부(2023). 학생 감염병 예방·위기 대응 매뉴얼(제3차 개정판). p.6.

[학교 내 감염병 대응 단계별 후속 조치]

단계	상황	시작 시점	종료 시점	후속 조치
대응 제1단계	감염병 유증상자 존재	유증상자 발견	의료기관 진료 결과 감염병 (의심)환자 발생을 확인	⇒ 대응 제2단계
			감염병이 아닌 것으로 확인	⇒ 예방단계
대응 제2단계	의료기관으로부터 확인받은 **감염병 (의심)환자 존재**	의료기관 진료 결과 감염병 (의심)환자 발생을 확인	추가 (의심)환자 발생 확인을 통해 유행의심 기준을 충족	⇒ 대응 제3단계
			기존 (의심)환자가 완치되고 추가 (의심)환자가 미발생	⇒ 예방단계
대응 제3단계	**동일 학급에 감염병(의심)환자 2명 이상** 존재	추가 (의심)환자 발생 확인을 통해 유행의심 기준 충족	기존의 모든 (의심)환자가 완치되고 추가 (의심)환자가 미발생	⇒ 복구단계
복구 단계	**유행 종결 및 복구**	기존(의심)환자가 모두 완치되고 최대잠복기까지 추가(의심)환자 발생 없음	사후조치 완료	⇒ 종료

*출처: 교육부(2023). 학생 감염병 예방·위기 대응 매뉴얼(제3차 개정판). p.39~54.

3 학교건강문제 관리

1) 비출혈

(1) 원인

① **국소적 원인**: 비염, 신생물, 자극, 외상
② **전신적 원인**: 혈액질환(백혈병, 혈우병, 괴혈병 등), 순환기 질환, 전신질환(매독, 결핵)

(2) 간호

① 학생을 안심시키고 반좌위를 취하게 한다.
② 머리를 앞으로 숙이고 출혈되는 쪽 콧날개를 4~5분 정도 세게 눌러줌
③ 입두로 흘러내리는 혈액은 삼키지 않고 뱉도록 교육
④ 코 부위를 냉찜질 후 두부 아래 함요부를 꼭 누른다.
⑤ Gauze packing
⑥ 15분 이상 지혈되지 않으면 병원에 의뢰한다.

2) 두통

(1) 원인

① 두부, 흉부, 복부의 국소병변 예 두부종양, 폐렴, 식체
② 열을 동반한 전신적 병변 예 감기
③ 정서적 요인(불안, 우울, 긴장)
④ 근시, 빈혈

정답 ②

(2) 간호

① 원인 파악

② 증상이 경할 경우 1~2시간 정도 안정, 휴식

③ 정서적 요인 시에는 상담

④ 고열을 동반한 두통 시 진통해열제 투여 및 냉찜질 후 상태에 따라 가정통신문을 작성, 조퇴

3) 복통

(1) 원인에 따른 증상

① 위장관계 장애: 상복부 통증 또는 오심, 구토

② 정서적 문제

③ 맹장염(Rebound tenderness), 미열, 오심, 구토

④ 변비: 좌하복부의 극심한 통증

⑤ 오염된 음식물로 인한 복통: 설사, 복부 전체에 걸친 복통

(2) 간호중재

① 변비 시: 관장, 온찜질, 섬유소가 많은 음식 섭취

② 식체: 금식, 구토 유발, 수분 공급, 소화제 투약

③ 가스팽만으로 인한 복통: 복부에 온찜질

④ 오염된 음식물로 인한 복통: 금식, 수분공급, 투약, 식중독일 경우는 병원 치료

⑤ 정서적인 문제: 담임교사, 학부모, 정신과의사의 도움을 받아 상담 및 심리검사

4) 안구외상

① 티나 먼지: 면봉에 식염수를 적셔 살짝 갖다 댄다.

② 모래: 생리식염수로 세척한다.

③ 화학상: 맑은 물로 세척한다.

④ 안구 천공상: 유리나 날카로운 물체에 찔린 경우 즉시 이송한다.

5) 외상

① 안정

② 가벼운 출혈인 경우 소독된 거즈로 압박

③ 상처부위가 깊고 넓은 경우 압박드레싱 및 지혈대를 사용 후 병원에 의뢰

④ 상처사정 및 상처보호: 상처부위에 이물질이 묻은 경우 생리식염수로 세척

⑤ 파상풍 우려 시 병원에 의뢰하여 Anti-toxin 예방접종

6) 관절염좌

　① 휴식과 안정

　② 부목이나 탄력붕대로 고정하고 얼음찜질

　③ 염좌 부위를 높여주고 의사의 진찰을 받는다.

핵심 CHECK ‹‹‹

[RICE 요법]

(1) **목적**: 부상의 악화를 방지하고, 통증, 부종, 염증, 출혈 등을 예방 및 완화하기 위함

(2) R(Rest): 안정 – 악화방지를 위함

　I(Ice): 냉찜질 – 통증, 부종, 염증 완화

　C(Compress): 고정 – 악화방지(주위조직 손상 예방) 및 부종, 출혈 등 예방

　E(Elevation): 부종, 출혈 예방 및 완화

4　학교 안전관리

1) 사고

(1) **유형(학교안전공제회의 사례)**

체육시간, 실습시간, 휴식시간, 청소시간, 수학여행, 견학, 기타 활동 중 발생한 안전사고 포함

(2) **일상생활 속의 안전관리**

　① 등하교 시

　② **낙상사고**: 계단, 승강기 등

　③ 놀이사고

　④ **화재예방**: 전기화재, 불장난 등

(3) **사고조치**

　① 신속한 응급조치 및 병원후송

　② 신속히 학부모에 연락

　③ 교육활동 담당자는 사고경위서 작성

　④ 사망 시에는 경찰조사 및 사체검안 또는 사체부검 의뢰요구

2) 성폭력

(1) 개념

성폭력은 강간, 강간미수, 성추행, 성희롱, 성기노출, 음란전화 등 성을 매개로 상대방의 동의 없이 인간에게 가해지는 모든 신체적, 언어적, 정신적 폭력을 포괄하는 개념

(2) 성폭력 피해 후유증

① **어린이**: 악몽, 공포, 야뇨증 등 퇴행증상, 신경 예민
② **성인인 경우**

    ㉠ 남성에 대한 혐오, 죄책감, 자기혐오, 불면증, 남성기피, 대인관계 부적응, 약물이나 알코올중독
    ㉡ 자기 파괴, 자기 존중감 저하, 자실시도
    ㉢ 정신병적 증상: 신경쇠약, 정신분열, 우울증

(3) 성폭력을 입었을 때 대처

① **강간 피해를 입은 지 48시간 이내의 경우**: 증거 채취와 의료진찰을 위해 48시간 안에 진찰을 받도록 하는 것이 좋다.
② 증거확보를 위해서 성폭력 피해를 입은 자리는 가능하면 그대로 보존한다.
③ 몸을 씻거나 옷을 갈아입지 말고 바로 병원으로 간다.
④ 피해 당시에 생겼던 상처나 멍든 곳 등을 사진촬영해서 보관해 둔다.
⑤ 주위에 도움을 청한다.
⑥ 성폭력상담소나 보호시설을 찾는다.

(4) 성폭행 예방교육

① 성폭행은 절대 안 된다는 교육을 철저히 시킨다.
② 성폭행의 피해와 후유증에 대해서 구체적으로 알려준다.
③ 남녀의 차이를 구체적으로 알려준다.
④ 다양한 상황을 설정, 예측해보며 대책도 준비하게 한다.

3) 학교폭력

(1) 특징

① 신체적 폭력, 성적폭력에 심각하게 노출되어 있음

② 가해자나 피해자가 같은 학교 공간에서 생활하고 있음

③ 거의 동일인을 대상으로 장기적으로 행해짐

④ 피해학생이 스스로 자구책을 강구하기 어려움

(2) 해결방안

① 교사, 학부모가 폭력피해 징후들에 대해 즉각적으로 대처할 수 있는 행동지침을 마련하고 예방대책을 강구

② 공격성을 가진 학생의 욕구가 긍정적으로 분출될 수 있는 기회 제공

③ 가정의 안정성 회복

④ 폭력발생시 학교가 묵인하지 않고 적극적이고 신속하게 개입

⑤ 자기 주장력 향상 프로그램 및 또래 안의 상담자 교육

⑥ 지역 내 유해환경 개선 및 건전문화 형성을 위한 노력

⑦ 통합적인 접근을 할 수 있는 보건교사의 적극적인 역할과 기능 요구

CHAPTER 05 학교환경관리

1 학교 내 환경관리

1) 교사 내 환경관리(학교보건법 시행규칙 별표2)

(1) 환기: 환기용 창 등을 수시로 개방하거나 기계식 환기설비를 수시로 가동하여 1인당 환기량이 **21.6m³/시간** 이상이 되도록 할 것.

> 🔍 참고 POINT
>
> [환기횟수 산출법]
> 교실용적 180m³의 교실에서 50명의 학생이 생활하고 있고, 1인당 필요 환기량(공기용적)이 1시간당 21.6m³이 라면 1시간당 필요한 환기횟수는?
> 필요 환기 횟수 = 필요 공기용적 (학생수 X 1인당 공기용적/h) / 교실용적
> 따라서 환기횟수 = 50 X 21.6 / 180 = 6회 / h 즉 1시간당 환기횟수는 6회가 필요하다.

(2) 채광(자연조명)
① 직사광선을 포함하지 아니하는 천공광에 의한 **옥외 수평조도와 실내조도와의 비**를 평균 **5% 이상**으로 하되 **최소 2% 미만**이 되지 아니하도록 할 것
② 최대조도와 최소조도의 비율이 **10 : 1**을 넘지 아니하도록 할 것
③ 교실 바깥의 반사물로 부터 눈부심이 발생하지 아니하도록 할 것

(3) 조도(인공조명)
① 교실의 조명도는 책상면을 기준으로 **300룩스** 이상 되도록 할 것
② 최대조도와 최소조도의 비율이 **3 : 1**을 넘지 않도록 할 것
③ 인공조명에 의한 눈부심이 발생되지 아니하도록 함

(4) 실내온도와 습도
① 실내 온도 기준: 18℃ 이상 28℃ 이하
② 난방온도: 18℃ 이상, 20℃ 이하로 유지
③ 냉방온도: 섭씨 26℃ 이상, 28℃ 이하로 할 것
④ 비교습도: 30% 이상 80% 이하로 할 것

(5) 교실 내 공기의 질에 대한 기준(시행규칙 별표 4의 2)

오염물질 항목	기준(이하)	적용 시설	비고
가. 미세먼지	35μg/㎥	교사 및 급식시설	직경 2.5μm 이하 먼지
	75μg/㎥	교사 및 급식시설	직경 10μm 이하 먼지
	150μg/㎥	체육관 및 강당	직경 10μm 이하 먼지
나. 이산화탄소	1,000ppm	교사 및 급식시설	해당 교사 및 급식시설이 기계 환기장치를 이용하여 주된 환기를 하는 경우 1,500ppm 이하
다. 폼알데하이드	80μg/㎥	교사, 기숙사(건축 후 3년이 지나지 않은 기숙사로 한정한다) 및 급식시설	건축에는 증축 및 개축 포함
라. 총부유세균	800CFU/㎥	교사 및 급식시설	
마. 낙하세균	10CFU/실	보건실 및 급식시설	
바. 일산화탄소	10ppm	개별 난방 및 도로변 교실	직접 연소 방식 난방 교실로 한정
사. 이산화질소	0.05ppm	개별 난방 및 도로변 교실	직접 연소 방식 난방 교실로 한정
아. 라돈	148Bq/㎥	기숙사(건축 후 3년이 지나지 않은 기숙사로 한정한다), 1층 및 지하의 교사	건축에는 증축 및 개축 포함
자. 총휘발성유기화합물	400μg/㎥	건축한 때부터 3년이 경과되지 아니한 학교	건축에는 증축 및 개축 포함
차. 석면	0.01개/cc	「석면안전관리법」제22조제1항 후단에 따른 석면건축물에 해당하는 학교	
카. 오존	0.06ppm	교무실 및 행정실	
타. 진드기	100마리/㎡	보건실	
파. 벤젠	30μg/㎥	건축 후 3년이 지나지 않은 기숙사	건축에는 증축 및 개축 포함
하. 톨루엔	1,000μg/㎥		
거. 에틸벤젠	360μg/㎥		
너. 자일렌	700μg/㎥		
더. 스티렌	300μg/㎥		

🔍 **참고 POINT**

[공기 질의 유지·관리 특례(학교보건법 제4조의 2)]
① 학교의 장은 제4조제2항에 따른 공기 질의 위생점검을 상·하반기에 각각 1회 이상 실시하여야 한다.
② 학교의 장은 제4조제2항과 제3항에 따라 교실 안에서의 공기 질을 측정하는 장비에 대하여 교육부령으로 정하는 바에 따라 매년 2회 이상 정기적으로 점검을 하여야 한다.

(6) 소음

교사 내 소음: 55db 이하

[학교미세먼지 대응 기준]

(1) 예보제 기준: 환경부에서 대기 모델링을 이용하여 예측 발표

	좋음	보통	나쁨	매우 나쁨
미세먼지(PM-10)	0~30	31~80	81~150	151 이상
초미세 먼지(PM-2.5)	0~15	16~35	36~75	76 이상

(2) 학교미세먼지 단계별 대응

예보	대응단계	대응요령
좋음 보통	평상시 (사전 준비 사항)	• 고농도 미세먼지 상황 대비 실외수업 대체 사전계획 마련 • **고농도 미세먼지 발생 시 대처 방안 숙지** 및 보호자 대상 대기 오염 피해예방, 대응조치, 행동요령 등 지도(담당자) • 보호자 비상연락망 **구축** • 실내 미세먼지 유지기준 준수(PM-10 75, PM-2.5 35 이하) • **호흡기 질환 등 미세먼지 민감군 및 고위험군 관리대책 마련** (민감군 현황, 위생점검 및 건강체크, 응급조치 요령 등 숙지) • **보건용마스크, 상비약 등 비치·점검**
나쁨	고농도 예보 (익일 예보 "나쁨" 이상)	• 익일 예정된 실외수업 점검 • 예보 상황 및 행동요령 공지(보호자 비상연락망, 안내문 등) • 미세먼지 예보 상황 및 농도변화 수시 확인
	고농도 발생 (PM-10 81 이상 또는 PM-2.5 36 이상 1시간 이상 지속)	• 미세먼지 농도 수시로 확인, 기관내 **상황 전파**(담당자) • **학생 대상 행동요령 교육 및 실천** ※ 실외활동 자제, 외출시 마스크 쓰기, 도로변 이동자세, 깨끗이 씻기 등 • **실외수업(활동)자제**, 바깥공기 유입 차단(창문닫기) • **호흡기 질환 등 미세먼지 민감군 및 고위험군 관리대책 이행** • **실내 공기질 관리**(공기정화장치 가동, 물걸레질 청소 등)
매우 나쁨	주의보 (PM-10 150 이상 또는 PM-2.5 75 이상 2시간 이상 지속)	• **실외수업 단축 또는 금지** ※ 체육활동, 현장학습, 운동회 등을 실내 수업으로 대체 • 수업시간 조정, 등·하교(원) 시간 조정 • 유치원·학교 내 식당 기계·기구 세척, 음식물 **위생관리 강화**
	경보 (PM-10 300 이상 또는 PM-2.5 150 이상 2시간 이상 지속)	• 실외수업 단축 또는 금지 • **수업시간 조정, 등·하교(원) 시간조정, 또는 임시 휴업** • 비상연락망을 통한 상황 공유 및 대응요령 알림 • 유치원·학교 내 식당 기계·기구 세척, 음식물 위생관리 강화 • **미세먼지 관련 질환자 파악 및 특별관리**(조기귀가, 진료 등)

*출처: 교육부(2020). 대기오염 대응 매뉴얼.

2) 먹는 물의 공급 및 수질검사(시행규칙 별표5)

(1) 학생 및 교직원에게 공급하는 먹는 물은 '먹는 물 관리법'에 따른 수질기준에 적합한 물을 제공하여야 한다.

(2) **저수조를 사용하는 학교**의 경우 「수도법 시행규칙」 제22조의3제4항에 따라 수질검사를 실시하여야 한다.

> ○ 매년 마지막 검사일로부터 1년 이내에 1회 이상 지정된 먹는물 수질검사기관에 의뢰하여 수질검사를 하여야 한다.

(3) **지하수**는 「먹는 물 수질기준 및 검사 등에 관한 규칙」 제4조제2항에 따라 수질검사를 실시하여야 한다.

> ○ 1. 전항목 검사: 매년 1회 이상
>
> 2. 일반세균, 총 대장균군, 대장균 또는 분원성 대장균군, 암모니아성 질소, 질산성 질소 및 과망간산칼륨 소비량에 관한 검사: 매 분기 1회 이상

2 교육환경보호구역

학교의 교육환경 보호에 필요한 사항을 규정하여 학생이 건강하고 쾌적한 환경에서 교육받을 수 있게 하는 것을 목적으로 **"교육환경 보호에 관한 법률"**이 제정되었다(2016년 2월3일 제정).

> ○ 교육환경: 학생의 보건·위생, 안전, 학습 등에 지장이 없도록 하기 위한 학교 및 학교 주변의 모든 요소를 말한다.(법2조)

1) 교육환경보호구역 설정·고시(법 제8조)

교육감(교육장)은 교육환경보호구역을 **설정·고시**하여야 하며, 설정·고시에 관한 사항은 **시·군·구청장**에게 **통보**하여야 한다.

(1) **절대보호구역:** 학교출입문으로부터 직선거리로 **50m**까지의 지역

(2) **상대보호구역:** 학교경계 등으로부터 직선거리로 **200m**까지의 지역 중 **절대보호구역**을 제외한 지역

2) 교육환경보호구역의 관리

(1) 교육환경보호구역은 보호구역이 설정된 당해 **학교의 장이 관리**한다.

(2) 학교 간에 절대보호구역과 상대보호구역이 서로 중복 시 **절대보호구역**이 설정된 학교의 장이 이를 관리한다.

(3) 학교 간에 같은 급의 보호구역이 서로 중복될 경우에는

① 상, 하급 학교 간의 보호구역이 중복 시 **하급학교**가 관리하고, 다만, 하급학교가 유치원인 경우에는 그 상급학교가 관리한다.

② 같은 급의 학교 간 보호구역이 중복 시 **학생 수가 많은 학교**가 관리한다.

3) 교육환경보호구역에서의 금지행위 등

(1) 누구든지 학생의 보건·위생, 안전, 학습과 교육환경 보호를 위하여 교육환경보호구역에서는 다음 각 호의 어느 하나에 해당하는 행위 및 시설을 하여서는 아니 된다.

(2) 다만, **상대보호구역**에서의 규정된 행위 및 시설 중 **교육감이나 교육감이 위임한 자가 지역위원회의 심의**를 거쳐 학습과 교육환경에 나쁜 영향을 주지 아니한다고 인정하는 행위와 시설은 **제외**한다(법 9조).

4) 금지행위 및 시설 등에 대한 조치

(1) 방지조치의무

시·도지사 및 시장·군수·구청장 또는 관계행정기관의 장(이하 "관계행정기관 등의 장"이라 한다.)은 금지행위와 시설을 방지하기 위하여 공사의 중지·제한, 영업의 정지, 허가·인가·등록·신고의 거부·취소 등의 조치를 하여야 하며, 교육환경을 위해하여 철거가 불가피하다고 판단하면 해당 시설물의 철거를 명할 수 있다.

(2) 조치 등의 요청

교육감(교육장)은 교육환경보호를 위하여 **관계행정기관 등의 장**에게 교육환경보호구역 내에서의 행위와 시설에 대한 **처분** 및 시설물의 **철거 명령을 요청**할 수 있다.

(3) 조치 후 알림

요청을 받은 **관계행정기관 등의 장**은 특별한 사정이 없으면 요청에 따른 조치를 취하고, 그 결과를 **교육감(교육장)**에게 요청받은 날로부터 **1개월 이내**에 알려야 한다.

> 🖉 기출문제 맛 보기
>
> 교육환경보호구역에 대한 설명으로 옳은 것은? 14년 서울 수정
>
> ① 보호구역 관리는 보건교사가 담당한다.
> ② 절대보호구역은 학교 경계선에서 직선거리로 50m까지이다.
> ③ 상·하급 학교 간 보호구역이 중복될 경우 상급 학교장이 보호구역을 관리한다.
> ④ 상대보호구역은 절대보호구역을 제외한 학교 경계선에서 직선거리로 200m까지의 지역이다.
> ⑤ 학교 간에 절대보호구역과 상대보호구역이 중복될 때는 상대보호구역이 설정된 학교에서 관리한다.

정답 ④

[표 10-3] 교육환경보호구역에서의 금지행위 및 시설

구분	초·중·고		유치원		대학등	
	절대	상대	절대	상대	절대	상대
1. 대기오염물질배출시설						
2. 수질오염물배출시설/폐수종말처리시설						
3. 가축분뇨처배출시설/처리시설/공공처리시설						
4. 분뇨처리시설						
5. 악취배출시설						
6. 소음·진동배출시설						
7. 폐기물처리시설	×	×	×	×	×	×
8. 가축사체/오염물건/수입금지물건 소각·매몰지						
9. 화장시설/봉안시설						
10. 도축업시설						
11. 가축시장						
12. 제한상영관						
13. 대화방/청소년 유해매체등 취급업(성기구 취급업소)						
14. 고압가스/도시가스/액화석유가스 제조·충전·저장시설						
15. 폐기물수집·보관·처분장소						
16. 총포·화약류 제조소/저장소						
17. 감염병 격리소/요양소/진료소						
22. 경마장·장외발매소/경륜·경정 경주장·장외매장	×	△	×	△	×	△
23. 사행행위영업						
26. 단란주점영업/유흥주점영업						
27. 숙박업/호텔업						
29. 사고대비물 취급시설						
21. 당구장/무도학원/무도장 (초·ㅇ)	ㅇ	ㅇ	ㅇ	ㅇ	ㅇ	ㅇ
21. 당구장/무도학원/무도장 (중고×)	×	△				
18. 담배자동판매기						
19. 게임제공업/인터넷컴퓨터게임시설제공업/복합유통게임제공업						
24. 노래연습장	×	△	ㅇ	ㅇ	ㅇ	ㅇ
25. 비디오감상실업/복합영상물제공업의 시설						
28. 회비등을 받거나 유료로 만화를 빌려주는 만화대여업						
20. 게임물 시설	×	△	×	△	ㅇ	ㅇ

×: 절대적 금지 (정화구역내 절대로 설치 불가능한 시설)

△: 상대적 금지 (심의 후 설치가 가능한 시설)

○: 제외시설 (자유롭게 설치 가능)

3 교육환경보호위원회

1) 시 · 도 교육환경보호위원회

구분	내용
설치목적	교육환경보호를 위한 사항을 심의하기 위해 교육감소속으로 둔다.
구성인원	• 지명 공무원, 전문가, 비영리민간단체 추천인, 교원 및 강사(5년), 기타 교육환경 보호에 학식과 경험이 풍부한 사람으로 구성 • 위원은 위원장 포함 15명 이내, 임기는 3년, 연임가능
위원장	위원 중에서 교육감이 임명 또는 위촉
법적근거	교육환경 보호에 관한 법률 제5조
임명 · 위촉자	위원은 교육감이 임명하거나 위촉
심의내용	• 교육감의 교육환경 보호에 관한 시책 • 교육환경평가서 • 그 밖에 교육환경 보호와 관련하여 위원장이 회의에 부치는 사항

2) 지역 교육환경보호위원회

구분	내용
설치목적	• 교육환경보호구역내 금지행위 및 시설이 교육환경에 미치는 영향을 심의하기 위함 • 교육감은 지역위원회를 교육지원청에 두어야 한다. 다만 교육지원청이 없는 경우에는 시 · 도위원회의 심의를 받는다.
구성인원	• 교육감 소속 직원, 관련기관의 공무원, 학부모 또는 지역사회의 관련 전문가 중에서 학식과 경험이 풍부한 사람을 성별을 고려하여 교육감이 임명 하거나 위촉 • 관할 구역 내 학교의 학교운영위원회 위원인 학부모가 위원 총수의 1/2 이상이 되도록 구성 • 위원은 위원장 포함 13명에서 17명 이하, 임기는 2년, 한차례 연임가능
위원장	• 위원장과 부위원장은 위원 중에서 호선
임명 · 위촉자	• 위원은 교육감이 임명하거나 위촉
심의내용	• 상대보호구역에서의 금지행위 및 시설의 해제를 위한 심의 등

단원확인문제

01. 학교보건의 궁극적 목적은?

① 학생들이 건강생활을 유지·증진할 수 있도록 적절한 보건교육을 제공하는 것이다.
② 보건교육, 보건서비스, 환경관리를 포함한 포괄적 건강사업을 제공하는 것이다.
③ 학생과 교직원에게 양질의 보건서비스를 제공하는 것이다.
④ 학생 및 교직원의 건강을 보호·유지·증진시키는 것이다.

02. 보건교육 대상 가운데 가장 효율적이고 파급효과가 큰 대상자는?

① 학교   ② 병원
③ 산업장   ④ 미혼모집단

03. 학교의 건강상태와 간호요구를 사정하기 위해 포함해야 할 내용은?

가. 학교의 물리적 환경	나. 학교 외 환경
다. 학교인구의 상병에 대한 정보	라. 학교 내의 조직

① 가, 나, 다   ② 가, 다
③ 나, 라   ④ 가, 나, 다, 라

04. 학교건강검사에 대한 설명으로 맞는 것은?

가. 학교건강검사에서 신체발달상황과 신체능력 및 건강조사, 정신건강상태검사는 당해 학교장이 실시한다.
나. 건강검진은 「건강검진기본법」 규정에 의한 검진기관에서 실시한다.
다. 신체발달상황에서 비만도는 체질량지수 백분위수도표를 기준으로 한다.
라. 건강검진결과통보는 해당학교의 장에게만 통보한다.

① 가, 나, 다   ② 가, 다
③ 나, 라   ④ 가, 나, 다, 라

05. 다음 학교보건 업무 중 보건교사가 수행해야 할 내용은?

① 학생의 건강관찰   ② 학생 건강 상담
③ 학생의 건강평가   ④ 건강진단

06. 학교에서 행하는 구강관리 방법으로 옳은 것은?

> 가. 섬유질이 많은 음식과, 고 칼슘 식이를 권한다.
> 나. 매 식사 후 3분 이내에 3분간 회전법으로 칫솔질 하도록 한다.
> 다. 점심식사 후 불소용액을 입안에 1분간 머물고 있다 가글하게 한다.
> 라. 구강검진을 실시하여 차아우식증 초기 병소를 발견, 치료받도록 한다.

① 가, 나, 다   ② 가, 다
③ 나, 라   ④ 가, 나, 다, 라

07. 고등학교 1학년 여학생의 건강검사 결과 체질량지수 백분위수 도표의 80%로 나타난 경우 건강검진 항목으로 옳은 것은?

① 결핵검사, 혈색소
② 결핵검사, 총콜레스테롤, 중성지방, 당뇨
③ 혈색소, HDL 및 LDL 콜레스테롤 검사, 허리둘레
④ 당뇨, 총콜레스테롤, 허리둘레

08. 코피를 흘리는 학생이 보건실에 왔다. 보건교사가 하면 안 되는 행동은?

① 가장 우선적으로 코피의 양과 빈도를 관찰한다.
② 양쪽 콧망울을 5~10분 압박한다.
③ 지혈을 위해 솜이나 거즈로 막아준다.
④ 고개를 뒤로 젖혀 코피가 인두로 흘러내리지 않도록 한다.

09. 다음 중 학교환경관리 기준으로 옳지 않은 것은?

① 인공조명의 경우 최대조도와 최소조도의 비는 10 : 1의 범위를 넘지 않음

② 비교습도는 30% 이상 80% 이하

③ 일반교실의 조도는 책상면 기준 300Lux 이상

④ 교사 내 이산화탄소 농도는 1,000ppm 이하

10. 학생건강기록부는 학생이 고등학교를 졸업하지 못하는 경우에는 그 학생이 최종적으로 재적하였던 학교에서 몇 년간 보존해야 하는가?

① 10년   ② 5년

③ 3년   ④ 1년

11. 보건교사가 세균성 이질이 의심되는 학생을 발견했을 때 우선적으로 취해야 할 행동은?

① 발생한 학생의 반의 전염자가 있는지 감시한다.

② 학교장에게 보고한다.

③ 보건소장에게 신고한다.

④ 간단한 응급치치와 치료를 시행한다.

12. 교육환경보호구역 설정과 관리에 관한 설명으로 옳은 것은?

① 보호구역 관리는 보건교사가 담당한다.

② 절대보호구역은 학교 경계선에서 직선거리로 50m까지이다.

③ 보호구역 내에서 금지행위의 해제에 대해서는 학교장이 교사들과 상의하여 결정한다.

④ 상대보호구역은 절대보호구역을 제외한 학교 경계선에서 직선거리로 200m까지이다.

⑤ 학교 간에 절대보호구역과 상대보호구역이 서로 중복될 때는 상대보호구역이 설정된 학교에서 관리한다.

13. 학교보건에서 보건교사가 신체검사 결과를 통보하는 1차적인 수단은?

① 전화   ② 면담
③ 가정방문   ④ 가정통신문
⑤ 학부형이 보건실을 방문

14. 보건교사가 학교폭력의 예방을 위하여 학부모에게 알려야 하는 내용은?

가. 몸에 상처나 멍자국이 자주 발견되는데 이유를 물으면 얼버무린다. 나. 교과서나 공책, 일기장에 '죽어라', 또는 '죽고 싶다'와 같은 폭언이나 자포자기의 표현이 쓰여 있다. 다. 자주 지각을 하거나 몸이 아프다는 이유로 결석을 하는 학생이 있다. 라. 평소보다 어두운 표정을 하고 수심이 있으며 수업에 열중하지 못한다.

① 가, 나, 다   ② 가, 다
③ 나, 라   ④ 가, 나, 다, 라

15. 학생 건강 검사에 대한 설명은?

① 신체의 발달상황, 건강검진, 건강조사, 신체의 능력, 정신건강상태를 검사한다.
② 신체발달 검사 중 비만도는 표준체중에 대한 상대체중으로 산출하여 판정한다.
③ 보건교사에 의해 1차 스크리닝이 이루어진 학생을 중심으로 이루어진다.
④ 결과는 학부모 또는 해당학교의 장에게 통보하여야 한다.

정답 및 해설 Answers & Explanations

01 정답 ④

학교보건의 궁극적 목적은 학생과 교직원이 스스로 그들의 질병을 관리하고, 예방하며 건강보호 · 유지 · 증진할 수 있도록 능력을 갖추도록 하는 데 있다.

02 정답 ①

보건교육을 통하여 학생시절에 형성된 건강에 이로운 생활양식은 일생동안 지속되는 경향이 있다. 그러므로 투자에 비하여 결과에 따르는 효율성이 크고, 학생인구는 전체 인구의 약 20%를 차지하므로 학생으로 인하여 가정이 파급되는 효과는 그 나라 전체 인구에 영향을 미칠 수 있다는 점에서 학교가 보건교육 대상자로서 가장 효율적이고 파급효과가 크다.

03 정답 ④

학교의 건강상태와 간호요구를 파악하기 위한 자료수집 내용으로는 학생과 교직원의 연령, 성별, 이동상태와 관련된 인구학적 특성과 학교의 물리적, 사회적인 환경(학교 내의 조직 등), 학교 외 환경, 학교 인구의 건강수준, 학교 내.외의 자원 등이다.

04 정답 ①

건강검진 결과 통보는 학생건강검사 결과통보서와 학생구강검사 결과 통보서를 각각 해당 학생 또는 학부모와 해당 학교의 장에게 각각 통보해야 한다.

05 정답 ①

학생과 교직원에 대한 건강상담, 건강평가, 건강진단은 학교의의 직무이다.

06 정답 ④

학교의 구강관리 사업은 치아우식증과 치수병 예방시업으로 시이지도, 올바른 이닦기 지도, 불소양치사업, 구강검진 사업 등이 포함된다.

07 정답 ①

비만판정은 체질량지수 백분위수 도표의 95 이상인 경우에 해당하므로 비만도는 정상이다. 따라서 대상학생은 고1 여학생 검진항목인 혈색소 검사와 중1, 고1학생이 대상인 결핵검사를 받아야 한다.

08 정답 ④

비출혈 시 고개를 앞으로 숙이고, 인두로 흘러내리는 혈액은 삼키지 말고 뱉도록 한다.

09 정답 ①

인공조명의 경우 최대조도와 최소조도의 비는 3 : 1의 범위를 넘지 않아야 하고, 자연조명의 경우 10 : 1을 넘지 않아야 한다.

10 정답 ②

학생건강기록부는 중학교 또는 고등학교를 진학하지 아니하거나 휴학 또는 퇴학 등으로 고등학교를 졸업 하지 못한 경우에는 그 학생이 최종적으로 재적하였던 학교에서 최종적으로 재적한 날로부터 5년간 보존하여야 한다.

11 정답 ②

학교에서 감염병 환자가 발생했을 경우 학교장은 「감염병 예방법」 제5조에 의해 즉시 관할보건소장에게 신고하고 환아는 완치될 때까지 등교 중지시켜야 한다. 보건소장에게의 신고는 학교장의 의무이므로 보건교사는 우선 학교장에게 보고하여야 한다.

12 정답 ④

보호구역 설정은 교육감이 하며 관리는 학교장 책임이다. 절대보호구역은 학교 출입문에서 직선거리부터 50m까지 지역을 말하며, 상대보호구역은 절대보호구역을 제외한 학교 경계선에서부터 200m까지를 말한다. 보호구역 내에서 금지행위의 해제에 대해서는 교육감 또는 교육감이 위임한 자가 지역위원회의 심의를 거쳐 학습과 교육환경에 나쁜 영향을 주지 않는다고 인정하는 행위 및 시설은 제외한다. 절대보호구역과 상대보호구역이 중복될 경우 절대보호구역이 설정된 학교에서 관리한다.

13 정답 ④

가정통신문은 학생과 교직원의 건강관리를 위하여 학부모나 관련자들의 의견을 문의하거나 학교 보건행사 및 학생의 건강상태를 알릴 때 주로 사용한다.

14 정답 ④

보건교사는 학교폭력의 징후로 보이는 학생들의 신체, 정서적 변화를 발견하여 학부모 에게 알려 학교폭력을 예방한다.

15 정답 ①

학생건강검사는 전교생을 대상으로 시행되고 학교장과 학생 또는 학부모에게 각각 결과를 통보한다. 신체발달검사 중 비만도검사는 체질량지수로 산출하여 판정한다.

PART

11
산업보건

CHAPTER 01 산업보건의 이해

1 산업보건과 산업간호의 개념

1) 정의

(1) 산업보건(ILO & WHO, 1950)

① 모든 직업 근로자들의 신체적, 정신적, 사회적 건강을 고도로 유지 · 증진시키며,

② 작업조건으로 인한 질병을 예방하고,

③ 건강에 유해한 취업을 방지하며,

④ 근로자를 생리적, 심리적으로 적합한 작업환경에 배치하여 일하도록 하는 것이다.

(2) 산업간호(한국산업간호협회, 1994)

① 산업체를 대상으로

② 그들의 건강을 스스로 지켜나갈 수 있는 자기 건강관리 능력을 개발하기 위하여

③ 근로자의 건강관리, 보건교육, 작업환경관리를 일차보건의료 수준에서 제공하는 과학적 실천이다.

2) 산업보건의 목표

(1) **작업조건**이 건강을 해치지 않도록 한다.

(2) 근로자의 건강에 영향을 미치는 **유해인자**에 폭로되지 않도록 한다.

(3) 신체적, 정신적으로 적성에 맞는 **작업환경**에서 일하도록 배치한다.

(4) 근로자의 신체적, 정신적, 사회적 건강상태를 최고 수준으로 유지 · 증진한다.

3) 산업보건의 중요성

(1) 국가적으로 경제규모나 산업규모가 점차 증가

(2) 노동인력의 비중 증가

(3) 노동력 확보와 인력관리 필요성 증대

(4) 작업과 건강장해에 대한 새로운 인식 증가

4) 산업 간호업무

(1) 건강관리: 건강증진 및 질병예방

(2) 근로자 및 작업장 유해요인 감시

(3) 보건교육과 상담

(4) 일차보건의료수준에서의 처치 및 의뢰

(5) 지역사회 자원과의 연계활동 등

---

2 산업보건의 역사

1) 우리나라 산업보건의 역사

(1) 1948년 사회부 내 노동국 → 노동청(1963) → 노동부(1980) → 고용노동부(2010)

(2) 1953년 「근로기준법」 제정, 1954년 「근로기준법 시행령」 제정

(3) **1961년**: 「근로보건관리규칙」 제정

    → 보건관리자를 의사로 규정하고, **보건관리요원**을 두도록 규정

(4) 1963년 「산업재해보상보험법」 제정

               대한 산업보건협회 발족

(5) 1977년 근로복지공사 설립

(6) **1981년 「산업안전보건법」 제정:** 산업재해의 방지와 근로자건강의 보호 · 증진

    → 산업간호사는 **건강관리 보건담당자**로서 보건관리자의 직무를 보조하도록 규정

(7) **1987년** 「산업안전공단법」 제정, **산업안전공단** 설립

(8) **1990년 「산업안전보건법 개정**

    → **간호사가 보건관리자에 포함, 산업보건의제도 도입,** 산업간호학회 발족

(9) 1994년 산업간호사회가 한국산업간호협회로 발족

(10) **1995년 근로복지공단 설립**(구. 근로복지공사): 산재보상보험 업무 총괄

(11) 2003년 산업전문간호사제도 신설. 최초 배출(2006)

(12) **2007년 지역산업보건센터 시범사업, 2012년**: 근로자건강센터 설치

(13) 2008년 한국산업안전공단이 한국산업안전보건공단으로 기관명칭 변경

(14) 2010년 노동부가 고용노동부로 명칭 변경

(15) 2012년 한국산업간호학회가 한국직업건강간호학회로 명칭 변경

2) 외국의 산업보건 역사

(1) 히포크라테스(BC 460~377, 그리스)

광부의 호흡곤란과 기침, 납중독을 처음으로 보고

(2) 갈렌(2세기, 그리스)

구리광산의 산증기의 위험성과 납중독의 증세를 상세히 기술

(3) Agricola(1566)

"광물에 관한"이라는 12편의 저서를 통해 광산에서의 천식, 규폐증 등에 대하여 언급

(4) 라마찌니(1633~1714, 이탈리아)

① 산업보건의 시조, 저서 "직업인들의 질병" 저술
② 다양한 작업환경과 질병과의 관련성 언급

(5) 비스마르크(1815~1893, 독일)

근로자 질병보호법(1883)과 공장재해보험법(1884) 제정

CHAPTER **02**

산업보건 조직 및 인력

1 국제노동기구(ILO, 1919)

(1) 노동자의 노동조건 개선 및 지위를 향상시키기 위하여 1919년에 설립된 국제연합의 전문기구로 가입국가는 187개국이며 본부는 스위스 제네바에 있다.

(2) 노동조건과 생활수준을 보장하기 위한 사회정책 수립 및 행정지원, 인력자원 훈련과 활용에 대한 기술지원 및 노동통계 자료 수집을 통해 국제비교를 통한 경쟁력 함양에 힘쓰고 있다.

2 공공조직

1) 중앙조직: 고용노동부

산업보건을 담당하는 중앙행정부처는 고용노동부이며, 주무국은 **산업안전보건본부이다.**

➡ 산업안전보건에 관한 정책의 수립, 집행하는 중앙조직

2) 지방조직

(1) 고용노동부의 소속기관으로 6개의 **지방 고용노동청**과 40개의 **지방 고용노동지청** 및 2개의 출장 사무소에서 고용노동부 사무를 분장함

(2) 산업보건 관련 업무는 지방고용노동청 산재예방지도과에서 전담

3) 고용노동부 산하기관

(1) 근로복지공단

① 목적

「산업재해보상보험법」에 의거하여 근로자의 **업무상 재해를 신속하고 공정하게 보상**하며, **재해 근로자의 재활 및 사회복귀**를 촉진하기 위하여 이에 필요한 보험시설을 설치·운영하고, 재해예방 및 그 밖에 **근로자의 복지증진**을 위한 사업을 시행하여 근로자 보호에 이바지함을 목적으로 설립된 근로복지 전담기관

② 주요 기능 및 역할

　　㉠ 산업재해보상보험사업

　　㉡ 근로자의 복지증진사업

　　㉢ 재활보조기구의 연구개발 · 검정 및 보급

　　㉣ 산재환자의 진료 · 요양 및 재활: 산업보건분야의 유일한 공공부문의 의료기관 운영

(2) 한국산업안전보건공단(약칭: 안전보건공단)

① 목적

1987년「한국산업안전공단법」에 의해 **산업재해예방**에 관한 업무를 효율적으로 수행하게 함으로써 **근로자가 안전하고 건강**하게 일할 수 있도록 하고 **사업주가　재해 예방**을 촉진함을 목적으로 설립된 산재예방서비스 전담기관

② 주요기능 및 역할

　　㉠ 산업재해예방기술의 연구 · 개발 및 보급

　　㉡ 유해하거나 위험한 기계 · 기구 등의 안전인증 또는 안전검사

　　㉢ 산업안전보건에 관한 교육

　　㉣ 산업재해예방을 위한 시설자금 지원

　　㉤ 산업재해예방시설의 설치 · 운영

　　㉥ 산업안전보건에 관한 정보 및 자료의 수집 · 발간 · 제공

　　㉦ 산업안전에 관한 국제협력 등 산업재해 예방과 관련된 폭넓은 활동을 함

　　㉧ 근로자건강센터: 50인 미만의 '소규모사업장'의 직업건강서비스 제공

3 　민간조직

(1) 대한산업보건협회(1963)

(2) 한국산업간호협회(1994)

(3) 한국직업건강간호학회(구 산업간호학회, 1990)

(4) 산업안전협회

(5) 산업보건 관련 연구소

4 사업장 산업보건관리 조직 및 인력

1) 사업장 안전보건관리체계

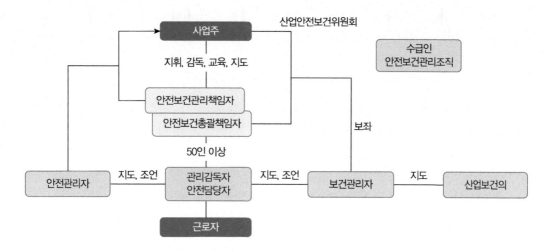

*출처: 변혜선 등(2023). 지역사회보건간호학2. 현문사. p.162.

핵심 CHECK

[사업장내 산업안전 보건 관련 인력]

1. 안전보건관리책임자
   ① 해당 사업장을 실질적으로 총괄하여 관리하는 사람
   ② 안전관리자와 보건관리자를 지휘 · 감독

2. 관리감독자
   ① 사업장의 생산과 관련된 업무와 그 소속 직원을 직접 지휘 · 감독하는 직위에 있는 사람
   ② 직무와 관련된 안전 · 보건에 관한 업무로서 안전 · 보건 점검 등 수행

3. 안전관리자
   ① 사업장의 안전에 관한 기술적인 사항에 대하여 보좌 · 지도 · 조언 하는 업무
   ② 안전관리자는 업무 수행 시 보건관리자와 협력하여야 함

4. 보건관리자

5. 산업보건의

2) 보건관리자

(1) 자격(영 별표 6)

① 「의료법」에 따른 의사

② 「의료법」에 따른 간호사

③ 법 143조 제1항에 따른 산업보건지도사 자격을 가진 사람

④ 「국가기술자격법」에 따른 산업위생관리산업기사 또는 대기환경산업기사 이상의 자격을 취득한 사람

⑤ 「국가기술자격법」에 따른 인간공학기사 이상의 자격을 취득한 사람

⑥ 「고등교육법」에 따른 전문대학 이상의 학교에서 산업보건 또는 산업위생 분야의 학위를 취득한 사람(법령에 따라 이와 같은 수준 이상의 학력이 있다고 인정되는 사람을 포함한다.)

(2) 배치 기준

① 상시 근로자 **50인 이상**의 사업장은 보건관리자를 선임해야 함

단, 상시 근로자 **300인 이상** 사업장의 사업주는 보건관리자에게 그 업무만을 **전담**하도록 하여야 함

② 사업의 종류와 규모에 따라 자체 보건관리자를 선임하거나 보건관리전문기관에 위탁하도록 함

🔍 참고 POINT

[안전보건관리담당자의 선임 등(시행령 제24조)]

① 다음 각 호의 어느 하나에 해당하는 사업의 사업주는 상시근로자 20명 이상 50명 미만의 사업장에 안전보건관리담당자를 1명 이상 선임하여야 한다.

1. 제조업
2. 임업
3. 하수, 폐수 및 분뇨 처리업
4. 기물 수집, 운반, 처리 및 원료재생업
5. 환경 정화 및 복원업

② 제1항에 따른 안전보건관리담당자는 해당 사업장 소속 근로자로서 다음 각 호의 어느 하나에 해당하는 요건을 갖추어야 한다.

1. 제14조에 따른 안전관리자의 자격을 갖출 것
2. 제18조에 따른 보건관리자의 자격을 갖출 것
3. 고용노동부장관이 인정하는 안전·보건교육을 이수하였을 것

③ 안전보건관리담당자는 안전보건관리 업무에 지장이 없는 범위에서 다른 업무를 겸할 수 있다.

(3) 보건관리자의 업무(영 제22조)

① 산업안전보건위원회 또는 노사협의체에서 심의 · 의결한 업무와 안전보건관리규정 및 취업규칙에서 정한 업무

② 안전인증대상 기계 · 기구 등과 자율안전확인대상 기계 · 기구 등 중 보건과 관련된 보호구 구입 시 적격품 선정에 관한 보좌 및 지도 · 조언

③ 위험성평가에 관한 보좌 및 지도 · 조언

④ 물질안전보건자료의 게시 또는 비치에 관한 보좌 및 지도 · 조언

⑤ 산업보건의의 직무(보건관리자가 의사인 경우로 한정한다)

⑥ 보건교육계획의 수립 및 보건교육 실시에 관한 보좌 및 지도 · 조언

⑦ 근로자를 보호하기 위한 다음 각 목의 조치에 해당하는 의료행위
(보건관리자가 의사, 간호사인 경우로 한정한다)

　가. 자주 발생하는 가벼운 부상에 대한 치료

　나. 응급처치가 필요한 사람에 대한 처치

　다. 부상 · 질병의 악화를 방지하기 위한 처치

　라. 건강진단 결과 발견된 질병자의 요양 지도 및 관리

　마. 가목부터 라목까지의 의료행위에 따르는 의약품의 투여

⑧ 작업장 내에서 사용되는 전체 환기장치 및 국소 배기장치 등에 관한 설비의 점검과 작업 방법의 공학적 개선에 관한 보좌 및 지도 · 조언

⑨ 사업장 순회점검 · 지도 및 조치의 건의

⑩ 산업재해 발생의 원인 조사 · 분석 및 재발 방지를 위한 기술적 보좌 및 지도 · 조언

⑪ 산업재해에 관한 통계의 유지 · 관리 · 분석을 위한 보좌 및 지도 · 조언

⑫ 법 또는 법에 따른 명령으로 정한 보건에 관한 사항의 이행에 관한 보좌 및 지도 · 조언

⑬ 업무수행 내용의 기록 · 유지

⑭ 그 밖에 보건과 관련된 작업관리 및 작업환경관리에 관한 사항으로서 고용노동부장관이 정하는 사항

　◎ 보건관리자는 제1항 각 호에 따른 업무를 수행할 때에는 안전관리자와 협력하여야 한다.

3) 산업보건의(영 제29조)

근로자의 건강관리, 기타 보건관리자의 업무를 지도하기 위하여 배치되는 인력

(1) 산업보건의 선임

산업보건의는 보건관리자를 두어야 하는 사업으로서 **상시 근로자 50명 이상**의 사업장에 두어야 한다.

다만, ① **의사**를 보건관리자로 선임한 경우와 ② **보건관리전문기관**에 보건관리자의 업무를 위탁한 경우는 **그렇지 않다.**

(2) 업무

① 건강진단 시 **결과의 검토** 및 그 결과에 따른 작업배치, 작업전환, 근로시간의 단축 등 **근로자의 보호조치**

② 근로자의 건강장해의 **원인조사**와 재발방지를 위한 **의학적 조치**

③ 기타 근로자의 건강유지와 증진을 위하여 **필요한 의학적 조치**에 관하여 노동부 장관이 정하는 사항

4) 보건관리자업무의 위탁 등(보건관리전문기관)

(1) 정의

사업주를 대신하여 중·소규모 사업장의 산업보건관리업무를 보건관리전문기관에 위탁함으로써 보건관리 전문기관의 인력과 시설을 공동으로 활용하여 효율적인 산업보건업무를 제공

(2) 목적

중·소사업장 사업주의 경제적 부담을 줄이고, 근로자는 보건관리의 혜택을 받을 수 있도록 하기 위함

(3) 사업의 대상

① 건설업을 제외한 상시근로자 300명 미만을 사용하는 사업장

② 외딴 곳으로서 고용노동부 장관이 정하는 지역에 소재하는 사업장

5) 소규모 사업장 보건관리

(1) 현재 50인 미만의 소규모 사업장 근로자들의 건강관리를 지원하기 위하여 **안전보건공단**은 전국에 21개소의 **근로자건강센터**를 개설하여 민간기관에 위탁운영하고 있다.

(2) 2016년 산업안전보건법의 개정되어 근로자 **20명 이상 50명 미만**의 제조업, 임업, 하수·폐기물처리, 원료재생 및 환경복원업 사업장에는 **안전보건관리담당자**를 1명 이상 선임하여 안전보건업무를 하도록 하고 있다.

[표 11-1] 규모별 사업장 보건관리체계

사업장 규모	보건관리자 선임대상	보건관리유형
대규모 산업장 (근로자 300인 이상)	O	• 전담 보건관리자 선임
중규모 사업장 (근로자 50~300명 미만)	O	• 보건관리전문기관에 위탁 • 보건관리자 선임
소규모 사업장 (근로자 50인 미만)	X	• 보건관리자 없어 체계적 보건관리 어려움 • 근로자 건강센터 지원 • 일부 업종 안전보건관리담당자 선임해야 함

CHAPTER **03** 산업간호과정

1 산업장의 건강사정

산업장 특성, 근로자의 건강수준, 산업보건자원의 3가지 영역을 사정

1) 자료수집 방법

(1) **산업장 시찰**: 정기적으로 사업장 내 모든 곳을 빠뜨리지 않고 점검하며, 작업공정별로 checklist 를 활용하여 취급물질의 처리 · 물리적 · 유해요인 · 작업 자세 · 보호구 착용상태 등을 파악

(2) **산업장 보건관련자 면담**: 산업체 내 · 외의 관련인들과 수시로 접촉하여 자료 수집

(3) **질문지 조사법**: 간단한 질문지를 작성하여 근로자들의 건강문제나 건강행위, 의견을 조사

(4) **공청회** : 공청회를 통해 의견을 수렴, 건강관리에 활용

(5) **기존 자료 분석 및 정보 활용**: 근로자의 직업병 및 상해의 원인이 되는 정보를 수집 · 관리하여 필요시 기존의 자료들을 분석하여 건강관리에 활용

2) 자료수집 내용

(1) 산업장 특성

① **인구학적 특성**: 근로자들의 연령, 성별분포, 교육상태, 결혼상태 등

② **작업관련 특성**: 근무 부서, 과거 근무경력, 결근율, 이직률, 임금수준, 훈련 상태, 보호구 착용률, 근무 연한 등

③ **작업환경 특성**

㉠ 물리적 특성: 장비의 위험요인, 소음, 분진, 지동, 온도, 조명, 방사능, 추락위험성

㉡ 화학적 특성: 유지용제, 중금속, 특정 화학물질, 기타 유해가스

㉢ 생물학적 특성: 세균, 기생충, 곤충, 알레르기원

(2) 건강수준

① **사망과 상병 자료**: 질병발생률 및 유병률, 결근율(질병이나 재해관련), 사고발생률, 산업재해 통계 등

② **건강검진**: 신체검사결과(혈압, 신장, 체중, 콜레스테롤, 간 기능검사, 혈당, X-선 검사 결과 등)

③ **건강행위**: 흡연율, 식습관, 운동 상태, 스트레스 관리, 건강관리실 이용률

④ **산업보건사업**

(3) 자원

활용할 수 있는 자원을 파악하여 필요시 의뢰나 활용

① **기관 내 자원**: 사업장내 인력, 조직, 기구나 설비, 서비스제공 범위, 비용부담 방식

② **기관 외 자원**: 산업보건서비스 기관, 의뢰체계, 지원시설, 기타 지역사회 자원 파악

2 간호진단

1) 산업장 간호진단

오마하(Omaha) 진단을 주로 이용

2) 산업 간호의 기준 및 지침

산업보건에 관련된 각종 법령, 규정, 업무분장표 등을 확인하여 자신이 속해 있는 산업체에서 간호사의 업무 범위를 파악하고 간호문제를 규명한다.

3) 사업의 우선순위 결정

산업장에서 일반적으로 적용되는 우선순위는 다음과 같다.

(1) 사망과 불구를 줄이며 재발을 막고 가족붕괴를 막는 것부터 시행

(2) 그 기간에 정한 목적에 부합되는 사업이 우선적

(3) 사업계획의 수용 가능성에 따라 수용자가 원하는 것을 하는 것이 효과적

(4) 현실성과 효율성이 높은 것을 우선

3   간호계획

1) 목표설정

(1) 관련성 있는 목표

(2) 실현 가능성(성취가능성) 있는 목표

(3) 관찰 가능성(구체성) 있는 목표

(4) 측정 가능성 있는 목표

2) 방법과 수단의 선택

건강관리실 운영, 작업장 순회 및 방문, 상담 및 면접, 의뢰 및 자원 활용, 집단지도, 매체활용 등

3) 집행계획 및 평가계획 수립

4   간호수행

근로자의 건강관리, 산업위생 관리, 보건교육 등을 통하여 포괄적으로 처리하는 일차보건 의료 활동과 감시, 감독, 조정의 행정적 조치가 포함된다.

5   간호평가 및 재계획

(1) **평가**: 수행한 산출물의 가치를 결정하여 새로운 사업의 방향을 결정하는 것

(2) **평가의 목적**: 사업수행의 결과를 파악하고 측정하여 계획단계에서 설정된 사업목적을 달성 할 수 있도록 추진하고, 기획 과정에서 수정할 사항이 있는지 여부에 대해 파악하기 위함

(3) 평가는 수행이 완료된 시점뿐만 아니라 수행하는 각 과정에서도 시행될 수 있음

CHAPTER **04** # 근로자 건강진단

1 근로자 건강진단의 구분

1) 일반 건강진단

상시 사용하는 **근로자의 건강관리를 위하여** 사업주가 **주기적**으로 실시하는 건강진단

(1) 목적

질병을 조기에 발견하여 신속한 치료와 적절한 사후관리를 함으로써 질병으로부터 근로자의 건강을 유지 · 보호하기 위함

(2) 대상 및 주기

① 사무직 근로자: 2년에 1회 이상

② 그밖에 근로자: 1년에 1회 이상

(3) 검진항목(규칙 제198조)

- 1차 검진항목

㉠ 과거병력, 작업경력 및 자각 · 타각증상(시진 · 촉진 · 청진 및 문진)

㉡ 혈압 · 혈당 · 요당 · 요단백 및 빈혈검사

㉢ 체중 · 시력 및 청력

㉣ 흉부 방사선 촬영

㉤ AST(SGOT), ALT(SGPT), γ-GTP 및 총콜레스테롤

단, **혈당, γ-GTP 및 총콜레스테롤**은 고용노동부 장관이 정하는 근로자에 대하여 실시

Q 참고 POINT

[일반건강검진 혈당, γ-GTP 및 총콜레스테롤 검사대상 근로자]

1) **혈당검사**: 직전 일반건강진단에서 '당뇨병 의심(R)' 판정을 받은 자

2) **γ-GTP**: 35세 이상인 자

3) **총콜레스테롤**

① 직전 일반건강진단에서 '고혈압 요관찰(C)' 판정을 받은 자

② 일반건강진단 시 실시한 혈압측정에서 수축기 또는 이완기 혈압이 각각 150mmHg 또는 95mmHg 이상 초과한 자

---

2) 특수 건강진단

특수건강진단 대상 유해인자에 노출되는 업무에 종사하는 근로자 및 **유해인자에 대한 건강진단이 필요하다는 의사 소견이 있는 근로자**에 대하여 사업주가 **주기적**으로 실시하는 건강진단

(1) 목적

근로자의 **직업성 질환을 조기 발견**하여 적절한 사후관리와 그에 따른 치료를 신속히 함으로써 근로자의 건강을 유지 · 보호하기 위함

(2) 대상 및 주기

① **특수건강진단대상업무에 종사하는 근로자**에 대해서는 특수건강진단 대상 유해인자별로 정한 시기 및 주기에 따라 특수건강진단을 실시

② **특수 · 임시 · 수시건강진단 실시 결과 직업병 유소견자**로 판정 받아 작업 전환을 하거나 작업 장소를 변경하여 해당 판정의 원인이 된 특수건강진단대상업무에 종사하지 아니하는 사람으로서 해당 유해인자에 대한 **건강진단이 필요하다는 의사의 소견이 있는 근로자**(규칙 제130조)

[표 11-2] 특수건강진단의 시기 및 주기(규칙 별표23)

구분	대상 유해인자	배치 후 첫 번째 특수 건강진단	주기
1	N,N-디메틸아세트아미드, 디메틸포름아미드	1개월 이내	6개월
2	벤젠	2개월 이내	6개월
3	1,1,2,2-테트라클로로에탄, 사염화탄소 아크릴로니트릴, 염화비닐	3개월 이내	6개월
4	석면, 면 분진	12개월 이내	12개월
5	광물성 분진, 목재분진, 소음 및 충격소음	12개월 이내	24개월
6	제1호부터 제5호까지의 규정의 대상 유해인자를 제외한 별표 22의 모든 대상 유해인자	6개월 이내	12개월

3) 배치 전 건강진단

특수건강진단대상업무에 종사할 근로자의 **배치 예정업무에 대한 적합성**을 평가하기 위하여 **배치 전**에 사업주가 실시하는 건강진단(법 제130조)

(1) 목적

① 근로자의 **배치 예정업무에 대한 적합성을 평가**

② 직업성 질환의 예방을 위하여 유해요인 노출 부서 근로자의 **건강 기초자료로 활용**

　　단, 채용 여부를 결정하는 요소는 아님

(2) 대상 및 시기

특수건강진단대상업무에 종사할 근로자를 해당 작업장에 **배치 전**에 실시

4) 수시 건강진단

특수건강진단대상업무로 인하여 해당 유해인자에 의한 **직업성 천식, 직업성 피부염**, 그 밖에 건강장해를 의심하게 하는 증상을 보이거나 의학적 소견이 있는 근로자에 대하여 사업주가 실시하는 건강진단(법 제130조)

(1) 목적

급성적으로 발병하거나 주기적으로 실시하는 **건강진단으로는 발견하기 어려운 직업성 질환**을 조기진단하기 위함

(2) 대상 및 시기

① 특수건강진단대상업무로 인하여 해당 유해인자로 인한 것이라고 의심되는 **직업성 천식, 직업성 피부염, 그 밖에 건강장해 증상**을 보이거나 의학적 소견이 있는 근로자로서

　1. 산업보건의, 보건관리자, 보건관리 업무를 위탁받은 기관이 필요하다고 판단하여 **사업주에게 수시건강진단을 건의한 근로자**

　2. 해당 근로자나 근로자대표 또는 위촉된 명예산업안전감독관이 사업주에게 **수시건강진단을 요청한 근로자**

② 사업주는 제1항에 해당하는 근로자에 대해서는 **지체 없이** 수시건강진단을 실시해야 한다.

5) 임시 건강진단

유해인자에 의한 중독, 질병의 이환 여부 또는 질병의 발생 원인 등을 확인하기 위하여 **지방고용노동관서장의 명령**에 의해 사업주가 실시하는 건강진단

(1) 목적

직업성 질환의 발생으로 부터 당해 근로자 본인 또는 동료 근로자들의 **건강보호 조치를 긴급히 강구**하기 위함

(2) 대상 및 시기

① 같은 부서에 근무하는 근로자 또는 같은 유해인자에 노출되는 **근로자에게 유사한 질병의 자각·타각증상이 발생한 경우**

② **직업병 유소견자**가 발생하거나 여러 명이 발생할 우려가 있는 경우

③ 그 밖에 **지방고용노동관서의 장**이 필요하다고 판단하는 경우(시행규칙 제207조)

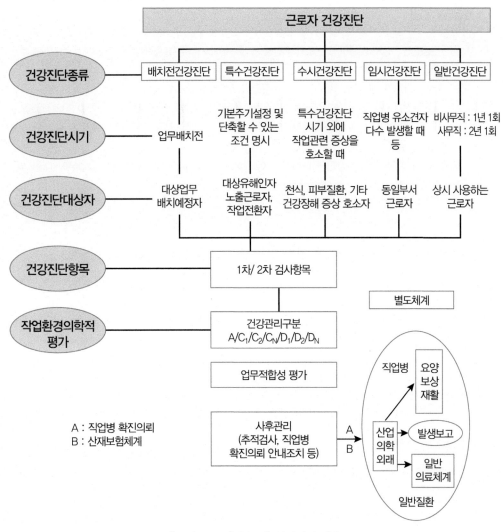

[그림 11 - 1] 근로자 건강진단 개요

*출처: 한국산업안전보건공단 (2021). 근로자건강진단 실무지침

핵심 CHECK ‹‹‹

[용어정리]

1) **일반건강진단**: 상시 사용하는 근로자의 건강관리를 위해 사업주가 주기적으로 실시하는 건강진단

2) **특수건강진단**: 아래에 해당하는 근로자의 건강관리를 위하여 사업주가 실시하는 건강진단

   ① 특수건강진단 대상 업무에 종사하는 근로자

   ② 근로자건강진단 실시 결과 직업병 유소견자로 판정받은 후 작업 전환을 하거나 작업장소를 변경하고, 직업병 유소견 판정의 원인이 된 유해인자에 대한 건강진단이 필요하다는 의사의 소견이 있는 근로자

3) **배치전 건강진단**: 특수건강진단 대상 업무에 종사할 근로자에 대하여 배치 예정업무에 대한 적합성 평가를 위하여 사업주가 실시하는 건강진단

4) **수시건강진단**: 특수건강진단 대상 업무로 인하여 해당 유해인자에 의한 직업성 천식, 직업성 피부염, 그 밖에 건강장해를 의심하게 하는 증상을 보이거나 의학적 소견이 있는 근로자에 대하여 사업주가 실시하는 건강진단

5) **임시건강진단**: 다음 각 목의 어느 하나에 해당하는 경우에 특수건강진단 대상 유해인자 또는 그 밖의 유해인자에 의한 중독 여부, 질병에 걸렸는지 여부 또는 질병의 발생 원인 등을 확인하기 위하여 법 제131조에 따른 지방고용노동관서장의 명령에 따라 사업주가 실시하는 건강진단

   ① 같은 부서에 근무하는 근로자 또는 같은 유해인자에 노출되는 근로자에게 유사한 질병의 자각 · 타각증상이 발생한 경우

   ② 직업병 유소견자가 발생하거나 여러 명이 발생할 우려가 있는 경우

   ③ 그 밖에 지방고용노동관서의 장이 필요하다고 판단하는 경우

🖉 기출문제 맛 보기

다음에 해당하는 근로자 건강진단은?   21년 지방

- 근로자는 법적 유해인자에 노출된 작업을 하고 있다.
- 근로자는 직업성 천식 증상을 호소하였다.
- 이에 사업주는 건강진단 실시 계획을 하고 있다.

① 수시건강진단   ② 일반건강진단

③ 임시건강진단   ④ 배치전건강진단

정답 ①

2 건강진단결과의 판정

1) 건강관리의 구분 판정(근로자 건강진단 실시기준 별표4)

건강관리구분		건강관리 구분내용
A		건강관리상 사후관리가 필요 없는 근로자 (건강한 근로자)
C	C_1	직업성 질병으로 진전될 우려가 있어 추적검사 등 관찰이 필요한 근로자 (직업병 요관찰자)
	C_2	일반질병으로 진전될 우려가 있어 추적관찰이 필요한 근로자 (일반질병 요관찰자)
D_1		직업성 질병의 소견을 보여 사후관리가 필요한 근로자 (직업병 유소견자)
D_2		일반 질병의 소견을 보여 사후관리가 필요한 근로자 (일반질병 유소견자)
R		건강진단 1차 검사결과 건강수준의 평가가 곤란하거나 질병이 의심되는 근로자 (제2차건강진단 대상자)

※ "U"는 2차 건강진단대상임을 통보하고 30일을 경과하여 해당 검사가 이루어지지 않아 건강관리구분을 판정할 수 없는 근로자
　"U"로 분류한 경우에는 해당 근로자의 퇴직, 기한 내 미실시 등 2차 건강진단의 해당 검사가 이루어지지 않은 사유를 건강진단결과표의 사후관리소견서 검진소견란에 기재하여야 함

🔍 참고 POINT

["야간작업" 특수건강진단 건강관리구분 판정]

건강관리구분	건강관리 구분내용
A	건강관리상 사후관리가 필요 없는 근로자 (건강한 근로자)
C_N	질병으로 진전될 우려가 있어 야간작업시 추적관찰이 필요한 근로자 (질병 요관찰자)
D_N	질병의 소견을 보여 야간 작업 시 사후관리가 필요한 근로자 (질병 유소견자)
R	건강진단 1차 검사결과 건강수준의 평가가 곤란하거나 질병이 의심되는 근로자 (제2차건강진단 대상자)

2) 업무수행 적합성 여부(규칙 제 209조)

(1) 유해인자에 노출된 근로자가 건강진단결과를 쉽게 이해하여 올바른 건강관리를 할 수 있도록 사업주 및 근로자를 도와주는 기준이다.

(2) 업무수행 적합성여부는 **배치전, 특수, 수시, 임시 건강진단** 실시 결과 건강관리구분이 **질병유소견자로 판정받은 근로자**에 대하여 반드시 판정하여야 하며, 다음과 같이 분류한다.

[표 11-3] 업무수행 적합여부 평가기준

평가구분	업무수행 적합여부 평가기준
가	건강관리상 현재의 조건하에서 작업이 가능한 경우
나	일정한 조건(환경개선, 보호구착용, 건강진단의 주기단축 등)하에서 현재의 작업이 가능한 경우
다	건강장해가 우려되어 한시적으로 현재의 작업을 할 수 없는 경우 (건강상 또는 근로조건 상의 문제를 해결한 후 작업 복귀 가능)
라	건강장해의 악화 혹은 영구적인 장해의 발생이 우려되어 현재의 작업을 해서는 안되는 경우

3) 사후관리 조치(규칙 제 210조)

[표 11-4] 사후관리조치 판정

구분	사후관리조치 내용[1]
0	필요없음
1	건강상담[2] ( )
2	보호구지급 및 착용지도 ( )
3	추적 검사[3] ( )검사항목에 대하여 20 년 월 일경에 추적검사가 필요
4	근무 중 ( )에 대하여 치료
5	근로시간 단축 ( )
6	작업전환 ( )
7	근로제한 및 금지 ( )
8	산재요청신청시 직접 작성 등 해당 근로자에 대한 직업병확진의뢰 안내[4]
9	기타[5]

※ (1) 사후관리조치 내용은 한 근로자에 대하여 중복하여 판정할 수 있음

(2) 생활습관 관리 등 구체적으로 내용기술

(3) 건강진단의사가 직업병 요관찰자(C_1), 직업병 유소견자(D_1) 또는 "야간작업" 요관찰자(C_N), "야간작업" 유소견자(D_N)에 대하여 추적검사 판정을 하는 경우에는 사업주는 반드시 건강진단의사가 지정한 검사항목에 대하여 지정한 시기에 추적검사를 실시하여야 함

(4) 직업병 유소견자(D_1) 중 요양보상이 필요하다고 판단되는 근로자에 대하여는 건강진단을 한 의사가 반드시 직접 산재요청신청서를 작성하여 해당 근로자로 하여금 근로복지공단 관할지사에 산재요양신청을 할 수 있도록 안내하여야 함

(5) 교대근무 일정 조정, 야간작업 중 사이잠 제공, 정밀업무적합성평가 의뢰 등 구체적으로 내용 기술

*출처: 근로자 건강진단 실시기준 별표4.

(1) 사후관리조치

사업주는 건강진단결과표에 따라 근로자의 건강을 유지하기 위하여 필요하다고 인정할 때에는 **적절한 사후관리 조치**를 하고, 근로자에게 해당조치 내용에 대하여 **설명**해야 한다.

(2) 추적검사

건강진단의사가 직업병 요관찰자(C_1), 직업병 유소견자(D_1) 또는 "야간작업" 요관찰자(C_N), "야간작업" 유소견자(D_N)에 대하여 **추적검사 판정**을 하는 경우에는 **사업주**는 반드시 건강진단의사가 지정한 검사항목에 대하여 지정한 시기에 **추적검사를 실시**하여야 함

(3) 사후관리조치의 보고

특수건강진단, 수시건강진단, 임시건강진단의 결과 특정 근로자에 대하여 **사후관리조치(근로금지 및 제한, 작업전환, 근로시간 단축, 직업병 확진 의뢰 안내의 조치)**가 필요하다는 건강진단을 실시한 **의사의 소견이 있는 건강진단 결과표를 송부받은 사업주**는 건강진단결과표를 송부받은 날로부터 **30일 이내에 사후관리 조치결과 보고서**에 건강진단결과표, 조치의 실시를 증명할 수 있는 서류 또는 실시계획 등을 첨부하여 **관할지방고용노동관서의 장**에게 제출해야 한다.

(4) 산재요양신청

직업병 유소견자(D_1) 중 요양보상이 필요하다고 판단되는 근로자에 대하여는 건강진단을 한 의사가 반드시 **직접 산재요청신청서를 작성**하여 해당 근로자로 하여금 근로복지공단 관할지사에 산재요양신청을 할 수 있도록 **안내**하여야 함

4) 건강진단 결과 보고 및 기록의 보존

(1) 건강진단 결과 보고

① 건강진단기관은 건강진단을 실시한 때에 그 결과를 **건강진단개인표와 건강진단결과표**를 건강진단을 실시한 날로부터 **30일 이내**에 사업주와 근로자에게 **각각** 송부하여야 한다.
다만, 단서에 따른 일반건강진단을 한 기관은 사업주가 결과를 요청하는 경우 일반건강진단결과표를 사업주에게 송부해야 한다.
② **특수, 수시, 임시건강진단**을 실시하였을 경우 **건강진단개인표 전산입력자료**를 건강진단을 실시한 날로부터 30일 이내 **공단(안전보건공단)에 송부**하여야 한다.
③ **특수건강진단 기관**은 특수, 수시, 임시 건강진단을 실시한 날로부터 30일 이내에 건강진단결과표를 작성하여 **관할 지방고용노동관서의 장에게 제출**하여야 한다. 다만 건강진단개인표 전산자료를 공단(안전보건공단)에 송부한 경우에는 제외된다.
④ **지방 고용노동관서의 장**은 근로자의 건강증진 · 유지를 위하여 필요하다고 인정되는 경우 **사업주에게 일반건강진단결과표를 제출**하게 할 수 있다.
⑤ **2차 건강진단**: 일차 건강진단 결과 **질환 의심자(R)로 판정 시** 질환 의심 판정을 통보받은 날로부터 30일 이내에 실시하여 최종 진단 받음

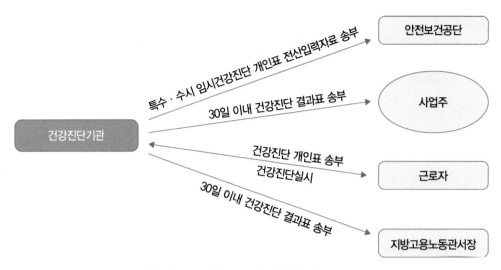

[그림 11-2] 근로자 건강진단결과의 보고

*출처: 최희정 등(2018). 지역사회간호학 II. 현문사. p.204.

(2) 건강진단기록의 보관(규칙 제 241조)

① 사업주는 건강진단결과표 및 근로자가 제출한 건강진단 결과를 증명하는 서류 등을 **5년간** 보존하여야 한다.

② 단, 장관이 고시한 물질 취급자의 자료는 **30년간** 보관하여야 한다.

🖉 기출분석 맛 보기

다음에서 '나' 판정이 의미하는 것은?   24년 지방

> 근로자 건강진단상 질병 유소견자가 업무수행 적합여부 평가 결과에서 '나' 판정을 받았다.

① 건강관리상 현재의 조건하에서 작업이 가능한 경우
② 건강장해가 우려되어 한시적으로 현재의 작업을 할 수 없는 경우
③ 일정한 조건(환경개선, 보호구착용, 건강진단주기의 단축 등)하에서 현재의 작업이 가능한 경우
④ 건강장해의 악화 또는 영구적인 장해의 발생이 우려되어 현재의 작업을 해서는 안 되는 경우

정답 ③

05 산업재해와 재해보상

1 산업재해의 이해

1) 산업재해의 정의

노무를 제공하는 사람이 업무에 관계되는 건설물, 설비, 원재료, 가스, 증기, 분진 등에 의하거나, 작업 또는 그 밖의 **업무로 인하여 사망 또는 부상하거나 질병**에 걸리는 것을 말한다(산업안전보건법 제2조).

2) 산업재해의 원인

(1) 직접원인

재해를 일으키는 물체 또는 행위 그 자체. 예로 운전중의 기계, 공구, 미끄러짐, 넘어짐 등 재해의 1차적 원인을 말함

(2) 간접원인

① **물적 요인**: 불안전한 시설물, 부적절한 공구, 불량한 작업환경으로 언젠가 누군가는 재해를 일으키게 되어있는 기본적인 원인
② **인적 요인**: 작업지식 부족, 작업기술 부족, 작업정원의 부족 또는 과잉 등 체력 피로, 음주, 등 심신 요인(전체 재해의 75~80% 차지)
③ **관리적 요인**: 부적절한 작업 규칙, 과도한 업무량 요구, 야간 근로, 연장근무 등

3) 산업재해 지표

국제노동기구가 권장하는 재해지표는 도수율과 강도율이다.

(1) 건수율(Incidence or spell base rate)

① 산업체 근로자 1,000명당 재해발생 건수를 표시하는 것으로서 천인율, 재해율, 발생률이라고도 한다.
② 산업재해 발생상황을 총괄적으로 파악하는 데 적합하나, 작업시간이 고려되지 않은 것이 결점이다.
③ 재해 발생규모를 파악하는 데 가장 단순한 자료이다.

$$건수율 = \frac{재해건\ 수}{평균\ 실\ 근로자\ 수} \times 1,000$$

(2) 도수율(Frequency rate)

위험에 노출된 단위시간당 재해가 얼마나 발생했는가를 나타내는 표준지표이며 연 작업 100만 시간당 재해발생건수를 말한다.

$$도수율 = \frac{재해건 \ 수}{연 \ 근로시간 \ 수} \times 1,000,000$$

(3) 강도율(Severity rate)

연 작업 1,000시간당 작업 손실일수로서 재해에 의한 손상의 정도를 나타낸다.

$$강도율 = \frac{작업손실일 \ 수}{연 \ 근로시간 \ 수} \times 1,000$$

(4) 평균 작업손실일 수

① 재해건 수 당 평균 작업손실 규모가 어느 정도인가를 나타내는 지표
② 재해의 평균 규모를 파악할 수 있는 측정으로 작업장별, 산업장 간에 단순비교가 가능

$$평균 \ 작업손실일 \ 수 = \frac{작업손실일 \ 수}{재해건 \ 수}$$

Q 참고 POINT

[기타 산업재해지표]
(1) **천인율** = 재해자수 / 평균 실근로자수 × 1,000
(2) **재해율** = 재해자수 / 평균 실근로자수 × 100
(3) **사망만인율** = 사망자수 / 평균 실근로자수 × 10,000
(4) **업무질병만인율** = 업무상 질병자수 / 평균 실근로자수 × 10,000

기출문제 맛 보기

다음 중 산업재해를 파악하는 지표에 대한 설명으로 옳지 않은 것은? 16년 서울

① 천인율은 근로자가 1,000명당 재해로 인한 사망자 수의 비율을 의미한다.
② 도수율은 1,000,000 근로시간당 재해발생 건수를 의미한다.
③ 사망만인율은 근로자 10,000명당 재해로 인한 사망자 수의 비율을 의미한다.
④ 강도율은 1,000 근로시간당 재해로 인한 근로 손실일수를 의미한다.

정답 ①

2 재해보상

1) 산업재해보상보험의 개요

① 상시 근로자 1명 이상 모든 사업장에 적용된다.
② 사업주가 보험료 전액을 부담한다.
③ 산재보험은 의료보장과 소득보장 둘 다 포함한다.
④ 가입자는 사업주이고, 수혜자는 근로자이다.
⑤ 현물급여와 현금급여 모두 제공하는 종합보상제도이다.

2) 산업재해보상의 범위

(1) **대상**: 업무상의 재해 즉 업무상의 사유에 따른 근로자의 부상·질병·장해 또는 사망을 대상으로 한다.

(2) **목적**: 산업재해로 인해서 야기될 수도 있는 근로자의 경제적 곤란과 작업능력의 영구적인 저하를 회복시켜주기 위함

(3) 산업재해보상보험급여의 종류(총8종)

급여 종류	급여 내용	급여 수준
요양급여	업무상의 사유로 **부상·질병**에 걸린 경우 지급	**요양비 전액** 단, 요양기간이 4일 이상 시 적용
휴업급여	업무상 사유로 인한 요양으로 **취업하지 못한 기간**에 대하여 지급	**1일당 지급액은 평균임금의 70%** 단, 휴업기간이 4일 이상 시 적용
장해급여	업무상 사유로 부상·질병의 치유 후 **장해**가 남는 경우 지급	장해등급에 따라 장해보상연금 또는 장해보상일시금으로 지급
간병급여	요양급여를 받은 자가 **치유 후** 의학적으로 상시 또는 수시 간병이 필요하여 실제로 **간병을 받는 자**에게 지급	간병 받은 기간의 간병료에 준함
유족급여	업무상의 사유로 **사망**한 경우에 유족에게 지급	유족보상연금 또는 유족보상일시금으로 지급
상병보상연금	요양급여를 받는 자가 **요양 개시 후2년이 경과**한 후에도 치유되지 않고, **중증요양상태의 정도**가 등급기준에 해당하고, 요양으로 인하여 취업하지 못하는 경우 **휴업급여 대신 지급**	중증요양상태의 정도에 따라 지급
장례비	업무상의 사유로 사망한 경우에 그 **장제(葬祭)**를 지낸 유족에게 지급	**평균임금의 120일 분에 상당하는 금액**
직업재활급여	장해급여를 받은 자 중 취업을 원하여 **직업훈련**이 필요한 경우 지급	직업훈련에 드는 비용 및 직업훈련수당·직장복귀 지원금 등을 지급

3 산업재해의 예방 및 관리

1) 산업피로

(1) 정의

산업피로는 정신적, 육체적, 신경적인 노동 부하에 반응하는 생체기능의 변화로 질병이 아니라 **가역적인 생체변화로서 건강의 장해에 대한 경고반응**

① 주관적 느낌

② 작업능률의 저하

③ 생체기능의 변화

(2) 산업피로의 요인(내 · 외적 요인)

① **작업요인**: 작업의 강도, 작업의 양 및 농도, 작업 자세, 작업시간 등

② **환경요인**: 생리적 기능에 부담을 주는 작업환경 조건으로 온도, 분진, 유해광선, 유해가스 등

③ **개체요인**: 개인의 체격, 체력부족, 신체 허약, 정신적 소진, 작업 적성, 작업자의 질병유무, 작업의욕 상실, 숙련도, 연령, 성별 등

(3) 산업피로의 대책

산업피로의 대책은 피로를 일으키는 원인을 규명하여 제거하는 것이 가장 근본적인 방법이며 작업조건 대책, 근로자에 대한 대책, 기타 등으로 구분할 수 있다.

① 작업과정 중 적절한 휴식시간 삽입

② 불필요한 동작을 피하고 에너지 소모를 적게 하기 위해 작업에 숙련되어야 하며 훈련이 필요

③ 작업에 사용되는 기계와 작업 자세는 인간공학적으로 고안되어야 하며, 작업환경을 정리정돈

④ 개인차에 맞는 작업량 배분

⑤ 작업 전 · 후 체조나 오락

⑥ 충분한 수면과 충분한 영양

⑦ 적성에 맞는 작업배치

⑧ 피로 증후의 조기발견 및 조치

⑨ 건강 증진을 위한 일반대책

2) 여성 및 연소근로자 보호(근로기준법)

(1) 최저연령

15세 미만인 자는 근로자로 사용하지 못한다.

(2) 임산부 등 사용금지

① 사용자는 임신 중이거나 산후 1년이 경과되지 아니한 여성(임산부)과 18세 미만 자를 도덕상 또는 보건상 유해, 위험한 사업에 사용하지 못한다.

② 사용자는 임산부가 아닌 18세 이상의 여성을 임신 또는 출산에 관한 기능에 유해·위험한 사업에 사용하지 못한다.

(3) 갱내근로의 금지

사용자는 여성과 18세 미만인 자를 갱내에서 근로시키지 못한다.

(4) 생리휴가

사용자는 여성인 근로자가 청구하는 때에는 월 1일의 생리휴가를 주어야 한다.

(5) 임산부의 보호

① 사용자는 임신 중의 여성에 대하여 산전·후를 통하여 90일(둘 이상 임신은 120일)의 출산전후 휴가를 주어야 한다.

이 경우 휴가기간의 배정은 출산 후에 45일(둘 이상은 60일)이상 되어야 한다.

② 사용자는 임신 중의 여성근로자에 대하여 시간외 근로를 하게 하여서는 아니된다. 당해 근로자의 요구가 있는 경우에는 쉬운 종류의 근로로 전환하여야 한다.

(6) 육아시간

생후 1년 미만의 유아를 가진 여성근로자의 청구가 있는 경우에는 1일 2회 각각 30분 이상의 유급 수유 시간을 주어야 한다.

절대적, 상대적 근로보호
- **절대적 근로보호**: 모든 사업장은 15세 미만 자를 근로자로 채용하지 못한다.
- **상대적 근로보호**: 여성과 18세 미만 자는 유해하거나 위험한 사업에 사용되어서는 안 된다.

CHAPTER **06** 작업환경관리

1 작업환경 관리의 이해

산업장의 작업환경은 정도의 차이는 있어도 모두 오염된 환경이라고 볼 수 있으며 이것은 작업자에게 건강장애를 일으킬 수 있으므로 대책을 수립하여 관리해야 하는데 이것이 작업환경관리이다.

1) 작업환경 유해인자

(1) 물리적 인자

소음, 진동, 고열, 한랭, 조명, 이상기압, 유해광선, 중량물 취급 등

(2) 화학적 인자

유기용제, 경금속, 유해가스, 산 및 알칼리, 기타 특정 화학물질, 분진, 산소결핍 등

(3) 생물학적 인자

세균, 바이러스, 진균, 리케차, 기생충, 곤충, 기타 병원성 미생물

(4) 인간공학적 인자

작업자세, 작업방법, 작업강도, 작업시간, 휴식시간, 교대제, 작업대, 작업의자, 사용공구

(5) 사회적 인자

임금, 교통수단, 공장 소재지, 인간관계, 가정생활

2) 유해물질의 독성에 영향을 미치는 요소

(1) 침입경로

(2) 물리적, 화학적 성상

(3) 농도와 폭로기간

① 농도와 폭로시간이 길수록 유해성이 크다.

② 일정기간 폭로되는 것보다 단속적으로 폭로되는 것이 신체 피해가 적다.

(4) 개인의 감수성: 인종, 연령, 성별, 관습, 질병유무, 신체적 체질에 따라 다르다.

(5) 작업의 강도: 심한 노동 시 호흡량은 안정시의 10배가 된다.

(6) 기상조건: 고온다습, 무풍, 기상 역전 시 피해가 더 크다.

3) 유해인자 노출기준(Threshold Limited Values, TLVs)

(1) 정의

① 근로자가 **단일 유해요인에 노출**되는 경우 **노출기준 이하 수준**에서는 **거의 모든** 근로자에게 건강상 나쁜 영향을 미치지 아니하는 기준을 말한다(고용노동부 고시).

② 유해인자 노출기준은 각 나라마다 차이가 있으며, 우리나라에서는 법령 및 고시로 유해물질의 노출기준을 정하여 적용하고 있으며, 노출기준이 규정되지 않은 것은 미국산업위생사협회(ACGIH)에서 정한 노출기준(Threshold Limit Value, TLVs)을 적용한다.

③ **유해인자의 노출기준 또는 서한도(TLVs)**는 1일 작업시간 동안의 유해인자별 **시간가중평균노출기준(TWA)와 단시간 노출기준(STEL), 최고노출기준(Ceiling)**으로 표시된다.

(2) 목적

인체에 유해한 인자에 대한 작업환경 평가와 근로자의 건강에 유해하지 아니한 노출기준을 정하여 근로자의 건강을 유해요인으로부터 보호하기 위함

(3) 노출 기준(Threshold Limit Values, TLVs, 서한도)의 표시

① 시간가중 평균노출기준(Time Weighted Average, TWA)

㉠ **1일 8시간 작업**을 기준으로 하여 유해인자의 측정치에 발생시간을 곱하여 8시간으로 나눈 **평균 노출 값의 상한치**를 말한다.

㉡ **대부분의 작업자**가 매일 노출되어도 건강상의 **유해한 영향이 없는** 것으로 여겨지는 수치를 의미한다.

② 단시간 노출기준 (Short Term Exposure Limit, STEL)

㉠ **15분간**의 시간가중평균 노출 값을 말한다.

㉡ 노출농도가 시간가중평균노출기준(TWA)을 초과하고 단시간노출기준(STEL)이하인 경우에는 **1회 노출 지속시간이 15분 미만**이어야 하고, 이러한 상태가 **1일 4회 이하**로 발생하여야 하며, 각 **노출의 간격은 60분 이상**이어야 한다.

③ 최고 노출기준: 천정치(C - Ceiling)

1일 작업시간 동안 잠시라도 **노출되어서는 안 되는 노출기준**을 말하며, 노출기준 앞에 "C"를 붙여 표시한다.

(4) 노출기준 사용상 유의사항

① **2개 이상의 유해요인**이 혼재하는 경우 유해성이 증가할 수 있다.

② 노출기준은 1일 8시간 작업을 기준으로 하여 제정된 것이므로 노출기준에 영향을 미칠 수 있는 **제반 요인**에 따라 달라질 수 있음을 고려해야 한다.

③ 노출기준은 대기오염의 유해성 평가나 관리상 지표로 사용할 수 없다.

🔗 **기출문제 맛 보기**

산업장 유해물질 허용기준에 관한 설명으로 옳은 것은?   15년 서울

① 우리나라 유해물질 허용기준은 모두 세계표준기준을 채택하고 있다.

② 시간가중 평균노출기준(Time weighted average, TWA)은 하루 24시간 중에 실제 수행된 노동시간 중의 평균농도로 나타낸다.

③ 단시간 노출기준(Short Term Exposure Limit, STEL)은 근로자가 1회 60분간 유해요인에 노출되는 경우를 기준으로 나타낸다.

④ 유해물질을 혼재해서 사용하는 경우 단독 유해물질의 노출기준을 그대로 적용해서는 안 된다.

---

2 │ 작업환경 관리

1) 작업환경 관리방법

작업장에서 근로자를 유해한 환경으로부터 보호하기 위해 작업환경 관리는 중요하다. 작업환경 관리방법은 공학적 관리와 행정적 관리방법으로 구분할 수 있다(변혜선 등, 2022).

(1) **공학적 관리(engineering controls)**: 작업환경 관리를 위한 기본 원리로 공학적 설계 시 대치, 격리, 환기 등의 방법을 적용하므로 유해요인을 제거하거나 줄인다.

(2) **행정적 관리(administrative controls)**: 유해환경에서의 근로시간 단축, 적절한 업무량, 근로자 교육, 보호구 착용 관리, 직무스트레스 관리 등이 포함된다.

정답 ④

2) 작업환경관리의 기본원칙

(1) 대치

① 특성

㉠ 유해물질을 덜 유해하거나 유해하지 않은 물질로 변경하거나 공정이나 시설을 변경하는 방법

㉡ 직업병 및 안전사고 예방을 위한 근본적이고 효과적 방법이나 비용이 발생할 수 있고 기술적인 어려움이 따를 수 있다.

② 방법

㉠ **공정의 변경**: 유해한 공정과정을 안전하고 효율적인 공정과정으로 변경하는 방법

> 예 페인트 성분의 비산 방지를 위해 분무방식 대신 페인트에 담그거나 전기흡착식으로 변경
> 소음감소를 위해 금속을 두들겨 자르는 방식에서 톱으로 자르는 방식으로 변경
> 작업장에서 분진 때문에 작업 전에 물을 뿌리는 방식(습식공법)으로 변경
> 주조물을 연마하고 청결하게 하기 위해 모래로 분쇄하는 대신에 물로 분해하는 방법 등

㉡ **시설의 변경**: 공정의 변경이 안 된다면 사용하고 있는 위험시설이나 기구를 바꾸는 방법

> 예 화재예방을 위해 가연성 물질보관 시 플라스틱통 → 철제통으로 변경
> 용해나 파손방지를 위해 염화탄화수소 취급장에서 폴리비닐알코올 장갑을 사용하는 것

㉢ **물질의 변경**: 가장 흔히 사용하는 대치방법으로 유해한 물질을 덜 유해하거나 유해하지 않은 물질로 대치하는 방법

> 예 성냥 제조 시 황인을 적인으로 대치, 야광시계 자판의 라듐을 인으로 대치
> 석면을 함유한 단열재를 섬유유리나 식물성 섬유로 된 단열재로 대치
> 페인트 공정에서 납착색을 대신하여 티타늄이나 아연으로 대치

(2) 격리(격리 · 밀폐)

① 특성

㉠ 물체, 시간, 거리와 같은 장벽(barrier)을 통해 작업자와 유해인자 사이를 막는 방법

㉡ 저장물질을 격리하거나 시설, 공정, 근로자를 격리할 수 있다.

② 방법

㉠ **격리 저장**: 인화성 물질이나 독성이 강한 물질들이 서로 섞이지 않도록 분리 저장

> 예 1. 인화성 물질을 별도로 지하저장고에 저장하기
> 2. 저장된 물질들 사이에 둑을 쌓기

㉡ **위험 시설의 격리**: 고압으로 가동하는 기계나 고속회전을 요하는 시설은 위험하므로 따로 격리

> 예 1. 강력한 콘크리트로 방호벽을 쌓기
> 2. 기계작동을 원격조정하거나 자동화로 바꾸기
> 3. 현장감시는 카메라 혹은 거울이나 전망경을 사용

㉢ **차열**: 뜨거운 물체를 다루는 공정에서 기구로 대치하여 차열하는 방법

        ⓔ **공정과정의 격리**: 가장 많은 비용이 들지만 유용한 대책

           예 1. 산업장에서 방사선 등이 조사되는 공정을 자동화공정으로 개선

              2. 방사성 동위원소를 취급할 때의 격리와 밀폐

              3. 현대적인 정유공장의 원격장치

        ⓜ **보호구의 사용**: 안전모, 보안경, 안전장갑, 마스크, 안전벨트 등

(3) 환기(희석 · 환기)

  ① **특성**

    고열이나 유해물질의 농도를 허용기준 이하로 낮추어 유해성을 예방하고, 공기를 정화함

  ② **방법**

    ㉠ **국소환기**: 유해물질의 발생원 가까이에서 유해물질을 빨아 들여 배출함

      근로자가 유해물질을 흡입하지 않도록 방지하기 위함

    ㉡ **전체 환기**: 작업장 유해물질 전체를 희석하기 위한 방법

      주로 분진, 냄새, 유해증기를 희석하는데 이용하나, 발생원에 대한 대책으로는 부적절

    ㉢ **주기적 작업장 청소와 정리정돈**: 유해인자의 인체 침입을 줄임

🖊 기출문제 맛 보기

작업환경 관리의 기본원리 중 대치에 해당하는 것은?   20년 서울

① 교대근무를 실시하도록 한다.

② 페인트를 분무하던 것을 전기이용 흡착식 분무로 한다.

③ 개인용 위생보호구를 착용하도록 한다.

④ 인화물질이 든 탱크 사이에 도랑을 파서 제방을 만든다.

---

3) 물질안전보건자료(material safety data sheets, MSDS)

  (1) 정의

    화학물질 또는 이를 포함한 혼합물을 **제조 · 수입하려는 자가 화학물질의 안전한 사용**을 위하여 제품명, 화학물질의 명칭 및 함유량, 안전 및 보건상의 취급주의 사항, 건강 및 환경에 대한 유해성, 물리적 위험성, 물리 · 화학적 특성 등을 비롯한 16가지 항목들에 대해 작성한 자료 **(법 제110조)**

    🔘 물질안전보건자료대상물질을 양도하거나 제공하는 자는 이를 양도받거나 제공받는 자에게 물질안전보건자료를 제공하여야 한다(법 111조).

(2) 목적

화학물질을 안전하게 취급하기 위하여 근로자나 실수요자에게 필요한 정보를 제공함으로써
화학물질에 의한 **산업재해나 직업병 등을 예방하기 위함**

(3) 물질안전보건자료의 구성 항목(16가지)

① 화학제품과 회사에 관한 정보
② 유해성 · 위험성
③ 구성 성분의 명칭 및 함유량
④ 응급조치요령
⑤ 폭발 · 화재 시 대처방법
⑥ 누출사고 시 대처방법
⑦ 취급 및 저장방법
⑧ 노출방지 및 개인보호구
⑨ 물리화학적 특성
⑩ 안정성 및 반응성
⑪ 독성에 관한 정보
⑫ 환경에 미치는 영향
⑬ 폐기 시 주의사항
⑭ 운송에 필요한 정보
⑮ 법적 규제 현황
⑯ 그 밖의 참고사항

*출처: 한영란 등(2022). 최신 지역사회 보건간호학. 현문사. p.504.

(4) 사업주가 지켜야 할 사항

① 용기 및 포장에 경고표시 부착
② MSDS를 근로자가 보기 쉬운 장소에 게시 또는 비치
③ 대상물질의 관리요령을 게시
④ 화학물질 취급 근로자에 대하여 교육 실시 등 필요한 조치 및 그 결과를 기록 · 보존

(5) 화학물질의 위험 분류에 따른 경고표지의 그림문자(안전보건표지)

국제적으로 통일된 분류기준에 따라 화학물질의 유해위험성을 분류하고, 통일된 형태의 경고 표지를 그림문자로 표시한 것을 의미함

 폭발성 물질

 산화성 물질

 인화성 물질

 고압가스

 급성독성 물질

 부식성 물질

 호흡기과민성 · 발암성 · 변이원성 물질

 경고

 수생환경유해성 물질

* 출처: 김광숙 등(2022). 지역사회간호학 이론과 실제. 현문사. p.418.

🖉 기출문제 맛 보기

다음에 해당하는 자료는?   22년 지방

- 유해 화학물질을 제조 · 수입하려는 자가 해당 물질에 대한 유해성 평가결과를 근거로 작성한 자료
- 화학제품에 대한 정보, 구성 성분의 명칭 및 함유량, 유해성 · 위험성, 취급 및 저장 방법 등에 관한 자료

① 물질안전보건자료   ② 노출평가분석자료
③ 산업재해평가자료   ④ 작업환경측정자료

정답 ①

CHAPTER 07 근로자 건강관리

1 직업성 질환의 이해

1) 정의

근로자들이 그 직업에 종사(특수한 작업환경에 폭로)함으로써 발생하는 상병, 즉 업무와 상당한 인과관계가 있는 질병을 직업성 질환이라 한다.

2) 직업성 질환의 원인

(1) 불량한 환경조건(직접 원인)

이상기온, 이상기압, 방사성 장애, 소음, 이상 진동, 공기오염, 각종 유해가스 및 물질 등

(2) 부적당한 근로조건(간접 원인)

작업의 강도, 작업시간, 운동부족, 불량한 작업 자세 등

3) 직업성 질환의 특징

① 만성적 경과를 거치므로 조기발견이 어렵다.
② 특수검진으로 판명된다.
③ 예방은 가능하나 적시에 효과적으로 이루어지기 어렵다.
④ 유기물질의 채취방법과 분석법이 다르고 고가 장비나 기계에 의한 정량분석이 요구되므로 원인을 찾고 발견하는 것이 쉽지 않다.

4) 직업병 예방대책

① 불량한 작업환경 개선: 발생원과 전달과정에 대한 대책
② 보건교육
③ 직업병 조기진단 및 적절한 사후관리
④ 건강증진을 위한 관리: 영양, 운동, 스트레스관리 등
⑤ 개인위생 관리

2 | 직업성 질환의 예방과 관리

1) 고온에 의한 건강문제

(1) 열경련(Heat Cramp)

① **원인:** 고온 환경에서 작업 시 발한에 의한 **탈수와 염분(Nacl) 소실**

② **증상:** 현기증, 이명, 두통, 구토, 동통을 호소하는 **수의근의 경련 발작**

③ **간호**

　⊙ 바람이 잘 통하는 곳에 눕히고 **생리식염수**를 1~2L 정맥주입

　⊙ 의식이 있으면 0.1% 소금물을 마시게 함

(2) 열사병(Heat Stroke)

① **원인:** 고온 다습한 환경에서의 격심한 육체적 작업 시 또는 옥외에서 태양의 복사열을 직접 받은 경우 **뇌의 체온 조절기능 부전**으로 발생됨

② **증상: 체온이 급격히 상승(41~43℃)**, 혼수상태, **피부 건조**

③ **간호**

　⊙ **얼음물에 담가서 체온을 39℃ 이하로 내려줌** → 가장 **우선적**으로 시행

　⊙ 얼음물이 없는 경우 찬물에 담고 선풍기를 틀어줌

　⊙ 울혈 방지와 체열이동을 돕기 위해 사지를 격렬하게 마찰

　⊙ 호흡 곤란 시 산소 공급

　⊙ **항신진대사제** 투여

(3) 열피로(Heat Exhaustion)

① **원인:** 고온 환경에 장시간 폭로되어 **말초 혈관 운동신경 조절장애**로 인한 심박출량의 부족으로 **순환부전** 특히 대뇌 피질의 혈류량 부족이 주원인이 됨

② **증상:** 전신권태감, 두통, 현기증, 구역질, 귀울림, 허탈과 의식소실, **이완기 혈압하강**

③ **간호**

　⊙ 시원한 환경으로 이동

　⊙ 탈수 시 **5% 포도당 용액** 정맥주입

　⊙ 더운 커피를 마시게 하거나, **강심제**를 투여함

(4) 열 쇠약(Heat Prostration)

① **원인:** 고열에 의한 **만성 체력 소모**

② **증상:** 전신 권태, 식욕 부진, 위장장애, 불면, 빈혈

③ **간호:** 영양공급, 비타민 B 공급, 휴식

2) 저온에 의한 건강 문제

(1) 전신 체온하강(general hypothermia)

① 장시간의 한랭노출과 체열상실에 따라 발생하는 **중증전신냉각상태**로 심부체온이 35℃ 이하로 떨어지는 상태

② 억제하기 어려운 **떨림과 냉감각**으로 열손실량이 많고, 이차적으로 **말초혈관수축**으로 전신표면의 냉각이 오면서 **근육운동의 무력화와 졸음이 옴**

③ 진통제의 복용과 음주는 체온하강의 위험을 증가시키는 요인임

(2) 동상(frostbite)

① 심한 한랭에 노출되어 **표재성 조직(피부 및 피하조직)이 동결**되어 조직이 손상되는 상태

② **저림감과 따끔거림, 가려움** 등, 피부가 회백색으로 변하며, 심부조직 동상은 괴사와 괴저를 동반함

③ 동상은 진행정도에 따라 1도(발적,종창), 2도(수포), 3도(조직괴사)동상으로 구분

(3) 참호족과 참수족(trench foot & immersion foot)

① 지속적인 **국소부위의 산소 결핍과 한랭으로 모세혈관이 손상**되는 것으로, 한랭에 장시간 노출됨과 동시에 지속적으로 **습기나 물**에 잠기는 일을 할 때 발생

② **부종, 작열통, 소양감, 심한 통증**이 오며 심한 경우 수포형성, 표재성 피부의 **괴사 및 궤양**이 형성함

(4) 저온에 의한 질병 예방대책

① 다량의 액체공기, dry ice, 제빙, 냉동, 겨울철 옥외 업무 근로자는 방한모, 방한화, 방한장갑 및 방한복 등 개인용 보호구를 지급

② 보온을 위해 통기성이 적고 함기성이 큰 피복을 착용

③ 혈액순환을 위해 신발은 넉넉하고 습기가 없도록 건조하게 유지

④ 실내 작업 온도는 18℃ 이하가 되지 않도록 유의

⑤ 고혈압, 심혈관장애, 위장장애, 신장장애자 등은 되도록 배치하지 않음

3) 소음에 의한 건강문제

(1) 소음성 질환의 특성

직업성 유소견자 중 가장 큰 비율을 차지하며 발생규모가 크고 회복이 불가능하며 사전에 예방이 가능하므로 중요하게 관리되어야 하는 직업병임

(2) 소음에 의한 영향

소음으로 인한 피해는 소음 강도와 크기, 주파수, 폭로시간, 폭로횟수, 개인의 감수성(성, 연령, 흡연, 음주, 당뇨, 심혈관계질환 등) 등에 따라 영향을 미친다.

① **생리적 영향**: 교감신경과 내분비계 항진

맥박증가, 혈압증가, 근육의 긴장, 혈액성분이나 오줌의 변화, 타액과 위액분비 억제, 위장관운동의 억제, 부신호르몬의 이상 분비 등

② **심리적 영향**

불쾌감, 수면방해, 사고나 집중력 저하, 초조감 등으로 작업과 일상생활에 악영향을 미침

③ **청력에 대한 영향(소음성 난청)**

　㉠ 일시적 난청(Temporary Hearing Impairment): 전도성 난청

　　• **청신경세포의 피로현상**으로 전형적인 공장 소음의 경우 4,000~6,000Hz에서 일시적 난청 발생.

　　• 강력한 소음에 폭로 후 2시간 내에 일어나며 폭로 중지 후 1~2시간 내에 회복

　　• 일시적 청력손실이 반복되고 완전회복이 안된 상태가 지속되면 축적 효과로 영구적 난청이 발생

　㉡ 영구적 난청(Permanent Hearing Impairment): 감각신경성 난청

　　• 보통 소음성 난청은 영구적 난청을 말함

　　• 장기간의 소음 폭로로 인해 내이의 cort기관의 **청신경에 손상**이 와서 영구적 청력 손실이 발생

　　• 감각신경성 난청은 거의 대부분 양쪽 귀에 대칭적으로 나타나고, 노출이 일단 중단되면 청력손실이 진행되지는 않음

　　• 순음청력검사 시 저음역보다 고음역 부근에서 청력손실이 현저하게 나타남

　　◐ C_5-dip현상: 고음역 중 특히 4000Hz 부근의 고주파영역에서 청력감소가 현저히 심하게 나타나는 현상 → 소음성 난청의 조기발견에 대한 진단적 의의

(3) 소음에 대한 대책

소음성 난청은 치료방법이 없으므로 예방대책이 중요

① **8시간 작업 노출 허용 기준은 90dB 이하이며, 순간적으로도 115dB을 초과할 수 없음**

② **시설과 작업방법 관리**: 생산 공정, 작업방법, 사용기계 등의 변경으로 소음원을 제거, 감소, 차단

③ 귀마개, 귀덮개 등 보호구 착용

④ 질환자나 신경증이 있는 사람은 배치에서 제외

⑤ 정기 청력검사 실시

4) 진동에 의한 건강문제

(1) 전신 진동장해

① 등받이 등 지지구조물을 통해 전신에 전파되는 진동으로, 차량·선박·중장비 차량 및 분쇄 등의 작업 시 유발

② **자율신경, 특히 순환기**에 크게 영향을 미치며, 말초혈관 수축. 혈압상승, 맥박 증가, 발한, 소화기 장애(위하수, 내장하수), 월경 장애, 척추 이상 등을 유발

③ 예방대책
  ㉠ 진동의 원인제거
  ㉡ 전파경로 차단 및 완충장치
  ㉢ 작업시간 단축
  ㉣ 보건교육
  ㉤ 적성배치: 고혈압, 내장하수증, 다발성 신경염 환자 등 제외

(2) 국소 진동장해

① 국소적으로 손과 발 등 특정부위에 전파되는 진동으로, 착암기, 연마기, 자동식 톱 등의 진동 공구 사용 시 유발

② 주로 말초혈관, 말초신경, 근골격계 이상 초래

③ **레이노 현상(Raynaud's Phenomenion, dead finger, white finger)**
  ㉠ 손가락의 말초혈관 폐색과 순환장애로 손가락에 감각마비, 창백, 청색증, 통증, 저림, 냉감 등이 나타나는 현상을 이름
  ㉡ 한랭 시 증상이 더욱 악화되므로 보온, 금연 필요

③ 예방대책
  ㉠ 진동 공구를 개선
  ㉡ 따뜻한 환경유지
  ㉢ 작업시간 단축
  ㉣ 보건교육
  ㉤ 적성배치: 다발성 신경염, 관절염, 류머티즘 질환, 레이노 질환 등 제외

5) 이상 기압에 의한 건강문제

(1) 고압환경의 건강장애

생체와 환경 간의 압력차에 의한 울혈, 부종, 출혈, 통증, 불쾌감, 압착증 등의 **기계적 장애**와 산소, 이산화탄소, 질소의 분압 상승으로 생체 내 유입되는 가스의 증가에 의한 **화학적 장애로 나눌 수 있다.**

① **질소마취**
  ㉠ 4기압 이상에서 마취작용을 하여 작업능률 저하. 기분면화 등 다행증이 발생
  ㉡ 질소의 지방 용해도가 물의 5배이므로 기압이 증가 시 질소가 체내에 용입되어 배출 되지 않아서 발생
  ㉢ 대기압 상황으로 복귀 시 후유증 없이 회복되는 가역적 현상임

② **산소중독**
  ㉠ 산소분압이 2기압을 넘으면 산소 중독 증세가 발생
  ㉡ 중추신경계 증상: 손가락과 발가락의 작열통, 시력장애, 환청, 근육경련, 오, 경련 등
  ㉢ 고압산소의 폭로가 중지되면 즉시 회복

(2) 감압 시: 잠함병(감압병)

① 원인: 너무 급격히 감압 시 혈액과 조직에 용해되었던 질소가 체외로 배출되지 않고 혈중으로 용입되어 혈관 내 기포를 형성하고 이 기포가 순환장애와 조직손상을 일으킨다.
  ㉠ 근로자가 지하 30m 이하에서 작업하는 경우 발생하기 쉽다.
  ㉡ 항공기 고공 급상승 시, 갑자기 감압 시(잠수부 발생)

② 증상(Heller의 4대 증상)
  1. 피부 소양감과 사지관절통
  2. 척수장애에 의한 강직성 마비
  3. 내이와 미로의 장애: 난청
  4. 혈액순환 장애와 호흡기계 장애: 색전증, 무균성 뼈의 괴사, 흉통과 호흡곤란

③ 예방과 관리
  ㉠ 고압작업이 끝난 후 단계적 감압과정을 갖는다(1기압 감압에 20분 이상 소요).
  ㉡ 고압 폭로 시간을 단축한다.
  ㉢ 감압 후 산소를 공급한다.
  ㉣ 고압 작업 시 질소를 헬륨으로 대치한 공기를 흡입한다.
  ㉤ 고압 작업 시 고지질이나 알코올 섭취를 금한다.
  ㉥ 일단 감압증에 걸리면 즉시 치료갑(medical lock)에서 다시 가압 후 아주 서서히 감압과정을 갖는다.

ⓢ **채용 전에 적성검사를 실시한다**: 20세 미만, 50세 이상, 여자, 비만자, 호흡기 및 순환기 질환자, 출혈성 소인자, 귀, 코 이상자, 골관절 질환자, 약물중독자, 알코올중독자 등은 작업에서 제외

(3) 저압환경의 건강장애

① **저산소증**
  ㉠ 공기 중의 산소분압이 저하되어 동맥혈의 산소포화도가 낮아져 저산소증을 초래
  ㉡ 심계항진, 호흡곤란, 경련, 혼수, 정신기능 감소(판단력, 기억, 계산)등 증상 발현

② **급성고산병**
  ㉠ 고산지대에서 발생하며 고도가 높아지고, 등반속도가 빠를수록 급성증상이 나타남
  ㉡ 두통, 불면증, 불안, 식욕부진, 호흡증가, 심계항진 등 증상 발현
  ㉢ 예방법으로는 3,000m 이상에서는 산소호흡기를 착용하며 하루에 300m 이상 오르지 않고 2~3일에 하루씩 쉬는 것이 좋음

6) 분진에 의한 건강 문제

(1) 진폐증(pneumoconiosis)

① 흡입된 분진이 폐 내에 축적되어 발생하는 폐의 조직 반응 즉 섬유증식성 변화
② 폐포침착률이 가장 큰 분진의 크기는 0.5~5.0㎛

○ 조직반응: 폐 내에 축적되어 염증반응을 일으키게 되고 지속적 염증반응에 의해 섬유화가 나타남
  → 폐활량 감소 → 정상적인 산소와 이산화탄소의 교환을 방해

(2) 진폐증의 종류

석면폐증, 규폐증(유리규산), 탄폐증, 면폐증, 알루미늄 폐증 등

(3) 발생에 관여하는 요인

분진의 농도, 크기, 폭로시간, 분진의 종류, 작업강도, 환기시설 또는 개인보호구, 개인 건강 상태 등

(4) 증상

① 호흡곤란, 기침, 흉통, 다량의 객담과 객담의 배출곤란, 혈담
② 진폐증의 합병증
  폐결핵(규폐증), 폐암(석면폐증) 기흉, 폐기종, 결핵성 늑막염, 만성 속발성 기관지확장증, 만성 속발성 기관지염 등

(5) 예방대책

① 분진발생 원인 제거

② 분진방지시설의 설치와 개선 및 방진마스크를 착용

③ 작업적정관리로 작업시간의 조정, 작업강도의 경감, 흡진을 적게 하는 작업자세 유지

④ 호흡기계 질환자, 결핵기왕력 있는 사람은 채용을 금지하고 근로자들의 정기적인 건강진단 실시

7) VDT 증후군(Video Display Terminal, 영상표시 단말기 증후군)

(1) 정의

영상표시단말기를 취급하는 작업이나 활동으로 인하여 경견완 증후군 및 기타 근골격계 증상, 눈의 피로, 피부증상, 정신·신경계증상 등을 의미함

(2) 유발 요인

작업환경, 작업공간, 작업의 난이도, 작업편성 등이 영향

(3) 증상과 징후

① **안정피로(眼精疲勞)**: 시력감퇴, 복시, 안통, 두통, 오심, 구토

② **경견완증후군**: 목·어깨·팔·손가락 등의 경견완 장애, 등이나 허리 통증

③ **정신 신경장애**: 피로감, 두통, 정신증상으로 불안, 초조, 신경질

④ **기타 장애**: 정전기에 의한 불편감, 먼지흡착으로 인한 소양감, 기타 피부 장애, 임신, 출산의 이상

(4) 예방대책

① 화면의 깜빡거림(flickering)이 적고 무광택인 모니터 사용

② 조명과 채광

　　㉠ 조명의 빛이 화면에 비치지 않도록 하고, 창에 커튼을 쳐서 차광

　　㉡ 조도: 300~500Lux(검정색 바탕), 500~700Lux(흰색) 유지, 서류에는 보조 조명 사용

③ 모니터 화면과 눈의 거리는 40㎝ 이상을 유지

④ 의자 및 책상의 높이를 조절하고 화면·키보드 등의 위치를 조절

　　㉠ 키보드 치는 팔꿈치의 내각은 90도 이상 되어야 하며, 아래팔을 손등과 수평을 유지함

　　㉡ 의자 높이는 무릎의 내각은 90도 전후가 되도록 조정, 등받이 있는 의자 유용함

　　㉢ 시선은 화면상단과 눈높이가 일치하여야 하고, 작업 화면상의 시선범위는 수평선상으로부터 아래로 10도~15도 이내일 것

⑤ 연속 작업은 1시간이 넘지 않도록 하고 시간당 10~15분의 휴식을 취함

⑥ 작업 전후, 작업 도중에 스트레칭을 함

8) 유해광선에 의한 건강장해

(1) 전리방사선

① 정의

생체에 대하여 전적으로 파괴적 작용을 하며, 염색체, 세포, 조직의 파괴와 사멸을 초래, 종
류로는 X-선, σ-선, β-선, γ-선, 중성자 등

② 직종

방사선 촬영, 핵발전소, 의료인 등

③ 장해

골수·조혈기능 장애, 불임, 기형, 유전성 질환 등 발생

④ 대책

㉠ 허용기준 준수

㉡ 차폐물 설치, 보호구 착용

㉢ 원격조정

㉣ 조사시간의 단축 및 피부 노출 차단

㉤ 정기 건강진단

(2) 비전리방사선

파장에 따라 자외선, 가시광선, 적외선으로 구분

① 자외선 (UV)

㉠ 특징: 100~400nm 사이의 파장(280~315nm: Dorno선, 생명선)

㉡ 증상

• 피부: 피부 홍반 및 색소침착, 심하면 부종, 수포, 피부박리, 피부암

• 눈: 각막궤양, 결막염, 백내장

㉢ 대책

• 허용기준 준수

• 차폐물 등으로 보호구획 설치

• 보호구착용: 보안경(검은색 보호안경, 차광안경), 보호의복, 보호용 크림 등

② 가시광선

㉠ 특징: 400~760nm 사이의 파장, 명암과 색채 구별하는 작용

㉡ 유발원인: 부적절한 조명, 또는 조명과잉 시 발생

㉢ 증상

• 조명 불량: 안구진탕증, 시력저하, 눈의 피로, 능률저하, 정신적인 불쾌감

• 조명 과잉: 광선공포, 시력장애, 시야협착, 망막변성, 두통, 암순응 저하, 실명

㉣ 대책: 균등하고 적절한 조명의 유지 및 적절한 휴식

③ 적외선

    ㉠ 특징: 760~6000nm 사이의 파장, 열선

    ㉡ 작업종류: 제강, 유리공, 용광로의 화부

    ㉢ 증상: 피부홍반, 피부화상, 각막손상, 적외선 백내장(초자공백내장), 열사병 등

    ㉣ 대책

      • 방열장치: 방열판 등의 설치

      • 보호구 착용: 방열복, 방열면, 황색계통의 보호안경, 모자(열사병예방) 등

9) 유기용제에 의한 건강문제

(1) 유기용제

탄소를 포함하고 있는 유기화합물로서 피용해물질의 성질은 변화시키지 않고 용해시킬 수 있는 물질을 말한다.

(2) 취급하는 업종

염료, 합성세제, 유기안료, 의약품, 농약, 향료, 조미료, 사진약품, 폭약, 방충제, 방부제, 잉크 등 광범위한 화학공업 제품 제조, 접착제 제조, 금속코팅, 착색, 세척, 고무 및 가죽가공 등

(3) 유기용제의 특징

① 물질을 녹이는 성질과, 실온에서는 액체이며 휘발하기 쉬운 성질이 있다.

② 유기용제는 휘발성이 크기 때문에 작업장에서 호흡기로 흡입하게 된다.

③ 유기용제는 유지류를 녹이고 또 그것에 스며드는 성질이 있기 때문에 피부를 통해 흡수되기 쉽고 흡수된 후에도 중추신경 등 주요 기관을 침범하기 쉽다.

(4) 중독증상

일반적인
증상
	① **마취작용**, 눈, 피부 및 호흡기 점막의 **자극증상**
	② **중추신경의 억제증상**으로 어지럼증, 두통, 호흡곤란, 지남력상실, 도취감, 혼돈이 나타나며, 노출농도가 증가하면 의식상실, 마비, 경련, 사망에 이를 수도 있다.
	③ **신경행동학적 장해**로 만성독성 뇌병증 혹은 정신기질증후군으로 불리는 장애가 나타남
	  ㉠ 감각이상과 같은 지각장애
	  ㉡ 기억력 저하, 혼돈 등의 인지장애
	  ㉢ 신경질, 불안, 우울, 무관심 등의 정서장애
	  ㉣ 사지 무력감, 작업수행 능력 저하, 떨림 등과 같은 운동장애 등

특이증상	저농도에 **장기간 노출** 된 후 발생 ① **벤젠의 조혈장애** ② 사염화탄소의 간장애 ③ 톨루엔의 중추신경장애 ④ 매탄올의 시신경장애 ⑤ 메틸엔부틸케톤(MBK)의 말초신경장애 ⑥ 에틸렌글리콜에테르의 생식기 장애

(5) 중독 시 응급처치

① 용제가 있는 작업장소로부터 환자를 격리함

② 호흡이 멎었을 때는 인공호흡 실시

③ 용제 묻은 의복을 벗김

④ 보온과 안정

⑤ 의식이 있는 경우: 따뜻한 물이나 커피를 마시게 하며 보온과 휴식을 취하도록 함

🔍 참고 POINT

[주요 유기용제와 건강장애]

유기용제	용도	건강장애
벤젠	• 농약, 약품제조, 휘발유	• 조혈장애(빈혈), 백혈병
클로로포름	• 페니실린을 비롯한 약품을 정제하기 위한 추출제, 냉동제, 흡입마취제	• 마취효과, 간장과 신장의 괴사, 부정맥, 동물실험에서 간암, 신장암
염화비닐	• 폴리비닐 중합체 생산	• 간장해, 발암작용(폐암, 뇌암, 림프선암, 간의 혈관육종)
메탄올	• 포름알데히드, 플라스틱, 필름 등의 제조와 래커, 접착제, 코팅, 잉크, 결빙방지, 휘발유 첨가제 등	• 급성: 오심, 구토, 복통, 대사성 산증 • 만성: 시신경염, 시각장애, 시신경장애 등 안과적 장애
톨루엔, 크실렌, 스타이렌	• 톨루엔: 페놀, 사카린 등 합성 • 크실렌: 에폭시 수지, 약품제조 • 스타이렌: 합성고무, 수지생산	• 중추신경계 억제의 일반증상
노말핵산 MBK	• 물감, 염료, 잉크 등 제조와 용제	• 말초신경장해
사염화탄소	• 탄화불소제 제조를 위한 연무제·냉동제, 고무접착제·케이블·반도체 제조의 용제	• 중추신경계, 간장, 신장장애, 시신경염이나 위축, 간암

10) 중금속으로 인한 건강문제

(1) 납(연)중독

청색 또는 은회색의 연한 중금속으로 흄이나 분진의 형태로 체내 흡수

① 유발 직업군

납광산, 납제련, 축전지 제조업, 크리스털 제조업, 페인트나 안료제조, 도자기 제조, 인쇄업, 용광, 용해, 분쇄, 용접시 발생 및 교통순경, 택시운전자, 주유소 직원 등

② 침입 경로

주로 호흡기계(30~50%)로 침투, 그 외 소화기계(10~20%)와 피부로 침투, 태반 통과
⇨ 혈액 중에 유리된 연은 소변 또는 땀으로 배설

③ 증상 및 징후

㉠ 4대 징후

1. 피부창백

2. 구강 치은부 청회색선

3. 호염기성 과립적혈구수의 증가

4. 소변의 코프로포르피린의 검출(coproporphyrine)

㉡ 중독증상

- 위장장애: 식욕부진, 복부팽만감, 변비, 산통
- 신경·근육계통 장애: 사지의 신근 쇠약 및 wrist drop을 동반한 마비(연성마비), 근육통, 관절통 등
- 중추신경장애(뇌중독 증상): 두통, 불면증, 심한 흥분, 정신착란, 정신장애 등

④ 예방과 관리

㉠ **대치**: 독성이 적은 물질로 대치

㉡ **습식공법**

㉢ **배기장치**: 작업공정을 밀폐하고 배기장치 설치

㉣ 개인보호구 착용, 옷 자주 갈아입기

㉤ 분진이 묻은 채 흡연, 음식먹지 않기

㉥ 정기선상진단

(2) 수은중독

상온에서 은백색의 액체 상태인 중금속

① 직업군

도료, 도금, 의료계기, 농약, 인견제조 등과 관련된 직업군

② 침입경로

㉠ 상온에서 **액체상태로 수은방울이 증발**하여 중독을 일으키며 모체를 통해 태아도 중독

㉡ 주로 기도를 통하여 흡수되며 약 80%는 폐포에서 흡수되고 피부로도 흡수

㉢ 흡수된 수은은 주로 신장과 뇌에 축적되며 주로 대변과 소변으로 배출

③ 증상
　ⓐ 3대 증상
　　1. **구내염**: 잇몸이 붓고, 압통과 출혈성 궤양 형성
　　2. **근육진전**: 주로 안검, 혀, 손가락 등에서 볼 수 있음
　　3. **정신증상**: 불면증, 우울, 불안, 기억력 저하, 무력감 등
　ⓑ **초기**: 안색이 누렇게 변하고, 두통, 구토, 설사, 복통 등 소화기 증세
　ⓒ **만성중독**
　　➡ 청력장애, 시력장애, 언어장애, 보행장애, 인지장애 등 발생

④ 예방과 관리
　ⓐ 급성중독 시 **우유와 달걀흰자를 먹여 수은과 단백질을 결합**시켜 침전 후 위세척
　ⓑ 허용농도 준수
　ⓒ **대치**: 독성 약한 물질로 대치
　ⓓ **밀폐장치 안에서 수은을 다룸**: 작업대를 경사지게해서 바닥에 흘리지 않고 모으도록 하고 물을 채움
　ⓔ 작업장 청결, 국소배기장치, 호흡보호용 마스크 착용
　ⓕ 작업 후 목욕, 의복 갈아입기, 작업복과 외출복은 같은 옷장에 넣지 않기
　ⓖ 작업장 내에서 음식물, 담배 피우지 않기

(3) **크롬중독**
은백색의 단단한 금속으로 **강력한 산화력을 가진 중금속**

① **직업군**
크롬도금 작업장이나 촉매로 취급하는 작업에서 중독

② **침입경로**
주로 증기(mist) 또는 흄·분진 형태로 호흡기를 통해 폐에 침착되고 피부로도 흡수되어 피부염이나 피부궤양 등을 유발

③ **증상 및 징후**
　ⓐ **급성중독**: 신장장애(과뇨증 → 무뇨증 → 요독증)
　ⓑ **만성중독**: **비중격 천공**, 피부궤양, 코, 폐, 위장 점막 병변, 호흡곤란, 천식, 폐암 등

④ **예방과 관리**
　ⓐ 사고로 먹었을 때 **우유와 환원제로 비타민C 공급**
　ⓑ 급성중독 시 입원관리
　ⓒ 공기허용농도 준수
　ⓓ **보호구 착용**: 고무장갑, 장화, 고무 앞치마 등 착용
　ⓔ 피부보호용 크림을 노출된 피부에 바르고 비중격 점막에 바셀린을 바름

(4) 카드뮴 중독

- 공기 중에서 쉽게 증기로 변하는 중금속
- **이타이 이타이병**: 아연정화 과정에서 카드뮴 배출 → 쌀 등의 식품 → 만성중독

① 직업군

　㉠ 금속 특히 아연제련시 발생

　㉡ 카드뮴 정련가공, 도금작업, 합금제조, 합성수지, 도료, 비료제조 등

② 침입경로

　주로 호흡기 또는 경구적 침입, 오염된 식품을 통해 섭취되어 간·신장에 축적

③ 증상 및 징후

　㉠ **급성중독증(고농도의 섭취)**: 구토, 설사, 복통, 착색뇨, 간·신장기능장애

　㉡ **만성중독증: 3대 증상**

　　1. 폐기종

　　2. 신장장애(단백뇨)

　　3. 근골격계 장애 (뼈의 통증, 골연화증, 골다공증)

④ 예방과 관리

　㉠ 허용기준 준수

　㉡ 배치 전 또는 채용 건강진단 시 **신질환 여부 확인** → 정기 건강검진 시 비교

　㉢ 보호구의 사용

　㉣ 오염된 작업복 갈아입기 등 위생관리 철저(목욕, 작업복)

　㉤ 작업장 내의 흡연 및 음식섭취를 절대적 금지

　㉥ 철이 부족한 영양상태: 카드뮴의 흡수율이 증가

(5) 베릴륨중독

매우 **가벼운 금속**으로 약산과 약알카리에 용해됨

① 직업군

　우주 항공산업, 정밀기기 제작, 컴퓨터 제작, 형광등 제조, 네온사인 제조, 합금, 도자기제조업, 원자력 공업에서 일하는 근로자에게 노출

② 침입경로

　흄이나 분진의 형태로 호흡기를 통해 흡입됨

③ 증상 및 징후

　㉠ **급성중독증**: 1~2일 이내 인후염, 기관지염, 모세기관지염, 폐부종

　㉡ **만성중독증**: 노출된지 5~10년 후에 발생하며, 특징적인 **육아종성 변화**가 폐, 피부, 간장, 췌장, 신장, 비장, 림프절, 심근층에 출현

④ 예방과 관리

    ㉠ 허용기준 준수

    ㉡ **작업장의 밀폐, 환기장치 설치**

    ㉢ **습식작업방법**

    ㉣ 보호구 착용(마스크, 장갑, 안경)

    ㉤ 오염된 작업복 갈아입기 등 위생관리

    ㉥ 근로자의 정기건강진단

🖉 기출문제 맛 보기

산업장에서 근무 중인 A씨가 아래와 같은 증상을 호소하였다면 의심되는 중독은?   16년 지방

• 수면장애와 피로감   • 손처짐(Wrist drop)을 동반한 손의 마비 • 근육통과 식욕부진   • 빈혈

① 납 중독   ② 수은중독

③ 크롬중독   ④ 카드뮴 중독

정답 ①

📝 단원확인문제

01. 산업장 일반건강진단의 목적은?

가. 적절한 인사배치	나. 일반질환의 조기발견
다. 작업 부적격자 색출	라. 정기적인 근로자의 건강상태 파악

① 가, 나, 다   ② 가, 다

③ 나, 라   ④ 가, 나, 다, 라

02. 산업재해 지수 중 산업재해 발생규모를 파악하는 데 가장 많이 사용되는 지수로 연근로시간이 고려되지 않는 지수는?

① 도수율   ② 강도율

③ 건수율   ④ 평균작업 손실 일수

03. 열에 의해 발생되는 직업병 뇌의 체온조질중추의 이상으로 인해 발생되는 문제는 무엇인가?

① 열경련   ② 열사병

③ 열피로   ④ 열쇠약

04. 다음 중 국소진동으로 인한 피해를 예방하기 위한 대책은?

가. 진동이 적은 공구로 대치	나. 완충장치 설치
다. 작업시간 단축	라. 국소진동에 대한 보건교육을 실시

① 가, 나, 다   ② 가, 다

③ 나, 라   ④ 가, 나, 다, 라

05. 산업피로의 예방대책으로 조립된 항목은?

가. 작업정도와 시간의 조절	나. 개인차에 맞는 작업량 배분
다. 적절한 수면시간	라. 적성에 맞는 작업배치

① 가, 나, 다   ② 가, 다
③ 나, 라   ④ 가, 나, 다, 라

06. 단말기 사용급증에 의한 VDT증후군의 증상은?

가. 안정피로	나. 경견완 증후군
다. 정신적 피로감	라. 이명

① 가, 나, 다   ② 가, 다
③ 나, 라   ④ 가, 나, 다, 라

07. 지방조직이나 혈액 중에 용해되었다가 급격히 감압하면 기포가 형성되어 체내 모세혈관을 차단하는 잠함병의 원인이 되는 기체는?

① 산소   ② 질소
③ 이산화탄소   ④ 일산화탄소

08. 보건관리자가 간호사인 경우 해당되는 직무로 옳은 것은?

가. 근로자에게 흔히 나타나는 외상을 치료	나. 건강진단 결과에 따른 건강보호조치
다. 사업장 순회점검 및 지도	라. 근로자의 건강검진을 실시

① 가, 나, 다   ② 가, 다
③ 나, 라   ④ 나, 다

09. 똑같은 근무시간 동안 같은 작업장에서 분진에 노출된 근로자들이 있다. 근로자들이 진폐증에 걸릴 확률이 다르다고 볼 때 어떤 이유 때문일까?

① 노출시간　　　　　　　　　　② 분진농도
③ 분진의 종류　　　　　　　　　④ 보호구 착용

10. 광산에 사는 주민이 오염된 농작물을 섭취하고 다음과 같은 증상을 보였다. 이것은 어떤 물질과 관련된 것인가?

증상: 골연화, 보행장애, 요통, 근육통, 신기능장애

① 납 중독　　　　　　　　　　　② 카드뮴 중독
③ 크롬 중독　　　　　　　　　　④ 베릴륨 중독

11. 채용 전 건강진단의 목적은?

가. 건강기초자료	나. 적성에 맞는 부서 배치
다. 간염병 발견	라. 직업병 발견

① 가, 나, 다　　　　　　　　　　② 가, 다
③ 나, 라　　　　　　　　　　　　④ 가, 나, 다, 라

12. 산업장 근로자들이 자신의 건강문제를 스스로 해결할 수 있도록 동기부여 및 당면한 근로환경의 개선을 위해 능동적 접근을 촉구하는 것은 산업장 간호사의 어떤 역할인가?

① 변화촉진자　　　　　　　　　② 상담자
③ 대변자　　　　　　　　　　　④ 교육자

13. Raynaud's Disease는 어떤 작업환경에서 올 수 있는가?

① 고온작업환경 　　　　　　　　　② 저온작업환경
③ 소음이 있는 작업환경 　　　　　④ 진동이 있는 작업환경

14. 다음 중 납중독으로 인한 건강장해와 관련이 있는 것을 모두 고르면?

가. 조혈기능 장애	나. 소화기 증상
다. 신경 및 근육계통의 장애	라. 중추신경장애

① 가, 나, 다 　　　　　　　　　　② 가, 다
③ 나, 라 　　　　　　　　　　　　④ 가, 나, 다, 라

15. 근로자 건강진단 결과 C_2로 통과되었다. 이 경우 어떠한 조치가 필요한가?

① 직업병예방을 위하여 적절한 의학적 및 직업적 사후관리 조치필요
② 일반 질병예방을 위하여 적절한 의학적 직업적 시후조치 필요
③ 직업병의 소견이 있어 적절한 의학적 및 직업적 사후관리 조치 필요
④ 일반질병의 소견이 있어 적절한 의학적 및 직업적 사후관리 조치 필요

16. 근로자 건강진단결과에 따른 건강관리에 대한 설명으로 맞는 것은?

① A – 건강관리상 사후관리가 필요 없는 건강한 근로자
② C_1 – 일반 질병 예방을 위한 적절한 사후관리 조치가 필요하다.
③ D_2 – 직업병의 소견이 있어 적절한 사후관리 조치가 필요하다.
④ R – 2차 건강진단 결과 이상소견이 나온 자

✍️ 정답 및 해설 Answers & Explanations

01 정답 ③

일반 건강진단은 상시근로자 5인 이상 사업장 근로자에게 1년에 1회 이상 (사무직 근로자는 2년에 1회) 실시하며, 일반건강진단의 목적은 근로자에 대한 정기 건강상태 파악과 일반질환의 조기발견이다. 적절한 인사배치, 작업 부적격자 색출은 채용 시 건강진단의 목적에 더 부합되는 내용이다.

02 정답 ③

- **도수율**: 근로자가 재해발생의 위험에 노출되는 시간에 대한 의미

$$\frac{재해건수}{연근로시간수} \times 1,000,000(100,000)$$

- **건수율**: 발생규모를 파악하는 데 가장 단순한 자료로 발생률 의미를 갖는 비율

$$\frac{재해건수}{평균\ 실근로자수} \times 1,000$$

- **평균작업손실일수**: 재해건수에 대한 손실작업일수의 비로 재해의 심한 정도를 나타냄

$$\frac{손실작업일수}{재해건수}$$

03 정답 ②

열사병은 뇌의 체온조절 기능 부전이 원인이며, 급격한 체온상승과 혼수를 동반한다. 얼음물로 체온을 내리고, 마사지를 통해 울열 방지를 시키며, 산소공급, 항신진대사제를 투여함으로 간호한다. 열경련은 고온환경에서 탈수와 염분소실이 원인임 현기증, 두통, 구토, 이명 등을 경험하고 관리로 서늘한 곳에 눕혀 생리식염수를 IV하거나 소금물을 마시게 한다.

열피로는 고온으로 인한 순환부전이 원인이며 탈수 시 5% 포도당용액이나 의식이 있을 때는 커피 등으로 각성시키고, 심한 경우 강심제를 투여할 수 있다. 열쇠약은 고열에 의한 만성체력소모가 원인이며 전신권태, 식욕부진, 위장장애, 불면, 빈혈 등을 경험하며, 영양공급, 비타민 B공급, 휴식 등을 취하게 하여 관리한다.

04 정답 ④

국소진동으로 인한 건강피해를 예방하기 위하여 공구개선, 완충장치, 보온대책 14℃ 이상), 작업시간 단축(1일 2시간 이하, 1주 5일 근무, 월 40시간 이하), 보건교육을 실시하며 적성배치 다발성 신경염, 류마티스성질환, 레이노씨병 병력을 고려한다.

05 정답 ④

산업피로의 대책은 적절한 휴식, 불필요한 동작을 최소화하는 인체공학적 자세와 작업환경, 개인차에 맞는 작업량 배분, 작업 전 체조나 운동, 충분한 수면 및 영양, 적성에 맞는 작업배치, 피로증후의 조기발견 및 조치, 건강증진대책 등이다.

06 정답 ①

VDT증후군은 다음과 같다.

- 안정피로(시력감퇴, 복시, 안통, 두통, 오심, 구토)
- 경견완 증후군(목, 어깨, 팔, 손가락 등의 통증, 허리 통증 등)
- 정신 신경장애(낮의 피로감, 불안, 초조, 신경질 등)

07 정답 ②

잠합병은 너무 급격히 감압 시 혈액과 조직에 용해되었던 질소가 산소나 이산화탄소와 함께 체외로 배출되지 않고 혈중으로 유입되어 기포를 형성함으로써 순환장애와 조직손상을 일으키는 병을 말한다.

08 정답 ②

건강진단 결과에 따른 건강보호조치는 산업보건의의 직무이며, 건강검진의 실시는 사업주의 책임이다.

09 정답 ④

근무시간이 같기 때문에 근로자들 간의 분진에 노출된 시간이나 농도, 크기는 동일하다고 할 수 있다. 그러므로 보호구 착용 유무에 따라 진폐증에 걸릴 확률이 달라진다.

10 정답 ②

카드뮴중독은 전신권태, 피로감, 신기능장애, 요통, 골연화증, 보행곤란 등의 증상을 나타낸다.

11 정답 ①

채용 전 건강진단은 신규로 채용하는 모든 근로자에 대하여 배치예정부서에 배치하기 전에 실시하는 건강진단으로 신규채용자의 기초건강자료를 확보하며 신체 특성에 적합한 작업을 부과하고 작업에 부적격자를 가려내기 위한 목적으로 실시한다. 감염병질환자는 타 근로자에게 전염될 우려가 있으므로 일반적으로 취업에 제한된다.

12 정답 ①

의사결정에 영향력을 행사하여 보건의료를 위한 변화를 효과적으로 가져오도록 돕고 개인, 가족, 지역사회의 건강문제에 대처하는 능력을 증진시키는 역할로 동기를 촉진시키는 역할은 변화촉진자로서의 역할에 해당된다.

13 정답 ④

국소진동은 주로 손에 잘 일어난다. 특히 한냉 환경에서 Raynaud 현상이 나타난다.
Raynaud's Disease란 국소진동으로 인해 수지감각 마비와 청색증을 주증상으로 하는데, 동통, 저림, 냉감을 느낀다.

14 정답 ④

납중독의 급성 증상으로는 복부산통, 뇌증, 용혈, 급성신부전이 나타나며 만성적으로는 피로 및 쇠약, 관절통 및 근육통, 빈혈, 만성신부전, 중추신경장애 등이 나타난다.

15 정답 ②

C_2는 일반질병 요관찰자로 일반질병예방을 위해 적절한 의학적 및 직업적 사후관리조치가 필요한 경우이다.

16 정답 ①

근로자 건강진단 결과 판정 참고

12

인구 및 가족계획

CHAPTER 01 인구

1 인구의 정의

(1) 인구란 일정한 기간 동안에 일정한 지역에 생존하는 인구집단으로 시공간공동체이다.
(2) 인구는 구성원의 출생, 사망 및 이동에 의하여 변화하고, 성별, 연령, 관습, 생활양식, 사회제도 등에 따라 그 특성의 차이가 있다.

2 인구의 분류

1) 이론적 인구

인구에 관련된 이론적 분석을 위하여 유도 또는 설정된 인구로서 보통 통계적 방법에 의해 계량적으로 표현된다.

(1) 폐쇄인구(closed population) by Alfred J. Lotka

출생과 사망에 의해서만 변동되는 인구로서 인구이동, 즉 전출과 전입이 전혀 없는 인구

(2) 안정인구(stable population)

① 폐쇄인구의 특수한 경우로 **연령별 출생률과 연령별 사망률이 일정한 인구**
② 인구의 **연령별 구조의 자연증가율이 일정**한 상태의 인구

(3) 정지인구(stationary population)

안정인구 중 **출생률과 사망률이 같아 자연증가율이 0**인 인구규모가 일정한 인구

(4) 적정인구(optimum population) by E. Cannon

① 인구와 자원과의 관련성에 근거한 이론
② 주어진 여건 속에서 최대의 생산성과 최고의 **생활수준**을 유지할 수 있는 인구

2) 실제적 인구(귀속인구)

인구집단을 시간이나 지역 등의 속성에 결부시켜 분류한 인구로서 교통문제, 도시계획 등의 정책의 기초 자료로써 활용

(1) 현재인구

인구조사 당시 해당 지역 내에 실제로 **존재**하고 있는 인구수

(2) 상주인구

인구조사 당시의 소재에 상관없이 통상적으로 거주하고 있는 인구수 즉 특정한 관찰시각에 특정한 지역에 **주소**를 둔 인구집단을 의미

(3) 법적 인구

특정한 관찰시각에 있어 어떤 **법적 관계**에 입각하여 특정지역에 귀속시킨 인구

   예 호적법에 의한 본적지 인구, 선거법에 따른 유권자 인구, 조세법에 따른 납세인구

(4) 종업지 인구

① 어떤 일에 종사하고 있는 장소에 결부시켜 분류한 인구
② 종업지 인구는 산업별·직업별 인구구조를 나타내므로 그 지역사회의 사회경제적 특성을 파악할 수 있는 자료임

3 인구이론

인구론은 인구학 및 인구분석학적 연구를 포함한다. 오늘날의 인구학은 1662년 존 그랜트(John Graunt)의 출생과 사망에 대한 인구의 통계적 분석이 기초가 되었고, 그 이후 맬서스주의, 신맬서스주의, 적정이론으로 발전되었다.

1) 맬서스주의(Malthusism)

(1) 인구이론을 인구와 식량과의 관계에 국한하여 설명함
(2) 인구는 기하급수적으로 증가하지만, 식량은 산술급수적으로 증가하므로 사회악의 원인을 인구과잉에 있다고 보고, 인구 억제를 달성하려는 것
(3) 맬서스주의에서 인구 억제의 방법: 도덕적 억제인 만혼과 금욕을 제시

2) 신맬서스주의

(1) 대표적 인물로 Francis place에 의해 주장됨

(2) T. R. 맬서스의 인구론에 입각하여서, 인구증가 억제를 위해 산아제한 또는 수태조절(피임)의 필요성을 주장함

3) 인구의 변천

인구의 변천은 **출생, 사망. 인구이동**에 의해서 결정되며, 출생과 사망은 자연증가 요인이고 전입과 전출은 사회증가 요인이다.

(1) **자연증가**

    자연증가율 = 조출생률 - 조사망률

(2) **사회증가**

    사회증가율 = 전입율 - 전출율

(3) **인구증가**

    ① 인구증가율 = 자연증가율 + 사회증가율

$$인구증가율 = \frac{자연증가인구 + 사회증가인구}{연중앙인구} \times 1,000$$

    ② 연간 인구증가율

$$연간\ 인구증가율(\%) = \frac{연말인구 - 연초인구}{연초\ 인구} \times 100$$

4) 인구변천이론

(1) **Blacker의 분류**

농경사회에서부터 산업화된 현대사회로 변천하는 인구의 변천단계를 5단계로 구분하였다.

    ① 제1단계(고위정지기)

    다산다사형(고출생률과 고사망률)의 **인구정지형**으로 인구증가가 예견되는 잠재력을 가지고 있는 후진국의 인구형태로 높은 영아사망률이 가장 뚜렷한 특징이다.

    예 중부아프리카 등의 저개발국

    ② 제2단계(초기확장기)

    다산소사의 **인구증가형**으로 높은 자연증가율을 보이는 경제개발 초기 단계에 있는 개발도상국형의 인구형태

    예 경제개발 초기 단계에 있는 아시아 국가

③ 제3단계(후기확장기)

소산소사의 **인구성장 둔화형**으로 산업의 발달과 핵가족화 경향이 있는 국가형 인구형태

예 중남미 지역, 남아프리카 등

④ 제4단계(저위정지기)

출생률과 사망률이 최저에 달하는 **인구증가 정지형**의 인구형태

예 러시아, 중동아시아, 이탈리아 등

⑤ 제5단계(감퇴기)

출생률이 사망률보다 낮아져 인구가 감소하는 경향이 있는 **인구감소형** 인구형태

예 북유럽, 북아메리카, 한국, 일본, 뉴질랜드 등

(2) Notestein과 Thompson의 인구변천 이론

인구의 사망률과 출생률에 의한 인구의 변동과정을 산업화 또는 근대화 과정과 결부시켜서 3단계로 분류하였다.

① 제1단계(고잠재적 성장단계)

㉠ 다산다사형, 즉 출생률과 사망률이 모두 높으므로 인구 증가는 제한된 범위에서 일어나는 단계

㉡ 산업화가 시작되면서 과학기술 및 의료기술의 발달로 보건위생시설이 개발되어 사망률 저하와 평균수명이 연장되는 특징을 보임

㉢ 높은 영아사망률이 나타날 수 있으며 전 세계 인구의 약 1/5이 이 시기에 속함

② 제2단계(과도기적 성장단계)

㉠ 다산소사형, 즉 출생과 사망 사이의 폭이 갑자기 확대되어 인구폭증 현상이 일어나는 인구변천 단계

㉡ 산업화와 도시화는 영아사망률의 저하를 가져오며, 전 세계 인구의 약 3/5이 이 시기에 속함

③ 제3단계(인구감소의 시작단계)

㉠ 소산소사형, 즉 출생률과 사망률이 다 같이 낮아지는 단계

㉡ 점진적으로 인구감소 예견되는 시기로 전 세계 인구의 약 1/5이 이 시기에 속함

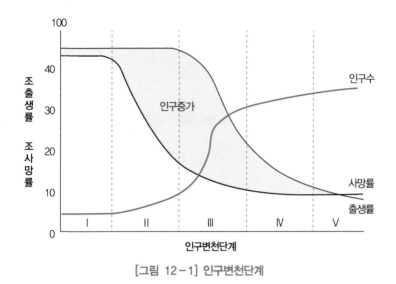

[그림 12-1] 인구변천단계

*출처: 지역사회보건간호학 편찬위원회편(2022). 최신 지역사회보건간호학 2. 수문사. p.337.

4 인구통계(Demographic Statistics)

- 출생, 사망, 유입, 유출의 4가지 요인 중 어느 한 요인의 변화에 의해 발생되는 수적 변동과 구조적 변동을 총칭해서 인구변동이라 하고 이 인구변동에 대한 통계를 인구통계라 한다.
- 인구동세는 인구변동의 상태를 의미하는 인구동태통계와 변동하는 인구집단을 한 시점에서 절단하여 정지된 상태에서 관찰하는 인구정태통계로 나누어진다.

1) 인구동태 통계

- (1) 출생, 사망, 사산, 혼인, 이혼, 입양, 이동 등을 신고함으로써 얻어지는 통계로서, 계속 변화되며 일정기간에 있어서 인구가 변동하는 상황을 의미한다.
- (2) **인구동태 통계의 파악**: 출생신고, 사망신고, 혼인신고, 이주신고 등 피조사자의 법적 신고의무에 의해 파악 됨

2) 인구정태 통계

- (1) 인구의 어떤 특정한 순간의 상태를 의미하며, 인구의 크기, 구성 및 성격을 나타내는 통계를 말한다.
- (2) 정태통계자료로는 연령별, 성별, 인구밀도, 산업별·직업별, 직종별, 농촌 및 도시별, 결혼상태별, 인종별, 실업상황 등이 있다.

(3) 인구정태 통계 자료원

① 국세조사(census), 표본조사, 연말인구조사

② 호적부, 주민등록부 등 공적 기록에 의한 산출

③ 기존의 통계자료 분석으로 얻어지는 인구추계

④ **국세조사(national census)**

    ⊙ 특정 시기에 한 나라 또는 일정 지역 내에 있는 모든 사람에 관한 인구학적, 경제적, 사회적 자료를 조사, 집계, 발표하는 전 과정을 의미함

    ⓒ 우리나라는 1925년 최초로 실시하였고, 현재는 5년마다 인구주택총조사로 실시

Q 참고 POINT

[생명표(life table)에 대한 이해]
(1) 현재의 사망 수준이 그대로 지속된다는 가정 하(연령별 사망률 고정)에서 어떤 출생 집단이 나이가 많아짐에 따라 소멸되어 가는 과정을 정리한 통계표
(2) 생명표는 연령별로 얼마나 더 살 수 있는가(기대여명)를 평균적으로 나타내 주기 때문에 인구추계 등의 인구분석이외에도 보건정책수립, 보험료율의 산정, 인명피해보상비 계산 등에 활용되고 있으며, 장래인구추계 작성, 국가간 경제 · 사회 · 보건수준 비교에 널리 사용되고 있다.

---

5   인구통계지표

1) 출생통계

(1) 조출생률(Crude Birth Rate)

① 한 지역의 출생수준을 가장 잘 나타내 주는 지수

② 인구의 성별 및 연령 구조의 영향을 많이 받기 때문에 두 인구집단의 출생수준을 비교하는 데는 한계가 있다.

$$조출생률 = \frac{연간\ 총\ 출생아\ 수}{연\ 중앙인구(그\ 해\ 7월\ 1일\ 현재의\ 총인구\ 수)} \times 1,000$$

(2) 일반출산율(General Fertility Rate)

$$일반출산율 = \frac{연간\ 총\ 출생아\ 수}{연\ 중앙\ 가임여성\ 수\ (15{\sim}49세\ 또는\ 15{\sim}44세)} \times 1,000$$

(3) 연령별 특수출산율(Age Specific Fertility Rate)

$$연령별\ 특수출산율 = \frac{그해\ 특정\ 연령층\ 여자에\ 의한\ 출생아\ 수}{연\ 중앙\ 특정\ 연령층\ 여성\ 수} \times 1,000$$

(4) 합계출산율(Total Fertility Rate)

① 한명의 여자가 특정년도의 연령별 출산율에 따라 출산을 한다면, 가임기 동안(일생동안) 몇 명의 아이를 낳는가를 나타내는 지수

② 각 연령별 특수 출산율의 총합

③ **출산력 수준** 비교 시 대표적으로 활용되는 지표

$$합계출산율 = \sum_{x=15}^{49} fx \ (fx:\ x세\ 여성의\ 출산율)$$

(5) 재생산율(Reproduction Rate)

- 한명의 여자가 가임기 동안(일생동안) 몇 명의 여자 아이를 낳는가를 나타내는 지수

- **다음세대 인구증감**을 비교할 때 사용

① 총재생산율(gross reproduction rate)

㉠ 한명의 여자가 현재의 출산력에 따라 가임기 동안 몇 명의 여아를 낳는가를 나타내는 지표

㉡ **각 연령별 여아출산율의 합계**

$$총재생산율 = 합계출산율 \times \frac{여아\ 출생아수}{총\ 출생수}$$

② 순재생산율(net reproduction rate)

㉠ 가임기간의 각 연령에서 연령별 여아 출산율에 따라 태어난 여아가 죽지 않고 가임연령에 도달할 때까지 생존하는 생존율을 곱해서 산출한 것

㉡ **여아의 연령별 사망률을 고려한 재생산률임**

㉢ 순재생산율이 1보다 작을 경우에는 축소재생산으로 인구는 감소

$$순재생산율 = 총재생산율 \times \frac{가임연령\ 시\ 생존\ 수}{여아\ 출생수}$$

(6) 모아비(Child-woman Ratio)

$$모아비 = \frac{0\sim4세\ 인구}{가임\ 연령\ 여성인구(15\sim49세\ 또는\ 15-44세)} \times 1,000$$

2) 사망통계

(1) 조사망률(Crude Death Rate)

① 보통 사망률이라고도 한다.

② 그 나라의 건강수준 이외에 인구의 성별 및 연령 구성에 의한 영향을 많이 받기 때문에 두 인구집단의 사망수준을 비교하는 데는 한계가 있다.

$$조사망률 = \frac{연간\ 총\ 사망자\ 수}{연\ 중앙인구} \times 1,000$$

(2) 연령별 특수사망률(Age Specific Death Rate)

$$연령별\ 특수사망률 = \frac{어떤\ 연령군의\ 1년간\ 사망자\ 수}{어떤\ 연령의\ 연\ 중앙인구} \times 1,000$$

(3) 비례사망지수(Propotional Mortality Indicator)

① 총사망자 수에 대한 50세 이상의 사망수를 분율로 계산한 값이다.

② 값이 클수록 그 지역의 건강수준이 좋다는 것을 나타낸다.

③ 값이 적다는 것은 영유아 사망이 많음을 의미하므로 영유아보건에 대한 관심이 요구된다.

④ 값이 크다는 것은 노인사망이 많음을 의미하므로 노인보건에 대한 관심이 요구된다.

$$비례사망지수 = \frac{당해\ 연도의\ 50세\ 이상\ 사망자\ 수}{해당\ 연도의\ 사망자\ 수} \times 1,000\ (100)$$

핵심 CHECK ‹‹‹

[WHO 국가간 건강수준의 비교 지표(WHO)]

① 조사망률   ② 비례사망지수   ③ 평균수명

---

(4) 신생아사망률(Neonatal Mortality Rate)

$$신생아사망률 = \frac{생후\ 28일\ 이내의\ 사망아\ 수}{당해\ 연도의\ 출생아수} \times 1,000$$

$$후기\ 신생아사망률 = \frac{생후\ 7일\sim28일\ 이내\ 사망아\ 수}{당해\ 연도의\ 출생아수} \times 1,000$$

(5) 영아사망률(Infant Mortality Rate)

$$영아사망률 = \frac{생후\ 1년\ 미만의\ 영아\ 사망수}{당해\ 연도의\ 출생아\ 수} \times 1,000$$

$$영아(신생아)\ 후기\ 사망률 = \frac{생후\ 28일 \sim 1년\ 미만의\ 영아\ 사망수}{당해\ 연도의\ 출생아\ 수} \times 1,000$$

핵심 CHECK ‹‹‹

[영아사망률의 중요성]
(1) 일정 연령군을 대상으로 함으로 조사망률에 비해 통계적 유의성이 높다
(2) 영아기는 성인에 비해 환경의 영향을 많이 받으므로 한 지역의 보건수준, 건강수준, 모자보건 수준, 환경 위생수준을 반영하는 지표로서 중요하다.
(3) 영아사망률은 국가별, 지역별 변동범위가 크므로 비교 시 편의성이 높다.

(6) $\alpha - index$

$$a - index = \frac{당해\ 연도\ 영아\ 사망수}{당해\ 연도\ 신생아\ 사망수}$$

핵심 CHECK ‹‹‹

$\alpha - index$ = 영아 사망과 신생아 사망과의 관련지표로서, $\alpha - index$가 1에 근접할수록 거의 모든 영아 사망이 신생아 사망으로 그 지역의 건강수준이 높은 것을 의미하며, 그 값이 클수록 신생아기 이후의 영아 사망이 크기 때문에 영아 사망에 대한 예방대책이 필요하다.

(7) 주산기사망률(Perinatal Death Rate)

$$주산기사망률 = \frac{임신\ 28주\ 이후의\ 태아사망\ 수\ +\ 생후\ 7일\ 이내의\ 사망\ 수}{당해연도의\ 출산아\ 수(출생아수)} \times 1,000$$

(8) 모성사망비(Maternal mortality Ratio)

$$모성사망비 = \frac{당해\ 연도의\ 임신,\ 분만,\ 산욕으로\ 인한\ 모성사망\ 수}{당해\ 연도의\ 출생\ 수} \times 10^5$$

(9) 모성사망률(Maternal mortality Rate)

$$모성사망률 = \frac{당해\ 연도의\ 임신,\ 분만,\ 산욕으로\ 인한\ 모성사망\ 수}{당해\ 연도의\ 가임기\ 여성\ 수} \times 10^5(10^3)$$

(10) 비례사망률(Proportional Mortality Rate): 사인별 분포를 나타냄

$$비례사망률 = \frac{그해\ 특정\ 원인으로\ 인한\ 사망자\ 수}{당해\ 연도의\ 사망자수} \times 1,000\ (100)$$

(11) 원인별 특수 사망률(Cause-specific Death Rate)

$$원인별\ 사망률 = \frac{그\ 해\ 특정\ 원인으로\ 인한\ 사망자수}{당해연도의\ 연\ 중앙인구수} \times 10^5$$

(12) 표준화 사망률(Adjusted Death Rate)

인구구조가 서로 다른 두 인구집단의 사망률 수준을 비교하기 위해 인구구조의 차이가 사망률에 미치는 영향을 제거한 객관화 된 측정치를 산출하여 두 집단의 사망률 수준을 비교하는 방법이다.

핵심 CHECK

(1) **평균수명**: 0세의 출생자가 향후 생존할 것으로 기대되는 평균생존년수로서 '0세의 기대여명'을 말함
(2) **기대수명**: 어느 연령에 도달한 사람이 그 이후 몇 년 동안이나 생존할 수 있는가를 계산한 평균생존연수
(3) **건강수명**: 전체 평균수명에서 질병이나 부상으로 고통받은 기간을 제외한 건강한 삶을 유지한 기간

기출문제 맛 보기

건강지표에 대한 설명으로 옳은 것은?   15년 지방

① 한 명의 가임기 여성이 일생동안 모두 몇 명의 아이를 낳는가를 나타내는 지수를 일반출산율이라고 한다.
② 지역사회의 건강수준을 평가할 수 있는 지표로는 영아사망률, 질병이환율, 기대위험도가 있다.
③ 비례사망지수가 높다는 것은 건강수준이 낮음을 말한다.
④ 선진국의 경우 영아사망의 2/3 정도가 신생아기에 발생하며, 개발도상국에서는 신생아기 이후에 더 발생한다.

정답 ④

6 인구구조

- 인구구조는 인구집단의 성별, 연령별, 산업별, 도시 농촌별 구성 상태를 말한다.
- 인구구조는 그 지역의 사회, 경제적 특징 및 사회적 문제와 경제적 잠재력을 예측할 수 있으므로 그 **사회의 성격(인구집단의 특성)**을 규명하는데 가장 기본적인 요소이다.

1) 성구조

(1) 성비(Sex Ratio)

성비는 남녀인구의 균형상태를 나나내는 지수로 여자 100명에 대한 남자의 수를 표시하며 남성성비라고도 한다.

$$성비 = \frac{남자}{여자} \times 100$$

(2) 성비의 구분

① **1차 성비(Primary Sex Ratio)**: 태아의 성비
② **2차 성비(Secondary Sex Ratio)**: 출생 시의 성비
③ **3차 성비(Tertiary Sex Ratio)**: 현재인구의 성비

(3) 성비의 특징

① 1, 2차 성비에서는 항상 남자가 여자보다 많다.
③ 3차 성비는 연령이 많아짐에 따라 균형을 이루다가 고령에 이를수록 여자인구가 남자인구보다 많아진다.

2) 연령구조

(1) 중위연령

① 전체인구가 연령별로 분포되어 있을 때 정 중앙에 있는 사람의 해당 연령을 말한다.
② 인구노령화와 같은 인구특성을 파악할 수 있다.
③ 출생률과 사망률이 낮아지면, 중위연령은 높아지고, 출생률과 사망률이 높아지면, 중위연령은 낮아진다.
④ 중위연령이 25세 이하일 때를 "어린 인구"라고 하고, 30세 이상일 대는 '나이든 인구'라고 한다.
⑤ 우리나라는 2015년 중위연령이 41.2세로 최초로 40대에 진입하였다.

(2) 부양비(dependency ratio)

① 특징

㉠ 경제활동 연령인구(생산가능인구, 15~64세)에 대한 비경제활동 연령인구(비생산가능인구, 0~14세와 65세 이상)의 비를 말한다.

㉡ 인구의 사회경제적 구성을 나타내는 지표로, 부양비가 높을수록 그 사회의 경제발전에 부정적 영향을 끼친다.

㉢ 우리나라의 경우 부양비는 농촌이 도시보다 높으며 이유는 생산층 인구가 도시로 유입되어 농촌에 노인인구가 많이 밀집되었기 때문이다.

㉣ 부양비에 영향을 미치는 지수: 총부양비, 유년부양비, 노년부양비, 노령화 지수 등

② 부양비의 종류

㉠ **총부양비** $= \dfrac{0\sim14세 \ 인구 + 65세 \ 이상 \ 인구(비 \ 경제활동연령인구)}{15\sim64세 \ 인구(경제활동연령인구)} \times 100$

㉡ **유년부양비** $= \dfrac{0\sim14세 \ 인구}{15\sim64세 \ 인구} \times 100$

㉢ **노인부양비** $= \dfrac{65세 \ 이상 \ 인구}{15\sim64세 \ 인구} \times 100$

(3) 노령화 지수

① 노인인구의 증가로 인한 노령화 정도를 반영한다.

② 노령화 지수가 높을수록 노인인구의 증가에 따른 노년부양비가 증가하므로 경제활동의 활성화에 저해가 된다고 볼 수 있다.

③ 우리나라의 경우 현재 2018년 노인인구가 전체인구의 14%를 초과한 고령사회(Aged society)이며 2026년에는 20%를 초과하여, 초고령사회로 접어들 것으로 예상하므로 노인 복지문제가 주요한 사회적 이슈가 되고 있다.

$$노령화 \ 지수 = \dfrac{65세 \ 이상 \ 인구}{0\sim14세 \ 인구} \times 100$$

🔍 **참고 POINT**

[통계용어의 정의(통계청)]

(1) **생산연령인구**(working age population): 만 15세 이상의 인구

(2) **경제활동인구**: 만 15세 이상의 인구(생산연령인구) 중 경제활동을 하고 있거나 하기를 원하는 인구, 즉 생산연령인구 중 취업자와 실업자 수를 의미함

(3) **비경제활동인구**: 만 15세 이상의 인구 중 경제활동을 원하지 않거나, 할 수 없는 인구 (군인, 학생, 주부, 환자, 고령자 등)

(4) **실업률**: 경제활동 인구 중 경제활동에 참여하기를 원하고 있으나 경제활동에 참여하지 못하고 있는 인구의 비율

실업률 = 실업자 수 / 경제활동인구 수(취업자수 + 실업자 수) X 100

---

3) 인구피라미드

(1) 특징

① 성별, 연령별 인구구조를 동시에 표현한 것을 인구피라미드라고 하며 남자를 왼쪽, 여자를 오른쪽에 표시하고, 나이가 어린 사람을 아래쪽으로 하여 인구의 수를 나타낸다.

② 인구구성을 한눈에 파악할 수 있으며 그 지역의 사회, 경제적 특성과 인구학적 특성을 일차적, 개괄적으로 파악할 수 있는 방법이다.

(2) 인구피라미드의 유형

① **피라미드형(Pyramid form)**: 다산다사형

  ㉠ 후진국형으로 출생률, 사망률이 모두 높다.

  ㉡ 사망률보다 높은 출생률로 0~14세 인구가 50세 이상 인구의 2배 이상이다.

② **종형(Bell form)**: 소산소사형

  ㉠ 선진국 형으로 출생률, 사망률이 모두 낮다.

  ㉡ 0~14세 인구가 50세 이상인구의 2배가 된다.

  ㉢ 인구의 노령화 현상이 나타나 노인복지 문제가 대두된다.

③ **항아리형(Pot form)**

  ㉠ 인구 감퇴형으로 출생률과 사망률이 모두 낮지만, 특히 출생률이 사망률보다 더욱 낮아 인구가 감소하는 유형으로 일부 선진 국가들이 속한다.

  ㉡ 0~14세 인구가 50세 이상인구의 2배가 못된다.

  ㉢ 유소년층 비율이 낮고 청장년층 비율이 높아서 앞으로 국가 경쟁력 약화가 우려된다.

④ 별형(Star form)

  ㉠ 도시형, 전입형

  ㉡ 15~49세 인구가 전체인구의 50%를 넘으며 출산연령층 비율이 높아 유년층비율이 높다.

⑤ 호로형(Guitar form)

  ㉠ 농촌형 또는 전출형

  ㉡ 15~49세 인구가 전체인구의 50% 미만으로 청장년층이 도시로 이동하면서 출산력 저하
    가 오며 따라서 유년층 비율이 낮다.

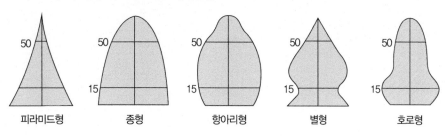

[그림 12-2] 인구구조의 유형

*출처: 한영란 등(2022). 최신 지역사회 보건간호학. 현문사. p.517.

(3) 우리나라 인구구조의 변화

① **1960년대 이전**: 유년층 인구가 많은 전형적 **피라미드형** 인구구조

② **1980년대~90년대**: 정부의 적극적 가족계획사업으로 **종형**의 인구구조로 변화

③ **2000년 이후**

  ㉠ **2000년**: 저출산 고령화현상으로 0-14세 인구가 21.1%, 65세 이상 인구가 7.2%를 차지하
    면서 고령화 사회에 진입

  ㉡ 2020년

    • 노인인구가 급증하면서 2020년에 노인인구가 15.7%로 **고령사회**에 진입

    • 현재 2020년 인구구조는 유소년 인구가 감소하고, **30~50대가 두터운 항아리형** 인구구
      조이지만 향후 아랫부분이 더 좁아지고 노인연령층이 더 넓어져 갈 것으로 예상

  ㉢ **2060년**: 20대 이하는 21.8%로 감소하는 반면에 60세 이상이 47.4%로 가장 큰 비중을
    차지하는 **역피라미드형의 항아리구조로** 변화될 것으로 전망

*출처: 김춘미 등(2022). 지역사회보건간호학. 수문사. p.547.

> **기출문제 맛 보기**
>
> **인구구조 유형 중 항아리형에 대한 설명으로 옳은 것은?** 24년 지방
>
> ① 생산연령층의 유출이 큰 농촌형 구조
> ② 생산연령층의 유입이 큰 도시형 구조
> ③ 출생률과 사망률이 모두 높은 다산다사형 구조
> ④ 출생률과 사망률이 모두 낮고, 출생률이 사망률보다 낮아 인구가 감소하는 구조

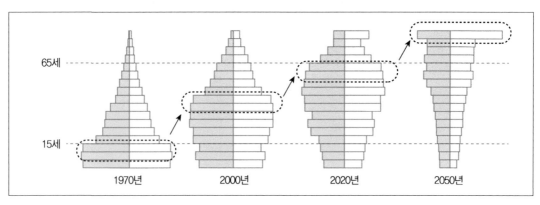

[그림 12-3] 우리나라 인구구조의 변화

*출처: 김춘미 등(2022). 지역사회보건간호학, 수문사. p.548.

7 인구정책

1) 인구정책의 개념

인구정책이란 인구의 규모와 질 등의 변화와 이로 인해 발생하는 제반 인구문제를 예측·판단하여 **인구와 관련된 대책과 사업계획을 세우는 일체의 인구계획**을 말한다.

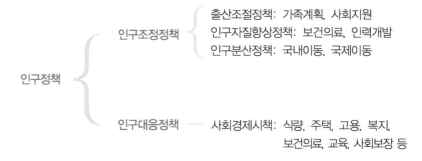

정답 ④

(1) 인구 조정정책

출생, 사망 및 인구이동의 현실과 이상적인 인구상태 등을 고려하여 국가가 바람직한 방향으로 나아가도록 하는 것으로 출산조절정책, 인구자질향상정책, 인구분산정책을 포함

(2) 인구 대응정책

인구의 변동에 따른 식량, 주택, 교육, 고용, 교육시설, 사회보장 등을 포함한 사회, 경제, 교육, 문화 등의 대응책

2) 우리나라의 인구정책의 변화

(1) 출산억제정책기(1961~1995)

합계출산율 6.0, 인구증가율 3%로 인구 억제정책으로 국가 주도의 대대적인 가족계획사업 실시

(2) 인구자질 향상 정책기(1996~2003)

① 합계출산율과 인구증가율의 둔화로 가족계획사업의 방향을 양적 인구억제에서 인구의 질적 향상을 도모하는 '신 인구정책'으로 방향 전환
② 1994년 '인구정책심의회' 구성
③ 1996년 인구억제 정책에서 인구자질 및 복지정책으로 인구정책 전환

(3) 출산장려 정책기(2004~현재)

① 급격한 인구의 고령화와 출산율의 급격한 감소로 고령화를 대비하고 출산을 장려하는 정책으로 전환
② 2004년: 고령화 및 미래사회위원회 발족
③ 2005년 저출산·고령사회 기본법 제정 및 저출산 고령사회 위원회 설치
  - 저출산 고령화에 대응하기 위한 국가적 차원의 정책적 전략 수립 논의

8 저출산 · 고령사회 기본계획

1) 저출산 · 고령사회 기본계획의 추진 경과

(1) 제 1차 저출산 · 고령사회 기본계획 수립(새로마지 플랜 2010, 2006-2010)

(2) 제 2차 저출산 · 고령사회 기본계획 수립(새로마지 플랜 2015, 2011-2015)

(3) 제 3차 저출산 · 고령사회 기본계획 수립(브릿지 플랜 2020, 2016-2020)

(4) 제 4차 저출산 · 고령사회 기본계획 수립(2021-2025)

2) 제 4차 저출산 · 고령사회기본계획(2021-2025)

(1) 수립배경

① 사회 · 경제 · 구조 · 가치관의 총체적 결과로서의 저출산에 대한 보다 **근본적이고 사회 구조적 접근 필요**

 - 결혼 · 출산 · 가족 등 삶의 양식을 둘러싼 시대변화와 청년 가치관 변화 반영과, 생애 경로 및 삶의 질에 대한 젠더적 접근 강화 필요

② 주도적 역할을 할 역량과 의지가 있는 베이비붐 세대의 성향을 고려, **능동적 주체로서 경제활동 참여 제고**를 유도

 - 소득보장 사각지대 해소 등 노인빈곤 대응은 지속 강화

③ 총 인구 감소시점 단축에 따라 **개개인의 역량 제고** 및 인구구조 변화에 대해 **적극적인 적응정책 마련**이 중요

(2) 기본방향

① 모두가 생애주기에 따른 **삶의 권리를 보장**받음으로써「**모든 세대가 함께 행복한 지속 가능 사회**」를 구현한다는 비전 제시

 - '개인의 삶의 질 향상', '성평등하고 공정한 사회', '인구변화 대응 사회 혁신'이라는 목표 설정

② **핵심 정책에 대한 과감한 투자**를 통해 **청년층과 아이를 키우는 부모**의 정책 체감도를 제고하고, **가족지원 투자** 지속 확대

 - 아울러 초고령사회 대응을 위해 **고령자의 능동적 · 적극적 역할**을 강조하는 한편, **사회구조적 문제**에 대한 논의 진행

(4) 제4차 기본계획의 정책체계도

| 비전 | 모든 세대가 함께 행복한 지속 가능 사회 |

| 목표 | 개인의
삶의 질 향상 | 성평등하고
공정한 사회 | 인구변화 대응
사회 혁신 |

추진전략

1. 함께 일하고 함께 돌보는 사회 조성

1 모두가 누리는 워라밸
2 성평등하게 일할 수 있는 사회
3 아동돌봄의 사회적 책임 강화
4 아동기본권의 보편적 보장
5 생애 전반 성·재생산권 보장

2. 건강하고 능동적인 고령사회 구축

1 소득공백 없는 노후생활보장체계
2 예방적 보건·의료서비스 확충
3 지역사회 계속 거주를 위한 통합적 돌봄
4 고령친화적 주거환경 조성
5 존엄한 삶의 마무리 지원

3. 모두의 역량이 고루 발휘되는 사회

1 미래 역량을 갖춘 창의적 인재 육성
2 평생교육 및 직업훈련 강화
3 청년기 삶의 기반 강화
4 여성의 경력유지 및 성장기반 강화
5 신중년의 품격있고 활기찬 일·사회참여

4. 인구구조 변화에 대한 적응

1 다양한 가족의 제도적 수용
2 연령통합적 사회 준비
3 전 국민 사회안전망 강화
4 지역상생 기반 구축
5 고령친화경제로의 도약

추진체계

1 연도별 중앙부처·지자체 시행계획 수립
2 중앙·지자체 인구문제 공동대응 협의체 운영 등 중앙·지역 거버넌스 구축

(3) 4대 추진전략

① 함께 일하고 함께 돌보는 사회 조성

- 일하는 것을 전제로 생애를 기획하는 청년층을 위해, **여성과 남성이 모두** 함께 일하고 함께 돌보는 사회 여건 조성에 집중
    - 일하는 모든 사람이 쓸 수 있는 권리로 출산·육아지원 제도를 확립하고, 일·생활 균형 권을 실현할 수 있는 사회적 분위기 조성
    - 출산·양육 등에 따른 노동시장 성차별을 해소하여 성평등한 노동 환경 마련
- 부모의 **양육부담을 경감**하고, 모든 아동이 개별적인 권리 주체로 존중받는 **아동중심 사회환경** 조성

② 건강하고 능동적 고령사회 구축

- 소득·건강·주거 등 **삶의 기본적인 영역에서 국가 책임 지속 강화**
    - 안정적인 노후소득 보장을 위한 소득보장 사각지대 해소, 노인 일자리 확대 및 자산의 안정적 소득화 기반 조성
    - 재가기반 건강돌봄 서비스 확충 및 존엄한 삶의 마무리 지원
- **고령층**(특히 베이비붐세대)을 생산소비 등 '**능동적 참여자**'로 관점을 전환하고 고령자의 적극적 역할과 활동 지원

③ 모두의 역량이 발휘되는 사회

- 인구 감소에 대응하여 **미래형 교육체계 기반 마련 및 평생교육·직업훈련 활성화**를 통해 지속적인 인적 역량 제고
- **청년**이 기회를 보장받고, 자립·결혼·출산 등의 중요한 생애과정을 포기하지 않도록 **삶의 기본적인 자립 기반 강화**
- 의욕과 능력이 있음에도 경제활동에 참여하지 못하는 **여성·중고령층 등이 역량을 발휘할 수** 있도록 경력유지 지원 등 여건 조성

④ 인구구조 변화에 대응한 적응과 도약

- 개인이 **다양한 가족 배경에 따른 차별 없이** 성장하고, 다양한 노동형태를 포용하는 사회안전망의 보호를 받는 제도적 기반 강화
- 청년, 귀향 베이비부머 등 세대별 지원과 삶의 여건의 공간적 균형 회복을 통해 인구분산과 **세대가 공존하는 지역사회** 조성
- 인구규모 축소에 대응하는 교육, 주택 등 각 분야 **사회시스템 적응 조정**, 세대간 형평성을 고려한 **사회보험의 지속가능성** 논의

CHAPTER **02** # 가족계획

1 정의

(1) 수태횟수와 터울을 조절하여 계획적으로 출산자녀를 제한함으로써 모성의 건강을 보호하고 양육 능력에 맞는 건강한 자녀를 출산하고자 하는 것이며, 불임환자에 대해서는 그 원인을 규명하고 치료하여 자녀를 갖게 하는 것이다.
(2) 산아제한이나 수태조절은 가족계획을 달성하기 위한 하나의 방법 또는 수단이다.

2 피임방법

1) 피임법의 이상적 조건

(1) 피임효과가 확실해야 한다(효과성).
(2) 효과가 일시적이며 복원 가능해야 한다(복원성).
(3) 인체에 무해해야 한다(안정성).
(4) 성교나 성감을 헤쳐서는 안된다(수용성).
(5) 사용법이 간단해야 한다(간편성).
(6) 비용이 적게 들어야 한다(경제성).
(7) 성병예방효과가 있어야 한다.

2) 피임법의 분류

(1) 피임효과의 지속성에 따른 분류
  ① **일시적 피임법**: 자궁내장치, 먹는 피임약, 콘돔, 성교중절법, 월경주기 이용법, 다이아프램, 살정제 등
  ② **영구적 피임법**: 정관수술, 난관수술

(2) 사용자에 따른 분류
  ① **여성용**: 자궁내 장치, 먹는 피임약, 월경주기법, 다이아프램, 살정제, 난관수술 등
  ② **남성용**: 콘돔, 성교중절법, 정관수술법

(3) 피임원리에 따른 분류

① **물리적 피임법**: 성교중절법, 질세척법, 콘돔, 다이아프램, 자궁내 장치

② **화학적 피임법**: 살정제

③ **호르몬 피임법**: 먹는 피임약, 노플란트, 주사제 등

④ **외과적 피임법**: 난관결찰술, 정관결찰술

(4) 기타: 성교 후 방법

3 피임법 종류

1) 자연피임법

(1) 월경주기법

① 월경주기에 따른 임신 가능기에 금욕

② 배란시기를 정확히 예측하는 것에 따라 성공여부가 달려있다.

③ 배란시기는 다음 월경예정일 12~16일 전이다.

㉠ 장점: 가장 자연스러운 방법, 준비할 것이 없음

㉡ 단점: 월경주기가 불규칙적이면 사용할 수 없음

(2) 기초체온법

① 배란 전, 후 자연적인 체온 변화측정, 월경 첫날부터 배란기 까지 일정수준 유지하다 배란 24시간 전 약간 떨어졌다가 배란 후 상승 (프로게스테론 분비에 영향 받음)

② 일어나기 전 구강체온 측정

③ 배란 전후 3일간 금욕

④ 감염, 과로 및 성교여부 등이 기초체온에 변화 줄 수 있다.

(3) 경관점액관찰법

① 배란 시 경관 점액량과 내용물의 특징적 변화를 확인하여 피임한다.

② 배란 24시간 전에 달걀 흰자위 같은 투명하고 미끈거리는 점액이 나오게 되고 배란 후에는 다시 흰색으로 변하며 점액분비가 중단되는 것을 관찰하여 점액이 나오는 날부터 투명한 점액이 분비되는 날 다음의 3일 정도 성교를 피하는 방법이다.

2) 호르몬 사용

(1) 경구피임약

① 기전

  ㉠ 에스트로겐과 프로게스틴 복합제 또는 프로게스틴 단독

  ㉡ 체내 호르몬 양을 일정수준으로 유지시켜 FSH와 LH호르몬 분비 억제시켜 배란억제

  ㉢ 난관기능방해, 자궁내막, 경관점액변화로 착상 방해하는 등 피임효과

② 장점

  ㉠ 지속 복용 시 100% 효과가 있다.

  ㉡ 월경주기를 조절할 수 있다.

  ㉢ 성생활과 무관하게 사용이 가능하다

③ 단점

  매일 같은 시간에 하루도 빠짐없이 복용해야 효과가 분명하다(체내호르몬 평형 유지).

④ 부작용

  ㉠ **에스트로겐 과다**: 오심, 유방압통, 수분정체, 기미

  ㉡ **에스트로겐 부족**: 조기점적출혈, 과소월경, 신경과민, 위축성질염

  ㉢ **프로게스틴 과다**: 식욕증가, 피로, 우울, 유방압통, 다모증, 무월경

  ㉣ **프로게스틴 부족**: 후기점적출혈, 자궁출혈

⑤ 금기증

  ㉠ 절대금기증

    • 혈전 색전성 질환자

    • 심혈관 합병증이 있는 사람(뇌혈관 또는 관상동맥 질환 등)

    • 간 질환자

    • 유방암, 자궁암, 난소암의 병력이 있는 자

    • 산욕기 환자(산후 2달 이내 혈전증 유발가능성)

  ㉡ 상대금기증

    • 고혈압, 당뇨

    • 원인불명의 자궁출혈

    • 간질, 우울증, 편두통 환자

    • 지나친 비만자

    • 담낭질환자

⑥ 주의점

  ㉠ 복용시간을 잊은 경우는 즉시 그날 분을 먹고 다음 날부터 제시간에 복용

  ㉡ 중단 시에도 주기복용 마친 후 중단

  ㉢ 임신 원할 때 다른 피임법 2개월 정도 사용 후 임신

3) 차단피임법

(1) 살정제

① 기전
  ㉠ 질내 정자의 생활력과 운동력을 화학적으로 약화시켜 정자가 경관내로 진입하는 것을 방지
  ㉡ 매 성교 전 질 깊숙이 경관 가까이 살정제 삽입
② 장점: 삽입이 간편
③ 단점: 사용 중 질외 유출, 삽입시간 조절, 질 점막에 자극

(2) 콘돔

① 기전: 얇고 탄력적인 고무제품을 성교전 음경에 씌워 정자가 질 내에 들어가는 것을 차단하는 방법으로 정확한 방법의 사용은 90% 피임효과가 있다.
② 장점
  ㉠ 피임효과 정확하다(90%).
  ㉡ 인체에 해가 없고 사용이 간편하다.
  ㉢ 값이 싸다.
  ㉣ 성병예방이 가능하다.
③ 단점
  ㉠ 벗겨지거나 손상우려
  ㉡ 불편감 호소(성감장애로 정신적 불만)

(3) 다이아프램

① 기전: 경부를 씌울 수 있는 볼록한 모양의 고무마개로 경관을 덮어 고정시키며 살정제를 포함하고 있어 사정된 정자가 경관내 진입하지 못하도록 함
② 장점: 여성의 주도권이 강조된다.
③ 단점: 고정 시 압박으로 경부 자극, 삽입의 어려움. 악취 나는 분비물, 요로감염을 유발할 수 있다.

(4) 성교중절(질외사정법)

성관계 도중 사정하기 전 음경을 질에서 빼내 질 밖에서 사정하는 것으로 남성의 절제와 인내가 필요하여 실패하기 쉬우며, 약간의 정액이 여성의 생식기에 묻어 임신될 가능성도 있어서 피임법 효과가 가장 낮은 방법이다.

(5) 자궁내 장치(Intra uterine Device)

자궁강 기구를 삽입하여 수정란의 착상 방지 및 정자의 난관이동 방해

① 장점: 지속적 피임법, 임신을 원할 때 제거가능
② 단점
   ㉠ 전문가에 의한 삽입
   ㉡ 시술 후 빠질 수 있으므로 정기적 점검
   ㉢ 하복부 불편감, 자궁출혈, 골반염증성질환, 세균성 질염, 요통, 경련, 질 분비물 경험
③ 금기증: 골반염증성질환, 근종, 자궁암, 자궁의 부정출혈, 임신 의심 시

4) 영구피임법

(1) 난관결찰술

전신마취 후 난관을 절단하고 결찰하므로 정자의 난관통과를 막는다.
① 장점
   ㉠ 수술시간 약 20분간, 10일 이내 상처치유, 당일시술
   ㉡ 수술 후 바로 피임효과
   ㉢ 부작용이 적다.
② 단점: 복원이 어렵다.

(2) 정관절제술

양쪽 정관을 절개, 결찰 하는 방법으로 정자가 몸 밖으로 배출되는 것을 방지
수술이 간단하고 수술 후 24시간 이후에 정상 활동 재개 가능
① 단점
   ㉠ 수술 후 1~2일간 음낭부종, 동통
   ㉡ 복원이 어려움
② 주의점: 수술 전 정관 내 정자가 1~3달간 남아 있으므로 2회의 지속적인 정액검사에서 정자가 발견되지 않을 때까지 다른 방법으로 피임이 필요하다.

5) 응급피임법

(1) 목적

계획되지 않은 성교, 피임의 실패, 성폭력으로 인한 성행위 후 임신을 방지하기 위함이다.

(2) 사용방법

① 성교 후 72시간 내에 1회 약 복용, 그 후 12시간 후 다시 복용, 75% 효과
② 최근 72시간 내 1회 복용하는 약물이 있으며 피임효과가 증가
③ 일주일내 출혈이 없는 경우 임신반응검사를 실시하여 추후 관리하여야 한다.

📝 단원확인문제

01. 우리나라의 인구구조변화 양상에 대한 설명으로 옳은 것은?

가. 노령화 지수의 증가	나. 노년부양비의 증가
다. 평균수명의 연장	라. 비례사망률의 증가

① 가, 나, 다

③ 나, 라

② 가, 다

④ 가, 나, 다, 라

02. 다음과 같은 인구구조를 가진 지역사회에 있어서 총부양비는 얼마인가?

0~14세: 200명	15~44세: 600명
45~64세: 400명	65~74세: 80명
75세 이상: 30명	

① 23.7%

③ 31%

② 11.0%

④ 5.6%

03. 다음 중 부양비에 대한 설명이 잘못된 것은?

① 경제활동연령인구에 대한 비경제활동 연령인구의 비를 말한다.

② 총부양비는 유년부양비와 노년부양비를 합한 것이다.

③ 경제활동연령인구는 15~64세까지의 인구를 말한다.

④ 우리나라의 경우 농촌이 도시보다 부양비가 낮다.

04. 다음과 같은 인구구조를 가진 지역사회가 있다. 노년부양비는 얼마인가?

• 0~14세: 200명	• 15~44세: 600명
• 45~64세: 400명	• 65~74세: 80명
• 75세 이상: 30명	

① 23.7%   ② 11.0%
③ 6.1%   ④ 5.6%

05. 다음 중 인구의 노령화로 인한 노인복지대책이 필요한 인구구조는?

① 피라미드형   ② 종형
③ 항아리형   ④ 별형

06. 인구증가가 가져올 수 있는 보건의료적 문제는?

가. 보건의료의 공급부족	나. 기아로 인한 사망률 증가
다. 불충분한 위생시설	라. 질병의 이환률 증가

① 가, 나, 다   ② 가, 다
③ 나, 라   ④ 가, 나, 다, 라

07. 인구통계는 인구동태통계와 인구정태통계로 나눈다. 이 중 인구정태 통계란?

가. 어떤 특정한 순간의 인구의 상태를 의미
나. 인구의 크기, 구성 및 성격을 나타내는 통계
다. 국세조사를 통해 파악
라. 출생신고, 사망신고 등 법적 신고의무에 의해 파악

① 가, 나, 다
② 가, 다
③ 나, 라
④ 가, 나, 다, 라

08. 총 인구가 1,000명인 어느 지역사회의 인구현황이 다음과 같을 때 옳은 내용은?

• 0~14세: 200명
• 15~49세: 300명
• 50~64세: 200명
• 65~74세: 200명
• 75세 이상: 100명

① 유년부양비는 20%이다.
② 노년부양비는 60%이다.
③ 노령화지수는 30이다.
④ 생산인구 0.6명이 노인 1명을 부양한다.

09. Notestein과 Thompson의 인구변천이론에서 제2단계는?

① 출생률과 사망률이 거의 같다.
② 출생률과 사망률이 모두 높다.
③ 출생률과 사망률의 차이가 커진다.
④ 전 세계인구의 1/5이 해당된다.

10. A 지역의 비례사망지수가 B 지역보다 낮다는 것의 의미로 적절한 것은?

① A 지역의 건강수준이 B 지역 보다 낮다.
② A 지역의 일반사망률이 B 지역보다 낮다.
③ A 지역의 유년인구 사망률이 B 지역보다 낮다.
④ A 지역에 대한 노인보건사업을 활성화하여야 한다.

11. 성비에 관한 설명으로 옳은 것은?

① 1차 성비는 출생시의 성비이다.
② 성비는 남자 100에 대한 여자의 수이다.
③ 2차 성비는 장래 인구를 추정하는데 좋은 지표가 된다.
④ 1, 2차 성비는 항상 여자가 남자보다 많고, 고령이 되면 100에 가까워진다.

정답 및 해설 Answers & Explanations

01 정답 ①

우리나라는 일반적으로 선진국 유형의 인구특징을 지닌다. 즉 출생률 저하, 사망률 저하, 평균 수명의 연장으로 인한 노인문제, 생산인구의 저하와 유년층 인구의 저하등도 우리나라에서 볼 수 있는 특징이다. 비례사망률은 특정연도의 총 사망자수에 대한 특정원인에 의한 사망수로 사인별 사망분포를 나타내는 것이기 때문에 인구변화양상보다는 질병추이를 알 수 있는 지표이다.

02 정답 ③

총부양비 = 경제활동연령인구(15~64세 인구수)에 대한 비경제활동 연령인구(0~14세, 65세 이상)의 비를 말한다. 따라서 {(200+80+30)/(600+400)}x 100 =31%이다.

03 정답 ④

우리나라의 경우 도시가 농촌보다 부양비가 낮다. 왜냐하면 도시에 생산층 연령인구가 많기 때문이다.

04 정답 ②

노인부양비 = 65세 이상 인구수/15~64세 인구수 × 100, 즉 (110/1,000) x 100 = 11. 11%가 된다.

05 정답 ②

피라미드형은 다산다사형이며 종형은 저출생, 저사망의 선진국형으로 인구노령화가 나타나 노인복지에 대한 대비가 필요한 인구구조이다. 항아리형은 출생률이 사망률보다 낮아 인구감퇴형이며 별형은 생산연령층 인구가 많이 유입되는 도시형이다. 호로형은 농촌형으로 생산연령층 인구의 유출로 노인인구가 많은 인구구조이다.

06 정답 ④

인구증가 비해 보건의료의 공급이 부족하고, 기아, 불충분한 위생시설 등으로 저개발국에서는 질병의증가현상이 나타난다.

07 정답 ①

인구통계는 인구동태 통계와 인구정태 통계로 나눈다. 인구정태 통계란 인구의 어떤 특정 순간의 상태를 의미하며, 인구의 크기, 구성 및 성격을 나타내는 통계로서 연령별, 성별, 인구밀도, 산업별, 직종별, 도시 및 농촌별, 결혼상태별, 실업상황 등이다. 이는 국세조사(Census)를 통해 파악되며, 우리나라는 매 5년마다 조사하는 인구조사이다.

08 정답 ②

- 유년부양비 = (200/500) x 100 = 40%
- 노년부양비 = (300/500) x 100 = 60% 즉 생산인구 1명이 노인 0.6명 부양
- 총부양비 = (500/500) x 100 = 100%
- 노령화지수 = (300/200) x 100 = 150

09 정답 ③

제2단계는 과도기적 성장단계로 인구폭증단계로 출생률과 사망률의 차이가 커지며 전세계인구의 3/5이 해당된다.

10 정답 ①

비례사망지수가 높을수록 50세 이상의 사망이 많으므로 건강수준이 높고, 유년인구사망률이 낮다. 따라서 A지역은 B지역보다 비례사망지수가 낮으므로 유년사망률을 줄일 수 있는 영유아보건사업을 강화해야 한다.

11 정답 ③

1차 성비는 태아성비, 2차 성비는 출생시 성비, 3차 성비는 현재 성비이다. 성비는 여자 100명에 대한 남자의 수를 나타낸다. 1,2차 성비는 항상 남자가 여자보다 많고, 고령이 되면 100에 가까워진다.

PART

13

모자보건

CHAPTER 01 모자보건사업

1 모자보건사업의 개요

1) 모자보건사업의 정의

(1) 「모자보건법」

모성과 영유아에게 전문적인 보건의료봉사 및 그와 관련된 정보를 제공하고, 모성의 생식건강관리와 임신·출산·양육 지원을 통하여 이들이 신체적·정신적·사회적으로 건강을 유지하게 하는 사업(「모자보건법」 제2조)

(2) WHO 모자보건위원회

모든 임산부와 수유부의 건강을 유지하고 육아기술을 획득하게 하며, 안전하게 아기를 출산하고, 건강하게 자녀를 키우도록 책임지고 관리하는 사업

2) 모자보건사업의 중요성

(1) 모자보건 대상 인구는 전체 인구의 60~70%로 광범위하다.
(2) 예방사업으로 획득하는 효과가 크다.
(3) 모성과 아동의 건강은 다음 세대의 인구자질에 영향을 미친다.
(4) 임산부와 영유아는 다른 연령층에 비해 질병에 이환되기 쉬운 건강상 취약계층이다.

3) 모자보건의 대상

(1) 광의의 대상

① **모성**: 초경에서 폐경기에 이르는 모든 여성
② **아동**: 출생에서 15-18세 까지의 미성년자

(2) 협의의 대상

① **모성**: 임신, 분만, 산욕기, 수유기의 여성
② **아동**: 출생에서 미취학까지의 아동

(3) 모자보건법상의 모자보건사업의 대상

① **모성**: 임산부와 가임기 여성
② **영유아**: 출생 후 6년 미만인 사람

(4) 용어의 정의(모자보건법 제2조)

① **임산부**: 임신 중이거나 분만 후 6개월 미만인 여성

② **신생아**: 출생 후 28일 이내의 영유아

③ **미숙아**: 신체의 발육이 미숙한 채로 출생한 영유아로서 대통령령으로 정하는 기준에 해당되는 영유아

> ○ 미숙아란 임신 37주 미만의 출생아 또는 출생시 체중이 2500g 미만인 영유아로서 보건소장 또는 의료기관의 장이 임신 37주 이상의 출생아 등과는 다른 특별한 의료적 관리가 필요하다고 인정하는 영유아

④ **선천성이상아: 선천성 기형** 또는 **변형**이 있거나 **염색체에 이상**이 있는 영유아로서 대통령령으로 정하는 기준에 해당하는 영유아

> ○ 보건복지부 장관이 선천성이상의 정도 · 발생빈도 또는 치료에 드는 비용을 고려하여 정하는 선천성이상에 관한 질환이 있는 영유아로서 다음에 해당하는 영유아
> ⓐ 선천성이상으로 사망할 우려가 있는 영유아
> ⓑ 선천성이상으로 기능적 장애가 현저한 영유아
> ⓒ 선천성이상으로 기능의 회복이 어려운 영유아

5) 모자보건사업의 계획수립 및 내용

(1) 계획의 수립 및 조정(법 제5조)

① 보건복지부장관은 모자보건사업에 관한 시책을 종합 · 조정하고 그에 관한 기본계획을 세워야 한다.

② 관계 중앙 행정기관의 장과 지자체장은 기본 계획을 수행하는데 필요한 세부계획을 수립 · 시행하여야 한다.

(2) 기본계획 수립내용(영 제2조)

① 임산부 · 영유아 및 미숙아 등에 대한 보건관리 및 지도

② 인구조절에 관한 지원 및 규제

③ 모자보건에 관한 교육 · 홍보 및 연구

④ 모자보건에 관한 정보의 수집 및 관리

6) 모자보건기구의 설치 및 사업내용(법 제7조)

(1) 모자보건기구의 설치

① 국가와 지방자치단체는 모자보건사업에 관한 다음 각호의 사항을 관장하기 위하여 모자보건기구를 설치, 운영할 수 있다.

② 지방자치단체가 모자보건기구를 설치할 때에는 보건소에 설치함을 원칙으로 한다.

(2) 모자보건기구의 사업내용

① 임산부의 산전·산후관리 및 분만관리와 응급처치에 관한 사항

② 영유아의 건강관리와 예방접종 등에 관한 사항

③ 모성의 생식건강 관리와 건강 증진 프로그램 개발 등에 관한 사항

④ 부인과 질병 및 그에 관련되는 질병의 예방에 관한 사항

⑤ 심신장애아의 발생 예방과 건강관리에 관한 사항

⑥ 성교육·성상담 및 보건에 관한 지도·교육·연구·홍보 및 통계관리 등에 관한 사항

7) 모자보건사업 지표

(1) 출산지표

① **조출생률** $= \dfrac{\text{연간 총 출생수}}{\text{연 중앙인구 수}} \times 1{,}000$

② **일반 출산율** $= \dfrac{\text{같은 기간 내 총출생수}}{\text{가임 연령 여성의 연 중앙인구 수}} \times 1{,}000$

③ **합계 출산율** $= \displaystyle\sum_{x=15}^{49} fx$ $(fx:\ x$세 여성의 출산율$)$

(2) 사망지표

① **영아사망률** $= \dfrac{\text{당해 연도의 출생 후 1년 미만의 영아 사망 수}}{\text{당해 연도의 출생아 수}} \times 1{,}000$

② **주산기 사망률** $= \dfrac{\text{당해 연도의 28주 이후의 사산 수 + 생후 1주 이내의 사망 수}}{\text{당해 연도의 출산아수(출생아수)}} \times 1{,}000$

③ **신생아 사망률** $= \dfrac{\text{당해 연도의 생후 28일 이내의 신생아 사망 수}}{\text{당해 연도 출생아 수}} \times 1{,}000$

④ **초생아 사망률** $= \dfrac{\text{당해 연도의 생후 7일 이내 초생아 사망수}}{\text{당해 연도 출생아 수}} \times 1{,}000$

⑤ **사산율** $= \dfrac{\text{당해 연도의 임신 28주 이후의 사산아 수}}{\text{당해 연도 출산아 수(출생아+사산아)}} \times 1{,}000$

⑥ **모성사망비** $= \dfrac{\text{당해 연도의 임신, 분만, 산욕합병증으로 사망한 모성 수}}{\text{당해 연도의 출생아 수}} \times 100{,}000$

⑦ **모성사망률** $= \dfrac{\text{당해 연도의 임신, 분만, 산욕합병증으로 사망한 모성 수}}{\text{당해 연도의 가임기 여성 수}} \times 100{,}000$

⑧ α **- index** $= \dfrac{\text{당해 연도의 영아 사망 수}}{\text{당해 연도의 신생아 사망 수}}$

α – index : 영아 사망과 신생아 사망과의 관련지표로서, α – index가 1에 근접할수록 거의 모든 영아 사망이 신생아 사망으로 그 지역의 건강수준이 높은 것을 의미하며, 그 값이 클수록 신생아기 이후의 영아 사망이 크기 때문에 영아 사망에 대한 예방대책이 필요하다.

기출문제 맛 보기

모자보건지표 중 한 명의 여성이 가임기간(15~49세)동안 낳을 것으로 예상되는 평균 출생아 수에 해당하는 것은?

22년 서울

① 총재생산율
② 순재생산율
③ 합계출산율
④ 일반출산율

---

2   우리나라 모자보건정책

1) 모자보건사업의 현황

(1) 현재 우리나라의 모자보건사업은 가족계획사업에서 **저출산·고령사회 정책**으로 변화

(2) 연간 혼인 건수는 지속 감소추세, 초혼연령과 첫째아이 출산 연령은 계속 증가 추세

(3) 2022년 우리나라 영아사망률(2.3)은 OECD평균(4.8)보다 매우 낮고, **모성사망비(8.4)는 전년도 (8.8)에 비해 감소했으며 OECD 평균(14.3)보다 낮음**(2022년 영아사망·모성사망비통계)

(4) 만혼과 환경적 요인으로 인하여 난임부부, 저체중아, 선천성 이상아 등 **임신·출산 관련 장애가 증가**하고 있으나 고위험임신, 분만에 대한 정책적 개입이 부족

(5) 산부인과 전문의 배출 감소, 분만 취약지 증가, 신생아 집중치료실 부족 등 관련 인프라 부족과 통합적 관리 미흡으로 **출산환경 악화**

(6) 여성의 경제활동 참가율 증가, 결혼 연령의 상승 및 고령 출산의 증가 등으로 **가임기 여성의 생식건강이 악화**

(7) 임신 이전의 청·장년기 건강관리, 건강한 산전·후 관리 등을 위한 **국민인식이 부족**

정답 ③

비전	모성과 영유아가 건강한 사회			
정책 목표	• 임산부, 감임기 여성의 신체적 · 정신적 · 사회적 건강 증진 도모 • 건강에 대한 사전 예방적 투자로 차세대 건강한 인적자원 확보 • 임신, 출산, 양육에 대한 사회적 환경조성 • 가족건강사업의 지원 및 전달체계 구축			
추진 전략	가임기 여성 생식건강증진	모성 건강지원	사전 예방적 아동건강 지원	임신, 출산, 양육의 사회책임 및 제도 강화
주요 과제	• 가임기 여성생식 건강 지원 • 인공임신중절 예방 홍보 • 임신, 출산, 상담체계 구축	• 임산부, 아동 건강관리 – 철분제 지원 – 엽산제 지원 – 표준모자보건수첩 발굴 – 임산부 배려 엠블럼 보급 • 모유수유클리닉 • 산후조리원관리 강화	• 미숙아, 선천성 이상아 의료비 지원 • 선천성대사이상 검사 및 환아관리 • 선천성 난청 검사 및 보청기 지원 • 취학 전 아동 실명 예방	• 난임부부 지원 강화 • 청소년산모 지원 • 임산부의 날 • 임산부 배려 캠페인 • 모자보건법령 개정 • 고위험 임산부 의료비 지원 • 저소득층 기저귀 조제 분유 지원 • 첫만남 이용권 지원

[그림 13-1] 여성과 어린이의 건강증진 체계

*출처: 보건복지부(2023) . 2022 보건복지백서. p.330.

2) 우리나라 주요 모자보건사업

(1) 모성건강 지원

① **표준모자보건수첩 제공**. 임신부 및 0~36개월 영유아의 부모

② **임신 · 출산 · 육아 종합정보제공**: 아이사랑 사이트를 통한 종합정보 제공

③ **성 · 생식건강에 관한 정보제공(러브플랜)**

원치 않는 임신예방을 위한 대상자별 맞춤형 피임정보 및 성건강, 위기 갈등상황에서의 임신
의 유지 · 종결 등 종합 상담서비스 제공

④ **출산 친화적 환경조성**

임산부의 날 행사, 임산부 배려 캠페인 추진 및 임산부배려 엠블럼 제작 · 배포

⑤ **위기임신 상담 제도**

위기임신 전문상담센터(한국마더세이프)와 를 통한 위기임신 상담 전화를 통한 안내와 전문
적 상담 제공 및 연계

⑥ **산후조리원 감염 및 안전관리**

산후조리원에 대한 감염 및 안전관리를 통해 안전하고 건강한 산후조리 지원

⑦ **임산부 철분제 및 엽산제 지원**

(2) 임신 · 출산에 대한 지원

① **청소년산모 임신출산 의료비 지원사업**

구분	내용
목적	산전관리가 취약한 청소년산모 대상으로 임신 · 출산 의료비를 지원함으로써 청소년 산모와 태아의 건강증진 도모
대상	만 19세 이하 모든 청소년 산모((소득기준X)
지원범위	임산부 및 2세 미만 영유아의 모든 의료비 및 약제 · 치료재료 구입비(120만원 내)

② **난임부부 시술비 지원사업**

구분	내용
목적	체외수정시술 및 인공수정시술 등 보조생식술을 받는 난임부부에게 건강보험 본인부담 및 비급여 일부를 보충적으로 지원하여 경제적 부담을 경감시킴으로써 난임부부가 희망하는 자녀를 갖도록 지원하기 위함
대상	기준중위소득 180% 이하인 가구(기초생활수급자 및 차상위계층 포함)의 난임부부
지원	인공수정, 체외수정(신선배아, 동결배아) 시술비 중 일부 · 전액본인부담금 중 90% 등

③ **고위험 임산부 의료비 지원사업**

구분	내용
목적	고위험 임신의 적정 치료 · 관리에 필요한 진료비를 지원하여 경제적 부담 경감 및 건강한 출산과 모자 건강 보장
대상	기준중위소득 180% 이하 (기초생활수급자 및 차상위계층 포함)가구의 임산부로 19대 고위험 임신질환으로 진단받고 입원치료를 받는 임산부
지원	19대 고위험 임신질환 입원치료 시 전액본인부담금 및 비급여 진료비의 90%

(3) 영유아 사전예방적 건강관리

① **미숙아 및 선천성이상아 의료비 지원사업**

구분	내용
목적	미숙아 및 선천성이상아 대상 의료비를 지원하여 환아 가정의 경제적 부담 완화 및 미숙아 등 고위험 신생아의 건강한 성장 발달 도모
대상	• 기준중위소득 180% 이하의 가구 및 다자녀 가구의 미숙아 및 선천성 이상아로서 미숙아: 긴급한 수술 · 치료가 필요하여 출생 후 24시간 이내 신생아중환자실에 입원 경우 선천성이상아: 출생 후 1년 이내에 선천성이상으로 진단받고 입원하여 수술한 경우
지원	미숙아: 급여 중 전액본인부담금 및 비급여 진료비 선천성이상아: 치료를 위한 수술비

② 선천성대사이상검사 및 환아 지원사업

구분	내용	
목적	선천성대사이상 유무를 조기에 발견·치료하고 특수식이 등을 지속적으로 지원함으로써 정신지체 등 장애 발생을 사전에 예방	
대상	기준중위소득 180% 이하인 가구의 영아 다자녀가구(2명 이상)의 영아	선천성대사이상 및 희귀 등 기타 질환으로 진단받아 특수식이 또는 의료비 지원이 필요한 만 19세 미만 모든 환아
지원	외래선별검사비 지원 단, 확진검사비 지원은 확진 시 지원(소득X)	특수식이 및 의료비 지원 단, 의료비지원: 선천성 갑상선기능저하증

③ 신생아 난청검사비 지원 및 보청기 지원사업

구분	내용	
목적	선천성 난청의 조기발견으로 재활치료를 통해 언어·지능·발달장애를 예방함으로써 사회부적응 등 후유증 최소화	
대상	기준중위소득 180% 이하인 가구의 신생아 다자녀가구(2명 이상)의 신생아	선정기준 해당자로서 만 3세 미만의 양측성 난청 영유아
지원	선별검사비 및 확진검사비 지원	보청기 지원

④ 취학 전 아동 실명예방 사업지원

구분	내용	
	영유아 눈건강 홍보 및 상담 사업	영유아 눈건강 이상 환아 관리 사업
목적	• 눈 질환의 조기발견과 치료를 통한 시각장애 예방으로 국민 눈 보건향상 • 눈 질환 상담 및 눈 관리방법 홍보를 통한 눈 건강의 중요성 인식 확대	
대상	전국 취학 전 아동	기초생활보장 수급자, 차상위계층 등 저소득가구의 안질환 환아 (선천성 백내장, 미숙아 망막증, 사시 등)
지원	어린이 실명예방 홍보사업 안질환 및 눈건강 관련 상담	저소득층 개안 수술비 지원

⑤ 저소득층 기저귀·조제분유 지원 사업

구분	내용
목적	저소득층 영아(0~24개월) 가정의 육아 필수재인 기저귀 및 조제분유 지원을 통해 경제적 부담 경감 및 아이 낳기 좋은 환경 조성
대상	• 만 2세 미만의 영아를 둔 아래 기초생활보장수급자, 차상위계층, 한부모가족 • 만 2세 미만의 영아를 둔 기준중위소득 80% 이하의 장애인 가구 • 만 2세 미만의 영아를 둔 기준중위소득 80% 이하의 다자녀 가구
지원	기저귀 및 조제분유 지원

*출처: 보건복지부(2024). 모자보건사업안내

CHAPTER 02

모성 건강관리

1 혼전관리(임신 전 관리)

1) 목적

임신과 분만이 순조롭게 할 수 있는 최적의 건강상태를 유지할 수 있도록 돕는다.

2) 결혼 전 건강진단 내용

① 흉부 ×-선 촬영
② **혈액검사**(혈액형검사, 혈색소 측정, 기본 혈액검사, B형 간염항원검사 풍진항체검사)
③ **성병검사**(매독혈청 반응검사, AIDS)
④ 심전도
⑤ **소변검사**(단백뇨, 당뇨)
⑥ 신체계측과 전신소견
⑦ **성기**의 진단 및 정액검사(남자)
⑧ **월경력** 및 기초체온 측정(여자)
⑨ 구강, 시력·색맹, 기타 안과질환
⑩ **유전질환**

2 산전관리

1) 산전관리 목적

① 임산부가 최상의 건강상태로 건강한 아이를 출산토록 한다.
② 임신합병증을 예방·조기발견, 관리함으로써 안전 분만과 산욕기의 회복을 촉진한다.
③ 모자간의 신체적·정신적으로 만족스러운 관계 형성을 돕는다.

(2) 산전관리 내용

(1) 임산부 등록 및 관리

① **모자보건수첩 발급**: 보건소, 의료기관, 건강보험공단 등

시, 군, 구청장은 신고된 임산부나 영유아에 대하여 모자보건수첩을 발급하여야 한다(법 제9조).

② 건강기록부 작성, 분만 전까지 주기적 산전관리 실시
③ 모자보건사업에 관한 정보제공, 교육 및 필수적 보건의료서비스 지원

Q 참고 POINT

[표준모자보건수첩의 목적]
표준모자보건수첩 보급으로 임신부터 영유아기까지의 각종 검사 및 건강관리 안내, 예방접종, 검진(검사) 등 의무기록 유지, 양육에 대한 필수 · 객관적 정보 제공으로 모성과 영유아의 건강증진 도모

[수첩 구성내용]
(1) 임산부 또는 영유아의 인적 사항
(2) 산전(産前) · 산후(産後)관리 사항
(3) 임신 중의 주의사항
(4) 임산부 또는 영유아의 정기검진 및 종합검진
(5) 영유아의 성장발육과 건강관리상의 주의사항
(6) 예방접종에 관한 사항

---

(2) 임산부의 정기 건강진단

시장 · 군수 · 구청장은 임산부 · 영유아 · 미숙아 등에 대하여 정기적으로 건강진단 · 예방접종을 실시하거나 모자보건전문가에게 그 가정을 방문하여 보건진료를 하게 하는 등 보건관리에 필요한 조치를 하여야 한다(제10조제1항).

① 건강진단 횟수(시행규칙 별표1)

임신기간 기준	모자보건법, WHO	비고
임신 28주까지(7개월)	4주마다 1회	
임신 29주에서 36주까지(8–9개월)	2주마다 1회	※ 예외 조항 삽입
임신 37주 이상(9개월 이후)	1주마다 1회	

○ 특별자치시장, 특별자치도지사 또는 시장 · 군수 · 구청장은 임산부가 다음에 해당되는 경우 위의 건강진단 횟수를 넘어 건강진단을 실시할 수 있다.

㉠ 「장애인 복지법」에 따른 장애인인 경우
㉡ 만 35세 이상인 경우
㉢ 다태아를 임신한 경우
㉣ 의사가 고위험 임신으로 판단하는 경우

② 초진 시에 실시하는 임상검사

    ㉠ **소변검사**: 단백뇨, 당뇨, 임산부의 이상을 예지할 수 있는 임신반응

    ㉡ **혈압측정**: 2회 이상 측정하며, 수축기 혈압이 130~140mmHg, 이완기 혈압이 90mmHg 이상이면 주의가 필요함

    ㉢ **체중측정**: 30주 이전의 과중한 체중증가는 주의가 필요

    ㉣ **기타 혈액검사**: 빈혈검사, 혈액형 검사, 간염, 성병, AIDS 검사 풍진항체검사 등

Q 참고 POINT

[산전관리 기본검사(보건소)]

(1) **임신진단**: 소변검사

(2) **임신8~12주**: 모성검사(혈액 및 소변), 풍진항체검사

(3) **임신15~20주**: 기형아검사(α -FP), 초음파 검사(태아의 구조적 이상여부 등)

(4) **임신24~28주**: 임신성 당뇨검사 빈혈검사

---

(3) 고위험 모성관리

    고위험 임산부는 태아사망이나 손상, 산모의 사망의 확률이 증가하므로 철저하고 집중적인 건강관리를 통한 예방이 매우 중요하다.

① 고위험 모성보건 대상

    ㉠ 20세 미만과 35세 이상의 임산부

    ㉡ 조산, 사산, 거대아를 출산한 경력이 있는 임산부

    ㉢ 유전질환 등 가족력이 있는 임산부

    ㉣ 고혈압, 당뇨병, 갑상선 질환, 심장병, 신장병, 자가면역질환 등 질환자

    ㉤ 산전검사 이상 소견이 있는 임산부

    ㉥ 저체중이거나 비만증의 임산부

    ㉦ 기타: 다산 임산부(5회 이상), 정서적 문제가 있는 가족의 임산부, 직장을 다니는 임산부, 미혼 임산부 등

② 임신중독증

    ㉠ 고위험 임산부

      • 단백질 섭취가 부족한 영양결핍 임산부

      • 당뇨병, 비만, 고혈압 임산부

      • 염분섭취가 과다한 임산부

    ㉡ 주요증상

      특히 임신말기에 고혈압(140/90mmHg 이상), 부종, 단백뇨 등(3대 증상)

ⓒ 예방
- 단백질 및 비타민 공급을 충분히 함
- 식염, 당질, 지방질의 과량 섭취를 금함
- 적당한 휴식과 보온
- 정기적인 건강진단

(4) 임산부 철분제 및 엽산제 지원

① 철분제 지원

ⓐ 임신 5개월부터 태아로 유입되는 혈류량의 상승으로 철분필요량 증가하고, 또한 임산부의 철분결핍성 빈혈은 조산, 유산, 태아사망, 산모사망 등의 원인

ⓑ 임신 16주 이상 보건소 등록 임산부에게 분만 전까지 5개월분 무료 지원
- 현재 지역사회통합건강증진사업으로 실시함

② 엽산제 지원

ⓐ 수정 후 4주 이내에 중추신경계가 형성되나 모체의 엽산부족 시 신경관 결손으로 유산, 사산 또는 선천성 기형아 출산 가능성이 있으므로 중요

ⓑ 12주 이하의 등록 임산부에게 임신 3개월까지 무료 지원

🔍 참고 POINT

[영양플러스사업]

1. 사업목표
   ① 취약계층 임산부 및 영유아의 영양문제(빈혈, 저체중, 영양불량 등) 해소
   ② 스스로 식생활를 편리할 수 있는 능력을 배양하여 건강 증진 도모

2. 대상자의 자격 기
   (1) 대상 분류
   - 영유아(만 6세 미만, 생후 72개월 미만)
   - 임신부 및 출산 · 수유부
   (2) 소득수준
   가구 규모별 기준 중위소득의 80% 미만
   (3) 영양위험요인
   ① 빈혈 ② 저체중 ③ 성장부진 ④ 영양섭취 상태 중 한 가지 이상 영양위험요인 보유자

3. 사업내용
   (1) 영양교육 및 상담서비스
   (2) 정기적 영양평가
   ① 신체계측: 신장, 체중, 비만도
   ② 빈혈검사: 헤모글로빈
   ③ 영양섭취상태조사: 24시간 회상 식사조사
   (3) 보충식품 지원

(5) 임산부 건강관리교육

출산준비, 영양관리, 유방관리, 산전운동에 대한 교육 및 임신기간의 위험 증후군에 대한 지도 등을 포함한다.

3 분만관리 및 산후관리

1) 분만관리

• 병원분만 적극 권장 대상자

① 초산부, 30세 이상 고령 임산부, 4회 이상 분만 경험자
② 산과적 합병증(임신중독증, 출혈 등)의 경험이 있는 임신부
③ 사산, 신생아 사망력이 있는 임신부
④ 내과적 합병증(심장병, 당뇨, 고혈압, 결핵 등)이 있는 임신부
⑤ 현 임신 중에 임신합병증이나 임신 후유증 발병이 예상되는 임신부

2) 산후 건강관리

(1) 산후건강관리 내용

① **식사와 영양**: 균형 잡힌 식사로 산후회복을 돕고 산후 비만을 방지한다.
② **목욕과 산후위생**: 보통 3~4주 정도 지나서, 오로가 없어지면 목욕이 가능하다.
③ **산욕기의 성생활**
　　㉠ 6~8주 이후 산후진찰 후 성생활 권장한다.
　　㉡ 적절한 피임법 사용을 위한 상담 및 교육한다.
④ 산후운동
⑤ **산후진찰**: 출산 후 6~8주에 의료기관을 방문하여 정기적 검진을 받도록 교육

(2) 보건소 지원사업

① 분만 후 1주 내 전화 등을 이용하여 건강 이상 유무를 확인하고, 분만 4주 이내 전화 또는 방문상담을 실시하여 산모 및 영유아 건강관리 수행
② 모유수유 증진을 위한 모유수유클리닉 운영에 대한 홍보

3) 모유수유

(1) 모유수유의 장점

① 아기와 어머니의 연대감이 강해진다.

② 아기가 안정감을 느낀다.

③ 시간과 경제적으로 절약이 된다.

④ 어머니의 자궁수축이 빨라진다.

(2) 모유수유 금기사항

① 심한 산욕기 패혈증이나 간질에 의한 발작이 있는 경우

② 산모가 폐결핵, 급성 전염성질환, 심장병, 신장병, 성병 등을 앓고 있을 때

③ 유방에 염증이 있을 때

④ 산모가 약물중독이나 알코올중독자일 때

⑤ 심리적 요인으로 수유를 원하지 않을 때

⑥ 정신건강이 원만하지 못할 때

⑦ 신생아가 미숙아여서 보육기에 있을 경우

⑧ 신생아가 토순이나 구개파열 등이 있어서 유두를 물 수 없는 경우

🔍 **참고 POINT**

[모자보건법에 근거한 임공임신중절수술]

1. 인공임신중절수술의 허용한계(법 제 14조)

의사는 다음의 경우에만 본인과 배우자의 동의를 받아 인공임신중절수술을 할 수 있다.

① 본인이나 배우자가 대통령령으로 정하는 우생학적 또는 유전학적 정신장애나 신체질환이 있는 경우

② 본인이나 배우자가 대통령령으로 정하는 전염성 질환이 있는 경우

③ 강간 또는 준강간에 의하여 임신된 경우

④ 법률상 혼인할 수 없는 혈족 또는 인척 간에 임신한 경우

⑤ 임신의 지속이 보건의학적 이유로 모체의 건강을 심각하게 해치고 있거나 해칠 우려가 있는 경우

2. 인공임신중절수술의 허용한계(영 제15조)

① 법 14조에 따른 인공임신중절수술은 임신 24주일 이내인 사람만 할 수 있다.

② 임공임신중절수술을 할 수 있는 우생학적 또는 유전학적 정신장애나 신체질환은 연골무형성증, 낭성 섬유증 및 그 밖의 유전성 질환으로서 그 질환이 태아에 미치는 위험성이 높은 질환으로 한다.

③ 인공임신중절수술을 할 수 있는 전염성 질환은 풍진, 톡소플라즈마증 및 그 밖에 의학적으로 태아에 미치는 위험성이 높은 전염성 질환으로 한다.

CHAPTER **03** 영유아 건강관리

1 신생아 건강관리

1) 선천성 대사이상 검사 및 환아관리

(1) 목적

질환의 조기발견 및 치료를 통해 영유아의 장애를 예방하기 위함

> **핵심 CHECK** ‹‹‹
>
> **[선천성 대사 이상]**
> ① 태어날 때부터 단백질 등의 대사효소가 부족하여 대사되어야 할 물질이 체내에 축적 되어 뇌나 신체에 장애를 일으키는 질환
> ② 대뇌, 간장, 신장, 안구와 기타 장기 등에 손상을 주기 전에 조기 진단과 치료를 시작하는 것이 중요하다.
>
> **[6대 선천성 대사이상 질환: 선별검사비 정부지원]**
> ① 페닐케톤뇨증　　　　　　　② 선천성갑상선기능저하증
> ③ 호모시스틴뇨증　　　　　　④ 단풍당뇨증
> ⑤ 갈락토스혈증　　　　　　　⑥ 선천성부신과형성증

(2) 방법

생후 48시간 이후에서 7일 이내 젖을 충분히 먹인 후, 2시간 뒤에 발뒤꿈치에서 채혈하여 검사함

(3) 환아 지원

① 대상

만 19세 미만의 선천성 대사 이상 질환으로 진단된 환아

② 지원 내용

　㉠ 특수식이 지원: 특수조제분유, 저단백 식품 등의 의료지원(소득수준 관계없음)
　㉡ 의료비 지원: 선천성갑상선기능저하증에 한하여 의료비 지원(소득수준 관계없음)

2) 미숙아와 선천성 이상아 관리

(1) 미숙아 등의 출생보고 등(「모자보건법」제8조)

의료기관의 장은 해당 의료기관에서 미숙아나 선천성이상아가 출생하면 보건복지부령으로 정하는 바에 따라 지체없이 관할 **보건소장에게 보고**하여야 한다(「모자보건법」제8조).

(2) 미숙아 등에 대한 정보 기록 · 관리(「모자보건법」제9조의2)

① 미숙아등의 출생보고를 받은 보건소장은 보건복지부령으로 정하는 바에 따라 미숙아 등에 대한 정보를 기록 · 관리하여야 한다(「모자보건법」제9조의2).

② 보건소장은 미숙아 등의 등록 카드를 작성 · 관리하고, 매년 1월 31일까지 미숙아 등의 전년도 출생사항을 관할 특별시장 · 광역시장 · 도지사 · 특별자치시장 · 특별자치도지사(시 · 도지사)를 거쳐 보건복지부장관에게 보고하여야 한다(「시행규칙」제7조의2)

---

2 영유아 건강관리

1) 영유아 등록 · 관리 사업

영유아의 건강관리를 위해 보건소에 등록한 영유아에 대한 건강기록부를 작성하고, 주기적으로 영유아 건강관리를 한다.

2) 영유아 건강진단

(1) 건강진단 시기(「모자보건법 시행규칙」별표1)

① 정상아

	시기	모자보건법	건강보험법(8차)
신생아		수시	생후 14일 ∼ 35일 이내
영유아	출생 후 1년 이내	1개월마다 1회	4. 9개월
	출생 후 1년초과 5년 이내	6개월마다 1회	18, 30, 42, 54, 66개월

② 미숙아, 선천성이상아

㉠ 분만의료기관 퇴원 후 7일 이내: 1회

㉡ 1차 건강진단 시 건강문제가 있는 경우: 최소 1주에 2회

㉢ 발견된 건강문제가 없는 경우: 영유아 기준에 따름

(2) 건강진단 내용

영유아 건강검진 기준(건강보험법)에 의해 실시

① 문진과 진찰

② 신체계측

③ 발달평가 및 상담

④ 건강교육

⑤ 구강검진

3) 영유아 예방접종

(1) 예방접종 전 주의사항

① 아이의 건강상태를 가장 잘 알고 있는 사람이 데리고 오도록 할 것

② 접종 전 집에서 체온을 측정하여 열이 없는 지 확인할 것

③ 모자보건수첩 또는 아기수첩을 확인하고 지참할 것

④ 접종전날 목욕을 시키도록 할 것

⑤ 가능하면 접종은 오전에 하도록 할 것

(2) 예방접종 후 주의사항

① 접종 후 20~30분간 접종기간에 머물러 아이의 상태를 관찰할 것

② 귀가 후 적어도 3시간 이상 주의 깊게 관찰하도록 할 것

③ 접종당일과 다음 날은 과도한 행동 또는 운동 등을 금하고 안정할 것

④ 접종당일은 목욕, 또는 수영 등을 하지 말 것

⑤ 접종부위는 청결하게 하고, 긁거나 만지지 말 것

⑥ 접종 후 최소 3일간은 특별한 관심을 가지고 관찰하며, 고열, 경련이 있을 때에는 곧 의사의
진찰을 받도록 할 것

⑦ 접종부위에 발적, 통증, 부종이 생기면 찬 물수건을 대 줄 것

⑧ 아이는 반드시 바로 눕혀 재울 것

(3) 예방접종 영구적인 금기사항

① 백신의 성분에 대한 심한 알레르기 반응(아나필락시스 등)이 있었던 경우 해당 백신 금기

② 백일해 백신 접종 후 7일 이내에 원인을 알 수 없는 뇌증(encephalopathy)이 발생한 경우
백일해 또는 백일해 포함 백신 금기

③ 중증 복합 면역결핍 또는 장중첩증의 병력이 있는 경우 로타바이러스 백신 금기

(4) 일반적 금기사항 및 주의사항

① 생백신의 일시적 금기사항

ⓐ 임신

ⓑ 면역저하자

② 일시적 주의사항

ⓐ 중등도 또는 심한 급성기 질환은 모든 백신의 접종 시 주의를 요함

ⓑ 최근에 항체 함유 혈액제제를 투여받은 경우에는 MMR과 수두 함유 백신 등 주사용 생백신 접종 일정에 주의를 요함

(5) 예방접종 약품의 보관 및 운송

① 항상 적정온도(대개 2~8℃)에 보관

단, 냉동보관약품도 있음

② 얼음과 직접 접촉하지 않도록 주의

③ 생물학적 제제 운송기준을 준수

④ 유효기간이 경과했거나 변질된 약품은 용도폐기

⑤ 직사광선에 노출을 피함

🔍 참고 POINT

[어린이 국가예방접종 지원사업]
- 국가가 12세 이하 어린이에게 무료로 접종하는 국가예방접종을 의미한다.
- 필수예방접종 항목 중 고위험군을 대상으로 하는 2종(장티푸스, 신증후군 출혈열)을 제외한 예방접종이 모두 해당된다.

(6) 표준 예방접종 일정표(2024)

국가예방접종

대상 감염병	백신종류 및 방법	횟수	출생시	4주 이내	1개월	2개월	4개월	6개월	12개월	15개월	18개월	19~23개월	24~35개월	만4세	만6세	만11세	만12세
결핵	BCG (피내용)	1		1회													
B형간염	HepB	3	1차		2차			3차									
디프테리아 파상풍 백일해	DTaP	5				1차	2차	3차		추4차				추5차			
	Tdap	1														추6차	
폴리오	IPV	4				1차	2차	3차						추4차			
b형헤모필루스 인플루엔자	Hib	4				1차	2차	3차	추4차								
폐렴구균	PCV (단백결합)	4				1차	2차	3차	추4차								
	PPSV(다당질)	–											고위험군에 한하여 접종				
A형간염	HepA	2								1~2차							
홍역 유행성이하선염 풍진	MMR	2								1차				2차			
수두	VAR	1								1회							
일본뇌염	IJEV(불활성)	5								1~3차					추4차		추5차
	LJEV(생백신)	2								1~2차							
인플루엔자	IIV(불활성)	–								매년접종							
사람유두종 바이러스감염증	HPV	2														1~2차	
그룹A형 로타바이러스 감염증	RV1 (로타릭스)	2				1차	2차										
	RV5(로타텍)	3				1차	2차	3차									

- **국가예방접종**: 국가가 권장하는 필수예방접종
- **기초접종**: 단기간 내에 방어면역 형성을 위해 시행하는 접종
- **추가접종**: 기초접종 후 형성된 방어면역을 장기간 유지하기 위해 기초접종 후 일정기간이 지난 다음 추가로 시행하는 접종

🔍 참고 POINT

① **BCG**: 생후 4주 이내 접종

② **HepB(B형간염)**: 임산부가 B형간염 표면항원(HBsAg) 양성인 경우에는 출생 후 12시간 이내 B형간염 면역글로불린(HBIG) 및 B형간염 백신을 동시에 접종하고, 이후 B형간염 접종일정은 출생 후 1개월 및 6개월에 2차, 3차 접종 실시

③ **DTaP(디프테리아.파상풍.백일해)**: DTaP-IPV(디프테리아. 파상풍. 백일해. 폴리오) 혼합백신으로 접종가능

④ **Td Tdap**: 만 11~12세 접종은 Td 또는 Tdap 백신 사용가능하나, Tdap백신을 우선 고려
   ※ 이후 10년 마다 Td 재접종(만 11세이후 접종 중 한번은 Tdap로 접종)

⑤ **IPV(폴리오)**: 3차 접종은 생후 6개월에 접종하나 18개월까지 접종 가능하며, DTaP-IPV(디프테리아. 파상풍. 백일해. 폴리오) 또는 DTaP-IPV/Hib(디프테리아. 파상풍. 백일해. 폴리오, b형헤모필루스인플루엔자) 혼합백신으로 접종가능
   ※ **DTaP-IPV(디프테리아. 파상풍. 백일해. 폴리오)**:생후 2, 4, 6개월, 만4~6세에 DTaP, IPV 백신 대신 DTaP-IPV 혼합백신으로 접종할 수 있음.
      DTaP-IPV/Hib(디프테리아. 파상풍. 백일해. 폴리오, b형헤모필루스인플루엔자):생후 2, 4, 6개월, 만 4~6세에 DTaP, IPV, Hib 백신 대신 DTaP-IPV/Hib 혼합백신으로 접종할 수 있음.
   ※ 혼합백신 사용시 기초접종 3회를 동일 제조사의 백신으로 접종하는 것이 원칙이며, 생후 15~18개월에 접종하는 DTaP 백신은 제조사에 관계없이 선택하여 접종가능

⑥ **Hib(b형헤모필루스 인플루엔자)**: 생후 2개월~5세 미만 모든 소아를 대상으로 접종, 5세 이상은 b형 헤모필루스 인플루엔자균 감염 위험성이 높은 경우(겸상적혈구증, 비장 절제술 후, 항암 치료에 따른 면역저하, 백혈병, HIV 감염, 체액면역 결핍 등) 접종하며, DTaP-IPV/Hib 혼합백신으로 접종가능

⑦ **PCV(폐렴구균 단백결합)**: 10가와 13가 단백결합 백신 간의 교차접종은 권장하지 않음

⑧ **PPSV(폐렴구균 다당질)**: 2세 이상의 폐구균 감염의 고위험군을 대상으로 하며 건강상태를 고려하여 담당의사와 충분한 상담 후 접종
   ※ 폐렴구균 감염의 고위험군
      • 면역 기능이 저하될 소아; HIV 감염증, 만성 신부전과 신증후군, 면역억제제나 방사선 치료를 하는 질환(악성종양, 백혈병, 림프종, 호치킨병) 혹은 고형 장기 이식, 선천성 면역결핍질환
      • 기능적 또는 해부학적 무비증 소아: 겸상구 빈혈 혹은 헤모글로빈증, 무비증 혹은 비장 기능장애
      • 면역 기능은 정상이나 다음과 같은 질환을 가진 소아: 만성 심장 질환, 만성 폐 질환, 당뇨병, 뇌척수액 누출, 인공와우 이식상태

⑨ **MMR(홍역, 유행성이하선염, 풍진)**: 홍역 유행 시 생후 6~11개월에 MMR 백신 접종이 가능하나 이 경우 생후 12개월 이후에 MMR백신 재접종 필요

⑩ **HepA(A형간염)**: 생후 12개월 이후에 1차접종하고 6-18개월 후 추가 접종(제조사마다 접종시기가 다름)

⑪ **IJEV(일본뇌염 불활성화 백신)**: 1차 접종 후 7~30일 간격으로 2차 접종을 실시하고, 2차 접종 후 12개월 후 3차접종

⑫ **LJEV(일본뇌염 약독화 생백신)**: 1차 접종 후 12개월 후 2차 접종

⑬ **HPV(사람유두종바이러스)**: 만 12세에 6개월 간격으로 2회 접종(2가와 4가 백신 간 교차접종은 권장하지 않음)

⑭ **IIV(인플루엔자 불활성화 백신)**: 접종 첫 해는 4주 간격으로 2회 접종이 필요하며, 접종 첫해 1회 접종을 받았다면 다음 해 2회 접종을 완료. 이전에 인플루엔자 접종을 받은 적이 있는 6개월~만 9세 미만 소아들도 유행주에 따라서 2회 접종이 필요할 수 있으므로, 매 절기 인플루엔자 국가예방접종 지원사업 관리지침을 참고

「감염병의 예방 및 관리에 관한 법률」상 특별자치도지사 또는 시장·군수·구청장이 관할 보건소를 통하여 필수예방접종을 실시하여야 하는 질병만을 모두 고른 것은?   17년 지방

ㄱ. 디프테리아	ㄴ. 풍진
ㄷ. 폐렴구균	ㄹ. C형 간염

① ㄱ, ㄴ   ② ㄱ, ㄴ, ㄷ
③ ㄴ, ㄷ, ㄹ   ④ ㄱ, ㄴ, ㄷ, ㄹ

4) 구강관리

유치: 5~6개월 전 후부터 발생. 총 20개, 대개 출생 후 2년 반에 이가 다 나옴

① 이가 나면서 충치균에 노출되므로 수유 후 보리차를 먹이거나 젖은 거즈로 닦아줌
② 생후 2년부터 칫솔질법, 건강식이 등 구강위생교육
③ 치아관련사고 예방과 교육
④ 정기적인 **치과의**의 진찰: 구강질환의 조기발견과 치료를 위함

5) 안전과 사고예방

① **영아기 사고**: 장난감, 중금속 등에 의한 중독, 기도폐쇄, 피부찰과상, 식중독, 화상, 전기 화상, 약물중독, 낙상 순
② **유아기 사고**: 자동차 사고, 익사사고, 약물중독, 놀이사고, 화재 및 재해, 식중독 순

유아기의 사망 원인의 1위는 사고에 의한 것. 따라서 사고의 원인을 미리 교육하여 안전한 환경을 유지하도록 하는 것이 필요하다.

6) 영양관리

(1) 이유식의 필요성

① 모유나 우유만으로는 신체발육에 필요한 영양이 부족
② 모유나 우유 이외의 음식에 흥미 발생
③ 숟가락을 사용하여 씹고 삼키는 능력을 발달시켜 줌

정답 ②

(2) 이유식 시작과 방법

① 백일 이후 체중이 약 6~7kg(출생 시의 2배) 정도 되었을 때 시작하는 것이 좋다.

② 이유식 시작 전 생후 2, 3개월부터 과즙이나 채소즙 등을 떠먹이면서 새로운 맛과 향기, 감촉을 경험하도록 한다.

③ 4~6개월이 지나면 모유만으로 어린이 성장에 필요한 영양을 충족시킬 수 없으므로 6개월부터는 보충식이를 주어야 한다.

④ 이유식은 소화기능이 활발한 오전 중(10시경)이나 수유와 수유 사이에 기분 좋을 때

⑤ 1일 2종류 이상 새로운 음식을 먹이지 않도록 한다.

⑥ 조리는 단순하고 자극성이 없는 부드러운 방법을 이용한다.

⑦ 먹기 싫어할 때는 강제로 먹이지 말고 기다린다.

⑧ 스푼이나 컵을 이용하여 삼키는 능력을 개발시킨다.

단원확인문제

01. 모자보건사업의 중요성은?

> 가. 대상인구가 많다.
> 나. 다음 세대의 인구 자질에 영향을 미친다.
> 다. 임산부와 영유아는 건강상보호가 필요한 취약계층이다.
> 라. 비용 효과적이다.

① 가, 나, 다   ② 가, 다
③ 나, 라   ④ 가, 나, 다, 라

02. 다음은 일지역의 α -index 값이다. 건강수준이 가장 높은 지역은?

	A 지역	B 지역	C 지역	D 지역
신생아 사망수	5	10	10	8
영아 사망수	6	11	15	10

① A 지역   ② B 지역
③ C 지역   ④ D 지역

03. 8개월 된 영아가 현재까지 접종한 예방접종으로 옳은 것은?

① DTaP, 폴리오, 수두
② B형 간염, 결핵, MMR
③ 결핵, DTaP, B형 간염
④ DTaP, 수두 , 폴리오

04. 「모자보건법」에 따른 임산부의 산전진찰 횟수로 옳는 것은?

가. 임신 28주까지: 월 1회
나. 임신 29~36주까지: 2주에 1회
다. 임신 37주 이후: 1주에 1회
라. 다태아 임신은 더 자주 진찰을 받을 수 있다.

① 가, 나, 다   ② 가, 다
③ 나, 라   ④ 가, 나, 다, 라

05. 임신부가 B형 간염인 경우 신생아가 태어났을 때 조치해야 하는 것은?

가. 출생 후 12시간 이내에 HBIG을 접종한다.
나. 늦어도 일주일 이내에 B형 간염 백신을 접종한다.
다. B형 간염백신은 1개월 후 및 6개월에 2차, 3차 접종을 실시한다.
라. 먼저 B형 간염 백신을 주사하고 한 달 후에 HBIG을 주사한다.

① 가, 나, 다   ② 가, 다
③ 나, 라   ④ 가, 나, 다, 라

06. 임신 8주인 산모가 모자 보건실을 방문하여 등록한 후 가장 중요한 간호중재는?

① 임신 3개월까지는 유산의 가능성이 높은 시기이므로 매주 산전관리를 받도록 한다.
② 산과적 진찰로 초음파검사와 내진을 실시한다.
③ 모성실 이용의 장점과 이용절차에 대해 안내한다.
④ 계속적인 산전관리 중요성에 대해 알려준다.

07. 모자보건지표 중 영아사망률을 구하는 공식으로 맞는 것은?

① 7일 이내의 영아사망수 / 연간 총 출생수 × 1,000
② 28일 이내의 영아사망수 / 연간 총 출생수 × 1,000
③ 1년 미만 사망한 영아수 / 연간 총 출생수 × 1,000
④ 1~4세 사망수 / 1-4세 연 중앙 인구수 × 1,000

08. 영유아 예방접종에 대한 전후 주의사항으로 옳은 것은?

가. 어린이의 건강상태를 잘 아는 보호자가 데리고 온다.
나. 예방접종 후 열이 날 때는 하루정도 기다려 본다.
다. 집에서 체온을 측정하고 청결한 의복을 입힌다.
라. 접종전날은 목욕을 시키지 않는다.

① 가, 나, 다   ② 가, 다
③ 나, 라   ④ 가, 나, 다, 라

09. 모성사망 수준을 측정하기 위해 가장 많이 사용되는 지표인 모성사망비 산출에 사용되는 분모는?

① 연간 총 사망자수   ② 연간 출생아 수
③ 연간 총 가임여성 수   ④ 연간 임산부 수

10. 다음 중 선천성 대사이상 검사 질환에 속하는 것끼리 짝 지어진 것은?

① 단풍당뇨증, 갈락토오스혈증
② 망막아세포종, 호모시스틴뇨증
③ 선천성 갑상선 기능저하증, 선천성 매독증
④ 선천성 갑상선 기능항진증, 선천성 부신과형성증

정답 및 해설 Answers & Explanations

01 정답 ④

모자보건사업은 대상층이 넓고 (전체 인구의 50% 이상 차지), 건강상 취약계층이며(임산부와 영유아는 질병에 이환되기 쉽고 영유아기의 질병과 장애는 치명률이 높거나 후유증으로 불구가 되기 쉽다.), 예방사업으로 영구적이고 확실한 효과를 얻을 수 있어 비용효과적이며 모성과 아동의 건강은 다음의 인구 자질에 영향을 미치므로 중요하다.

02 정답 ②

α-index = (영아 사망수/ 신생아 사망수)으로, 값이 1에 근접할수록 그 지역의 건강수준이 높음을 의미하며, 값이 클수록 영아사망률이 높아 이에 대한 예방대책이 필요하다. A지역 1.2, B지역 1.1, C지역 1.5, D지역 1.25

03 정답 ③

결핵은 4주 이내, B형 간염은 0-1-6개월, DPaP와 폴리오(사백신)은 2, 4, 6개월이고 수두과 일본뇌염은 12개월이 되어야 접종한다.

04 정답 ④

모두 맞는 답이다.

05 정답 ②

임신부가 B형 간염인 경우 12시간이내에 HBig와 B형 간염 백신을 동시에 접종하고, 출생 후 1개월 및 6개월에 2차, 3차 접종을 실시한다.

06 정답 ④

첫 방문 시 임신이 확인되면 임상검사와 진단이 이루어지며 산전관리 위험요인이 사정된다. 임상검사는 요검사, 자궁저 높이, 혈액검사, 매독검사, B형 감형검사, 초음파검사가 이루어지며 내진은 하지 않는다. 산전관리는 임신 후 가능한 빨리 시작하는 것이 바람직하며 임신합병증 예방과 건강한 아기 출산 및 모성의 건강을 보호하기 위해 가장 중요하다는 것을 강조하여야 한다. 임신 7개월까지는 매월 1회 신진관리를 받도록 권유한다.

07 정답 ③

①은 초생아사망률, ②는 신생아사망률, ④는 유아사망률이다.

08 정답 ②

• 접종 전날 목욕시키고 접종 당일은 목욕시키지 않는다.
• 귀가 후 심하게 보채거나 울고 구토 미열증상이 있을 때는 의사의 진찰을 받는다.

09 정답 ②

모성사망비 = (같은 연도의 임신, 분만, 산욕 합병증으로 사망한 모성수 / 같은 연도의 총 출생아수) x 100,000로 출생 10만명 당 모성사망수이다.

10 정답 ①

선천성 대사이상 검사 질환의 종류로는 선천성 갑상선 기능저하증, 페닐케톤뇨증, 단풍당뇨증, 호모시스틴뇨증, 갈락토오스혈증, 선천성 부신과형성증 등이 있다.

PART

14

재난관리

CHAPTER **01** # 재난관리

1 재난의 개념

1) 재난의 정의

(1) 「재난 및 안전관리 기본법」

① 재난이란 국민의 생명·신체·재산과 국가에 피해를 주거나 줄 수 있는 것

② 해외재난이란 대한민국 영토 밖에서 대한민국 국민의 생명·신체 및 재산에 피해를 주거나 줄 수 있는 재난으로서 정부차원에서 대처할 필요가 있는 재난을 말한다.

③ 재난관리란 재난의 예방·대비·대응 및 복구를 위하여 하는 모든 활동을 말한다.

(2) 미국 적십자사(2008)

자연이나 인간이 원인이 되어 인간에게 고통을 주고, 원조나 도움없이는 경감시킬 수 없는 희생을 발생시키는 위협이나 발생된 사건

2) 재난의 분류

(1) 자연 재난

태풍, 홍수, 호우, 강풍, 지진, 황사, 대설, 해일, 풍랑, 한파, 낙뢰, 가뭄, 폭염, 조류대발생, 조수, 화산활동, 소행성·유성체 등 자연우주물체의 추락·충돌, 그 밖에 준하는 자연현상으로 인하여 발생하는 재해(자연재난)

(2) 사회재난

① 화재, 붕괴, 폭발, 교통사고(항공사고 및 해상사고 포함), 화생방사고, 환경오염**사고** 등으로 인하여 발생하는 대통령령이 정하는 규모 이상의 피해(인적재난)

② 에너지, 통신, 교통, 금융, 의료, 수도 등 **국가핵심기반의 마비**, 「감염병의 예방 및 관리에 관한 법률」에 따른 **감염병** 또는 「가축감염병예방법」에 따른 **가축감염병 확산**, 「미세먼지 저감 및 관리에 관한 특별법」에 따른 **미세먼지** 등으로 인한 피해, 「우주개발진흥법」에 따른 **인공 우주물체의 추락·충돌 등**으로 인한 피해(사회적 재난)

2 국가 재난관리체계

1) 재난관리 법령

「**재난 및 안전관리기본법**」은 2004년 3월 11일 제정되었으며, 우리나라 재해관련 업무의 기본이 되는 법이다.

2) 재난 및 안전관리 체계

(1) 행정안전부

① 재난 및 안전관리의 중앙행정조직은 **행정안전부**이며, 행정안전부장관은 국가 및 지방자치단체가 행하는 재난 및 안전관리 업무를 총괄조정한다.

② 행정안전부 내 재난 및 안전관리 업무의 담당부서는 **재난안전관리본부**이다.

(2) 재난 및 안전관리기구

① 안전관리위원회

재난과 안전관리에 관한 심의기구로 **국무총리 소속의 중앙안전관리위원회**와 시ㆍ도, 시ㆍ군ㆍ구에 지역위원회를 두고 있다.

② 재난안전대책본부

대규모 재난의 수습기구(대응ㆍ복구)로 **행정안전부에 중앙재난안전대책본부**와 시ㆍ도, 시ㆍ군ㆍ구에 지역재난안전대책본부를 두고 있다.

③ 긴급구조통제단

모든 재난 시 긴급구조 등의 역할을 수행하는 긴급구조기구로 **소방청에 중앙긴급구조통제단**과 지역긴급구조통제단이 있다.

🖉 **기출문제 맛 보기**

우리나라의 중앙재난안전대책 본부장은 누구인가?   15년 서울(수정)

① 대통령   ② 국무총리
③ 행정안전부 장관   ④ 발생지역의 지자체장

정답 ③

3) 국가 재난안전관리기구의 기능

구분	조직구성	조직의 장	기능
심의 기구	중앙안전관리위원회	위원장: 국무총리	**재난 및 안전관리에 관한 사항의 심의 및 조정** ① 재난 및 안전관리에 관한 중요 정책에 관한 사항 ② 국가안전관리기본계획에 관한 사항 ③ 중앙행정기관 장의 재난 및 안전관리업무 조정 ④ 안전관리기준에 관한 사항 ⑤ 재난사태 선포 및 특별재난지역 선포에 관한 사항 ⑥ 재난 및 사고수습을 위한 관계 기관 간 협력에 관한 중요 사항 등
	시·도 안전관리위원회	시·도지사	**지역별 재난 및 안전관리에 관한 사항의 심의 및 조정** ① 지역의 재난 및 안전관리 정책에 관한 사항 ② 안전관리계획에 관한 사항 ③ 지역 재난관리책임기관의 업무의 추진에 관한 사항 ④ 재난 및 사고수습을 위한 관계기관 간 협력에 관한 사항 ⑤ 다른 법령이나 조례에 따라 위원회의 권한에 속하는 사항
	시·군·구 안전관리위원회	시·군· 구청장	
수습 기구	중앙재난안전대책 본부	본부장: 행정안전부 장관	**'대규모 재난'의 수습 등에 관한 사항을 총괄·조정 및 조치** ① 재난관리책임기관의 장에게 지원요청 ② 수습본부장과 지역대책본부장에 대한 지휘 ③ 수습지원단의 파견 ④ 다만 해외재난의 경우는 **외교부장관**이, 방사능재난의 경우는 **중앙방사능방재대책본부장**이 중앙재난안전대책본부장의 권한을 행사한다. ⑤ 또한 국무총리가 **범정부적 차원의 통합 대응**이 필요하다고 인정하는 경우와 행정안전부장관이 국무총리에게 건의하 거나 수습본부장이 요청을 받아 행정안전부 장관이 **국무총** **리에게 건의**하는 경우 **국무총리**가 중앙재난안전대책본부 장의 권한을 행사할 수 있다.
	시·도 재난안전대책본부	시·도지사	① 관할지역의 재난수습 업무의 총괄·조정·조치 ② 재난현장의 총괄·조정 및 지원을 위하여 통합지원본부의 설치·운영
	시·군·구 재난안전대책본부	시·군· 구청장	
긴급 구조 기구	중앙긴급구조통제단	단장: 소방청장	① **긴급구조에 관한 사항의 총괄·조정** ② 긴급구조기관 및 지원기관 간의 역할분담 및 지휘통제
	시·도 긴급구조통제단	소방본부장	① 지역별 긴급구조에 관한 사항의 총괄·조정 ② 지역 긴급구조기관 및 지원기관 간의 역할분담과 지휘· 통제
	시·군·구 긴급구조통제단	소방서장	
	다만, 해양에서 발생한 재난의 경우에는 **해양경찰청, 지방해양경찰청 및 해양경찰서**를 말한다.		

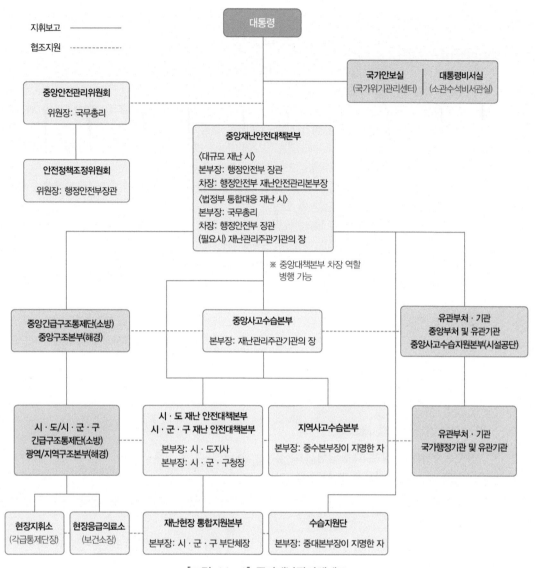

[그림 14-1] 국가재난관리체계도

*출처: 행정안전부(2021). 대한민국 재난안전관리.
한영란 등(2022). 최신 지역사회보건간호학. 현문사. 673. 재인용.

Q 참고 POINT

[재난관리기관의 기능]
(1) "재난관리책임기관"이란 재난관리업무를 하는 다음 각 목의 기관을 말한다.
　　① 중앙행정기관 및 지방자치단체
　　② 지방행정기관·공공기관·공공단체(공공기관 및 공공단체의 지부 등 지방조직을 포함한다) 및 재난관리의 대상이 되는 중요시설의 관리기관 등으로서 대통령령으로 정하는 기관
(2) "재난관리주관기관"이란 재난이나 그 밖의 각종 사고에 대하여 그 유형별로 예방·대비·대응 및 복구 등의 업무를 주관하여 수행하도록 대통령령으로 정하는 관계 중앙행정기관을 말한다.
(3) "긴급구조기관"이란 소방청·소방본부 및 소방서를 말한다. 다만, 해양에서 발생한 재난의 경우에는 해양경찰청·지방해양경찰청 및 해양경찰서를 말한다.
(4) "긴급구조지원기관"이란 긴급구조에 필요한 인력·시설 및 장비, 운영체계 등 긴급구조능력을 보유한 기관이나 단체로서 대통령령으로 정하는 기관과 단체를 말한다.
(5) 재난사태선포: 행정안전부장관은 재난에 대한 긴급한 조치가 필요하다고 인정되면 중앙위원회의 심의를 거쳐 재난사태를 선포할 수 있다.
(6) 특별재난지역의 선포: 중앙대책본부장은 재난을 효과적으로 수습하기 위하여 특별한 조치가 필요하다고 인정하거나 지역대책본부장의 요청이 타당하다고 인정되는 경우 중앙위원회의 심의를 거쳐 특별재난지역으로 선포할 것을 대통령에게 건의할 수 있다. 선포를 건의받은 대통령은 해당지역을 특별재난지역으로 선포할 수 있다.

4) 재난 위기경보의 발령(법 제38조)

① 재난관리주관기관의 장은 대통령령으로 정하는 재난에 대한 징후를 식별하거나 재난발생이 예상되는 경우에는 위기경보를 발령할 수 있다.
② 위기경보는 재난상황의 심각성을 종합적으로 고려하여 **관심, 주의, 경계, 심각**으로 구분할 수 있다.
③ 재난관리주관기관의 장은 심각 경보를 발령 또는 해제할 경우에는 행정안전부장관과 사전에 협의하여야 한다.

[표 14-1] 위기경보와 경보 발령 기준: 감염병 재난

구분	해외 신종 감염병	국내 원인불명· 재출현 감염병	주요대응활동
관심 (Blue)	해외에서의 신종감염병의 발생 및 유행	국내 원인불명·재출현 감염병 발생	• 감염병별 대책반 운영 (질병관리청)
주의 (Yellow)	해외 신종감염병의 **국내 유입**	국내 원인불명·재출현 감염병 **제한적 전파**	• **중앙방역대책본부(질청) 설치·운영**
경계 (Orange)	국내 유입된 해외 신종감염병 **제한적 전파**	국내 원인불명·재출현 감염병 **지역사회 전파**	• 중앙방역대책본부(질청) 운영 지속 • **중앙사고수습본부(복지부) 설치·운영**
심각 (Red)	국내 유입된 해외 신종감염병 **지역사회 전파 또는 전국적 확산**	국내 원인불명·재출현 감염병 **전국적 확산**	• 범정부적 총력 대응 • 필요시 **중앙재난안전대책본부** 운영

*출처: 보건복지부(2019). 「감염병 재난」 위기관리 표준매뉴얼. p.21.

3 재난관리 단계

재난관리과정은 나라마다, 학자마다 다르게 설명하고 있다.

① **우리나라: 재난 예방, 대비, 대응, 복구의 4단계로 구분**
② **WHO: 재난 전 단계, 재난 단계, 재난 후 단계로 구분**
③ **Petak: 완화 및 예방, 대비 및 계획, 대응, 복구 단계로 구분**

1) 예방단계

예방단계는 재난의 완화 및 예방단계로, 재난이 발생하기 전에 위험요인을 억제·완화하기 위해 장기적 관점에서 취해지는 모든 활동들을 의미한다.

⑴ **위험성 분석 및 위험지도 작성: 가장 우선적 수행**
⑵ 국가핵심기반의 지정 및 관리
⑶ 특정관리대상지역의 지정 및 관리
⑷ 재난방지시설의 점검·관리
⑸ 재난예방을 위한 긴급안전점검 및 안전조치
⑹ 재난안전분야 종사자 교육
⑺ 안전취약계층에 대한 안전환경 지원
⑻ 안전관련법 제정, 재해보험 및 재해보상제도 마련
⑼ 재난 예방을 위한 안전문화의식 고취, 생애주기별 안전교육 의무화 등

> **Q 참고 POINT**
>
> (1) 위험성 분석
>   ① 재난을 예방하기 위해 사람, 재산 및 환경이 재난의 악영향에 얼마나 민감한가에 대한 **정보를 얻어 위험성을 분석하는 것**
>   ② 위험지역의 규모, 인구밀도, 위치 및 사회경제적 지위에 관한 정보와 공공시설·병원·학교·고층건물 등의 파이프라인 구조물(전기, 가스, 상하수도)의 위치와 건물이 구조적 안정에 관한 자료를 수집·분석
>
> (2) 위험지도 작성
>   ① 위험지도(risk map)는 해당 지역사회 내의 **수집된 위험요소를 지도에 표시하는 것**
>   ② 위험요인에 대한 표시와 동시에 중요한 것은 유용한 자원의 유무, 장소, 양 등을 파악하여 목록을 작성하고, 해당 목록을 관련자가 모두 알게 하는 것
>   ③ 위험요인에 노출되어 있는 주민에게 위험요인을 알리고 평소 주의를 기울이며, 이상 현상이 있을 때 신고할 수 있도록 교육

2) 대비단계

재난발생 시 효과적인 대응을 위한 대비·계획단계로, 대비계획을 마련하거나, 대비능력을 유지하는 단계이다.

(1) **재난관리자원의 관리**(구호물자의 확보 및 비축)
(2) 국가 재난관리 기준의 제정·운용
(3) 안전 기준의 등록 및 심의(안전기준관리체계 구축)
(4) **재난현상 긴급통신수단의 마련**
(5) **재난안전통신망의 구축·운영, 비상경보체계의 구축**
(6) **재난 대응 활동계획의 작성·활용**, 통합 대응체계 구축
(7) **재난 분야 위기관리매뉴얼 작성·운용**, 대응 프로그램 개발, 대응전문인력 훈련
(8) 재난 대비훈련 기본계획 수립 및 대비훈련 실시(**재난 대비 교육·훈련**)
(9) **재난 대피소 지정**

3) 대응단계

실제로 재난이 발생한 경우 재난관리기관이 수행해야 할 각종 임무 및 기능을 적용하는 활동단계

(1) **재난 사태 선포, 위기경보의 발령, 대책본부 가동**
(2) 대피명령 및 긴급대피계획 실행, 재난 예보·경보체계 구축·운영
(3) **임시대피소(피난처) 마련, 구호물자 전달 및 긴급 의약품 조달**
(4) **인명구조 및 이송**, 재해진압, 탐색과 구조·구급 실시
(5) 손상정도와 피해사정 및 응급복구

(6) **환자 분류작업(중증도 분류)과 임시현장진료소 설치**

(7) **응급의료체계 운영**, 환자의 수용과 후송 등

(8) 감염성 질환의 통제

(9) 지역사회간호사의 주요 역할은 보건의료요구를 산정하고, 보건 감독을 하며, 의료구호대책을 마련하고 보건 및 의료장비를 지원하는 것이다.

4) 복구단계

재난상황이 종료된 후에 재난이 발생하기 이전의 상태로 복구시키는 장기적인 활동 과정이다.

(1) 잔해물 제거 및 **시설 복구**, 감염예방(감염병 발생관리)

(2) **임시거주지** 마련 및 이재민 지원

(3) 재난 피해 신고 및 조사, **특별재난지역의 선포 및 지원**

(4) **재난복구계획의 수립 · 시행**

(5) 무료진료소 설치 · 운영(순회진료, 방문진료)

(6) 피해자에 대한 **심리적 지지** 제공, 복귀활동 도움

(7) **전문치료** 의뢰

(8) **보건의료서비스의 재확립** 및 재발방지대책 수립

🔖 기출문제 맛 보기

「재난 및 안전관리 기본법」상 〈보기〉에서 제시된 업무는 재난관리 중 어느 단계에 해당하는가? 19년 서울

〈보기〉

• 재난관리자원의 비축 및 관리　　　　　• 재난안전통신망의 구축 및 운영
• 재난현장 긴급통신수단의 마련　　　　• 재난 분야 위기관리 매뉴얼의 작성 및 운용
• 안전기준의 등록 및 심의

① 재난예방단계　　　　　　　　　　② 재난대비단계
③ 재난대응단계　　　　　　　　　　④ 재난복구단계

정답 ②

4 | 중증도 분류체계(triage system)

다량의 환자가 발생된 경우 중증도에 따라 환자를 분류하여 우선순위를 결정함으로써 효율적인 치료와 관리를 수행할 수 있다.

재난 발생	재난관리활동
긴급(즉시) (immediate: 적색)	• 심각한 손상으로 즉각적으로 응급처치를 요하는 중증환자 예 기도/호흡/심장이상, 대량 출혈, 개방성 흉부/복부 손상, 심한 두부손상, 쇼크, 기도화상, 경추손상, 내과적 이상 등
응급 (delayed: 황색)	• 부상은 심하지만 초기 치료가 다소 지연되어도 괜찮은 손상환자 예 척추손상, 다발성 주요골절, 단순 두부손상, 중증화상, 열상 등
비응급 (minimal: 녹색)	• 수 시간 또는 수일 후에 치료해도 충분하거나 자가 치료를 해도 기능손상이 없는 경미한 환자 예 약한 화상, 폐쇄성 골절, 좌상, 타박상, 작은 열상 등
사망(지연) (expectant: 흑색)	• 생존가능성이 없는 부상을 가졌거나 이미 사망한 환자

*출처: 긴급구조대응활동 및 현장지휘에 관한 규칙, [별표 7] 중증도 분류표.
　　이옥철 등(2019). 응급 및 재난간호. 현문사.

🔍 참고 POINT

[긴급구조대응활동 및 현장지휘에 관한 규칙]
1. 현장응급의료소의 설치 등(제20조)
   ① 통제단장은 재난현장에 출동한 응급의료관련기관을 총괄·지휘·조정·통제하고, 사상자를 분류·처치 또는 이송하기 위하여 사상자의 수에 따라 재난현장에 적정한 현장응급의료소(이하 "의료소"라 한다)를 설치·운영해야 한다.
   ④ 의료소에는 소장 1명과 분류반·응급처치반 및 이송반을 둔다.
   ⑤ 의료소의 소장은 의료소가 설치된 지역을 관할하는 보건소장이 된다.
   ⑨ 의료소에는 응급의학 전문의를 포함한 의사 3명, 간호사 또는 1급 응급구조사 4명 및 지원요원 1명 이상으로 편성한다.
2. 분류반의 임무(규칙 제22조)
   ① 분류반은 재난현장에서 발생한 사상자를 검진하여 사상자의 상태에 따라 사망·긴급·응급 및 비응급의 4단계로 분류한다.
   ② 분류반에는 사상자에 대한 검진 및 분류를 위하여 의사, 간호사 또는 1급 응급구조사를 배치하여야 한다.
   ③ 분류된 사상자에게는 중증도 분류표 총 2부를 가슴부위 등 잘 보이는 곳에 부착한다.
   ④ 중증도 분류표를 부착한 사상자 중 긴급·응급환자는 응급처치반으로, 사망자와 비응급환자는 이송반으로 인계한다. 다만, 현장에서의 응급처치보다 이송이 시급하다고 판단되는 긴급·응급환자의 경우에는 이송반으로 인계할 수 있다.

3. 응급처치반의 임무(제23조)
   ① 응급처치반은 분류반이 인계한 **긴급 · 응급환자에 대한 응급처치**를 담당한다.
   ④ 응급처치반은 인계받은 긴급 · 응급환자의 응급처치사항을 부착된 중증도 분류표에 기록하여 긴급 · 응급 환자와 함께 신속히 이송반에게 인계한다.
4. 이송반의 임무(제24조)
   ① 이송반은 사상자를 이송할 수 있도록 구급차와 영구차를 확보 또는 통제하고, 각 의료기관과 긴밀한 연 락체계를 유지하면서 분류반 및 응급처치반이 인계한 사상자를 이송조치한다.
   ② 사상자의 이송 우선순위는 긴급환자, 응급환자, 비응급환자 및 사망자 순으로 한다.

🖊 기출문제 맛 보기

재난이 발생했을 때 중증도 분류체계에 따라 환자를 4개의 증증도로 분류하고 있으며, 이를 색깔로 나타내고 있다. 부상이 크지 않아 치료를 기다릴 수 있는 환자로서 대부분 보행이 가능하며 이송이 필요없고 현장에서 처치 후 귀가할 수 있는 상태를 나타내는 색깔은?   16년 서울

① 빨강(적색)   ② 노랑(황색)
③ 초록(녹색)   ④ 검정(흑색)

5　재난간호

1) 재난간호사의 역량

(1) 재난간호사의 역량은 **일반 간호사의 역량과 긴급대처 교육 역량**(NEPEC) 등이 포함된다.
(2) 재해간호를 제공하는 간호사는 한 영역에 전문적인 간호능력보다는 **일반적이고 다양한 요구를 수 용**할 수 있는 간호능력이 필요하다.
(3) 재해간호 수행능력으로 건강요구 **사정능력**(assessment), **적응력**(adaptability), **융통성**(flexibility), **창의성**(creativity)등이 필요하다.
(4) 재해간호역량을 강화하기 위해서 아래의 **조건**이 필요하다.
   ① **통합적이고 상호 협력적인 마인드**를 갖춘다.
   ② 재해간호를 제공할 **지식과 능력**을 갖춘다.
   ③ **리더**로서의 자질을 발휘한다.

정답 ③

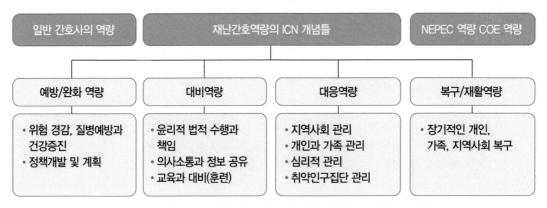

[그림 14-2] 재난관리단계에 따른 재난간호역량(WHO/ICN, 2009)

*출처: 김희걸 등(2021). 지역사회간호학 II. 현문사. p.495.

[주] NEPEC(Nursing Preparedness Education Coalition), COE(Center of Excellence)

2) 재난단계별 간호사의 업무

예방단계	간호사의 업무
1차 예방 (재난 이전)	① 예방접종을 실시한다. ② 재난발생을 통제/예방한다. ③ 확인된 위험요소로부터 보호한다. ④ 응급처치, 개인위생, 손상예방에 관한 지역사회 교육을 실시한다. ⑤ 안전한 음식과 물을 보장하고 배분한다. ⑥ 위생체계를 지키거나 (재)확립한다.
2차 예방 (재난 중)	① 피해자를 찾아서 구출한다. ② 응급의료서비스를 제공한다. ③ 사례를 찾아내고 감시한다. ④ 감염성 질환을 통제한다. ⑤ 단기상담/중재를 제공한다. ⑥ 구경꾼 효과를 관리한다.
3차 예방 (재난 후)	① 장기상담 및 정신건강 중재를 제공한다. ② 응급서비스 관리를 실시한다. ③ 부상 및 정화활동 관리를 실시한다. ④ 보건서비스를 재확립한다. ⑤ 실천계획을 다시 세운다.

3) 재난간호 시 지켜야 할 수칙

① 자신의 안전을 최우선으로 한다.

② 대상자의 건강요구의 우선순위를 안다.

③ 의료관련법(의료법, 응급의료법 등)을 따른다.

④ 공조체계 내에서의 지시에 따른다.

⑤ 대다수를 위해 최선을 다한다.

⑥ 경고신호의 의미를 알고, 자신 및 대상자의 안전을 확보한다.

⑦ 필요시 리더십을 발휘한다.

⑧ 필요시 적절한 기관에 의뢰한다.

⑨ 이용 가능한 의료자원과 인력을 이용한다.

⑩ 건강의 위협을 감소시키기 위한 환경과 조직활동의 변화를 관찰해야 한다.

---

6 재난간호 시 윤리적 원칙 및 쟁점

1) 재난간호에서 지켜야 할 윤리적 가치(의무)

(1) 공정성

① 정책입안자나 법률제정자는 계층, 인종, 이웃 혹은 개인적인 인맥과 같은 요소를 고려하지 않고 재난에 취약한 집단에게 자원과 노력을 더 집중할 수 있는 방법을 고려해야 한다.
   ⇒ 공정한 위기 돌봄 표준프로토콜 작성의 목적

② 정책과 법률은 현존하는 돌봄의 접근성에서의 불평등을 인식하고 가장 심각하고 취약한 집단의 요구를 고려하여 공정한 자원분배를 지원할 수 있어야 한다.

(2) 돌봄의 의무

① 부족한 자원으로 치료선택에 제한이 생길지라도 의료서비스전문가들은 환자를 돌보는 의무를 포기하지 않아야 한다.

② 개별 감염보호 장비의 구비, 통제, 다양한 메커니즘은 위험에 직면할 수 있는 의료서비스 전문가들을 보호하기 위한 조치들이며 이에 대한 충분한 지원이 있어야 한다.

(3) 자원분배의 의무

재난관리에 있어 서비스제공기관과 관리자는 "최대한 많은 수의 생명을 구한다"는 실용적인 목적을 반영하여 부족한 자원을 분배해야 한다.

2) 재난간호의 윤리적 과정(요소)

(1) 투명성

모든 과정이 명백히 의사소통되고, 대중이 참여할 수 있도록 공개되어야 한다.

(2) 일관성

유사 집단에게 의료서비스의 제공에 있어 일관성이 유지되어야 한다.

(3) 비례성

재난의 범위와 심각성에 따라 정책수행시간과 규모가 결정되어야 한다.

(4) 책임성

모든 수준의 의료서비스체계에 있는 개인이 계획을 수용하고 적절한 책임하에 행동하기를 요구하는 것이다.

Q 참고 POINT

[STARC의 원리]

위기시 주민에게 전파되는 모든 정보는 STARC의 원리를 적용한다.

(1) Simple (간단한)

(2) Timely (적시에)

(3) Accurate (정확한)

(4) Relevant (적절한)

(5) Credible (신뢰할 수 있는)

(6) Consistent (일관된)

CHAPTER 02 국제재난구호활동

1 국제연합기관 및 비정부기관

1) 국제연합기관

(1) 유엔재해구제조정사무소(UNDRO, United Nations Disaster Relief Organization)

① 대규모 재해가 발생했을 때 재해를 입은 국가를 효율적으로 원조하기 위하여 제26차 유엔총회의 결의에 따라 1972년에 설치된 재해원조 조정기구

② 재해가 발생하면 그 나라 정부나 현지 유엔기구 사무소를 통해 관련 정보를 수집하고 피해 상황을 각국 정부 등에 알려 원조협력을 받도록 조정하는 기관

(2) 국제연합아동기금(UNICEF)

빈곤과 질병으로 고통 받는 전 세계 개발도상국의 어린이를 위하여 영양, 보건, 식수공급 및 위해, 기초교육, 긴급구호, 어린이 보호 등의 사업을 지원한다.

(3) 유엔난민고등판무관(UNHCR)

① 세계난민 해결을 위해 설립된 기관

② 새로운 체제국의 국적을 획득할 때까지 정치적, 법적 보호를 책임지는 기관

2) 비정부기관

(1) 국제적십자사

① 국제적십자위원회(ICRC)와 각국의 적십자(NRCS), 그리고 이들이 모여 이루는 국제적십자연맹(IFRC)으로 구성된다.

② 국제적십자연맹은 각국의 적십자사가 인도주의 활동을 수행함에 있어 구호활동을 조정하고 지원하며, 각국 적십자사는 세계적 응급상황 및 자국의 상황에 따른 구호활동을 벌인다.

③ 우리나라의 경우 대한적십자사는 긴급구조지원기관으로서 재난관리체계에 참여한다.

(2) 국경없는 의사회(MSF)

① 의료인 자원봉사자들의 의료활동을 위해 조직된 세계최대 규모의 독립된 국제 의료구호단체이다.

② 일차보건의료, 수술, 예방접종, 재활, 치료진료소 운영, 위생프로그램 및 현지 의료요원 의 훈련 등을 지원한다.

③ 1999년 노벨평화상을 수상한 국제사단법인이다.

2 우리나라 정부기관

1) 한국국제협력단(Korea International Cooperation Agency, KOICA,1991)

(1) **외교부** 산하기관으로 **개발도상국가에 대한 정부차원의 대외무상협력사업**을 전담하는 기관으로 개발도상국가와의 우호협력관계 및 상호교류 증진을 통해 이들 국가들의 경제사회발전을 지원한다.

(2) 개발도상국가에 대한 보**건 분야의 공적개발지원(ODA)**으로는 병원건립 프로젝트, 모자보건개선사업, 결핵퇴치 지원사업, 연수생 초청 연수사업, 간호사 양성사업 등을 수행하고 있다.

(3) **해외재난** 발생 시에 외교부 및 대외기관과 업무를 협의하고 구호물자 및 예산 등의 전반적인 지원 관련 업무를 총괄하며,

(4) 해외 대규모 재난 시 KOICA 주관하에 구조와 의료진으로 구성된 **해외긴급구호대**를 구성하여 인력과 물자지원을 하고 있다.

2) 한국국제보건의료재단(Korea Foundation International Healthcare, KOFIH, 2006)

(1) **보건복지부** 산하 특별재단으로서 OECD국가로서 **지구촌 긴급구호와 보건의료발전**에 기여하고자 발족되었다.

(2) 주요사업으로는 **해외긴급구호 보건의료 지원사업**, **개발도상국** 보건의료 개발협력사업, **북한보건의료 협력사업**, **재외동포** 보건의료 지원사업, 국내거주 **외국인 근로자** 보건의료 지원사업, 이종욱 기념사업, 의료기기 및 약품 지원사업 등을 수행하고 있다.

3) 대한민국 해외긴급구호대(Korea Disaster Response Team, KDRT)

가족 해외재난 현장에서 **응급구조와 긴급의료지원활동**을 위해 2007년「해외긴급구호에 관한 법률」제정을 토대로 조직되었다. **구조팀, 의료팀, 지원팀**으로 구성된다.

단원확인문제

01. 해외에서 중동호흡기증후군이 국내에 유입되어 많은 사람들이 감염되어 사망하였다. 이러한 재난의 유형은?

① 자연재난

② 해외재난

③ 사회재난

④ 특수재난

02. 다음 중 재난대비단계에 해당하는 활동으로 옳은 것은?

① 위기경보의 발령

② 재난방지시설의 점검 및 관리

③ 특별재난지역의 선포

④ 재난안전통신망의 구축 및 운영

03. 재난관리에 대한 위험분석 중에서 국민의 참여와 알 권리를 보장하는 것과 가장 깊은 관련이 있는 내용으로 옳은 것은?

① 위험정보교환

② 위험관리

③ 위험평가

④ 위험예방교육

04. 다음 중 지역사회 재난관리 시 재난대상자의 중증도 분류체계 중 경미한 손상은 아니나 일차응급처치 후 치료가 얼마간 지연되어도 괜찮은 환자 상태를 나타내는 분류는?

① 흑색

② 적색

③ 녹색

④ 황색

05. 재난이나 그 밖의 각종 사고에 대하여 그 유형별로 예방·대비·대응 및 복구 등의 업무를 수행하도록 대통령령으로 정하는 관게 중앙행정기관을 말하는 재난관리기관은?

① 중앙재난안전대책본부　　　　② 재난관리책임기관
③ 재난관리주관기관　　　　　　④ 중앙긴급구조통제단

06. 재난과 같은 위기상황에서 간호사가 대상자의 계층, 인종이나 개인적 인맥과 같은 요소를 고려하지 않고 표준화된 프로토콜에 의해 돌봄을 제공하였다면 이것에 해당하는 윤리적 가치는?

① 공정성　　　　　　　　　　② 일관성
③ 투명성　　　　　　　　　　④ 책임성

07. 국제간호협회가 제시한 간호사의 재난간호 역량 중 다음에 해당하는 영역을 포함하는 것은?

• 윤리적/법적 실행과 책임
• 의사소통과 정보공유
• 교육과 대비

① 예방/완화 역량　　　　　　② 대비역량
③ 대응역량　　　　　　　　　④ 회복/복구역량

✎ 정답 및 해설 Answers & Explanations

01 정답 ③

우리나라 「재난 및 안전관리기본법」에서는 재난을 다음과 같이 분류한다.
(1) 자연 재난
   태풍, 홍수, 호우, 강풍, 지진, 황사, 대설, 해일 등 자연현상으로 인하여 발생하는 재해
(2) 사회재난
   ① 화재, 붕괴, 폭발, 교통사고, 화생방사고, 환경오염사고 등으로 인하여 발생하는 대통령령이 정하는 규모 이상의 피해
   ② 에너지, 통신, 교통, 금융, 의료, 수도 등 국가기반체계의 마비, 「감염병의 예방 및 관리에 관한 법률」에 따른 감염병 또는 「가축감염병예방법」에 따른 가축감염병 확산 등으로 인한 피해
따라서 감염병 또는 가축전염병의 확산 등으로 인한 재난은 사회재난에 속한다.

02 정답 ④

재난대비활동은
1) 재난관리자원의 관리   2) 재난현장 긴급통신수단의 마련   3) 국가재난관리기준의 제정
4) 기능별 재난대응 활동계획의 작성·활용   5) 재난안전통신망의 구축·운용   6) 재난관리 분야 위기관리 매뉴얼 작성
7) 재난대비 훈련 기본계획수립   8) 재난 대비훈련   9) 재난 대피소 지정 등이다.

03 정답 ①

위험정보교환은 재난관리에 대한 위험분석 중에서 위험평가자, 위험관리자, 소비자 등 기타 이해관계 집단 간에 위해인자나 위해인자에 관련된 요인에 대한 정보와 의견을 교환하는 것을 의미하는 것으로 위험분석 중 매우 중요한 요소이다.

04 정답 ④

적색은 긴급 중증 환자로 지금 당장 처치가 필요한 환자
황색은 경미한 손상은 아니나 처치가 다소 지연해도 괜찮은 상태의 환자
녹색은 경미한 환자로 처치 후 귀가조치하거나 자가치료를 해도 기능손상이 없는 환자
흑색은 생존가능성이 없는 부상을 가졌거나 이미 사망한 환자

05 정답 ③

재난이나 그 밖의 각종 사고에 대하여 그 유형별로 예방·대비·대응 및 복구 등의 업무를 주관하여 수행하도록 대통령령으로 정하는 관계 중앙행정기관은 재난관리주관기관이라고 한다.

06 정답 ①

재난과 같은 위기상황에서 간호사가 대상자의 계층, 인종이나 개인적 인맥과 같은 요소를 고려하지 않고 표준화된 프로토콜에 의해 돌봄을 제공하는 윤리적 가치는 공정성이다.

07 정답 ②

ICN이 제시한 재난간호역량은의 개념틀에서 윤리적·법적 실행과 책임, 의사소통과 정보 공유, 교육과 대비영역은 4개 재난간호 역량 중 대비역량에 해당한다.

부 록

CHAPTER **01** # 보건소 업무

보건소에서 수행할 수 있는 기능 및 업무의 예시(제3조 관련)

기능	업무	예시
1. 보건의료인 및 「보건의료기본법」 제3조제4호에 따른 보건의료기관 등에 대한 지도 · 관리 · 육성과 국민보건 향상을 위한 지도 · 관리	가. 의료인 및 의료기관에 대한 지도 등에 관한 사항	1) 의료기관의 개설 및 지도에 관한 사항 　가) 의원 · 치과의원 · 한의원 및 조산원의 개설신고 수리 　나) 부속의료기관의 개설신고 수리 　다) 의료기관의 진단용 방사선 발생장치 및 특수의료장비의 설치 · 운영 신고 수리 　라) 의료기관의 폐업 · 휴업 신고 수리 및 진료기록부 등의 이관 · 보관 등에 관한 사항 　마) 의료기관에서 나오는 세탁물 처리업자에 대한 신고 수리 　바) 「의료법」 제28조제1항에 따른 중앙회의 지부 또는 분회 설치에 대한 신고 수리 2) 의료에 관한 지도 · 감독 및 행정 처분 　가) 의료기관의 업무개시 명령 　나) 의료기관 또는 의료인에 대한 보고 명령 　다) 업무상황 · 시설 또는 진료기록부 · 간호기록부 등의 검사 　라) 의료시설 · 장비사용의 제한 또는 금지 처분 　마) 의료기관에 대한 업무정지 · 허가취소 · 폐쇄 처분 및 과징금 부과 등 　바) 의료지도원의 임명
	나. 의료기사 · 의무기록사 및 안경사에 대한 지도 등에 관한 사항	1) 치과기공소 및 안경업소의 개설 등록 2) 치과기공소 및 안경업소의 폐업 · 등록사항 변경 신고 수리 3) 치과기공소 및 안경업소의 개설자에 대한 시정명령 4) 치과기공소 및 안경업소의 영업정지 및 등록취소 등
	다. 응급의료에 관한 사항	1) 환자가 여러 명 발생한 경우 응급의료 및 응급환자 이송 등의 업무에 대한 종사 명령 2) 지역응급의료기관 지정 및 지정취소 3) 당직의료기관 지정 4) 응급의료기관 외의 의료기관 내 응급의료시설 설치 · 운영신고 수리 5) 구급차 등의 운용자에 대한 운용정지 및 말소등록 요청 6) 구급차 등의 운용상황과 실태점검 · 시정 · 정지 명령

라. 「농어촌 등 보건의료를 위한 특별조치법」에 따른 공중보건의사·보건진료 전담공무원 및 보건진료소에 대한 지도 등에 관한 사항	1) 공중보건의사의 시·군·구안의 근무지역·근무기관·근무시설 변경 및 변경 결과 보고 2) 공중보건의사의 시·군·구 파견근무 명령 3) 공중보건의사에 대한 근무지역의 이탈금지 명령 4) 공중보건의사의 복무에 관한 지도·감독 5) 보건진료소의 설치·운영 6) 보건진료 전담공무원의 근무지역 지정·임용 및 징계 7) 보건진료 전담공무원의 관할구역 이탈금지 명령 8) 보건진료소의 업무에 대한 지도·감독
마. 약사에 관한 사항과 마약·향정신성의약품의 관리에 관한 사항	1) 약국 및 의약품 관리 　가) 약국 개설등록 수리 　나) 약국 폐업 또는 휴업, 휴업한 약국의 재개 신고 수리 　다) 약국제제 또는 조제실제제의 제조 품목 신고 수리 　라) 안전상비의약품 판매자 등록 수리 　마) 한약업사 및 의약품 도매상 허가 　바) 약국 또는 점포 외 장소 의약품 판매 승인 　사) 약국개설자, 의약품 판매업자에 대한 보고명령·시설과 서류의 검사 및 의약품의 수거 　아) 약국개설자, 의약품 판매업자의 의약품 생산, 업무 개시 명령 　자) 약국개설자, 의약품 판매업자의 의약품 회수·폐기 또는 조치 명령 　차) 약국개설자, 의약품 판매업자의 시설 개수 명령 또는 사용 금지 명령 　카) 약국개설자의 관리자 변경 명령 　타) 약국개설자, 의약품 판매업자의 허가·승인·등록 취소 　파) 안전상비의약품 판매자 등록 취소 　하) 약사감시원 임명 2) 마약류 취급자 및 마약류 관리 　가) 대마 취급자의 허가 및 허가증 교부 　나) 대마 재배 면적, 생산 현황 및 수량 보고, 폐기 보고 수리 　다) 마약류도매업자, 마약류소매업자, 마약류취급의료업자, 마약류관리자, 대마 재배자의 마약류 취급 감시 및 단속 　라) 마약류도매업자, 마약류소매업자, 마약류취급의료업자, 마약류관리자, 대마 재배자의 마약류 폐기 및 조치 명령 　마) 마약류도매업자, 마약류소매업자, 마약류취급의료업자, 마약류관리자, 대마 재배자에 대한 관리 및 업무 보고 명령 　바) 마약류 감시원 및 마약류 명예지도원 운영

바. 공중위생 및 식품위생에 관한 사항	1) 공중위생영업자 및 해당 시설에 대한 지도·관리 　가) 공중위생영업·폐업·승계에 대한 신고 수리 　나) 이용사 및 미용사의 면허 등 교부·취소 등 　다) 공중위생영업자 및 공중이용시설의 소유자 등에 대한 보고관리 및 출입·검사 　라) 공중위생영업자 및 공중위생시설의 소유자 등에 대한 위생지도 및 개선명령 　마) 위생관리등급 공표 등 　바) 공중위생감시원 임명 등 2) 식품접객업소 등에 관한 지도·관리 　가) 위해평가 결과 등에 관한 보고 등 　나) 식품위생 영업소 등에 대한 출입·검사·수거 등의 조치 　다) 식품 등의 검사·재검사 수행 및 검사결과 등의 통보 　라) 식품위생감시원 임명 및 소비자 식품위생감시원 위촉 　마) 식품위생 영업의 허가 및 영업 승계 등에 대한 신고 수리 　바) 위해식품 및 식품 등의 이물 등에 대한 신고 수리 및 회수조치 ·보고·품목 제조정지 등 　사) 식품 등의 제조·가공업소, 식품접객업소 또는 집단급식소에 대한 위생등급 관리 및 모범업소 지정 등 　아) 조리사의 면허 교부 및 취소 등 　자) 식품위생업소 등에 대한 시정명령 및 위해식품에 대한 폐기처분 등 　차) 위해식품 등의 공표에 관한 사항 　카) 식품위생 영업시설 개수명령 등 　타) 식품위생 영업의 허가취소 및 식품위생영업소 등의 폐쇄조치 　파) 집단급식소 설치·운영에 대한 신고 수리 　하) 어린이 기호식품 조리·판매업소 관리 　거) 어린이 기호식품 우수판매업소 지정 　너) 어린이 기호식품에 대한 안전과 영양공급 등에 대한 교육 및 홍보 　더) 어린이 기호식품 조리 또는 진열·판매하는 자에 대한 시정명령

| 2.
지역주민의 건강증진 및 질병예방·관리를 위한 지역보건의료서비스의 제공 | 가.
국민건강증진·구강건강·영양관리사업 및 보건교육 | 1) 국민건강증진
　가) 건강증진프로그램의 개발 및 실시
　나) 주민건강의 증진에 관한 세부계획의 수립 및 시행
　다) 담배자판기 설치 단속 등 금연을 위한 조치
　라) 금연구역 관리
　마) 질병의 조기발견을 위한 검진 등
2) 구강보건
　가) 구강건강에 관한 교육사업
　나) 수돗물에 대한 불소화사업
　다) 충치예방을 위한 치아홈메우기 사업
　라) 불소용액 양치사업
3) 영양관리사업
　가) 영유아·임산부·수유부·노인·환자 및 성인 등의 영양관리사업
　나) 영양 및 식생활 교육·홍보
　다) 집단급식시설에 대한 현황 파악 및 급식업무 지도
　라) 그 밖에 영양과 식생활개선에 관한 사항
4) 개인 또는 집단에 대한 보건교육 실시
　가) 금연·절주·신체활동 등 건강증진에 관한 사항
　나) 구강건강에 관한 사항
　다) 영양 및 식생활에 관한 사항
　라) 만성질환 등 질병의 예방에 관한 사항
　마) 공중위생 및 식품위생에 관한 사항 등 |
| | 나.
감염병의 예방 및 관리 | 1) 감염병의 예방·관리
　가) 감염병 예방을 위한 교육·홍보
　나) 감염병의 신고 수리·보고
　다) 관할구역에 거주하는 감염병 환자 또는 의사 환자에 관한 환자 명부의 작성·관리 및 상황 보고
　라) 디프테리아·폴리오·백일해·홍역·파상풍·결핵·B형간염 등 기타 보건복지부장관이 지정하는 감염병에 관한 정기·임시 예방접종 실시
　마) 예방접종의 공고 및 완료 여부의 확인
　바) 예방접종 기록의 보존 및 보고
　사) 예방접종 증명서의 교부
　아) 감염병관리기관의 지정·관리, 감염병 위기 시 감염병 관리기관의 설치
　자) 감염병 환자 등의 파악·관리 및 입원통지
　차) 감염병 유행에 대한 방역 조치 및 감염병 예방을 위한 소독 등
　카) 소독업 개시·휴업·대행에 대한 신고 접수 및 시정명령·영업정지 등
　타) 예방위원의 임명 또는 위촉 |

		2) 후천성면역결핍증 관리 　가) 후천성면역결핍증의 진단·검안사실 및 감염인 사망 등에 대한 신고 수리·보고 　나) 후천성면역결핍증에 관한 정기 또는 수시검진 　다) 후천성면역결핍증에 관한 역학조사 　라) 감염인의 전문진료기관 또는 요양시설의 치료 및 요양권고 　마) 후천성면역결핍증검사확인서 발급 　바) 감염자관리명부 작성 및 관리 3) 결핵관리 　가) 결핵환자 진단·사망 및 사체 검안에 관한 신고 수리 　나) 신고된 결핵환자에 대한 검진 및 잠복결핵감염자에 대한 치료 등의 조치 　다) 결핵 집단발생이 의심되는 경우 역학조사·검진·치료 등의 조치 　라) 결핵조기발견을 위한 결핵검진 　마) 신생아 등에 대한 결핵예방접종 실시 　바) 전염성결핵환자에 대한 접객업 등의 업무종사 정지·금지 명령 및 전염성소실 시 정지·금지 명령 취소 　사) 결핵환자에 대한 입원명령 　아) 전염성결핵환자 접촉자에 대한 결핵검진 및 관리
	다. 모성과 영유아의 건강유지·증진	1) 임산부의 신고 접수 및 보고 2) 모자보건수첩의 발급 3) 미숙아 등에 대한 등록카드 작성·관리 4) 임산부·영유아·미숙아 등의 건강관리 등 5) 피임약제 등의 보급 6) 산후조리업이 개설·승계·폐업·휴업 및 재개에 대한 신고 접수 7) 산후조리원의 보고·출입·검사 및 시정명령, 폐쇄 등 행정조치 등
	라. 여성·노인·장애인의 건강유지·증진	1) 노인에 대한 건강진단·상담 및 보건교육 2) 홀로 사는 노인에 대한 방문요양서비스 등의 서비스와 안전확인 등의 보호조치 3) 치매검진 및 치매관리사업 4) 치매상담센터 설치 및 운영 5) 장애인의 검진·재활상담 및 재활서비스 등

마. 정신건강증진 및 생명존중에 관한 사항	1) 정신건강증진 　가) 정신질환자의 발견 · 상담 · 진료 및 만성 정신질환자의 　　　관리 　나) 정신보건센터 설치 　다) 사회복귀시설의 설치 · 운영 　라) 사회복귀시설의 폐지 · 휴지 · 재개신고 수리 　마) 사회복귀시설 폐쇄 또는 정지 명령 　바) 정신질환자의 입원 · 퇴원 및 통지 등에 관한 사항 　사) 정신의료기관 입원환자의 퇴원 또는 처우개선 청구 수리, 　　　기초정신보건심의위원회 회부 및 퇴원 또는 처우개선 조 　　　치 명령 2) 생명존중에 관한 사항 　가) 자살예방센터 및 자살예방용 긴급전화의 설치 · 운영 　나) 자살위험자 조기 발견, 상담 및 치료 등 지원에 관한 　　　사항 　다) 자살예방 상담 · 교육 · 홍보 등에 관한 사항
바. 지역주민에 대한 진료, 건강검진 및 만성질환 등의 질병관리에 관한 사항	1) 일반진료 2) 치과진료 3) 한방진료 4) 만성질환 예방 및 관리 프로그램 개발 · 운영 5) 희귀난치성질환자 의료비 지원 사업 6) 암환자 의료비 지원 사업

CHAPTER **02** # 감염병 각론

1) 콜레라

콜레라는 비브리오 콜레라(Vibrio cholerae) 균에 의한 급성 세균성 장내감염증으로 구토와 설사가 주 증상이다. 위생시설 및 환경위생이 나쁜 곳(특히 오염된 상수도원)에서 발생되며, 오염된 식수, 음식물, 어패류를 먹은 후 감염된다. 수분 및 전해질을 보충해 주고 테트라사이클린 등을 사용하여 치료할 수 있고, 물이나 음식물을 끓여 먹으면 예방할 수 있다. 우리나라에서는 쥐통, 쥐병, 호열자, 진질 등으로 불리웠으며 최근에는 1980년, 1991년, 1995년에 유행 발생했다. 1917년 이래로 일곱 차례의 세계적인 유행이 있었으며, 1960년대 초반과 1970년대에 걸쳐 아프리카, 서유럽, 필리핀, 동남아시아 등지에서 발생했다.

① **병원체**: 비브리오 콜레라균은 $1.0-5.0 \times 0.3-0.6\mu m$의 그람음성간균으로, 한 개의 편모가 있어서 운동성이 활발하며 아포나 협막은 없다. 현재 분리된 콜레라균의 생물학적형(biotype)에는 인도지방 등에서 유래한 진성콜레라균(Classical)과 이의 생물학적 변이형인 엘 토르(El Tor)형이 있으며, 주요 혈청군으로는 O1과 1992년 인도와 방글라데시에서 발견된 O139(V. cholerae Bengal)가 있다. 공통으로 편모(H)항원을 가지며, 균체(O)항원에 의하여 여러 가지 혈청군으로 분류된다. O1혈청군은 다시 Ogawa형, Inaba형, Hikoshima형의 세 가지 혈청형으로 분류된다. pH6.0 이하나 56℃에서 15분간 가열하면 균이 죽는다. 끓는 물에서는 순간적으로 죽으며, 실온에서는 약 2주, 물에서는 수일간, 그리고 하천과 해수에서는 더 오래 생존한다. 냉장이나 냉동상태에서는 증식되지는 않으나 균이 죽지 않는다.

② **전파양식**: 콜레라균은 주로 오염된 식수나 음식물, 과일, 채소 특히 연안에서 잡히는 어패류를 먹어 감염되며, 장례식 등 많은 사람이 모이는 경우 오염된 음식물을 통해 집단발생이 일어날 수 있다. 환자의 구토물이나 분변 속에 배설된 콜레라균에 의해 경구감염도 가능하다. 환자의 균 배출기간은 약 2~3일 정도로 짧고, 감염에는 1억~1000억 개에 이르는 많은 수의 균이 필요하므로 직접 접촉전파는 유행에 큰 구실을 하지 못한다. 잠복기는 6시간에서 길게는 5일 정도며, 대개 24시간 내외에 발생한다.

③ **증상 및 증후**: 전형적인 증상은 잠복기가 지난 후 과다한 물설사가 갑자기 시작되고, 구토가 동반될 수 있으며, 설사로 인한 순환기계 허탈 증세와 쇼크를 나타낼 수 있다. 보통 복통은 없다. 심한 경우 쌀뜨물 같은 설사와 함께 구토, 발열, 복부통증이 있을 수 있고, 극심한 설사로 인해 심한 탈수현상을 초래하여 적절한 치료를 하지 않으면 사망할 수도 있다. 무증상 감염자나 만성 보균자가 존재할 수 있으며, 엘 토르형은 무증상 또는 경미한 감염의 빈도가 높다. 치료하지 않는 경우 전형적인 환자의 25~50%에서 치명적일 수 있으나, 최근의 엘 토르형의 경우에는 적절한 치료를 하는 경우 사망률은 1% 미만이다.

④ 진단 및 치료: 전형적인 임상 증상, 위험지역으로의 여행력 및 실험실적 검사를 근거로 진단한다. 설사변, 구토물, 직장에서 채변한 검체에서 콜레라균을 분리·배양하여 확진하며, 면역혈청학적 시험, 박테리오파아지형별 등이 진단에 이용된다. 콜레라 환자는 격리하여 치료한다. 콜레라에 의한 설사 환자에서 가장 기본적이고 필수적인 치료가 부족한 수액 및 전해질을 보충해 주는 것이다. 가능하면 경구로 보충수액을 섭취하도록 하며, 심한 경우에 한하여 수액주사를 사용한다. 항생제 사용은 병의 중등도를 경감시키고 경과를 단축시킬 수 있어서 보조적으로 사용할 수 있다.

⑤ 환자 관리: 환자는 격리치료하며, 장내배설물에 대한 철저한 격리가 필요하다. 현재는 항생제 치료 종료 48시간 후부터 24시간 간격으로 2회 대변배양검사가 음성일 때까지 격리하고 있다. 환자 또는 보균자의 배설물에 오염된 물건을 3% 크레졸로 소독해야 한다. 적절한 항생제 치료를 하면 장기 보균이 드물기 때문에 추적 배양검사는 필요 없다. 확진된 환자와 접촉한 사람이나 음식물, 식수를 같이 섭취한 공동폭로자는 마지막 폭로가능 시점부터 5일간 발병여부를 감시해야 한다. 예방적 화학요법은 2차감염의 가능성이 매우 높은 경우에 한해 고려해 볼 수 있으며 테트라사이클린 또는 독시사이클린을 3일간 투여해야 한다.

⑥ 예방: 제일 효과적인 방법은 오염된 음식물이나 식수의 섭취를 금하는 것이다. 물은 반드시 끓여 먹고, 음식물을 준비하거나 취급할 때 철저히 끓이거나 익혀서 먹어야 한다. 개인위생관리를 철저히 하며 특히 음식물을 취급하기 전과 배변 뒤에 손을 씻어야 한다.

⑦ 예방접종: 예방접종은 면역효과가 불충분하고 비용효과가 낮기 때문에 권고하지 않고 있다. 현재의 사균백신은 단기간(3~6개월) 동안 부분적인 효과(50%)에 그친다. 불현성감염은 방지하지 못하고 유행억제를 위해서는 별로 유용하지 못하다. 현재 새로운 경구백신이 연구개발 중에 있으며, 약독생백신은 사용되고 있다.

2) 발진티푸스

발진티푸스는 Rickettsia prowazekii에 의한 급성 열성 감염병으로, 40℃ 이상의 고열이 나면서 발병 후 4~6일경에 몸통에서 시작하여 사지에 퍼지는 발진이 생긴다. 잠복기는 1~2주다. 가려워서 긁는 경우에 피부에 상처가 나면 이(louse)의 대변 속에 있는 병원체가 몸 속에 침투해서 발병하며, Tetracycline이나 Chloramphenicol과 같은 항생제를 사용하여 치료한다. 비위생 지대에 폭발적으로 발생하며, 주로 이가 많은 겨울철에 유행한다. 우리나라에서는 1967년 이후, 발진티푸스 환자가 발생 보고된 예가 없다.

3) 세균성이질

세균성이질은 Shigella 세균 속에 의한 급성 염증성 결장염(colitis)으로 감염력이 비교적 강하며, 우리나라에서는 국한된 지역사회 수준의 대·유행을 일으키고 있는 감염병으로 고열과 구역질, 경련성 복통, 배변 후 불편감을 동반한 설사가 특징인 대·소장의 급성세균성 감염이다. 어린이들에게는 전신적 경련이 올 수 있다. 혈액, 점액, 고름이 섞인 대변이 특징적이다. 진단은 대변이나 직장면봉법(rectal swab)을 하여 세균성이질균을 분리하여 진단할 수 있다. 농섞인 배설물이 나오면 정확한 진단을 할 수 있다. 격리 치료해야 하며, 수액요법과 항생제 치료가 가능하다. 예방접종 백신은 개발이 시도되었으나 아직 유용한 백신은 없다. 우리나라에서는 수차례의 유행을 겪으면서 1950년에 항생제의 도입과 생활수준 향상에 따른 환경위생의 개선으로 감소경향을 보이는데 특히 독력이 약한 균주로 대치되면서 사망은 두드러지게 감소하였다. 0~4세군과 60세 이상 연령군에서 높고, 남자가 여자보다 발생률이 높다. 치명률은 20~34세에서 가장 낮고, 이보다 어리거나 나이가 많을수록 높다.

① 병원체: Shigella는 운동성이 없고 협막도 없으며 아포도 만들지 않는 그람음성의 비교적 작은 간균이다. Shigella속(genus)에는 4종(species)의 혈청형이 있다. dysenteriae는 A군이고 12개의 혈청형 아속으로 나누어지며, S. flexneri는 B군이고 6종의 혈청형 아속으로 되어 있고, S. boydii는 C군이며 18종의 혈청형 아속으로 나누어지고, S. sonnei는 D군이며 혈청군은 한 개로 되어 있다. Shigella는 대변으로 배설되지만 실온에서 24시간 방치되면 현저하게 균수가 감소되어 배양되기 어렵다. Shigella는 neurotoxin, enterotoxin, cytotoxin과 같은 몇 가지의 체외독소를 만들며, 항균제에 대한 내성이 잘 생기는 특징이 있다. Shigella dysenteriae가 자연계에서 살 수 있는 시간은 물에서 2~6주, 우유나 버터에서 10~12일, 과일이나 야채에서 10일, 의복에서 1~3주, 습기가 있는 흙에서 수개월, 위액에서는 2분, 60℃에서 10분, 5% 석탄산수에서는 수분 동안이다. 다른 세균성이질균은 이보다 저항력이 약간 강하다.

② 전파양식: 사람만이 병원소이나 원숭이 집단의 유행도 보고 된 적이 있다. 환자나 보균자에 의한 직접 혹은 간접적인 대변경구전파다. 매우 적은 양(10~100개)의 세균도 감염을 일으킨다. 전파를 시키는 사람들은 배변 후 손톱 밑이나 손을 깨끗이 씻지 않기 때문이다. 이들은 음식을 오염시켜 간접적으로 전파하거나, 또는 직접적인 신체적 접촉에 의해 전파시킨다. 식수, 우유, 바퀴벌레, 파리에 의한 전파도 있다. 잠복기는 1~7일로 보통 1·3일이며, 전염기는 급성감염기로부터 대변에서 균이 발견되지 않는 기간, 즉 발병 후 4주 이내다. 드물지만 보균상태가 수개월 이상 지속될 수도 있다. 이유기의 소아 등에서 감수성이 높고 중증화되기 쉽다. 가구 내 2차 발병률이 높아서 10~40%에 달하며, 집단발생은 위생상태가 불량하고 밀집되어 거주하는 고아원 등 사회복지시설, 정신병원, 교도소, 캠프, 선박 등에서 많이 발생한다.

③ 증상 및 증후: 고열과 구역질, 때로는 구토, 경련성 복통, 후중기(tenesmus)를 동반한 설사가 주요 증상이며 대개의 경우에는 대변에 혈액이나 고름이 섞여 나온다. 이는 세균의 침입으로 인해 미세농양이 생기기 때문이다. 환자의 1/3은 수양성 설사의 양상을 보인다. 소아의 경우 경련을 보이기도 한다. 균종이나 환자의 감수성에 따라 경하거나 증상없이 지나기도 한다. 증상은 보통 4~7일이 지나면 회복된다. S. dysenteriae가 가장 심한 증상을 보이고, S. flexneri, S. sonnei로 갈수록 임상증상이 약해진다. S. dysenteriae1은 종종 독성 거대결장증이나 용혈성 요독증후군을 일으켜 사망에 이르기도 하는데, S. sonnei는 임상 경과가 짧고 예후도 양호하다. S. flexneri의 경우 합병증으로 Reiter 증후군을 일으키기도 한다.

④ **진단 및 치료**: 특징적인 임상 증상으로 추정 진단할 수 있으며, 확진은 대변 배양 검사 후 A, B, C, D 혈청군 병원체를 확인해야 하는데, 이때 의사(擬似)환자의 대변이나 직장 채변(rectal swab)한 검체를 수송 배지에 넣어 보건소에 배양 검사를 의뢰하여 이질균을 분리해 내야 한다. 저선택 배지(MacConkey 한천배지)와 고선택 배지(SS 한천 배지)의 조합이 효과적이다. 격리치료해야 하며, 수액요법과 항생제 치료법이 있다. 탈수시 전해질과 수분을 공급한다. 항생제 투여는 이환기간과 중증도를 감소시키고 세균배설기간을 단축시킨다. 다항생제 내성균이 많으므로 항생제에 대한 감수성 검사를 시행한 뒤에 선택해서 사용함이 바람직하다. 앰피실린, 박트림 내성균에 대해서는 퀴놀론제제 등을 쓸 수 있다.

⑤ **환자 관리**: 세균성이질 환자는 설사가 멈추고 항생제 투여를 중지한 후 48시간이 지난 다음 최소 24시간 간격으로 채취한 대변 또는 직장에서 얻은 검체에서 연속 2회 이상 이질균 음성으로 나올 때 격리를 해제한다. 소량의 균으로도 감염이 일어날 수 있으므로 장관배설물의 위생적 관리를 요하며, 감염된 환자의 경우 식품취급, 탁아, 환자간호를 금해야 한다. 대변과 오염된 물건에 대한 철저한 소독이 요구된다.

⑥ **예방**: 상하수도 완비와 음료수 정화, 염소 소독이 관리에 있어 중요하다. 음식을 만들기 전 또는 배변 후에는 손을 깨끗이 씻도록 한다. 모든 우유나 식료품은 살균하고, 상업용 우유의 생산과정, 보관방법, 배달과정을 위생적으로 감독한다. 조리용 음식물이나 음료수의 적절한 품질 관리를 한다. 음식물을 통조림할 때는 냉각수나 염소 소독한 물을 사용하고 갑각류나 어패류는 정기적으로 검사한다. 유행지역에서는 물을 반드시 끓여먹고, 조리사나 식품 유통업자는 식품을 적절히 냉동하고 항상 청결을 유지한다. 샐러드 보관이나 냉동식품을 다룰 때 주의할 사항에 대해 지도한다. 이는 가정이나 공공 식당에서도 마찬가지다. 청결정도가 불분명할 때는 식품을 선별하여 조리하거나 익혀서 먹고, 과일의 껍질을 벗겨 먹는다. 유아기에는 모유 영양을 장려하고 모든 우유나 물을 소독한다. 보균자는 식품을 다루는 업무나 환자의 간호에 종사해서는 안 된다.

⑦ **예방접종**: 예방접종 백신은 개발이 시도되었으나 아직 유용한 백신은 없다.

⑧ **감염병 신고**
　㉠ **신고범위**: 환자, 의사환자, 병원체보유자
　㉡ **신고시기**: 24시간 이내 신고
　㉢ **신고를 위한 진단기준**
　　ⓐ 환자: 세균성이질에 합당한 임상적 특징을 나타내면서, 다음 검사방법 등에 의해 해당 병원체 감염이 확인된 자
　　　ⅰ) 검체(대변 등)에서 균 분리동정
　　ⓑ 의사환자: 임상적 특징 및 역학적 연관성을 감안하여 세균성이질임이 의심되나 검사방법에 의해 해당 병원체 감염이 확인되지 아니한 자
　　ⓒ 병원체보유자: 임상증상은 없으나 해당 병원체가 분리동정된 자

4) 황열

황열은 Flaviviridae과에 속하는 황열바이러스에 의한 급성열성질환으로 황달, 출혈, 심한 알부민 뇨증이 전형적인 증상이다. 잠복기는 12~14일이며, 모기(Aedes aegypti, Haemagogus과 모기)가 질병을 매개한다. 예방접종의 효과는 접종 10일 후에 나타나서 10년간 지속된다. 주로 아프리카와 남미의 열대지방에서 발생하고, 우리나라에서는 발생한 적이 없다.

① **병원체**: Flaviviridae과의 flavivirus속, yellow fever virus

② **전파양식**: 바이러스를 가지는 모기에게 물렸을 때에 감염되는데 정글형과 도시형의 2가지 전파양식이 있다. 정글형은 아프리카와 남미의 열대지역에서 모기-원숭이의 순환고리로 유지되는 것으로, 인간은 숲 속에서 감염되는 기회숙주다. 도시형은 인간-A.aegypti의 순환고리로 유지된다. 예전에는 아메리카 대륙에 있었지만, 근래에는 사하라사막 남쪽에서 자이레, 탄자니아에 이르기까지 유행지역이 형성되어 있다.

③ **증상 및 증후**: 잠복기간은 3~6일간이며 갑작스럽게 발열, 오한, 두통, 요통, 전신 근육통, 허탈, 오심, 구토 증상이 나타나며, 상대적 서맥이 특징이다. 황달은 초기에는 경미하지만 진행되면 심해지고, 단백뇨나 무뇨도 생길 수 있다. 백혈구 감소는 초기부터 나타나지만 제 5일째에 가장 현저해진다. 대부분은 이 시기를 지나면 회복된다. 일부는 수 시간 ~ 수일의 회복기 후에 예후가 불량한 출혈경향이 있는 중독 증상기에 들어가며, 비강출혈, 잇몸출혈, 각혈이나 혈변, 간부전, 신부전을 초래한다. 증상이 생긴 후 7~10일 사이에 쇼크와 혼수로 사망하는데, 황달이 생긴 경우 사망률은 20~50%에 이른다. 유행지역의 전체 사망률은 5% 이하로 경증형도 많다.

④ **진단 및 치료**: 혈액에서 바이러스를 분리하거나 혈액과 간조직에서 각각 ELISA법과 특이항체를 이용하여 바이러스 항원을 검출한다. 검체에서 PCR법으로 바이러스를 검출할 수도 있으며, IgM 특이항체를 검출하거나 인속하여 채취한 혈청에서 항체가의 증가로 진단할 수 있다. 특별한 치료법은 없다.

⑤ **환자관리**: 국제 검역감염병으로 WHO 감시하에 있다. 증상이 생긴 후 적어도 5일간은 모기에게 물리지 않도록 한다. 환자와 거주지 근처에 살충제를 뿌리고, 다른 감염자가 없는지 조사하며, 백신을 접종하지 않는 사람이 있으면 접종한다. 유행지에서 원숭이류는 적어도 7일간은 검역소에 둔다.

⑥ **예방**: 모기가 생기는 장소를 줄이는 등 모기 예방을 하고, 모기에게 물리지 않도록 모기장이나 곤충기피제를 사용하는 등 주의한다. (유행지에서는 환자를 모기장 속에 수용한다.)

⑦ **예방접종**: 연령이 9개월 이상이면 약독화 생백신을 투여한다. 한번 투여로 99%에서 평생면역(적어도 30~35년간)이 생긴다. 항체는 투여 후 7~10일이면 나타난다. 유행지역에 가는 사람은 10년 이내의 접종 혹은 재접종이 의무화되어 있다. 9개월 이하에서는 백신에 의한 뇌염이 발생할 수 있으므로 투여하지 않는다. 특히, 4개월 이하에서는 금기다. 생백신이 금기가 되는 경우는 황열병 생백신에도 적용된다. 태아에서 이상을 초래한 예는 보고가 없지만, 임신 초기에는

되도록 접종하지 않는 것이 좋다. 무증상 HIV감염자에게도 사용할 수 있다. 아프리카와 남미의 유행지역에 가는 사람은 황열병의 예방접종 증명서가 필요하며 증명서가 없으면 6일간의 검역기간이 필요하다. 증명서는 백신접종 10일 후부터 10년간 유효하다.

⑧ **감염병 신고**
  ㉠ 신고범위: 환자
  ㉡ 신고시기: 24시간 이내 신고
  ㉢ 신고를 위한 진단기준
    ⓐ 환자: 황열에 합당한 임상적 특징을 나타내면서, 다음 검사방법 등에 의해 해당 병원체 감염이 확인된 자
      ⅰ) 급성기 혈액에서 바이러스 분리
      ⅱ) 회복기 혈청의 항체가가 급성기에 비하여 4배 이상 증가
      ⅲ) 검체에서 바이러스 항원 검출
      ⅳ) 검체에서 바이러스 유전자 검출

5) 페스트

페스트는 Yersinia pestis균에 의한 급성 열성 감염병으로, 림프절 종창, 물린자리의 가피, 발열 등 전신증상이 나타나는 선 페스트, 폐렴 증세와 오한을 동반하는 발열, 두통 증세를 보이는 폐 페스트, 그리고 뇌막염이나 뇌염증세로 시작해서 1~2일 내에 사망하는 패혈증 페스트가 있다. 치사율이 매우 높으며, 사람은 보통 쥐벼룩에 물려서 걸리게 되지만 감염된 야생동물을 취급하거나 폐 페스트 환자와 접촉한 다음에 감염된다. 항균요법은 발병한지 15시간 이내에 시작하면 효과가 있다. 폐 페스트환자는 호흡기 격리시켜야 하며, 백신은 페스트 감염 위험 직업에 종사하는 사람에게만 권장된다. 우리나라에서는 환자 또는 페스트균에 오염된 설치류가 발견된 적이 없으며, 세계적으로 연평균 1,500여명의 환자가 발생해서 10%가 사망하고 있다.

① **병원체**: 페스트는 Yersinia pestis균에 의한 급성 열성 감염병이다.

② **전파양식**: 페스트는 원래 쥐벼룩에 의해 야생설치류에서 전파되는 감염병으로, 감염된 쥐벼룩에 물려 감염되며, 감염된 야생동물을 취급하거나 폐 페스트 환자가 배출하는 비말을 통해 감염될 수 있다. 림프절 페스트와 패혈증 페스트의 잠복기는 1~6일이며, 폐 페스트의 잠복기는 1~3일이다.

③ **증상 및 증후**: 림프절 페스트는 쥐벼룩에 물린 다음 1~6일 후에 물린 자리에 통증을 동반한 림프절 종창, 발열, 오한, 근육통, 두통, 빈맥, 저혈압 등이 나타난다. 폐 페스트는 패혈증 페스트에 의해 2차적으로 나타나거나 폐 페스트 환자가 배출하는 비말을 통해 감염(잠복기: 1~3일)되며 폐렴증세와 오한을 동반한 발열, 두통, 객혈 등이 나타난다. 패혈증 페스트는 1~6일의 잠복기 후에 구역, 구토, 설사 등의 소화기 증상으로 시작하여 치료를 하지 않는 경우에 파종성혈관내응고, 급성호흡부전, 신부전, 의식저하, 쇼크로 진행하는 치명적인 경과를 보인다. 합병증은 치료지연시 파종성혈관내응고, 급성호흡부전, 뇌막염 등이 발생할 수 있다.

④ **진단 및 치료**: 림프절, 혈액, 가래 등에서 Y. pestis 분리 동정하여 확진할 수 있다. 패혈증 페스트는 일반혈액도말검사에서 특징적인 간균(bacilli) 관찰이 가능하며, 수막염 환자의 경우는 뇌척수액검사에서 다형핵백혈구의 증가와 특징적인 간균 관찰이 가능하다. 항체검사로 항체가의 4배 이상 증가, 또는 감소로 진단할 수 있다. 치료는 스트렙토마이신, 테트라싸이클린, 클로람페니콜, 박트림 등의 항생제를 투여하며, 항균요법은 발병한지 15시간 이내에 시작해야만 효과가 있다. 보통 10일 정도의 항생제 투여가 필요하며, 임상적 호전이 있은 후 최소한 3일 이상 투여해야 한다.

⑤ **환자관리**: 폐 페스트는 항생제 치료 개시 후 48시간까지 철저한 호흡기 격리를 한다. 림프절 페스트는 치료 개시 후 48시간까지 환자 분비물 격리를 한다.

⑥ **예방**: 페스트는 쥐와 밀접한 관계를 맺고 있으므로 예방대책으로 가장 중요한 것은 구서작업을 철저히 하는 것이다. 폐 페스트 환자를 치료하는 의료진이나 근접접촉(close contact)한 사람은 예방목적으로 7일간 Tetracycline이나 chloramphenicol을 복용하는 것이 필요하다.

⑦ **예방접종**: 백신은 예방 효과가 불충분하여서 일반인에게는 사용하지 않고 페스트균에 노출위험성이 많은 실험실 요원과 페스트 감염 위험 직업에 종사하는 자에게 권장된다.

⑧ **감염병 신고**
　ㄱ **신고범위**: 환자
　ㄴ **신고시기**: 즉시 신고
　ㄷ **신고를 위한 진단기준**
　　ⓐ 환자: 페스트에 합당한 임상적 특징을 나타내면서, 다음 검사방법 등에 의해 해당 병원체 감염이 확인된 자
　　　1) 검체(림프절, 혈액, 객담, 뇌척수액 등)에서 균 분리동정

6) 장티푸스

장티푸스는 Salmonella typhi균에 의해서 발생하며, 환자와 보균자의 대소변이나 장티푸스균에 오염된 물 또는 음식물을 먹은 후 6~14일 뒤에 지속적인 발열, 권태감, 식욕부진, 느린맥박, 설사 후의 변비와 허리부분에 장미 같은 발진 등의 증상을 나타내는 급성 열성 전신질환 감염병이다. 약 1%에서 장출혈이나 장천공(Intestinal perforation)이 일어날 수 있다. 치명률은 1% 미만이고 재발률은 5~10% 정도다. 장티푸스는 주로 환자나 보균자의 대소변에 오염된 음식물이나 물에 의해 전파된다. 장티푸스균은 사람만을 병원소로 하므로 사람 사이의 전파경로만 차단하면 발생을 막을 수 있다. 예방접종 백신은 있으나 전국민이 예방접종을 받을 필요는 없고, 질병에 걸릴 가능성이 높은 사람이나 장티푸스에 걸려 타인에게 전염시킬 위험이 높은 사람만 예방접종이 필요하다. 우리나라의 장티푸스 발생현황을 보면 줄곧 10만명당 10명 이상의 높은 발생률을 보이다가 1970년대 말이 되어서야 10만명당 1명 이하로 줄었다. 그러나 우리나라의 장티푸스 신고율은 10% 내외로 추정된다. 따라서 현재 우리나라의 장티푸스 발생률은 10만명당 5~10명 정도로 추정된다. 30대에 많이 발생하고, 월별로는 5, 6월에 많이 발생하고 있다. 장티푸스는 전 세계에서 발생하고 있는 감염

병이지만 선진국에서는 환경위생 등의 개선으로 거의 자취를 감추었고, 개발도상국에서는 계속적으로 발생되고 있다.

① **병원체**: 살모넬라 타이피균(Salmonella Typhi) 감염에 의한 급성 전신성 열성 질환이다. S. typhi는 사람만이 병원소며, 길이가 2~3㎛, 직경이 0.6㎛ 정도의 그람 음성간균이다. 협막이 없고 아포도 만들지 않지만 운동성은 있다. S. typhi는 O항원과 H항원이 있어서 분류나 진단에 이용된다. 인체 외에서 S. typhi가 생존할 수 있는 시간은 대변에서는 60시간 내외, 물에서는 5~15일, 얼음에서는 3개월 내외며, 아이스크림에서는 2년, 고여 있는 물에서는 6개월, 우유에서는 2~3일, 육류에서는 8주, 과일에서는 6일 등으로 되어 있으며 생존기간이 비교적 길고 추위에도 강하여서 위생상태가 나쁜 지역에서 유행이 계속되는 원인이 되고 있다.

② **전파양식**: 환자나 보균자의 소변, 대변에 오염된 음식이나 물을 먹으면 감염된다. 균수가 1백만~10억 개 정도면 감염을 일으킨다. 더러운 물이 섞인 해저에서 자란 갑각류나 어패류(특히 굴), 배설물이 묻은 과일 등도 감염원이 된다. 또 보균자가 부주의하게 다른 우유나 유제품도 원인이 되며 파리가 오염물로부터 다른 음식물에 세균을 전파하기도 한다.

③ **증상 및 증후**: 잠복기간은 보통 1~3주나, 균의 수에 따라서 다르다. 발열, 두통, 권태감, 식욕부진, 상대적 서맥, 비종대, 장미진, 건성 기침 등이 주요한 증상 및 징후다. 발열은 서서히 상승하여 지속적인 발열이 되었다가 이장열이 되어 해열되는 특징적인 열 형태를 갖는다. 치료하지 않을 경우 병의 경과는 3~4주 정도다. 일반적으로 설사보다 변비가 많다. 백혈구, 특히 호산구의 감소가 특징적이고 경증이 흔하나 중증의 비전형적 증상도 일어난다. 치료하지 않을 경우 회장의 파이어판에 궤양이 생겨서 간헐적인 하혈이나 천공이 생기기도 한다. 중증에서는 중추신경계 증상도 생긴다. 지속적인 발열, 무표정한 얼굴, 경도의 난청, 이하선염도 일어날 수 있다. 외과적 합병증으로는 장천공, 장폐색, 관절염, 골수염, 급성 담낭염, 농흉 등이 있다. 사망률은 10%지만 조기에 항생제로 치료하면 1% 이하로 감소시킬 수 있다. 재발은 말기 치료의 5~10%에서 발생하고, 항생제 요법이 행해진 경우의 10~20%에서 생긴다. 경증 혹은 불현성 감염이 유행지역에서 흔하다.

④ **진단 및 치료**: 병원균은 감염 초기에는 혈중에서 분리되며, 감염 후 약 1주 후에는 소변이나 대변에서도 나타난다. 이미 항생제 투여를 받은 환자라도 골수 배양으로 세균을 90~95%에서 검출할 수 있기 때문에 진단적 가치가 있다. 감염된 지 2주 후 70%에서 혈청 응집반응(Widal test) 값이 4배 이상이 된다. 백신을 접종받지 않은 환자라면 진단의 보조적 도구가 되나, 임상에서는 양성이 되는데 시간이 걸리기 때문에 유용하지 않다. 치료는 Ciprofloxacin(500mg, 2회/일, 경구)을 1주간 투여한다. Chloramphenicol(50mg/kg/d, 열이 떨어진 후에는 30mg/kg/d, 4회/일), Ampicillin(100mg/kg/d, 4회/일, 경구 또는 정주)이나 Sulfamethoxazole/trimethoprim (480mg정, 4정/일, 2회/일)을 적어도 2주일 투여한다. Amoxicillin, 3세대 Cephem계도 효과가 있다. 담낭 보균자에게는 담석이 없으면 Ampicillin과 Probenecid(1g/d)를 6주간 투여하며, 담석 보유자는 수술과 함께 Ampicillin을 2~3주일 투여 받도록 한다. 새로운 퀴놀론항생제도 효과가 있다.

⑤ 환자관리: 환자격리는 장내배설물 격리를 하며, 격리기간은 항생제 치료 종료 48시간 후부터 24시간 간격으로 3회 대변배양검사가 음성일 때까지 격리한다. 환자, 보균자의 배설물에 오염된 물품은 소독(크레졸 3%)한다. 접촉자는 최대 잠복기간까지 발병여부를 감시해야 하며, 고위험군(식품업 종사자, 수용시설 종사자 등)은 검사결과가 나올때까지는 음식취급, 탁아, 환자간호 등 금지시키며, 장티푸스 증상 발생시 즉시 의료기관을 방문하도록 지도한다.

⑥ 예방: 개인위생 및 철저한 환경위생이 가장 중요하다. 장기 보균자에 대한 관리가 중요하며, 2년간 보균검사를 실시한다.

⑦ 예방접종: 예방접종은 고위험군에만 접종한다.
   ㉠ 장티푸스 보균자와 밀접하게 접촉하는 사람(가족 등)
   ㉡ 장티푸스가 유행하는 지역으로 여행하는 사람이나 파병되는 군인
   ㉢ 장티푸스균을 취급하는 실험실 요원
   ㉣ 간이급수시설 지역 중 불완전 급수지역 주민이나 급수시설 관리자
   ㉤ 집단급식소, 식품위생접객업소 종사자: 현재 사용되는 장티푸스 백신은 Vi polysaccharide 백신과 경구용 생백신의 두 가지가 있다.
   ㉥ 경구용 약독화생백신(Ty21a): 5세 이상의 소아와 성인에서 투여 가능하고 격일로 총 3~4회 투여하며, 37℃를 넘지 않는 물로 공복상태(식사 한 시간 전)에서 하루 1캡슐씩 복용하도록 한다.
   ㉦ 비경구용아단위백신(Vi polysaccharide 백신): 0.5㎖을 1회 근주하고 3년마다 추가 접종한다.

⑧ 감염병 신고
   ㉠ 신고범위: 환자, 의사환자, 병원체보유자
   ㉡ 신고시기: 24시간 이내 신고
   ㉢ 신고를 위한 진단기준
      ⓐ 환자: 장티푸스에 합당한 임상적 특징을 나타내면서, 다음 검사방법 등에 의해 해당 병원체 감염이 확인된 자
         ⅰ) 검체(혈액, 소변, 대변 등)에서 균 분리동정
      ⓑ 의사환자: 임상적 특징 및 역학적 연관성을 감안하여 장티푸스임이 의심 되나 검사방법에 의해 해당 병원체 감염이 확인되지 아니한 자

7) 파라티푸스

파라티푸스는 Salmonella paratyphi A, B, C균에 의해 발생하는 장염이다. 급작스럽게 발병하고, 계속적 고열, 쇠약감, 비장종대, 장미진, 설사를 동반하고 장간막과 림프조직을 침범하는 세균성 장관감염증이다. 임상적으로는 장티푸스와 유사하지만 치명률은 훨씬 낮다. 파라티푸스는 대체적인 경과가 경한 편이고, 많은 부분이 자연적으로 호전되는 임상경과를 취한다. 환경관리는 장티푸스와 유사하며, 혈청형이 많아 효과적인 예방접종 백신의 개발이 어렵다. 우리나라에서는 장티푸스와 같이 1968년에 가장 많이 발생한 적이 있으나 해마다 점차 감소하고 있다.

① **병원체:** Salmonella enterica 중 Salmonella paratyphi A, B(S. schottmuelleri), C(S. hirschffeldii)가 원인병원체다. S. paratyphi A와 C는 사람에게만 기생하며 길이가 $2~3\mu m$인 그람음성간균으로 운동성이 있다. S. paratyphi는 bacteriophage에 의하여 세분화 될 수 있으며, 현재까지 알려진 phage형은 S. paratyphi A는 8종, S. paratyphi B는 48종이 있다. 항원은 O항원과 H항원이 있다. 우리 몸 밖에서의 생존기간을 보면 대변에서는 60시간 내외, 물에서는 5~15일, 고여 있는 물에서는 6개월 이상을 살 수 있으며, 추위에도 강한 편이다.

② **전파양식:** 사람이 주 병원소며, 드물게는 가축일 때도 있다. 보균자나 환자의 대소변과 직접, 간접적으로 접촉할 때 전파되는데 흔히 환자나 보균자의 손에 의해 오염된 조개류, 우유 및 유제품 등의 음식물에 의한다. 잠복기는 1~3주다. 전염기는 병원체가 배설되는 기간인데 보통 초발증상의 발현시기부터 회복기까지로 대개 1~2주 정도에서 영구보균자가 되는 빈도는 장티푸스보다 훨씬 적다.

③ **증상 및 증후:** 지속적인 고열, 두통, 비장종대, 발진, 설사 등 장티푸스와 유사하다. 치명률은 낮으며, 대체로 경과가 경한 편이다.

④ **진단 및 치료:** 임상증세로 추정 진단하며, 확진은 혈액, 소변, 대변배양을 통해 원인균을 분리 동정함으로써 이루어진다. 원인균은 Salmonella enterica 중 세 개의 혈청형으로 S. paratyphi A, S. paratyphi B(S. schottmulleri), S. paratyphi C(S. hirschffeldii)이다. 격리해서 치료해야 하며 항생제와 수액요법을 취할 수 있다. 치료에 쓰이는 항생제로는 Ampicillin, Chloramphenicol, Ceftriaxone, Quinolone이 있다.

⑤ **환자관리:** 환자격리는 장내배설물 격리를 하며, 격리기간은 항생제 치료 종료 48시간 후부터 24시간 간격으로 3회 대변배양검사가 음성일 때까지 격리한다. 환자, 보균자의 배설물에 오염된 물품은 소독(크레졸 3%)한다. 접촉자는 최대 잠복기간까지 발병여부를 감시해야 하며, 고위험군(식품업종사자, 수용시설 종사자 등)은 검사결과가 나올 때까지는 음식취급, 탁아, 환자간호 등 금지시키며, 파라티푸스 증상 발생시 즉시 의료기관을 방문하도록 지도한다.

⑥ **예방:** 상하수도 완비와 음료수 정화, 염소 소독이 관리에 있어 중요하다. 음식을 만들기 전 또는 배변 후에는 손을 깨끗이 씻도록 한다. 모든 우유나 식료품은 살균하고, 상업용 우유의 생산과정, 보관방법, 배달과정을 위생적으로 감독한다. 조리용 음식물이나 음료수의 적절한 품질관리를 한다. 음식물을 통조림할 때는 냉각수나 염소 소독한 물을 사용하고 갑각류나 어패류는 정기적으로 검사한다. 유행지역에서는 물을 반드시 끓여먹고, 조리사나 식품 유통업자는 식품을 적절히 냉동하고 항상 청결을 유지한다. 샐러드 보관이나 냉동식품을 다룰 때 주의할 사항에 대해 지도한다. 이는 가정이나 공공식당에서도 마찬가지다. 청결정도가 불분명할 때는 식품을 선별하여 조리하거나 익혀서 먹고, 과일의 껍질을 벗겨 먹는다. 유아기에는 모유 영양을 장려하고 모든 우유나 물을 소독한다. 보균자는 식품을 다루는 업무나 환자의 간호에 종사해서는 안 된다.

⑦ **예방접종:** 혈청형이 많아서 효과적인 예방접종 백신 개발이 어렵다. 한번 앓고 나면 수년간은 재감염이 잘 안 되며 같은 균주에 대하여는 면역항체를 갖게 된다.

⑧ 감염병 신고

    ㉠ 신고범위: 환자, 의사환자, 병원체보유자

    ㉡ 신고시기: 24시간 이내 신고

    ㉢ 신고를 위한 진단기준

        ⓐ 환자: 파라티푸스에 합당한 임상적 특징을 나타내면서, 다음 검사방법 등에 의해 해당 병원체 감염이 확인된 자

          ⅰ) 검체(혈액, 소변, 대변 등)에서 균 분리동정

        ⓑ 의사환자: 임상적 특징 및 역학적 연관성을 감안하여 파라티푸스임이 의심되나 검사방법에 의해 해당 병원체 감염이 확인되지 아니한 자

        ⓒ 병원체보유자: 임상증상은 없으나 해당 병원체가 분리동정된 자

8) 디프테리아

디프테리아는 Corynebacterium diphtheriae에 의한 점막이나 피부의 급성 감염증으로 호흡기 디프테리아와 피부 디프테리아로 구분된다. 코, 인두, 편도, 후두 및 그 주위 조직에 위막을 형성한다. 잠복기는 2~6일이며, 환자나 보균자와 직접 접촉하여 전염된다. 11월부터 4월 사이에 밀집생활을 하는 가난하고 비위생적인 사람들에게 잘 생긴다. 환자는 격리시켜야 하며, Erythromycin이나 Penicillin G 등의 항생제로 치료할 수 있다. 예방접종은 생후 2, 4, 6, 18개월과 4~6세의 5회에 걸쳐서 실시한다. 디프테리아는 세계적으로 유행하던 질환이었지만 효과적인 백신의 출현으로 현저히 감소되었으며, 우리나라에서는 1987년 이후에 환자 발생이 보고된 바 없다.

① **병원체**: 디프테리아균(Corynebacterium diphtheriae) 감염에 의한 호흡기 점막과 피부의 국소질환이다. 디프테리아균은 길이 1~8㎛, 폭 0.3~0.8㎛인 그람양성 간균이지만, 염색성은 일정하지 않다. 아포는 없고, 협막과 운동성도 없는 형태가 다양한 세균이며, 메틸렌블루(methylene blue)로 염색하면 일단에 이염과립(metachromatic granule)이 보인다. 콜로니의 형태에 따라 mitis, medium, gravis의 3형으로 분류된다. 디프테리아균은 박테리오파아지(bacteriophage) 감염된 경우에만 독소(toxin)를 만들어 병독성이 있으며, 이 독소의 생산을 위해서는 2가 철의 존재가 필수적이다.

② **전파양식**: 환자나 보균자와 직접 접촉에 의해 감염된다. 드물게 분비물을 통한 간접감염도 있고, 생우유가 원인이 되기도 한다.

③ **증상 및 증후**: 인두, 후두, 코, 때로는 다른 점막과 피부, 극히 드물게는 결막, 음부를 침범하는 급성질환이다. 특이적 세포독소에 의한 회백색의 위막이 감염된 인두와 피부에 형성, 부착되는 것이 주요 징후다. 인두 편도 디프테리아에서는 가벼운 인두통과 림프절 종창, 동통이 있으며, 중증 환자에서는 경부 종창이 뚜렷하다. 후두 디프테리아는 호흡곤란을 동반하여 중증이 된다. 비디프테리아는 보통 일측성으로 나타나고, 경증 또는 만성의 콧물과 점막 박리를 초래하여, 장액, 혈성 분비물이 나온다. 불현성 감염도 많다. 일정하지 않은 증상을 초래하고, 수포성 피부농포 등과 구별하기 어렵다. 흡수된 세포독소에 의한 후기 증상은 2~6주 후에 나타나서 뇌신경·

지각을 마비시킨다. 또, 심근염은 비교적 빠른 1~2주 후에 생기고, 종종 중증이 되어 돌연사 한 다. 피부 디프테리아 이외의 사망률은 5~10%로 지난 50년간 변화가 없었다.

④ **진단 및 치료**: 임상적으로 편도염, 인두염에서 회백색의 위막이 구개, 연구개까지 덮혀 있고, 경 부 림프절 종창, 장액 혈성 비분비물이 있는 점 등으로 진단할 수 있다. 감별할 진단은 바이러스 성 세균성 인두염, 각종 피부 질환 등이다.확진은 병변 부위에서 균을 검출한다. Loeffler 배지 에서 선택적으로 잘 증식하고, tellurite 배지상에서는 흑색 집락을 만든다. 보통의 인두배양용 배지에서는 자라지 않기 때문에 검사실에 디프테리아용 배지를 따로 준비한다.치료는 확정 진단 에 관계없이 시작하여야 하고, 균이 음성이라도 치료를 끝까지 해야 한다. 임상적으로 디프테리 아가 의심된다면 세균학적 검사를 시행한 후 지체없이 항독소 혈청을 투여한다. 병의 중증도나 병변부위 정도에 따라 2~10만 단위를 근주하고, 중증의 예에서는 근육주사와 함께 정맥주사를 한다. 이어서 항생제를 투여하는데 penicillin G(소아 25,000~50.000 단위/kg/일, 성인 120 만 단위/kg/일) 또는 erythromycin(40~50mg/kg/최대 2g/일)을 2회에 나누어 경구투여가 가 능할 때까지 근육주사한다. 경구투여가 가능하게 되면 penicillin V(0.5~1g/일)를 하루 4회로 나누어 또는 erythromycin(상기량)을 전체 치료기간이 14일이 되도록 경구투여한다.

> ※ 국립보건원 검사의뢰방법: 검사의뢰서와 함께 검체를 보냄(담당부서 병원체방어연구실: 전화 380-1466~
> 7, 전송 380-1487)
> ㉠ 검체: 위막과 병소부위 도찰
> ㉡ 채취방법: 항생제와 항독소 투여 전에 혀를 설압자로 누르고 위막과 병소부위에서 궤양부위를 면봉
>   으로 돌리면서 문질러 채취하고 위막이 있는 경우는 가능하면 위막을 들어서 그 밑으로부터 검체를
>   채취함
> ㉢ 운송: 채취한 검체를 Loeffler's 혈청 또는 Pai 배지 시험관에 넣어서 보내고 배지가 없을 때는 채취
>   된 검체를 시험관에 밀봉하여 최단 시간 내에 검사실로 보냄

⑤ **환자관리**: 인두 디프테리아 환자는 격리하여 치료하며, 환자의 분비물은 신체물질 격리책에 준 해 처리한다. 피부 디프테리아 환자의 병변 부위에 직접 접촉하지 않는다. 항생제 치료 후 24시 간 이상이 경과한 다음, 24시간 이상의 간격으로 채취한 코 및 인두부(피부형에서는 피부도 필 요하다)의 검체에서 모두 균이 음성이면 격리는 해제시켜도 좋다. 임상적으로는 14일간의 치료 가 끝나면 격리는 해제된다. 환자와 접촉한 사람은 세균학적 검사를 받고 7일간은 감시하에 둔 다. 균이 음성으로 증명될 때까지 식품, 특히 우유를 만지거나, 소아와 접촉하거나, 학교나 직장 에 나가서는 안 된다. 균 양성자는 항생제 치료를 마쳐야 한다.백신접종 유무에 상관없이 환자 와 접촉한 자에게는 예방투약이 권장된다.Penicilin 1회 정주 또는 Erythromycin(소아는 40mg/kg/일, 성인은 1g/일,4회/일)을 7~10일간 경구 투여한다. 또한, 백신 접종자는 추가 접 종을 받고, 미접종자는 각 연령에 따라 정해진 스케줄에 의해 접종받아야 한다.

⑥ **예방**: 예방접종이 중요하다.

⑦ **예방접종**: 기초접종은 DTaP로 생후 2개월, 4개월, 6개월에 3회에 걸쳐서 한다. 이후 15~18개 월에 4차, 만 4~6세에 5차 추가접종을 DTaP로 하고 만 14~16세에 6차 추가접종을 Td로 한

이후부터는 10년마다 Td를 접종받도록 하고 있다. 그러나 아직까지 국내에 Td 도입이 안 되어 있어 Td 추가접종은 Td 도입시까지 유보하고 있다.

⑧ 감염병 신고
   ㉠ 신고범위: 환자, 의사환자
   ㉡ 신고시기: 즉시 신고
   ㉢ 신고를 위한 진단기준
      ⓐ 환자: 디프테리아에 합당한 임상적 특징을 나타내면서, 다음 검사방법 등에 의해 해당 병원체 감염이 확인된 자
         ⅰ) 검체(인후도말 등)에서 균 분리동정
      ⓑ 의사환자: 임상적 특징 및 역학적 연관성을 감안하여 디프테리아임이 의심되나 검사방법에 의해 해당 병원체 감염이 확인되지 아니한 자

9) 장출혈성 대장균

1982년 미국에서 처음 보고되었다. 지금까지 미국에서는 매년 73,000명의 감염자가 발생하였으며, 이중 61명이 숨진 것으로 추산하고 있다. 혈성 설사를 흔히 일으키며 심한 경우 신부전을 야기하기도 한다. 대부분 제대로 익히지 않거나 오염된 쇠고기를 먹어 발생하였다. 가족 내 혹은 탁아소 등지에서 사람 간의 접촉도 주요한 전파경로다. 때로는 생우유를 먹거나 오염된 물을 마시거나 수영한 후 생기기도 한다. 고기를 철저히 익혀서 먹고, 멸균된 우유를 마시며 손을 깨끗이 씻는 것이 예방책이다.

① **병원체**: 장출혈성대장균(Enterohemorrhagic Escherichia coli) 감염에 의한 출혈성 장염을 일으키는 질환이다. 주요 원인균에는 O157:H7이 있다. 그 밖에 O17:H18, O26:H11, O11:H8 등이 있다. 특징적인 장점막 부착성을 가지며, 내산성으로 pH2~4에서 생존 가능하다. 균자체는 70℃에서 2분이면 죽는다.

② **전파양식**: 주된 원인은 오염된 간 고기다. 충분히 멸균되지 않은 우유, 주스나 오염된 야채, 샐러드도 원인이 될 수 있다. 오염된 호수, 풀장에서의 수영이나 염소 소독이 충분하지 않은 물을 마셔 수인성 전파가 일어날 수 있다. 사람 간 전파도 쉽게 일어날 수 있는데, 특히 밀집된 환경에서 2차 감염이 잘 일어나므로 소아 집단 시설에서의 관리가 어려운 면이 있다.

③ **증상 및 증후**: 발열을 동반하지 않는 급성 혈성 설사와 경련성 복통이 특징이다. 설사는 경증으로 혈액을 포함하지 않는 것에서부터 대부분 혈액만 나오는 상태까지 다양하다. 발열이 없고 설사변에 백혈구가 없는 것이 다른 질환과 감별할 수 있는 특징이다. 대개 1주일이면 치유된다. Shigella의 장독소(Shiga 독소 I형 및 II형, Vero 독소)를 생산하는 균주에 감염되면 용혈성 요독 증후군이나 혈전성 혈소판 감소증 등의 합병증이 생길 수 있다. 유아에서는 약 10%까지 합병되고 합병자 중에 2~7%가 사망하며, 고령자의 경우 용혈성 요독 증후군의 사망률은 50%에 달한다.

④ **진단 및 치료**: 선별검사로 sorbitol 발효능이 없는 것을 이용한 MacConkey sorbitol배지를 사용한다. 무색 투명의 집락을 형성하며 sorbitol 발효 음성인 대장균을 항 O157혈청으로 동정하며, 이어서 H형을 동정한다. 최근에는 분변을 검체로 해서 직접 ELISA법으로 O항원이나 독소를 검출하는 방법이 실용화되고 있다. 그밖에 라텍스 응고법이나 DNA probe법으로 독소 유전자를 검출하는 방법 등이 있다. 환자는 격리 치료해야 하며, 설사로 인한 탈수를 보충하기 위해 적절한 수액요법을 실시한다. 항생제 투여의 의의가 명확하지 않고 ulfamethoxazole/Trimethoprim은 용혈성 요독증 증후군 같은 합병증을 촉진한다고 알려져 있어 항생제 사용에는 신중을 기해야 한다.

⑤ **환자관리**: 환자는 격리치료하며, 장내배설물 격리를 철저히 한다. 격리기간은 항생제 치료 종료 48시간 후부터 24시간 간격으로 2회 대변배양검사가 음성일 때까지 격리한다. 환자, 보균자의 배설물에 오염된 물품은 소독(크레졸 3%)한다.

⑥ **예방**: 육류 제품은 충분히 익혀 섭취하고, 날 것으로 섭취하는 야채류는 염소 처리한 청결한 물로 잘 씻어 섭취한다. 철저한 개인 위생(손 씻기 등) 수칙의 준수가 필요하다. 주된 병원소인 소를 비롯한 가축 사육 목장에 대한 종합적 방역 감시와 도축장 및 육류 가공처리 과정에 대한 오염방지책 수립하고 위험 식품에 대한 지속적 감시 체계가 마련되어야 한다.

⑦ **예방접종**: 예방접종은 아직 유용한 백신은 없다.

⑧ **감염병 신고**
  ㉠ **신고범위**: 환자, 의사환자, 병원체보유자
  ㉡ **신고시기**: 24시간 이내 신고
  ㉢ **신고를 위한 진단기준**
    ⓐ 환자: 장출혈성대장균감염증에 합당한 임상적 특징을 나타내면서, 다음 검사방법 등에 의해 해당 병원체 감염이 확인된 자
      ⅰ) 검체(대변 등)에서 Shiga 독소 생성 E. coli 분리동정(O157:H7, O157:NM, O26, O111, 기타 혈청군)
    ⓑ 의사환자: 임상적 특징(설사 후에 용혈성 요독증후군이나 혈전성 혈소판 감소성 자반증이 발생하는 경우 등) 및 역학적 연관성을 감안하여 장출혈성대장균감염증임이 의심되나 검사방법에 의해 해당 병원체 감염이 확인되지 아니한 자
    ⓒ 병원체보유자: 임상증상은 없으나 해당 병원체가 분리동정된 자

10) 파상풍

① **병원체**: 파상풍균(Clostridium tetani)이 생산하는 테타노스파스민(tetano‑spasmin) 독소가 신경계를 침범하여 근육의 긴장성 연축을 일으키는 질환이다. 파상풍균은 길이 4~8㎛, 폭 0.4~0.6㎛인 그람양성 장간균이다. 아포는 균체 끝 부분에 위치하며 균의 모양은 마치 북채 (drum‑stick)모양으로 보인다. 편모는 있고 협막은 없다. 파상풍균은 편모항원(H항원)으로 10

가지형 이상으로 분류할 수 있으며, 균체항원(O항원)은 공통이다. 액체배지 내에서 강력한 외독소를 생산하며 용혈독(tetanolysin)과 신경독(tetanospasmin)의 두 종류가 있다. 병원성을 발휘하는 것은 신경독이다. 파상풍균 외독소는 65℃에서 5분, 직사광선으로 15~18시간이면 파괴되지만 건조 상태에서는 저항력이 크다. 파상풍균은 100℃에서 1시간 가열해도 완전히 사멸하지 않으며 설퍼제에는 저항성이 있지만 고농도의 페니실린에서는 발육이 저지된다.

② **전파양식**: 전세계적으로 흙에서 파상풍균이 발견되며, 동물이나 사람의 대변에서도 균이 발견된다. 토양이나 동물분변에 오염된 피부나 점막의 상처로 균의 아포가 들어가서 혐기적 조건하에서 번식한다. 녹슨 못에 의한 특히 깊은 관통상이나 조직 괴사를 일으킨 상처에서 흔히 발생한다. 동물에게 물려서 감염되기도 하고, 상처에 괴사조직이 있거나 이물이 있으면 균의 번식이 쉽다. 외견상 보이지 않을 정도의 작은 상처를 통해 발생하여, 약 환자의 1/4에서는 외상을 확인할 수 없다. 파상풍균이 생산한 tetanospamin은 신경근 접합부에 도달하여 운동신경 축색을 역방향으로 이동하여 척수 전각세포에 도달한다. 시냅스를 넘어 억제성 시냅스를 차단하여 운동계의 활동항진(경련성 마비)을 초래하고, 이어서 흥분성 시냅스 차단을 일으켜 근경축 상태가 된다. 신생아 파상풍은 출생시 소독하지 않은 기구로 탯줄을 절단 하거나 배꼽의 처치를 비위생적으로 한 경우 발생한다. 잠복기는 3~21일이다.

③ **증상 및 증후**: 외상 부위에서 증식한 균이 생산한 독소에 의한 급성질환으로 처음엔 동통을 동반한 근육수축은 저작근과 경부 근육에서 일차적으로 발생하며 체간 근육에서 이차적으로 발생한다. 전신증상은 증상발현후 1~4일 만에 나타난다. 경부근육이 경직되면서 차츰 심해져서 입을 열지 못하고(trismus), 삼키지 못하게 된다. 이 때 나타나는 전신 증세로는 과민, 두통, 미열, 오한, 전신성 통증이 나타난다. 더 진행되면 경련성의 근육 수축이 일어나며, 안면 경련이 나타나 입이 바깥쪽으로 끌려서 비웃는 듯한 표정(경소: risus sardonicus)이 나타난다. 사소한 자극(햇빛, 소리 등이 간가자극)에 의해 경련이 유발되며, 진신 성련시 환자의 목과 등이 경직되어 활모양으로 휘어서 이른바 후궁 반장(Opisthotonus)이 나타난다. 후두 및 호흡기 근육 경직에 의한 호흡곤란이나 방광 괄약근 경직에 의한 배뇨곤란이 발생하며 심한 동통을 느낀다.

④ **진단 및 치료**: 특징적인 임상 증상과 상처의 병력으로 진단할 수 있다. 치료의 원칙은 tetanospamin의 공급처를 제거하고, 혈중 독소를 중화시키며, 신경조직에 결합된 tetanospamin이 대사되어 없어질 때까지 집중적인 대증요법을 시행하는 것이다. 상처 또는 개방성 병소는 괴사된 조직이나, 이물질을 제거하고 경련을 예방하기 위해 조용하고 어두운 방에서 환자를 치료한다. 흙이나 대변에 오염된 상처에는 파상풍 인간 면역 글로불린(TIG: tetanus human immunoglobulin)이나 항독소(TAT: tetanus antitoxin)를 투여해야 한다. 일차 파상풍 예방접종을 완료하지 않은 사람이 동물의 분비물이 있는 토양으로 오염된 경우에는 파상풍 인간 면역글로불린과 파상풍 톡소이드를 투여한다. 파상풍 면역글로불린이 없는 경우 파상풍 항독소를 1,500~5,000 IU를 투여한다. 페니실린(Penicillin)을 7일간 투여하면 상처부위의 파상풍균을 죽일 수 있지만, 독소에 의한 파상풍은 항생제로 예방할 수 없다.

⑤ **환자관리**: 외상을 입은 환자의 능동면역여부를 알아보아야 하며 파상풍 항독소를 예방목적으로

사용한다. 개방성, 삼출성 병소가 없는 경우에는 격리시킬 필요가 없으나 개방성 병소가 있는 환자는 격리수용해야 한다. 병소 분비물 속에는 아포를 가진 파상풍균이 많이 있으므로 오염된 모든 물건은 즉시 고압멸균을 실시해야 한다.

⑥ **예방:** 파상풍을 예방하기 위해서 파상풍 흡착 톡소이드 예방접종을 실시하여 능동면역을 실시해 야 하며, 창상이 있는 경우 개방적으로 철저히 치료해서 파상풍에 걸리지 않도록 해야 한다. 일 차 및 추가 접종이 완료된 경우 10년마다(DPT백신, 7세 이상은 DT백신) 접종한다.

⑦ **예방접종:** 기초접종은 DTaP로 생후 2개월, 4개월, 6개월에 3회에 걸쳐서 한다. 이후 15~18개 월에 4차, 만 4~6세에 5차 추가접종을 DTaP로 하고 만 14~16세에 6차추가접종을 Td로 한 이후부터는 10년마다 Td를 접종받도록 하고 있다. 그러나 아직까지 국내에 Td 도입이 안 되어 있어 Td 추가접종은 Td 도입시까지 유보하고 있다.

⑧ **감염병 신고**
  ㉠ 신고범위: 환자
  ㉡ 신고시기: 24시간 이내 신고
  ㉢ 신고를 위한 진단기준
    ⓐ 환자: 파상풍에 합당한 임상적 특징을 보이는 자

11) 홍역

① **병원체:** Paramyxoviridae과의 Morbilivirus 속의 일종인 measles virus

② **전파양식:** 환자와 직접 접촉이나 비인두 분비물에 오염된 물품을 매개로 전파된다. 드물게는 공 기매개로 전파(airborne transmission)될 가능성도 있다. 홍역 바이러스는 호흡기도를 통하여 침입하며, 기도점막에 정착해서 증식한다. 또한 홍역바이러스는 태반을 통과하기 때문에 태아가 감염되어 선천성 홍역을 일으킬 수도 있다. 가장 쉽게 전파되는 감염병 중의 하나다. 소아의 잠 복기는 보통 10~12일이며, 면역글로불린을 투여를 받은 경우에는 21일까지도 간다. 발열 후 발진이 나타날 때까지는 12~14일이 걸린다. 전염성이 있는 시기는 발진이 나타나기 직전부터 발진 후 나타난 후 2~4일까지다. 백신의 경우에는 전염력이 없다.

③ **증상 및 증후:** 전형적인 임상 양상은 전구기, 발진기, 회복기의 3기를 거친다.
  ㉠ 전구기: 전염력이 가장 강한 시기로 3~5일간 지속되며 발열, 불쾌감과 기침, 콧물, 결막염 이 나타난다. 전구기 말에 구강점막에 충혈된 작은 점막으로 둘러싸여 있는 회백색의 모래알 크기의 작은 Koplik 반점들의 출현으로 진단이 가능하다.
  ㉡ 발진기: 홍반성구진이 앞머리에서부터 생긴 후 24시간 내에 얼굴, 목, 팔, 몸통, 2일째에는 대퇴부, 3일째에는 발에까지 퍼진 다음 발진이 나타났던 순서대로 소멸된다. 발진 출현 후 2~3일간은 40℃ 이상의 고열이 나는 등 임상 증상이 가장 심하다.
  ㉢ 회복기: 피부발진이 색소 침착을 남긴 후, 피부가 작은 겨 껍질 모양으로 벗겨지면서 7~10 일 내에 없어진다. 이 시기에 합병증이 잘 생기는데 기관지염, 폐렴, 급성 중이염, 결핵의 악

화 등과 같은 호흡기 합병증과 감염 후 뇌염, 아급성경화성범뇌염(subacute sclerosing panencephalitis) 등의 신경계 합병증이 있다. 환자에 노출된 후 면역글로불린을 투여받거나, 모체로부터의 수동 면역을 갖고 있는 경우, 백신을 접종하였으나 충분한 면역을 갖지 못한 경우에는 잠복기가 길어지고 증상도 가볍게 지나간다.

④ **진단 및 치료**: 피부발진이 나타나기 전에 코플리크씨 반점(koplik's spot)을 관찰하여 미리 진단할 수 있다. 어머니로부터 받은 면역이 남아 있는 1세 미만 유아나 감마글로불린(gammaglobulin)을 사용한 어린이 등 환자의 약 50%에서는 코플리크씨 반점같은 전형적인 증상을 보이지 않기 때문에 세포학적 검사, 항원검사, 바이러스 분리, 혈청학적 진단 등의 미생물학적 진단을 통해서 풍진, 엔테로 바이러스(Entero virus) 감염증 등 소아에서 흔히 생기는 다른 발진성 질환과 감별 진단이 필요하다. 특별한 치료방법은 없으며 증상에 대한 대증 치료를 한다.

※ 검사의뢰방법
  ㉠ 검사기관: 시도 보건환경연구원, 국립보건연구원 호흡기바이러스과(전화 380-1502~3)
  ㉡ 검체
    ⓐ 배양검사
      ⅰ) 인후도찰물: 증상 시작 후 1~2일 이내에 채취하는 것이 좋음. 바이러스 수송 배지 시험관에 담겨 있는 면봉을 꺼내어 환자의 인후부를 도찰한 후 면봉을 다시 바이러스 수송배지 시험관에 넣고 마개를 닫음(수송배지가 없을 때는 바람직하지는 않지만 생리식염수에 담아서 수송할 수 있음)
      ⅱ) 결막 도찰물: 증상 시작 후 1~2일 이내에 채취
      ⅲ) 소변(5~10㎖): 증상 시작 후 1주 이내 채취
      ⅳ) 혈액(5㎖): 증상 시작 후 1~4일 이내에 채취
    ⓑ 항체검사: 급성기와 회복기의 paired 혈청(1㎖ 정도)
  ㉢ 검체운송
    ⓐ 바이러스 배양용 검체: 운송시는 4℃를 유지하고 72시간 이내에 운송할 수 없을 때는 -70℃에 보관해야 함
    ⓑ 항체검사용 혈청: 4℃에서 수개월간 항체가 유지되므로 4℃를 유지하여 보냄

---

⑤ **환자관리**: 지역사회에서 격리시키는 것은 별의미가 없다. 병원에서는 전구증상이 나타난 후부터 발진 후 5일까지 격리하여 환자를 관리한다. 학교에서는 발진이 생긴 후 4일간 등교하지 않도록 한다.

⑥ **예방**: 홍역예방을 위한 백신은 약독화 생백신(attenuated live vaccine)을 사용하는데 1회 접종으로 95%의 소아가 면역이 되며, 풍진, 유행성이하선염(볼거리)등의 백신과 동시에 사용되고 있다.

⑦ **예방접종**: 예방접종은 생후 12~15개월 째와 4~6세에 시행한다. 바이러스에 노출된 경우에는 홍역환자와 접촉한지 6일 이내에 면역글로불린을 접종하면 효과가 있다.

⑧ **감염병 신고**
  ㉠ 신고범위: 환자, 의사환자

ⓛ 신고시기: 24시간 이내 신고

ⓒ 신고를 위한 진단기준

　ⓐ 환자: 홍역에 합당한 임상적 특징을 나타내면서, 다음 검사방법 등에 의해 해당 병원체 감염이 확인된 자

　　ⅰ) 검체(비인두분비물, 결막, 혈액, 소변 등)에서 바이러스 분리

　　ⅱ) 회복기 혈청의 특이 IgG 항체가가 급성기(발진 발생직후)에 비해 4배 이상 증가

　　ⅲ) 특이 IgM 항체 검출

　ⓑ 의사환자: 임상적 특징 및 역학적 연관성을 감안하여 홍역임이 의심되나 검사방법에 의해 해당 병원체 감염이 확인되지 아니한 자

12) 유행성 이하선염

① **병원체:** 유행성이하선염 바이러스는 Paramyxovirus과에 속하는 90~300mm의 RNA virus다. Nucleocapsid를 둘러싼 외피(envelope)는 세 층으로 되어 있으며 외층은 hemagglutinin, neruamindiase, cell fusion activity를 가진 당단백(glycoprotein)으로 되어 있고 보체 결합 항원인 V항원(viral antigen)도 여기 있다. 중간층은 지질(lipid)로 된 숙주세포성분이며 내층은 virus의 표면을 형성하고 있다. Nucleocapsid에는 보체결합 항원의 하나인 S항원(soluble antigen)과 다른 항원성 물질이 있다. 유행성이하선염 바이러스의 감염성은 ether, 0.1% formaldehyde, propiolactone, 자외선, 또는 50~60℃(20분)가열로 없어지지만 4℃에서는 수 일간, -20℃에서는 수주일간 감염성이 유지된다.

② **전파양식:** 유행성이하선염 바이러스(Mumps virus)는 직접적인 접촉이나 비말(droplet) 또는 다른 오염된 물질이 코나 입으로 들어가서 감염된다. 잠복기는 약 2~3주간이며, 전염기간은 발병 7일 전부터 발병 후 9일까지다.

③ **증상 및 증후:** 잠복기(16~18일)를 거친 후에 발열, 두통, 근육통, 식욕부진, 구토 등의 전구증상이 1~2일간 나타난다. 침샘(주로 귀밑샘)이 단단하게 부어올라 동통과 압통을 느끼게 되며, 붓기 시작한 후 1~3일째 최고조에 도달해서 3~7일 이내에 차차 가라앉는다. 합병증으로는 뇌수막염, 고환염, 부고환염, 난소염, 췌장염 등이 발생할 수 있다. 감염자의 약 1/3은 불현성 감염으로 무증상을 보인다.

④ **진단 및 치료:** 이하선(기타 타액선포함)에 병변이 있는 경우는 임상진단이 가능하다. 이들의 90%에서는 부어 있을 때부터 약 10일간 혈청 아밀라제(amylase)가 증가하기 때문에 진단에 도움이 된다. 그러나 다른 부위에 생긴 병변은 임상증세만으로 유행성이하선염이라고 진단하기는 어렵다. 발병전 2~3주일 동안에 유행성이하선염 환자와 접촉하였다는 병력이 있으면 진단에 도움이 된다. 확실한 진단방법으로는 보체결합반응으로 S항체나 V항체의 증가를 증명하는 방법, mumps IgM항체를 간접면역 형광항체법이나 ELISA법으로 증명하는 방법, 면역형광염색으로 mumps항원을 동정하여 진단하는 방법이 있다. 특이치료법은 없다.

> ※ 국립보건연구원 검사의뢰방법
> ㉠ 담당부서 호흡기바이러스과: 전화 380-1502~3, 전송 389-2014
> ㉡ 검체
> ⓐ 배양검사
> ⅰ) 타액: 이하선염 발생 2~3일부터 발생 4~5일까지 채취
> ⅱ) 뇌척수액: 뇌수막염 첫 3일간 1~2㎖ 채취
> ⅲ) 소변: 첫 5일간 5~10㎖ 채취
> ⓑ 항체검사: 급성기(발병후 가능한 빨리 채취)와 회복기(14일 이후에 채취) 혈청 1㎖ 정도
> ㉢ 운송
> ⓐ 바이러스 배양용 검체: 운송시는 4℃를 유지하고 72시간 이내에 운송할 수 없을 때는 -70℃에 보관해야 함
> ⓑ 항체검사용 혈청: 4℃를 유지하여 보냄

⑤ **환자관리**: 유행성이하선염 환자의 관리방법으로 침샘(주로 귀밑샘)이 붓기 시작한 날부터 종창이 가라앉거나 발병 후 9~10일 동안 호흡기 격리를 한다.

⑥ **예방**: 특이요법은 없고 MMR 백신을 접종하면 예방이 가능하다. 약독화한 백신의 예방효과는 95%이고 평생면역이 생긴다.

⑦ **예방접종**: 백신은 생후 12~15개월 경과 투여하고 4~6세에 접종한다. 바이러스가 태반을 통과하므로 임신한 부인에게는 투여하지 않는다. 면역글로불린의 투여는 효과적이지 않다.

⑧ **감염병 신고**
㉠ 신고범위: 환자, 의사환자
㉡ 신고시기: 24시간 이내 신고
㉢ 신고를 위한 진단기준
ⓐ 환자: 유행성이하선염에 합당한 임상적 특징을 나타내면서, 다음 검사방법 등에 의해 해당 병원체 감염이 확인된 자
ⅰ) 검체(타액, 소변, 혈액, 뇌척수액 등)에서 바이러스 분리
ⅱ) 회복기 혈청의 특이 IgG 항체가가 급성기에 비해 4배 이상 증가
ⅲ) 특이 IgM 항체 검출
ⓑ 의사환자: 임상적 특징 및 역학적 연관성을 감안하여 유행성이하선염임이 의심되나 검사방법에 의해 해당 병원체 감염이 확인되지 아니한 자

13) 풍진

① **병원체**: Togaviridae과의 Rubivirus속의 rubella virus

② **전파양식**: 감염자의 비인두 분비액의 비말(공기)이나 직접 접촉에 의해 감염된다. 선천성풍진 증후군에 걸린 소아는 고농도의 바이러스를 배출하므로 중요한 감염원이 된다.

③ **증상 및 증후**: 풍진은 미만성의 소반점상 구진을 동반하는 경증 열성바이러스 감염증이다. 때로 발진이 홍역이나 성홍열과 유사하게 나타나기도 하며, 구내점막진도 나타난다. 발열은 보통 2~3일간 계속되고, 발진은 3~5일간 나타나다 호전된다. 발진이 나타나기 5~10일 전부터 수 주간에 걸쳐 후두부, 후경부와 귀 뒤의 림프선종창이 나타나는 것이 특징적인 임상양상이다. 소아에서는 무증상 감염이 많다. 성인에서는 미열, 두통, 권태감, 비염이나 결막염의 전구증상이 발진이 나타나기 1~5일 전부터 나타나며, 증상이 심해지기도 한다. 발진은 20~25%에서는 나타나지 않기도 하고, 약 반 수에서는 발진없이 지나간다. 백혈구는 감소하며, 혈소판 감소도 나타나지만, 출혈 경향을 보이는 것은 드물다. 관절통도 있으나 관절염은 드물고 주로 성인 여성에서 나타나며, 뇌염은 소아보다 성인에서 흔히 합병된다. 선천성 풍진 증후군(congenital rubella syndrome): 풍진은 선천성 기형을 유발할 수 있기 때문에 임상적으로 중요한 감염증 중 하나이다. 임신 초기에 산모가 처음 감염되면 태아의 90%에서 이러한 증후군이 발생하지만, 임신 16주에 감염되면 0~20%에서만 발생하고, 임신 20주 이후에는 드물다. 자궁내 사망이나 유산, 또는 저체중아의 출산, 심장 기형, 뇌성마비, 청력 장애, 백내장, 소안증이나 녹내장, 뇌수막염, 지능저하, 간비종대 등이 주요한 임상상이다. 또한, 인슐린의존형 당뇨병의 합병률이 높다. 대개 태어나자마자 발견되지만 가벼운 경우에는 수개월에서 수 년 후에 발견되기도 하고, 불현성 감염에서도 선천성 풍진 증후군이 발생할 수 있다.

④ **진단 및 치료**: 임상적으로 진단하는 것은 때로는 부정확하며, 젊은 여성, 특히 임산부에서는 혈청학적 확진이 추천된다. 연속하여 채취한 혈청(제 1회는 가능한 한 이른 시기, 2번째는 2~3주일 후)에서 CF, HI시험, ELISA법 등을 이용하여 항체가의 4배 이상 상승으로 진단할 수 있다. 감별 진단에는 홍역이나 성홍열, 기타 유사한 발진이 나타나는 돌발성 발진, 전염성 발진증, 전염성 홍반 등이 있다. EB바이러스 감염증에서도 발진이 나타나는 일이 있기 때문에 감별할 필요가 있다. 선천성 풍진 증후군은 IgM 항체의 검출로 확진가능하고, 초음파를 이용한 천자액으로 PCR을 시행하면 태내 진단도 가능하다. 바이러스는 생후 1년간 인두나 소변에서 검출될 수 있다. 특별한 치료법은 없다.

⑤ **환자관리**: 병원이나 의료기관에서는 환자를 격리실에 옮기고 면역력이 없는 임산부와 접촉을 막는다. 또한, 특히 임신 초기 산모와의 접촉력에 대해서 조사한다. 접촉자에서 백신 접종이 반드시 감염을 방지하지는 않는다. 병원이나 의료기관에서 감염 기회는 증가한다. 따라서, 임신을 고려하고 있는 가임기 여자 직원이 항체를 보유하고 있지 않다면 백신접종을 받아야 하며, 산부인과 근무자는 반드시 풍진 항체 양성자여야 한다.

⑥ **예방**: 일회의 생백신 접종으로 98~99%에서 평생 면역을 획득할 수 있다. 백신접종 후 일부 접종자의 비인두에서 백신바이러스가 분리되지만 전염력은 없으며, MMR백신의 일부로써 투여된다. 백신의 금기증은 유행성이하선염의 경우와 같다. HIV 감염의 경우에는 면역억제 상태가 아니면 접종할 수 있다. 가임기의 여성에 대해서는 10대라 하더라도 백신접종시 충분한 주의를 기울여야 하지만, 미국에서 임신 직후 혹은 임신 초기에 백신을 맞은 산모로부터 태어난 200명 이상의 신생아를 관찰한 결과 백신바이러스에 의한 기형은 하나도 발생하지 않았다. 임신중에 감염되면 선천성 풍진 증후군의 위험에 대해서 충분히 설명한 후에 임신을 계속할 것인지 아닌지

를 판단하게 한다. 임신 초기에 백신을 접종한 경우 아직까지 백신에 의한 선천성 풍진 증후군은 발생하지 않지만, 최종적 판단은 산모에게 맡긴다. 임신초기 감염원에 폭로된 후에 면역글로블린을 투여해도 감염 자체나 바이러스혈증을 막을 수는 없지만, 증상을 변형 혹은 경감시킬 수는 있다. 때로는 20㎖ 정도의 대량 면역 글로블린요법이 행해지기도 하지만, 그 효과는 확실하지 않다.

⑦ **예방접종**: 예방접종은 생후 12~15개월과 4~6세에 시행한다.

⑧ **감염병 신고**

　㉠ 신고범위: 환자(선천성풍진증후군 포함), 의사환자(선천성풍진증후군 포함)

　㉡ 신고시기: 24시간 이내 신고

　㉢ 신고를 위한 진단기준

　　ⓐ 환자

　　　ⅰ) 선천성 풍진: 선천성 풍진에 합당한 임상적 특징을 나타내면서, 다음 검사방법 등에 의해 해당 병원체 감염이 확인된 자

　　　　• 검체(인두 흡인물, 소변, 뇌척수액, 결막 등)에서 바이러스 분리

　　　　• 특이 IgM 항체 검출

　　　　• 예방접종에 의한 항체 상승이 배제되고 풍진 특이 항체가 모체항체가보다 높거나 모체항체가 소실되는 시기 이후에 양성인 자

　　　ⅱ) 출생 후 감염된 풍진: 풍진에 합당한 임상적 특징을 나타내면서, 다음 검사방법 등에 의해 해당 병원체 감염이 확인된 자

　　　　• 검체(비인두 흡인물, 혈액, 소변, 뇌척수액 등)에서 바이러스 분리

　　　　• 회복기 혈청의 특이 IgG 항체가가 급성기에 비하여 4배 이상 증가

　　　　• 특이 IgM 항체 검출

　　ⓑ 의사환자

　　　ⅰ) 선천성 풍진: 임상적 특징 및 역학적 연관성을 감안하여 선천성 풍진임이 의심되나 검사방법에 의해 해당 병원체 감염이 확인되지 아니한 자

　　　ⅱ) 출생 후 감염된 풍진: 임상적 특징 및 역학적 연관성을 감안하여 풍진임이 의심되나 검사방법에 의해 해당 병원체 감염이 확인되지 아니한 자

14) 폴리오(소아마비)

① **병원체**: Enterovirus속의 poliovirus 1, 2, 3형 poliovirus 1형이 많고, 3형이 그 다음으로 많다.

② **전파양식**: 백신 도입 전에는 전 세계적으로 발생했지만, WHO의 박멸 노력과 생활수준의 향상으로 현재는 인도에 많고 이 밖에 서아프리카, 중앙 아프리카의 일부지역에만 존재한다. 하지만, 전세계 환자의 반 수가 있는 인도에서도 박멸 노력의 성과로 많이 감소하였다. 선진국에서는 백신 미접종자에서 발생하며, 온대 지방은 늦여름부터 초가을에 걸쳐 나타나고, 열대 지방에서는 더운 우기에 발생한다. 주로 소아의 감염증이다. 인간에서 인간으로의 직접 감염, 특히 대

변-입 감염으로 생각된다. 환경위생이 잘 정비된 지역에서는 인두·후두 분비물로 감염된다.

③ **증상 및 증후**: 잠복기간은 마비형은 3~35일이며, 보통 7~14일 사이다. 경증에서는 가벼운 발열만 있거나, 발열, 권태감, 두통, 구토나 설사 등 위장염과 같은 임상상을 나타낸다. 4~8%에서 이와 같은 임상상이 나타나며 수 시간에서 2~3일 내에 치료된다. 또, 소수의 환자에서는 바이러스가 소화관의 림프절로부터 신경조직으로 침입한다. 신경에 들어 가면 근육통, 경부·배부 경직이 일어나며, 일부에서는 이완성 마비가 3~4일 사이에 생기게 되며, 대개 불현성으로 혹은 발열과 함께 갑자기 발생한다. 비대칭성 마비가 특징으로 하지에 많으며, 호흡근이나 연하근이 이환되면 치명적이다. 회복기에 마비는 어느 정도 호전되지만, 60일 후에도 지속되면 영구히 남게 된다. 감염자 중 90% 이상이 무증상이고, 경증으로 지나간다. 이완성 마비를 나타내는 것은 감염자의 1% 이하이며, 약 1%의 환자에서 무균성 수막염이 합병된다.

④ **진단 및 치료**: 유행하고 있는 지역에서는 임상적인 진단만으로도 충분하다. 선진국의 비유행 지역에서는 분변, 수액, 인두·후두 분비물로부터 바이러스를 검출하여 진단하며, 연속하여 채취한 혈청에서 CF, NT시험으로 진단하는 것도 이론상 가능하지만, 마비가 나타났을 때는 이미 항체가 상승하기 때문에 실제로는 어렵다. 더욱이 CF 검사에서는 3~5년 후 음성으로 된다. Guillain-Barre 증후군과의 감별이 중요하다. 이 밖에 신경근 마비(이완성 마비)를 초래하는 enterovirus(특히 70형이나 71형), echovirus, coxsackievirus에 의한 질환과의 감별이 필요하다. 이들은 대개 마비가 경하며 후유증 없이 호전되고, 급성 운동신경축색신경증은 급성 회백수염과 유사한 병태를 나타내고 마비가 수 개월간 지속된다. 중국에 많으며, 다른 나라에도 있을 것으로 생각되지만 아직은 불분명하다. 이외에도 급성 이완성 마비를 초래하는 질환이나 수막염, 뇌염과의 감별도 필요하다. 특별한 치료법은 없다. 이환된 신경의 급성 증상에 대해서는 보존적 요법을 행하고, 증상이 호전된 후에는 치유되지 않은 마비에 대한 재활훈련을 시행한다.

> ※ 국립보건원 검사의뢰방법
> ㉠ 담당부서 소화기바이러스과: 전화 380-1493~4, 전송 380-1495
> ㉡ 검체: 대변(3~5g) 및 뇌척수액(1~2㎖)
> ㉢ 운송: 4℃를 유지하고 보관시는 -70℃가 좋으나 1주일 이내 운송하여 접종이 가능할 때는 -20℃에 보관이 가능함

⑤ **환자관리**: 환자는 장내배설물 격리를 하며, 집에서 치료하는 환자의 경우는 발병전에 이미 노출이 되었기 때문에 격리필요성이 감소된다. 환자 목 분비물, 대변과 이에 오염된 물품은 소독한다. 접촉자는 환자진단 전에 이미 노출되었으므로 예방접종은 별 도움이 안된다.

⑥ 예방: 경구 생백신이나 주사용 불활화백신이 모두 유용하다. 생백신이 많이 사용되지만, 병용하는 나라도 있다. 3회 접종하면 1형, 2형, 3형 모두에 대해 거의 100%의 방어력이 생기기 때문에 보통 3회 이상 접종하고 있다. 나라에 따라, 혹은 유행의 정도에 따라 접종 스케줄은 조금씩 달라진다. 성인은 유행지로 여행하거나 유행지에서 의료에 종사하는 경우 불활화백신을 3회 접종받도록 권고하고 있다. 1~2개월 간격으로 2회 접종 후 6~12개월 후에 3번째 백신을 접종받으며, 소아기에 접종을 받았으면 추가로 1회 투여한다. 백신의 금기증은 면역 억제 상태에 있는 사람이지만, HIV 감염만으로는 금기증에 해당되지 않는다. 저감마글로블린 혈증이나 가족 내에 면역억제자가 있는 경우는 불활화백신을 사용한다. 드물게(약 500만명에 1명) 경구 생백신으로 마비가 나타난다.

⑦ 예방접종: 예방접종은 2종류가 있다.
 ㉠ 경구용 생백신(OPV): 2, 4, 6개월에 3회 경구 투여하고, 4~6세에 추가접종 한다. 드물게 생백신에 의한 마비가 보고되고 있다.
 ㉡ 주사용 사백신(IPV): 3회 기초접종으로 경구용 생백신과 같은 항체양전율을 보인다. 피접종자나 접촉자에서 마비를 초래하지 않아 면역결핍환아도 접종이 가능하지만, 가격이 비싸고 주사를 해야 하는 단점이 있다.

⑧ 감염병 신고
 ㉠ 신고범위: 환자, 의사환자
 ㉡ 신고시기: 즉시 신고
 ㉢ 신고를 위한 진단기준
  ⓐ 환자: 폴리오에 합당한 임상적 특징을 나타내면서 다음 검사방법 등에 의해 해당 병원체 감염이 확인된 자
   1) 환자검체(대변, 뇌척수액, 인두 도말 등)에서 바이러스 분리
  ⓑ 의사환자: 임상적 특징 및 역학적 연관성을 감안하여 폴리오임이 의심되나 검사방법에 의해 해당 병원체 감염이 확인되지 아니한 자

15) 일본뇌염

① 병원체: 일본뇌염바이러스는 positive ssRNA바이러스로 Flaviriridae과의 arbovirus B군에 속하며, 바이러스의 직경은 40~50mm 정도의 정20면체다. 세포증식이 비교적 느리며, 바이러스의 표면에는 감수성이 있는 세포에 흡착(adsorption)하는 항원이 있고 감염된 다음에는 혈구응집(HA)항체를 비롯하여 중화항체, 보체결합항체 등의 여러 가지 항체가 나타난다. 에테르에 감수성이며 데옥시코올산 나트륨에 의해서 급속하게 불활성화된다. 단백분해효소인 트립신에 의해서도 불활성화된다. 50℃에서 10분간 가열하면 생존율은 약 0.1%로 급속히 감소되나 −70℃ 이하에서는 안정성이 유지된다. 동결건조하면 10년 이상 감염력을 유지한다. 2000배 희석 포르말린으로 처리하면 5일 후에 생존율은 0.1% 이하로 떨어진다. 일본뇌염바이러스의 혈청형은 하나뿐이다.

② **전파양식**: 바이러스를 가진 모기에 물리면 감염된다. 일본뇌염은 Culex속 모기(집모기)에 의해 매개되는데 모기는 야생 조류나 일부 포유류로부터 감염된다. 주로 돼지가 바이러스의 증폭숙주로서의 역할을 하는 것으로 알려져 있다.

③ **증상 및 증후**: 불현성 감염이 대부분이다. 전구기(2~3일), 급성기(3~4일), 아급성기(7~10일), 회복기(4~7주)의 임상상을 보이며, 현성 감염인 경우 급성으로 진행하여, 고열(39~40℃), 두통, 현기증, 구토, 복통, 지각 이상 등을 보인다. 진행하면 의식장애, 경련, 혼수에 이르며 대개 발병 10일 이내에 사망한다. 경과가 좋은 경우에 약 1주를 전후로 열이 내리며 회복된다. 합병증으로는 연축성 마비, 중추신경계 이상, 기면, 진전 등이 있다.

④ **진단 및 치료**: 병이 진행되는 동안 특이적인 IgM 항체를 검출하거나 급성기와 회복기 혈청에서 IgG 항체가가 4배 이상 증가하면 진단할 수 있다. 혈액이나 척수액 등의 검체에서 일본뇌염바이러스를 분리할 수도 있다. 일본뇌염에 대한 특이적인 치료법은 없고 호흡장애, 순환장애, 세균감염 등에 대해서는 보존적인 치료가 필요하다.

> ※ 국립보건연구원 검사의뢰방법
> ㉠ 담당부서 신경계바이러스과: 전화 380-1498~9, 전송 380-1499
> ㉡ 검체: 혈청(1~2mℓ): 급성기(발병후 가능한한 빨리 채취)와 회복기(14일이후에 채취), 뇌척수액(1~2mℓ)
> ㉢ 운송: 바이러스 배양용 검체는 4℃를 유지하고 보관시는 -70℃가 좋으나 1주일 이내 운송하여 접종이 가능한 경우 -20℃에 보관이 가능하다. 항체검사용 혈청: 4℃를 유지하여 보낸다.

⑤ **환자관리**: 환자나 접촉자에 대한 격리나 특별한 조치는 필요 없다.

⑥ **예방**: 일본뇌염에 걸리지 않기 위해서는 기초접종(생후 12~24개월 1~2주 간격으로 2회, 기본접종 후 12개월 뒤 1회 접종) 및 만 6세, 12세에 각각 1회씩 추가 접종을 한다.

⑦ **예방접종**: 기초접종(생후 12~24개월 1~2주 간격으로 2회, 기본접종 후 12개월 뒤 1회 접종) 및 만 6세, 12세에 각각 1회씩 추가 접종을 한다.

⑧ **감염병 신고**
  ㉠ **신고범위**: 환자, 의사환자
  ㉡ **신고시기**: 24시간 이내 신고
  ㉢ **신고를 위한 진단기준**
    ⓐ 환자: 일본뇌염에 합당한 임상적 특징을 나타내면서, 다음 검사방법 등에 의해 해당 병원체 감염이 확인된 자
      ⅰ) 검체(뇌조직, 뇌척수액 등)에서 바이러스 분리
      ⅱ) 회복기 혈청의 항체가가 급성기에 비해 4배 이상 증가
      ⅲ) 특이 IgM 항체 검출
      ⅳ) 검체(뇌조직, 뇌척수액 등)에서 바이러스 항원 검출

ⅴ) 검체(뇌조직, 뇌척수액 등)에서 바이러스 유전자 검출

ⓑ 의사환자: 임상적 특징 및 역학적 연관성을 감안하여 일본뇌염임이 의심되나 검사방법에 의해 해당 병원체 감염이 확인되지 아니한 자

16) 수두

① **병원체**: Herpesviridae과, Alphaherpesviridae아과의 Varicella-zoster virus (VZV, HHV-3)

② **전파양식**: 잠복기간은 2~3주일, 보통 13~17일간이다. 수두나 대상포진 수포액의 직접접촉이나 공기를 통한 전파다. 간접 감염도 일어나며, 수두는 감염자의 타액에 의한 감염도 일어난다. 수포가 초기병변일수록 전염력이 강하고, 딱지가 생기면 전염되지 않는다. 대상포진의 전염력을 약하지만, 선천성 감염도 있다.

③ **증상 및 증후**: 잠복기간은 2~3주일, 보통 13~17일간이다. 급성의 미열로 시작되고, 신체적 증상은 전신감염증이다. 피부발진은 몇 시간의 반구진 시기, 3~4일간의 수포기를 거쳐 7~10일 내에 가피를 남기고 호전된다. 또한, 수포는 연속적인 과정을 거치며, 동시에 여러 단계가 공존하는 특징이 있고, 단방성이며 터지면 궤양이 된다. 수포는 노출부위보다는 가려진 곳(두피, 겨드랑이, 구강 점막이나 상기도 점막, 결막 등)에 더 많이 발생하는 경향이 있다. 또, 벨트를 착용하는 부위 등 피부를 자극하는 곳에도 생기기 쉽다. 경증이나 비전형적인 감염형, 불현성 감염도 있으며, 성인에서는 발열과 전신 증상이 심하다. 전체적인 사망률은 10만명에 2명 정도지만, 성인에서는 30명으로 15배 높다. 성인에서 주요사인은 바이러스성 폐렴이고, 소아에서는 이차적인 세균감염과 뇌염 합병증이다. 백혈병 환자는 고위험군에 속하며 사망률이 5~10%에 달한다. 산모가 분만 5일 전부터 분만 후 2일 사이에 수두에 걸리면 신생아는 생후 5~20일 사이에 중증 수두에 이환될 위험성이 있으며, 이 경우 사망률은 30%에 달한다. 임신 초기에 감염되면 약 2%의 내아에서 선천성 기형이 생긴다. 라이 증후군의 전구감염증으로도 중요하다.

④ **진단 및 치료**: 보통 임상적 진단으로 충분하다. 수포에서 핵내 봉입체를 가지는 다핵 거대세포를 검출하는 것으로 진단할 수 있다. 전자현미경으로 바이러스를 관찰하거나, 세포배양으로 바이러스를 분리한다. 혹은 FA법이나 PCR법, DNA probe ISH법에 의해 직접 바이러스 항원을 검출할 수 있으며, 혈청학적으로는 CF시험, ELISA, FA법이 있다. 수두는 보통 예후가 양호하므로 특별한 치료가 없다. Acyclovir(80mg/kg/일, 4회/일, 5~7일간 경구투여)가 증상을 경감시키기 때문에 사용되기도 한다. 면역억제 환자의 수두에 대해서는 점적정주(5mg/kg를 8시간마다 5~7일간, 중증에서는 10mg/kg)를 한다. 또, vidarabine 10mg/kg/일을 12시간 동안 점적정주하기도 한다.대상 포진에는 vidarabine과 acyclovir가 사용된다. Vidarabine은 5~10mg/kg/일을 위와 같이 점적정주한다. Acyclovir는 경구(4,000mg/일, 5회/일, 7~10일간) 투여나 점적정주(5~10mg/kg, 매 8시간, 5~7일간)가 모두 가능하다. 그러나, 면역기능이 정상인 경우에는 급성기의 통증이나 발진의 호전을 반나절에서 2일간 앞당기는 것뿐이기 때문에 일률적으로 추천되지는 않는다. 삼차신경의 제1분지가 이환되거나 증상이 심한 경우에만 사용하도록 제한해야 한다. 또한, 대상포진후 신경통을 반드시 예방하지도 않고, 이미 생긴 신경

통에는 투여해도 효과가 없다. Vidarabine 연고 또는 acyclovir 연고를 1일, 1~4회 바른다.

⑤ **환자관리**: 병원이나 각종 시설 등에서는 처음 피부병변이 생긴 후 5일간 혹은 수포가 마를 때까지 환자를 격리한다. 같은 기간 학교는 출석을 정지시키고, 면역 억제 환자가 있는 병원이나 병동에서는 중증의 수두를 방지하기 위해 엄밀한 격리책이 요구된다.

⑥ **예방**: 감수성이 높은 신생아나 면역억제 환자는 수두 환자와 접하지 않도록 주의한다. 피하주사용 생백신을 1~12세까지 감수성이 있는 사람에게 사용한다. 한 번에 0.5㎖를 투여하면 약 70%에서 효과가 있으며, 백혈병 환자에서도 똑같이 2회 투여한다. 백신을 투여하면 증상이 있어도 경증으로 지나간다. 백신의 부작용으로 7%에서 경미한 수두양 발진이 생긴다. 또, 빈도는 감염된 경우보다 적지만, 나중에 대상포진을 일으키기도 한다. 대상포진용 면역글로블린도 바이러스에 노출된 후 96시간 이내에 사용하며, 어느 정도 예방효과가 있고, 이환되더라도 경미하게 지나가도록 하는 효과가 있다. 만일, 산모에서 분만 5일전에서 분만 후 2일 내에 수두가 나타나면 신생아에게 투여한다.

17) 결핵

① **병원체**: 결핵균은 운동성이 없으며, 균체는 폭이 0.3~0.6, 길이는 2~4μm 정도 되는 막대모양의 균(간균)이다. 세포벽은 다른 균에 비해 지질함량이 25% 이상 많아서 건조한 환경에서도 잘 견디고 알콜, 알칼리, 산이나 살균제 및 일반 항균제에도 저항성을 나타내며 열과 빛에 대해서는 약하다. 또한 이 지질은 숙주의 독성과 면역반응에 중요한 역할을 한다. 결핵균의 증식은 O_2 공급과 밀접한 관계가 있어 가장 잘 자라는 O_2 분압은 140mmHg이며 인체 내에서 환기/혈류비가 가장 높은 폐첨부의 O_2 분압이 120~130mmHg로 높아서 여기에 잘 발생한다. 인형결핵균은 A형, I형, B형, C형 4가지의 phage형이 있다. 결핵균은 독소를 생산하지 않지만, 균이 숙주의 방어기전을 이기고 조직 내에서 증식할 수 있으므로 병원성을 보인다.

② **전파양식**: 폐결핵 및 후두결핵 환자에서 나오는 비말핵을 흡입하여 감염되며, 후두결핵은 감염성이 매우 높다. 점막과 상처 난 피부를 통해 직접감염이 일어날 수 있지만 매우 드물다. 폐외결핵은 배농관(draining sinus)이 형성될 때에 전염력이 있을 수 있다. 우형결핵은 저온살균하지 않은 우유나 유제품을 섭취할 때 생기고, 농민이나 가축을 다루는 사람에서 공기를 통해 감염되기도 한다.

③ **증상 및 증후**: 가벼운 기침 등의 증상을 수반하지만 폐결핵환자의 대부분은 만성경과를 밟고 병변이 상당히 진행될 때까지는 뚜렷한 증세가 없고 또 증세가 있어도 비특이적이어서 발견되기 어렵다. 일단 증세가 나타나기 시작하면 병감, 피로감, 식욕감퇴, 체중감소가 있고 열은 39°~40℃까지도 나지만 오후에 높고 야간에는 해열되면서 땀이 많이 흐른다. 열이 많이 나더라도 다른 감염증과는 달리 그리 괴로워하지 않고 비교적 무관심하다. 국소적인 증세로는 기침과 가래가 나오지만 병소가 작으면 뚜렷하지 않으며, 공동이 생기면 가래가 많이 나오고 점액농성이던 것이 화농성이 된다. 기침이 진행되면 객혈을 호소하기도 하나 반면에 무증상의 환자가 의외로 상당히 진행된 경우에도 종종 보게 된다. 객혈은 공동이나 기관지의 미란(erosion)이 있을 때에

생기고 보통은 소량이다. 흉통은 병변이 흉막으로 파급하였을 때에 생기며 일측성이고, 미열, 호흡곤란 등을 호소한다.

④ **진단 및 치료**: 폐결핵의 진단은 주로 환자의 증상, 흉부방사선촬영, 객담의 균 도말 및 배양검사에 의존하며, 과거와 크게 차이는 없으나 최근에 좀더 효율적인 객담검출을 위한 방법, 분자생물학적 기법을 동원한 진단 및 결핵균 항원 또는 항체를 혈액 등에서 측정하는 방법 등이 개발되어 결핵의 진단율을 높이는 데 기여하고 있다. 폐결핵이나 결핵성 흉막염을 의심하는 증상이나 이학적 소견이 있으며 흉부방사선 촬영을 한다. 병변의 특징은 결절성 침윤이 제일 많고 면역억제환자를 제외하고는 공동의 형성도 흔하다. 속립성 결핵의 경우 전폐에 직경 2mm 결절들이 고르게 분포되어 있다. 객담에서 결핵균을 도말검사하거나 배양해서 결핵균을 증명하는 것이 현재까지도 임상에서 가장 많이 이용되는 방법이다. 결핵균의 배양검사가 훨씬 민감도가 높지만 6주 이상 기다려야 하므로 조기배양을 관찰하는 BACTEC system을 이용하면 1~3주에 결핵균을 확인할 수 있다. 신속하게 진단하는 데 가장 이상적인 것은 PCR을 이용하여 인형결핵균에만 반복적으로 존재하는 IS6110 DNA 염기서열을 증폭하는 방법이 있으며, 결핵균 항원에 대한 항체를 검출하는 ELISA법이 있다. 흉부 방사선촬영에서 폐결핵이 의심되지만 객담도말검사에 음성이거나 객담을 배출 못하는 환자들의 경우 기관지 내시경을 시행하여 기관지 폐포세척술, 기도 세척술, 경기관지 생검 또는 조직생검을 시행하여 진단에 도움을 줄 수 있다. 결핵의 치료는 일반적으로 통원치료를 원칙으로 하나 객혈, 심한 호흡곤란, 고열, 기흉, 농흉, 약제에 대한 부작용, 당뇨, 및 합병증 등 심한 증상이 있을 때에는 입원 치료한다. 또한 내과적 치료가 기본이나 이에 의해서 목적을 달성하지 못하거나 필요에 따라 외과적 치료를 병행할 수 있다. 화학요법의 원칙은

㉠ 감수성 약제의 선택이 중요하고,

㉡ 정균제보다는 살균제를 선택해서,

㉢ 적절한 다제병용요법으로,

㉣ 충분한 용량으로 충분한 기간 동안 규칙적으로 복용하는 것이 중요하며,

㉤ 최고혈중농도를 위한 1회 전량 투여가 분할한 일정 농도의 유지보다 효과적이라는 점을 명심해야 한다. 결핵병변에 따라 그 안에 있는 결핵균의 대사상태 및 수가 각각 다르고 이에 따라 약제에 대한 반응이 달라서 초치료에 사용되는 필수 약제는 INH, RFP, PZA가 반드시 포함되어야 한다. 치료에 대한 효과는 객담 내 결핵균의 음전과 흉부방사선 소견의 개선으로 확인한다. 이때 유효한 화학치료는 치료 실패율과 치료후 재발률의 합이 10% 미만일 경우를 말하며 치료 실패란 치료 6개월에도 객담도말 및 배양검사상 양성으로 남아 있는 경우를 말한다. 표준처방으로는 처음 2개월간 초기 집중치료기에 INH, RFP, PZA, EMB(SM)을 쓰고, 나머지 4개월간의 유지기에는 INH, RFP만 쓰는 6개월 요법이다. 처음부터 9개월간 INH, RFP, EMB 3제를 쓰거나 또는 EMB 대신 SM을 처음 2개월간 쓰고 나머지 7개월은 INH, RFP만 쓰는 9개월 요법이 대체표준처방으로 사용된다. 재발 환자의 치료에는 감수성 검사를 의뢰한 다음 사용하며, 치료기간도 처음보다 3개월 연장한다. 초치료에 실패한 환자는 즉시 감수성 검사를 실시하여야 하며, 초치료에 사용한 약제는 모두 제외시키고, 과거에 사용하지 않았던 감수성 약제를 최소한 3제, 가능하면 4제 이상 병요치료한다. 감수성으로

보고된 약제라도 과거에 6개월 이상 사용한 후에 균양성이었던 약제는 제외시키고 초기에 2개월 사용한 PZA는 감수성일 경우 사용가능하며, 과거에 사용하던 약제에 새로운 약제 한 가지 또는 두 가지를 첨가하는 것은 절대로 안되며 치료기간은 18개월 이상 치료한다.

⑤ **환자관리**: 전염원인 환자를 찾아내어 치료해 주면 전염경로를 차단하는 것이므로 결핵의 발생을 줄일 수 있다. 결핵환자는 기침을 할 때 휴지 등으로 입과 코를 막고 하도록 교육시켜서 다른 사람에게 비말감염시키는 것을 막을 수 있다. 균양성 환자라도 유효한 항결핵화학요법을 시작하면 전염성이 조속히 소실(2주 이내)되므로 업무 종사를 지속적으로 제한할 필요는 없다. 감수성이 있는 동거 가족의 감염 여부에 대한 검사가 중요하다.

⑥ **예방접종**: 국내에서는 모든 영유아를 대상으로 BCG 예방접종을 받도록 하고 있다. 생후 4주 이내에 접종하고 늦어도 첫 번째 생일 이전까지는 접종을 받도록 권장하고 있다.

⑦ **감염병 신고**

ㄱ. **신고범위**: 환자, 의사환자

ㄴ. **신고시기**: 24시간 이내 신고

ㄷ. **신고를 위한 진단기준**

ⓐ **환자**: 결핵에 합당한 임상적 특징을 나타내면서, 다음 검사방법 등에 의해 해당 병원체 감염이 확인된 자

ⅰ) 검체(객담, 혈액, 소변, 뇌척수액, 조직 등)에서 항산균도말 양성

ⅱ) 검체(객담, 혈액, 소변, 뇌척수액, 조직 등)에서 균 배양 양성

ⓑ **의사환자**: 임상적, 방사선학적 또는 조직학적 소견이 결핵에 합당하나 세균학적으로 해당 병원체 감염이 확인되지 아니한 자

18) 비브리오 패혈증

① **병원체**: 비브리오 패혈증균은 바다에 살고 있는 그람음성 세균으로, NaCl의 농도가 1~3%인 배지에서 잘 번식하는 호염성이다. 오랫동안 다른 세균으로 오인되었다가 V. parahemolyticus와 달리 락토스(lactose)를 분해한다는 사실이 밝혀져 1979년에 V. vulnificus로 명명되었다. 이 균은 colistin 내성이지만, ampicillin이나 carbenicillin에는 감수성이어서 다른 유사한 세균과 구별할 수 있다.

② **전파양식**: 여름철 해안지역을 중심으로 발생하며, 만성 간질환 등 저항력이 약한 허약자들이 어패류를 생식하거나 해안지역에서 낚시 또는 어패류 손질시 균에 오염된 해수 및 갯벌 등에서 피부상처를 통해서도 감염된다. 잠복기는 1~2일이며, 피부감염의 경우는 약 12시간이다. 40세 이상의 남자에서 흔하며(남:여 = 9:1) 주로 해수온도가 18-20℃로 상승되는 여름철에 서남 해안 지역에서 발생한다.

③ **증상 및 증후**: 두 가지 임상형이 있다.

ㄱ. **창상감염형**: 해안에서 조개껍질이나 생선 지느러미 등에 의해 생긴 창상으로 해수에 있던

균이 침입했을 때는 창상 부위에 부종과 홍반이 발생하여 급격히 진행되어 대부분의 경우 수포성 괴사가 생긴다. 잠복기는 12시간이며, 대부분 기존 질환이 없는 청장년에서 항생제 및 외과적 치료에 의해 회복한다.

ⓒ 패혈증: 기존 간 질환을 가진 사람들이 오염된 해산물을 생식한 뒤 발생하는 원발성 패혈증으로 급작스런 발열, 오한, 전신쇠약감 등으로 시작하여 때로는 구토와 설사도 동반한다. 잠복기는 16~24시간이며, 발병 30여 시간 전후에 대부분의 환자에서 피부병소가 사지, 특히 하지에서 부종, 발적, 반상출혈, 수포형성, 궤양, 괴사 등의 모습으로 나타난다. 치명률이 높다 (40~50%).

④ 진단 및 치료: 임상증상과 함께 원인균인 Vibrio vulnificus가 동정되면 확진할 수 있다. 특히 일주일 이내의 어패류 생식유무, 해수와의 접촉, 낚시 또는 어패류 손질 중 다친 적이 있는지를 확인하면 진단에 도움이 된다. 페니실린, 엠피실린, 세팔로틴, 테트라사이클린, 클로람페니콜 등 감수성 있는 항생제를 투여하고, 피부병변은 괴사된 조직이 있는 경우 절제, 배농, 절개 등 외과적 처치를 시행한다.

⑤ 환자관리: 비브리오 패혈증환자 발생시에 격리, 환경소독, 검역 등은 해당되지 않는다.

⑥ 예방: 예방을 위해 어패류를 56℃ 이상의 열로 가열하여 충분히 조리한 후 섭취해야 하며, 특히 음주를 많이 하고 간에 질환이 있는 사람들은 생선회를 먹지 말아야 한다. 그리고 여름철 해변에 갈 때 피부에 상처가 나지 않도록 주의하며, 상처가 났을 때는 맑은 물에 씻고 소독을 한다.

⑦ 감염병 신고

ㄱ 신고범위: 환자, 의사환자

ㄴ 신고시기: 24시간 이내 신고

ㄷ 신고를 위한 진단기준

　ⓐ 환자: 비브리오 패혈증에 합당한 임상적 특징을 나타내면서, 다음 검사방법 등에 의해 해당 병원체 감염이 확인된 자

　ⅰ) 검체(혈액, 피부병변, 대변 등)에서 균 분리동정

　ⓑ 의사환자: 임상적 특징 및 역학적 연관성을 감안하여 비브리오 패혈증임이 의심되나 검사방법에 의하여 해당 병원체 감염이 확인되지 아니한 자

19) 후천성 면역결핍증

① 병원체: 에이즈 바이러스는 Retrovirus과에 속하는 인면역결핍바이러스(HIV)이며, T-cell에 기생하고, 외피(envelope)에 있는 항원은 교차성이 있으며, 거대다핵T세포(giant multinucleated T cell)를 형성한다. 인면역결핍바이러스는 말초혈액(T-cell), 골수, 림프절, 뇌조직, 혈장, 타액, 정액 등에서 분리되며, 현재 사람에게 문제가 되는 병원체는 세 가지(T-cell 백혈병을 일으키는 HTLV-Ⅰ, Hairy-cell 백혈병을 일으키는 HTLV-Ⅱ, AIDS의 병원체인 HTLV-Ⅲ)가 있다. 에이즈 바이러스는 20~30℃의 실온에서 건조되지 않은 상태의 혈액이나 체액에서는 수일간 생

존 가능하지만, 공기가 건조하여 혈액이나 체액이 바싹 말라버린 상태에서는 활성이 급속도로 떨어지며, 수영장이나 욕조에서는 대량의 물로 희석되기 때문에 에이즈 바이러스는 감염력이 약하게 된다.

㉠ 기회감염 병원체: 폐포자충(Pneumocystis carinii), 톡소플라즈마, 비정형 마이코박테리아(우리나라에서는 결핵), 폐구균성 폐렴, Hemophilus influenzae 및 Staphylococcus aureus 감염, Salmonella, Shigella 및 Campylobacter와 같은 장관 병원체에 의한 감염, 캔디다 감염, Cryptococcus neoformans, 인간 헤르페스바이러스 감염, cytomegalovirus, herpes simplex virus, herpes zoster virus, Epstein-Barr virus 등이 있다.

② **전파양식**: 에이즈는 바이러스에 오염된 혈액이나 혈액산물의 수혈을 통해서 그리고 에이즈 환자와의 성 접촉시 정액이나 질분비물을 통해서 주로 감염된다. 남성 동성연애자에게 발생률이 가장 높고, 혈액인자나 혈액산물로 치료받은 혈우병환자, 정맥주사용 약품남용자, 이성관계가 복잡한 남성 등에서 주로 발생한다. 공기감염은 전혀 있을 수 없다. 잠복기는 6개월 ~ 4년으로 생각되며, 치료를 받지 않을 경우 8~10년만에 에이즈로 발병할 수 있다. 그러나 에이즈는 우연한 감염증으로 발병하는 경우가 많으므로 잠복기는 달라질 수 있다.

③ **증상 및 증후**: 에이즈의 특징은 면역기능이 현저히 저하되는 것으로, 감염 후 수주 후에는 감기와 유사한 증상이 나타나고, 이후 약 10년간 아무런 증상이 없다가 '에이즈 관련 증후군'이라고 불리는 원인을 알 수 없는 발열, 오한 및 설사, 체중감소, 그리고 수면 중 발한 및 불면증 등의 에이즈 전구증상을 경험하게 된다. 한편 CD4 림프구 수가 500개 미만으로 떨어지면 초기 증상이 나타나기 시작하는데, 아구창, 구강 백반(oral hairy leukoplakia), 캔디다 질염, 골반내 감염, 그리고 여러 가지 다양한 피부질환을 들 수 있다. 피부 질환에는 지루성 피부염이 가장 빈번하게 나타나고, 그 외에 진균 감염, 대상포진, 만성 모낭염, ichthyosis 등이 나타난다. 특징적인 증상은 없다. 전체 감염자의 30~50% 정도에서 감염된 후 수주 후에 발열, 인후통, 무력감, 기침, 그리고 근육통 등의 일반적인 감기 증상과 유사한 증상이 나타날 수 있다. 증상으로는 피로, 권태, 원인불명의 체중감소, 발열, 만성설사, 임파선증 등이 발현된다. 이외에도 수면 중 발한, 경부 임파선 종창, 연하곤란, 오심 구토, 설사, 복통 등의 증상 등이 나타날 수 있고 경우에 따라서는 무균성 뇌막염이 발생하기도 한다. 대부분의 경우에 1~6주 후에 특별한 치료 없이도 증상이 호전되며 일시적으로 감기가 지나간 것으로 생각하게 된다. 급성 감염기 증상이 사라진 후 8~10년 동안은 아무런 증상 없이 정상인과 똑같은 생활을 하게 된다. 그러나 이 무증상기 동안에도 HIV에 의해 면역기능은 계속적으로 감소하게 되고 타인에게 전염력도 여전히 존재하고 있어 문제가 될 수 있다. 일부 감염자에서는 지속성 전신성 임파선증을 동반하는 경우가 있는데, 원인 모르게 3개월 이상 서혜부를 제외한 두 개 이상의 부위에 직경 1cm 이상의 임파선이 만져지는 경우를 말한다. 이에 대한 의미는 확실하지 않으며 단지 임파선에 다수 존재하는 B임파구의 hyperactivity의 결과로서 나타난다. 카포지 육종, 악성 림프종, 자궁경부 및 항문의 상피내 이형성증 여러 가지 신생물 질환과 전암성 질환이 HIV감염 환자에서 증가된 빈도로 나타난다. 가장 흔한 호흡기질환의 양상은 폐렴이고, 폐렴의 가장 흔한 원인은 폐포자충이다. 폐렴의 다른 주요 원인들에는 비특이적 간질성 폐렴, 카포지 육종, 결핵, 진균 감염 등이

있다. 폐렴과 함께 부비동염은 HIV 감염의 흔한 호흡기계통 합병증으로 발열, 두통, 비울혈 등의 증상이 나타나며 어느 단계에서나 보여질 수 있다. 대부분 이차감염 때문에 나타나며 입에서부터 항문까지 위장관의 어디에나 병변이 발생할 수 있다. 입안 병변은 캔디다, 단순포진바이러스, 거대세포바이러스에 의한 감염증과, 애프타성궤양, 카포지 육종 등이 생길 수 있다. 식도에 캔디다, 단순포진바이러스, 거대세포바이러스에 의한 궤양이 생기면 연하 곤란을 호소한다. 항문에서는 단순포진바이러스 궤양, 첨규콘딜롬 등을 볼 수 있다. 소장과 대장의 감염은 HIV 감염환자에서 가장 심각한 위장과 문제로 보통 설사, 복통 및 발열이 나타나며 심한 경우 체중 감소를 보인다. HIV 이외의 다른 원인이 발견되지 않는 상태에서 만성적인 설사를 경험할 수도 있으며, 보통 이를 AIDS 또는 HIV enteropathy라고 부른다. 한편 만성 B형 간염 환자가 HIV에 감염되면 B형 간염 바이러스의 증식이 빨라지며, 간질환이 진행할 위험도가 높아진다. 빈혈, 과립구 감소, 혈소판 감소가 나타난다. 원인은 HIV 자체가 골수 전구세포에 감염을 일으키거나, 약물의 부작용, 기회 감염 또는 암의 골수 침범, 그리고 면역학적 이상 등 다양하다. 마이코박테리아 감염, 진균감염 및 세균성 다발성 혈관종 등의 이차감염에 의한 림프절 종대가 관찰된다. AIDS 또는 HIV-associated nephropathy라고 불리는 HIV 감염의 직접적인 결과로 신장의 손상이 발생할 수 있으며 신장에 이차감염이 발생할 수 있다. HIV 감염에서의 피부 병변은 HIV 감염의 전체과정에서 나타난다. 지루성 피부염은 감염환자에서는 50% 정도 나타나며 비감염성 양상 중 가장 흔하다. 손발톱의 진균감염증, 화농성 모낭염, 말기에 전염성 연속종이 생길 수 있다. 카포지 육종은 구미의 동성연애자에게 흔히 발생하지만 우리나라에서는 드물다. 가장 흔한 심장질환은 울혈성 심부전을 동반하는 확장성 심근병증으로 주로 후기 합병증으로 일어나며 조직학적으로 심근염과 가장 유사하다. 과민반응, 자가면역현상, 약물 알레르기 등을 흔히 볼 수 있으며, 관절통, 반응성 관절염 및 HIV 관절병증 등이 있다. 안저검사상 가장 흔한 이상소견은 망막표면에서 보이며 종종 불규칙적인 경계를 갖는 면모반(cotton-wool spot)이며, HIV 감염자의 50% 이상에서 보여지는 후기임상 양상이다. 지나드름혈증은 가상 흔한 내분비대사 이상으로 모든 환자의 30%에서 보이며, 성선기능 저하증은 HIV 감염환자의 약 50%, HIV 감염환자의 67%에서 성욕 감소, 33%에서 발기불능, 감염 여성의 25%에서 무월경이 나타날 수 있다. HIV 감염 이외의 다른 원인 없이 30일 이상 지속되는 피로감이나 만성적인 설사와 발열, 그리고 10% 이상의 체중감소를 동반하는 전신적 소모증후군은 주요근육의 소모, 근섬유 퇴행, 근염을 나타낸다.

④ **진단 및 치료**: 에이즈의 진단은 에이즈바이러스를 분리하거나 혈청학적 방법으로 확진할 수 있다. 감염자 진단 기준은 ELISA 또는 PA검사에 양성반응이 나오면 시·도 보건환경연구원에 의뢰하여 Western-blot 검사로 확인한 후에 국립보건원에서 최종 확진을 하게 된다. 에이즈 환자의 진단기준은 WHO/CDC의 최신 진단기준을 사용한다. 임상적인 진단은 면역부전증이 있는 환자에서 각종의 감염증이나 Kaposi 육종이 있어야 한다. 에이즈 환자에 대한 치료는 ㉠ HIV에 대한 치료, ㉡ 기회 감염 및 암에 대한 치료, ㉢ 손상된 면역력을 회복시키는 치료로 나눌 수 있다.

㉠ 기회 감염증의 치료: 기회 감염증은 기존의 치료제로 치료가 가능한 경우가 많다. 에이즈 환자에게 발생한 결핵은 다른 환자들과 다름없이 항결핵제로 잘 치료된다. 폐포자충증, 칸디다

중, 거대세포바이러스 감염증도 효과적인 치료제가 있어 치료할 수 있다. 그렇지만 치료가 끝난 다음에도 재발을 막기 위해서 투약을 계속해야 한다(유지 요법 또는 2차 예방)는 것이 차이점이다. 반복되는 아구창을 치료하기 위해서 fluconazole을, 거대세포바이러스 망막염의 재발을 막기 위해서 ganciclovir를 오랫 동안 사용한 경우에 이들 약제에 대한 내성을 볼 수 있다.

ⓛ HIV에 대한 치료: HIV가 세포에 감염을 일으켜 새로운 바이러스를 만드는 여러 단계에서 바이러스를 공격할 수 있다. 바이러스 증식 과정중 RNA를 DNA로 바꾸는 데 필요한 역전사효소는 레트로바이러스에 특유하여 일찍부터 이 효소를 공격할 수 있는 약물들(역전사효소억제제, reverse transcriptase inhibitors)이 개발되었다. 역전사효소억제제들 중 지도부딘(AZT, zidovudine), 다이데노신(ddI, didanosine), 잘시타빈(ddC, Zalcitabine), 라미뷰딘(3TC, lamivudine), 스타뷰딘(d4T, stavudine) 등은 그 구조가 핵산과 유사하고(nucleoside analogue), 네비라핀(nevirapine)은 비핵산유사물이다. 단백분해효소(protease)는 HIV가 구조단백 및 효소단백을 만드는 데 필요한 효소이며, 이 효소를 공격하면 바이러스가 온전하게 만들어지지 않는다. 단백분해효소억제제는 바이러스 증식을 강력히 억제할 수 있으며, 인디나비어(indinavir), 리토나비어(ritonavir), 사퀴나비어(saquinavir)가 여기에 속한다. 항HIV 약제는 단독으로 사용하면 수주에서 수개월 후에는 효과가 없어지고 만다. 약제의 효과가 시간이 지남에 따라 사라지는 까닭은 내성 출현, 면역능의 감퇴 등에 기인하는 것으로 보인다. 내성 출현을 막는 데는 바이러스 증식을 강력히 억제하는 것이 필요하며, 이를 위해 항HIV 약제를 동시에 2가지 이상 투여하는 병합요법이 시도되고 있다. 또한 환자의 면역력이 저하된 후에는 HIV를 근치할지라도 면역부전에 따른 합병증을 막지 못하므로, 최근에는 항HIV 치료를 감염의 초기에 시작하려는 경향이다. 1996년의 HIV치료의 권장사항에서는 증상이 있는 환자, 증상이 없더라도 CD4+림프구 수가 500개 이상이거나 혈장 HIV RNA가 30,000~50,000 copies/㎖ 이상인 환자에서 권장되었으나, 1997년의 권장사항에서는 CD4+림프구 수에 관계없이 혈장 HIV RNA가 5,000~10,000 copies/㎖ 이상인 모든 환자에서 치료가 권장되고 있다. 또한 단백분해효소억제제(protease inhibitor)를 포함하는 3제 병합 요법은 혈중 HIV를 검출 한계(200~500 copies/㎖) 미만으로 억제하고 CD4+림프구 수를 증가시킬 뿐만 아니라, 에이즈로 진행하는 것을 막고 생존 기간을 연장시킨다는 것이 여러 임상 시험 결과 확인되었다.

⑤ 환자관리: 환자와 일상적인 접촉으로 감염되지 않으며 성적인 접촉이나 주사기 공동사용 등을 통해 전파될 수 있으므로 주의해야 한다.

⑥ 예방: 에이즈 예방을 위해서는 감염자와의 성적인 접촉을 피함으로써 발생위험도가 감소될 수 있다. 에이즈 바이러스는 환자의 정액이나 질분비물에 포함되어 있으며, 한번의 성행위로도 감염될 수 있으므로 콘돔을 사용하면 예방할 수 있다. 개발된 백신도 없고, 면역부전상태를 개선하는 방법도 없다. 에이즈는 동성애, 정맥내 약품남용 등으로 전파되므로 이들 집단에 대한 관리가 필요하다.

20) 탄저

① **병원체**: 탄저균은 그람양성 간균으로, 아포를 형성할 수 있다. 운동성은 없으며, 병을 일으키는 데는 탄저균에 의한 병독소가 관여한다.

② **전파양식**: 초식동물의 질환으로 사람이나 육식동물은 기회숙주다. 선진국에서는 때때로 산발적으로 발생한 예가 있으며, 농업이나 축산업 종사자, 동물 처리업자나 수의사 등에서 발생한다. 탄저병에 걸린 동물이 많은 남아메리카, 아시아, 동유럽, 아프리카 등지의 농업지역에서는 풍토병으로 발생한다. 1979년에는 러시아의 생물 병기 공장에서 흡입감염 사고가 일어나 66명이 사망하였다. 국내에서는 1990년대 초 경주에서, 2000년에 경남 창녕에서 오염된 고기를 먹고 발생한 사례가 있다. 소, 양, 염소, 말 등 초식동물이 보유숙주며, 가축이나 야생 동물도 보유숙주다. 탄저로 동물이 사망하였을 때 균을 주위에 퍼뜨리게 된다. 피부감염은 감염 동물이 죽었을 때 사체와 접촉하여 발생하지만, 파리가 매개되는 경우도 있으며, 오염된 털, 모피나 모피 제품을 통해서도 가능하다. 또, 오염된 토양을 통한 감염이나 양모나 모피를 다루는 공장 등에서 생성된 아포 에어로졸을 흡입하여 발생하기도 한다. 인후감염이나 장감염은 오염된 고기를 먹어서 발생하며, 실험실 내 감염도 발생할 수 있다. 잠복기는 보통은 2일 이내다. 사람과 사람 사이의 전파는 매우 드물다. 아포는 몇십 년이 지난 후에도 감염성을 가진다. 불분명하지만 불현성 감염도 있다고 추측된다. 재감염도 발생할 수 있으나, 보고예는 드물다.

③ **증상 및 증후**: 탄저병은 급성 감염성 질환으로 대부분 피부를 침범하고, 드물게는 구인두, 하부 호흡기, 종격동, 소화관을 침범하기도 한다. 피부탄저는 노출 부위의 가려움증으로 시작되고, 구진, 수포화를 거쳐 2~6일 후에는 움푹 들어간 흑색 가피 (탄저농포)가 형성되는 것이 특징이다. 이 병변은 현저한 부종(탄저부종)으로 둘러싸이고 때때로 이차성 수포 병변이 나타난다. 흔한 병변부위로는 머리, 이마, 손 등이다. 치료하지 않을 경우 소속 림프절과 혈류에 침입하여 중증 폐혈증과 수막염을 일으킬 수 있으며, 사망률은 5~20%다. 경증은 2~3주면 치료되고 치료에도 잘 반응하지만, 항균제 치료를 시작하더라도 피부병변은 진행하는 특징이 있다. 적절한 항생제로 치료하면 거의 사망하지 않는다. 폐 혹은 장탄저는 극히 드물게 발생한다. 흡입이나 경구감염에 의해 인두나 하기도 등의 호흡기, 종격, 장관에 세균이 침범한다. 폐탄저 초기에는 감기와 비슷한 경미하고 비특이적 증상으로 시작되지만, 3~5일 사이에 호흡부전, X선상 종격동 확장, 발열, 쇼크로 진행하여 사망하게 된다. 장탄저는 드물고 발견도 어렵다. 전형적인 장탄저는 복통 후 발열, 패혈증, 사망에 이르는 경과를 보인다.

④ **진단 및 치료**: 혈액이나 병변 조직을 염색하여 현미경 관찰하면 원인균을 증명할 수 있다. 배양으로 균을 검출하거나, 실험쥐, 토끼 등에 접종하여 균을 분리하는 방법도 있다. 항체역가의 상승을 관찰하는 혈청검사는 특수화된 검사실에서만 시행이 가능하다. Penicillin을 7~10일간 투여하면 된다. Erythromycin, chloramphenicol도 유효하다. 미국에서 문제가 되었던 균주들은 모두 penicillin, chloramphenicol, ciprofloxacin에는 감수성이 잇었지만 erythrpmycin에는 intermediate의 감수성 결과를 보였다.

⑤ 환자관리: 피부 탄저인 경우 환자는 이환기간 동안 접촉격리(항생제 투여시 24시간이면 감염력이 없어짐)를 하고 폐 탄저의 경우 이환기간 동안 호흡기격리를 해야 한다. 환자병변의 분비물과 이에 오염된 물품은 hypochlorite, hydrogen peroxide, peracetic acid 등으로 소독한다. 접촉자는 시프로플록사신 500mg 1일 2회 또는 독시사이클린 100mg 1일 2회, 호흡기를 통해 노출되었을 시 6주간 투여를 하는 것으로 알려져 있으나 100일간 투여해야 한다는 의견도 있다. 그외 공동 폭로원에 의한 추가환자 발생 여부를 조사한다.

⑥ 예방: 탄저가 의심되는 동물 사체는 다루기 전에 혈액을 채취하여 탄저인지 아닌지를 밝힌다. 아포는 장기간에 걸쳐 감염성을 가지기 때문에 동물 사체는 소각하여야 하며, 불가능할 경우에는 동물을 파내지 못하도록 깊게 묻어야 한다. 오염 가능성이 있는 동물을 다루는 종사자들이나 B. anthracis를 다루는 실험실 종사자들에게 백신을 접종한다. 탄저 백신은 피부탄저의 예방에 유효하고, 흡입 감염에도 효과가 있을 것으로 추정된다. 계속 감염될 위험이 있으면 매년 재접종할 필요가 있다. 또, 탄저병에 걸릴 위험이 있는 동물들에게 백신을 접종하고, 동물이 탄저에 걸렸다고 의심되면 penicillin이나 tetracycline으로 치료한다. 항균제를 투여하면 피부탄저의 병변은 24시간 이내에 멸균되지만, 병변 자체는 전형적인 양상을 보이며 진행한다. Hypochlorite는 아포를 박멸하므로 소독대상이 부식되지 않는다면 멸균에 유용하게 사용할 수 있다. 과산화수소, 과초산(peracetic acid), glutaraldehyde 등이 멸균에 대용으로 쓰일 수 있고, 포름알데하이드, 산화에틸렌, 코발트 조사도 유용하다.

⑦ 감염병 신고
　　㉠ 신고범위: 환자, 의사환자
　　㉡ 신고시기: 즉시 신고
　　㉢ 신고를 위한 진단기준
　　　　ⓐ 환자: 탄저에 합당한 임상적 특징을 나타내면서, 다음 검사방법 등에 의해 해당 병원체 감염이 확인된 자
　　　　　ⅰ) 검체(피부병변, 혈액, 복수, 대변, 뇌척수액 등)에서 균 분리동정
　　　　　ⅱ) 독소 또는 협막에 대한 항체 검출
　　　　　ⅲ) 검체(피부병변, 혈액, 복수, 대변, 뇌척수액 등)에서 형광항체법으로 균 검출
　　　　ⓑ 의사환자: 임상적 특징 및 역학적 연관성을 감안하여 탄저임이 의심되나 검사방법에 의해 해당 병원체 감염이 확인되지 아니한 자

21) 신증후군출혈열

① 병원체: 신증후근성출혈열(유행성출혈열)을 일으키는 Hantaan Virus는 Bunyaviridae과에 속하는 Hantavirus속(genus)에 속하며, 종(species)으로는 Hantaan virus이외에도 Seoul virus(도시형 출혈열의 병원체), Puumula virus(Scandinavia형 출혈열의 병원체), Prospect Hill virus(미국에서 분리되며 비병원성)가 있다. Hantaan virus입자의 크기는 120nm이며 원형 내지는 타원형이며 물리학적 및 화학적 성상은 다른 Bunyaviridae에 속하는 바이러스와 유사하다. 국내에서 발생되는 출혈열은 이전에는 모두가 먼저 발견된 Hantaan virus로 생긴다고

생각되었으나 최근에 환자로부터 Hantaan virus(야외형)와는 구분되는 Seoul virus(도시형)가 분리, 동정된 바 있다.

② **전파양식**: 들쥐의 72~90%를 차지하는 등줄쥐(Apodemus agarius)의 배설물이 건조되면서 호흡기를 통해 전파된다고 추정된다. 도시의 시궁쥐, 실험실의 쥐도 바이러스를 매개한다. 타액과 대변중에는 약 1개월간, 소변중에는 1년 이상 바이러스를 배출한다. 집쥐나 실험용 흰쥐에 있어서는 서울바이러스가 타액중에 약 1개월간, 소변 및 대변중에는 약 1주일 밖에는 배출하지 않는다. 그러나, 현재까지 환자에서 다른 사람으로 바이러스가 전파되어 환자가 발생하였다는 보고는 없다. 늦가을(10~11월)과 늦봄(5~6월) 건조기에 많이 발생한다. 야외활동이 많아 감염기회가 많은 젊은 연령층 남자가 잘 감염되며(남성 대 여성 환자비율은 약 2:1), 최근에는 소아에서도 환자가 나타나고 있다.

③ **증상 및 증후**: 잠복기는 9~35일 정도로 평균 약 2~3주 정도며 급성으로 발열, 출혈경향, 요통, 신부전이 특징이고, 임상 경과로는 5기로 나눌 수 있으며, 다음과 같다. 발열기(3~5일): 갑자기 시작하는 발열, 권태감, 식욕 부진, 심한 두통 등이 나타나고 복통, 요통, 얼굴과 몸통의 발적, 결막 충혈, 출혈반 등이 차차 발생한다. 저혈압기(수시간~3일): 전신증상이 지속되고, 해열과 동시에 혈압이 떨어져 불안해 보이며, 심하면 착란, 섬망, 혼수 등 쇼크 증상을 보이며, 심한 단백뇨, 빈뇨가 나타나고, 혈소판 감소, 백혈구 증가, 혈뇨, 토혈, Hematocrit 상승 등의 출혈 경향이 나타난다. 핍뇨기(3~5일): 혈압이 정상 혹은 떨어지며 오심, 구토, 핍뇨, 질소혈증, 전해질 이상(K 증가), 때로는 뇌부종, 폐수종도 볼 수 있으며, 반상 출혈, 자반, 위장관 출혈이 현저해지고 소변이 나오지 않는다. 이뇨기(7~14일): 신기능이 회복되는 시기로 다뇨(3~6ℓ /일)가 동반되며, 심한 탈수, 쇼크, 폐합병증으로 사망할 수 있다. 회복기(1~2개월): 가끔 다뇨가 지속되거나 야뇨, 빈혈 증상이 있다.

④ **진단 및 치료**: 병력, 임상 증상, 검사 소견, 병의 경과로 추정 진단이 가능하며, 렙토스피라증 등과의 감별이 중요하다. 진단에 의의가 있는 임상소견으로는 급격히 발현되는 고열과 오한, 피부 3주증(결막충혈/출혈, 안면 특히 안와주위 부종, 안면홍조), 3통(두통, 안구통, 늑척추각 압통), 연구개, 액와 등의 점상출혈을 들 수 있다. 환자 검체에서 바이러스를 분리하거나 간접면역형광항체법 등으로 급성기와 회복기 혈청을 1주 간격으로 검사하여 항체역가가 4배 이상 증가하거나, ELISA법으로 IgM항체 측정, 또는 Hantadia kit을 이용해서 혈청학적으로 확진이 가능하다. 치료를 위한 특이요법은 없고 병태생리학적 및 생화학적인 지식을 바탕으로 임상경과시기별로 적절한 대중요법을 실시한다. 치료에 앞서 출혈이나 쇼크(shock)의 발생을 감소시키기 위해서 절대안정이 필요하다.

⑤ **환자관리**: 사람 간 전파는 없으므로 환자는 격리시킬 필요가 없다.

⑥ **예방**: 다발지역에 접근하지 않는 것이 최선의 예방법이며, 예방접종 백신이 있으나 효능에 대한 논란이 있다.
  ㉠ 유행 지역의 산이나 풀밭에 가는 것을 피할 것. 특히, 늦가을(10~11월)과 늦봄(5~6월) 건조기에는 절대 잔디위에 눕거나 잠을 자지 말 것

ⓛ 들쥐의 배설물에 접촉을 피할 것

ⓒ 잔디위에 침구나 옷을 말리지 말 것

ⓔ 야외활동 후 귀가시에는 옷에 묻은 먼지를 털고 목욕을 함

ⓜ 가능한 한 피부의 노출을 적게 할 것

ⓗ 전염위험이 높은 사람(군인, 농부 등)은 적기에 예방접종을 받을 것

ⓢ 신증후군출혈열 의심시 조기에 치료를 받을 것

⑦ 예방접종

ⓐ **예방접종대상**: 한탄바이러스에 오염된 환경에 자주 노출되거나 고위험군에 속하는 사람이 대상이다.

ⓒ 예방접종방법

 ⓐ 기초접종 백신 0.5㎖를 한달 간격으로 2회, 피하 또는 근육 주사하고 12개월 뒤에 1회 접종

 ⓑ 추가접종: 아직 정해진 지침 없음

⑧ 감염병 신고

ⓐ **신고범위**: 환자, 의사환자

ⓒ **신고시기**: 24시간 이내 신고

ⓔ **신고를 위한 진단기준**

 ⓐ 환자: 신증후군출혈열에 합당한 임상적 특징을 나타내면서, 다음 검사방법 등에 의해 해당 병원체 감염이 확인된 자

  ⅰ) 검체(혈액, 뇌척수액 등)에서 바이러스 분리

  ⅱ) 검체(혈액, 뇌척수액 등)에서 바이러스 항원 검출

  ⅲ) 회복기 혈청의 항체가가 급성기에 비하여 4배 이상 증가

 ⓑ 의사환자: 임상적 특징 및 역학적 연관성을 감안하여 신증후군출혈열임이 의심되나 검사방법에 의해 해당 병원체 감염이 확인되지 아니한 자

22) 발진열

① **병원체**: 발진열 리케치아는 발진티푸스균(R. Prowazekii)과 형태, 크기, 염색성, 세포 내의 기생부위, 항원성까지도 흡사하며, 특이혈청반응으로 감별할 수 있다. 크기는 0.25-0.3㎛ ×0.4-0.45㎛이며 다형성으로 구상, 단간상, 때로는 장간상을 나타낸다. '마키아벨로(Gimenez)' 염색법으로 리켓치아는 적색으로 염색되며, 생체 외에서는 저항력이 매우 약하다. 56℃에서는 30분이면 사멸하고, 건조한 상태에서는 장기간(수개월에서 1년간) 생존한다.

② **전파양식**: 발진열은 원래 서족에서 전염되는 질환으로 쥐벼룩에 의해 매개되며, 사람이 발진열에 감염되는 것은 쥐벼룩에 물렸을 때 또는 감염된 벼룩의 배설물을 흡입했을 때 일어난다. 주로 가려워서 긁는 등의 이유로 피부에 상처가 나면 몸 속으로 감염된 쥐벼룩의 대변에 있는 리케치

아가 침투해서 발병한다. 잠복기는 6~14일이며 보통은 12일 정도이다.

③ **증상 및 증후**: 급증세는 갑자기 또는 서서히 발생되며 두통, 근육통, 발열(38.5~40℃)이 나타나고 초기에는 기침을 하는 환자가 많지만 가래는 없다. 발병한지 3~5일이 되면 환자의 60~80%에서는 반점상의 발진이 복부, 흉부에 나타나며 이어서 배부, 상지로 퍼지고 시간이 흐르면 반점상구진(maculopapular rash)이 되고 4~8일이 지나면 없어진다. 이러한 피부의 변화는 발진티푸스에 비하면 지속기간이 짧고 수효도 적고 출혈성인 경우도 적다. 항생제가 없던 시대에는 10~15일이 지나면 해열되기 시작하며 2~3일 내에 완전하게 해열되고 치명률은 2%이다.

④ **진단 및 치료**: 발진, 발열, 두통 등이 나타나면 발진열의 가능성이 있긴 하지만 임상적으로 발진티푸스(Brill-Zinsser 병 포함)는 물론이고 장티푸스, 파라티푸스 또는 다른 발진이 나타나는 질환과의 감별이 용이하지 않다. 다른 리케치아 질환과 구분하기 위해서는 혈청학적 검사가 필요하다. 특이요법은 없고 Tetracycline, Chloramphenicol과 같은 항생제를 사용하면 48시간 이내에 해열된다.

⑤ **환자관리**: 특이요법은 없고 Tetracycline, Chloramphenicol과 같은 항생제를 사용하면 48시간 이내에 해열된다.

⑥ **예방**: 쥐벼룩에 물리지 말아야 하며, 잔류효과가 있는 살충제(10% DDT, 린덴)를 쥐의 통로, 쥐구멍, 쥐집 등에 뿌려서 발진열 리케치아의 숙주인 쥐를 없애야 한다. 환자로부터 직접 전파되는 일은 없으므로, 환자의 격리나 소독은 필요 없다.

⑦ **예방접종**: 백신은 사용되지 않는다.

⑧ **감염병 신고**
   ㉠ 신고범위: 환자, 의사환자
   ㉡ 신고시기: 24시간 이내 신고
   ㉢ 신고를 위한 진단기준
      ⓐ 환자: 발진열에 합당한 임상적 특징을 나타내면서 다음 검사방법 등에 의해 해당 병원체 감염이 확인된 자
         ⅰ) 회복기 혈청의 항체가가 급성기에 비해 4배 이상 증가
         ⅱ) 검체(혈액, 쥐벼룩 등)에서 유전자 검출
      ⓑ 의사환자: 임상적 특징 및 역학적 연관성을 감안하여 발진열임이 의심되나 검사방법에 의해 해당 병원체 감염이 확인되지 아니한 자

23) 렙토스피라증

① **병원체**: 렙토스피라(Leptospira)는 1973년 국제세균명명위원회에서 L. interrogans와 L. biflexa의 두가지 종(species)으로 분류하였다. 병원성 렙토스피라는 L. interrogans에 속하고 표재수나 담수에 서식하는 비병원성 렙토스피라는 L. biflexa에 속한다. 렙토스피라는 크기가

$0.1\mu m \times 6{\sim}20\mu m$가 되는 아주 가늘고 촘촘히 꼬인 나선형 모양을 하고 활발히 움직이는 세균이다. 병원성 렙토스피라라고 할지라도 동물체 외에서 환경조건만 적합하면 비교적 오래 생존할 수도 있고 증식할 수도 있다. 렙토스피라는 온도, 산성, 세균의 오염 등에 대단히 예민하여 위액, 담즙, 사람이나 소의 희석하지 않은 젖에 의해 쉽게 생명력을 잃는다. 45℃ 증류수에서 20~30분, 50℃에서 10분, 60℃에서 10초, 70℃에서는 10초 이내에 사멸한다. 멸균된 상수에서는 pH가 중성이면 4주 정도는 생존하나 pH 5이면 2일밖에 생존하지 못한다. 오염된 상수에서는 18~20일 생존할 수 있다. 병원성 렙토스피라는 바다물에서 18~20시간 생존할 수 있다.

② **전파양식**: 감염된 동물(주로 쥐)의 오줌을 통해 균이 배설되는데 감염된 동물의 오줌에 오염된 젖은 풀, 흙, 물 등과 접촉할 때 점막이나 상처난 피부를 통해 감염된다. 농부, 하수 청소부, 광부, 수의사, 축산업자, 군인 등이 고위험군이고 특히 농촌에서 홍수로 인해 쓰러진 벼를 세우는 작업을 할 때 집단 발생하는 경우가 많으며, 7월에서 11월 사이, 특히 9, 10월에 호발된다.

③ **증상 및 증후**: 잠복기는 7~12일 정도다. 렙토스피라증은 처음에는 황달이 나타나는 질환(소위 Weil병)으로 이해되었지만 무증상 감염증도 많고, 황달이 없는 경증환자가 90% 정도며, 황달이 나타나는 중증환자는 5~10%에 불과하다. 임상 증상은 광범위한 혈관염에 의한 것으로 급성 열성 질환, 폐출혈, 뇌막염, 간·신장 기능 장애 등으로 나타난다.

  ㉠ **제1기(패혈증기)**: 갑작스런 고열, 두통, 근육통, 결막 부종, 오심 및 구토 등이 4~7일간 지속됨

  ㉡ **제2기(면역기)**: 1~3일간의 무증상기 후에 고열과 뇌막 자극 증상, 발진, 포도막염, 근육통이 나타난다. 중증 감염인 Weil씨 병에서는 간, 신부전증과 전신의 출혈소견, 범발성 응고부전증과 심장염으로 진행될 수 있으며, 우리나라에서는 기침, 각혈 등 중증의 폐출혈형도 볼 수 있다. 사망률은 낮지만 연령이 높을수록 증가한다. 황달이나 신장 손상이 있는 경우 주의 깊게 치료하지 않으면 20% 이상의 사망률을 보인다.

④ **진단 및 치료**: 진단은 MAT(microscopic agglutination test) 검사법으로 1주 간격으로 2회 이상 검사하여 항체역가가 4배 이상 증가하거나, 증상 발현 후 1주일 이내의 혈액, 4~10일 사이의 뇌척수액, 10일 이후의 소변에서 균을 분리 배양함으로써 이루어진다. 가을철 열성 질환으로 신증후군출혈열, 쯔쯔가무시증 등과 감별이 필요하고, 수막염, 뇌염, 간염 등과도 감별해야 한다. 황달이 나타나지 않는 경증환자는 2~3주일이 지나면 거의 전부가 회복된다. 그러나 황달이 생긴 중증에서는 간장애가 아닌 신부전으로 5~30%가 사망하지만 투석(dialysis)으로 사망률이 감소된다. Penicillin, tetracycline 등은 가능한 한 조기에 투여하는 것이 필요하다. 증상이 나타난 후 7일이 지나 Penicillin제제를 투여해도 효과가 있다는 보고도 있으나, 이미 조직이 파괴되고 또 면역기전(항원항체결합체, antigen-antibody complex)으로 병변이 진행되면 투여하더라도 효과를 거두기 힘들다.

⑤ **환자관리**: 렙토스피라증 환자는 격리시킬 필요가 없으며 환자와 접촉한 접촉자에 대해서도 특별한 관리가 필요 없다.

⑥ 예방

  ㉠ 작업시에는 손발 등에 상처가 있는지를 확인하고 반드시 장화, 장갑 등 보호구 착용할 것

  ㉡ 가능한 한 농경지의 고인 물에는 손발을 담그거나 닿지 않도록 주의할 것

  ㉢ 가급적 논의 물을 빼고 마른 뒤에 벼베기 작업을 할 것

  ㉣ 비슷한 증세가 있으면 반드시 의사의 진료를 받도록 할 것

  ㉤ 들쥐, 집쥐 등 감염우려 동물을 없애도록 노력할 것

⑦ 예방접종: 렙토스피라증의 경우 아혈청형이 많아 백신이 효과적이지 못하여 권장되고 있지 않다.

⑧ 감염병 신고

  ㉠ 신고범위: 환자, 의사환자

  ㉡ 신고시기: 24시간 이내 신고

  ㉢ 신고를 위한 진단기준

    ⓐ 환자: 렙토스피라증에 합당한 임상적 특징을 나타내면서, 다음 검사방법 등에 의해 해당 병원체 감염이 확인된 자

      ⅰ) 검체(혈액, 뇌척수액, 소변 등)에서 균 분리동정

      ⅱ) 검체에서 항원 검출

      ⅲ) 회복기 혈청의 항체가가 급성기에 비하여 4배 이상 증가

    ⓑ 의사환자: 임상적 특징 및 역학적 연관성을 감안하여 렙토스피라증임이 의심되나 검사방법에 의해 해당 병원체 감염이 확인되지 아니한 자

24) 두창

① **병원체**: 두창 바이러스(variola virus) 감염에 의한 급성 발진성 질환이다.

② **전파양식**: 두창환자로부터 분비되는 비말에 의해 감염되며 오염된 옷이나 침구류 등에 의한 전파도 가능하다. 잠복기는 12~14일(7~17일)이다.

③ **증상 및 증후**: 특징적인 두창은 갑작스런 고열, 허약감, 오한이 두통 및 허리통증과 함께 나타나며 때때로 심한 복통과 섬망이 전구기에 나타나며, 반점구진상 발진이 구강, 인두, 안면, 팔 등에 나타난 후 몸통과 다리로 퍼져나가며 1~2일 이내에 수포로 바뀐 다음 농포로 바뀜. 농포는 둥글고 팽팽하며(팽윤되어 있으며) 피부에 깊게 박혀 있는데 8~9일경에 딱지가 생긴다. 회복되면서 딱지가 떨어진 자리에 서서히 깊은 흉터가 남는다. 예방접종으로 면역을 획득한 경우나 소두창의 경우는 임상 증상이 약함출혈성 두창은 짧은 잠복기가 지난 후 전구기에 심한 오한, 고열, 두통, 허리통증, 복통이 나타나며, 거무스름한 홍반이 발생한 후에 피부와 점막에 점상출혈 및 출혈이 일어나고 치명적인 경과를 보여 발진 출현 5~6일 경에 사망한다. 진단이 어려우며 연령 및 성별에 따른 감수성의 차이는 없으나 임신부에서 잘 발생한다. 악성 두창은 심한 전신 증상이 나타나고 부드럽고 평평한 서로 융합되는 피부병변을 보이며 농포단계로 발전하지 않는다. 피부가 미세한 나무결처럼 보이고 때로 출혈이 있을 수 있으며 환자가 생존하는 경우에 딱

지 없이 회복되나 중증인 경우에 피부(표피) 박탈이 심하게 일어난다. 합병증으로 2차 세균감염은 흔하지 않으나 간혹 뇌염이 합병하는데 홍역, 수두, 백시니아바이러스 감염 후에 오는 급성 혈관주위 탈수초성질환(acute perivascular demyelination disease)과 구별이 어렵다. 사망률은 대두창(variola major) 환자의 30% 정도가 사망하며, 소두창(variola minor) 환자는 1~2% 이내가 사망한다.

25) 중증급성호흡기증후군

① **병원체**: 사스(중증급성호흡기증후군, Severe Acute Respiratory Syndrom, SARS)는 2002년 11월부터 중국 광동지역을 중심으로 발생하여 홍콩, 싱가포르, 캐나다 등 전세계적으로 확산되었던 신종감염병으로, 사스 코로나바이러스 감염에 의해 발열과 기침, 호흡곤란, 폐렴 등을 보이는 증후군이다.

② **전파양식**: 사스의 전파는 주로 비말을 통해 감염되는 것으로 알려져 있다. 즉 사스 환자가 기침, 재채기, 말할 때 배출되는 호흡기 비말에 의해 전파가 된다. 또한 환자의 체액에 오염된 물건을 통해서도 전파될 수 있다. 따라서 감염되지 않기 위해서는 손씻기 등 개인위생을 철저히 해야 한다.

> [사스의 역학적 특징]
> ㉠ 병원감염이 사스 유행의 특징이었음
> ㉡ 환자의 대부분은 성인이며, 소아에서도 드물게 발병함
> ㉢ 평균 잠복기는 5일임(2~10일, 더 길게 보고된 경우도 있음)
> ㉣ 발병전에 전파된 사례는 보고된 적이 없음

③ **증상 및 증후**
　㉠ **발병 첫째 주**
　　ⓐ 처음에는 인플루엔자 의사 증상이 발생함
　　ⓑ 주요 증상은 발열, 권태감, 근육통, 두통, 오한 등이며, 특이적인 증상이나 증후는 없음
　　ⓒ 발열이 가장 흔한 증상이지만, 초기에 발열이 없을 수도 있음
　㉡ **발병 둘째 주**
　　ⓐ 기침(초기에는 객담없는 마른 기침), 호흡곤란, 설사가 발병 첫 주에도 나타날 수도 있지만, 발병 2주째에 흔하게 나타남
　　ⓑ 중증 환자는 급속히 호흡부전이 진행되어 약 20%에서는 집중치료가 필요할 정도로 산소 부족을 겪게 됨
　　ⓒ 많은 환자에서 혈액 또는 점액이 없는 대량 수양성 설사 증상이 보고됨
　　ⓓ 전염은 주로 두 번째 주에 발생함
　㉢ **노인, 소아, 임신부의 사스**
　　ⓐ 노인: 발열이 없거나 혹은 세균성 패혈증/폐렴이 동반되는 등 비전형적인 증상이 문제가 되었음. 만성질환이 있고 보건의료기관을 자주 이용함에 따라 병원감염으로 전염될 가능

성이 커짐

ⓑ 소아: 사스가 비교적 적게 발생하였고, 증상도 경미하였음

ⓒ 임신부: 사스에 감염되면 임신초기에는 유산이 될 수 있으며, 임신후기에는 모성사망을 증가시킨 것으로 알려짐

ⓔ 임상결과

　ⓐ 캐나다, 중국, 홍콩, 싱가포르, 베트남, 미국의 자료 분석에 의하면 사스의 치명률은 연령군에 따라서 0~50% 이상으로 추정되며, 전반적인 사스 치명률은 약 11%로 추정됨

　ⓑ 치명률이 높은 경우는 남자, 기저질환이 있는 경우임

ⓜ 방사선 소견

　ⓐ 대부분 환자들은 발병초기 3~4일에 호흡기 증상이 없음에도 불구하고 흉부방사선 또는 CT소견상 변화가 관찰되었음. 전형적인 소견으로는 일측성 말초부위에 반점형 경화(patchy consolidation)소견을 보이다가 다발성 병변 또는 젖빛유리모양(ground-glass appearence) 소견을 보임. 일부 부위는 편위(shifting) 소견을 보임

　ⓑ 발병 후기에는 가끔 자연적 기흉, 기중격동(pnemomediastinum), 흉막하 섬유증(sub-pleural fibrosis) 그리고/혹은 낭성변화(cyctic change)를 보임

ⓗ 혈액학적, 생화학적 소견: 사스에 특이적인 혈액학적 또는 생화학적 지표는 없음. 그러나 여러 연구를 통하여 다음 소견이 지속적으로 주목받고 있음

　ⓐ 혈액학적 소견

　　ⅰ) 림프구감소증(lymphopenia)이 가장 흔한 소견이며, 발병기간 동안 진행됨

　　ⅱ) 때로 혈소판감소증(thrombocytopenia)과 APTT 지연 소견이 관찰됨

　ⓑ 생화학적 소견

　　ⅰ) 흔히 LDH가 증가하며, 어떤 보고에서는 LDH 증가가 불량한 예후와 관련있다고 제시함

　　ⅱ) ALT, AST, CPK의 상승이 보고됨

　　ⅲ) 또한 저나트륨혈증, 저칼륨혈증, 저마그네슘혈증, 저칼슘혈증과 같은 비정상적인 혈청전해질이 증상 발현 동안 혹은 입원기간 동안 보고됨

④ 진단 및 치료

　㉠ 사스 발생이 없는 단계 사례정의

　　ⓐ 추정환자(Probable case)

　　　ⅰ) 임상적 기준에서 다음 4가지 기준을 모두 충족할 경우

　　　　• 발열(≥38℃)이 있으면서(AND)

　　　　• 하부 호흡기증상(기침, 호흡곤란, 숨참)이 1개 이상 있으면서(AND)

　　　　• 방사선소견상 폐렴 또는 호흡곤란증후군(RDS)에 부합되는 폐침윤소견이 있거나(OR), 부검 소견상 특별한 원인없이 폐렴 또는 호흡곤란증후군(RDS)의 병리소견을 보이면서(AND)

　　　　• 해당 질환을 명확하게 설명할 수 있는 다른 진단이 없는 경우
　　ⅱ) 실험실적 기준이 양성인 경우
ⓒ 사스발생단계(사스 주의/경보/비상단계)의 사례정의
　　ⓐ 추정환자(Probable case): 다음 3가지 기준을 모두 충족할 경우
　　　ⅰ) 임상적 기준에서 원인불명의 중증 호흡기질환을 보이며
　　　　• 38도 이상 발열이 있으면서(AND)
　　　　• 호흡기 증상(기침, 호흡곤란, 저산소증)이 하나 이상 있으면서(AND)
　　　　• 다음 중 1개 이상의 소견이 있는 경우
　　　　　– 방사선학적으로 폐렴 소견이 있거나
　　　　　– 호흡부전증(Respiratory distress syndrome)이 있거나
　　　　　– 특별한 원인 없이 폐렴이나 호흡부전증에 부합하는 부검소견을 보이는 경우
　　　ⅱ) 역학적 기준을 충족하며
　　　　• 발병전 10일 이내에 사스감염위험지역의 여행력(환승 포함)이 있거나 (OR)
　　　　• 발병전 10일 이내에 사스 환자 또는 의심환자와 밀접한 접촉을 한 경우
　　　ⅲ) 실험실적 기준이 양성 또는 미확인(검사를 하지 않았거나 진행중인 경우)
　　ⓑ 의심환자(Suspect cases): 다음 2가지 기준을 충족할 경우
　　　ⅰ) 임상적 기준에서 원인불명의 중등증 호흡기질환을 보이며
　　　　• 38도 이상 발열이 있으면서(AND)
　　　　• 호흡기질환 임상소견(기침, 호흡곤란, 저산소증)이 하나 이상 있는 경우
　　　ⅱ) 역학적 기준을 충족할 경우
　　　　• 발병전 10일 이내에 사스 감염위험지역의 여행력(환승 포함)이 있거나 (OR)
　　　　• 발병전 10일 이내에 사스 환자 또는 의심환자와 밀접한 접촉을 한 경우
　　　ⅲ) 실험실적 기준이 양성 또는 미확인(검사를 하지 않았거나 진행중)인 경우〈실험실적 사례정의(Laboratory case definition of SARS): 양성〉임상적으로 사스가 의심되면서 다음의 실험실적 진단기준에서 1개 이상 양성 소견을 보이는 경우
　　　　• PCR 양성: 정확한 방법에 의해 PCR이 양성인 경우
　　　　　– 적어도 두 종류의 다른 임상검체에서 양성이거나(예를 들어 비인두도말과 대변)
　　　　　– 동일한 임상검체에 대해 질병의 이환기간 동안 2회 이상 양성이거나
　　　　　– 원래의 임상검체에서 추출한 새로운 RNA추출물을 이용하여 PCR을 반복검사하거나 두 가지 다른 분석법을 사용한 경우
　　　　• 혈청검사 양성(Seroconversion by ELISA or IFA)
　　　　　– 급성기 혈청검사에서 음성이었으나 회복기 혈청검사에서 양성으로 양전되었거나
　　　　　– 급성기와 회복기 혈청검사에서 항체가가 4배 이상 증가한 경우
　　　　• 바이러스 분리(Virus isolation)
　　　　　– 임상검체의 세포배양검사에서 사스코로나바이러스가 분리되었으며 (AND) PCR

확인검사에서 양성인 경우

⊙ 국립보건원은 사스 진단을 위해 PCR, 항체검사(IFA), 바이러스 분리검사를 시행하고 있다. 진단을 위해 검체의뢰를 하실 경우는 국립보건원 호흡기바이러스과로 문의 바람 (02-380-1502)

⑤ **환자관리**: 사스의심 또는 추정환자는 보건당국에 의해 격리지정병원에 입원치료를 받게 된다. 전염을 차단하기 위해 엄격한 격리와 관리가 필요하다.

⑥ **예방**: 아직까지는 백신이나 예방약이 개발되어 있지 않다. 예방을 위해서는

㉠ 감염위험지역으로의 여행을 자제현재 전세계적으로 사스감염위험지역이나 여행자제지역은 없다.

㉡ 손씻기를 철저히 하여 직접접촉으로 인한 감염을 예방

⑦ **예방접종**: 아직까지 백신이나 예방약이 개발되어 있지 않다.

⑧ **감염병 신고**: 즉시 신고

26) 장염비브리오식중독

① **병원체**: 장염비브리오균은 그람음성의 운동성이 있는 다형성 단간균이며, 콜레라균과 비슷하다. 1950년 일본 오오사카에서 일어난 식중독의 원인균으로서 Fujino에 의해 분리되었고 후에 여러 가지 성상이 비브리오균과 일치하여 V. parahaemolyticus라고 부르게 되었다. 호염균으로 바닷물에서 유래되는 인체 감염증의 원인균이며, 위장관염이나 설사증을 일으킨다. O항원이 12종이고, K항원은 60종이며, H항원은 모든 V. parahaemolyticus에 공통된다. 식염 3~4%가 함유된 배지에서 잘 자란다. 우리나라, 동남아시아 각 지역, 인도, 아메리카, 유럽에서도 분포하며, 여행자 설사의 원인균으로도 중요하다.

② **전파양식**: 바다 해안환경의 침전물 속에서 서식하며, 따뜻해지면 해수 중에서 자유생활을 하거나 해안과 어패물에서 서식하는 것이 많이 발견된다. 충분히 요리되지 않거나 날 해산물, 해산물을 다루는 사람의 손이나 용기에 의해 오염된 음식물 또는 오염된 해수로 씻은 날음식 등을 먹을 때 전파된다. 실온에서 오염된 음식물을 상당기간 보존하면 감염량 수준($\geq 106/g$ 이상)으로 증식한다. 잠복기는 12~24시간이다. 자연스럽게 회복한 환자의 30%는 1주일 이상 대변으로 균을 배출하며, 건강보균자는 배균기간이 짧고, 1주일 이내에 멈춘다고 생각된다. 산발적으로 혹은 집단적으로 발병하며 사람에서 사람으로의 전염은 없다.

③ **증상 및 증후**: 산통성 복통과 물과 같은 설사(수양성 설사)를 하며 가끔은 구역, 구토, 두통 및 발열을 동반한다. 대장염(조직이 침범되는 경우)이 생기면 이질과 비슷하게 변에 혈액과 점액이 나오며, 고열과 백혈구 상승을 초래하는 환자도 있다. 이런 증세는 2~10시간 계속되지만 일반적으로 1~7일 정도 경과 후 회복된다. 전신감염증이나 사망은 드물다.

④ **진단 및 치료**: 환자의 대변을 배양해서 장염비브리오균(V. parahemolyticus)을 분리하면 확진된

다. 이 균은 일반배지에서는 발육이 잘 안 되므로 배지의 식염농도를 3%로 하여 실시하며, 회복기의 환자나 보균자의 검사 및 물, 식품에서 균을 검출하고자 할 때 증균배양을 실시하고 원인균의 분리배양은 TCBS배지나 비브리오 한천배지를 이용한다. 장염비브리오균의 동정에는 형태, 염색성, 운동성, 호흡성, 내염성, 자당 및 유당 비분해성, 포도당 발효, 시토크롬 옥시다제 양성, H2S 음성, 슬라이드 응집반응 및 Kanagawa 현상 등의 실험을 실시한다. 장염 비브리오균에 의한 급성 위장관염은 대부분의 경우에서는 증상이 심하지 않고 자가치유되므로 치료할 필요가 없다. 그러나 심한 경우에는 수분과 전해질을 공급하여야 하며 겐타마이신, 클로람페니콜, 테트라싸이클린 등의 항생제를 투여할 수 있으며 패혈증과 쇼크에 대한 일반적인 치료가 필요하다.

⑤ **환자관리**: 환자나 접촉자 격리는 필요 없다.

⑥ **예방**: 장염비브리오균의 예방은 음식물의 균수를 감염량 이하로 유지하는 것이 원칙으로 날 해산물의 냉장은 필수적이며 날생선이나 어패류 등의 해산물을 충분한 온도(60℃에서 15분 이상, 80℃에서 7~8분 이상)에서 요리한 후 먹어야 한다. 환자의 배설물 및 배설물이 묻은 물건 등은 철저히 소독하여 이차적인 오염도 막아야 한다. 특히 바닷가 유람선의 요리장에서는 바닷물을 사용해서 요리하는 것을 피해야 하며, 이미 요리된 해산물이 요리 안 된 해산물이나 바닷물에 폭로되지 않도록 하는 것이 중요하다.

⑦ **예방접종**: 해당사항 없음

⑧ **감염병 신고**: 법정감염병이 아님

27) 대장균감염증

① **병원체**: 대장균은 Enterobacteriaceae과에 속하는 그람음성 간균이다. 항원으로는 O항원이 164종, H항원이 75종, K항원이 103종 있다. 장관에서 감염증을 일으키는 대장균(E. coli)은 외부에서 침입된 세균이고 장관내에 상주하고 있는 E. coli와는 다르다. 장관독성대장균은 특히 독소(enterotoxin)를 만들어 설사를 일으킨다. 장관침습성 대장균은 장관상피세포에 감염되어 이질 증세를 나타내며, 장병원성 대장균은 유아의 위장염을 일으키는 병원성 대장균으로 독소를 생산하지 않는다.

② **전파양식**: 무증상 감염자의 분변에 오염된 음식, 식수, 혹은 개달물에 의해 감염된다. 출산 동안에 모성으로부터 아기에게 전파된다. 잠복기는 12~72시간이며, 감염자는 수 주간 전염이 가능하다. 영아 특히 미숙아와 영아불량아들이 장병원성 대장균주에 감수성이 높다.

③ **증상 및 증후**: 장침습성(enteroinvasive), 장독성(enterotoxigenic), 장병원성(enteropa thogenic), 장출혈성(enterohemorrhagic)의 4가지 균주에 의해 주로 일어난다. 침습성 균주는 발열, 점액성 때로는 혈액성 설사를 나타낸다. 장독성 균주는 수양성설사, 복부경련, 구토, 산혈증, 쇠약감, 탈수증 등이 나타나고 3~5일간 지속된다. 장병원성균주는 신생아실의 급성 설사증의 집단적 발생과 연관이 있다. 장출혈성균주는 출혈성 설사를 동반하는 이질과 유사한 양상을 띤다.

④ **진단 및 치료:** 대변에서 대장균을 분리하여 침습성, 독소의 생성, 상업용 항혈청을 이용한 장병원성 등을 적합한 방법으로 검사함으로서 이루어진다. 경구 혹은 정맥으로 전해질과 수분을 공급한다. 대부분 다른 치료를 필요로 하지 않으나 심한 장병원성 영아설사의 경우 네오마이신이나 콜리스틴을 5일간 투여한다. 심한 장침습성 대장균주에 대해서는 앰피실린을 투여한다. 심한 여행자 설사증은 박트림(160/800mg)을 경구로 매일 2회씩 조기에 투여하면 효과적이다.

⑤ **환자관리:** 설사하는 환자는 격리시켜야 하며, 알려진 환자와 의심되는 환자의 장배설물은 따로 처리해야 한다. 감염된 사람과 접촉한 경우에는 적어도 2주일간 관찰해야 한다.

⑥ **예방:** 환자는 육아, 음식조리, 환자진료 등을 하지 않도록 해야 한다. 특히 설사하는 산모가 출산한 영아는 적어도 6일간 다른 신생아와 격리시켜야 한다. 가능하면 모유를 먹이며, 모유수유가 불가능한 경우에는 우유를 반드시 소독하여 무균적으로 준비하여 먹여야 한다. 특별한 예방법은 없고, 자주 손을 씻고 일반적인 무균처치에 중점을 둔다.

28) 유행성각결막염

① **병원체:** 아데노바이러스 8형 및 19형 등

② **전파양식:** 무유행성 눈병 환자와의 직접적인 접촉이나 환자가 사용한 물건(세면도구), 수영장, 목욕탕 등을 통해서 전파될 수 있고, 전염력이 매우 강하다. 잠복기는 아데노바이러스는 5~12일 정도다

③ **증상 및 증후:** 보통 양쪽 눈에 발병하나 한 쪽만 발병하는 수도 있으며, 양쪽 눈에 발병한 경우 대개 먼저 발병한 눈의 증상이 더 심하게 나타난다. 발병초기에는 충혈, 중등도의 동통이 있고 눈물 및 눈곱이 많이 나온다. 각막표면의 손상으로 수명(빛을 보면 눈이 부심)이 나타나기도 하며 이 때의 손상이 각막상피하혼탁(subepitelial opacity)을 남겨 수년간 지속되기도 한다. 대개 3~4주간 지속된다. 어린아이에서는 두통, 오한, 인두통, 설사 등이 동반되어 나타나기도 한다.

④ **진단 및 치료:** 2차적 세균감염을 방지하기 위하여 항생제를 투여한다. 이 질환은 치료보다는 전염되는 것을 예방하는 것이 더 중요하다. 눈병은 눈의 감기와 비슷한 것으로 특별한 특효약이 현재까지는 없어 합병증이 생기지 않도록 2차 감염의 방지 및 대증요법을 시행하면 약 보름정도 고생한 후에 호전되는데, 처음 며칠은 오히려 증상이 심해지기도 하지만 적절한 치료를 하면 낫는 병이므로 꾸준히 치료한다. 보기 좋지 않다고 안대를 하는 경우는 더욱 증상을 악화시킬 수 있으므로 피하는 것이 좋고 눈 위에 얼음 찜질을 해 주는 것이 좋다. 또한 과로를 피하며, 수영장 등 대중시설 이용을 삼가고, 개인 위생청결을 철저히 하여야 한다.

⑤ **환자관리:** 환자가 발생한 경우에 환자와의 접촉을 삼가고 수건이나 세수대야 등의 물품을 따로 써야 한다. 환자가 사용한 물건과 접촉하지 않도록 해야 한다.

⑥ **예방:** 유행성 눈병을 예방하려면 다음의 사항을 지켜야 한다.
　㉠ 되도록 유행성 눈병 환자와의 접촉을 삼가한다.

ⓒ 가족 중에 눈병 환자가 있을 때에는 반드시 수건과 세수대야를 별도로 사용해야 한다.

ⓒ 기타 눈병 환자가 만진 물건을 접촉하지 않도록 해야 한다.

ⓔ 외출시에 손을 자주 씻고 눈을 비비지 않도록 해야 한다.

ⓜ 눈병에 걸렸을 경우에는 즉시 가까운 안과 병의원에서 치료를 받아야 한다.

ⓗ 수영장 등 대중시설 이용을 삼가한다.

⑦ **예방접종**: 해당사항 없음

⑧ **감염병 신고**: 법정감염병이 아님

29) 살모넬라

① **병원체**: Sallmonella는 2,000가지가 넘는 혈청형이 있는데 많은 혈청형이 인간과 동물에게 병을 일으킨다. 그 중에 S. typhimurium, S. enteritidis가 흔하다.

② **전파양식**: 균에 오염된 동물성 식품이나 감염동물의 분변에 오염된 음식물, 식수를 먹어서 감염된다. 우유, 달걀, 고기 등과 그 제품이 원인이 된다. S. enteritidis는 계란 노른자에 존재하여 식중독을 일으킬 수 있다. 달걀이 원인이 되는 것은 충분히 익히지 않기 때문이다. 시판 마요네즈는 산도가 충분하므로 안전하지만, 식초로 만든 자가제조 마요네즈로 인해서 식중독을 일으켰던 예가 있다. 또한, 오염된 야채나 과일이 원인이 될 수도 있다. 분변-경구 감염은 증상이 있는 환자에서 일어나기 쉽지만, 무증상 환자에서도 생긴다. 원내 감염, 특히 신생아실 감염의 원인도 되며, 감염은 102~103개의 균으로 일어난다.

③ **증상 및 증후**: 잠복기간은 6~72시간, 보통 12~36시간이다. 급성으로 발열, 두통, 설사, 구역, 구토 등의 위장 증상이 나타난다. 탈수가 일어나고, 유아나 고령자는 중증이 될 수 있으며, 급성 증상은 1~2일만에 사라지나 식욕 부진과 설사는 7일간 계속되기도 한다. 때로는 급성장염으로 시작되어 패혈증이나 농양, 관절염, 담낭염, 심낭염, 폐렴, 농피증, 신우신염 등을 초래하며, 유아나 고령자, 면역억제 환자가 사망하는 일이 있지만 대단히 드물다.

④ **진단 및 치료**: 패혈증의 경우에는 급성기에 분변이나 혈액으로부터 SS배지 등을 사용해 배양한다. 장염인 경우에는 급성기 후 수 일 ~ 수 주간에 걸쳐서 배양이 가능하다. 불현성 감염자의 경우, 3~10g의 분변을 증균배지에서 증균하지 않으면 균을 검출할 수 없다. 균배설이 간헐적이기 때문에 주의가 요구된다. 합병증이 없다면 수액보충과 대중치료가 적절하다. 많은 항생제가 시험관 내 검사에서 효과가 있지만, 실제 환자에게는 별 효과가 없다. 항생제는 보균자를 치료할 수 없고, 오히려 배균기간만 연장시킬 수 있다. 그러나 유아나 고령자, 허약자, HIV감염자, 고열이 계속되는 사람, 합병증을 가진 중증 환자에게는 항생제를 투여한다. Quinolone이 사용되지만, 소아에게는 쓰지 못한다. 이 밖에 Ampicillin(100mg/kg일, 4회/일), Amoxicillin (80mg/kg/일, 4회/일), Sulfamethoxazole/trimethoprim(480mg / 정 / 일, 2회/일)이나 Chloramphenicol(30~50mg / kg / 일, 4회 / 일)도 사용된다. 투여기간은 위장염형에는 7일간, 균혈증에는 1~2주일, 국소 감염증에는 2~4주다.

⑤ **환자관리:** 환자의 격리는 필요하지 않다. 그러나, 분변에 오염되지 않도록 주의한다. 특히, 분변–경구 감염자는 평소부터 그와 같은 상황에 있음을 시사하므로 타인에게 분변–경구 감염을 시킬 수 있다는 것을 인지하도록 해야 한다. 배설물은 신체물질 격리책에 준해 처리하고, 하수에 직접 흘려 보내도 좋다. 조리 종사자가 환자인 경우에도 위생이나 살모넬라 예방책이 불충분한 것을 의미하는 것이므로 조리 업무를 시작하기 전에 문제점을 조사할 필요가 있다. 또, 조리자가 업무에 복귀하려면 항생제 투여 종료 후 48시간 이상이 지난 다음 적어도 24시간 간격을 두고 연속 시행한 2회의 배양검사가 모두 음성임을 확인해야 된다. 환자와 접촉한 사람도 대변검사를 하는데, 특히 조리 종사자나 유아·고령자 보호자는 검사가 필요하다. 이들에게 위생의 중요성을 강조한다.

⑥ **예방:** 식품 제조자와 조리 종사자의 교육에 힘쓰며, 업무 전후와 업무중에 손을 철저히 씻도록 한다. 냉장 냉동은 소량씩 하고 동물성 식품은 완전히 가열하며 조리장 내의 교차오염을 피하고, 조리장을 청결하게 하여 쥐나 곤충의 침입을 저지하는데 노력한다. 계란은 유통 및 조리단계에서 적절하게 관리하며 3주 내에 먹는다. 유통단계에서는 20℃ 이하에 보존하고, 냉장고는 8℃ 이하로 한다. 미국에서는 방사선 처리된 날계란 제품이 있다. 이외의 계란 종류는 반드시 가열하여 먹고, 특히 균열이 생기거나 더럽혀진 것은 충분히 가열한다. 조리할 때에는 오염방지와 조리를 끝낸 요리의 재오염에 주의하며, 설사를 하고 있는 사람은 음식물 조리나 유아, 고령자의 간호를 하지 않는다. 조리시설, 유통시설, 시판점 등에 살모넬라 예방책 프로그램을 도입하여 적정운용에 대해 감시감독을 정기적으로 한다. 불현성 감염자도 식품을 다루는 일이나 유아, 고령자의 보호에 종사하지 않도록 하며 HIV 감영자로부터 격리한다. 애완동물의 위험성에 대해서 교육하고, 특히 어린이가 병아리나 파충류, 양서류를 만지지 않도록 한다.

⑦ **예방접종:** 해당사항 없음

⑧ **감염병 신고:** 법정감염병이 아님

30) 포도상구균 식중독

① **병원체:** 그람양성인 직경 1㎛ 내외의 구균으로 포도송이 모양으로 배열되어 있다. 흔한 병원체로 사람들 중 25%는 이 균을 보유하고 있다. 편모가 없고, 아포도 형성하지 않으며, 협막도 없다. 발육최적온도는 37℃며, 비교적 열에 저항성이 높다. 100℃로 30분간 끓여도 파괴되지 않는 내열성 외독소인 장관독소와 효소를 생산하여 숙주체 내에서 균이 증식하고 감염증이 확산되는 데 중요한 역할을 한다. 아포가 없는 균 중에서 가장 저항이 강하다. 공기중에서 오랫동안 생존하며, 6~14주일 정도 건조상태에 두어도 견딘다. 젠션바이올렛, 아크리플라빈, 말라카이드그린, 리바놀 등으로 살균할 수 있으며, 페니실린 등 여러가지 항생물질에 감수성이 있다.

② **전파양식:** 사람, 때로는 소, 개, 닭 등이 보유숙주가 되며, 감염된 손, 눈, 농양, 여드름, 비인두 분비물, 정상피부 등에서 유래하여 발병한다. 가끔은 유두염을 앓는 젖소의 우유나 우유가공품도 감염원이 된다. 포도구균에 오염된 음식이 섭취되기 전에 수 시간 실내온도에 방치되면 균이 증식하여 독소를 내게 된다. 잠복기는 2~4시간이다. 사람과 사람 사이의 전파는 되지 않는다.

③ **증상 및 증후**: 포도구균에 의한 식중독은 오염된 음식물을 섭취한 후 30분~8시간(대부분 2~4시간) 내에 심한 구역, 구토, 산통성 복통, 발한, 허탈, 쇠약감 등을 동반한 증세를 갑자기 보인다. 사망 예는 드물고 보통 1~2일간에 치유되지만 증상이 심한 환자는 입원이 필요하다.

④ **진단 및 치료**: 음식을 먹은 시간과 증상발현 사이의 기간이 짧고, 주로 급성 상부 위장증상을 가진 사람들이 집단적으로 발생할 경우 의심할 수 있다. 의심되는 음식, 대변 혹은 구토물의 배양에서 많은 수의 장독소 생성 포도구균을 검출하면 진단을 뒷받침해 준다. 가열한 음식의 배양검사에서 포도구균이 배양되지 않더라도 진단을 배제할 수 없다. 이러한 경우 음식물의 그람염색에서 열에 의해 죽은 균을 밝혀낼 수 있다. 식중독에 대한 특수요법이 없으며, 필요한 경우 수액요법과 대증치료를 한다.

⑤ **환자관리**: 환자관리는 필요 없다.

⑥ **예방**: 예방 방법으로는 식품을 냉장고 같은 곳에 보존해서 포도구균의 증식을 막는다. 그리고 손에 피부화농성 질환이 있는 사람은 완치될 때까지 식품취급을 금하고 항상 식품 취급자의 손의 소독과 청결, 조리실의 위생상태를 개선하는 것이 중요하다. 식품 제조에서 소비까지의 시간을 단축시키고(실온에서 최장 4시간 정도), 부패하기 쉬운 음식을 2시간 이상 보존해야 할 경우에는 60℃ 이상 혹은 10℃ 이하, 가능하다면 4℃ 이하에서 보존한다.

⑦ **예방접종**: 효과적인 예방접종은 없다.

⑧ **감염병 신고**: 법정감염병이 아님

감염병별 역학적 특성과 관리방안

감염병	임상 증상	전염 가능 기간	전파 차단을 위한 등교 중지(격리) 기간 [1] [2]	잠복기 [3]	밀접 접촉자 파악	일시적 격리 [4]	마스크 착용
A형간염	피로감, 발열, 오한, 복부 불쾌감, 오심, 구토	임상증상 시작되기 2주전 ~ 황달이 완전히 사라진 다음 1주일	황달 증상 이후 7일간(황달증상 없으면 입원일로부터 7일간)	15~50일 (평균 28일)	O	O	X
b형 헤모필루스 인플루엔자	수막염, 후두개염, 폐렴, 관절염 등	항생체 치료 후 48시간	항생제 치료 시작 후 24시간까지	2~4일	O	O	X
B형간염	피로감, 식욕부진, 감기증세, 황달, 근육통	일상생활에서는 전파되지 않음	등교 중지 안 함.	60~150일 (평균 90일)	X	X	X
C형간염	피로감, 식욕부진, 감기증세, 황달, 근육통	증상 나타나기 1주 ~ 수 주일 전부터 전파가능	등교 중지 안 함.	15~150일	X	X	X
감기군	발열, 기침, 객담 등 호흡기계 증상	이환기간 내내	등교 중지 안 함.	병원체마다 다양 (보통 2~14일)	X	O	O
결핵	발열, 전신피로감, 식은땀, 체중 감소	약물 치료 시작 후 2주까지	약물 치료 시작 후 2주까지	수년까지 가능 (50% 2년 이내)	O	O	O
공수병	공수증, 불안감, 두통, 발열, 중추신경계증상	이환기간 내내	이환기간 내내	20~90일 (평균 30~60일)	X	O	X
급성 출혈성 결막염	충혈, 안통, 이물감, 많은 눈물, 눈곱, 눈부심, 결막하출혈	발병 후 4일 ~ 1주일	격리없이 개인위생수칙을 철저히 지킬 것을 권장	8~48시간	O	O	O
급성 출혈열군	발열, 오한, 피로감, 두통, 출혈 경향	병원체마다 다양	이환기간 내내	병원체마다 다양	O	O	O
노로바이러스	오심, 구토, 설사, 복통, 권태감, 발열	급성기부터 설사가 멈추고 48시간 후까지	증상 소실 후 48시간까지	24~48시간 (평균 33시간)	O	O	O
뇌수막염	발열, 두통, 구토, 의식 저하	병원체마다 다양	병원체마다 다양	병원체마다 다양	O	O	O
뎅기열	고열, 두통, 근육통, 관절통, 백혈구감소증, 혈소판감소증	사람 간 전파 없음	등교 중지 안 함.	3~14일 (평균 4~7일)	X	X	X
동물 인플루엔자 인체감염증 (조류인플루엔자)	발열, 두통, 근육통, 인후통, 기침, 객담	증상이 있는 동안	모든 증상이 소실될 때까지	3~10일 (평균 7일)	O	O	O
두창 (천연두)	고열, 허약감, 오한, 두통, 반점, 구진상 발진	발열 시작부터 피부 병변의 모든 딱지가 떨어질 때까지	피부 병변의 모든 딱지가 떨어질 때까지	12~24일 (평균 7~17일)	O	O	O
디프테리아	발열, 인후와 편도 발적, 인후 부위 위막, 림프절 종대	치료받지 않는 환자는 감염 후 약 14일간, 적절한 치료를 받은 환자는 치료 후 1~2일	14일간의 치료가 끝날 때까지	2~6일	O	O	착용
라임병	유주성 홍반, 발열, 오한, 피로감, 두통, 관절통	사람 간 전파 없음	등교 중지 안 함.	3~30일	X	X	X

감염병	임상 증상	전염 가능 기간	전파 차단을 위한 등교 중지(격리) 기간	잠복기	밀접 접촉자 파악	일시적 격리	마스크 착용
레지오넬라증	폐렴형(발열, 오한, 마른기침), 독감형(권태감, 근육통, 발열, 오한)	사람 간 전파 없음	등교 중지 안 함.	2~10일 (평균 10일)	×	×	×
렙토스피라증	대부분 가벼운 감기증상, 5~10%에서 황달, 신부전 등의 중증	사람 간 전파 없음	등교 중지 안 함.	2~14일 (평균 5~7일)	×	×	×
말라리아	주기적인 오한, 발열, 발한 후 해열	사람 간 전파 없음	등교 중지 안 함.	12~17일 (평균 15일), 6~12개월	×	×	×
발진열	발진, 발열, 오한, 근육통	사람 간 전파 없음	등교 중지 안 함.	6~18일 (평균 10일)	×	×	×
발진티푸스	오한, 고열, 두통, 근육통	몸이 또는 머릿니가 있는 경우	몸이 또는 머릿니를 제거할 때까지	6~15일 (평균 7일)	○	○	×
백일해	상기도 감염 증상, 발작적 기침, 구토	2주간 전염력이 높으며 증상 발생 4주 후에는 전염성이 소실	항생제 투여 후 5일까지	7~20일 (평균 5~10일)	○	○	○
보툴리눔독소증	뇌신경 마비, 대칭적이며 하부로 진행하는 이완적 신경마비	사람 간 전파 없음	등교 중지 안 함.	12~72시간	×	×	×
브루셀라증	발열, 발한, 두통, 요통, 위장관계, 골격계, 신경계 증상	성접촉을 제외한 일상생활에서는 전파되지 않음	등교 중지 안 함.	2~4주	×	×	×
살모넬라균감염증	발열, 두통, 오심, 구토, 복통, 설사	감염 전 기간 동안 가능하며 대개 며칠에서 몇 주	등교 중지 안 함.	6시간~10일 (평균 6~48시간)	○	○	×
성홍열	미만성 구진, 발열, 두통, 구토, 복통, 오한 및 인후염	항생제 치료 시작 후 24시간까지	항생제 치료 시작 후 24시간까지	1~3일	○	○	○
세균성이질	발열, 복통, 구토, 뒤무직을 동반한 설사	발병 후 4주 이내	항생제 치료 종료 48시간 후부터 24시간 간격으로 2회 대변검사가 음성일때까지	12시간~6일 (평균 2~4일)	○	○	×
수두	피부 발진, 수포, 발열, 피로감	수포가 생기기 1~2일 전부터 모든 수포에 가피가 형성이 될 때까지	모든 수포에 가피가 형성될 때까지	10~21일 (평균 14~16일)	○	○	○
수막구균성수막염	두통, 발열, 경부 경직, 오심, 구토	항생제 치료 시작 후 24시간까지	항생제 치료 시작 후 24시간까지	2~일10 (평균 3~4일)	○	○	○
수족구병	발열, 손, 발바닥 및 구강 내 수포 및 궤양	발병 후 7일간이 가장 전염력 강함, 피부 병변(수포)에 가피가 생성될 때까지	수포 발생 후 6일간 또는 가피가 형성될 때까지	3~7일	○	○	○
신증후군출혈열	발열, 오한, 근육통 → 저혈압 → 핍뇨 → 이뇨	사람 간 전파 없음	등교 중지 안 함.	1~3주	×	×	○

감염병	임상 증상	전염 가능 기간	전파 차단을 위한 등교 중지(격리) 기간	잠복기	밀접 접촉자 파악	일시적 격리	마스크 착용
요충증	항문주위 가려움증, 긁은 부위 발적, 종창, 습진	치료를 통해 모든 충체를 제거하기 전까지	등교 중지 안 함.	1~2개월	O	×	×
웨스트나일열	두통, 식욕감퇴, 근육통, 구역, 구토, 발진	사람 간 전파 없음	등교 중지 안 함.	2~14일	×	×	×
유비저	국소 감염, 급성 폐감염, 만성 화농성 감염	사람 간 전파 없음	등교 중지 안 함.	1~21일 수년까지 가능	O	×	×
유행성각결막염	충혈, 안통, 이물감, 많은 눈물, 눈곱, 눈부심, 결막하출혈	발병 후 14일까지	격리없이 개인위생수칙을 철저히 지킬 것을 권장	5~7일	O	O	×
폴리오	발열, 권태감, 인후통, 뇌수막염, 이완성 마비	바이러스 노출 후 3~6주까지	입원 후 매주 채취한 대변 검체에서의 바이러스 분리 · 배양검사 결과가 2회 연속 음성일 때까지	7~14일	O	O	×
풍진	구진성 발진, 림프절 종창, 미열 등 감기 증상	발진 생기기 7일 전부터 생긴 후 7일까지	발진이 나타난 후 7일까지	14~23일 (평균 16~18일)	O	O	O
한센병	나종형(소결절, 구진, 반점, 미만성 침윤), 결핵형(몇개의 피부병변, 말초신경염)	치료시작 후 3개월까지	치료시작 후 3개월까지	3~5년	O	O	×
홍역	발진, 발열, 기침, 콧물, koplik 반점	발진 발생 4일 전부터 발진 발생 5일 후까지	발진이 나타난 후 5일까지	7~18일 (평균 10~12일)	O	O	O
황열	발열, 두통, 권태감 → 10~20%에서 신부전, 간부전, 황달	사람 간 전파 없음	등교 중지 안 함.	3~6일	×	×	×

1) 전파차단을 위한 등교 중지 기간으로 관련 질환에 대한 질병관리청 매뉴얼의 환자 격리 기간을 바탕으로 작성함

2) 등교 중지 기간은 휴일을 포함

3) 감염 시작 시점부터 증상과 징후 발생 시점까지의 기간

4) 전파 우려가 있는 감염병 의심 학생이 의료기관에 진료를 받으러 가기 전까지 격리하여 관찰하는 것

* 출처: 교육부(2016). 학생감염병예방 · 위기대응 매뉴얼. pp.67-69.

먹는 물의 수질기준

〈개정 2019.12.20〉

먹는 물의 수질기준(제2조 관련)

1. 미생물에 관한 기준

가. 일반세균은 1mL 중 100CFU(Colony Forming Unit)를 넘지 아니할 것. 다만, 샘물 및 염지하수의 경우에는 저온일반세균은 20CFU/mL, 중온일반세균은 5CFU/mL를 넘지 아니하여야 하며, 먹는샘물, 먹는염지하수 및 먹는해양심층수의 경우에는 병에 넣은 후 4℃를 유지한 상태에서 12시간 이내에 검사하여 저온일반세균은 100CFU/mL, 중온일반세균은 20CFU/mL를 넘지 아니할 것

나. 총 대장균군은 100mL(샘물·먹는샘물, 염지하수·먹는염지하수 및 먹는해양심층수의 경우에는 250mL)에서 검출되지 아니할 것. 다만, 제4조제1항제1호나목 및 다목에 따라 매월 또는 매 분기 실시하는 총 대장균군의 수질검사 시료(試料) 수가 20개 이상인 정수시설의 경우에는 검출된 시료 수가 5퍼센트를 초과하지 아니하여야 한다.

다. 대장균·분원성 대장균군은 100mL에서 검출되지 아니할 것. 다만, 샘물·먹는샘물, 염지하수·먹는염지하수 및 먹는해양심층수의 경우에는 적용하지 아니한다.

라. 분원성 연쇄상구균·녹농균·살모넬라 및 쉬겔라는 250mL에서 검출되지 아니할 것(샘물·먹는샘물, 염지하수·먹는염지하수 및 먹는해양심층수의 경우에만 적용한다)

마. 아황산환원혐기성포자형성균은 50mL에서 검출되지 아니할 것(샘물·먹는샘물, 염지하수·먹는염지하수 및 먹는해양심층수의 경우에만 적용한다)

바. 여시니아균은 2L에서 검출되지 아니할 것(먹는물공동시설의 물의 경우에만 적용한다)

2. 건강상 유해영향 무기물질에 관한 기준

가. 납은 0.01mg/L를 넘지 아니할 것

나. 불소는 1.5mg/L(샘물·먹는샘물 및 염지하수·먹는염지하수의 경우에는 2.0mg/L)를 넘지 아니할 것

다. 비소는 0.01mg/L(샘물·염지하수의 경우에는 0.05mg/L)를 넘지 아니할 것

라. 셀레늄은 0.01mg/L(염지하수의 경우에는 0.05mg/L)를 넘지 아니할 것

마. 수은은 0.001mg/L를 넘지 아니할 것

바. 시안은 0.01mg/L를 넘지 아니할 것

사. 크롬은 0.05mg/L를 넘지 아니할 것

아. 암모니아성 질소는 0.5mg/L를 넘지 아니할 것

자. 질산성 질소는 10mg/L를 넘지 아니할 것

차. 카드뮴은 0.005mg/L를 넘지 아니할 것

카. 붕소는 1.0mg/L를 넘지 아니할 것(염지하수의 경우에는 적용하지 아니한다)

타. 브롬산염은 0.01mg/L를 넘지 아니할 것(먹는샘물, 염지하수·먹는염지하수, 먹는해양심층수 및 오존으로 살균·소독 또는 세척 등을 하여 음용수로 이용하는 지하수만 적용한다)

파. 스트론튬은 4mg/L를 넘지 아니할 것(먹는염지하수 및 먹는해양심층수의 경우에만 적용한다)

하. 우라늄은 20ug/L를 넘지 않을 것[수돗물(지하수를 원수로 사용하는 수돗물을 말한다), 샘물, 먹는 샘물, 먹는 염지하수 및 먹는물 공통시설의 물의 경우에만 적용한다]

3. 건강상 유해영향 유기물질에 관한 기준

가. 페놀은 0.005mg/L를 넘지 아니할 것

나. 다이아지논은 0.02mg/L를 넘지 아니할 것

다. 파라티온은 0.06mg/L를 넘지 아니할 것

라. 페니트로티온은 0.04mg/L를 넘지 아니할 것

마. 카바릴은 0.07mg/L를 넘지 아니할 것

바. 1,1,1-트리클로로에탄은 0.1mg/L를 넘지 아니할 것

사. 테트라클로로에틸렌은 0.01mg/L를 넘지 아니할 것

아. 트리클로로에틸렌은 0.03mg/L를 넘지 아니할 것

자. 디클로로메탄은 0.02mg/L를 넘지 아니할 것

차. 벤젠은 0.01mg/L를 넘지 아니할 것

카. 톨루엔은 0.7mg/L를 넘지 아니할 것

타. 에틸벤젠은 0.3mg/L를 넘지 아니할 것

파. 크실렌은 0.5mg/L를 넘지 아니할 것

하. 1,1-디클로로에틸렌은 0.03mg/L를 넘지 아니할 것

거. 사염화탄소는 0.002mg/L를 넘지 아니할 것

너. 1,2-디브로모-3-클로로프로판은 0.003mg/L를 넘지 아니할 것

더. 1,4-다이옥산은 0.05mg/L를 넘지 아니할 것

4. 소독제 및 소독부산물질에 관한 기준(샘물·먹는샘물·염지하수·먹는염지하수·먹는해양심층수 및 먹는물공동시설의 물의 경우에는 적용하지 아니한다)

가. 잔류염소(유리잔류염소를 말한다)는 4.0mg/L를 넘지 아니할 것

나. 총트리할로메탄은 0.1mg/L를 넘지 아니할 것

다. 클로로포름은 0.08mg/L를 넘지 아니할 것

라. 브로모디클로로메탄은 0.03mg/L를 넘지 아니할 것

마. 디브로모클로로메탄은 0.1mg/L를 넘지 아니할 것

바. 클로랄하이드레이트는 0.03mg/L를 넘지 아니할 것

사. 디브로모아세토니트릴은 0.1mg/L를 넘지 아니할 것

아. 디클로로아세토니트릴은 0.09mg/L를 넘지 아니할 것

자. 트리클로로아세토니트릴은 0.004mg/L를 넘지 아니할 것

차. 할로아세틱에시드(디클로로아세틱에시드, 트리클로로아세틱에시드 및 디브로모아세틱에시드의 합으로 한다)는 0.1mg/L를 넘지 아니할 것

카. 포름알데히드는 0.5mg/L를 넘지 아니할 것

5. 심미적 영향물질에 관한 기준

가. 경도(硬度)는 1,000mg/L(수돗물의 경우 300mg/L, 먹는염지하수 및 먹는해양심층수의 경우 1,200mg/L)를 넘지 아니할 것. 다만, 샘물 및 염지하수의 경우에는 적용하지 아니한다.

나. 과망간산칼륨 소비량은 10mg/L를 넘지 아니할 것

다. 냄새와 맛은 소독으로 인한 냄새와 맛 이외의 냄새와 맛이 있어서는 아니될 것. 다만, 맛의 경우는 샘물, 염지하수, 먹는샘물 및 먹는물공동시설의 물에는 적용하지 아니한다.

라. 동은 1mg/L를 넘지 아니할 것

마. 색도는 5도를 넘지 아니할 것

바. 세제(음이온 계면활성제)는 0.5mg/L를 넘지 아니할 것. 다만, 샘물 · 먹는샘물, 염지하수 · 먹는염지하수 및 먹는해양심층수의 경우에는 검출되지 아니하여야 한다.

사. 수소이온 농도는 pH 5.8 이상 pH 8.5 이하이어야 할 것. 다만, 샘물, 먹는샘물 및 먹는물공동시설의 물의 경우에는 pH 4.5 이상 pH 9.5 이하이어야 한다.

아. 아연은 3mg/L를 넘지 아니할 것

자. 염소이온은 250mg/L를 넘지 아니할 것(염지하수의 경우에는 적용하지 아니한다)

차. 증발잔류물은 수돗물의 경우에는 500mg/L, 먹는염지하수 및 먹는해양심층수의 경우에는 미네랄 등 무해성분을 제외한 증발잔류물이 500mg/L를 넘지 아니할 것

카. 철은 0.3mg/L를 넘지 아니할 것. 다만, 샘물 및 염지하수의 경우에는 적용하지 아니한다.

타. 망간은 0.3mg/L(수돗물의 경우 0.05mg/L)를 넘지 아니할 것. 다만, 샘물 및 염지하수의 경우에는 적용하지 아니한다.

파. 탁도는 1NTU(Nephelometric Turbidity Unit)를 넘지 아니할 것. 다만, 지하수를 원수로 사용하는 마을상수도, 소규모급수시설 및 전용상수도를 제외한 수돗물의 경우에는 0.5NTU를 넘지 아니하여야 한다.

하. 황산이온은 200mg/L를 넘지 아니할 것. 다만, 샘물, 먹는샘물 및 먹는물공동시설의 물은 250mg/L를 넘지 아니하여야 하며, 염지하수의 경우에는 적용하지 아니한다.

거. 알루미늄은 0.2mg/L를 넘지 아니할 것

6. 방사능에 관한 기준(염지하수의 경우에만 적용한다)

가. 세슘(Cs-137)은 4.0mBq/L를 넘지 아니할 것

나. 스트론튬(Sr-90)은 3.0mBq/L를 넘지 아니할 것

다. 삼중수소는 6.0Bq/L를 넘지 아니할 것

재난관리주관기관

재난 및 사고유형별 재난관리주관기관(법 제3조의2 관련)

재난관리주관기관	재난 및 사고의 유형
교육부	학교 및 학교시설에서 발생한 사고
과학기술정보통신부	1. 우주전파 재난 2. 정보통신 사고 3. 위성항법장치(GPS) 전파혼신 4. 자연우주물체의 추락 · 충돌
외교부	해외에서 발생한 재난
법무부	법무시설에서 발생한 사고
국방부	국방시설에서 발생한 사고
행정안전부	1. 정부중요시설 사고 2. 공동구(共同溝) 재난(국토교통부가 관장하는 공동구는 제외한다) 3. 내륙에서 발생한 유도선 등의 수난 사고 4. 풍수해(조수는 제외한다) · 지진 · 화산 · 낙뢰 · 가뭄으로 인한 재난 및 사고로서 다른 재난관리주관기관에 속하지 아니하는 재난 및 사고
문화체육관광부	경기장 및 공연장에서 발생한 사고
농림축산식품부	1. 가축 질병 2. 저수지 사고
산업통상자원부	1. 가스 수급 및 누출 사고 2. 원유수급 사고 3. 원자력안전 사고(파업에 따른 가동중단으로 한정한다) 4. 전력 사고 5. 전력생산용 댐의 사고
보건복지부	1. 감염병 재난 2. 보건의료 사고
환경부	1. 수질분야 대규모 환경오염 사고 2. 식용수(지방 상수도를 포함한다) 사고 3. 유해화학물질 유출 사고 4. 조류(藻類) 대발생(녹조에 한정한다)5. 황사
고용노동부	사업장에서 발생한 대규모 인적 사고

국토교통부	1. 국토교통부가 관장하는 공동구 재난 2. 고속철도 사고 3. 국토교통부가 관장하는 댐 사고 4. 도로터널 사고 5. 식용수(광역상수도에 한정한다) 사고 6. 육상화물운송 사고 7. 지하철 사고 8. 항공기 사고 9. 항공운송 마비 및 항행안전시설 장애 10. 다중밀집건축물 붕괴 대형사고로서 다른 재난관리주관기관에 속하지 아니하는 재난 및 사고
해양수산부	1. 조류 대발생(적조에 한정한다) 2. 조수(潮水) 3. 해양 분야 환경오염 사고 4. 해양 선박 사고
금융위원회	금융 전산 및 시설 사고
원자력안전위원회	1. 원자력안전 사고(파업에 따른 가동중단은 제외한다) 2. 인접국가 방사능 누출 사고
소방청	1. 화재 · 위험물 사고 2. 다중 밀집시설 대형화재
문화재청	문화재 시설 사고
산림청	1. 산불 2. 산사태
해양경찰청	해양에서 발생한 유도선 등의 수난 사고

비고: 재난관리주관기관이 지정되지 아니한 재난 및 사고에 대해서는 행정안전부장관이 「정부조직법」에 따른 관장 사무를 기준으로 재난관리주관기관을 정한다.

참고 및 인용문헌

강경숙 등(2023). 성과기반 지역사회간호학 I. Pacific Book.
강경숙 등(2023). 성과기반 지역사회간호학 II. Pacific Book.
김광숙 등(2022). 지역사회간호학 이론과 실제. 현문사.
김광숙 등(2019). 지역사회간호학 이론과 실제. 현문사.
김정남 등(2013). 지역사회간호학. 수문사.
김정순(2009). 역학원론. 신광출판사.
김춘미 등(2022). 지역사회보건간호학. 수문사.
김화중 등(2013). 지역사회간호학. 수문사.
김희걸 등(2021). 지역사회간호학 I. 현문사.
대한간호협회(2021). 지역사회간호학 문제집.
대한예방의학회(2021). 예방의학과 공중보건학. 계축문화사.
대한예방의학회(2019). 예방의학과 공중보건학. 계축문화사.
변혜선 등(2023). 지역사회보건간호학 1. 현문사.
변혜선 등(2023). 지역사회보건간호학 2. 현문사.
배상수(2016). 보건사업기획. 계축문화사.
보건교육 건강증진 연구회(2021). 보건교육학. 현문사.
소애영 등(2020). 지역사회간호학 II. 수문사.
손수경 등 (2019). 간호와 다문화 역량. 수문사.
신유선 등(2010). 보건교육학. 수문사.
심문숙 등(2022). 지역사회간호학II. 현문사.
안양희 등(2018). 지역사회보건간호학. 현문사.
양숙자 등(2022). 지역사회간호학 I. 현문사.
오미성 등(2021). 성과기반 지역사회간호학. Pacitic Book.
유광수 등(2016). 지역사회간호학 I. 정담미디어.
유광수 등(2016). 지역사회간호학 II. 정담미디어.
윤순녕 등(2010). 보건교육방법론. 수문사.
이상민 등(2020). 시크릿 바이블 지역사회간호학. 수문사.
이소우 능(2017). 간호이론의 이해. 수문사.
이영란 등(2021). 원론 지역사회간호학. 신광출판사.
이옥철 등(2019). 응급 및 재해간호. 현문사.
이은옥 등(2009). 간호연구와 통계분석. 수문사.
이정렬 등(2011). 지역사회간호학 이론과 실제. 현문사.
이주열(2017). 보건프로그램 개발 및 평가. 계축문화사.
지역사회보건간호학 편찬위원회(2022). 최신 지역사회보건간호학 1. 수문사.
지역사회보건간호학 편찬위원회(2022). 최신 지역사회보건간호학 2. 수문사.
최선하 등(2021). 21C 지역사회보건간호학. 신광출판사.
최연희 등(2016). 지역사회보건간호학 1. 수문사.
최연희 등(2016). 지역사회보건간호학 2. 수문사.
최희정 등(2018). 지역사회간호학 II. 현문사.
한국간호과학회 (2024). 지역사회간호학 문제집.
한영란 등 (2022). 최신 지역사회보건간호학. 현문사.
편집부(2023). 필통 간호학 핵심문제집 지역사회간호학. 에듀팩토리.
편집부(2021). 필통 간호학 핵심요약집 지역사회간호학. 에듀팩토리.

정부간행물

교육부(2016). 학생 감염병 예방·위기 대응 매뉴얼.
교육부(2020). 대기오염 대응 매뉴얼.
보건복지부(2023). 제2차 심뇌혈관질환관리 종합계획.
보건복지부(2024). 2022년 보건복지백서.
보건복지부(2024). 2022년 보건복지통계연보.
보건복지부(2024). 지역사회통합 건강증진사업 안내(총괄).
보건복지부(2024). 지역사회통합 건강증진사업 안내(방문건강관리사업).
보건복지부(2024). 지역사회통합 건강증진사업 안내(심뇌혈관질환관리사업).
보건복지부(2024). 지역사회통합 건강증진사업 안내(지역사회중심재활사업).
보건복지부(2024). 노인보건복지사업안내.
보건복지부(2024). 의료급여사업 안내.
보건복지부(2024). 건강검진사업 안내.
보건복지부(2024). 국가 암검진사업 안내.
보건복지부(2024). 주요 만성질환관리사업 지침.
보건복지부(2024). 모자보건사업 안내.
보건복지부(2024). 정신건강사업 안내.
보건복지부(2019). 감염병재난 위기관리 표준매뉴얼.
보건복지부(2020). 제 5차 국민건강증진종합계획.
보건복지부(2020). 제 4차 저출산 고령사회 기본계획.
보건복지부(2020). 제 4차 치매관리종합계획.
여성가족부(2021). 제4차 건강가정 기본계획.
질병관리청(2020). 예방접종 대상 감염병의 역학과 관리.

참고사이트

건강보험공단: https://www.nhis.go.kr
건강증진개발원: https://www.khepi.or.kr
국가건강정보포털: https://www.health.kdca.go.kr
국가법령정보센터: https://www.law.go.kr
국가통계포털: https://kosis.kr
고용노동부: http:/ www.moel.go.kr
교육부: https://www.moe.go.kr
국제연합: https://www.un.org
근로복지공단: https://www.comwel.or.kr
보건복지부: https ://www.mohw.go.kr
산업안전보건공단: https://www.kosha.or.kr
세계보건기구: https://www.un.org
식품안전나라: https://www.nip.kdca.go.kr
식품의약품안전처: https://www.foodsafetykorea.go.kr
예방접종도우미: https://www.nip.kdca.go.kr
질병관리청: https://www.kdca.go.kr
통계청: https://www.kostat.go.kr
환경부: http://www.m.me.go.kr
행정안전부: https://www.mois.go.kr

2025 정현

지역사회간호

2판 1쇄   2024년 9월 10일

편저자_ 정 현
발행인_ 원석주
발행처_ 하이앤북
주소 _ 서울시 영등포구 영등포로 347 베스트타워 11F
고객센터_ 1588 - 6671
팩스 _ 02 - 841 - 6897
출판등록_ 2018년 4월 30일 제2018 - 000066호
홈페이지_ gosi.daebanggosi.com
ISBN 979 - 11 - 6533 -500—7

정가_ 41,000원